여러분의 합격을 응원하는

해커스경찰의 특별 혜택!

FREE 경찰 형사법 **특강**

해커스경찰(police.Hackers.com) 접속 후 로그인 ▶ 상단의 [무료강좌 → 경찰 무료강의] 클릭하여 이용

해커스경찰 온라인 단과강의 **20% 할인쿠폰**

DEAD65635AC36ENL

해커스경찰(police.Hackers.com) 접속 후 로그인 ▶ 상단의 [내강의실] 클릭 ▶
[쿠폰/포인트] 클릭 ▶ 쿠폰번호 입력 후 이용

* 등록 후 7일간 사용 가능(ID당 1회에 한해 등록 가능)

합격예측 **온라인 모의고사 응시권 + 해설강의 수강권**

ABC8663CF462B57M

해커스경찰(police.Hackers.com) 접속 후 로그인 ▶ 상단의 [내강의실] 클릭 ▶
[쿠폰/포인트] 클릭 ▶ 쿠폰번호 입력 후 이용

* ID당 1회에 한해 등록 가능

쿠폰 이용 관련 문의 **1588-4055**

단기 합격을 위한

해커스 커리큘럼

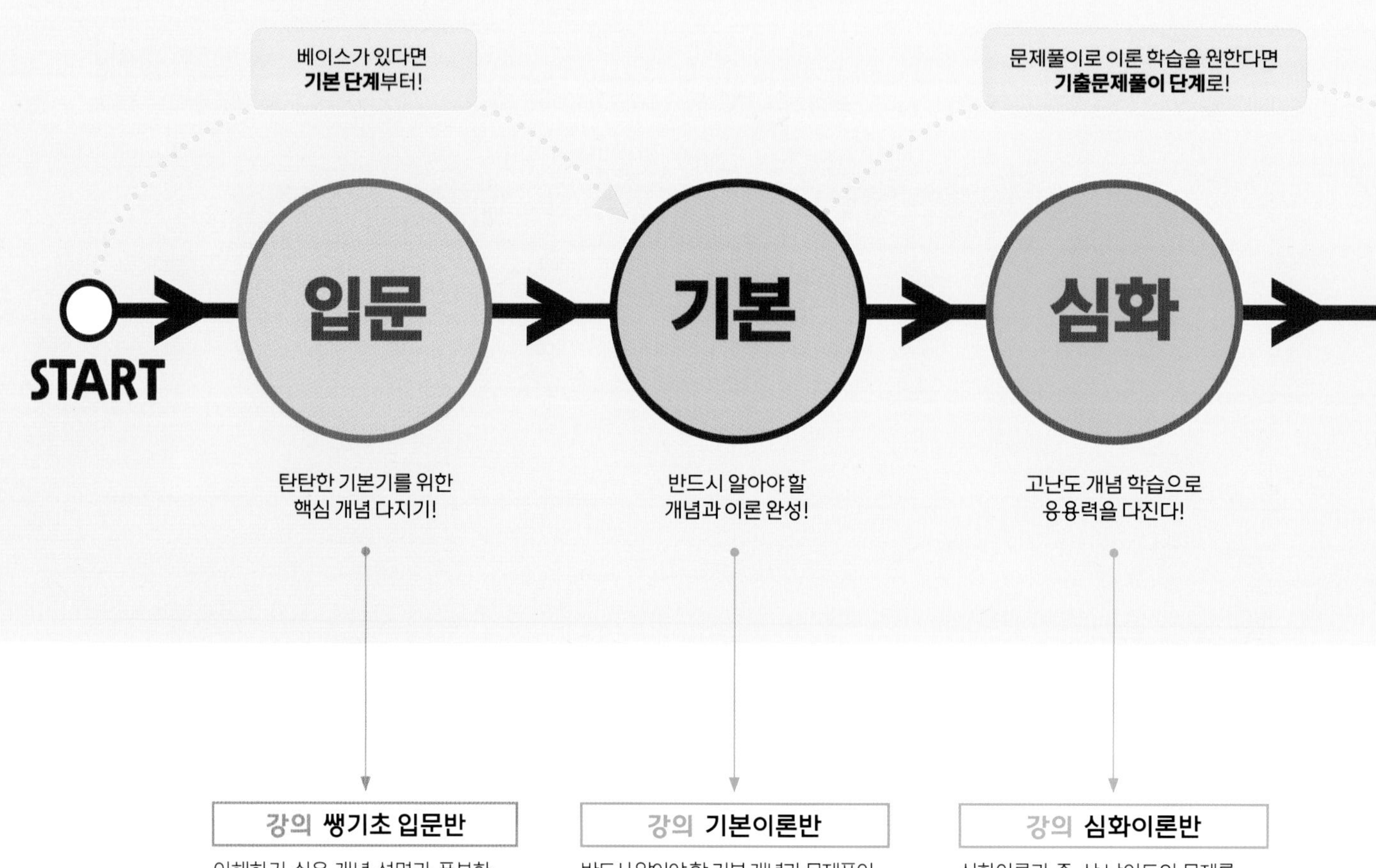

강의 쌩기초 입문반

이해하기 쉬운 개념 설명과 풍부한 연습문제 풀이로 부담 없이 기초를 다질 수 있는 강의

강의 기본이론반

반드시 알아야 할 기본 개념과 문제풀이 전략을 학습하여 핵심 개념 정리를 완성하는 강의

강의 심화이론반

심화이론과 중·상 난이도의 문제를 함께 학습하여 고득점을 위한 발판을 마련하는 강의

단계별 교재 확인 및 **수강신청은 여기서!**

police.Hackers.com

* 커리큘럼은 과목별·선생님별로 상이할 수 있으며, 자세한 내용은 해커스경찰 사이트에서 확인하세요.

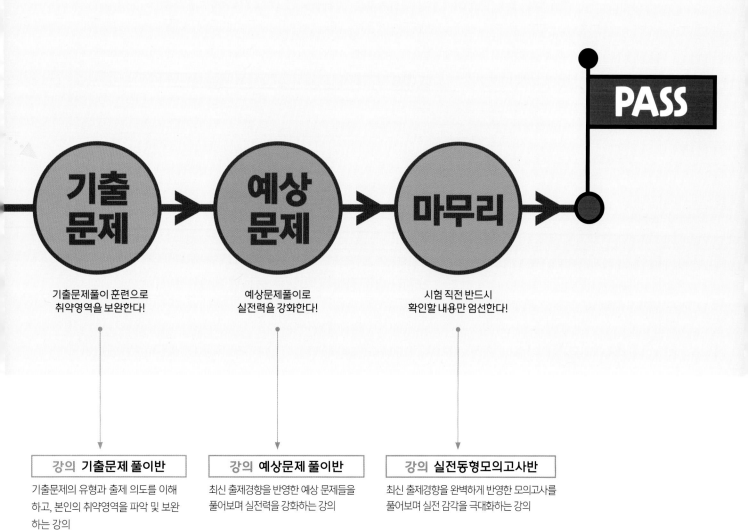

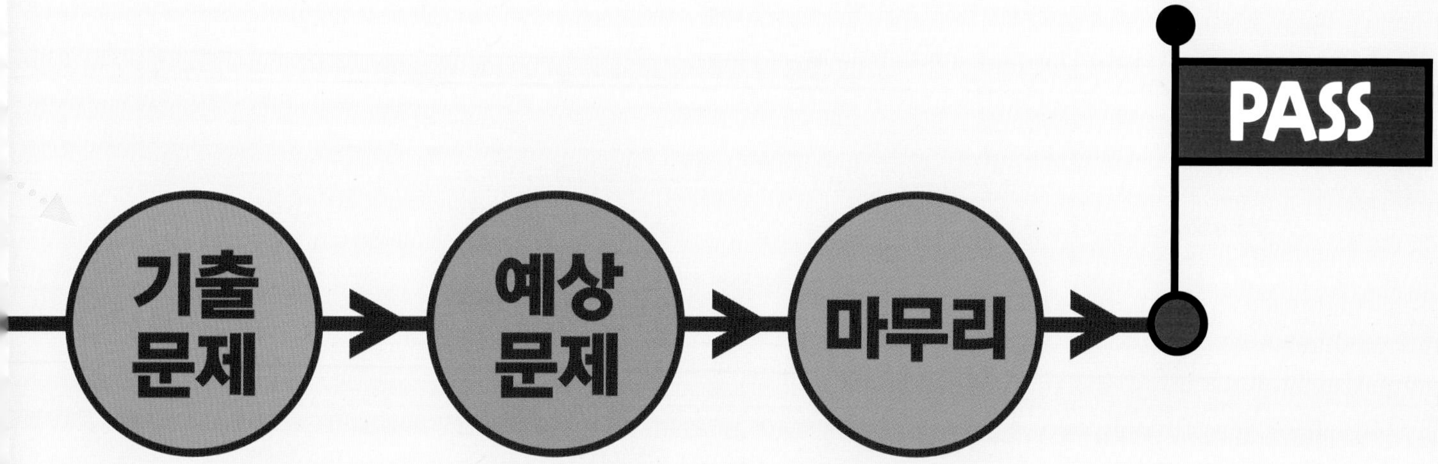

기출문제 → **예상문제** → **마무리** → **PASS**

기출문제

기출문제풀이 훈련으로 취약영역을 보완한다!

강의 기출문제 풀이반

기출문제의 유형과 출제 의도를 이해하고, 본인의 취약영역을 파악 및 보완하는 강의

예상문제

예상문제풀이로 실전력을 강화한다!

강의 예상문제 풀이반

최신 출제경향을 반영한 예상 문제들을 풀어보며 실전력을 강화하는 강의

마무리

시험 직전 반드시 확인할 내용만 엄선한다!

강의 실전동형모의고사반

최신 출제경향을 완벽하게 반영한 모의고사를 풀어보며 실전 감각을 극대화하는 강의

강의 봉투모의고사반

시험 직전에 실제 시험과 동일한 형태의 모의고사를 풀어보며 실전력을 완성하는 강의

해커스경찰 **합격생**이 말하는

경찰 단기 합격 비법!

해커스경찰과 함께라면

다음 합격의 주인공은 바로 여러분입니다.

완전 노베이스로 시작,
8개월 만에 인천청 합격!

강*혁 합격생

형사법 부족한 부분은 모의고사로 채우기!

기본부터 기출문제집과 같이 병행해서 좋았던 것 같습니다. 그리고 1차 시험 보기 전까지 심화 강의를 끝냈는데 **개인적으로 심화강의 추천** 드립니다. 안정적인 실력이 아니라 생각해서 기출 후 **전범위 모의고사에서 부족한 부분들을 많이 채워** 나간 것 같습니다.

법 계열 전공,
1년 이내 대구청 합격!

배*성 합격생

외우기 힘든 경찰학, 방법은 회독과 복습!

경찰학의 경우 양이 워낙 방대하고 휘발성이 강한 과목이라고 생각합니다. (중략) 지속적으로 **회독**을 하였으며, **모의고사**를 통해서 **틀린 부분을 복습하고** 그 범위를 **다시 한 번 책**으로 돌아가서 봤습니다.

이과 계열 전공,
6개월 만에 인천청 합격!

서*범 합격생

법 과목 공부법은 기본과 기출 회독!

법 과목만큼은 **인강을 반복해서** 듣고 **기출을 반복**해서 읽고 풀었습니다. 익숙해질 필요가 있다고 생각해서 **회독에 더 집중**했었습니다. 익숙해진 이후로는 **오답도 챙기면서 공부**했습니다.

해커스경찰

허정 형사법

기출문제집 | 3권 형사소송법

해커스경찰

허 정

약력

상해푸단대학교 법학과 졸업

현 | 법률사무소 예건 공동대표변호사
해커스 변호사 형사법 전임(해커스 변호사 강사 콘테스트 1위)
해커스 경찰간부 형사법 전임
대법원 국선변호인
서울고등법원 소송구조변호사
국방부 군범죄 및 유족 국선변호인
서울행정법원 소송구조 변호사
서울남부지방법원 논스톱 국선변호인 및 국선변호인
서울북부지방법원 논스톱 국선변호인 및 국선변호인
서울시 공익변호사
대한변호사협회 장애인법률지원변호사단 단원
대한변호사협회 사회복지시설 무연고 사망자 유류금 신속처리
-법률지원단 단원
서울지방변호사회 중대재해처벌법 대응 TF 자문위원
서울 강서경찰서 형사당직변호사
네이버지식iN 전문가 답변 상담변호사
서울명덕여자중학교 및 서울화곡초등학교 명예교사
9988병원 고문변호사
로메디 주식회사 고문변호사
P2P 플랫폼 사건 고소대리인
가상화폐 브이글로벌 사건 고소대리인
전 | 조선일보 G20 기자

저서

해커스경찰 허정 형사법 기출문제집 1권 형법총론
해커스경찰 허정 형사법 기출문제집 2권 형법각론
해커스경찰 허정 형사법 기출문제집 3권 형사소송법
해커스경찰 허정 형사법 기본서 1권 형법총론
해커스경찰 허정 형사법 기본서 2권 형법각론
해커스경찰 허정 형사법 기본서 3권 형사소송법
해커스변호사 형사소송법 신체계 암기장
해커스변호사 형법 신체계 H 암기장
해커스변호사 로스쿨 신체계 형법강의
해커스변호사 형법 신체계 최근 3개년 중요판례
해커스변호사 형사소송법 신체계 최근 3개년 중요판례
해커스변호사 변호사시험 핵심기출 형사법 선택형
해커스변호사 형사법 사례형 기출

서문

본 교재는 경찰직을 포함하여 변호사시험, 법원직 등 각종 국가시험의 기출문제를 반영하여 구성하였다.

시중에 출간된 문제집들이 선별 없이 기출문제들을 단순 나열한 것에 반하여 본 교재는 중복지문을 최대한 지양하고 최소한의 문제 풀이를 통해 최대한의 효율적인 법리학습을 할 수 있도록 문제를 수록하였고, 수험생들이 정확하게 법리를 소화할 수 있도록 법리에 맞춰 정확하게 해설하였다.

본 교재는 2023년도에 시행된 경찰간부, 경찰채용, 변호사시험 등 최근 국가고시의 기출문제까지 모두 반영하였고, 강제추행과 관련된 전원합의체 판결을 포함하여 2024년 1월까지 선고된 판례를 반영하여 이와 관련된 문제들을 수정하였다.

최근 3년간의 중요판례는 시험에서 자주 출제되므로 반드시 정리해 두어야 고득점을 할 수 있을 것이다.

더불어 경찰공무원 시험 전문 해커스경찰(police.Hackers.com)에서 학원강의나 인터넷 동영상강의를 함께 이용하여 꾸준히 수강한다면 학습효과를 극대화할 수 있다.

본 교재가 출간되기까지 도움을 주신 관계자 분들께 감사드리며 아울러 독자들이 합격을 하는 데 본 교재가 큰 도움이 되기를 기원한다.

2024년 4월
허정

목차

제1편

수사

제1장 | 수사

제1절 | 수사의 의의

01 수사에 대한 설명으로 가장 적절하지 않은 것은? (다툼이 있으면 판례에 의함) [21 경찰승진] ☆

① 수사란 범죄의 혐의 유무를 명백히 하여 공소의 제기와 유지 여부를 결정하기 위하여 범인을 발견·확보하고 증거를 수집·보전하는 수사기관의 활동을 말한다.

② 「형사소송법」은 범죄의 혐의가 있다고 사료하는 때에는 수사를 개시하여 사실을 밝혀야 할 수사기관의 직무상 의무를 규정하고 있다.

③ 수사절차는 공판절차와 같이 획일적인 절차에 따라 진행되므로 수사기관의 수사활동은 탄력성, 기동성, 임기응변성, 광역성 등 합목적적인 활동이 필요하다.

④ 수사절차는 수사기관의 주관적 혐의가 객관화·구체화되어 나가는 과정이라고 할 수 있다.

해설

① [○], ④ [○] 수사는 범죄혐의의 유무를 명백히 하여 공소를 제기·유지할 것인가의 여부를 결정하기 위하여 범인을 발견·확보하고 증거를 수집·보전하는 수사기관의 활동을 말한다(대판 1999.12.7. 98도3329). 따라서 수사는 수사기관의 주관적 혐의가 객관화·구체화되어 가는 과정이라고 할 수 있다.

② [○] 검사는 범죄의 혐의가 있다고 사료하는 때에는 범인, 범죄사실과 증거를 수사한다(제196조 제1항). 경무관, 총경, 경정, 경감, 경위는 사법경찰관으로서 범죄의 혐의가 있다고 사료하는 때에는 범인, 범죄사실과 증거를 수사한다(제197조 제1항).

③ [×] 수사기관의 수사활동은 수사의 특성상 탄력성, 기동성, 임기응변성, 광역성 등 합목적적인 활동이 필요하므로, 공판절차와 달리 획일적 절차에 따라 진행되지 않는다.

정답 ③

제2절 | 수사기관과 피의자

02 수사에 관한 설명으로 가장 적절하지 않은 것은? [23 경찰2차] ☆☆☆

① 사법경찰관은 고소·고발 사건을 포함하여 범죄를 수사한 때, 범죄 혐의가 있다고 인정되면 지체없이 관계 서류와 증거물을 함께 첨부하여 검사에게 사건을 송치하고, 그 밖의 경우에는 그 이유를 명시한 서면만을 지체없이 검사에게 송부하여야 한다.

② 검사는 사법경찰관과 동일한 범죄사실을 수사하게 된 때에는 사법경찰관에게 사건을 송치할 것을 요구할 수 있으며, 송치 요구를 받은 사법경찰관은 원칙적으로 지체 없이 검사에게 사건을 송치하여야 한다.

③ 검사는 사법경찰관이 사건을 송치하지 아니한 것이 위법 또는 부당한 때에는 그 이유를 문서로 명시하여 재수사를 요청할 수 있는데, 사법경찰관은 재수사 후 기소의견으로 사건을 검찰에 송치하거나 재차 불송치결정을 할 수 있다.

④ 검사의 수사 개시는 예외적으로 인정되는데, 검사는 부패범죄, 경제범죄 등 대통령령으로 정하는 중요 범죄에 대해서는 수사를 개시할 수 있다.

해설

① [×] 사법경찰관은 고소·고발 사건을 포함하여 범죄를 수사한 때에는 범죄의 혐의가 있다고 인정되는 경우에는 지체 없이 검사에게 사건을 송치하고, 관계 서류와 증거물을 검사에게 송부하여야 한다(제245조의5 제1호). 그 밖의 경우에는 이유를 명시한 서면과 함께 관계 서류와 증거물을 지체없이 검사에게 송부하여야 한다(제245조의5 제2호).

② [○] 검사는 사법경찰관과 동일한 범죄사실을 수사하게 된 때에는 사법경찰관에게 사건을 송치할 것을 요구할 수 있다(제197조의4 제1항). 제1항의 요구를 받은 사법경찰관은 지체 없이 검사에게 사건을 송치하여야 한다(동조 제2항).

③ [○] 검사는 제245조의5 제2호의 경우에 사법경찰관이 사건을 송치하지 아니한 것이 위법 또는 부당한 때에는 그 이유를 문서로 명시하여 사법경찰관에게 재수사를 요청할 수 있다(제245조의8 제1항). 형사소송법 제245조의8 제2항에 따라 재수사를 한 사법경찰관은 범죄의 혐의가 인정되는 경우 법 제245조의5 제1호에 따라 검사에게 사건을 송치하고 관계 서류와 증거물을 송부한다. 그러나 기존의 불송치 경정을 유지하는 경우에는 재수사 결과서에 그 내용과 이유를 구체적으로 적어 검사에게 통보한다(검사와 사법경찰관의 상호협력과 일반적수사준칙 제64조 제1항 제1호·제2호).

④ [○] 검사는 범죄의 혐의가 있다고 사료하는 때에는 범인, 범죄사실과 증거를 수사한다. 다만, 검사는 제197조의3 제6항, 제198조의2 제2항 및 제245조의7 제2항에 따라 사법경찰관으로부터 송치받은 사건에 관하여는 해당 사건과 동일성을 해치지 아니하는 범위 내에서 수사할 수 있다(제196조 제1항·제2항). 검사가 수사를 개시할 수 있는 범죄의 범위는 부패범죄, 경제범죄 등 대통령령으로 정하는 중요 범죄이다(검찰청법 제4조 제1항 제1호).

정답 ①

03 검사와 사법경찰관의 수사권에 관한 설명으로 가장 적절하지 않은 것은?

[23 경찰간부] ☆☆

① 사법경찰관은 피의자를 신문하기 전에 수사 과정에서 법령위반, 인권침해 또는 현저한 수사권 남용이 있는 경우 '검사에게 구제를 신청할 수 있음'을 피의자에게 알려주어야 하며, 이때 사법경찰관은 피의자로부터 고지 확인서를 받아 사건기록에 편철하여야 한다.

② 검사와 사법경찰관은 수사 및 공소제기뿐만 아니라 공소유지에 관하여도 서로 협력하여야 한다.

③ 검사와 사법경찰관은 수사를 할 때 물적 및 인적 증거를 기본으로 하여 객관적이고 신빙성 있는 증거를 발견하고 수집하기 위해 노력하여 실체적 진실을 발견해야 한다.

④ 검사는 사법경찰관과 동일한 범죄사실을 수사하게 된 때에는 사법경찰관에게 사건을 송치할 것을 요구할 수 있으며 송치요구를 받은 사법경찰관은 지체없이 검사에게 사건을 송치하여야 하나, 검사가 영장을 청구하기 전에 동일한 범죄사실에 관하여 사법경찰관이 영장을 신청한 경우에는 해당 영장에 기재된 범죄사실을 계속 수사할 수 있다.

해설

① [○] 경찰관은 피의자를 신문하기 전에 수사 과정에서 법령위반, 인권침해 또는 현저한 수사권 남용이 있는 경우 검사에게 구제를 신청할 수 있음을 피의자에게 알려주어야 한다(제197조의3 제8항). 사법경찰관은 법 제197조의3 제8항에 따라 검사에게 구제를 신청할 수 있음을 피의자에게 알려준 경우에는 피의자로부터 고지 확인서를 받아 사건기록에 편철한다. 다만, 피의자가 고지 확인서에 기명날인 또는 서명하는 것을 거부하는 경우에는 사법경찰관이 고지 확인서 끝부분에 그 사유를 적고 기명날인 또는 서명해야 한다(검사와 사법경찰관의 상호협력과 일반적 수사준칙에 관한 규정 제47조).

② [○] 검사와 사법경찰관은 수사, 공소제기 및 공소유지에 관하여 서로 협력하여야 한다(제195조 제1항).

③ [×] 검사와 사법경찰관은 수사를 할 때 물적 증거를 기본으로 하여 객관적이고 신빙성 있는 증거를 발견하고 수집하기 위해 노력하여 실체적 진실을 발견해야 한다(검사와 사법경찰관의 상호협력과 일반적 수사준칙에 관한 규정 제3조 제3항).

④ [○] 검사는 사법경찰관과 동일한 범죄사실을 수사하게 된 때에는 사법경찰관에게 사건을 송치할 것을 요구할 수 있다. 사건송치의 요구를 받은 사법경찰관은 지체 없이 검사에게 사건을 송치하여야 한다. 다만, 검사가 영장을 청구하기 전에 동일한 범죄사실에 관하여 사법경찰관이 영장을 신청한 경우에는 해당 영장에 기재된 범죄사실을 계속 수사할 수 있다(제197조의4 제1항·제2항).

정답 ③

04 검사와 사법경찰관의 상호협력과 일반적 수사준칙에 관한 규정상 사법경찰관의 사건송치에 관한 설명으로 가장 적절하지 않은 것은?

[22 경찰1차] ☆☆

① 사법경찰관이 사건을 수사한 결과, 불송치 결정 중 죄가 안됨에 해당하여 형법 제10조 제1항에 따라 피의자를 벌할 수 없는 경우에는 해당 사건을 검사에게 이송한다.

② 검사는 사법경찰관의 불송치 결정이 위법 또는 부당한 경우에는 관계 서류와 증거물을 송부받은 날로부터 90일 이내에 재수사를 요청할 수 있는데, 만약 불송치 결정에 영향을 줄 수 있는 명백히 새로운 증거 또는 사실이 발견된 경우에는 90일이 지난 후에도 재수사를 요청할 수 있다.

③ 사법경찰관은 수사결과에 따라 범죄의 혐의가 있다고 인정되는 경우에는 지체 없이 검사에게 사건을 송치하고 관계 서류와 증거물을 검사에게 송부하여야 하는데, 이때 보완수사가 필요하다고 인정되는 경우에도 검사는 직접 보완수사할 수 없으며 사법경찰관에 대한 보완수사 요구만 가능하다.

④ 사법경찰관이 재수사 중인 사건에 대해 「형사소송법」 제245조의7 제1항에 따른 고소인 등의 이의신청이 있는 경우에는 사법경찰관은 재수사를 중단해야 하며, 같은 조 제2항에 따라 해당 사건을 지체 없이 검사에게 송치하고 관계 서류와 증거물을 송부해야 한다.

해설

① [○] 사법경찰관은 제1항 제3호 나목 죄가 안 됨에 해당하는 사건이 형법 제10조 제1항에 따라 벌할 수 없는 경우에 해당하는 경우 해당 사건을 검사에게 이송한다(검사와 사법경찰관의 상호협력과 일반적 수사준칙에 관한 규정 제51조 제3항).

② [○] 검사는 법 제245조의8에 따라 사법경찰관에게 재수사를 요청하려는 경우에는 법 제245조의5 제2호에 따라 관계 서류와 증거물을 송부받은 날부터 90일 이내에 해야 한다. 다만, 불송치 결정에 영향을 줄 수 있는 명백히 새로운 증거 또는 사실이 발견된 경우에 해당하는 경우 관계 서류와 증거물을 송부받은 날부터 90일이 지난 후에도 재수사를 요청할 수 있다(검사와 사법경찰관의 상호협력과 일반적 수사준칙에 관한 규정 제63조 제1항).

③ [×] 검사는 법 제245조의5 제1호에 따라 사법경찰관으로부터 송치받은 사건에 대해 보완수사가 필요하다고 인정하는 경우에는 특별히 직접 보완수사를 할 필요가 있다고 인정되는 경우를 제외하고는 사법경찰관에게 보완수사를 요구하는 것을 원칙으로 한다(검사와 사법경찰관의 상호협력과 일반적 수사준칙에 관한 규정 제59조 제1항).

④ [○] 사법경찰관은 법 제245조의8 제2항에 따라 재수사 중인 사건에 대해 법 제245조의7 제1항에 따른 이의신청이 있는 경우에는 재수사를 중단해야 하며, 같은 조 제2항에 따라 해당 사건을 지체 없이 검사에게 송치하고 관계 서류와 증거물을 송부해야 한다(검사와 사법경찰관의 상호협력과 일반적 수사준칙에 관한 규정 제65조).

정답 ③

05 다음 중 검사의 보완수사요구에 관한 설명으로 가장 옳지 않은 것은?

[21 해경간부] ☆☆

① 검사는 송치사건의 공소제기 여부 결정 또는 공소의 유지에 관하여 필요한 경우 사법경찰관에게 보완수사를 요구할 수 있다.

② 검사는 사법경찰관이 신청한 영장의 청구 여부 결정에 관하여 필요한 경우 사법경찰관에게 보완수사를 요구할 수 있다.

③ 검찰총장 또는 각급 검찰청 검사장은 사법경찰관이 정당한 이유 없이 검사의 보완수사요구를 따르지 아니하는 때에는 직접 징계절차를 진행할 수 있다.

④ 사법경찰관은 검사의 보완수사요구가 있는 때에는 정당한 이유가 없는 한 지체 없이 이를 이행하고, 그 결과를 검사에게 통보하여야 한다.

해설

① [○], ② [○], ④ [○] 검사는 송치사건의 공소제기 여부 결정 또는 공소의 유지에 관하여 필요한 경우 또는 사법경찰관이 신청한 영장의 청구 여부 결정에 관하여 필요한 경우에 사법경찰관에게 보완수사를 요구할 수 있다(제197조의2 제1항). 이 경우 사법경찰관은 정당한 이유가 없는 한 지체없이 이를 이행하고, 그 결과를 검사에게 통보하여야 한다(제197조의2 제2항).

③ [×] 검찰총장 또는 각급 검찰청 검사장은 사법경찰관이 정당한 이유 없이 제1항의 요구에 따르지 아니하는 때에는 권한 있는 사람에게 해당 사법경찰관의 직무배제 또는 징계를 요구할 수 있고, 그 징계 절차는 「공무원 징계령」 또는 「경찰공무원 징계령」에 따른다(제197조의2 제3항).

정답 ③

06 다음 중 「형사소송법」상 검사의 보완수사요구에 관한 설명으로 가장 옳지 않은 것은? [20 해경3차]

① 검사는 사법경찰관이 사건을 송치하지 아니한 것이 위법 또는 부당한 때에는 그 이유를 문서로 명시하여 사법경찰관에게 보완수사를 요구할 수 있다.

② 검사는 송치사건의 공소제기 여부 결정 또는 공소의 유지에 관하여 필요한 경우 사법경찰관에게 보완수사를 요구할 수 있다.

③ 검사는 사법경찰관이 신청한 영장의 청구 여부 결정에 관하여 필요한 경우 사법경찰관에게 보완수사를 요구할 수 있다.

④ 사법경찰관은 검사의 보완수사요구가 있는 때에는 정당한 이유가 없는 한 지체 없이 이를 이행하고, 그 결과를 검사에게 통보하여야 한다.

해설

① [×] 검사는 송치사건의 공소제기 여부 결정 또는 공소의 유지에 관하여 필요한 경우 또는 사법경찰관이 신청한 영장의 청구 여부 결정에 관하여 필요한 경우에 사법경찰관에게 보완수사를 요구할 수 있다(제197조의2 제1항).

▶ '사법경찰관이 사건을 송치하지 아니한 것이 위법 부당한 경우'는 형소법 제197조의2 제1항의 보완수사를 요구할 수 있는 사유에 해당하지 않는다.

② [○], ③ [○] 제197조의2 제1항.

④ [○] 제197조의2 제2항.

정답 ①

07 피내사자와 피의자에 관한 설명 중 옳지 않은 것은? (다툼이 있으면 판례에 의함) [20 경찰간부]

① 진정에 기하여 이루어진 내사사건의 종결처분은 수사기관의 내부적 사건처리 방식에 지나지 않으므로 진정인 등은 내사사건의 종결처분에 대하여 재정신청과 헌법소원을 제기할 수 있다.

② 수사기관에 의한 진술거부권 고지의 대상이 되는 피의자의 지위는 수사기관이 조사대상자에 대한 범죄혐의를 인정하여 수사를 개시하는 행위를 한 때에 인정되고, 아직 범죄인지서를 작성하지 않았다고 하여 달리 볼 것은 아니다.

③ 변호인과의 접견교통권은 피내사자의 인권보장과 방어준비를 위해 필수불가결한 권리이므로 임의동행의 형식으로 연행된 피내사자에 대해서도 접견교통권은 인정된다.

④ 검사는 통신제한조치의 요건이 구비된 경우에 법원에 대하여 피의자뿐만 아니라 피내사자를 대상으로 한 통신제한조치를 허가하여 줄 것을 청구할 수 있다.

해설

① [×] 검사가 한 내사종결처리는 고소 또는 고발사건에 대한 불기소처분이라고 볼 수 없어 재정신청의 대상이 되지 아니하고(대결 1991.11.5. 91모68), 진정사건에 대한 수사기관의 혐의없음의 내사종결 처리는 수사기관의 내부적 사건처리 방식에 지나지 아니하고 그 결과에 불만이 있으면 따로 고소나 고발을 할 수 있는 것이므로 헌법소원심판의 대상이 되는 공권력의 행사라고 할 수 없어 헌법소원의 대상이 되지도 않는다(헌재 2006.7.4. 2006헌마696).

② [○] 피의자에 대한 진술거부권 고지는 피의자의 진술거부권을 실효적으로 보장하여 진술이 강요되는 것을 막기 위해 인정되는 것인데, 이러한 진술거부권 고지에 관한 형사소송법 규정내용 및 진술거부권 고지가 갖는 실질적인 의미를 고려하면 수사기관에 의한 진술거부권 고지 대상이 되는 피의자 지위는 수사기관이 조사대상자에 대한 범죄혐의를 인정하여 수사를 개시하는 행위를 한 때 인정되는 것으로 보아야 한다. 따라서 이러한 피의자 지위에 있지 아니한 자에 대하여는 진술거부권이 고지되지 아니하였더라도 진술의 증거능력을 부정할 것은 아니다(대판 2011.11.10. 2011도8125).

③ [○] 변호인의 조력을 받을 권리를 실질적으로 보장하기 위하여는 변호인과의 접견교통권의 인정이 당연한 전제가 되므로, 임의동행의 형식으로 수사기관에 연행된 피의자에게도 변호인 또는 변호인이 되려는 자와의 접견교통권은 당연히 인정된다고 보아야 하고, 임의동행의 형식으로 연행된 피내사자의 경우에도 이는 마찬가지이다(대결 1996.6.3. 96모18).

④ [○] 검사(군검사를 포함한다)는 제5조 제1항의 요건이 구비된 경우에는 법원(군사법원을 포함한다)에 대하여 각 피의자별 또는 각 피내사자별로 통신제한조치를 허가하여 줄 것을 청구할 수 있다(통신비밀보호법 제6조 제1항).

정답 ①

08 피의자에 대한 설명으로 가장 적절하지 않은 것은? (다툼이 있으면 판례에 의함)

[21 경찰승진]

① 피의자는 수사의 개시부터 공소제기 전까지의 개념으로서 진범인가의 여부를 불문한다.

② 수사기관에 의한 진술거부권 고지대상이 되는 피의자의 지위는 수사기관이 조사대상자에 대한 범죄혐의가 있다고 보아 실질적으로 '수사를 개시하는 행위를 한 때'에 인정된다.

③ 「형사소송법」상 피의자의 권리와 피고인의 권리는 동일하다.

④ 「형사소송법」은 피의자의 지위를 강화하기 위해 진술거부권, 변호인의 조력을 받을 권리, 구속적부심사청구권, 압수 · 수색 · 검증에의 참여권 등을 보장하고 있다.

해설

① [○] 피의자란 수사기관에 의하여 범죄의 혐의를 받고 수사의 대상이 되어 있는 자로서, 피의자는 수사가 개시된 이후 공소제기가 되기 전까지의 자를 의미한다. 피의자는 수사기관에 의하여 범죄의 혐의를 받아 수사의 대상이 되어 있는 자를 말하는 것이므로 진범 여부를 불문한다.

② [○] 피의자의 진술을 기재한 서류 또는 문서가 수사기관에서의 조사 과정에서 작성된 것이라면, 그것이 '진술조서, 진술서, 자술서'라는 형식을 취하였다고 하더라도 피의자신문조서와 달리 볼 수 없고, 수사기관에 의한 진술거부권 고지의 대상이 되는 피의자의 지위는 수사기관이 범죄인지서를 작성하는 등의 형식적인 사건수리 절차를 거치기 전이라도 조사대상자에 대하여 범죄의 혐의가 있다고 보아 실질적으로 수사를 개시하는 행위를 한 때에 인정된다(대판 2015.10.29. 2014도5939).

③ [×] 형사소송법상 피의자와 피고인의 권리는 동일하지 않다. 예를 들어, 피의자에게는 체포 · 구속적부심을 청구할 수 있는 권리가 있으나 공소제기가 된 이후의 피고인에게는 그러한 권리가 존재하지 않는다. 또한 피고인에게는 보석 청구권이 있으나 피의자에게는 보증금납입조건부석방결정에 대한 청구권이 존재하지 않는다(법원의 재량사항에 해당).

④ [○] 형사소송법은 피의자의 권리를 보장하기 위해 진술거부권을 고지받을 권리(제244조의3), 변호인의 접견과 참여권(제243조의2 제1항), 체포 · 구속 적부심사청구권(제214조의2), 영장집행 시 참여권(제121조) 등을 보장하고 있다.

정답 ③

09 피내사자와 피의자에 관한 설명 중 가장 적절한 것은? (다툼이 있으면 판례에 의함) [20 경찰승진]

① 수사이전의 단계를 내사라 하며, 형소법은 피의자의 권리에 관한 규정 중 일부를 피내사자에게 준용하는 규정을 두는 방법으로 피내사자의 권리를 보호한다.

② 변호인과의 접견교통권은 피의자에게 인정되는 권리이므로, 임의동행 형식으로 연행된 피내사자에게는 그 지위가 피의자로 전환된 이후부터 변호인과의 접견교통권이 인정된다.

③ 검사가 검찰사건사무규칙에 따른 범죄인지 절차를 밟지 않은 상태에서 행한 피의자신문은 피내사자에 대한 신문이므로 그 이유만으로도 이미 위법한 수사에 해당하며, 따라서 당해 피의자신문조서는 형사소송법이 정한 절차에 따라 작성되었다 하더라도 증거능력이 인정될 수 없다.

④ 미체포된 피의자에 대하여 구속영장을 청구받은 판사는 피의자가 죄를 범하였다고 의심할 만한 이유가 있는 경우에 구인을 위한 구속영장을 발부하여 피의자를 구인한 후 심문하여야 한다. 다만, 피의자가 도망하는 등의 사유로 심문할 수 없는 경우에는 그러하지 아니하다.

해설

① [×] 형사소송법상 피의자의 권리를 피내사자에게 준용하는 규정은 존재하지 않는다.

② [×] 변호인의 조력을 받을 권리를 실질적으로 보장하기 위하여는 변호인과의 접견교통권의 인정이 당연한 전제가 되므로, 임의동행의 형식으로 수사기관에 연행된 피의자에게도 변호인 또는 변호인이 되려는 자와의 접견교통권은 당연히 인정된다고 보아야 하고, 임의동행의 형식으로 연행된 피내사자의 경우에도 이는 마찬가지이다(대결 1996.6.3. 96모18).

③ [×] 검찰사건사무규칙 제2조 내지 제4조에 의하면, 범죄의 인지는 실질적인 개념이고, 이 규칙의 규정은 검찰행정의 편의를 위한 내부적 사무처리절차 규정이므로, 검사가 그와 같은 절차를 거치기 전에 범죄의 혐의가 있다고 보아 수사를 개시하는 행위를 한 때에는 이 때에 범죄를 인지한 것으로 보아야 하고, 그 뒤 범죄인지서를 작성하여 사건 수리 절차를 밟은 때에 비로소 범죄를 인지하였다고 볼 것이 아니며, 이러한 인지 절차를 밟기 전에 수사를 하였다고 하더라도, 그 수사가 장차 인지의 가능성이 전혀 없는 상태 하에서 행해졌다는 등의 특별한 사정이 없는 한, 인지절차가 이루어지기 전에 수사를 하였다는 이유만으로 그 수사가 위법하다고 볼 수는 없고, 따라서 그 수사과정에서 작성된 피의자신문조서나 진술조서 등의 증거능력도 이를 부인할 수 없다(대판 2001.10.26. 2000도2968).

④ [○] 체포되지 않은 피의자에 대하여 구속영장을 청구받은 판사는 피의자가 죄를 범하였다고 의심할 만한 이유가 있는 경우에 구인을 위한 구속영장을 발부하여 피의자를 구인한 후 심문하여야 한다.[1] 다만, 피의자가 도망하는 등의 사유로 심문할 수 없는 경우에는 그러하지 아니하다(제201조의2 제2항).

정답 ④

1) 구속의 절차에서 체포되지 않은 피의자에 대하여는 구인절차(구인을 위한 구속영장발부)가 추가된다는 점에서만 체포된 피의자와 차이가 있을 뿐이다.

제3절 | 수사의 조건

10 수사에 대한 판례의 입장으로 가장 적절하지 않은 것은? [21 경찰승진]

① 구속영장 발부에 의하여 적법하게 구금된 피의자가 피의자신문을 위한 출석요구에 응하지 아니하면서 수사기관 조사실에 출석을 거부한다면 수사기관은 그 구속영장의 효력에 의하여 피의자를 조사실로 구인할 수 있다고 보아야 한다. 다만, 이러한 경우에도 그 피의자신문 절차는 「형사소송법」 제199조 제1항 본문, 제200조의 규정에 따른 임의수사의 한 방법으로 진행되어야 하므로 피의자는 일체의 진술을 거부할 수 있다.

② 수사기관이 구 「조세범 처벌법」(2010.1.1. 법률 제9919호로 개정되기 전) 제6조의 세무종사 공무원의 고발에 앞서 수사를 하고 피의자에 대한 구속영장을 발부받은 후 검찰의 요청에 따라 세무서장이 공소제기 전에 고발을 하더라도 「조세범처벌법」 위반사건 피의자에 대한 공소제기의 절차가 무효라고 할 수는 없다.

③ 교도관이 재소자가 맡긴 비망록을 수사기관에 임의로 제출하였다면, 그 비망록의 증거사용에 대하여는 재소자의 사생활의 비밀 기타 인격적 법익이 침해되는 등의 특별한 사정이 없다 하더라도 그 재소자의 동의를 받아야 한다.

④ 일반사법경찰관이 출입국관리사무소장의 고발을 요하는 출입국사범에 대하여 출입국관리사무소장의 고발이 있기 전에 한 수사는 특단의 사정이 없는 한 그 사유만으로 수사가 위법하다고 할 수 없다.

해설

① [○] 구속영장 발부에 의하여 적법하게 구금된 피의자가 피의자신문을 위한 출석요구에 응하지 아니하면서 수사기관 조사실에의 출석을 거부한다면 수사기관은 그 구속영장의 효력에 의하여 피의자를 조사실로 구인할 수 있다고 보아야 할 것이다(대결 2013.7.1. 2013모160).

② [○] 조세범처벌법 제6조의 세무 종사 공무원의 고발은 공소제기의 요건이고 수사개시의 요건은 아니므로 수사기관이 고발에 앞서 수사를 하고 피고인에 대한 구속영장을 발부받은 후 검찰의 요청에 따라 세무서장이 고발조치를 하였다고 하더라도 공소제기 전에 고발이 있은 이상, 조세범처벌법 위반사건 피고인에 대한 공소제기의 절차가 법률의 규정에 위반하여 무효라고 할 수 없다(대판 1995.3.10. 94도3373).

③ [×] 교도관이 재소자가 맡긴 비망록을 수사기관에 임의로 제출하였다면 그 비망록의 증거사용에 대하여도 재소자의 사생활의 비밀 기타 인격적 법익이 침해되는 등의 특별한 사정이 없는 한 반드시 그 재소자의 동의를 받아야 하는 것은 아니고 따라서 검사가 교도관으로부터 보관하고 있던 피고인의 비망록을 뇌물수수 등의 증거자료로 임의로 제출받아 이를 압수한 경우, 압수절차가 피고인의 승낙 및 영장 없이 행하여졌다고 하더라도 이에 적법절차를 위반한 위법이 있다고 할 수 없다(대판 2008.5.15. 2008도1097).

④ [○] 출입국관리법위반 사건을 입건한 지방경찰청이 지체없이 관할 출입국관리사무소장 등에게 인계하지 아니한 채 그 고발없이 수사를 진행하였다고 하더라도 지방경찰청 및 검찰의 수사가 위법하다거나 공소제기의 절차가 법률의 규정에 위배되어 무효인 때에 해당하지 않는다(대판 2011.3.10. 2008도7724).

정답 ③

11 수사의 조건에 대한 설명 중 가장 적절하지 않은 것은? (다툼이 있으면 판례에 의함) [20 경찰1차]

① 수사기관은 범죄혐의가 있다고 사료하는 때에 수사를 개시하여야 하며 여기서의 범죄혐의는 수사기관의 주관적 혐의일 뿐만 아니라 구체적 범죄혐의이다.

② 필요성과 상당성이라는 수사의 조건은 임의수사에는 적용되지 않고 강제수사에만 적용된다.

③ 친고죄나 세무공무원 등의 고발이 있어야 논할 수 있는 죄에 있어서 고소 또는 고발은 이른바 소추조건에 불과하고 당해 범죄의 성립 요건이나 수사의 조건은 아니므로 위와 같은 범죄에 관하여 고소나 고발이 있기 전에 수사를 하였다고 하더라도 그 수사가 장차 고소나 고발이 있을 가능성이 없는 상태하에서 행해졌다는 등의 특단의 사정이 없는 한 고소나 고발이 있기 전에 수사를 하였다는 이유만으로 그 수사가 위법하다고 볼 수는 없다.

④ 위법한 함정수사에 해당하는지 여부는 해당 범죄의 종류와 성질, 유인자의 지위와 역할, 유인의 경위와 방법, 유인에 따른 피유인자의 반응, 피유인자의 처벌 전력 및 유인행위 자체의 위법성 등을 종합하여 판단하여야 한다.

해설

① [○] 수사기관은 범죄혐의가 있을 때에만 수사를 할 수 있는데(제196조, 제197조 제1항), 범죄혐의란 구체적 사실에 기초한 수사기관의 '주관적 혐의'를 말한다.

② [×] 임의수사도 수사의 한 종류로서 필요성과 상당성을 요한다. 즉, 필요성과 상당성은 강제수사의 요건이 아닌 수사의 공통요건에 해당한다.

③ [○] 출입국관리법위반 사건을 입건한 지방경찰청이 지체없이 관할 출입국관리사무소장 등에게 인계하지 아니한 채 그 고발없이 수사를 진행하였다고 하더라도 지방경찰청 및 검찰의 수사가 위법하다거나 공소제기의 절차가 법률의 규정에 위배되어 무효인 때에 해당하지 않는다(대판 2011.3.10. 2008도7724).

④ [○] 위법한 함정수사에 해당하는지 여부는 해당 범죄의 종류와 성질, 유인자의 지위와 역할, 유인의 경위와 방법, 유인에 따른 피유인자의 반응, 피유인자의 처벌 전력 및 유인행위 자체의 위법성 등을 종합하여 판단하여야 한다(대판 2013.3.28. 2013도1473).

정답 ②

12 함정수사에 관한 설명 중 가장 적절하지 않은 것은? (다툼이 있는 경우 판례에 의함) [22 경찰2차] ★★

① 물품반출 업무담당자 A가 물품을 밀반출하는 甲의 행위를 소속회사에 사전에 알리고 그 정확한 증거를 확보하기 위하여 甲의 밀반출행위를 묵인한 경우, 이는 함정수사에 해당하지 아니한다.

② 이미 마약류관리에 관한 법률 위반죄를 범한 甲을 검거하기 위하여 수사기관이 정보원을 이용하여 그를 검거장소로 유인하여 검거한 것에 불과한 경우, 이는 위법한 함정수사에 해당하지 아니한다.

③ A가 수사기관에 체포된 동거남의 석방을 위한 공적을 쌓기 위하여 B에게 필로폰 밀수입에 관한 정보제공을 부탁하면서 대가의 지급을 약속하고, 이에 B가 C에게, C가 甲에게 순차적으로 필로폰 밀수입을 권유하여, 이를 승낙하고 필로폰을 받으러 나온 甲이 체포된 경우, B와 C가 각자의 사적인 동기에 기하여 수사기관과 직접적인 관련이 없이 독자적으로 甲을 유인한 것으로서 위법한 함정수사에 해당하지 아니한다.

④ 함정수사가 위법하다고 평가받는 경우, 공소기각설은 수사기관이 제공한 범죄의 동기나 기회를 일반인이 뿌리칠 수 없었다는 범죄인 개인의 특수한 상황으로 인하여 가벌적 위법성이 결여된다는 점을 논거로 하여 공소기각의 판결을 선고하여야 한다고 본다.

해설

① [○] '함정수사'라 함은 본래 범의를 가지지 아니한 자에 대하여 수사기관이 사술이나 계략 등을 써서 범죄를 유발케 하여 범죄인을 검거하는 수사방식을 말하는 것이므로 위 물품반출업무담당자가 소속회사에 밀반출행위를 사전에 알리고 그 정확한 증거를 확보하기 위하여 피고인의 밀반출행위를 묵인하였다는 것은 이른바 함정수사에 비유할 수는 없다(대판 1987.6.9. 87도915).

② [○] 이미 마약법위반 범행을 저지른 피고인을 검거하기 위하여 수사기관이 정보원을 이용하여 피고인을 검거장소로 유인한 후 체포한 경우, 함정수사라고 볼 수 없다(대판 2007.7.28. 2007도4532).

③ [○] 甲이 수사기관에 체포된 동거남의 석방을 위한 공적을 쌓기 위하여 乙에게 필로폰 밀수입에 관한 정보제공을 부탁하면서 대가의 지급을 약속하고, 이에 乙이 丙에게, 丙은 피고인에게 순차 필로폰 밀수입을 권유하여 이를 승낙하고 필로폰을 받으러 나온 피고인을 체포한 경우, 위법한 함정수사라고 볼 수 없다(대판 2007.11.29. 2007도7680).

④ [×] 위법한 함정수사에 기한 공소제기에 대하여 무죄설은 함정수사에 의한 행위는 위법성이나 책임 등의 범죄성립요건을 조각하거나 범죄사실의 증명이 없어 처벌할 수가 없다는 견해이다. 즉, 수사기관이 제공한 범죄의 동기나 기회를 일반인이 뿌릴칠 수 없었다는 범죄인 개인의 특수한 상황으로 가벌적 위법성이 결여된다는 점을 논거로 한다.이에 반하여 공소기각설은 함정수사는 적법절차에 위배하여 수사절차에 중대한 위법이 있는 경우이므로, 공소제기가 무효라고 해야 하며, 이는 공소제기의 절차가 법률의 규정에 위배하여 무효인 때에 해당하므로 형소법 제327조 제2호의 공소기각의 판결을 선고하야 한다는 입장이다.
▶ 지문은 무죄설에 대한 설명에 해당한다.

정답 ④

13 함정수사에 관한 설명으로 가장 적절하지 않은 것은? (다툼이 있는 경우 판례에 의함) [22 경찰1차]

① 수사기관과 직접 관련이 있는 유인자가 피유인자와의 개인적 친밀관계를 이용하여 피유인자의 동정심이나 감정에 호소하거나, 금전적 심리적 압박이나 위협을 가하거나, 거절하기 힘든 유혹을 하거나, 범행방법을 구체적으로 제시하고 범행에 사용될 금전까지 제공하는 등으로 과도하게 개입함으로써 피유인자로 하여금 범의를 일으키게 하는 것은, 위법한 함정수사에 해당하여 허용되지 않는다.

② 본래 범의를 가지지 아니한 자에 대하여 수사기관이 사술이나 계략 등을 써서 범의를 유발케 하여 범죄인을 검거하는 함정수사는 위법함을 면할 수 없고, 이러한 함정수사에 기한 공소제기는 그 절차가 법률의 규정에 위반하여 무효인 때에 해당한다.

③ 범의를 가진 자에 대하여 단순히 범행의 기회를 제공하거나 범행을 용이하게 하는 것에 불과한 수사방법도 경우에 따라 허용될 수 있다.

④ 「아동·청소년의 성보호에 관한 법률」에 의하면 사법경찰관리는 아동·청소년을 대상으로 하는 디지털 성범죄에 대해 신분비공개수사는 가능하지만, 신분위장수사는 위법한 함정수사로서 허용되지 않는다.

해설

① [○] 수사기관과 직접 관련이 있는 유인자가 피유인자와의 개인적인 친밀관계를 이용하여 피유인자의 동정심이나 감정에 호소하거나, 금전적·심리적 압박이나 위협 등을 가하거나, 거절하기 힘든 유혹을 하거나, 또는 범행방법을 구체적으로 제시하고 범행에 사용할 금전까지 제공하는 등으로 과도하게 개입함으로써 피유인자로 하여금 범의를 일으키게 하는 것은 위법한 함정수사에 해당하여 허용되지 아니한다(대판 2007.7.12. 2006도2339).

② [○] 범의를 가지지 아니한 자에 대하여 수사기관이 사술이나 계략을 써서 범의를 유발케 하여 범죄인을 검거하는 함정수사는 위법함을 면할 수 없고 이러한 위법한 함정수사에 기한 공소제기는 그 절차가 법률의 규정에 위반하여 무효인 때에 해당하므로, 공소기각판결을 선고하여야 한다(대판 2008.10.23. 2008도7362).

③ [○] 함정수사라 함은 본래 범의를 가지지 아니한 자에 대하여 수사기관이 사술이나 계략 등을 써서 범죄를 유발하게 하여 범죄인을 검거하는 수사방법을 말하는 것이므로, 범의를 가진 자에 대하여 범행의 기회를 주거나 단순히 사술이나 계략 등을 써서 범죄인을 검거하는 데 불과한 경우에는 이를 함정수사라고 할 수 없다(대판 2007.7.26. 2007도4532).

④ [×] 아동·청소년의 성보호에 관한 법률은 아동·청소년대상 디지털 성범죄에 대한 신분비공개수사 및 신분위장수사를 허용하는 수사규정을 신설하였다.[2)]

참조조문 아동·청소년의 성보호에 관한 법률 제25조의2【아동·청소년대상 디지털 성범죄의 수사 특례】[2021.3.23. 본조신설] ① 사법경찰관리는 다음 각 호의 어느 하나에 해당하는 범죄(이하 "디지털 성범죄"라 한다)에 대하여 신분을 비공개하고 범죄현장(정보통신망을 포함한다) 또는 범인으로 추정되는 자들에게 접근하여 범죄행위의 증거 및 자료 등을 수집(이하 "신분비공개수사"라 한다)할 수 있다.

1. 제11조 및 제15조의2의 죄
2. 아동·청소년에 대한 「성폭력범죄의 처벌 등에 관한 특례법」 제14조 제2항 및 제3항의 죄

② 사법경찰관리는 디지털 성범죄를 계획 또는 실행하고 있거나 실행하였다고 의심할 만한 충분한 이유가 있고, 다른 방법으로는 그 범죄의 실행을 저지하거나 범인의 체포 또는 증거의 수집이 어려운 경우에 한정하여 수사 목적을 달성하기 위하여 부득이한 때에는 다음 각 호의 행위(이하 "신분위장수사"라 한다)를 할 수 있다.

1. 신분을 위장하기 위한 문서, 도화 및 전자기록 등의 작성, 변경 또는 행사
2. 위장 신분을 사용한 계약·거래
3. 아동·청소년성착취물 또는 「성폭력범죄의 처벌 등에 관한 특례법」 제14조 제2항의 촬영물 또는 복제물(복제물의 복제물을 포함한다)의 소지, 판매 또는 광고

정답 ④

2) [개정취지] 최근 발생한 텔레그램 n번방 사건과 같이 아동·청소년대상 '온라인 그루밍'의 경우 성착취물의 제작 및 유포에 따른 파급효과가 극심하고 피해의 회복이 어려우므로 이를 범죄행위로 규정하여 처벌하는 한편, 아동·청소년대상 디지털 성범죄를 사전에 예방하고 증거능력 있는 자료를 확보하기 위하여 사법경찰관리가 신분을 위장하여 수사할 수 있도록 수사 특례 규정을 마련하려는 것이다.

14 함정수사에 대한 설명으로 가장 적절하지 않은 것은? (다툼이 있으면 판례에 의함) [21 경찰승진] ☆☆

① 수사기관이 이미 범행을 저지른 범인을 검거하기 위해 정보원을 이용하여 범인을 검거장소로 유인한 것에 불과한 경우는 함정수사로 볼 수 없다.

② 수사기관이 피고인의 범죄사실을 인지하고도 피고인을 바로 체포하지 않고 추가 범행을 지켜보고 있다가 범죄사실이 많이 늘어난 뒤에야 피고인을 체포하였다는 사정만으로 피고인에 대한 수사와 공소제기가 위법하다거나 함정수사에 해당한다고 할 수 없다.

③ 유인자가 수사기관과 직접적인 관련을 맺지 아니한 상태에서 피유인자를 상대로 단순히 수차례 반복적으로 범행을 부탁하였을 뿐 수사기관이 사술이나 계략 등을 사용하였다고 볼 수 없는 경우는 설령 그로 인하여 피유인자의 범의가 유발되었다 하더라도 위법한 함정수사에 해당하지 아니한다.

④ 노상에 정신을 잃고 쓰러져 있는 취객을 발견한 경찰관이 보건의료기관 또는 공공구호기관에 긴급구호를 요청하는 등 보호조치를 하지 않고, 취객의 그러한 상태를 이용하여 근처에서 감시하고 있다가 이른바 부축빼기 절도범을 체포한 경우는 경찰의 직분을 도외시한 범죄수사의 한계를 넘어선 위법한 함정수사에 해당한다.

해설

① [○] 이미 마약법위반의 범행을 저지른 피고인을 검거하기 위하여 수사기관이 정보원을 이용하여 피고인을 검거장소로 유인한 후 체포한 경우 함정수사라고 볼 수 없다(대판 2007.7.26. 2007도4532).

② [○] 수사기관에서 공범이나 장물범의 체포 등을 위하여 범인의 체포시기를 조절하는 등 여러 가지 수사기법을 사용한다는 점을 고려하면, 수사기관이 피고인의 범죄사실(절도)을 인지하고도 바로 체포하지 않고 추가 범행을 지켜보고 있다가 범죄사실이 많이 늘어난 뒤에야 체포하였다는 사정만으로, 피고인에 대한 수사가 위법한 함정수사에 해당한다고 할 수 없다(대판 2007.6.29. 2007도3164).

③ [○] 유인자가 수사기관과 직접적인 관련을 맺지 아니한 상태에서 피유인자를 상대로 단순히 수차례 반복적으로 범행을 부탁하였을 뿐 수사기관이 사술이나 계략 등을 사용하였다고 볼 수 없는 경우는, 설령 그로 인하여 피유인자의 범의가 유발되었다 하더라도 위법한 함정수사에 해당하지 아니한다(대판 2007.7.12. 2006도2339).

④ [×] 경찰관이 취객을 상대로 한 이른바 부축빼기 절도범을 단속하기 위하여, 공원 인도에 쓰러져 있는 취객 근처에서 감시하고 있다가 마침 피고인이 나타나 취객을 부축하여 10m 정도를 끌고 가 지갑을 뒤지자 현장에서 피고인을 체포한 경우, 위법한 함정수사에 기한 공소제기라고 할 수 없다(대판 2007.5.31. 2007도1903).

정답 ④

제4절 | 수사의 개시

15 고소에 관한 설명으로 옳은 것을 모두 고른 것은? (다툼이 있는 경우 판례에 의함) [23 경찰간부] ☆☆☆

가. 고소는 어떤 범죄사실 등이 구체적으로 특정되어야 하는데, 그 특정의 정도는 범인의 동일성을 식별할 수 있을 정도로 인식하면 족하고 범인의 성명이 불명 또는 오기가 있었다거나, 범행일시·장소·방법 등이 명확하지 않거나 틀리는 것이 있다고 하더라도 고소의 효력에는 영향이 없다.
나. 법원이 선임한 부재자 재산관리인은 관리대상 재산에 관한 범죄행위에 대하여 법원으로부터 고소권행사 허가를 받은 경우, 독립하여 고소권을 가지는 법정대리인에 해당한다.
다. 고소조서는 반드시 독립된 조서일 필요가 없으므로 참고인으로 조사하는 과정에서 고소권자가 처벌을 희망하는 의사표시를 하고 그 의사표시가 참고인진술조서에 기재된 경우에도 고소는 유효하나, 다만 그러한 의사표시가 사법경찰관의 질문에 답하는 형식으로 이루어진 것은 유효하지 않다.
라. 친고죄 피해자 A의 법정대리인 甲의 고소기간은 甲이 범인을 알게 된 날로부터 진행하고, A가 변호사 乙을 선임하여 乙이 고소를 제기한 경우에는 乙이 범인을 알게 된 날부터 고소기간이 기산된다.
마. 관련 민사사건에서 제1심판결 선고 전에 '이 사건과 관련하여 서로 상대방에 대하여 제기한 형사 고소 사건의 일체를 모두 취하한다'는 내용이 포함된 조정이 성립되었다면, 조정성립 후 고소인이 제1심 법정에서 여전히 피고인의 처벌을 원한다는 취지로 진술하더라도 고소를 취소한 것으로 볼 수 있다.

① 가, 나　　② 가, 나, 다
③ 다, 라, 마　　④ 가, 나, 라, 마

해설

가. [○] 형사소송법 제230조 제1항 본문은 친고죄에 대하여는 범인을 알게 된 날로부터 6개월을 경과하면 고소하지 못한다고 규정하고 있는바, 여기서 범인을 알게 된다 함은 범인이 누구인지 특정할 수 있을 정도로 알게 된다는 것을 의미하고, 범인의 동일성을 식별할 수 있을 정도로 인식함으로써 족하며, 범인의 성명, 주소, 연령 등까지 알 필요는 없다(대판 1999.4.23. 99도576). 고소는 범죄의 피해자등이 수사기관에 대하여 범죄사실을 신고하고 범인의 소추처벌을 구하는 의사이므로 그 범죄사실 등이 구체적으로 특정되어야 할 것이나 그 특정의 정도는 고소인의 의사가 수사기관에 대하여 일정한 범죄사실을 지정 신고하여 범인의 소추처벌을 구하는 의사표시가 있었다고 볼 수 있을 정도면 그것으로 충분하다고 할 것이며 따라서 범인의 성명이 불명이거나 또는 오기가 있었다거나 범행의 일시, 장소, 방법등이 명확하지 않거나 틀리는 곳이 있다고 하더라도 그 효력에는 아무 영향이 없다고 할 것이다(대판 1984.10.23. 84도1704).

나. [○] 법원이 선임한 부재자 재산관리인이 그 관리대상인 부재자의 재산에 대한 범죄행위에 관하여 법원으로부터 고소권 행사에 관한 허가를 얻은 경우, 부재자 재산관리인은 형사소송법 제225조 제1항에서 정한 법정대리인으로서 적법한 고소권자에 해당한다고 보아야 한다(대판 2022.5.26. 2021도2488).

다. [×] 친고죄에 있어서의 고소는 수사기관에 대하여 범죄사실을 신고하고 범인의 처벌을 구하는 의사표시로서 서면뿐만 아니라 구술로도 할 수 있는바, 구술에 의한 고소를 받은 검사 또는 사법경찰관이 작성하는 조서는 독립한 조서일 필요는 없으므로, 고소권자가 수사기관으로부터 피해자 또는 참고인으로서 신문받으면서 범인의 처벌을 요구하는 의사표시가 포함되어 있는 진술을 하고 그 의사표시가 조서에 기재되면, 적법한 고소에 해당한다. 앞서 본 법리에 따르면 위 피해자의 의사표시가 경찰관의 질문에 답변하는 방식으로 이루어졌다 하여 달리 볼 것은 아니다(대판 2009.7.9. 2009도3860).

라. [×] 법정대리인의 고소권은 무능력자의 보호를 위하여 법정대리인에게 주어진 고유권므로 법정대리인은 피해자의 고소권 소멸 여부에 관계없이 고소할 수 있고 이러한 고소권은 피해자의 명시한 의사에 반하여도 행사할 수 있다(대판 1999.12.24. 99도3784). 또한 법정대리인의 고소기간은 법정대리인 자신이 범인을 알게 된 날로부터 진행한다(대판 1987.6.9. 87도857). 그러나, 대리인에 의한 친고죄의 고소의 경우, 고소기간은 대리고소인이 아니라 정당한 고소권자를 기준으로 고소권자가 범인을 알게 된 날부터 기산한다(대판 2001.9.4. 2001도3081).
▶ 사안의 경우 A가 변호사 乙을 선임하여 乙이 고소를 제기하는 경우 乙을 기준으로 기산하는 것이 아니라 고소권자인 피해자 A를 기준으로 기산하여야 한다.

마. [×] 관련 민사사건에서 '형사 고소 사건 일체를 모두 취하한다'는 내용이 포함된 조정이 성립되었으나, 고소인이 조정이 성립된 이후에도 수사기관 및 제1심 법정에서 여전히 피고인의 처벌을 원한다는 취지로 진술하고 있으며 달리 고소인이 조정조서사본 등을 수사기관이나 제1심 법정에 제출하지 아니한 경우, 고소 취소나 처벌불원의 의사표시를 한 것으로 보기 어렵다고 한 사례(대판 2004.3.25. 2003도8136).

정답 ①

16 고소에 관한 다음 설명 중 옳고 그름의 표시(○, ×)가 모두 바르게 된 것은? (다툼이 있는 경우 판례에 의함)

[22 경찰2차] ☆☆☆

> ㉠ 범죄 당시 고소능력이 없던 피해자가 그 후에 비로소 고소능력이 생겼다면 고소기간은 고소능력이 생긴 때로부터 기산된다.
> ㉡ 형사소송법상 고소의 대리는 허용되나, 고소취소의 대리는 허용되지 아니한다.
> ㉢ 고소인은 범죄사실을 특정하여 신고하면 족하고 범인이 누구인지 나아가 범인 중 처벌을 구하는 자가 누구인지를 적시할 필요는 없다.
> ㉣ 형사소송법 제232조에 의하면 고소는 제1심판결 선고 전까지 취소할 수 있고, 고소를 취소한 자는 다시 고소할 수 없으며, 고소권자가 서면 또는 구술로써 수사기관 또는 법원에 고소를 취소하는 의사표시를 하였다면 그 고소는 적법하게 취소된 것이고, 그 후 고소취소를 철회하는 의사표시를 다시 하였다고 하여도 그것은 효력이 없다.
> ㉤ 피해자의 친족은 피해자의 법정대리인이 피의자이거나 법정대리인의 친족이 피의자인 때에는 독립하여 고소할 수 있다.

① ㉠ ○ ㉡ × ㉢ ○ ㉣ ○ ㉤ ○　② ㉠ ○ ㉡ × ㉢ ○ ㉣ × ㉤ ○
③ ㉠ × ㉡ ○ ㉢ × ㉣ ○ ㉤ ×　④ ㉠ ○ ㉡ ○ ㉢ ○ ㉣ ○ ㉤ ○

해설

㉠ [○] 고소를 함에는 고소능력이 있어야 하는바, 이는 피해를 받은 사실을 이해하고 고소에 따른 사회생활상의 이해관계를 알아차릴 수 있는 사실상의 의사능력으로 충분하므로 민법상의 행위능력이 없는 자라도 위와 같은 능력을 갖춘 자에게는 고소능력이 인정되고, 범행 당시 고소능력이 없던 피해자가 그 후에 비로소 고소능력이 생겼다면 그 고소기간은 고소능력이 생긴 때로부터 기산하여야 한다(대판 2007.10.11. 2007도4962).

㉡ [×] 고소 또는 그 취소는 대리인으로 하여금하게 할 수 있다(제236조).

㉢ [○] 고소는 고소권자가 수사기관에 대하여 범죄사실을 신고하여 범인의 처벌을 구하는 의사표시이므로 고소인은 범죄사실을 특정하여 신고하면 족하고 범인이 누구인지 나아가 범인 중 처벌을 구하는 자가 누구인지를 적시할 필요도 없다(대판 1996.3.12. 94도2423).

㉣ [○] 고소권자가 서면 또는 구술로써 수사기관 또는 법원에 고소를 취소하는 의사표시를 하였다고 보여지는 이상 그 고소는 적법하게 취소되었다고 할 것이고 그 후 고소취소를 철회하는 의사표시를 다시 하였다고 하여도 그것은 효력이 없다(대판 2009.9.24. 2009도6779).

㉤ [○] 피해자의 법정대리인이 피의자이거나 법정대리인의 친족이 피의자인 때에는 피해자의 친족은 독립하여 고소할 수 있다(제226조).

정답 ①

17 다음 설명 중 옳은 것은 모두 몇 개인가? (다툼이 있는 경우 판례에 의함) [22 경찰간부] ☆☆☆

> 가. 甲이 자신의 친구 乙과 함께 다른 도시에 살고 있는 甲의 삼촌 A의 물건을 절취한 경우, A가 乙에 대해서만 고소를 하였다면, 그 고소의 효력은 甲에게도 미친다.
> 나. 甲이 제1심 법원에서 「소송촉진 등에 관한 특례법」에 따라 甲의 진술없이 A에 대한 폭행죄로 유죄를 선고받고 확정된 후 적법하게 제1심 법원에 재심을 청구하여 재심개시결정이 내려졌다면 A는 그 재심의 제1심 판결 선고 전까지 처벌희망의사표시를 철회할 수 없으나, 甲이 재심을 청구하는 대신 항소권회복청구를 함으로써 항소심 재판을 받게 되었다면 그 항소심 절차에서는 처벌희망의사표시를 철회할 수 있다.
> 다. 수개의 범칙사실 중 일부만을 범칙사건으로 하는 고발이 있는 경우에 고발장에 기재된 범칙사실과 동일성이 인정되지 않는 다른 범칙사실에 대해서는 고발의 효력이 미치지 아니한다.
> 라. 甲과 乙이 공모하여 A에 대하여 사실적시에 의한 명예훼손을 한 혐의로 공소제기 되었으나 A가 甲에 대하여만 처벌불원의 의사를 표시하였다면, 법원은 A의 이러한 의사에 기하여 乙에 대하여 공소기각판결을 선고해서는 안 된다.

① 1개　　② 2개
③ 3개　　④ 4개

해설

▶ 다, 라. 2개가 옳다.

가. [×] 사안에서 절도죄는 상대적 친고죄에 해당하고, 상대적 친고죄에 있어 비신분자에 대한 고소는 친고죄의 고소가 아니므로 그 고소의 효력은 신분자에게 미치지 아니하며, 신분자에 대한 고소취소는 비신분자에게 효력이 없다.

나. [×] 피고인이 제1심 법원에 소촉법 제23조의2에 따른 재심을 청구하는 대신 항소권회복청구를 함으로써 항소심 재판을 받게 되었다면, 항소심을 제1심이라고 할 수 없는 이상 그 항소심 절차에서는 처벌을 희망하는 의사표시를 철회할 수 없다(대판 2016.11.25. 2016도9470).

다. [○] 일죄의 관계에 있는 범죄사실의 일부에 대한 고소, 공소제기, 고발의 효력은 그 일죄의 전부에 대하여 미친다(대판 2011.6.24. 2011도4451).

라. [○] 형사소송법이 고소와 고소취소에 관한 규정을 하면서 제232조 제1항, 제2항에서 고소취소의 시한과 재고소의 금지를 규정하고 제3항에서는 반의사불벌죄에 제1항, 제2항의 규정을 준용하는 규정을 두면서도, 제233조에서 고소와 고소 취소의 불가분에 관한 규정을 함에 있어서는 반의사불벌죄에 이를 준용하는 규정을 두지 아니한 것은 처벌을 희망하지 아니하는 의사표시나 처벌을 희망하는 의사표시의 철회에 관하여 친고죄와는 달리 공범자간에 불가분의 원칙을 적용하지 아니하고자 함에 있다고 볼 것이다(대판 1994.4.26. 93도1689).

정답 ②

18 소송조건에 관한 설명 중 옳지 않은 것은? (다툼이 있으면 판례에의함) [20 경찰간부] ☆☆

① 친고죄에 있어서 고소는 소송조건이 되지만, 고소가 있기 전 수사가 이루어졌다고 하더라도 그 수사가 장차 고소가 있을 가능성이 없는 상태에서 행하여졌다는 등의 특단의 사정이 없는 한 위법하다고 볼 수는 없다.

② 고소권자가 비친고죄로 고소한 사건이더라도 검사가 사건을 친고죄로 구성하여 공소를 제기하였다면 법원으로서는 친고죄에서 소송조건이 되는 고소가 유효하게 존재하는지를 직권으로 조사·심리하여야 한다.

③ 친고죄로 고소를 제기하였다가 공소제기 전 고소를 취소한 후 고소기간 내에 다시 동일한 친고죄로 고소하여 공소제기된 경우, 수소법원은 형사소송법 제327조 제2호의 '공소제기의 절차가 법률의 규정에 위반하여 무효인 때'에 해당함을 이유로 공소기각의 판결을 하여야 한다.

④ 교통사고처리 특례법 위반으로 공소가 제기된 사건에 대해, 사건심리가 이미 완료되어 검사가 제출한 모든 증거에 의하더라도 피고인이 신호를 위반한 과실로 이 사건사고가 발생하였음을 인정하기에 부족하고, 피고인 차량이 공제조합에 가입하여 원래 공소를 제기할 수는 없는 경우라면 공소기각판결을 해야 하고 무죄의 실체판결을 하는 것은 위법하다.

해설

① [○] 법률에 의하여 고소나 고발이 있어야 논할 수 있는 죄에 있어서 고소 또는 고발은 이른바 소추조건에 불과하고 당해 범죄의 성립요건이나 수사의 조건은 아니므로, 위와 같은 범죄에 관하여 고소나 고발이 있기 전에 수사를 하였더라도, 장차 고소나 고발의 가능성이 없는 상태하에서 행해졌다는 등의 특단의 사정이 없는 한 고소나 고발이 있기 전에 수사를 하였다는 이유만으로 그 수사가 위법하게 되는 것은 아니다(대판 2011.3.10. 2008도7724).

② [○] 고소권자가 비친고죄로 고소한 사건이더라도 검사가 사건을 친고죄로 구성하여 공소를 제기하였다면 공소장변경 절차를 거쳐 공소사실이 비친고죄로 변경되지 아니하는 한, 법원으로서는 친고죄에서 소송조건이 되는 고소가 유효하게 존재하는지를 직권으로 조사·심리하여야 한다(대판 2015.11.17. 2013도7987).

③ [○] 강간치상죄는 강간죄의 결과적 가중범으로서 강간치상의 공소사실 중에는 강간죄의 공소사실도 포함되어 있는 것이어서 강간치상죄로 공소가 제기된 사건에 있어서 그 치상의 점에 관하여 증명이 없더라도 법원으로서는 공소장 변경절차 없이 강간의 점에 대하여 심리판단할 수 있다고 할 것인데, 다만 이 경우에 있어서 공소제기 전에 그 소추요건인 고소의 취소가 있었다면, 형사소송법 제327조 제2호에 의하여 공소기각의 판결을 선고하여야 할 것이지 범죄의 증명이 없다고 하여 무죄의 선고를 할 수는 없다(대판 2002.7.12. 2001도6777).[3]

④ [×] 교통사고처리 특례법 제3조 제1항, 제2항 단서, 형법 제268조를 적용하여 공소가 제기된 사건에서, 심리 결과 교통사고처리 특례법 제3조 제2항 단서에서 정한 사유가 없고 같은 법 제3조 제2항 본문이나 제4조 제1항 본문의 사유로 공소를 제기할 수 없는 경우에 해당하면 공소기각의 판결을 하는 것이 원칙이다. 그런데 사건의 실체에 관한 심리가 이미 완료되어 교통사고처리 특례법 제3조 제2항 단서에서 정한 사유가 없는 것으로 판명되고 달리 피고인이 같은 법 제3조 제1항의 죄를 범하였다고 인정되지 않는 경우, 같은 법 제3조 제2항 본문이나 제4조 제1항 본문의 사유가 있더라도, 사실심법원이 피고인의 이익을 위하여 교통사고처리특례법 위반의 공소사실에 대하여 무죄의 실체판결을 선고하였다면, 이를 위법이라고 볼 수는 없다(대판 2015.5.14. 2012도11431).

정답 ④

3) 강간죄가 친고죄였을 당시의 판례이다.

19 고소의 효력에 관한 설명 중 옳지 않은 것은? (다툼이 있으면 판례에 의함)

[20 경찰간부] ★★★

① 甲이 수개의 저작권법 위반행위를 저질러 포괄일죄의 관계에 있는 경우에 일부의 행위에 대해서만 고소가 있었더라도 그 고소는 포괄일죄의 관계에 있는 행위 전부에 미친다.

② 의사 甲이 직무상 알게 된 비밀을 누설하는 방법으로 A의 명예를 훼손한 경우, 비친고죄인 명예훼손죄에 대한 A의 고소는 친고죄인 업무상비밀누설행위에 대하여는 효력을 미치지 않는다.

③ 甲과 乙은 서로 짜고 주변 사람들에게 A를 모욕하는 말을 떠들고 다녔다. 이에 A는 甲과 乙을 친고죄인 모욕죄의 범죄사실로 고소하였다. 甲과 乙이 모욕죄의 공범으로 기소되어 제1심 공판심리 중 A가 甲에 대한 고소를 취소하면 수소법원은 甲과 乙 모두에 대하여 공소기각판결을 선고해야 한다.

④ 친구 사이인 甲과 乙은 공모하여 甲의 부친 A의 자동차를 절취하였다. A의 고소에 따라 제1심 법원의 공판절차가 진행되던 중에 A가 甲에 대한 고소를 취소한 경우, 수소법원은 甲과 乙 모두에 대해 공소기각판결을 선고해야 한다.

해설

① [○] 일죄의 관계에 있는 범죄사실의 일부에 대한 고소, 공소제기, 고발의 효력은 그 일죄의 전부에 대하여 미친다(대판 2011. 6.24. 2011도4451).

② [○] 과형상 일죄에서 고소의 객관적 불가분 원칙이 적용되기 위해서는 과형상 일죄의 각 부분이 모두 친고죄이고 피해자가 동일해야 한다. 지문의 경우 업무상비밀누설죄는 친고죄이지만, 명예훼손죄는 반의사불벌죄이므로 명예훼손죄에 대한 A의 고소는 업무상비밀누설죄에 그 효력이 미치지 않는다.

③ [○] 친고죄[4]에서 고소와 고소취소의 불가분원칙을 규정한 형사소송법 제233조는 당연히 적용되므로 만일 공소사실에 대하여 피고인과 공범관계에 있는 사람에 대한 적법한 고소취소가 있다면 고소취소의 효력은 피고인에 대하여 미친다(대판 2015.11.17. 2013도7987).

④ [×] 甲과 A는 직계혈족의 관계에 있으므로 甲의 절도죄에 대하여는 친족상도례가 적용되어 형을 면제하나(형법 제328조 제1항, 제344조), 반면 乙과 A는 친족관계에 있지 않으므로 乙의 절도죄에 대하여는 친족상도례가 적용되지 아니한다(형법 제328조 제3항, 제344조). 따라서 A가 甲에 대한 고소를 취소하였더라도 법원은 甲에 대하여 형면제판결을 선고하여야 하고, 乙에 대하여는 유죄판결을 선고하여야 한다.

정답 ④

20 고소에 대한 설명으로 가장 적절하지 않은 것은? (다툼이 있으면 판례에 의함)

[21 경찰승진] ★★

① 「민법」상 행위능력이 없는 사람이라도 피해를 입은 사실을 이해하고 고소에 따른 사회생활상의 이해관계를 알아차릴 수 있는 사실상의 의사능력을 갖추었다면 고소능력이 인정된다.

② 구 「성폭력범죄의 처벌 등에 관한 특례법」(2013.4.5. 법률 제11729호로 개정) 시행일 이전에 저지른 친고죄인 성폭력범죄의 고소기간은 동법 제19조 제1항 본문(2013.4.5. 법률 제11729호로 개정되기 전의 것)에 따라서 '범인을 알게 된 날부터 1년'으로 본다.

③ 법인세는 사업연도를 과세기간으로 하는 것이므로 그 포탈범죄는 각 사업연도마다 1개의 범죄가 성립하는데, 일죄의 관계에 있는 범죄사실의 일부에 대한 공소제기 및 고발의 효력은 그 일죄의 전부에 대하여 미친다.

④ 구 「컴퓨터프로그램 보호법」(2009.4.22. 법률 제9625호 저작권법 부칙 제2조로 폐지) 제48조는 프로그램의 저작권 침해에 대해 프로그램저작권자 또는 프로그램배타적발행권자의 고소가 있어야 공소를 제기할 수 있다고 규정하고 있는데, 프로그램저작권이 명의신탁된 경우 제3자의 침해행위에 대한 고소권자는 명의신탁자이다.

4) 일반적으로 친고죄라 함은 절대적 친고죄를 의미한다.

해설

① [○] 고소능력은 피해를 받은 사실을 이해하고 고소에 따른 사회생활상의 이해관계를 알아차릴 수 있는 사실상의 의사능력으로 충분하므로, 민법상의 행위능력이 없는 사람이라도 위와 같은 능력을 갖춘 사람이면 고소능력이 인정된다(대판 1999.2.9. 98도2074).

② [○] 구 형법(2012.12.18. 법률 제11574호로 개정되어 2013.6.19. 시행되기 전의 것, 이하 '구 형법'이라 한다) 제306조는 형법 제298조에서 정한 강제추행죄를 친고죄로 규정하고 있었는데 위 개정으로 삭제되었다. 위 개정 형법 부칙 제2조는 "제306조의 개정 규정은 위 개정 법 시행 후 최초로 저지른 범죄부터 적용한다."라고 규정하였다. 이와 같이 구 형법 제306조를 삭제한 것은 친고죄로 인하여 성범죄에 대한 처벌이 합당하게 이루어지지 못하고 피해자에 대한 합의 종용으로 인한 2차 피해가 야기되는 문제를 해결하기 위한 것이었고, 구 형법 제306조가 삭제됨에 따라 이 사건 특례조항을 유지할 실익이 없게 되자 개정 성폭력처벌법에서 이 사건 특례조항을 삭제한 것이다. 위와 같은 법률 개정 경위와 취지를 고려하면 개정 성폭력처벌법 시행일 전에 저지른 친고죄인 성폭력범죄의 고소기간은 이 사건 특례조항에 따라서 '범인을 알게 된 날부터 1년'이라고 보는 것이 타당하다(대판 2018.6.28. 2015도2390).

③ [○] 검사는 법원의 허가를 얻어 공소장에 기재한 공소사실 또는 적용법조의 추가·철회·변경을 할 수 있고, 이 경우 법원은 공소사실의 동일성을 해치지 않는 한도에서 허가해야 한다(제298조 제1항). 법인세는 사업연도를 과세기간으로 하는 것이므로 그 포탈범죄는 각 사업연도마다 1개의 범죄가 성립하고, 일죄의 관계에 있는 범죄사실의 일부에 대한 공소제기와 고발의 효력은 그 일죄의 전부에 대하여 미친다(대판 2020.5.28. 2018도16864).

④ [×] 프로그램저작권이 명의신탁된 경우 대외적인 관계에서는 명의수탁자만이 프로그램저작권자이므로 제3자의 침해행위에 대한 구 컴퓨터프로그램 보호법 제48조에서 정한 고소 역시 명의수탁자만이 할 수 있다(대판 2013.3.28. 2010도8467).

정답 ④

21 고소에 대한 설명이다. <보기> 중 옳지 않은 것은 모두 몇 개인가? (다툼이 있으면 판례에 의함)

[21 해경1차] ☆☆

> ㉠ 친고죄에서 고소는 고소권 있는 자가 수사기관에 대하여 범죄사실을 신고하고 범인의 처벌을 구하는 의사표시로서 서면뿐만 아니라 구술로도 할 수 있고, 다만 구술에 의한 고소를 받은 검사 또는 사법경찰관은 조서를 작성하여야 하지만 그 조서가 독립된 조서일 필요는 없으며, 수사기관이 고소권자를 증인 또는 피해자로서 신문한 경우에 그 진술에 범인의 처벌을 요구하는 의사표시가 포함되어 있고 그 의사표시가 조서에 기재되면 고소는 적법하다.
>
> ㉡ 고소를 할 때는 소송행위능력, 즉 고소능력이 있어야 하나, 고소능력은 피해를 입은 사실을 이해하고 고소에 따른 사회생활상의 이해관계를 알아차릴 수 있는 사실상의 의사능력으로 충분하므로 민법상 행위능력이 없는 사람이라도 위와 같은 능력을 갖추었다면 고소능력이 인정된다.
>
> ㉢ 친고죄에서 적법한 고소가 있었는지는 자유로운 증명의 대상이 되고, 일죄의 관계에 있는 범죄 사실 일부에 대한 고소의 효력은 일죄 전부에 대하여 미친다.
>
> ㉣ 「형사소송법」 제228조에서는 "친고죄에 대하여 고소할 자가 없는 경우에 이해관계인의 신청이있으면 검사는 14일 이내에 고소할 수 있는 자를 지정하여야 한다."라고 규정하고 있다.
>
> ㉤ 「형사소송법」 제230조 제1항에서는 "친고죄에 대하여는 범인을 알게 된 날로부터 6월을 경과하면 고소하지 못한다. 단, 고소할 수 없는 불가항력의 사유가 있는 때에는 그 사유가 없어진 날로부터 기산한다."라고 규정하고 있다.

① 1개　　② 2개

③ 4개　　④ 5개

해설

㉠ [○] 친고죄의 경우 구술에 의한 고소를 받은 검사 또는 사법경찰관은 조서를 작성하여야 하지만 그 조서가 독립된 조서일 필요는 없다. 따라서 수사기관이 고소권자를 증인 또는 피해자로서 신문한 경우에 그 진술에 범인의 처벌을 요구하는 의사표시가 포함되어 있고 그 의사표시가 조서에 기재되면 고소는 적법하다(대판 2011.6.24. 2011도4451).

㉡ [○] 고소능력은 피해를 받은 사실을 이해하고 고소에 따른 사회생활상의 이해관계를 알아차릴 수 있는 사실상의 의사능력으로 충분하므로, 민법상의 행위능력이 없는 사람이라도 위와 같은 능력을 갖춘 사람이면 고소능력이 인정된다(대판 1999.2.9. 98도2074).

㉢ [○] 친고죄에서 적법한 고소가 있었는지는 자유로운 증명의 대상이 되고, 일죄의 관계에 있는 범죄사실 일부에 대한 고소의 효력은 일죄 전부에 대하여 미친다(대판 2011.6.24. 2011도4451).

㉣ [×] 친고죄에 대하여 고소할 자가 없는 경우에 이해관계인의 신청이 있으면 검사는 10일 이내에 고소할 수 있는 자를 지정하여야 한다(제228조).

㉤ [○] 친고죄에 대하여는 범인을 알게 된 날로부터 6월을 경과하면 고소하지 못한다. 단, 고소할 수 없는 불가항력의 사유가 있는 때에는 그 사유가 없어진 날로부터 기산한다(제230조 제1항).

정답 ①

22 다음 중 고소에 관한 설명으로 가장 옳은 것은? (다툼이 있으면 판례에 의함)

[21 해경간부] ☆☆☆

① 고소능력은 피해를 입은 사실을 이해하고 고소에 따른 사회생활상의 이해관계를 알아차릴 수 있는 사실상의 의사능력으로 충분하지만, 민법상 행위능력이 없는 사람은 위와 같은 능력을 갖추었더라도 고소능력이 인정되지 않는다.

② 「형사소송법」 제236조의 대리인에 의한 고소의 경우, 대리권이 정당한 고소권자에 의하여 수여되었음이 실질적으로 증명되면 충분하고 그 방식에 특별한 제한이 없으므로, 고소할 때에는 반드시 위임장을 제출한다거나 '대리'라는 표시를 하여야 하는 것은 아니다.

③ 「형사소송법」 제230조 제1항 규정에서 범인을 알게 된다 함은 통상인의 입장에서 보아 고소권자가 고소를 할 수 있을 정도로 범죄사실과 범인을 아는 것을 의미하고, 여기서 범죄사실을 안다는 것은 고소권자가 친고죄에 해당하는 범죄의 피해가 있었다는 사실관계에 관하여 미필적 인식이 있음을 말한다.

④ 수사기관이 고소권자를 증인 또는 피해자로서 신문한 경우에 그 진술에 범인의 처벌을 요구하는 의사표시가 포함되어 있고 그 의사표시가 조서에 기재되어 있더라도 이를 적법한 고소로 볼 수는 없다.

해설

① [×] 고소능력은 피해를 받은 사실을 이해하고 고소에 따른 사회생활상의 이해관계를 알아차릴 수 있는 사실상의 의사능력으로 충분하므로, 민법상의 행위능력이 없는 사람이라도 위와 같은 능력을 갖춘 사람이면 고소능력이 인정된다(대판 1999.2.9. 98도2074).

② [○] 형사소송법 제236조의 대리인에 의한 고소의 경우, 대리권이 정당한 고소권자에 의하여 수여되었음이 실질적으로 증명되면 충분하고, 그 방식에 특별한 제한은 없으므로, 고소를 할 때 반드시 위임장을 제출한다거나 '대리'라는 표시를 하여야 하는 것은 아니고, 또 고소기간은 대리고소인이 아니라 정당한 고소권자를 기준으로 고소권자가 범인을 알게 된 날부터 기산한다(대판 2001.9.4. 2001도3081).

③ [×] '범인을 알게 된다 함'은 통상인의 입장에서 보아 고소권자가 고소를 할 수 있을 정도로 범죄사실과 범인을 아는 것을 의미하고, 범죄사실을 안다는 것은 고소권자가 친고죄에 해당하는 범죄의 피해가 있었다는 사실관계에 관하여 확정적인 인식이 있음을 말한다(대판 2010.7.15. 2010도4680).

④ [×] 친고죄의 경우 구술에 의한 고소를 받은 검사 또는 사법경찰관은 조서를 작성하여야 하지만 그 조서가 독립된 조서일 필요는 없다. 따라서 수사기관이 고소권자를 증인 또는 피해자로서 신문한 경우에 그 진술에 범인의 처벌을 요구하는 의사표시가 포함되어 있고 그 의사표시가 조서에 기재되면 고소는 적법하다(대판 2011.6.24. 2011도4451).

정답 ②

23 고소에 관한 다음 설명 중 가장 옳지 않은 것은? (다툼이 있으면 판례에 의함) [21 법원9급] ☆☆

① 친고죄가 아닌 죄로 공소가 제기되어 제1심에서 친고죄가 아닌 죄의 유죄판결을 선고받은 경우, 제1심에서 친고죄의 범죄사실은 현실적 심판대상이 되지 아니하였으므로 그 판결을 친고죄에 대한 제1심판결로 볼 수는 없고, 따라서 친고죄에 대한 제1심판결은 없었다고 할 것이므로 그 사건의 항소심에서도 고소를 취소할 수 있다.

② 형사소송법이 고소취소의 시한과 재고소의 금지를 규정하고 반의사불벌죄에 위 규정을 준용하는 규정을 두면서도, 고소와 고소취소의 불가분에 관한 규정을 함에 있어서는 반의사불벌죄에 이를 준용하는 규정을 두지 아니한 것은 처벌을 희망하지 아니하는 의사표시나 처벌을 희망하는 의사표시의 철회에 관하여 친고죄와는 달리 공범자 간에 불가분의 원칙을 적용하지 아니하고자 함에 있다.

③ 친고죄에서 구술에 의한 고소를 받은 수사기관은 조서를 작성하여야 하지만 그 조서가 독립된 조서일 필요는 없으며, 수사기관이 고소권자를 증인 또는 피해자로서 신문한 경우에 그 진술에 범인의 처벌을 요구하는 의사표시가 포함되어 있고 그 의사표시가 조서에 기재되면 고소는 적법하다.

④ 제1심 법원이 반의사불벌죄로 기소된 피고인에 대하여 소송촉진 등에 관한 특례법(이하 '소송촉진법'이라고 한다) 제23조에 따라 피고인의 진술 없이 유죄를 선고하여 판결이 확정된 경우, 소송촉진법 제23조의2에 따라 제1심 법원에 재심을 청구하여 재심개시결정이 내려졌다면 피해자는 재심의 제1심 판결 선고 전까지 처벌을 희망하는 의사표시를 철회할 수 있다.

해설

① [×] 항소심에서 공소장의 변경에 의하여 또는 공소장변경절차를 거치지 아니하고 법원 직권에 의하여 친고죄가 아닌 범죄를 친고죄로 인정하였더라도 항소심을 제1심이라 할 수는 없는 것이므로(항소심은 속심에 불과하므로), 항소심에 이르러 비로소 고소인이 고소를 취소하였다면 이는 친고죄에 대한 고소취소로서의 효력은 없다(대판(전) 1999.4.15. 96도1922).

② [○] 형사소송법이 고소와 고소취소에 관한 규정을 하면서 제232조 제1항, 제2항에서 고소취소의 시한과 재고소의 금지를 규정하고 제3항에서는 반의사불벌죄에 제1항, 제2항의 규정을 준용하는 규정을 두면서도, 제233조에서 고소와 고소취소의 불가분에 관한 규정을 함에 있어서는 반의사불벌죄에 이를 준용하는 규정을 두지 아니한 것은 처벌을 희망하지 아니하는 의사표시나 처벌을 희망하는 의사표시의 철회에 관하여 친고죄와는 달리 공범자간에 불가분의 원칙을 적용하지 아니하고자 함에 있다(대판 1994.4.26. 93도1689).

③ [○] 대판 2011.6.24. 2011도4451.

④ [○] 제1심 법원이 반의사불벌죄로 기소된 피고인에 대하여 소송촉진 등에 관한 특례법(이하 '소송촉진법'이라고 한다) 제23조에 따라 피고인의 진술 없이 유죄를 선고하여 판결이 확정된 경우, 만일 피고인이 책임을 질 수 없는 사유로 공판절차에 출석할 수 없었음을 이유로 소송촉진법 제23조의2에 따라 제1심 법원에 재심을 청구하여 재심개시결정이 내려졌다면, 피해자는 재심의 제1심 판결 선고 전까지 처벌을 희망하는 의사표시를 철회할 수 있다(대판 2016.11.25. 2016도9470).

정답 ①

24 고소에 관한 설명 중 가장 적절한 것은? (다툼이 있으면 판례에 의함) [20 경찰승진] ☆☆

① 피해자가 경찰청 인터넷 홈페이지에 '피고인을 철저히 조사해 달라'는 취지의 신고민원을 접수하는 형태로 피고인에 대한 조사를 촉구하는 의사표시를 한 것은 형사소송법 제237조 제1항에 따른 적법한 고소에 해당한다.

② 고소권자가 비친고죄로 고소한 사건이더라도 검사가 친고죄로 기소하였다면 공소장변경절차를 거쳐 공소사실이 비친고죄로 변경되지 않는 한, 법원은 고소가 유효하게 존재하는지를 직권으로 조사·심리하여야 한다.

③ 절대적 친고죄의 공범 중 그 1인 또는 수인에 대한 고소는 다른 공범자에 대하여도 효력이 있으나, 취소는 그 취소의 상대방으로 지정된 피고소인에 대해서만 효력이 있다.

④ 친고죄에서 고소는 처벌조건이므로 고소가 있었는지 여부는 엄격한 증명의 대상이 된다.

해설

① [×] 고소라 함은 수사기관에 단순히 피해사실을 신고하거나 수사 및 조사를 촉구하는 것에 그치지 않고 범죄사실을 신고하여 범인의 소추·처벌을 요구하는 의사표시이므로, 저작권법위반죄의 피해자가 경찰청 인터넷 홈페이지에 '피고인을 철저히 조사해 달라'는 취지의 민원을 접수하는 형태로 피고인에 대한 조사를 촉구하는 의사표시를 한 것은 형사소송법에 따른 적법한 고소로 보기 어렵다(대판 2012.2.23. 2010도9524).

② [○] 법원은 검사가 공소를 제기한 범죄사실을 심판하는 것이지 고소권자가 고소한 내용을 심판하는 것이 아니므로, 고소권자가 비친고죄로 고소한 사건이더라도 검사가 사건을 친고죄로 구성하여 공소를 제기하였다면 공소장 변경절차를 거쳐 공소사실이 비친고죄로 변경되지 아니하는 한, 법원으로서는 친고죄에서 소송조건이 되는 고소가 유효하게 존재하는지를 직권으로 조사·심리하여야 한다(대판 2015.11.17. 2013도7987).

③ [×] 친고죄의 공범 중 그 1인 또는 수인에 대한 고소 또는 그 취소는 다른 공범자에 대하여도 효력이 있다(제233조).
▶ 고소의 주관적 불가분의 원칙은 고소뿐만 아니라 고소취소에도 적용된다.

④ [×] 친고죄에서 고소는 소송조건에 불과하고, 친고죄에서 적법한 고소가 있었는지는 자유로운 증명의 대상이 되고, 일죄의 관계에 있는 범죄사실 일부에 대한 고소의 효력은 일죄 전부에 대하여 미친다(대판 2011.6.24. 2011도4451).

정답 ②

25 고소 등에 대한 다음의 설명(㉠~㉤) 중 옳고 그름의 표시(○, ×)가 바르게 된 것은? (다툼이 있으면 판례에 의함)

[20 경찰1차] ★★

㉠ 고소능력은 피해를 입은 사실을 이해하고 고소에 따른 사회생활상의 이해관계를 알아차릴 수 있는 사실상의 의사능력으로 충분하므로, 민법상 행위능력이 없는 사람이라도 위와 같은 능력을 갖추었다면 고소능력이 인정된다.
㉡ 고소권자가 비친고죄로 고소한 사건이더라도 검사가 사건을 친고죄로 구성하여 공소를 제기하였다면, 공소장 변경절차를 거쳐 공소사실이 비친고죄로 변경되지 아니하는 한, 법원으로서는 친고죄에서 소송조건이 되는 고소가 유효하게 존재하는지를 직권으로 조사·심리하여야 한다.
㉢ 법정대리인의 고소권은 무능력자의 보호를 위하여 법정대리인에게 주어진 고유권이어서 피해자의 고소권 소멸 여부에 관계없이 고소할 수 있는 것이며, 그 고소기간은 법정대리인 자신이 범인을 알게 된 날로부터 진행한다.
㉣ 형사소송법 제236조의 대리인에 의한 고소의 경우, 대리권이 정당한 고소권자에 의하여 수여되었음을 증명하기 위해 반드시 위임장을 제출한다거나 '대리'라는 표시를 하여야 한다.
㉤ 친고죄에 관한 고소의 주관적 불가분 원칙을 규정한 형사소송법 제233조는 공정거래법상 공정거래위원회의 고발에 준용된다.

① ㉠ ○ ㉡ × ㉢ ○ ㉣ ○ ㉤ ×
② ㉠ ○ ㉡ ○ ㉢ × ㉣ × ㉤ ×
③ ㉠ × ㉡ × ㉢ × ㉣ ○ ㉤ ○
④ ㉠ ○ ㉡ ○ ㉢ ○ ㉣ × ㉤ ×

해설

㉠ [○] 민법상 행위능력이 없는 사람이라도, 사실상 의사능력을 갖췄다면, 고소능력이 인정된다(대판 2011.6.24. 2011도4451).

㉡ [○] 고소권자가 비친고죄로 고소한 사건이더라도 검사가 사건을 친고죄로 구성하여 공소를 제기하였다면 공소장 변경절차를 거쳐 공소사실이 비친고죄로 변경되지 아니하는 한, 법원으로서는 친고죄에서 소송조건이 되는 고소가 유효하게 존재하는지를 직권으로 조사·심리하여야 한다(대판 2015.11.17. 2013도7987).

㉢ [○] 법정대리인의 고소권은 무능력자의 보호를 위하여 법정대리인에게 주어진 고유권이므로, 법정대리인은 피해자의 고소권 소멸 여부에 관계없이 고소할 수 있고, 이러한 고소권은 피해자의 명시한 의사에 반하여도 행사할 수 있다(대판 1999.12.24. 99도3784). 또한 법정대리인의 고소기간은 법정대리인 자신이 범인을 알게 된 날로부터 진행한다(대판 1987.6.9. 87도857).
▶ 법정대리인의 고소권의 법적성질과 관련하여 판례는 고유권설의 입장이다.

㉣ [×] 형사소송법 제236조의 대리인에 의한 고소의 경우, 대리권이 정당한 고소권자에 의하여 수여되었음이 실질적으로 증명되면 충분하고, 그 방식에 특별한 제한은 없으므로, 고소를 할 때 반드시 위임장을 제출한다거나 '대리'라는 표시를 하여야 하는 것은 아니다(대판 2001.9.4. 2001도3081).

ⓜ [×] 위반행위자 중 일부에 대하여 공정거래위원회의 고발이 있다고 하여 나머지 위반행위자에 대하여도 위 고발의 효력이 미친다고 볼 수 없고, 나아가 독점규제법 제70조의 양벌규정에 따라 처벌되는 법인이나 개인에 대한 고발의 효력이 그 대표자나 대리인, 사용인 등으로서 행위자인 사람에게까지 미친다고 볼 수도 없다(대판 2011.7.28. 2008도575).

정답 ④

26 고소와 고발에 대한 다음 설명 중 적절하지 않은 것만을 고른 것은 모두 몇 개인가? (다툼이 있으면 판례에 의함)

[20 경찰2차] ☆☆

> ㉠ 성폭력범죄의 처벌 등에 관한 특례법 제27조에 따라 성폭력범죄 피해자의 변호사는 피해자를 대리하여 피고인에 대한 처벌을 희망하는 의사표시를 철회하거나 처벌을 희망하지 않는 의사표시를 할 수 있다.
> ㉡ 반의사불벌죄에 있어서 미성년인 피해자에게 의사능력이 있는 이상, 법정대리인의 동의 없이 단독으로 고소취소 또는 처벌불원의 의사를 표시할 수 있다.
> ㉢ 제1심 법원이 반의사불벌죄로 기소된 피고인에 대하여 소송촉진 등에 관한 특례법 제23조에 따라 피고인의 진술 없이 유죄를 선고하여 판결이 확정된 후 피고인이 제1심 법원에 동법 제23조의2에 따른 재심을 청구하는 대신 항소권회복청구를 하여 항소심 재판을 받게 된 경우, 항소심 절차일지라도 처벌을 희망하는 의사표시를 철회할 수 있다.
> ㉣ 세무공무원 등의 고발에 따른 조세범처벌법위반죄 혐의에 대하여 검사가 불기소처분을 하였다가 나중에 공소를 제기하는 경우에는 세무공무원 등의 새로운 고발이 있어야 한다.
> ㉤ 수개의 범칙사실 중 일부만을 범칙사건으로 하는 고발이 있는 경우에 고발장에 기재된 범칙사실과 동일성이 인정되지 않는 다른 범칙사실에 대해서는 고발의 효력이 미치지 않는다.

① 1개 ② 2개 ③ 3개 ④ 4개

해설

㉠ [○] 성폭력범죄의 처벌 등에 관한 특례법 제27조는 성폭력범죄 피해자에 대한 변호사 선임의 특례를 정하고 있다. 성폭력범죄의 피해자는 형사절차상 법률적 조력을 받기 위해 스스로 변호사를 선임할 수 있고(제1항), 검사는 피해자에게 변호사가 없는 경우 국선변호사를 선정하여 형사절차에서 피해자의 권익을 보호할 수 있으며(제6항), 피해자의 변호사는 형사절차에서 피해자 등의 대리가 허용될 수 있는 모든 소송행위에 대한 포괄적인 대리권을 가진다(제5항). 따라서 피해자의 변호사는 피해자를 대리하여 피고인에 대한 처벌을 희망하는 의사표시를 철회하거나 처벌을 희망하지 않는 의사표시를 할 수 있다(대판 2019.12.13. 2019도10678).

㉡ [○] 반의사불벌죄라고 하더라도 피해자인 청소년에게 의사능력이 있는 이상, 단독으로 피고인 또는 피의자의 처벌을 희망하지 않는다는 의사표시 또는 처벌희망 의사표시의 철회를 할 수 있고, 거기에 법정대리인의 동의가 있어야 하는 것으로 볼 것은 아니다(대판(전) 2009,11,19, 2009도6058).

㉢ [×] 피고인이 제1심 법원에 소촉법 제23조의2에 따른 재심을 청구하는 대신 항소권회복청구를 함으로써 항소심 재판을 받게 되었다면 항소심을 제1심이라고 할 수 없는 이상 그 항소심 절차에서는 처벌을 희망하는 의사표시를 철회할 수 없다(대판 2016.11.25. 2016도9470).

㉣ [×] 세무공무원 등의 고발이 있어야 공소를 제기할 수 있는 조세범처벌법위반죄에 관하여 일단 불기소처분이 있었더라도 세무공무원 등이 종전에 한 고발은 여전히 유효하다. 따라서 나중에 공소를 제기함에 있어 세무공무원 등의 새로운 고발이 있어야 하는 것은 아니다(대판 2009.10.29. 2009도6614).

㉤ [○] 고발은 범죄사실에 대한 소추를 요구하는 의사표시로서 그 효력은 고발장에 기재된 범죄사실과 동일성이 인정되는 사실 모두에 미치므로 범칙사건에 대한 고발이 있는 경우 그 고발의 효력은 범칙사건에 관련된 범칙사실의 전부에 미치고 한 개의 범칙사실의 일부에 대한 고발은 그 전부에 대하여 효력이 생긴다. 그러나 수 개의 범칙사실 중 일부만을 범칙사건으로 하는 고발이 있는 경우 고발장에 기재된 범칙사실과 동일성이 인정되지 않는 다른 범칙사실에 대해서까지 고발의 효력이 미칠 수는 없다(대판 2014.10.15. 2013도5650).

▶ 객관적 불가분의 원칙은 하나의 범죄사실을 전제로 하므로 실체적 경합범의 관계에 있는 수죄에 대해서는 적용되지 아니한다.

정답 ②

27 고소에 관한 다음 설명 중 가장 옳지 않은 것은? (다툼이 있으면 판례에 의함)

[20 해경승진] ★★

① 법정대리인은 피해자의 고소권 소멸 여부와 관계없이 고소할 수 있고, 피해자의 명시한 의사에 반하여도 행사할 수 있다.

② 고소권자가 비친고죄로 고소한 사건이더라도 검사가 친고죄로 구성하여 공소를 제기하였다면 공소장 변경절차를 거쳐 공소사실이 비친고죄로 변경되지 아니하는 한 공소사실에 대하여 피고인과 공범관계에 있는 사람에 대한 고소 취소의 효력이 피고인에게도 미친다.

③ 피해자가 제1심 법정에서 피고인들에 대한 처벌희망 의사표시를 철회할 당시 나이가 14세 10개월이었더라도 그 철회의 의사표시가 의사능력이 있는 상태에서 행하여졌다면 법정대리인의 동의가 없더라도 유효하다.

④ 상소심에서 제1심 공소기각판결을 파기하고 사건을 제1심 법원에 환송함에 따라 다시 제1심 절차가 진행된 경우에 고소인은 고소취소를 할 수 없다.

해설

① [O] 법정대리인의 고소권은 무능력자의 보호를 위하여 법정대리인에게 주어진 고유권이므로 법정대리인은 피해자의 고소권 소멸 여부에 관계없이 고소할 수 있고 이러한 고소권은 피해자의 명시한 의사에 반하여도 행사할 수 있다(대판 1999.12.24. 99도3784).

② [O] 고소권자가 비친고죄로 고소한 사건이더라도 검사가 사건을 친고죄로 구성하여 공소를 제기하였다면 공소장 변경절차를 거쳐 공소사실이 비친고죄로 변경되지 아니하는 한, 법원으로서는 친고죄에서 소송조건이 되는 고소가 유효하게 존재하는지를 직권으로 조사·심리하여야 한다(대판 2015.11.17. 2013도7987).

③ [O] 반의사불벌죄라고 하더라도 피해자인 청소년에게 의사능력이 있는 이상, 단독으로 피고인 또는 피의자의 처벌을 희망하지 않는다는 의사표시 또는 처벌희망 의사표시의 철회를 할 수 있고, 거기에 법정대리인의 동의가 있어야 하는 것으로 볼 것은 아니다(대판(전) 2009.11.19. 2009도6058).

④ [×] 상소심에서 제1심의 공소기각판결이 법률위반을 이유로 이를 파기하고 사건을 제1심법원에 환송함에 따라 다시 제1심 절차가 진행된 경우, 종전의 제1심판결은 이미 파기되어 그 효력을 상실하였으므로 환송 후의 제1심판결 선고 전에는 고소취소의 제한사유가 되는 제1심판결 선고가 없는 경우에 해당한다. 따라서 환송 후 제1심판결 선고 전에 고소가 취소되면 형사소송법 제327조 제5호에 의하여 판결로써 공소를 기각하여야 한다(대판 2011.8.25. 2009도9112).

정답 ④

28 다음 중 고소불가분의 원칙에 대한 설명으로 가장 옳지 않은 것은? (다툼이 있으면 판례에 의함)

[20 해경승진] ★★

① 과형상 일죄의 일부분만이 친고죄인 경우에 비친고죄에 대한 고소의 효력은 친고죄에 대하여 미치지 않는다.

② 하나의 문서로 여러 사람을 모욕한 경우 피해자 1인의 고소는 다른 피해자에 대한 모욕에 대해서도 효력이 있다.

③ 반의사불벌죄에 처벌을 희망하지 아니하는 의사표시나 처벌을 희망하는 의사표시의 철회에 관하여는 공범자 간에 불가분의 원칙이 적용되지 않는다.

④ 다른 환자들 앞에서 수술결과에 불만을 품고 거칠게 항의하는 환자 A에 대하여 의사 甲이 욕을 하면서 업무상 지득한 A에 대한 비밀을 누설한 경우, 모욕행위에 대한 A의 고소는 업무상 비밀누설 행위에 대하여도 효력이 미친다.

해설

① [○] 과형상 일죄의 일부분만이 친고죄인 경우, 과형상 일죄의 일부분이 친고죄이고 나머지 부분은 비친고죄인 경우에는 친고죄에 대한 고소의 효력이 비친고죄에 대해 미치지 않고, 또한 비친고죄에 대한 고소의 효력이 친고죄에 대하여 미치지 않는다.

② [×] 상상적 경합범(과형상 일죄)의 경우 피해자가 다르거나 일부 범죄만이 친고죄인 경우에는 고소의 객관적 불가분의 원칙이 적용되지 아니한다. 지문과 같이 하나의 문서로 여러 사람을 모욕한 경우 피해자가 다르므로 피해자 1인의 고소는 다른 피해자에 대한 모욕에 대해서 효력이 미치지 않는다.

③ [○] 형사소송법 제232조 제1항, 제2항에서 고소취소의 시한과 재고소의 금지를 규정하고 제3항에서는 반의사불벌죄에 제1항, 제2항의 규정을 준용하는 규정을 두면서도, 제233조에서 고소와 고소취소의 불가분에 관한 규정을 함에 있어서는 반의사불벌죄에 이를 준용하는 규정을 두지 아니한 것은 처벌을 희망하지 아니하는 의사표시나 처벌을 희망하는 의사표시의 철회에 관하여 친고죄와는 달리 공범자간에 불가분의 원칙을 적용하지 아니하고자 함에 있다고 볼 것이다(대판 1994.4.26. 93도1689).

④ [○] 과형상 일죄의 각 부분이 모두 친고죄이고 피해자도 같은 경우에는 객관적 불가분의 원칙이 적용된다.

▶ 지문의 경우 모욕죄와 업무상비밀누설죄는 모두 친고죄이며 피해자는 A로 동일하다. 따라서 모욕행위에 대한 A의 고소는 업무상비밀누설행위에도 그 효력이 미친다.

정답 ②

29 다음 중 고소에 관한 설명으로 가장 옳은 것은? (다툼이 있으면 판례에 의함)

[20 해경1차] ☆☆

① 친고죄에 대하여 고소할 자가 없는 경우에 이해관계인의 신청이 있으면 검사는 7일 이내에 고소할 수 있는 자를 지정하여야 한다.

② 「형사소송법」은 고소의 주관적 불가분 원칙 및 객관적 불가분 원칙 모두 명문으로 규정하고 있다.

③ 「형사소송법」 제230조 제1항 본문은 "친고죄에 대하여는 범인을 알게 된 날로부터 6월을 경과하면 고소하지 못한다."고 규정하고 있는바, 여기서 범인을 알게 된다 함은 통상인의 입장에서 보아 고소권자가 고소를 할 수 있을 정도로 범죄사실과 범인을 아는 것을 의미하고, 여기서 범죄사실을 안다는 것은 고소권자가 친고죄에 해당하는 범죄의 피해가 있었다는 사실관계에 관하여 미필적인 인식이 있음을 말한다.

④ 친고죄의 공범 중 그 일부에 대하여 제1심 판결이 선고된 후에는 제1심 판결 선고 전의 다른 공범자에 대하여는 그 고소를 취소할 수 없고 그 고소의 취소가 있다 하더라도 그 효력을 발생할 수 없으며, 이러한 법리는 필요적 공범인지 임의적 공범인지를 구별함이 없이 모두 적용된다.

해설

① [×] 친고죄에 대하여 고소할 자가 없는 경우에 이해관계인의 신청이 있으면 검사는 10일 이내에 고소할 수 있는 자를 지정하여야 한다(제228조).

② [×] 고소의 객관적 불가분의 원칙이란 친고죄에 있어서 하나의 범죄사실 일부에 대한 고소나 그 취소는 그 전부에 대하여 효력이 인정된다는 원칙을 말한다. 이에 대한 명문의 규정은 없으나 '하나의 사건은 소송법적으로 나눌 수 없다'라는 이론상 당연히 인정되고 있다.

③ [×] '범인을 알게 된다 함'은 통상인의 입장에서 보아 고소권자가 고소를 할 수 있을 정도로 범죄사실과 범인을 아는 것을 의미하고, 범죄사실을 안다는 것은 고소권자가 친고죄에 해당하는 범죄의 피해가 있었다는 사실관계에 관하여 확정적인 인식이 있음을 말한다(대판 2010.7.15. 2010도4680).

④ [○] 친고죄의 공범 중 그 일부에 대하여 제1심판결이 선고된 후에는 제1심판결 선고 전의 다른 공범자에 대하여는 그 고소를 취소할 수 없고 그 고소의 취소가 있다 하더라도 그 효력을 발생할 수 없으며, 이러한 법리는 필요적 공범이냐 임의적 공범이냐를 구별함이 없이 모두 적용된다(대판 1985.11.12. 85도1940).

정답 ④

30 고소에 관한 설명 중 옳지 않은 것은? (다툼이 있는 경우 판례에 의함) [23 변호사] ☆☆

① 법원이 선임한 부재자 재산관리인이 그 관리대상인 부재자의 재산에 대한 범죄행위에 관하여 법원으로부터 고소권 행사에 관한 허가를 얻은 경우 부재자 재산관리인은 「형사소송법」 제225조 제1항에서 정한 법정대리인으로서 적법한 고소권자에 해당한다.

② 고소에 있어서 범죄사실의 특정 정도는 고소인의 의사가 수사기관에 대하여 일정한 범죄사실을 지정신고하여 범인의 소추처벌을 구하는 의사표시가 있었다고 볼 수 있을 정도면 충분하며, 범인의 성명이 불명이거나 범행의 일시·장소·방법 등이 명확하지 않다고 하더라도 그 효력에는 아무 영향이 없다.

③ 「민법」상 행위능력이 없는 사람이라도 피해를 입은 사실을 이해하고 고소에 따른 사회생활상의 이해관계를 알아차릴 수 있는 사실상의 의사능력을 갖추었다면 고소능력이 인정된다.

④ 피해자의 법정대리인은 피해자의 고소권 소멸 여부에 관계없이 고소할 수 있고, 이러한 고소권은 피해자의 명시한 의사에 반하여도 행사할 수 있다.

⑤ 친고죄에서 적법한 고소가 있었는지는 엄격한 증명의 대상이 되고, 일죄의 관계에 있는 친고죄 범죄사실 일부에 대한 고소의 효력은 일죄 전부에 대하여 미친다.

해설

① [○] 법원이 선임한 부재자 재산관리인이 그 관리대상인 부재자의 재산에 대한 범죄행위에 관하여 법원으로부터 고소권 행사에 관한 허가를 얻은 경우 부재자 재산관리인은 형사소송법 제225조 제1항에서 정한 법정대리인으로서 적법한 고소권자에 해당한다(대판 2022.5.26. 2021도2488).

② [○] 고소는 고소권자가 수사기관에 대하여 범죄사실을 신고하여 범인의 처벌을 구하는 의사표시이므로 고소인은 범죄사실을 특정하여 신고하면 족하고 범인이 누구인지 나아가 범인 중 처벌을 구하는 자가 누구인지를 적시할 필요도 없다(대판 1996.3.12. 94도2423). 따라서 범인의 성명이 불명이거나 또는 오기가 있었다거나 범행의 일시·장소·방법 등이 명확하지 않거나 틀린 것이 있다고 하더라도 고소의 효력에는 아무런 영향이 없다(대판 1984.10.23. 84도1704).

③ [○] 고소능력은 피해를 받은 사실을 이해하고 고소에 따른 사회생활상의 이해관계를 알아차릴 수 있는 사실상의 의사능력으로 충분하므로, 민법상의 행위능력이 없는 사람이라도 위와 같은 능력을 갖춘 사람이면 고소능력이 인정된다. 또한 고소위임을 위한 능력도 위와 마찬가지이다(대판 1999.2.9. 98도2074).

④ [○] 법정대리인의 고소권은 무능력자의 보호를 위하여 법정대리인에게 주어진 고유권이므로 법정대리인은 피해자의 고소권 소멸 여부에 관계없이 고소할 수 있고 이러한 고소권은 피해자의 명시한 의사에 반하여도 행사할 수 있다(대판 1999.12.24. 99도3784).

⑤ [×] 친고죄에서 적법한 고소가 있었는지는 자유로운 증명의 대상이 되고, 일죄의 관계에 있는 범죄사실의 일부에 대한 고소, 공소제기, 고발의 효력은 그 일죄의 전부에 대하여 미친다(대판 2011.6.24. 2011도4451).

정답 ⑤

31 친고죄와 반의사불벌죄에 관한 설명 중 옳은 것(○)과 옳지 않은 것(×)을 올바르게 조합한 것은? (다툼이 있으면 판례에 의함)

[22 변호사] ☆☆

ㄱ 제1심 법원이 반의사불벌죄로 기소된 피고인에 대하여 「소송촉진 등에 관한 특례법」 제23조에 따라 피고인에 대한 송달불능보고서가 접수된 때부터 6개월이 지나도록 피고인의 소재를 확인할 수 없어 피고인의 진술 없이 유죄를 선고하여 판결이 확정된 경우, 만일 피고인이 항소권회복청구를 함으로써 항소심 재판을 받게 되었다면 피해자는 그 항소심 절차에서 처벌을 희망하는 의사표시를 철회할 수 없다.

ㄴ 반의사불벌죄에 있어서 청소년인 피해자에게 비록 의사능력이 있다 하더라도 피고인에 대하여 처벌을 희망하지 않는다는 의사표시 또는 처벌을 희망하는 의사표시의 철회는 피해자가 단독으로 이를 할 수 없고 법정대리인의 동의가 있어야 한다.

ㄷ 고소는 제1심 판결선고 전까지 취소할 수 있으므로 친고죄의 공범 중 일부에 대하여 제1심 판결이 선고된 후라도 제1심 판결선고 전의 다른 공범자에 대하여는 그 고소를 취소할 수 있고, 고소를 취소한 경우 친고죄에 대한 고소 취소로서의 효력이 있다.

ㄹ 친고죄에 있어서의 피해자의 고소권은 공법상의 권리라고 할 것이므로 법이 특히 명문으로 인정하는 경우를 제외하고는 자유처분을 할 수 없고 따라서 일단 제기한 고소는 취소할 수 있으나 고소 전에 고소권을 포기할 수는 없다.

① ㄱ ○ ㄴ ○ ㄷ × ㄹ ×
② ㄱ ○ ㄴ × ㄷ × ㄹ ○
③ ㄱ × ㄴ ○ ㄷ ○ ㄹ ×
④ ㄱ × ㄴ × ㄷ ○ ㄹ ○
⑤ ㄱ × ㄴ × ㄷ × ㄹ ○

해설

ㄱ [○] 피고인이 제1심 법원에 소촉법 제23조의2에 따른 재심을 청구하는 대신 항소권회복청구를 함으로써 항소심 재판을 받게 되었다면 항소심을 제1심이라고 할 수 없는 이상 그 항소심 절차에서는 처벌을 희망하는 의사표시를 철회할 수 없다(대판 2016.11.25. 2016도9470).

ㄴ [×] 반의사불벌죄라고 하더라도 피해자인 청소년에게 의사능력이 있는 이상, 단독으로 피고인 또는 피의자의 처벌을 희망하지 않는다는 의사표시 또는 처벌희망 의사표시의 철회를 할 수 있고, 거기에 법정대리인의 동의가 있어야 하는 것으로 볼 것은 아니다(대판(전) 2009.11.19. 2009도6058).

ㄷ [×] 친고죄의 공범 중 그 일부에 대하여 제1심판결이 선고된 후에는 제1심판결 선고전의 다른 공범자에 대하여는 그 고소를 취소할 수 없고 그 고소의 취소가 있다 하더라도 그 효력을 발생할 수 없다(대판 1985.11.12. 85도1940).

ㄹ [○] 친고죄에 있어서의 피해자의 고소권은 공법상의 권리라고 할 것이므로 법이 특히 명문으로 인정하는 경우를 제외하고는 자유처분을 할 수 없고 따라서 일단 한 고소는 취소할 수 있으나 고소전에 고소권을 포기할 수 없다(대판 1967.5.23. 67도471).

정답 ②

32 고소취소에 대한 설명으로 가장 적절하지 않은 것은? (다툼이 있으면 판례에 의함) [21 경찰승진]

① 고소의 취소는 수사기관 또는 법원에 대한 고소한 자의 의사표시로서 서면 또는 구술로 할 수 있다.

② 피해자가 제1심 법정에서 피고인에 대한 처벌희망 의사표시를 철회할 당시 나이가 14세 10개월이었더라도 그 철회의 의사표시가 의사능력이 있는 상태에서 행해졌다면 법정대리인의 동의가 없었더라도 유효하다.

③ 피해자가 피고인을 고소한 사건에서, 법원으로부터 증인으로 출석하라는 소환장을 받은 피해자가 자신에 대한 증인소환을 연기해 달라고 하거나 기일변경신청을 하고 출석하지 않는 경우, 이를 피해자의 처벌불원의 의사표시로 볼 수 있다.

④ 피고인이 피해자로부터 합의서를 교부받아 피고인이 피해자를 대리하여 처벌불원의사서를 수사기관에 제출한 이상, 이후 피고인이 피해자에게 약속한 치료비 전액을 지급하지 아니한 경우에도 민사상 치료비에 관한 합의금지급채무가 남는 것은 별론으로 하고 피해자는 처벌불원의사를 철회할 수 없다.

해설

① [○] 고소취소는 고소와 동일하게 서면 또는 구술로 할 수 있다(제237조 제1항, 제239조). 고소의 취소나 처벌을 희망하는 의사표시의 철회는 수사기관 또는 법원에 대한 법률행위적 소송행위이므로 공소제기 전에는 고소사건을 담당하는 수사기관에, 공소제기 후에는 고소사건의 수소법원에 대하여 이루어져야 한다(대판 2012.2.23. 2011도17264).

② [○] 피해자가 제1심 법정에서 피고인들에 대한 처벌 희망 의사표시를 철회할 당시 나이가 14세 10개월이었더라도 그 철회의 의사표시가 의사능력이 있는 상태에서 행해졌다면 법정대리인의 동의가 없었더라도 유효하다는 이유로, 피고인들에 대한 공소사실 중 청소년의 성보호에 관한 법률 위반의 점의 공소를 기각했다(대판(전) 2009.11.19. 2009도6058).

③ [×] 반의사불벌죄에 있어서 피해자가 처벌을 희망하지 아니하는 의사표시나 처벌을 희망하는 의사표시의 철회를 하였다고 인정하기 위해서는 피해자의 진실한 의사가 명백하고 믿을 수 있는 방법으로 표현되어야 할 것인바, 기록에 의하면 피해자 2은 1999.1.27. 피고인을 고소한 다음, 제1심법원으로부터 2000.8.26.에 2000.9.27. 14:00에 증인으로 출석하라는 소환장을 송달받고서 "수출무역 상담차 약 1개월간 미국을 방문할 예정이니 증인소환을 연기하여 주기 바랍니다."라는 내용의 2000.9.13.자 서면을 제출하고 불출석하였고, 2000.9.30.에 2000.11.22. 14:00에 증인으로 출석하라는 소환장을 송달받고서 "업무출장 관계로 출석할 수 없으니 기일을 변경하여 주시기 바랍니다. 공소외 1(피고인과 함께 피해자 2으로부터 고소된 사람임)은 90회 이상 증인을 고소, 고발하여 괴롭히고 있습니다. 공소외 2를 고소취하하였는데 무엇 때문에 또 증인을 부르시나요? 제발 생업에 종사할 수 있도록 선처하여 주시기 바랍니다."라는 내용의 2000.11.13.자 서면을 제출하고 불출석하였고, 2000.11.27.에 2000.12.13. 14:00에 증인으로 출석하라는 소환장을 송달받고서 "수출 협의차 외국출장 중이니 기일을 변경하여 주시기 바랍니다. 공소외 1은 증인을 90회 이상 고소, 고발하였고, 증인도 공소외 1을 20회 이상 고소, 고발하여 그동안 제대로 업무를 할 수가 없었습니다. 이번 수출 건은 꼭 상담해야 하니 선처하여 주시기 바랍니다."라는 내용의 2000.12.2.자 서면을 제출하고 불출석하였으며, 제1심판결 선고 시까지도 고소취하장 등을 제출한 일이 없는 사실을 인정할 수 있고, 그렇다면 위 2000.11.13.자 서면만으로는 피고인에 대한 처벌을 희망하지 아니하거나 처벌을 희망하는 의사표시를 철회하는 피해자 2의 진정한 의사가 명백하고 믿을 수 있는 방법으로 표시되었다고 볼 수 없을 것이다(대판 2001.6.15. 2001도1809).

④ [○] 피해자는 그 합의서를 작성·교부함으로써 피고인에게 자신을 대리하여 자신의 처벌불원의사를 수사기관에 표시할 수 있는 권한을 수여하였고, 피고인이 그 합의서를 수사기관에 제출한 이상 피해자의 처벌불원의사가 수사기관에 적법하게 표시되었으며, 이후 피고인이 피해자에게 약속한 치료비 전액을 지급하지 아니한 경우에도 민사상 치료비에 관한 합의금지급채무가 남는 것은 별론으로 하고 처벌불원의사를 철회할 수 없다(대판 2001.12.14. 2001도4283).

정답 ③

33 친고죄에서의 고소취소 및 고소권 포기에 대한 설명으로 가장 적절하지 않은 것은? (다툼이 있으면 판례에 의함)

[21 경찰1차] ☆☆

① 고소를 한 피해자가 가해자에게 합의서를 작성하여 준 것만으로는 적법한 고소취소로 보기 어렵지만, "가해자와 원만히 합의하였으므로 피해자는 가해자를 상대로 이 사건과 관련한 어떠한 민·형사상의 책임도 묻지 아니한다."는 취지의 합의서를 공소제기 이전 수사기관에 제출하였다면 고소취소의 효력이 있다.

② 고소는 제1심판결 선고 전까지 취소할 수 있지만, 항소심에서 공소장변경절차를 거치지 아니하고 법원이 직권으로 친고죄가 아닌 범죄를 친고죄로 인정한 경우, 항소심에서 고소인이 고소를 취소하였다면 친고죄에 대한 고소취소로서 효력을 갖는다.

③ 일단 고소를 취소한 자는 고소기간이 남았더라도 다시 고소하지 못한다.

④ 고소권은 고소 전에 포기될 수 없으므로, 비록 고소 전에 피해자가 처벌을 원치 않았다 하더라도 피해자가 고소장을 제출하여 처벌을 희망하는 의사를 분명히 표시한 후 그 고소를 취소한 바 없다면 피해자의 고소는 유효하다.

해설

① [○] 형사소송법 제239조, 제237조의 규정상 고소인이 합의서를 피고인에게 작성하여준 것만으로는 고소가 적법히 취소된 것으로 볼 수 없다(대판 1983.9.27. 83도516). 피해자가 경찰에 강간치상의 범죄사실을 신고한 후 경찰관에게 가해자의 처벌을 원한다는 취지의 진술을 하였다가, 그 다음에 가해자와 합의한 후 "이 사건 전체에 대하여 가해자와 원만히 합의하였으므로 피해자는 가해자를 상대로 이 사건과 관련한 어떠한 민·형사상의 책임도 묻지 아니한다."는 취지의 가해자와 피해자 사이의 합의서가 경찰에 제출되었다면, 위와 같은 합의서의 제출로써 피해자는 가해자에 대하여 처벌을 희망하던 종전의 의사를 철회한 것으로서 공소제기 전에 고소를 취소한 것으로 봄이 상당하다(대판 2002.7.12. 2001도6777).

② [×] 항소심에서 공소장의 변경에 의하여 또는 공소장변경절차를 거치지 아니하고 법원 직권에 의하여 친고죄가 아닌 범죄를 친고죄로 인정하였더라도 항소심을 제1심이라 할 수는 없는 것이므로 항소심에 이르러 비로소 고소인이 고소를 취소하였다면 이는 친고죄에 대한 고소취소로서의 효력은 없다(대판(전) 1999.4.15. 96도1922).

③ [○] 고소를 취소한 자는 다시 고소할 수 없다(제232조 제2항).

④ [○] 피해자가 고소장을 제출하여 처벌을 희망하는 의사를 분명히 표시한 후 고소를 취소한 바 없다면 비록 고소 전에 피해자가 처벌을 원치 않았다 하더라도 그 후에 한 피해자의 고소는 유효하다(대판 2008.11.27. 2007도4977).

정답 ②

34 고소의 취소에 대한 설명으로 가장 적절한 것은? (다툼이 있으면 판례에 의함)

[19 경찰승진] ☆

① 항소심이 제1심의 공소기각 판결이 위법함을 이유로 제1심 판결을 파기하고 사건을 제1심으로 다시 환송한 경우, 이미 제1심 판결이 한번 선고되었던 이상 파기환송 후 다시 진행된 제1심 절차에서 고소취소는 허용되지 않는다.

② 항소심에서 공소상변경 또는 법원 직권에 의하여 비친고죄를 친고죄로 인정한 경우, 항소심에서의 고소취소는 친고죄에 대한 고소취소로서의 효력이 없다.

③ 고소는 대리인을 통해서 할 수 있지만, 고소의 취소는 대리가 허용되지 않는다.

④ 검사가 작성한 피해자에 대한 진술조서에 "법대로 처벌하여 주시기 바랍니다."라고 기재되어 있고, "더 할 말이 없나요?"라는 물음에 "젊은 사람들이니 한 번 기회를 주시면 감사하겠습니다."라고 조서에 기재되었다면 처벌의사를 철회한 것으로 볼 수 있다.

해설

① [×] 상소심에서 제1심의 공소기각판결이 법률위반을 이유로 이를 파기하고 사건을 제1심법원에 환송함에 따라 다시 제1심 절차가 진행된 경우, 종전의 제1심판결은 이미 파기되어 그 효력을 상실하였으므로 환송 후의 제1심판결 선고 전에는 고소취소의 제한사유가 되는 제1심판결 선고가 없는 경우에 해당한다. 따라서 환송 후 제1심판결 선고 전에 고소가 취소되면 형사소송법 제327조 제5호에 의하여 판결로써 공소를 기각하여야 한다(대판 2011.8.25. 2009도9112).

② [○] 원래 고소의 대상이 된 피고소인의 행위가 친고죄에 해당할 경우 소송요건인 그 친고죄의 고소를 취소할 수 있는 시기를 언제까지로 한정하는가는 형사소송절차운영에 관한 입법정책상의 문제이기에 형사소송법의 그 규정은 국가형벌권의 행사가 피해자의 의사에 의하여 좌우되는 현상을 장기간 방치하지 않으려는 목적에서 고소취소의 시한을 획일적으로 제1심판결 선고시까지로 한정한 것이고, 따라서 그 규정을 현실적 심판의 대상이 된 공소사실이 친고죄로 된 당해 심급의 판결 선고시까지 고소인이 고소를 취소할 수 있다는 의미로 볼 수는 없다 할 것이어서, 항소심에서 공소장의 변경에 의하여 또는 공소장변경절차를 거치지 아니하고 법원 직권에 의하여 친고죄가 아닌 범죄를 친고죄로 인정하였더라도 항소심을 제1심이라 할 수는 없는 것이므로, 항소심에 이르러 비로소 고소인이 고소를 취소하였다면 이는 친고죄에 대한 고소취소로서의 효력은 없다(대판 1999.4.15. 96도1922).

③ [×] 고소 또는 그 취소는 대리인으로 하여금 하게 할 수 있다(제236조).

④ [×] 검사가 작성한 피해자에 대한 진술조서기재 중 "피의자들의 처벌을 원하는가요?"라는 물음에 대하여 "법대로 처벌하여 주기 바랍니다."로 되어 있고 이어서 "더 할 말이 있는가요?"라는 물음에 대하여 "젊은 사람들이니 한번 기회를 주시면 감사하겠습니다."로 기재되어 있다면 피해자의 진술취지는 법대로 처벌하되 관대한 처분을 바란다는 취지로 보아야 하고 처벌의사를 철회한 것으로 볼 것이 아니다(대판 1981.1.13. 80도2210).

정답 ②

35 전속고발에 대한 설명으로 가장 적절하지 않은 것은? (다툼이 있으면 판례에 의함) [21 경찰1차] ☆☆☆

① 공정거래위원회의 고발이 있어야 공소를 제기할 수 있는 「독점규제 및 공정거래에 관한 법률」 위반죄를 적용하여 위반행위자들 중 일부에 대하여 공정거래위원회가 고발을 하였다면 나머지 위반행위자에 대하여도 위 고발의 효력이 미친다.

② 전속고발사건에 있어서 수사기관이 고발에 앞서 수사를 하고 甲에 대한 구속영장을 발부받은 후 검찰의 요청에 따라 관계공무원이 고발조치를 하였다고 하더라도 공소제기 전에 고발이 있은 이상 甲에 대한 공소제기의 절차가 법률의 규정에 위반하여 무효라고 할 수는 없다.

③ 세무공무원 등의 고발이 있어야 공소를 제기할 수 있는 「조세범 처벌법」 위반죄에 관하여 일단 불기소처분이 있었더라도 세무공무원 등이 종전에 한 고발은 여전히 유효하고, 따라서 나중에 공소를 제기함에 있어 세무공무원 등의 새로운 고발이 있어야 하는 것은 아니다.

④ 공정거래위원회가 사업자에게 「독점규제 및 공정거래에 관한 법률」의 규정을 위반한 혐의가 있다고 인정하여 동법 제71조에 따라 사업자를 고발하였다면, 법원이 본안에 대하여 심판한 결과 위반되는 혐의 사실이 인정되지 아니하더라도 이러한 사정만으로는 그 고발을 기초로 이루어진 공소제기 등 형사절차의 효력에 영향을 미치지 아니한다.

해설

① [×] 죄형법정주의의 원칙에 비추어 친고죄에 관한 고소의 주관적 불가분 원칙을 규정한 형사소송법 제233조의 유추적용을 통하여 공정거래위원회의 고발이 없는 위반행위자에 대해서까지 형사처벌의 범위를 확장하는 것도 허용될 수 없으므로, 위반행위자 중 일부에 대하여 공정거래위원회의 고발이 있다고 하여 나머지 위반행위자에 대하여도 위 고발의 효력이 미친다고 볼 수 없고, 나아가 독점규제법 제70조의 양벌규정에 따라 처벌되는 법인이나 개인에 대한 고발의 효력이 그 대표자나 대리인, 사용인 등으로서 행위자인 사람에게까지 미친다고 볼 수도 없다(대판 2011.7.28. 2008도5757).

② [○] 수사기관이 고발에 앞서 수사를 하고 피고인에 대한 구속영장을 발부받은 후 검찰의 요청에 따라 세무서장이 고발조치를 하였다고 하더라도 공소제기 전에 고발이 있은 이상, 조세범처벌법위반 사건 피고인에 대한 공소제기의 절차가 법률의 규정에 위반하여 무효라고 할 수 없다(대판 1995.3.10. 94도3373).

③ [○] 세무공무원 등의 고발이 있어야 공소를 제기할 수 있는 조세범처벌법위반죄에 관하여 일단 불기소처분이 있었더라도 세무공무원 등이 종전에 한 고발은 여전히 유효하다. 따라서 나중에 공소를 제기함에 있어 세무공무원 등의 새로운 고발이 있어야 하는 것은 아니다(대판 2009.10.29. 2009도6614).

④ [○] 공정거래위원회가 사업자에게 독점규제법의 규정을 위반한 혐의가 있다고 인정하여 사업자를 고발하였다면 이로써 소추의 요건은 충족되며, 공소가 제기된 후에는 고발을 취소하지 못함에 비추어 보면, 법원이 본안을 심판한 결과 독점규제법의 규정에 위반되는 혐의 사실이 인정되지 아니하거나 그 위반 혐의에 관한 공정거래위원회의 처분이 위법하여 행정소송에서 취소된다 하더라도 이러한 사정만으로는 그 고발을 기초로 이루어진 공소제기 등 형사절차의 효력에 영향을 미치지 아니한다(대판 2015.9.10. 2015도3926).

정답 ①

36 다음 중 반의사불벌죄에 대한 설명으로 가장 옳지 않은 것은? (다툼이 있으면 판례에 의함) [21 해경승진]

① 반의사불벌죄에 있어서 처벌불원의 의사표시의 부존재는 법원이 직권으로 조사 · 판단하여야 한다.

② 반의사불벌죄에서 피해자가 사망한 경우에는 그 상속인이 피해자를 대신하여 처벌불원의 의사표시를 할 수 있다.

③ 「형사소송법」 제233조에서 고소와 고소취소의 불가분에 관한 규정을 함에 있어서 반의사불벌죄에 이를 준용하는 규정을 두지 아니한 것은 입법의 불비로 볼 것은 아니다.

④ 반의사불벌죄에 있어서 미성년자인 피해자의 피고인 또는 피의자에 대한 처벌을 희망하지 않는다는 의사표시 또는 처벌을 희망하는 의사표시의 철회는 의사능력이 있는 한 피해자가 단독으로 할 수 있고, 거기에 법정대리인의 동의가 있어야 한다거나 법정대리인에 의해 대리되어야 하는 것은 아니다.

해설

① [○] 반의사불벌죄에서 처벌을 희망하는 의사표시의 철회 또는 처벌을 희망하지 않는 의사표시는 제1심판결 선고 전까지 할 수 있다(제232조 제1항 · 제3항). 처벌불원 의사표시의 부존재는 소극적 소송조건으로서 직권조사사항에 해당하므로 당사자가 항소이유로 주장하지 않았더라도 원심은 이를 직권으로 조사 · 판단하여야 한다(대판 2019.12.13. 2019도10678).

② [×] 폭행죄는 피해자의 명시한 의사에 반하여 공소를 제기할 수 없는 반의사불벌죄로서 처벌불원의 의사표시는 의사능력이 있는 피해자가 단독으로 할 수 있는 것이고, 피해자가 사망한 후 그 상속인이 피해자를 대신하여 처벌불원의 의사표시를 할 수는 없다고 보아야 한다(대판 2010.5.27. 2010도2680).

③ [○] 형사소송법이 고소와 고소취소에 관한 규정을 하면서 제232조 제1항, 제2항에서 고소취소의 시한과 재고소의 금지를 규정하고 제3항에서는 반의사불벌죄에 제1항, 제2항의 규정을 준용하는 규정을 두면서도, 제233조에서 고소와 고소취소의 불가분에 관한 규정을 함에 있어서는 반의사불벌죄에 이를 준용하는 규정을 두지 아니한 것은 처벌을 희망하지 아니하는 의사표시나 처벌을 희망하는 의사표시의 철회에 관하여 친고죄와는 달리 공범자간에 불가분의 원칙을 적용하지 아니하고자 함에 있다고 볼 것이지, 입법의 불비로 볼 것은 아니다(대판 1994.4.26. 93도1689).

④ [○] 청소년의 성보호에 관한 법률 제16조에 규정된 반의사불벌죄라고 하더라도, 피해자인 청소년에게 의사능력이 있는 이상, 단독으로 피고인 또는 피의자의 처벌을 희망하지 않는다는 의사표시 또는 처벌희망 의사표시의 철회를 할 수 있고, 거기에 법정대리인의 동의가 있어야 하는 것으로 볼 것은 아니다(대판(전) 2009.11.19. 2009도6058).

정답 ②

37 고소 등에 대한 설명으로 옳은 것은? (다툼이 있으면 판례에 의함)

[20 국가7급] ★★

① 반의사불벌죄에 있어서 성인인 피해자가 교통사고로 인해 의식을 회복하지 못하여 처벌희망 여부에 관한 의사표시를 할 수 있는 소송능력이 있다고 할 수 없는 경우, 피해자의 부모가 피해자를 대리하여 처벌을 희망하지 아니한다는 의사를 표시하면 처벌할 수 없다.

② 반의사불벌죄에 있어서 미성년자인 피해자는 의사능력이 있더라도 단독으로는 처벌을 희망하는 의사표시를 할 수 없고 법정대리인의 동의가 있어야 한다.

③ 형사소송법 제230조 제1항(고소기간)의 '범인을 알게 된'은 통상인의 입장에서 보아 고소권자가 고소를 할 수 있을 정도로 범죄사실과 범인을 아는 것을 의미하고, 여기서 범죄사실을 안다는 것은 고소권자가 친고죄에 해당하는 범죄의 피해가 있었다는 사실관계에 관하여 확정적인 인식이 있음을 말한다.

④ 고소인이 사건 당일 범죄사실을 신고하면서 현장에 출동한 경찰관에게 고소장을 교부하였다면, 그 후 경찰서에 도착하여 최종적으로 고소장을 접수시키지 아니하기로 결심하고 고소장을 반환받았더라도 고소의 효력이 발생된다.

해설

① [×] 교통사고로 의식을 회복하지 못하고 있는 피해자의 아버지가 피해자를 대리하여 처벌을 희망하지 아니한다는 의사를 표시하는 것은 허용되지 아니할 뿐만 아니라 피해자가 성년인 이상 의사능력이 없다는 것만으로 피해자의 아버지가 당연히 법정대리인이 된다고 볼 수도 없으므로, 피해자의 아버지가 처벌을 희망하지 아니한다는 의사를 표시하였더라도 소송법적으로 효력이 발생할 수 없다(대판 2013.9.26. 2012도568).

② [×] 반의사불벌죄라고 하더라도 피해자인 청소년에게 의사능력이 있는 이상, 단독으로 피고인 또는 피의자의 처벌을 희망하지 않는다는 의사표시 또는 처벌희망 의사표시의 철회를 할 수 있고, 거기에 법정대리인의 동의가 있어야 하는 것으로 볼 것은 아니다(대판(전) 2009.11.19. 2009도6058).

③ [○] '범인을 알게 된다 함'은 통상인의 입장에서 보아 고소권자가 고소를 할 수 있을 정도로 범죄사실과 범인을 아는 것을 의미하고, 범죄사실을 안다는 것은 고소권자가 친고죄에 해당하는 범죄의 피해가 있었다는 사실관계에 관하여 확정적인 인식이 있음을 말한다(대판 2010.7.15. 2010도4680).

④ [×] 비록 고소인이 사건 당일 간통의 범죄사실을 신고하면서 현장에 출동한 경찰관에게 고소장을 교부하였다고 하더라도, 송파경찰서에 도착하여 최종적으로 고소장을 접수시키지 아니하기로 결심하고 고소장을 반환받은 것이라면, 고소장이 수사기관에 적법하게 수리되어 고소의 효력이 발생되었다고 할 수 없다. 나아가 고소인이 당시 피고인들에 대하여 처벌불원의 의사를 표시하였다고 하더라도, 애초 적법한 고소가 없었던 이상, 그로부터 3개월이 지나 제기된 이 사건 고소가 재고소의 금지를 규정한 형사소송법 제232조 제2항에 위반된다고 볼 수도 없다(대판 2008.11.27. 2007도4977).

정답 ③

38 불심검문에 관한 설명 중 가장 적절한 것은? (다툼이 있는 경우 판례에 의함)

[23 경찰1차] ★★★

① 경찰관이 불심검문 대상자 해당 여부를 판단할 때에는 불심검문 당시의 구체적 상황은 물론 사전에 얻은 정보나 전문적 지식 등에 기초하여 그 대상자인지를 객관적 · 합리적 기준에 따라 판단하여야 하므로, 불심검문의 적법요건으로 불심검문 대상자에게 형사소송법상 체포나 구속에 이를 정도의 혐의가 있을 것을 요한다.

② 행정경찰 목적의 경찰활동으로 행하여지는 경찰관 직무집행법 제3조 제2항 소정의 질문을 위한 동행요구가 형사소송법의 규율을 받는 수사로 이어지는 경우에는 형사소송법 제199조 제1항 및 제200조 규정에 의하여야 한다.

③ 경찰관 직무집행법 제3조 제4항은 경찰관이 불심검문을 하고자 할 때에는 자신의 신분을 표시하는 증표를 제시하여야 한다고 규정하고 있고, 동법 시행령은 위 법에서 규정한 신분을 표시하는 증표가 경찰관의 공무원증이라고 규정하고 있으므로, 경찰관이 불심검문 과정에서 공무원증을 제시하지 않았다면 어떠한 경우라도 그 불심검문은 위법한 공무집행에 해당한다.

④ 경찰관 직무집행법 제3조 제6항은 불심검문에 관하여 임의 동행한 사람을 6시간을 초과하여 경찰관서에 머물게 할 수 없다고 규정하고 있으므로, 대상자를 6시간 동안 경찰관서에 구금하는 것이 허용된다.

해설

① [×] 경찰관이 불심검문 대상자 해당 여부를 판단할 때에는 불심검문 당시의 구체적 상황은 물론 사전에 얻은 정보나 전문적 지식 등에 기초하여 불심검문 대상자인지를 객관적 · 합리적인 기준에 따라 판단하여야 하나, 반드시 불심검문 대상자에게 형사소송법상 체포나 구속에 이를 정도의 혐의가 있을 것을 요한다고 할 수는 없다(대판 2014.12.11. 2014도7976).

② [○] 형사소송법 제199조 제1항은 "수사에 관하여 그 목적을 달성하기 위하여 필요한 조사를 할 수 있다. 다만, 강제처분은 이 법률에 특별한 규정이 있는 경우에 한하며, 필요한 최소한도의 범위 안에서만 하여야 한다."고 규정하여 임의수사의 원칙을 명시하고 있는바, 수사관이 동행에 앞서 피의자에게 동행을 거부할 수 있음을 알려 주었거나 동행한 피의자가 언제든지 자유로이 동행과정에서 이탈 또는 동행장소로부터 퇴거할 수 있었음이 인정되는 등 오로지 피의자의 자발적인 의사에 의하여 수사관서 등에의 동행이 이루어졌음이 객관적인 사정에 의하여 명백하게 입증된 경우에 한하여, 그 적법성이 인정되는 것으로 봄이 상당하다. 형사소송법 제200조 제1항에 의하여 검사 또는 사법경찰관이 피의자에 대하여 임의적 출석을 요구할 수는 있겠으나, 그 경우에도 수사관이 단순히 출석을 요구함에 그치지 않고 일정 장소로의 동행을 요구하여 실행한다면 위에서 본 법리가 적용되어야 하고, 한편 행정경찰 목적의 경찰활동으로 행하여지는 경찰관직무집행법 제3조 제2항 소정의 질문을 위한 동행요구도 형사소송법의 규율을 받는 수사로 이어지는 경우에는 역시 위에서 본 법리가 적용되어야 한다(대판 2006.7.6. 2005도6810).

③ [×] 불심검문을 하게 된 경위, 불심검문 당시의 현장상황과 검문을 하는 경찰관들의 복장, 피고인이 공무원증 제시나 신분확인을 요구하였는지 여부 등을 종합적으로 고려하여, 검문하는 사람이 경찰관이고 검문하는 이유가 범죄행위에 관한 것임을 피고인이 충분히 알고 있었다고 보이는 경우에는 신분증을 제시하지 않았다고 하여 그 불심검문이 위법한 공무집행이라고 할 수 없다(대판 2014.12.11. 2014도7976).

④ [×] 임의동행한 사람이 동의하여도 6시간을 초과하여 경찰관서에 머물게 할 수 없다는 것이며, 임의동행한 사람의 의사와 무관하게 6시간 동안 경찰관서에 구금하는 것을 허용하는 것은 아니다(대판 1997.8.22. 97도1240).

정답 ②

39 「경찰관 직무집행법」 제3조에 따른 불심검문에 대한 설명으로 옳지 않은 것은? (다툼이 있는 경우 판례에 의함)

[22 경찰간부] ☆☆

① 「경찰관 직무집행법」은 경찰관이 불심검문 대상자에 대하여 질문을 할 때 흉기 소지 여부를 조사할 수 있다고 규정하고 있을 뿐 흉기 이외의 소지품 검사에 대해서는 규정하고 있지 않다.

② 불심검문이 적법하기 위해서는 불심검문 대상자에게 「형사소송법」상 체포나 구속에 이를 정도의 혐의가 있어야 하는 것은 아니다.

③ 불심검문하는 사람이 경찰관이고 검문하는 이유가 자신의 범죄행위에 관한 것임을 불심검문을 당하는 자가 충분히 알고 있었다고 보이는 경우에는 경찰관이 불심검문을 당하는 자에게 신분증을 제시하지 않았다 하더라도 그 불심검문이 위법한 것은 아니다.

④ 불심검문 대상자 해당 여부는 사전에 알려진 정보나 전문지식을 기초로 하는 것이 아니라 불심검문 당시의 구체적 상황을 기초로 판단하여야 한다.

해설

① [○] 경찰관은 거동불심자에게 질문을 할 때에 그 사람이 흉기를 가지고 있는지를 조사할 수 있다고 규정하고 있으나(경직법 제3조 제3항), 일반 소지품의 조사에 대하여는 명문규정이 없다.

② [○], ④ [×] 경찰관이 불심검문 대상자 해당 여부를 판단할 때에는 불심검문 당시의 구체적 상황은 물론 사전에 얻은 정보나 전문적 지식 등에 기초하여 불심검문 대상자인지를 객관적·합리적인 기준에 따라 판단하여야 하나, 반드시 불심검문 대상자에게 형사소송법상 체포나 구속에 이를 정도의 혐의가 있을 것을 요한다고 할 수는 없다(대판 2014.12.11. 2014도7976).

③ [○] 불심검문을 하게 된 경위, 불심검문 당시의 현장상황과 검문을 하는 경찰관들의 복장, 피고인이 공무원증 제시나 신분확인을 요구하였는지 여부 등을 종합적으로 고려하여, 검문하는 사람이 경찰관이고 검문하는 이유가 범죄행위에 관한 것임을 피고인이 충분히 알고 있었다고 보이는 경우에는 신분증을 제시하지 않았다고 하여 그 불심검문이 위법한 공무집행이라고 할 수 없다(대판 2014.12.11. 2014도7976).

정답 ④

40 불심검문에 관한 설명 중 옳지 않은 것은? (다툼이 있으면 판례에 의함)

[20 경찰간부] ★★

① 경찰관이 신분증을 제시하지 않았더라도 불심검문을 하는 사람이 경찰관이고 검문하는 이유가 자신의 범죄행위에 관한 것임을 피고인이 충분히 알고 있었다고 보인다면 그 불심검문은 적법하다.

② 자전거를 이용한 날치기 사건이 발생한 직후 그 인근에서 검문을 실시 중이던 경찰관들이 위 날치기 사건의 범인과 흡사한 인상착의의 피의자를 발견하고 소속과 성명을 고지하면서 검문에 협조해 달라고 하였을 때, 피의자가 자전거를 타고 그대로 진행하였고 이에 경찰봉으로 그 앞을 가로막으면서 진행을 제지하였다면 불심검문의 한계를 벗어나 위법하다.

③ 경찰관이 불심검문 시 동행에 앞서 피의자에게 동행을 거부할 수 있음을 알려주었거나 동행과정에서 이탈 또는 동행장소에서 퇴거할 수 있었음이 인정되는 등 오로지 피의자의 자발적인 의사에 의하여 경찰관서 등에 동행이 이루어졌다는 것이 객관적인 사정에 의하여 명백하게 입증된 경우에 한하여 동행의 적법성이 인정된다.

④ 임의동행한 경우 당해인을 6시간을 초과하여 경찰관서에 머물게 할 수 없다고 규정하고 있다고 하여 그 규정이 임의동행한 자를 6시간 동안 경찰관서에 구금하는 것을 허용하는 것은 아니다.

해설

① [○] 불심검문을 하게 된 경위, 불심검문 당시의 현장상황과 검문을 하는 경찰관들의 복장, 피고인이 공무원증 제시나 신분확인을 요구하였는지 여부 등을 종합적으로 고려하여, 검문하는 사람이 경찰관이고 검문하는 이유가 범죄행위에 관한 것임을 피고인이 충분히 알고 있었다고 보이는 경우에는 신분증을 제시하지 않았다고 하여 그 불심검문이 위법한 공무집행이라고 할 수 없다(대판 2014.12.11. 2014도7976).

② [×] 인근에서 자전거를 이용한 날치기 사건이 발생한 직후 검문을 하던 경찰관들이 날치기 사건의 범인과 흡사한 인상착의인 피고인을 발견하고 앞을 가로막으며 진행을 제지한 행위는 목적 달성에 필요한 최소한의 범위 내에서 사회통념상 용인될 수 있는 상당한 방법에 의한 것으로 적법한 공무집행에 해당한다(대판 2012.9.13. 2010도6203).

③ [○] 수사관이 동행에 앞서 피의자에게 동행을 거부할 수 있음을 알려 주었거나 동행한 피의자가 언제든지 자유로이 동행과정에서 이탈 또는 동행장소로부터 퇴거할 수 있었음이 인정되는 등 오로지 피의자의 자발적인 의사에 의하여 수사관서 등에의 동행이 이루어졌음이 객관적인 사정에 의하여 명백하게 입증된 경우에 한하여, 그 적법성이 인정되는 것으로 봄이 상당하다(대판 2006.7.6. 2005도6810).

④ [○] 임의동행한 사람이 동의하여도 6시간을 초과하여 경찰관서에 머물게 할 수 없다는 것이며 임의동행한 사람의 의사와 무관하게 6시간 동안 경찰관서에 구금하는 것을 허용하는 것은 아니다(대판 1997.8.22. 97도1240).

정답 ②

41 「경찰관 직무집행법」상 불심검문에 대한 설명으로 적절하지 않은 것은 모두 몇 개인가? (다툼이 있으면 판례에 의함)

[21 경찰승진] ☆☆

㉠ 불심검문 대상자에게 「형사소송법」상 체포나 구속에 이를 정도의 혐의가 없을지라도, 경찰관은 당시의 구체적 상황과 사전에 얻은 정보나 전문적 지식 등에 기초하여 객관적·합리적인 기준에 따라 불심검문 대상 여부를 판단한다. ㉡ 불심검문에 따른 동행요구는 「형사소송법」상 임의수사로서 임의동행의 한 종류로 취급하여야 한다. ㉢ 검문하는 사람이 경찰관이고 검문하는 이유가 범죄행위에 관한 것임을 검문받는 사람이 충분히 알고 있었다고 보이는 경우에는 경찰관이 신분증을 제시하지 않았다고 하여 그 불심검문이 위법한 공무집행이라고 할 수 없다. ㉣ 검문 중이던 경찰관들이, 자전거를 이용한 날치기 사건 범인과 흡사한 인상착의의 사람이 자전거를 타고 다가오는 것을 발견하고 정지를 요구하였으나 멈추지 않아, 앞을 가로막고 소속과 성명을 고지한 후 검문에 협조해 달라고 하였음에도 불응하고 그대로 전진하자, 따라가서 재차 앞을 막고 검문에 응하라고 요구한 경우, 이는 적법한 불심검문에 해당한다. ㉤ 경찰관은 임의동행에 앞서 당해인에 대해 진술거부권과 변호인의 조력을 받을 권리를 고지해야 한다.

① 2개 ② 3개
③ 4개 ④ 5개

해설

㉠ [○] 경찰관이 불심검문 대상자 해당 여부를 판단할 때에는 불심검문 당시의 구체적 상황은 물론 사전에 얻은 정보나 전문적 지식 등에 기초하여 불심검문 대상자인지를 객관적·합리적인 기준에 따라 판단하여야 하나, 반드시 불심검문 대상자에게 형사소송법상 체포나 구속에 이를 정도의 혐의가 있을 것을 요한다고 할 수는 없다(대판 2014.12.11. 2014도7976).

㉡ [×] 임의동행은 '경찰관 직무집행법 제3조 제2항'에 따른 행정경찰 목적의 경찰활동 외에도, '형사소송법 제199조 제1항'에 따라 범죄수사를 위하여 수사관이 동행에 앞서 피의자에게 동행을 거부할 수 있음을 알려주었거나 동행한 피의자가 언제든지 자유로이 동행과정에서 이탈 또는 동행장소로부터 퇴거할 수 있었음이 인정되는 등 오로지 피의자의 자발적인 의사에 의하여 이루어진 경우에도 가능하다(대판 2020.5.14. 2020도398).

▶ 경직법상의 불심검문(특히 임의동행)은 범죄의 예방과 진압을 목적으로 하는 행정경찰작용에 속하는 것으로 형사소송법상의 임의수사(특히 임의동행)와 일응 구별된다.

㉢ [○] 불심검문을 하게 된 경위, 불심검문 당시의 현장상황과 검문을 하는 경찰관들의 복장, 피고인이 공무원증 제시나 신분확인을 요구하였는지 여부 등을 종합적으로 고려하여, 검문하는 사람이 경찰관이고 검문하는 이유가 범죄행위에 관한 것임을 피고인이 충분히 알고 있었다고 보이는 경우에는 신분증을 제시하지 않았다고 하여 그 불심검문이 위법한 공무집행이라고 할 수 없다(대판 2014.12.11. 2014도7976).

㉣ [○] 인근에서 자전거를 이용한 날치기 사건이 발생한 직후 검문을 하던 경찰관들이 날치기 사건의 범인과 흡사한 인상착의인 피고인을 발견하고 앞을 가로막으며 진행을 제지한 행위는 목적 달성에 필요한 최소한의 범위 내에서 사회통념상 용인될 수 있는 상당한 방법에 의한 것으로 적법한 공무집행에 해당한다(대판 2012.9.13. 2010도6203).

㉤ [×] 경찰관은 동행한 사람의 가족이나 친지 등에게 동행한 경찰관의 신분, 동행 장소, 동행 목적과 이유를 알리거나 본인으로 하여금 즉시 연락할 수 있는 기회를 주어야 하며, 변호인의 도움을 받을 권리가 있음을 알려야 한다(경직법 제3조 제5항).

▶ 경직법상 임의동행의 경우 변호인의 도움을 받을 권리는 고지의 대상이나 진술거부권은 고지의 대상이 아니므로 고지할 필요가 없다.

정답 ①

42 다음 중 불심검문에 관한 설명으로 옳은 것을 모두 고른 것은? (다툼이 있으면 판례에 의함) [21 해경간부] ☆☆

> ㉠ 경찰관은 동행한 사람의 가족이나 친지 등에게 동행한 경찰관의 신분, 동행 장소, 동행 목적과 이유를 알리거나 본인으로 하여금 즉시 연락할 수 있는 기회를 주어야 하며, 변호인의 도움을 받을 권리가 있음을 알려야 한다.
> ㉡ 검문하는 사람이 경찰관이고 검문하는 이유가 범죄행위에 관한 것임을 피검문자가 충분히 알고 있었다고 보이는 경우라도 검문 시 경찰관이 신분증을 제시하지 않았다면 그 불심검문은 위법한 공무집행에 해당한다.
> ㉢ 경찰관이 불심검문 대상자에의 해당 여부를 판단할 때에는 불심검문 당시의 구체적인 상황은 물론 사전에 얻은 정보나 전문적 지식 등에 기초하여 불심검문 대상자인지를 객관적·합리적인 기준에 따라 판단하여, 반드시 불심검문 대상자에게 「형사소송법」상 체포나 구속에 이를 정도의 혐의가 있을 것을 요한다.
> ㉣ 「경찰관 직무집행법」에는 경찰관이 질문할 때 흉기소지 여부를 조사할 수 있다는 규정을 두고 있으나, 흉기 이외의 소지품에 대해서는 명문규정을 두고 있지 않다.
> ㉤ 「경찰관 직무집행법」에는 경찰관이 동행한 사람에게 진술을 거부할 수 있음을 고지하여야 한다는 명문규정을 두고 있지 않다.
> ㉥ 검문중이던 경찰관들이 자전거를 이용한 날치기 사건 범인과 흡사한 인상착의의 피고인이 자전거를 타고 다가오는 것을 발견하고 정지를 요구하였으나 멈추지 않아 앞을 가로막고 소속과 성명을 고지한 후 검문에 협조해 달라는 취지로 말하였음에도 불응하고 그대로 전진하자, 따라가서 재차 앞을 막고 검문에 응하라고 요구한 것은 적법한 불심검문에 해당하지 않는다.

① ㉠, ㉡, ㉤　　② ㉡, ㉢, ㉣
③ ㉠, ㉣, ㉤　　④ ㉢, ㉤, ㉥

해설

㉠ [○] 경직법 제3조 제5항.
㉡ [×] 불심검문을 하게 된 경위, 불심검문 당시의 현장상황과 검문을 하는 경찰관들의 복장, 피고인이 공무원증 제시나 신분확인을 요구하였는지 여부 등을 종합적으로 고려하여, 검문하는 사람이 경찰관이고 검문하는 이유가 범죄행위에 관한 것임을 피고인이 충분히 알고 있었다고 보이는 경우에는 신분증을 제시하지 않았다고 하여 그 불심검문이 위법한 공무집행이라고 할 수 없다(대판 2014.12.11. 2014도7976).
㉢ [×] 경찰관이 불심검문 대상자 해당 여부를 판단할 때에는 불심검문 당시의 구체적 상황은 물론 사전에 얻은 정보나 전문적 지식 등에 기초하여 불심검문 대상자인지를 객관적·합리적인 기준에 따라 판단하여야 하나, 반드시 불심검문 대상자에게 형사소송법상 체포나 구속에 이를 정도의 혐의가 있을 것을 요한다고 할 수는 없다(대판 2014.12.11. 2014도7976).
㉣ [○] 경직법 제3조 제3항.
㉤ [○] 경찰관은 동행한 사람의 가족이나 친지 등에게 동행한 경찰관의 신분, 동행 장소, 동행 목적과 이유를 알리거나 본인으로 하여금 즉시 연락할 수 있는 기회를 주어야 하며, 변호인의 도움을 받을 권리가 있음을 알려야 한다(경직법 제3조 제5항).
▶ 경직법상 임의동행의 경우 변호인의 도움을 받을 권리는 고지의 대상이나 진술거부권은 고지의 대상이 아니므로 고지할 필요가 없다.
㉥ [×] 인근에서 자전거를 이용한 날치기 사건이 발생한 직후 검문을 하던 경찰관들이 날치기 사건의 범인과 흡사한 인상착의인 피고인을 발견하고 앞을 가로막으며 진행을 제지한 행위는 목적 달성에 필요한 최소한의 범위 내에서 사회통념상 용인될 수 있는 상당한 방법에 의한 것으로 적법한 공무집행에 해당한다(대판 2012.9.13. 2010도6203).

정답 ③

43 변사자에 대한 설명으로 가장 적절한 것은? (다툼이 있으면 판례에 의함)

[20 경찰2차] ☆☆

① 변사자란 부자연한 사망으로서 그 사인이 분명하지 않은 자뿐만 아니라 범죄로 사망한 것이 명백한 자도 포함된다.

② 변사자는 수사의 단서로서 발견 즉시 수사가 개시된다.

③ 「검사의 사법경찰관리에 대한 수사지휘 및 사법경찰관리의 수사 준칙에 관한 규정」 제51조 제1항에 의하면 사법경찰관리는 변사자 또는 변사의 의심이 있는 사체가 있으면 관할 지방검찰청 또는 지청의 검사에게 보고하고 지휘를 받아야 한다. 단, 긴급을 요하는 경우 그러하지 아니하다.

④ 형사소송법 제222조 제1항의 검시로 범죄의 혐의를 인정하고 긴급을 요할 때에는 영장없이 검증할 수 있다.

해설

① [×] 형법 제163조의 변사자라 함은 부자연한 사망으로서 그 사인이 분명하지 않은 자를 의미하고 그 사인이 명백한 경우는 변사자라 할 수 없으므로, 범죄로 인하여 사망한 것이 명백한 자의 사체는 같은 법조 소정의 변사체검시방해죄의 객체가 될 수 없다(대판 2003.6.27. 2003도1331).

② [×] 검시는 수사단서인 수사 전의 처분이고 수사 자체는 아니므로, 검시의 결과 범죄혐의가 인정되면 수사가 개시된다.

③ [×] 사법경찰관은 변사자 또는 변사한 것으로 의심되는 사체가 있으면 변사사건 발생사실을 검사에게 통보해야 한다. 검사는 법 제222조 제1항에 따라 검시를 했을 경우에는 검시조서를, 검증영장이나 같은 조 제2항에 따라 검증을 했을 경우에는 검증조서를 각각 작성하여 사법경찰관에게 송부해야 한다. 사법경찰관은 법 제222조 제1항 및 제3항에 따라 검시를 했을 경우에는 검시조서를, 검증영장이나 같은 조 제2항 및 제3항에 따라 검증을 했을 경우에는 검증조서를 각각 작성하여 검사에게 송부해야 한다. 검사와 사법경찰관은 법 제222조에 따라 변사자의 검시를 한 사건에 대해 사건 종결 전에 수사할 사항 등에 관하여 상호 의견을 제시·교환해야 한다(검사와 사법경찰관의 상호협력과 일반적 수사준칙에 관한 규정 제17조 제1항 내지 제4항).

④ [○] 변사자 검시로 범죄의 혐의를 인정하고 긴급을 요할 때에는 영장없이 검증할 수 있다(제222조 제2항).

정답 ④

44 다음 중 가장 옳은 설명은? (다툼이 있으면 판례에 의함)

[20 해경간부] ☆☆

① 변사자 또는 변사의 의심 있는 사체가 있는 때에는 그 소재지를 관할하는 사법경찰관이 검시하여야 한다.

② 검시는 검증과 유사하므로 유족의 동의가 없으면 판사의 영장을 발부받아 검시를 하여야 한다.

③ 변사자의 검시 결과 범죄의 혐의가 인정되면 수사기관은 법원의 허가 없이 의사에게 위촉하여 사체를 해부할 수 있다.

④ 변사자의 검시는 수사가 아닌 수사의 단서에 불과하다.

해설

① [×] 변사자 또는 변사의 의심있는 사체가 있는 때에는 그 소재지를 관할하는 지방검찰청 검사가 검시하여야 한다(제222조 제1항).

② [×], ④ [○] 변사자검시는 수사의 단서에 불과하므로 법관의 영장을 필요로 하지 않는다. 따라서, 변사자검시로 범죄의 혐의를 인정하고 긴급을 요할 때에는 영장없이 검증을 할 수 있다(제222조 제2항).

③ [×] 다수설은 영장없이 검증의 예외를 인정하는 제222조 제2항에 사체해부[5]는 포함되지 않는다고 한다. 사체해부는 미리 영장을 발부받지 못할 정도로 긴급을 요할 때에 해당하지 않고 매우 신중을 기할 필요가 있기 때문이다.

정답 ④

5) 실무에서는 사체해부를 '부검'이라고 하고 압수·수색영장의 절차에 따르고 있다.

제5절 | 임의수사

45 수사에 관한 설명 중 가장 적절한 것은? (다툼이 있는 경우 판례에 의함) [23 경찰1차] ★★

① 누구든지 자기의 얼굴 기타 모습을 함부로 촬영당하지 않을 자유를 가지므로, 수사기관이 범죄를 수사함에 있어 타인의 얼굴 기타 모습을 영장 없이 촬영하였다면, 그 촬영은 어떠한 경우라도 허용될 수 없다.

② 음주운전에 대한 수사과정에서 음주운전 혐의가 있는 운전자에 대하여 도로교통법에 따른 호흡측정이 이루어진 경우 과학적이고 중립적인 호흡측정 수치가 도출되었다 하여도 그 결과에 오류가 있다고 인정할 만한 객관적이고 합리적인 사정이 있는 경우라면 추가로 음주측정을 할 필요성이 있으므로, 경찰관이 혐의를 제대로 밝히기 위해 혈액채취에 의한 측정방법으로 재측정하는 것을 위법하다 할 수 없고 운전자는 이에 따라야 할 의무가 있다.

③ 위법한 체포상태에서 마약 투약 혐의를 확인하기 위한 채뇨 요구가 이루어진 경우, 채뇨 요구를 위한 위법한 체포와 그에 이은 채뇨 요구는 마약 투약이라는 범죄행위에 대한 증거수집을 위하여 연속하여 이루어진 것으로서 개별적으로 그 적법 여부를 평가하는 것은 적절하지 아니하므로 그 일련의 과정을 전체적으로 보아 위법한 채뇨 요구가 있었던 것으로 보아야 한다.

④ 경범죄처벌법 제3조 제1항 제34호의 지문채취 불응 시 처벌규정은 영장주의에 따른 강제처분을 규정한 것으로, 수사상 필요에 의하여 수사기관이 직접강제에 의하여 지문을 채취하려 하는 경우와 마찬가지로 법관에 의해 발부된 영장이 필요하다.

해설

① [×] 누구든지 자기의 얼굴 기타 모습을 함부로 촬영당하지 않을 자유를 가지나 이러한 자유도 국가권력의 행사로부터 무제한으로 보호되는 것은 아니고 국가의 안전보장·질서유지·공공복리를 위하여 필요한 경우에는 상당한 제한이 따르는 것이고, 수사기관이 범죄를 수사함에 있어 현재 범행이 행하여지고 있거나 행하여진 직후이고, 증거보전의 필요성 및 긴급성이 있으며, 일반적으로 허용되는 상당한 방법에 의하여 촬영을 한 경우라면 위 촬영이 영장 없이 이루어졌다 하여 이를 위법하다고 단정할 수 없다(대판 1999.9.3. 99도2317).

② [×] 음주운전에 대한 수사 과정에서 음주운전 혐의가 있는 운전자에 대하여 구 도로교통법(2014.12.30. 법률 제12917호로 개정되기 전의 것) 제44조 제2항에 따른 호흡측정이 이루어진 경우에는 운전자의 불복이 없는 한 다시 음주측정을 하는 것은 원칙적으로 허용되지 아니한다. 그러나 운전자의 태도와 외관, 운전 행태 등에서 드러나는 주취 정도, 운전자가 마신 술의 종류와 양, 운전자가 사고를 야기하였다면 경위와 피해 정도, 목격자들의 진술 등 호흡측정 당시의 구체적 상황에 비추어 호흡측정기의 오작동 등으로 인하여 호흡측정 결과에 오류가 있다고 인정할 만한 객관적이고 합리적인 사정이 있는 경우라면 그러한 호흡측정 수치를 얻은 것만으로는 수사의 목적을 달성하였다고 할 수 없어 추가로 음주측정을 할 필요성이 있으므로, 경찰관이 음주운전 혐의를 제대로 밝히기 위하여 운전자의 자발적인 동의를 얻어 혈액채취에 의한 측정의 방법으로 다시 음주측정을 하는 것을 위법하다고 볼 수는 없다. 이 경우 운전자가 일단 호흡측정에 응한 이상 재차 음주측정에 응할 의무까지 당연히 있다고 할 수는 없으므로, 운전자의 혈액채취에 대한 동의의 임의성을 담보하기 위하여는 경찰관이 미리 운전자에게 혈액채취를 거부할 수 있음을 알려주었거나 운전자가 언제든지 자유로이 혈액채취에 응하지 아니할 수 있었음이 인정되는 등 운전자의 자발적인 의사에 의하여 혈액채취가 이루어졌다는 것이 객관적인 사정에 의하여 명백한 경우에 한하여 혈액채취에 의한 측정의 적법성이 인정된다(대판 2015.7.9. 2014도16051).

③ [○] 피의자가 동행을 거부하는 의사를 표시하였음에도 불구하고 경찰관들이 영장에 의하지 아니하고 피의자를 강제로 연행한 행위는 수사상의 강제처분에 관한 형사소송법상의 절차를 무시한 채 이루어진 것으로 위법한 체포에 해당하고, 이와 같이 위법한 체포상태에서 마약 투약 혐의를 확인하기 위한 채뇨 요구가 이루어진 경우, 채뇨 요구를 위한 위법한 체포와 그에 이은 채뇨 요구는 마약 투약이라는 범죄행위에 대한 증거 수집을 위하여 연속하여 이루어진 것으로서 개별적으로 그 적법 여부를 평가하는 것은 적절하지 아니하므로 그 일련의 과정을 전체적으로 보아 위법한 채뇨 요구가 있었던 것으로 볼 수밖에 없다(대판 2013.3.14. 2012도13611).

④ [×] 범죄의 피의자로 입건된 사람들에게 경찰공무원이나 검사의 신문을 받으면서 자신의 신원을 밝히지 않고 지문채취에 불응하는 경우 형사처벌을 통하여 지문채취를 강제하는 경범죄처벌법 규정은 영장주의의 원칙에 위반되지 아니한다. 이 사건 법률조항은 수사기관이 직접 물리적 강제력을 행사하여 피의자에게 강제로 지문을 찍도록 하는 것을 허용하는 규정이 아니며 형벌에 의한 불이익을 부과함으로써 심리적·간접적으로 지문채취를 강요하고 있으므로 피의자가 본인의 판단에 따라 수용여부를 결정한다는 점에서 궁극적으로 당사자의 자발적 협조가 필수적임을 전제로 하므로 물리력을 동원하여 강제로 이루어지는 경우와는

질적으로 차이가 있다. 따라서 이 사건 법률조항에 의한 지문채취의 강요는 영장주의에 의하여야 할 강제처분이라 할 수 없다(헌재 2004.9.23. 2002헌가17).

정답 ③

46 임의동행에 관한 설명 중 가장 적절하지 않은 것은? (다툼이 있는 경우 판례에 의함) [22 경찰2차] ★★

① 경찰관이 동행에 앞서 피의자에게 동행을 거부할 수 있음을 알려주었거나 동행한 피의자가 언제든지 자유로이 동행 과정에서 이탈 또는 동행 장소로부터 퇴거할 수 있었음이 인정되는 등 오로지 피의자의 자발적인 의사에 의하여 수사관서에의 동행이 이루어졌음이 객관적인 사정에 의하여 명백하게 입증된 경우에 한하여 임의동행의 적법성이 인정된다.

② 경찰관이 甲을 경찰서로 동행할 당시 甲에게 언제든지 동행을 거부할 수 있음을 고지한 다음 동행에 대한 동의를 구하였고, 이에 甲이 고개를 끄덕이며 동행의 의사표시를 하였으며, 동행 당시 경찰관에게 욕을 하기나 특별한 저항을 하지 않고서 동행에 순순히 응하였으며, 동행 당시 술에 취한 상태이긴 하였으나, 동행 후 경찰서에서 주취운전자 정황진술보고서의 날인을 거부하고 "이번이 3번째 음주운전이다. 난 시청직원이다. 1번만 봐달라."라고 말한 경우, 甲에 대한 임의동행은 적법하다.

③ 경찰관이 甲의 정신상태, 신체에 있는 주사바늘 자국, 알콜솜 휴대, 전과 등을 근거로 甲의 마약류 투약 혐의가 상당하다고 판단하여 경찰서로 임의동행을 요구하였고, 동행 장소인 경찰서에서 甲에게 마약류 투약 혐의를 밝힐 수 있는 소변과 모발의 임의제출을 요구하였다면, 이때 임의동행은 형사소송법 제199조 제1항에 따른 임의동행에 해당하지 아니한다.

④ 술에 취한 상태에 있다고 인정할 만한 상당한 이유가 있는 운전자가 경찰관으로부터 언제라도 자유로이 퇴거할 수 있음을 고지받고 파출소까지 자발적으로 동행한 경우, 이 파출소에서의 음주측정요구는 위법한 체포 상태에서 이루어진 것이라고 할 수 없다.

해설

① [○] 수사관이 동행에 앞서 피의자에게 동행을 거부할 수 있음을 알려 주었거나 동행한 피의자가 언제든지 자유로이 동행과정에서 이탈 또는 동행장소로부터 퇴거할 수 있었음이 인정되는 등 오로지 피의자의 자발적인 의사에 의하여 수사관서 등에의 동행이 이루어졌음이 객관적인 사정에 의하여 명백하게 입증된 경우에 한하여, 그 적법성이 인정되는 것으로 봄이 상당하다(대판 2006.7.6. 2005도6810).

② [○] 경찰관이 피고인을 경찰서로 동행할 당시 피고인에게 언제든지 동행을 거부할 수 있음을 고지한 다음 동행에 대한 동의를 구하였고, 이에 피고인이 고개를 끄덕이며 동의의 의사표시를 하였던 점, 피고인은 동행 당시 경찰관에게 욕을 하거나 특별한 저항을 하지도 않고 동행에 순순히 응하였던 점, 동행 후 경찰서에서 주취운전자 정황진술보고서의 날인을 거부하고 "이번이 3번째 음주운전이다. 난 시청 직원이다. 1번만 봐 달라."고 말하기도 하는 등 동행 전후 피고인의 언행에 비추어 임의동행은 피고인의 자발적인 의사에 의하여 이루어진 것으로서 적법하다(대판 2012.9.13. 2012도8890).

③ [×] 경찰관은 당시 피고인의 정신 상태, 신체에 있는 주사바늘 자국, 알콜솜 휴대, 전과 등을 근거로 피고인의 마약류 투약 혐의가 상당하다고 판단하여 경찰서로 임의동행을 요구하였고, 동행장소인 경찰서에서 피고인에게 마약류 투약 혐의를 밝힐 수 있는 소변과 모발의 임의제출을 요구하였으므로, 피고인에 대한 임의동행은 마약류 투약 혐의에 대한 수사를 위한 것이어서 형사소송법 제199조 제1항에 따른 임의동행에 해당한다(대판 2020.5.14. 2020도398).

④ [○] 피고인이 경찰관들로부터 언제라도 자유로이 퇴거할 수 있음을 고지받고 파출소까지 자발적으로 동행한 경우, 파출소에서의 음주측정요구를 위법한 체포 상태에서 이루어진 것이라고 할 수 없다(대판 2015.12.24. 2013도8481).

정답 ③

47 수사의 방법에 관한 설명으로 가장 적절하지 않은 것은? (다툼이 있는 경우 판례에 의함)

[23 경찰간부] ☆☆

① 「형사소송법」에서 규정하고 있는 임의수사로는 피의자신문, 참고인조사, 공무소 등에 대한 사실조회, 감정 · 통역 · 번역의 위촉이 있다.

② 수사기관이 범죄를 수사함에 있어 현재 범행이 행하여지고 있거나 행하여진 직후이고, 증거보전의 필요성 및 긴급성이 있으며 일반적으로 허용되는 상당한 방법에 의하여 촬영을 한 경우에는, 그 촬영행위가 영장없이 이루어졌다 하여 이를 위법하다고 할 수 없다.

③ 마약류사범인 수형자에게 마약류반응검사를 위해 소변을 받아 제출하도록 하는 것은 법관의 영장을 필요로 하는 강제처분이므로 구치소 등 교정시설 내에서 소변채취가 법관의 영장없이 실시된 경우에는 영장주의 원칙에 반한다.

④ 피의자의 진술은 조서에 기재하여야 하며, 조서를 열람하게 하거나 읽어 들려주는 과정에서 피의자가 이의를 제기하거나 의견을 진술한 때에는 이를 조서에 추가로 기재하여야 한다.

해설

① [○] 형사소송법상 임의수사에는 피의자신문, 참고인조사, 공무소등에 대한 조회, 감정 · 통역 · 번역의 위촉이 있다. 한편, 형사소송법상 강제수사에는 체포 · 구속, 압수 · 수색 · 검증 등이 있다.

② [○] 수사기관이 범죄를 수사함에 있어 현재 범행이 행하여지고 있거나 행하여진 직후이고, 증거보전의 필요성 및 긴급성이 있으며, 일반적으로 허용되는 상당한 방법으로 촬영한 경우라면 촬영이 영장 없이 이루어졌다 하여 이를 위법하다고 단정할 수 없다(대판 2013.7.26. 2013도2511).

③ [×] 마약류 관련 수형자에 대하여 마약류반응검사를 위하여 소변을 받아 제출하게 한 것은 영장주의에 반하지 아니한다. 소변을 받아 제출하도록 한 것은 교도소의 안전과 질서유지를 위한 것으로 수사에 필요한 처분이 아닐 뿐만 아니라 검사대상자들의 협력이 필수적이어서, 강제처분이라고 할 수도 없어 영장주의의 원칙이 적용되지 않는다(헌재 2006.7.27. 2005헌마277).

④ [○] 피의자의 진술은 조서에 기재하여야 한다. 피의자의 진술을 기재한 조서는 피의자에게 열람하게 하거나 읽어 들려주어야 하며, 진술한 대로 기재되지 아니하였거나 사실과 다른 부분의 유무를 물어 피의자가 증감 또는 변경의 청구 등 이의를 제기하거나 의견을 진술한 때에는 이를 조서에 추가로 기재하여야 한다. 이 경우 피의자가 이의를 제기하였던 부분은 읽을 수 있도록 남겨두어야 한다(제244조 제1항 · 제2항).

정답 ③

48 다음 중 임의수사에 대한 설명으로 가장 옳지 않은 것은? (다툼이 있으면 판례에 의함)

[21 해경승진] ☆

① 수사는 원칙적으로 임의수사에 의하고, 강제수사는 법률에 특별한 규정이 있는 경우에 한하여 허용된다.

② 수사관이 피의자에게 동행거부권을 고지하지 않는 등 임의동행이 사실상의 강제연행에 해당하더라도 임의동행 이후 긴급체포절차를 밟았다면, 긴급체포가 반드시 불법이라 볼 수 없으므로 법원은 긴급체포의 요건을 따로 심리하여 불법 여부를 밝혀야 한다.

③ 수사기관의 임의동행시 오로지 피의자의 자발적인 의사에 의하여 수사관서 등에의 동행이 이루어졌음이 객관적인 사정에 의하여 명백하게 입증된 경우에 한하여 그 적법성이 인정된다.

④ 수사기관이 수사의 필요상 피의자를 임의동행한 경우에도 조사 후 귀가시키지 아니하고 그의 의사에 반하여 경찰서 보호실 등에 계속 유치함으로써 신체의 자유를 속박하였다면 이는 구금에 해당한다.

해설

① [○] 수사에 관하여는 그 목적을 달성하기 위하여 필요한 조사를 할 수 있다. 다만, 강제처분은 이 법률에 특별한 규정이 있는 경우에 한하며, 필요한 최소한도의 범위 안에서만 하여야 한다(제199조 제1항).

② [×] 경찰관들이 동행을 요구할 당시 피고인에게 그 요구를 거부할 수 있음을 말해주지 않은 것으로 보이고, 경찰서에서 화장실에 갈 때도 경찰관 1명이 따라와 감시하는 등 피고인이 경찰서에 도착한 이후의 상황도 피고인이 임의로 퇴거할 수 있는 상황은 아니었던 것으로 보인다면, 비록 사법경찰관이 피고인을 동행할 당시에 물리력을 행사한 바가 없고, 피고인이 명시적으로 거부의사를 표명한 적이 없다고 하더라도, 사법경찰관이 피고인을 수사관서까지 동행한 것은 위에서 적법요건이 갖추어지지 아니한 채 사법경찰관의 동행 요구를 거절할 수 없는 심리적 압박 아래 행하여진 사실상의 강제연행, 즉 불법 체포에 해당한다고 보아야 할 것이고, 사법경찰관이 그로부터 6시간 상당이 경과한 이후에 비로소 피고인에 대하여 긴급체포의 절차를 밟았다고 하더라도 이는 동행의 형식 아래 행해진 불법 체포에 기하여 사후적으로 취해진 것에 불과하므로, 그와 같은 긴급체포 또한 위법하다고 아니할 수 없다(대판 2006.7.6. 2005도6810).

③ [○] 임의동행은 경찰관 직무집행법 제3조 제2항에 따른 행정경찰 목적의 경찰활동으로 행하여지는 것 외에도 형사소송법 제199조 제1항에 따라 범죄 수사를 위하여 수사관이 동행에 앞서 피의자에게 동행을 거부할 수 있음을 알려 주었거나 동행한 피의자가 언제든지 자유로이 동행과정에서 이탈 또는 동행장소로부터 퇴거할 수 있었음이 인정되는 등 오로지 피의자의 자발적인 의사에 의하여 이루어진 경우에 가능하다(대판 2020.5.14. 2020도398).

④ [○] 경찰관직무집행법상 정신착란자, 주취자, 자살기도자등 응급의 구호를 요하는 자를 24시간을 초과하지 아니하는 범위 내에서 경찰관서에 보호조치 할 수 있는 시설로 제한적으로 운영되는 경우를 제외하고는 구속영장을 발부받음이 없이 피의자를 보호실에 유치함은 영장주의에 위배되는 위법한 구금으로서 적법한 공무수행이라고 볼 수 없다(대결 1985.7.29. 85모16).

정답 ②

49 수사에 관한 설명 중 옳지 않은 것은? (다툼이 있으면 판례에 의함)

[20 경찰간부] ☆☆

① 구속영장 발부에 의하여 적법하게 구금된 피의자가 피의자신문을 위한 수사기관 조사실 출석을 거부하는 경우 수사기관은 구속영장의 효력에 의하여 피의자를 조사실로 구인할 수 있다.

② 피의자로 입건된 사람에 대하여 경찰관이 지문조사 외에 다른 방법으로는 그 신원을 확인할 수 없어 지문을 채취하려고 할 때 정당한 이유 없이 이를 거부하면 그 피의자는 경범죄처벌법에 의하여 처벌된다.

③ 수사기관이 참고인을 조사하는 과정에서 형사소송법 제221조 제1항에 따라 작성한 영상녹화물은 다른 법률에서 달리 규정하고 있는 등의 특별한 사정이 없는 한, 원칙적으로 공소사실을 직접증명할 수 있는 독립적인 증거로 사용할 수 없다.

④ 범인식별절차에서 피해자 진술의 신빙성을 높이기 위해서는, 범인의 인상착의 등에 관한 목격자의 진술 내지 묘사를 사전에 상세히 기록화한 다음, 용의자를 포함하여 그와 인상착의가 비슷한 여러 사람을 동시에 목격자와 대면시켜 범인을 지목하도록 하기보다는, 용의자 한 사람을 단독으로 목격자와 대질시키거나 용의자의 사진 한 장만을 목격자에게 제시하여 범인 여부를 확인케 하여야 한다.

해설

① [○] 구속영장 발부에 의하여 적법하게 구금된 피의자가 피의자신문을 위한 출석 요구에 응하지 아니하면서 수사기관 조사실에의 출석을 거부한다면 수사기관은 그 구속영장의 효력에 의하여 피의자를 조사실로 구인할 수 있다. 다만, 이러한 경우에도 그 피의자신문 절차는 어디까지나 임의수사의 한 방법으로 진행되어야 하므로, 피의자는 일체의 진술을 하지 아니하거나 개개의 질문에 대하여 진술을 거부할 수 있고, 수사기관은 피의자를 신문하기 전에 그와 같은 권리를 알려주어야 한다(대결 2013.7.1. 2013모160).

② [○] 범죄 피의자로 입건된 사람의 신원을 지문조사 외의 다른 방법으로는 확인할 수 없어 경찰공무원이나 검사가 지문을 채취하려고 할 때에 정당한 이유 없이 이를 거부한 사람은 10만 원 이하의 벌금, 구류 또는 과료(科料)의 형으로 처벌한다(경범죄처벌법 제3조 제1항 제34호).

③ [○] 수사기관이 참고인을 조사하는 과정에서 형사소송법 제221조 제1항에 따라 작성한 영상녹화물은, 다른 법률에서 달리 규정하고 있는 등의 특별한 사정이 없는 한, 공소사실을 직접 증명할 수 있는 독립적인 증거로 사용될 수는 없다고 해석함이 타당하다(대판 2014.7.10. 2012도5041).

④ [×] 범인식별 절차에 있어 목격자의 진술의 신빙성을 높게 평가할 수 있게 하려면, 범인의 인상착의 등에 관한 목격자의 진술 내지 묘사를 사전에 상세히 기록화한 다음, 용의자를 포함하여 그와 인상착의가 비슷한 여러 사람을 동시에 목격자와 대면시켜 범인을 지목하도록 하여야 하고, 용의자와 목격자 및 비교대상자들이 상호 사전에 접촉하지 못하도록 하여야 하며, 사진제시에 의한 범인식별 절차에 있어서도 기본적으로 이러한 원칙에 따라야 한다. 그리고 이러한 원칙은 동영상제시·가두식별 등에 의한 범인식별 절차와 사진제시에 의한 범인식별 절차에서 목격자가 용의자를 범인으로 지목한 후에 이루어지는 동영상제시·가두식별·대면 등에 의한 범인식별 절차에도 적용되어야 한다(대판 2008.1.17. 2007도5201).

정답 ④

50 수사관이 수사과정에서 동의를 받는 형식으로 피의자를 수사관서 등에 동행하는 임의동행에 관한 설명 중 가장 옳지 않은 것은? (다툼이 있으면 판례에 의함)

[19 경찰간부]

① 이전의 임의동행이 불법체포에 해당한다고 하더라도 6시간이 지난 후 정상적인 긴급체포의 절차를 밟았다면 그 긴급체포는 적법하다.

② 경찰관 직무집행법의 보호조치 요건이 갖추어지지 않았음에도 경찰관이 실제로는 범죄수사를 목적으로 피의자에 해당하는 사람을 피구호자로 삼아 그의 의사에 반하여 경찰서에 데려간 행위는 현행범체포나 임의동행 등의 적법 요건을 갖추었다고 볼만한 특별한 사정이 없다면 위법하다.

③ 수사관이 임의동행에 앞서 피의자에게 동행을 거부할 수 있음을 알려주었거나 동행한 피의자가 언제든지 자유로이 동행과정에서 이탈 또는 동행장소에서 퇴거할 수 있었음이 인정되는 등 오로지 피의자의 자발적인 의사에 의하여 수사관서 등에의 동행이 이루어졌음이 객관적인 사정에 의하여 명백하게 입증된 경우에 한하여, 동행의 적법성이 인정된다.

④ 음주측정을 위하여 피의자를 경찰서로 동행할 당시 피의자에게 동행을 거부할 수 있음을 고지하고 동행을 요구하자 피의자가 고개를 끄덕이며 동의하는 의사표시를 하였고, 피의자는 동행 당시에 경찰관에게 욕을 하거나 특별한 저항을 하지 않고 순순히 응하였으며, 비록 술에 취하였으나 동행요구에 따를 것인지 여부에 관한 판단을 할 정도의 의사능력이 있었던 경우 동행의 자발성을 인정할 수 있다.

해설

① [×] 사법경찰관이 피고인을 수사관서까지 동행한 것은 위에서 적법요건이 갖추어지지 아니한 채 사법경찰관의 동행 요구를 거절할 수 없는 심리적 압박 아래 행하여진 사실상의 강제연행, 즉 불법 체포에 해당한다고 보아야 할 것이고, 사법경찰관이 그로부터 6시간 상당이 경과한 이후에 비로소 피고인에 대하여 긴급체포의 절차를 밟았다고 하더라도 이는 동행의 형식 아래 행해진 불법 체포에 기하여 사후적으로 취해진 것에 불과하므로, 그와 같은 긴급체포 또한 위법하다고 아니할 수 없다(대판 2006.7.6. 2005도6810).

② [○] 경찰관직무직행법상의 보호조치 요건이 갖추어지지 않았음에도 경찰관이 실제로는 범죄수사를 목적으로 피의자에 해당하는 사람을 피구호자로 삼아 그의 의사에 반하여 경찰관서에 데려간 행위는 달리 현행범체포나 임의동행 등의 적법 요건을 갖추었다고 볼 사정이 없다면 위법한 체포에 해당한다(대판 2012.12.13. 2012도11162).

③ [○] 임의동행은 형사소송법 제199조 제1항에 따라 범죄 수사를 위하여 수사관이 동행에 앞서 피의자에게 동행을 거부할 수 있음을 알려 주었거나 동행한 피의자가 언제든지 자유로이 동행과정에서 이탈 또는 동행장소로부터 퇴거할 수 있었음이 인정되는 등 오로지 피의자의 자발적인 의사에 의하여 이루어진 경우에도 가능하다(대판 2020.5.14. 2020도398).

④ [○] 경찰관이 피고인을 경찰서로 동행할 당시 피고인에게 언제든지 동행을 거부할 수 있음을 고지한 다음 동행에 대한 동의를 구하였고, 이에 피고인이 고개를 끄덕이며 동의의 의사표시를 하였던 점, 피고인은 동행 당시 경찰관에게 욕을 하거나 특별한 저항을 하지도 않고 동행에 순순히 응하였던 점, 동행 후 경찰서에서 주취운전자 정황진술보고서의 날인을 거부하고 "이번이 3번째 음주운전이다. 난 시청 직원이다. 1번만 봐 달라."고 말하기도 하는 등 동행 전후 피고인의 언행에 비추어 임의동행은 피고인의 자발적인 의사에 의하여 이루어진 것으로서 적법하다(대판 2012.9.13. 2012도8890).

정답 ①

51 영장주의에 관한 다음 설명 중 가장 옳지 않은 것은? (다툼이 있으면 판례에 의함) [20 해경승진]

① 형사절차에 있어서 영장주의란 체포 · 구속 · 압수 등의 강제처분을 함에 있어서는 사법권 독립에 의하여 그 신분이 보장되는 법관이 발부한 영장에 의하지 않으면 안 된다는 원칙이다.

② 일반영장의 발부는 금지된다. 따라서 구속영장에 있어서는 범죄사실과 피의자는 물론 인치 · 구금할 장소가 특정되어야 하며, 압수 · 수색영장에 있어서는 압수 · 수색의 대상이 특정되어야 한다.

③ 형집행장은 사형 또는 자유형을 집행하기 위하여 검사가 발부하는 것이며 수형자들을 대상으로 한다. 따라서 형집행장은 영장에 해당하지 않는다.

④ 긴급체포는 영장주의 원칙에 대한 예외인 만큼 요건을 갖추지 못한 긴급체포는 법적 근거에 의하지 아니한 영장 없는 체포로서 위법한 체포에 해당하는 것이고, 여기서 긴급체포의 요건을 갖추었는지 여부는 사후에 밝혀진 객관적 사정을 기초로 판단하여야 하고, 이에 관한 검사나 사법경찰관 등 수사주체의 판단에는 재량의 여지가 없다.

해설

① [○] 영장주의란 체포 · 구속 · 압수 등의 강제처분을 함에 있어서는 사법권 독립에 의하여 그 신분이 보장되는 법관이 발부한 영장에 의하지 않으면 아니된다는 원칙이고 따라서 영장주의의 본질은 신체의 자유를 침해하는 강제처분을 함에 있어서는 중립적인 법관이 구체적 판단을 거쳐 발부한 영장에 의하여야만 한다는 데에 있다(헌재 1997.3.27. 96헌바28).

② [○] 압수 · 수색의 대상물은 특정되어야 하며 이것이 특정되지 않고 막연히 '피고사건과 관계 있는 모든 물건'과 같은 방식의 일반영장(一般令狀)은 무효이다. 또한 별건 압수 · 수색도 금지된다.

③ [○] 사형, 징역, 금고 또는 구류의 선고를 받은 자가 구금되지 아니한 때에는 검사는 형을 집행하기 위하여 이를 소환하여야 한다. 소환에 응하지 아니한 때에는 검사는 형집행장을 발부하여 구인하여야 한다(제473조 제1항 · 제2항).

▶ 형집행은 법원의 직무가 아닌 검사의 직무로서 확정된 형집행을 위한 것이므로 법관의 영장에 의하지 않고 검사가 직접 발부한 형집행장에 의하도록 규정한 것이다.

④ [×] 긴급체포의 요건을 갖추었는지 여부는 사후에 밝혀진 사정을 기초로 판단하는 것이 아니라 체포 당시의 상황을 기초로 판단하여야 하고, 이에 관한 검사나 사법경찰관 등 수사주체의 판단에는 상당한 재량의 여지가 있다(대판 2008.3.27. 2007도11400).

정답 ④

52 피의자신문에 관한 설명으로 가장 적절하지 않은 것은? (다툼이 있는 경우 판례에 의함) [23 경찰간부]

① 검사 또는 사법경찰관은 피의자신문 전에 진술거부권과 신문받을 때 변호인의 조력을 받을 수 있음을 고지해야 하나, 이러한 권리를 행사할 것인지의 여부에 대한 피의자의 답변을 반드시 조서에 기재할 필요는 없다.

② 검사 또는 사법경찰관은 조사, 신문, 면담 등 그 명칭을 불문하고 피의자에 대해 원칙적으로 오후 9시부터 오전 6시까지 사이에는 심야조사를 해서는 안 되며, 조서를 열람하거나 예외적으로 심야조사가 허용되는 경우를 제외하고는 총조사 시간은 12시간을 초과하지 않아야 한다.

③ 변호인의 수사방해나 수사기밀의 유출에 대한 우려가 없고, 조사실의 장소적 제약 등이 없음에도 수사관이 피의자신문에 참여한 변호인에게 '피의자 후방에 앉으라'고 요구한 행위는 변호인의 변호권을 침해하는 것이다.

④ 피의자의 진술은 피의자 또는 변호인의 동의 없이도 영상을 녹화할 수 있으나, 다만 미리 영상녹화사실을 알려주어야 하며 조사의 개시부터 종료까지의 전 과정 및 객관적 정황을 영상녹화해야 한다.

해설

① [×] 검사 또는 사법경찰관은 제244조의3 제1항의 사항을 알려 준 때에는 피의자가 진술을 거부할 권리와 변호인의 조력을 받을 권리를 행사할 것인지의 여부를 질문하고, 이에 대한 피의자의 답변을 조서에 기재하여야 한다. 피의자의 답변은 피의자로 하여금 자필로 기재하게 하거나 검사 또는 사법경찰관이 피의자의 답변을 기재한 부분에 기명날인 또는 서명하게 하여야 한다(제244조의3 제2항).

② [○] 검사 또는 사법경찰관은 조사, 신문, 면담 등 그 명칭을 불문하고 피의자나 사건관계인에 대해 오후 9시부터 오전 6시까지 사이에 조사(이하 "심야조사"라 한다)를 해서는 안 된다. 다만, 이미 작성된 조서의 열람을 위한 절차는 자정 이전까지 진행할 수 있다(검사와 사법경찰관의 상호협력과 일반적 수사준칙에 관한 규정 제21조). 검사 또는 사법경찰관은 조사, 신문, 면담 등 그 명칭을 불문하고 피의자나 사건관계인을 조사하는 경우에는 대기시간, 휴식시간, 식사시간 등 모든 시간을 합산한 조사시간(이하 "총조사시간"이라 한다)이 12시간을 초과하지 않도록 해야 한다. 다만, 제21조 제2항 각 호의 어느 하나에 해당하는 경우에는 예외로 한다(검사와 사법경찰관의 상호협력과 일반적 수사준칙에 관한 규정 제22조).

③ [○] 검찰수사관이 피의자신문에 참여한 변호인에게 피의자 후방에 앉으라고 요구한 경우, 피의자가 변호인에게 적극적으로 조언과 상담을 요청할 것을 기대하기 어렵고, 변호인이 피의자의 상태를 즉각적으로 파악하거나 수사기관이 피의자에게 제시한 서류 등의 내용을 정확하게 파악하기 어려우므로 이러한 후방착석 요구행위는 변호인의 자유로운 피의자신문참여를 제한하는 것으로써 헌법상 기본권인 변호인의 변호권을 침해한다(헌재 2017.11.30. 2016헌마503).

④ [○] 피의자의 진술은 영상녹화 할 수 있다. 이 경우 미리 영상녹화사실을 알려주어야 한다(따라서 피의자나 변호인의 동의가 필요한 것은 아니다). 조사의 개시부터 종료까지의 전 과정 및 객관적 정황을 영상녹화하여야 한다(제244조의2 제1항).

정답 ①

53 사법경찰관의 피의자신문에 대한 설명으로 옳지 않은 것은?

[22 경찰간부] ★★

① 사법경찰관이 피의자를 신문함에는 사법경찰관리를 참여하게 하여야 한다.

② 사법경찰관은 피의자의 진술을 영상녹화하는 경우 미리 영상녹화사실을 알려주어야 하지만, 조사의 전 과정을 영상녹화할 필요는 없다.

③ 사법경찰관은 변호인의 피의자 신문참여 및 그 제한에 관한 사항을 피의자신문조서에 기재하여야 한다.

④ 피의자가 신문조서에 대하여 이의나 의견이 없음을 진술한 때에는 피의자로 하여금 그 취지를 자필로 기재하게 하고 조서에 간인한 후 기명날인 또는 서명하게 한다.

해설

① [○] 사법경찰관이 피의자를 신문함에는 사법경찰관리를 참여하게 하여야 한다(제243조).

② [×] 피의자의 진술은 영상녹화할 수 있다. 이 경우 미리 영상녹화사실을 알려주어야 한다(따라서 피의자나 변호인의 동의가 필요한 것은 아니다). 조사의 개시부터 종료까지의 전 과정 및 객관적 정황을 영상녹화하여야 한다(제244조의2 제1항).

③ [○] 검사 또는 사법경찰관은 변호인의 신문참여 및 그 제한에 관한 사항을 피의자신문조서에 기재하여야 한다(제243조의2 제5항).

④ [○] 피의자가 조서에 대하여 이의나 의견이 없음을 진술한 때에는 피의자로 하여금 그 취지를 자필로 기재하게 하고 조서에 간인한 후 기명날인 또는 서명하게 한다(제244조 제3항).

정답 ②

54 피의자신문에 대한 설명으로 가장 적절하지 않은 것은? [21 경찰승진] ☆

① 피의자가 불구속 상태에서 피의자신문을 받을 때에도 변호인의 참여를 요구할 권리를 가진다.

② 피의자가 피의자신문조서를 열람한 후 이의를 제기한 경우 이를 조서에 추가로 기재해야 하며, 이의를 제기하였던 부분은 부당한 심증형성의 기초가 되지 않도록 삭제하여야 한다.

③ 검사 또는 사법경찰관은 변호인의 신문참여 및 그 제한에 관한 사항을 피의자신문조서에 기재하여야 한다.

④ 검사 또는 사법경찰관은 피의자가 조사장소에 도착한 시각, 조사를 시작하고 마친 시각, 그 밖에 조사과정의 진행경과를 확인하기 위하여 필요한 사항을 피의자신문조서에 기록하거나 별도의 서면에 기록한 후 수사기록에 편철하여야 한다.

해설

① [○] 불구속 피의자나 피고인의 경우 형사소송법상 특별한 명문의 규정이 없더라도 스스로 선임한 변호인의 조력을 받기 위하여 변호인을 옆에 두고 조언과 상담을 구하는 것은 수사절차의 개시에서부터 재판절차의 종료에 이르기까지 언제나 가능하다. 따라서 불구속 피의자가 피의자신문시 조언과 상담을 구하기 위하여 자신의 변호인을 대동하기를 원한다면, 수사기관은 특별한 사정이 없는 한 이를 거부할 수 없다고 할 것이다(헌재 2004.9.23. 2000헌마138).

② [×] 제1항의 조서는 피의자에게 열람하게 하거나 읽어 들려주어야 하며, 진술한 대로 기재되지 아니하였거나 사실과 다른 부분의 유무를 물어 피의자가 증감 또는 변경의 청구 등 이의를 제기하거나 의견을 진술한 때에는 이를 조서에 추가로 기재하여야 한다. 이 경우 피의자가 이의를 제기하였던 부분은 읽을 수 있도록 남겨두어야 한다(제244조 제2항).

③ [○] 검사 또는 사법경찰관은 변호인의 신문참여 및 그 제한에 관한 사항을 피의자신문조서에 기재하여야 한다(제243조의2 제5항).

④ [○] 검사 또는 사법경찰관은 피의자가 조사장소에 도착한 시각, 조사를 시작하고 마친 시각, 그 밖에 조사과정의 진행경과를 확인하기 위하여 필요한 사항을 피의자신문조서에 기록하거나 별도의 서면에 기록한 후 수사기록에 편철하여야 한다(제244조의4 제1항).

정답 ②

55 다음 중 피의자신문에 관한 설명으로 가장 옳지 않은 것은? (다툼이 있으면 판례에 의함) [21 해경간부] ☆☆☆

① 피의자신문에 참여한 변호인은 신문 후 의견을 진술할 수 있다. 다만, 신문 중이라도 부당한 신문방법에 대하여 이의를 제기할 수 있고, 검사 또는 사법경찰관의 승인을 얻어 의견을 진술할 수 있다.

② 사법경찰관이 피의자를 신문하면서 신뢰관계에 있는 자를 동석하게 한 경우 동석한 사람이 피의자를 대신하여 진술하도록 하여서는 안 되며, 만약 동석한 사람이 피의자를 대신하여 진술한 부분이 조서에 기재되어 있다면 그 부분은 동석한 사람의 진술을 기재한 조서에 해당한다.

③ 구속된 피의자가 수사기관의 피의자신문을 위한 출석요구에 불응하면서 조사실에 출석을 거부하는 경우에는 구속영장의 효력에 의하여 피의자를 조사실로 구인할 수 있다.

④ 피의자의 변호인이 인정신문을 시작하기 전 검사에게 피의자의 수갑을 해제하여 달라고 계속 요구하자 검사가 수사에 현저한 지장을 초래한다는 이유로 변호인을 퇴실시키는 것이 변호인의 피의자신문 참여권을 침해하는 것은 아니다.

해설

① [○] 신문에 참여한 변호인은 신문 후 의견을 진술할 수 있다. 다만, 신문 중이라도 부당한 신문방법에 대하여 이의를 제기할 수 있고, 검사 또는 사법경찰관의 승인을 받아 의견을 진술할 수 있다(제243조의2 제3항).
② [○] 구체적인 사안에서 신뢰관계자의 동석을 허락할 것인지는 원칙적으로 검사 또는 사법경찰관이 피의자의 건강 상태 등 여러 사정을 고려하여 재량에 따라 판단하여야 할 것이나, 이를 허락하는 경우에도 동석한 사람으로 하여금 피의자를 대신하여 진술하도록 하여서는 아니 되는 것이고 만약 동석한 사람이 피의자를 대신하여 진술한 부분이 조서에 기재되어 있다면 그 부분은 피의자의 진술을 기재한 것이 아니라 동석한 사람의 진술을 기재한 조서에 해당하므로 그 사람에 대한 진술조서로서의 증거능력을 취득하기 위한 요건을 충족하지 못하는 한 이를 유죄 인정의 증거로 사용할 수 없다(대판 2009.6.23. 2009도1322).
③ [○] 수사기관이 구속영장에 의하여 피의자를 구속하는 경우, 그 구속영장은 기본적으로 장차 공판정에의 출석이나 형의 집행을 담보하기 위한 것이지만, 이와 함께 구속기간의 범위 내에서 수사기관이 피의자신문의 방식으로 구속된 피의자를 조사하는 등 적정한 방법으로 범죄를 수사하는 것도 예정하고 있다고 할 것이다. 따라서 구속영장 발부에 의하여 적법하게 구금된 피의자가 피의자신문을 위한 출석 요구에 응하지 아니하면서 수사기관 조사실에의 출석을 거부한다면 수사기관은 그 구속영장의 효력에 의하여 피의자를 조사실로 구인할 수 있다(대결 2013.7.1. 2013모160).
④ [×] 검사가 피의자신문절차에서 인정신문을 진행하기 전에 변호인으로부터 15분에 걸쳐 피의자의 수갑을 해제하여 달라는 명시적이고 거듭된 요구를 받았고 피의자에게 도주, 자해, 다른 사람에 대한 위해의 위험이 분명하고 구체적으로 드러나는 등 특별한 사정이 없었음에도, 교도관에게 수갑을 해제하여 달라고 요청하지 않은 것은 위법하다(대결 2020.3.17. 2015모2357).

정답 ④

56 피의자신문에 대한 설명 중 가장 적절하지 않은 것은? (다툼이 있으면 판례에 의함) [20 경찰1차] ☆☆

① 변호인의 수사방해나 수사기밀의 유출에 대한 우려가 없고 조사실의 장소적 제약 등과 같은 특별한 사정이 없는 상황에서 수사관 A가 피의자신문에 참여한 변호인 B에게 피의자 후방에 앉으라고 요구하는 행위는 목적의 정당성과 수단의 적절성뿐만 아니라 침해의 최소성과 법익 균형성도 충족하지 못하므로 B의 변호권을 침해한다.
② 피의자신문에 참여한 변호인은 원칙적으로 신문 후 의견을 진술할 수 있다. 다만, 신문 중이더라도 부당한 신문방법에 대하여 이의를 제기할 수 있고, 검사 또는 사법경찰관의 승인을 얻어 의견을 진술할 수 있다.
③ 검사 또는 사법경찰관은 피의자가 신체적 또는 정신적 장애로 사물을 변별하거나 의사를 결정 전달할 능력이 미약한 때와 피의자의 연령·성별·국적 등의 사정을 고려하여 그 심리적 안정의 도모와 원활한 의사소통을 위하여 필요한 경우 직권 또는 피의자, 법정대리인의 신청에 따라 피의자와 신뢰관계인을 동석시킬 수 있다. 이 경우 동석한 신뢰관계인이 피의자를 대신하여 진술할 수 있으며 진술한 부분이 조서에 기재되어 있다면 이를 유죄 인정의 증거로 사용할 수 있다.
④ 인지절차를 밟기 전에 수사를 하였다고 하더라도 그 수사가 장차 인지의 가능성이 전혀 없는 상태하에서 행해졌다는 등의 특별한 사정이 없는 한 인지절차가 이루어지기 전에 수사를 하였다는 이유만으로 그 수사가 위법하다고 볼 수는 없고, 따라서 그 수사과정에서 작성된 피의자신문조서나 진술조서 등의 증거능력도 이를 부인할 수 없다.

해설

① [○] 검찰수사관이 피의자신문에 참여한 변호인에게 피의자 후방에 앉으라고 요구한 경우, 피의자가 변호인에게 적극적으로 조언과 상담을 요청할 것을 기대하기 어렵고, 변호인이 피의자의 상태를 즉각적으로 파악하거나 수사기관이 피의자에게 제시한 서류 등의 내용을 정확하게 파악하기 어려우므로 이러한 후방착석 요구행위는 변호인의 자유로운 피의자신문참여를 제한하는 것으로써 헌법상 기본권인 변호인의 변호권을 침해한다(헌재 2017.11.30. 2016헌마503).
② [○] 신문에 참여한 변호인은 신문 후 의견을 진술할 수 있다. 다만, 신문 중이라도 부당한 신문방법에 대하여 이의를 제기할 수 있고, 검사 또는 사법경찰관의 승인을 받아 의견을 진술할 수 있다(제243조의2 제3항).

③ [×] 구체적인 사안에서 신뢰관계자의 동석을 허락할 것인지는 원칙적으로 검사 또는 사법경찰관이 피의자의 건강 상태 등 여러 사정을 고려하여 재량에 따라 판단하여야 할 것이나, 이를 허락하는 경우에도 동석한 사람으로 하여금 피의자를 대신하여 진술하도록 하여서는 아니 되는 것이고 만약 동석한 사람이 피의자를 대신하여 진술한 부분이 조서에 기재되어 있다면 그 부분은 피의자의 진술을 기재한 것이 아니라 동석한 사람의 진술을 기재한 조서에 해당하므로 그 사람에 대한 진술조서로서의 증거능력을 취득하기 위한 요건을 충족하지 못하는 한 이를 유죄 인정의 증거로 사용할 수 없다(대판 2009.6.23. 2009도1322).

④ [○] 검사가 범죄인지서 작성절차를 거치기 전에 범죄의 혐의가 있다고 보아 수사를 개시하는 행위를 한 때에는 이때에 범죄를 인지한 것으로 보아야 하고, 그 뒤 범죄인지서를 작성하여 사건수리 절차를 밟은 때에 비로소 범죄를 인지하였다고 볼 것이 아니며, 이러한 인지절차를 밟기 전에 수사를 하였다고 하더라도 그 수사가 장차 인지의 가능성이 전혀 없는 상태하에서 행하여졌다는 등의 특별한 사정이 없는 한, 인지절차가 이루어지기 전에 수사를 하였다는 이유만으로 그 수사가 위법하다고 볼 수는 없고 따라서 그 수사과정에서 작성된 피의자신문조서나 진술조서 등의 증거능력도 이를 부인할 수 없다(대판 2001.10.26. 2000도2968).

정답 ③

57 피의자신문에 관한 설명 중 가장 옳지 않은 것은? (다툼이 있으면 판례에 의함)

[19 경찰간부]

① 수사기관이 피의자신문에 참여한 변호인에게 정당한 사유 없이 피의자 옆에 앉지 말고 뒤에 앉으라고 요구한 행위는 변호인의 변호권에 대한 침해행위에 해당한다.

② 구속영장발부에 의하여 적법하게 구금된 피의자가 피의자신문을 위한 출석요구에 응하지 아니하면서 수사기관 조사실에 출석하기를 거부한다면, 수사기관은 그 구속영장의 효력에 의하여 피의자를 조사실로 구인할 수 있다.

③ 피의자가 변호인의 참여를 원한다는 의사를 명백하게 표시하였음에도 수사기관이 정당한 사유 없이 변호인을 참여하게 하지 아니한 채 피의자를 신문하여 작성한 피의자신문조서는 증거능력이 없다.

④ 검사가 검찰사건사무규칙에 따른 범죄인지 절차를 밟지 않은 상태에서 행한 피의자신문은 장차 인지의 가능성이 있더라도 위법한 수사에 해당한다.

해설

① [○] 수사기관이 피의자신문에 참여한 변호인에게 정당한 사유 없이 뒤에 앉으라고 요구한 행위는 변호인의 변호권에 대한 침해행위에 해당한다(헌재 2017.11.30. 2016헌마503).

② [○] 구속영장 발부에 의하여 적법하게 구금된 피의자가 피의자신문을 위한 출석요구에 응하지 아니하면서 수사기관 조사실에의 출석을 거부한다면 수사기관은 그 구속영장의 효력에 의하여 피의자를 조사실로 구인할 수 있다고 보아야 할 것이다(대결 2013.7.1. 2013모160).

③ [○] 피의자가 변호인의 참여를 원한다는 의사를 명백하게 표시하였음에도 수사기관이 정당한 사유 없이 변호인을 참여하게 하지 아니한 채 피의자를 신문하여 작성한 피의자신문조서는 형사소송법 제312조에 정한 '적법한 절차와 방식'에 위반된 증거일 뿐만 아니라 제308조의2에서 정한 '적법한 절차'에 따르지 아니하고 수집한 증거에 해당하므로 이를 증거로 할 수 없다(대판 2013.3.28. 2010도3359).

④ [×] 인지절차를 밟기 전에 수사를 하였다고 하더라도 그 수사가 장차 인지의 가능성이 전혀 없는 상태하에서 행하여졌다는 등의 특별한 사정이 없는 한, 인지절차가 이루어지기 전에 수사를 하였다는 이유만으로 그 수사가 위법하다고 볼 수는 없고 따라서 그 수사과정에서 작성된 피의자신문조서나 진술조서 등의 증거능력도 이를 부인할 수 없다(대판 2001.10.26. 2000도2968).

정답 ④

58 피의자신문에 관한 설명 중 가장 적절하지 않은 것은? (다툼이 있으면 판례에 의함)

[20 경찰승진] ★★

① 피고인이 피의자신문조서에 기재된 피고인 진술의 임의성을 다투면서 그것이 허위자백이라고 다투는 경우, 법원은 구체적인 사건에 따라 피고인의 학력, 경력, 직업, 사회적 지위, 지능 정도, 진술의 내용, 조서의 형식 등 제반 사정을 참작하여 자유로운 심증으로 위 진술이 임의로 된 것인지 여부를 판단할 수 있다.

② 수사기관은 피의자가 신체적 또는 정신적 장애로 사물을 변별하거나 의사를 결정 · 전달할 능력이 미약한 때에는 신뢰관계에 있는 자를 동석하게 하여야 하며, 이때 신뢰관계인이 동석하지 않은 상태로 행한 진술은 임의성이 인정되더라도 유죄 인정의 증거로 사용할 수 없다.

③ 신문에 참여하고자 하는 변호인이 2인 이상인 때에는 피의자가 신문에 참여할 변호인 1인을 지정한다. 지정이 없는 경우에는 검사 또는 사법경찰관이 이를 지정할 수 있다.

④ 사법경찰관은 피의자가 조사장소에 도착한 시각, 조사를 시작하고 마친 시각, 그 밖에 조사과정의 진행경과를 확인하기 위하여 필요한 사항을 피의자신문조서에 기록하거나 별도의 서면에 기록한 후 수사기록에 편철하여야 한다.

해설

① [○] 피고인이 피의자신문조서에 기재된 피고인의 진술 및 공판기일에서의 피고인의 진술의 임의성을 다투면서 그것이 허위자백이라고 다투는 경우, 법원은 구체적인 사건에 따라 피고인의 학력, 경력, 직업, 사회적 지위, 지능 정도, 진술의 내용, 피의자신문조서의 경우 그 조서의 형식 등 제반 사정을 참작하여 자유로운 심증으로 위 진술이 임의로 된 것인지의 여부를 판단하면 된다(대판 2003.5.30. 2003도705).

② [×] 검사 또는 사법경찰관은 피의자를 신문하는 경우 피의자가 신체적 또는 정신적 장애로 사물을 변별하거나 의사를 결정 · 전달할 능력이 미약한 때에는 직권 또는 피의자 · 법정대리인의 신청에 따라 피의자와 신뢰관계에 있는 자를 동석하게 할 수 있다(제244조의5 제1호).

③ [○] 신문에 참여하고자 하는 변호인이 2인 이상인 때에는 피의자가 신문에 참여할 변호인 1인을 지정한다. 지정이 없는 경우에는 검사 또는 사법경찰관이 이를 지정할 수 있다(제243조의2 제2항).

④ [○] 검사 또는 사법경찰관은 피의자가 조사장소에 도착한 시각, 조사를 시작하고 마친 시각, 그 밖에 조사과정의 진행경과를 확인하기 위하여 필요한 사항을 피의자신문조서에 기록하거나 별도의 서면에 기록한 후 수사기록에 편철하여야 한다(제244조의4 제1항).

정답 ②

59 다음 중 변호인의 피의자신문 참여에 관한 설명으로 가장 옳지 않은 것은?

[20 해경3차] ★★

① 검사 또는 사법경찰관은 피의자 또는 그 변호인 · 법정대리인 · 배우자 · 직계친족 · 형제자매의 신청에 따라 변호인을 피의자와 접견하게 하거나 정당한 사유가 없는 한 피의자에 대한 신문에 참여하게 하여야 한다.

② 신문에 참여하고자 하는 변호인이 2인 이상인 때에는 피의자가 신문에 참여할 변호인 1인을 지정하고, 지정이 없는 경우에는 검사 또는 사법경찰관이 이를 지정하여야 한다.

③ 신문에 참여한 변호인은 신문 후 의견을 진술할 수 있지만, 신문 중이라도 부당한 신문방법에 대하여 이의를 제기할 수 있다.

④ 변호인의 의견이 기재된 피의자신문조서는 변호인에게 열람하게 한 후 변호인으로 하여금 조서에 기명 · 날인 또는 서명하게 하여야 한다.

해설

① [○] 검사 또는 사법경찰관은 피의자 또는 그 변호인 · 법정대리인 · 배우자 · 직계친족 · 형제자매의 신청에 따라 변호인을 피의자와 접견하게 하거나 정당한 사유가 없는 한 피의자에 대한 신문에 참여하게 하여야 한다(제243조의2 제1항).
② [×] 신문에 참여하고자 하는 변호인이 2인 이상인 때에는 피의자가 신문에 참여할 변호인 1인을 지정한다. 지정이 없는 경우에는 검사 또는 사법경찰관이 이를 지정할 수 있다(제243조의2 제2항).
③ [○] 신문에 참여한 변호인은 신문 후 의견을 진술할 수 있다. 다만, 신문 중이라도 부당한 신문 방법에 대하여 이의를 제기할 수 있고, 검사 또는 사법경찰관의 승인을 받아 의견을 진술할 수 있다(제243조의2 제3항).
④ [○] 제3항에 따른 변호인의 의견이 기재된 피의자신문조서는 변호인에게 열람하게 한 후 변호인으로 하여금 그 조서에 기명날인 또는 서명하게 하여야 한다(제243조의2 제4항).

정답 ②

60 피의자신문에 대한 설명으로 적절하지 않은 것은? (다툼이 있으면 판례에 의함) [19 경찰2차]

① 수사기관이 진술거부권을 고지하지 않은 경우 그 진술을 기재한 조서는 그 진술에 임의성이 인정되더라도 증거능력이 인정되지 않는다.
② 피의자가 피의자신문조서를 열람한 후 이의를 제기한 경우 이를 조서에 추가로 기재해야 하며, 이의를 제기하였던 부분은 부당한 심증형성의 기초가 되지 않도록 삭제하여야 한다.
③ 사법경찰관은 신청이 없더라도 필요성이 있다고 인정되면 직권으로 신뢰관계자를 동석하게 할 수 있다.
④ 사법경찰관이 피의자를 신문하면서 신뢰관계에 있는 자를 동석하게 한 경우 동석한 사람이 피의자를 대신하여 진술하도록 하여서는 안 되며, 만약 동석한 사람이 피의자를 대신하여 진술한 부분이 조서에 기재되어 있다면 그 부분은 동석한 사람의 진술을 기재한 조서에 해당한다.

해설

① [○] 수사기관이 진술거부권을 고지하지 않은 경우 그 진술을 기재한 조서는 그 진술에 임의성이 인정되더라도 증거능력이 인정되지 않는다(대판 2014.4.10. 2014도1779).
② [×] 제1항의 조서는 피의자에게 열람하게 하거나 읽어 들려주어야 하며, 진술한 대로 기재되지 아니하였거나 사실과 다른 부분의 유무를 물어 피의자가 증감 또는 변경의 청구 등 이의를 제기하거나 의견을 진술한 때에는 이를 조서에 추가로 기재하여야 한다. 이 경우 피의자가 이의를 제기하였던 부분은 읽을 수 있도록 남겨두어야 한다(제244조 제2항).
③ [○] 검사 또는 사법경찰관은 피의자를 신문하는 경우 피의자의 연령 · 성별 · 국적 등의 사정을 고려하여 그 심리적 안정의 도모와 원활한 의사소통을 위하여 필요한 경우에는 직권 또는 피의자 · 법정대리인의 신청에 따라 피의자와 신뢰관계에 있는 자를 동석하게 할 수 있다(제244조의5 제2호).
④ [○] 구체적인 사안에서 신뢰관계자의 동석을 허락할 것인지는 원칙적으로 검사 또는 사법경찰관이 피의자의 건강 상태 등 여러 사정을 고려하여 재량에 따라 판단하여야 할 것이나, 이를 허락하는 경우에도 동석한 사람으로 하여금 피의자를 대신하여 진술하도록 하여서는 아니 되는 것이고, 만약 동석한 사람이 피의자를 대신하여 진술한 부분이 조서에 기재되어 있다면 그 부분은 피의자의 진술을 기재한 것이 아니라 동석한 사람의 진술을 기재한 조서에 해당하므로, 그 사람에 대한 진술조서로서의 증거능력을 취득하기 위한 요건을 충족하지 못하는 한 이를 유죄 인정의 증거로 사용할 수 없다(대판 2009.6.23. 2009도1322).

정답 ②

61 다음 중 변호인의 피의자신문 참여에 대한 설명으로 가장 옳지 않은 것은? (다툼이 있으면 판례에 의함)

[21 해경승진]

① 피의자신문에 참여한 변호인은 원칙적으로 신문 후 의견을 진술할 수 있다. 다만, 신문 중이더라도 부당한 신문방법에 대하여 이의를 제기할 수 있고, 검사 또는 사법경찰관의 승인을 얻어 의견을 진술할 수 있다.

② 수사기관이 변호인의 피의자신문 참여를 부당하게 제한하거나 중단시킨 경우에는 준항고를 통해 다툴 수 있다.

③ 변호인에 대해 피의자로부터 떨어진 곳으로 옮겨 앉으라고 지시를 한 다음, 이러한 지시에 따르지 않았음을 이유로 변호인의 피의자신문 참여권을 제한하는 것은 위법하다.

④ 검사 또는 사법경찰관은 피의자 또는 그 변호인·법정대리인·배우자·직계친족·형제자매의 신청에 따라 변호인을 피의자와 접견하게 하거나 정당한 사유가 없는 한 피의자에 대한 신문에 참여하게 할 수 있다.

해설

① [○] 피의자신문에 참여한 변호인은 신문 후 의견을 진술할 수 있다. 다만, 신문 중이라도 부당한 신문 방법에 대하여 이의를 제기할 수 있고, 검사 또는 사법경찰관의 승인을 받아 의견을 진술할 수 있다(제243조의2 제3항).

② [○] 검사 또는 사법경찰관의 구금, 압수 또는 압수물의 환부에 관한 처분과 제243조의2에 따른 변호인의 참여 등에 관한 처분에 대하여 불복이 있으면 직무집행지의 관할법원 또는 검사의 소속검찰청에 대응한 법원에 그 처분의 취소 또는 변경을 청구할 수 있다(제417조).

③ [○] 형사소송법 제243조의2 제1항에 의하면 '검사 또는 사법경찰관은 피의자 또는 변호인 등이 신청할 경우 정당한 사유가 없는 한 변호인을 피의자신문에 참여하게 하여야 한다'고 규정하고 있는바, 여기에서 '정당한 사유'라 함은 변호인이 피의자신문을 방해하거나 수사기밀을 누설할 염려가 있음이 객관적으로 명백한 경우 등[6]을 말하는 것이므로, 수사기관이 피의자신문을 하면서 위와 같은 정당한 사유가 없음에도 불구하고 변호인에 대하여 피의자로부터 떨어진 곳으로 옮겨 앉으라고 지시를 한 다음 이러한 지시에 따르지 않았음을 이유로 변호인의 피의자신문 참여권을 제한하는 것은 허용될 수 없다(대결 2008.9.12. 2008모793).

④ [×] 검사 또는 사법경찰관은 피의자 또는 그 변호인·법정대리인·배우자·직계친족·형제자매의 신청에 따라 변호인을 피의자와 접견하게 하거나 정당한 사유가 없는 한 피의자에 대한 신문에 참여하게 하여야 한다(제243조의2 제1항).

정답 ④

62 변호인의 피의자신문 참여에 관한 설명 중 가장 옳은 것은? (다툼이 있으면 판례에 의함) [19 경찰간부]

① 형사소송법은 변호인의 피의자신문참여권을 명문으로 규정하고 있지는 않다.

② 검사 또는 사법경찰관은 변호인의 신문참여 및 그 제한에 관한 사항을 피의자신문조서에 기재하여야 한다.

③ 검사 또는 사법경찰관이 변호인의 참여를 제한하거나 퇴거시킨 처분에 대하여는 즉시항고를 할 수 있다.

④ 신문에 참여하고자 하는 변호인이 2인 이상인 때에는 피의자가 신문에 참여할 변호인 1인을 지정한다. 지정이 없는 경우에는 검사 또는 사법경찰관이 이를 지정하여야 한다.

6) 검사와 사법경찰관의 상호협력과 일반적 수사준칙에 관한 규정에 의하면 다음과 같다.
제13조【변호인의 피의자신문 참여·조력】① 검사 또는 사법경찰관은 피의자신문에 참여한 변호인이 피의자의 옆자리 등 실질적인 조력을 할 수 있는 위치에 앉도록 해야 하고, 정당한 사유가 없으면 피의자에 대한 법적인 조언·상담을 보장해야 하며, 법적인 조언·상담을 위한 변호인의 메모를 허용해야 한다.
② 검사 또는 사법경찰관은 피의자에 대한 신문이 아닌 단순 면담 등이라는 이유로 변호인의 참여·조력을 제한해서는 안 된다.
③ 제1항 및 제2항은 검사 또는 사법경찰관의 사건관계인에 대한 조사·면담 등의 경우에도 적용한다.

해설

① [×] 검사 또는 사법경찰관은 피의자 또는 그 변호인 · 법정대리인 · 배우자 · 직계친족 · 형제자매의 신청에 따라 변호인을 피의자와 접견하게 하거나 정당한 사유가 없는 한 피의자에 대한 신문에 참여하게 하여야 한다(제243조의2 제1항).
② [○] 제243조의2 제5항.
③ [×] 즉시항고가 아닌 제417조 준항고로 다투어야 한다.
④ [×] 신문에 참여하고자 하는 변호인이 2인 이상인 때에는 피의자가 신문에 참여할 변호인 1인을 지정한다. 지정이 없는 경우에는 검사 또는 사법경찰관이 이를 지정할 수 있다(제243조의2 제2항).

정답 ②

63 다음 중 변호인의 조력을 받을 권리에 관한 설명으로 옳고 그름의 표시(○, ×)가 바르게 된 것은? (다툼이 있으면 판례에 의함)

[21 해경간부] ☆☆

㉠ 체포 및 압수 · 수색 현장에서 변호인의 체포영장 등사요구를 거절한 것만으로 변호인의 조력을 받을 권리를 원천적으로 침해한 행위라고 보기 어렵다.
㉡ 변호인이 피의자에 대한 접견신청을 하였을 때 피의자가 변호인의 조력을 받을 권리의 의미와 범위를 정확히 이해하면서 이성적 판단에 따라 자발적으로 그 권리를 포기한 경우라도 수사기관이 접견을 허용하지 않는다면 변호인의 접견교통권을 침해하는 것이다.
㉢ 피의자에게 수인의 변호인이 있는 경우 검사는 피의자 또는 변호인의 신청이 없더라도 직권으로 대표변호인을 지정할 수 있다.
㉣ 교도관이 변호인 접견이 종료된 뒤 변호인과 미결수용자가 지켜보는 가운데 미결수용자와 변호인 간에 주고받는 서류를 확인하여 그 제목을 소송관계처리부에 기재하여 등재한 행위는 이를 통해 내용에 대한 검열이 이루어질 수 없었다 하더라도 변호인의 조력을 받을 권리를 침해한다.

① ㉠ ○ ㉡ × ㉢ ○ ㉣ ○
② ㉠ ○ ㉡ ○ ㉢ ○ ㉣ ×
③ ㉠ × ㉡ × ㉢ ○ ㉣ ×
④ ㉠ ○ ㉡ × ㉢ ○ ㉣ ×

해설

㉠ [○] 체포 및 압수 · 수색 현장에서 변호인의 체포영장 등사 요구를 거절한 것만으로 변호인의 조력을 받을 권리를 원천적으로 침해한 행위라고 보기 어렵다(대판 2017.11.29. 2017도9747).
㉡ [×] 변호인의 접견교통권은 피의자 등이 변호인의 조력을 받을 권리를 실현하기 위한 것으로서, 피의자 등이 헌법 제12조 제4항에서 보장한 기본권의 의미와 범위를 정확히 이해하면서도 이성적 판단에 따라 자발적으로 그 권리를 포기한 경우까지 피의자 등의 의사에 반하여 변호인의 접견이 강제될 수 있는 것은 아니다(대판 2018.12.27. 2016다266736).
㉢ [○] 수인의 변호인이 있는 때에는 재판장은 피고인 · 피의자 또는 변호인의 신청에 의하여 대표변호인을 지정할 수 있고 지정을 철회 또는 변경할 수 있다. 신청이 없는 때에는 재판장은 직권으로 대표변호인을 지정할 수 있고 그 지정을 철회 또는 변경할 수 있다. 이는 피의자에게 수인의 변호인이 있는 때에 검사가 대표변호인을 지정하는 경우에 이를 준용한다(제32조의2 제1항 · 제2항 · 제5항).
㉣ [×] 교도관이 미결수용자와 변호인 간에 주고받는 서류를 확인하고 소송관계서류처리부에 그 제목을 기재하여 등재한 행위는 형집행법 제43조 제3항과 제8항에 근거를 두고 이루어진 것으로, 검열이 이루어지는 것이 아니므로 변호인의 조력을 받을 권리나 개인정보자기결정권을 침해하지 않는다(헌재 2016.4.28. 2015헌마243).

정답 ④

64 「형사소송법」 및 「형사소송규칙」상 신뢰관계에 있는 자의 동석에 대한 설명으로 가장 적절하지 않은 것은? (다툼이 있으면 판례에 의함)

[21 경찰승진] ☆☆

① 법원은 범죄로 인한 피해자를 증인으로 신문하는 경우 증인의 연령, 심신의 상태, 그 밖의 사정을 고려하여 증인이 현저하게 불안 또는 긴장을 느낄 우려가 있다고 인정하는 때에는 직권 또는 피해자 · 법정대리인 · 검사의 신청에 따라 피해자와 신뢰관계에 있는 자를 동석하게 할 수 있다.

② 법원은 범죄로 인한 피해자가 13세 미만이거나 신체적 또는 정신적 장애로 사물을 변별하거나 의사를 결정할 능력이 미약한 경우에 재판에 지장을 초래할 우려가 있는 등 부득이한 경우가 아닌 한 피해자와 신뢰관계에 있는 자를 동석하게 하여야 한다.

③ 피해자와 신뢰관계에 있는 사람은 피해자의 배우자, 직계친족, 형제자매, 가족, 동거인, 고용주, 변호사, 그 밖에 피해자의 심리적 안정과 원활한 의사소통에 도움을 줄 수 있는 사람을 말한다.

④ 동석한 자는 법원 · 소송관계인의 신문 또는 증인의 진술을 방해하거나 그 진술의 내용에 부당한 영향을 미칠 수 있는 행위를 하여서는 아니 되며, 재판장은 동석한 자가 부당하게 재판의 진행을 방해하는 때에는 그 행위의 중지를 명할 수 있으나, 동석 자체를 중지시킬 수는 없다.

해설

① [○], ② [○] 제163조의2 제1항 · 제2항.
③ [○] 형사소송규칙 제84조의3 제1항.
④ [×] 재판장은 법 제163조의2 제1항 또는 제2항에 따라 동석한 자가 부당하게 재판의 진행을 방해하는 때에는 동석을 중지시킬 수 있다(형사소송규칙 제84조의3 제3항).

정답 ④

65 임의수사에 대한 설명으로 가장 적절하지 않은 것은? (다툼이 있으면 판례에 의함)

[21 경찰승진] ☆

① 임의수사의 경우에도 법률이 수사활동의 요건 · 절차를 규정하고 있다면 그에 위반하여 수집한 증거는 위법수집증거로서 증거능력이 부정된다.

② 「형사소송법」상 임의수사가 원칙이고 강제수사는 법률에 특별한 규정이 있는 경우에 한하여 예외적으로 허용된다.

③ 수사기관은 피검사자의 동의를 얻은 경우에 거짓말탐지기를 사용할 수 있다. 다만, 그 검사결과를 공소사실의 존부를 인정하는 직접증거로는 사용할 수 없고, 진술의 신빙성 유무를 판단하는 정황증거로만 사용할 수 있다.

④ 상대방의 동의를 얻어 보호실 등 특정한 장소에 유치하는 승낙유치는 임의수사의 한 종류로 영장 없이 할 수 있다.

해설

① [○] 적법한 절차에 따르지 아니하고 수집한 증거는 증거로 할 수 없다(제308조의2).
② [○] 수사에 관하여는 그 목적을 달성하기 위하여 필요한 조사를 할 수 있다. 다만, 강제처분은 이 법률에 특별한 규정이 있는 경우에 한하며, 필요한 최소한도의 범위 안에서만 하여야 한다(제199조 제1항).
③ [○] 거짓말탐지기 검사결과 피고인 甲의 진술에 대하여는 거짓으로 진단할 수 있는 특이한 반응이 나타나지 않은 반면 乙의 진술에 대하여는 거짓으로 진단할 수 있는 현저한 반응이 나타난 경우라고 하더라도, 거짓말탐지기 검사 결과가 항상 진실에 부합한다고 단정할 수 없을 뿐 아니라 검사를 받는 사람의 진술의 신빙성을 가늠하는 정황증거로서 기능을 하는 데 그치므로 그와 같은 검사결과만으로 범행 당시의 상황이나 범행 이후 정황에 부합하는 乙 진술의 신빙성을 부정할 수 없다(대판 2017.1.25. 2016도15526).

④ [×] 보호실유치는 본인의 동의가 있었다고 하더라도 그 실질은 구금에 해당하므로 영장을 발부받은 경우가 아니라면 위법한 구금에 해당한다.

관련판례 경찰관직무집행법상 정신착란자, 주취자, 자살기도자등 응급의 구호를 요하는 자를 24시간을 초과하지 아니하는 범위 내에서 경찰관서에 보호조치 할 수 있는 시설로 제한적으로 운영되는 경우를 제외하고는 구속영장을 발부받음이 없이 피의자를 보호실에 유치함은 영장주의에 위배되는 위법한 구금으로서 적법한 공무수행이라고 볼 수 없다(대결 1985.7.29. 85모16).

정답 ④

66 「검사와 사법경찰관의 상호협력과 일반적 수사준칙에 관한 규정」에 대한 설명으로 가장 적절하지 않은 것은?

[21 경찰1차] ☆☆

① 검사 또는 사법경찰관은 특별한 사정이 없으면 총조사시간 중 식사시간, 휴식시간 및 조서의 열람시간 등을 제외한 실제 조사시간이 12시간을 초과하지 않도록 해야 한다.

② 검사 또는 사법경찰관은 조사에 상당한 시간이 소요되는 경우에는 특별한 사정이 없으면 피의자 또는 사건관계인에게 조사 도중에 최소한 2시간마다 10분 이상의 휴식시간을 주어야 한다.

③ 검사 또는 사법경찰관은 피의자에게 출석요구를 하려는 경우 피의자와 조사의 일시 · 장소에 관하여 협의해야 하고, 이 경우 변호인이 있는 경우에는 변호인과도 협의해야 한다.

④ 검사 또는 사법경찰관은 임의동행을 요구하는 경우 상대방에게 동행을 거부할 수 있다는 것과 동행하는 경우에도 언제든지 자유롭게 동행 과정에서 이탈하거나 동행 장소에서 퇴거할 수 있다는 것을 알려야 한다.

해설

① [×] 검사 또는 사법경찰관은 조사, 신문, 면담 등 그 명칭을 불문하고 피의자나 사건관계인을 조사하는 경우에는 대기시간, 휴식시간, 식사시간 등 모든 시간을 합산한 조사시간(이하 "총조사시간"이라 한다)이 12시간을 초과하지 않도록 해야 한다. 다만, 피의자나 사건관계인의 서면 요청에 따라 조서를 열람하는 경우 또는 수사준칙 제21조 제2항 각 호의 어느 하나에 해당하는 경우에는 예외로 한다(검사와 사법경찰관의 상호협력과 일반적 수사준칙에 관한 규정 제22조 제1항).

② [○] 검사 또는 사법경찰관은 조사에 상당한 시간이 소요되는 경우에는 특별한 사정이 없으면 피의자 또는 사건관계인에게 조사 도중에 최소한 2시간마다 10분 이상의 휴식시간을 주어야 한다(검사와 사법경찰관의 상호협력과 일반적 수사준칙에 관한 규정 제23조 제1항).

③ [○] 검사 또는 사법경찰관은 피의자에게 출석요구를 하려는 경우 피의자와 조사의 일시 · 장소에 관하여 협의해야 한다. 변호인이 있는 경우 변호인과도 협의해야 한다(검사와 사법경찰관의 상호협력과 일반적 수사준칙에 관한 규정 제19조 제2항).

④ [○] 검사 또는 사법경찰관은 임의동행을 요구하는 경우 상대방에게 동행을 거부할 수 있다는 것과 동행하는 경우에도 언제든지 자유롭게 동행 과정에서 이탈하거나 동행 장소에서 퇴거할 수 있다는 것을 알려야 한다(검사와 사법경찰관의 상호협력과 일반적 수사준칙에 관한 규정 제20조).

정답 ①

67 진술의 영상녹화제도에 대한 설명으로 가장 적절하지 않은 것은? (다툼이 있으면 판례에 의함)

[21 경찰승진] ☆☆

① 피의자의 진술은 영상녹화할 수 있다. 이 경우 미리 영상녹화사실을 알려주어야 하며, 조사의 개시부터 종료까지의 전 과정 및 객관적 상황을 영상녹화하여야 한다.

② 영상녹화가 완료된 때에는 피의자 또는 변호인 앞에서 지체 없이 그 원본을 봉인하고 피의자로 하여금 기명날인 또는 서명하게 하여야 한다.

③ 피의자가 아닌 자의 진술을 영상녹화하고자 할 때에는 미리 피의자가 아닌 자에게 영상녹화 사실을 알려주고 동의를 받아야 한다.

④ 아동 · 청소년대상 성범죄 피해자 진술을 영상녹화하는 경우 피해자 또는 법정대리인이 거부하더라도 영상녹화를 하여야 한다. 다만, 가해자가 친권자 중 일방인 경우는 그러하지 아니하다.

해설

① [○], ② [○] 피의자의 진술은 영상녹화할 수 있다. 이 경우 미리 영상녹화사실을 알려주어야 하며, 조사의 개시부터 종료까지의 전 과정 및 객관적 정황을 영상녹화하여야 한다. 영상녹화가 완료된 때에는 피의자 또는 변호인 앞에서 지체 없이 그 원본을 봉인하고 피의자로 하여금 기명날인 또는 서명하게 하여야 한다(제244조의2 제1항 · 제2항).

③ [○] 검사 또는 사법경찰관은 수사에 필요한 때에는 피의자가 아닌 자의 출석을 요구하여 진술을 들을 수 있다. 이 경우 그의 동의를 받아 영상녹화할 수 있다(제221조 제1항).

④ [×] 아동 · 청소년대상 성범죄 피해자의 진술 내용과 조사과정은 비디오녹화기 등 영상물 녹화장치로 촬영 · 보존하여야 한다. 영상물 녹화는 피해자 또는 법정대리인이 이를 원하지 아니하는 의사를 표시한 때에는 촬영을 하여서는 아니 된다. 다만, 가해자가 친권자 중 일방인 경우는 그러하지 아니하다(아동 · 청소년의 성보호에 관한 법률 제26조 제1항 · 제2항).

정답 ④

68 다음 중 영상녹화제도에 대한 설명으로 가장 옳은 것은?

[21 해경승진] ☆☆☆

① 영상녹화가 완료된 때에는 피의자 또는 변호인 앞에서 지체 없이 그 원본을 봉인하고 피의자로 하여금 기명날인 또는 서명하게 하여야 한다. 피의자 또는 변호인의 요구가 있는 때에는 영상녹화물을 재생하여 시청하게 하여야 하며, 이 경우 그 내용에 대하여 이의를 진술하는 때에는 해당 내용을 삭제하고 그 진술을 영상녹화하여 첨부하여야 한다.

② 피고인 또는 피고인이 아닌 자의 진술을 내용으로 하는 영상녹화물은 공판준비 또는 공판기일에 피고인 또는 피고인이 아닌 자가 진술함에 있어서 기억이 명백하지 아니한 사항에 관하여 기억을 환기시켜야 할 필요가 있다고 인정되는 때에 한하여 피고인 또는 피고인이 아닌 자에게 재생하여 시청하게 할 수 있다.

③ 참고인의 경우 동의가 없더라도 사전에 영상녹화사실을 고지하였다면 영상녹화할 수 있다.

④ 피의자의 진술을 영상녹화하려는 경우 피의자 또는 변호인에게 미리 영상녹화사실을 알려주어야 하며, 「형사소송법」 제244조의2 제1항에 따라 반드시 서면으로 사전동의를 받아야 한다.

해설

① [×] 피의자의 진술은 영상녹화할 수 있다. 이 경우 미리 영상녹화사실을 알려주어야 하며, 조사의 개시부터 종료까지의 전 과정 및 객관적 정황을 영상녹화하여야 한다. 영상녹화가 완료된 때에는 피의자 또는 변호인 앞에서 지체 없이 그 원본을 봉인하고 피의자로 하여금 기명날인 또는 서명하게 하여야 한다. 영상녹화에 대하여 피의자 또는 변호인의 요구가 있는 때에는 영상녹화물을 재생하여 시청하게 하여야 한다. 이 경우 그 내용에 대하여 이의를 진술하는 때에는 그 취지를 기재한 서면을 첨부하여야 한다(제244조의2 제1항 · 제2항 · 제3항).

② [○] 피고인 또는 피고인이 아닌 자의 진술을 내용으로 하는 영상녹화물은 공판준비 또는 공판기일에 피고인 또는 피고인이 아닌 자가 진술함에 있어서 기억이 명백하지 아니한 사항에 관하여 기억을 환기시켜야 할 필요가 있다고 인정되는 때에 한하여 피고인 또는 피고인이 아닌 자에게 재생하여 시청하게 할 수 있다(제318조의2 제2항).

③ [×] 검사 또는 사법경찰관은 수사에 필요한 때에는 피의자가 아닌 자의 출석을 요구하여 진술을 들을 수 있다. 이 경우 그의 동의를 받아 영상녹화 할 수 있다(제221조 제1항).

④ [×] 피의자의 진술은 영상녹화 할 수 있다. 이 경우 미리 영상녹화사실을 알려주어야 하며, 조사의 개시부터 종료까지의 전 과정 및 객관적 정황을 영상녹화하여야 한다(제244조의2 제1항).

정답 ②

69 피의자진술의 영상녹화제도에 관한 설명 중 가장 옳지 않은 것은? (다툼이 있으면 판례에 의함)

[19 경찰간부]

① 피의자의 진술을 영상녹화할 때에는 피의자에게 미리 영상 녹화사실을 알려주어야 하며, 조사의 개시부터 종료까지의 전(全)과정 및 객관적 정황을 영상녹화하여야 한다.

② 영상녹화에 있어 조사의 개시부터 종료까지의 전(全) 과정이란 조사가 개시된 시점부터 조사가 종료되어 피의자가 조서에 기명 · 날인 또는 서명을 마치는 시점까지의 전 과정을 의미한다.

③ 피의자진술의 영상녹화가 완료된 때에는 피의자 또는 변호인 앞에서 지체없이 그 원본을 봉인하고 피의자로 하여금 기명 · 날인 또는 서명하게 하여야 한다.

④ 영상녹화가 완료된 이후 피의자 또는 변호인의 요구가 있는 때에는 영상녹화물을 재생하여 시청하게 하여야 하고, 이 경우 그 내용에 대하여 이의를 진술하는 때에는 그 진술을 별도로 영상녹화하여 첨부하여야 한다.

해설

① [○], ③ [○] 피의자의 진술은 영상녹화 할 수 있다. 이 경우 미리 영상녹화사실을 알려주어야 하며, 조사의 개시부터 종료까지의 전 과정 및 객관적 정황을 영상녹화하여야 한다. 영상녹화가 완료된 때에는 피의자 또는 변호인 앞에서 지체 없이 그 원본을 봉인하고 피의자로 하여금 기명날인 또는 서명하게 하여야 한다(제244조의2 제1항 · 제2항).

② [○] 제1항의 영상녹화물은 조사가 개시된 시점부터 조사가 종료되어 피의자가 조서에 기명날인 또는 서명을 마치는 시점까지 전 과정이 영상녹화된 것으로, … 포함하는 것이어야 한다(형사소송규칙 제134조의2 제3항).

④ [×] 제2항의 경우에 피의자 또는 변호인의 요구가 있는 때에는 영상녹화물을 재생하여 시청하게 하여야 한다. 이 경우 그 내용에 대하여 이의를 진술하는 때에는 그 취지를 기재한 서면을 첨부하여야 한다(제244조의2 제3항).

정답 ④

70 형사절차상 영상녹화에 대한 설명 중 가장 적절한 것은? (다툼이 있으면 판례에 의함) [20 경찰1차]

① 법원은 검사, 피고인 또는 변호인의 신청이 있는 때에는 특별한 사정이 없는 한 공판정에서의 심리의 전부 또는 일부를 속기사로 하여금 속기하게 하거나 녹음장치 또는 영상녹화장치를 사용하여 녹음 또는 영상녹화하여야 하며, 필요하다고 인정하는 때에는 직권으로 이를 명할 수 있다.

② 검사 또는 사법경찰관은 수사에 필요한 때에는 피의자가 아닌 자의 출석을 요구하여 진술을 들을 수 있으며, 이 경우 그에게 영상녹화사실을 알리고 영상녹화할 수 있다.

③ 피의자의 진술을 영상녹화할 때에는 그의 동의를 받아 조사의 개시부터 종료까지의 전 과정 및 객관적 정황을 영상녹화하여야 한다.

④ 피의자의 진술에 대한 영상녹화가 완료된 이후 피의자가 그 내용에 대하여 이의를 제기한 때에는 그 이의의 진술을 별도로 녹화하여 첨부하여야 한다.

해설

① [○] 법원은 검사, 피고인 또는 변호인의 신청이 있는 때에는 특별한 사정이 없는 한 공판정에서의 심리의 전부 또는 일부를 속기사로 하여금 속기하게 하거나 녹음장치 또는 영상녹화장치를 사용하여 녹음 또는 영상녹화(녹음이 포함된 것을 말한다. 이하 같다)하여야 하며, 필요하다고 인정하는 때에는 직권으로 이를 명할 수 있다(제56조의2 제1항).
② [×] 피의자가 아닌 자의 진술을 영상녹화하는 경우 반드시 동의를 요한다(제221조 제1항).
③ [×] 피의자 진술의 영상녹화의 경우 고지로 족하고 동의를 받을 필요가 없다(제244조의2 제1항).
④ [×] 제2항의 경우에 피의자 또는 변호인의 요구가 있는 때에는 영상녹화물을 재생하여 시청하게 하여야 한다. 이 경우 그 내용에 대하여 이의를 진술하는 때에는 그 취지를 기재한 서면을 첨부하여야 한다(제244조의2 제3항).

정답 ①

71 임의수사에 대한 설명으로 가장 적절한 것은? (다툼이 있으면 판례에 의함) [20 경찰2차]

① 피의자가 영상녹화물의 내용에 대해 이의를 진술하는 때에는 그 진술을 따로 영상녹화하여 첨부하여야 한다.

② 수사기관이 참고인을 조사하는 과정에서 형사소송법 제221조 제1항에 따라 작성한 영상녹화물은 원칙적으로 공소사실을 직접 증명할 수 있는 독립적인 증거로 사용될 수 있다.

③ 형사소송법 제244조의2 제1항에 따르면 수사기관은 피의자신문절차에서 피의자의 진술을 영상녹화할 경우 미리 영상녹화사실을 알리고 동의를 받아야 한다.

④ 수사기관이 수사의 필요상 피의자를 임의동행한 경우에도 조사후 귀가시키지 아니하고 그의 의사에 반하여 경찰서 보호실 등에 계속 유치함으로써 신체의 자유를 속박하였다면 이는 구금에 해당된다.

해설

① [×] 제2항의 경우에 피의자 또는 변호인의 요구가 있는 때에는 영상녹화물을 재생하여 시청하게 하여야 한다. 이 경우 그 내용에 대하여 이의를 진술하는 때에는 그 취지를 기재한 서면을 첨부하여야 한다(제244조의2 제3항).
② [×] 수사기관이 참고인을 조사하는 과정에서 형사소송법 제221조 제1항에 따라 작성한 영상녹화물은, 다른 법률에서 달리 규정하고 있는 등의 특별한 사정이 없는 한, 공소사실을 직접 증명할 수 있는 독립적인 증거로 사용될 수는 없다고 해석함이 타당하다(대판 2014.7.10. 2012도5041).
③ [×] 피의자의 진술은 영상녹화 할 수 있다. 이 경우 미리 영상녹화사실을 알려주어야 하며, 조사의 개시부터 종료까지의 전 과정 및 객관적 정황을 영상녹화 하여야 한다(제244조의2 제1항).

④ [○] 수사기관이 피의자를 수사하는 과정에서 구속영장 없이 피의자를 함부로 구금하여 피의자의 신체의 자유를 박탈하였다면 직권을 남용한 불법감금의 죄책을 면할 수 없고, 수사의 필요상 피의자를 임의동행한 경우에도 조사 후 귀가시키지 아니하고 그의 의사에 반하여 경찰서 조사실 또는 보호실 등에 계속 유치함으로써 신체의 자유를 속박하였다면 이는 구금에 해당한다(대결 1985.7.29. 85모16).

정답 ④

72 다음 중 영상녹화에 관한 설명으로 옳은 것은 모두 몇 개인가? [20 해경간부] ☆☆

㉠ 영상녹화가 완료된 이후 피의자가 영상녹화물의 내용에 대하여 이의를 진술하는 때에는 그 진술을 따로 영상녹화하여 첨부하여야 한다.
㉡ 피의자 및 피의자 아닌 자의 진술은 동의를 받아야 영상녹화할 수 있다.
㉢ 진정성립의 증명을 위한 영상녹화물은 조사가 개시된 시점부터 조사가 종료되어 피의자가 조서에 기명날인 또는 서명을 마치는 시점까지 전 과정이 영상녹화된 것이어야 한다.
㉣ 피고인 아닌 피의자의 진술에 대한 영상녹화물의 조사를 신청하는 경우 검사는 영상녹화를 시작하고 마친 시각과 조사장소 등을 기재한 서면을 법원에 제출하여야 한다.
㉤ 피고인이 된 피의자의 진술을 영상녹화할 경우에는 진술거부권, 변호인의 참여를 요청할 수 있다는 점 등의 고지가 포함되어야 한다.

① 2개　② 3개
③ 4개　④ 5개

해설

㉠ [×] 제2항의 경우에 피의자 또는 변호인의 요구가 있는 때에는 영상녹화물을 재생하여 시청하게 하여야 한다. 이 경우 그 내용에 대하여 이의를 진술하는 때에는 그 취지를 기재한 서면을 첨부하여야 한다(제244조의2 제3항).
㉡ [×] 피의자가 아닌 자의 진술을 영상녹화하는 경우 반드시 동의를 요하나(제221조 제1항), 피의자 진술의 영상녹화의 경우 고지로 족하고 동의를 받을 필요가 없다(제244조의2 제1항).
㉢ [○] 검사는 피고인이 아닌 피의자의 진술을 영상녹화한 사건에서 피고인이 아닌 피의자가 그 조서에 기재된 내용이 자신이 진술한 내용과 동일하게 기재되어 있음을 인정하지 아니하는 경우 그 부분의 성립의 진정을 증명하기 위하여 영상녹화물의 조사를 신청할 수 있다. 영상녹화물은 조사가 개시된 시점부터 조사가 종료되어 피의자가 조서에 기명날인 또는 서명을 마치는 시점까지 전 과정이 영상녹화된 것으로, 다음 각 호의 내용을 포함하는 것이어야 한다(제134조의2 제1항 · 제3항).
㉣ [×] 형사소송규칙 제134조의2 제6항이 삭제되어 법원에 서면을 제출할 필요가 없다.
㉤ [○] 형사소송규칙 제134조의2 제3항.

정답 ①

73 다음 중 피의자진술의 영상녹화제도에 관한 설명으로 옳지 않은 것은 모두 몇 개인가? (다툼이 있으면 판례에 의함)

[20 해경1차] ☆☆☆

> ㉠ 수사기관이 피의자의 진술을 영상녹화할 경우 미리 영상녹화 사실을 고지하여야 하나, 수사기관이 참고인의 진술을 들을 때 그의 동의를 받아야 하는 것과 달리 피의자 또는 변호인의 동의를 받아야 하는 것은 아니다.
> ㉡ 영상녹화가 완료된 때에는 피의자 또는 변호인 앞에서 지체 없이 그 원본을 봉인하고 피의자로 하여금 기명날인 또는 서명하게 하여야 한다. 이 경우에 피의자 또는 변호인의 요구가 있는 때에는 영상녹화물을 재생하여 시청하게 하여야 한다. 이 경우 그 내용에 대하여 이의를 진술하는 때에는 해당 내용을 삭제하고 그 진술을 영상녹화하여 첨부하여야 한다.
> ㉢ 수사기관이 참고인을 조사하는 과정에서 「형사소송법」 제221조 제1항에 따라 작성한 영상녹화물은, 다른 법률에서 달리 규정하고 있는 등의 특별한 사정이 없는 한, 공소사실을 직접 증명할 수 있는 독립적인 증거로 사용될 수는 없다.
> ㉣ 기억 환기를 위한 영상녹화물의 재생은 검사의 신청이 있는 경우에 한하고, 기억의 환기가 필요한 피고인 또는 피고인 아닌 자에게만 이를 재생하여 시청하게 하여야 한다.

① 0개 ② 1개
③ 2개 ④ 3개

해설

㉠ [○] 피의자가 아닌 자의 진술을 영상녹화 하는 경우 반드시 동의를 요하나(제221조 제1항), 피의자 진술의 영상녹화의 경우 고지로 족하고 동의를 받을 필요가 없다(제244조의2 제1항).

㉡ [×] 영상녹화가 완료된 때에는 피의자 또는 변호인 앞에서 지체 없이 그 원본을 봉인하고 피의자로 하여금 기명날인 또는 서명하게 하여야 한다(제244조의2 제2항). 피의자 또는 변호인의 요구가 있는 때에는 영상녹화물을 재생하여 시청하게 하여야 한다. 이 경우 그 내용에 대하여 이의를 진술하는 때에는 그 취지를 기재한 서면을 첨부하여야 한다(동조 제3항).

㉢ [○] 수사기관이 참고인을 조사하는 과정에서 형사소송법 제221조 제1항에 따라 작성한 영상녹화물은, 다른 법률에서 달리 규정하고 있는 등의 특별한 사정이 없는 한, 공소사실을 직접 증명할 수 있는 독립적인 증거로 사용될 수는 없다(대판 2014.7.10. 2012도5041).

㉣ [○] 법 제318조의2 제2항에 따른 영상녹화물의 재생은 검사의 신청이 있는 경우에 한하고, 기억의 환기가 필요한 피고인 또는 피고인 아닌 자에게만 이를 재생하여 시청하게 하여야 한다(형사소송규칙 제134조의5 제1항).

정답 ②

police.Hackers.com

제2장 | 강제수사

제1절 | 체포와 구속

01 체포에 관한 다음 설명 중 옳지 않은 것만을 모두 고른 것은? (다툼이 있는 경우 판례에 의함)

[23 경찰2차] ☆☆☆

㉠ 경찰관들이 성폭력범죄 혐의에 대한 체포영장을 근거로 체포절차에 착수하였으나 피의자가 흥분하여 타고 있던 승용차를 출발시켜 경찰관들에게 상해를 입히는 범죄를 추가로 저지르자, 경찰관들이 그 승용차를 멈춘 후 저항하는 피의자를 별도 범죄인 특수공무집행방해치상의 현행범으로 적법하게 체포하였더라도, 집행완료에 이르지 못한 성폭력범죄 체포영장은 사후에 그 피의자에게 제시하여야 한다.

㉡ 긴급체포의 요건을 갖추었는지 여부는 사후에 밝혀진 사정을 기초로 판단하는 것이 아니라 체포 당시 상황을 기초로 판단하여 수사주체의 판단에 상당한 재량의 여지가 있지만, 긴급체포 당시의 상황으로 보아서도 그 요건의 충족 여부에 관한 수사주체의 판단이 경험칙에 비추어 현저히 합리성을 잃은 경우에는 그 체포는 위법한 체포가 된다.

㉢ 사법경찰관은 긴급체포한 피의자에 대하여 구속영장을 신청하지 아니하고 석방한 경우에는 즉시 검사에게 보고하여야 하고, 검사는 석방한 날부터 30일 이내에 서면으로 긴급체포 후 석방된 자의 인적사항, 긴급체포의 일시·장소와 긴급체포하게 된 구체적 이유 등을 법원에 통지하여야 한다.

㉣ 체포한 피의자를 구속하고자 할 때에는 체포한 때부터 48시간 이내에 구속영장을 청구해야 하는데, 검사 또는 사법경찰관이 아닌 이에 의하여 현행범인이 체포된 후 불필요한 지체 없이 검사 등에게 인도된 경우 위 48시간의 기산점은 체포시이다.

① ㉠, ㉣
② ㉠, ㉢, ㉣
③ ㉡, ㉢
④ ㉣

해설

㉠ [×] 이 사건 당시 체포영장에 의한 체포절차가 착수된 단계에 불과하였고, 피고인에 대한 체포가 체포영장과 관련 없는 새로운 피의사실인 특수공무집행방해치상을 이유로 별도의 현행범 체포 절차에 따라 진행된 이상, 집행 완료에 이르지 못한 체포영장을 사후에 피고인에게 제시할 필요는 없는 점까지 더하여 보면, 피고인에 대한 체포절차가 적법하다는 원심의 판단이 타당하다(대판 2021.6.24. 2021도4648).

㉡ [○] 긴급체포의 요건을 갖추었는지 여부는 사후에 밝혀진 사정을 기초로 판단하는 것이 아니라 체포 당시의 상황을 기초로 판단하여야 하고, 이에 관한 검사나 사법경찰관 등 수사 주체의 판단에는 상당한 재량의 여지가 있다고 할 것이나, 긴급체포 당시의 상황으로 보아서도 그 요건의 충족 여부에 관한 검사나 사법경찰관의 판단이 경험칙에 비추어 현저히 합리성을 잃은 경우에는 그 체포는 위법한 체포라 할 것이다(대판 2008.3.27. 2007도11400).

㉢ [○] 검사는 제1항에 따른 구속영장을 청구하지 아니하고 피의자를 석방한 경우에는 석방한 날부터 30일 이내에 서면으로 다음 각 호의 사항을 법원에 통지하여야 한다. 이 경우 긴급체포서의 사본을 첨부하여야 한다(제204조의4 제4항).

㉣ [×] 검사 등이 아닌 이에 의하여 현행범인이 체포된 후 불필요한 지체 없이 검사 등에게 인도된 경우 구속영장 청구기간인 48시간의 기산점은 체포시가 아니라 검사 등이 현행범인을 인도받은 때라고 할 것이다(대판 2011.12.22. 2011도12927).

정답 ①

02 체포에 관한 설명으로 가장 적절하지 않은 것은? (다툼이 있는 경우 판례에 의함) [23 경찰간부] ☆☆

① 피의자가 죄를 범하였다고 의심할 만한 상당한 이유가 있고 정당한 이유없이 출석요구에 응하지 아니하거나 응하지 아니할 우려가 있는 때라고 하더라도 명백히 체포의 필요가 없다고 인정되는 때에는 체포영장 청구를 받은 지방법원판사는 체포영장의 청구를 기각하여야 한다.

② 검사 또는 사법경찰관은 긴급체포되었다가 구속영장이 청구되지 아니하여 석방된 자를 영장없이는 동일한 범죄사실에 관하여 다시 체포하지 못한다.

③ 체포영장의 청구서에는 체포사유로서 도망이나 증거인멸의 우려가 있는 사유를 기재하여야 한다.

④ 체포영장을 집행하는 경우 피의자에게 반드시 체포영장을 제시하고 그 사본을 교부하여야 하며 신속히 지정된 법원 기타 장소에 인치하여야 한다.

해설

① [○] 판사는 체포의 사유가 있다고 인정되는 경우에도 피의자가 도망할 염려가 없고 증거를 인멸할 염려가 없는 등 명백히 체포의 필요가 없다고 인정되는 때에는 체포영장을 발부하지 아니한다(제200조의2 제2항, 형사소송규칙 제96조의2).[1]

② [○] 긴급체포되었다가 석방된 자는 영장 없이는 동일한 범죄사실에 관하여 다시 체포하지 못 한다(제200조의4 제3항).

③ [×] 형사소송규칙 제95조【체포영장청구서의 기재사항】 체포영장의 청구서에는 다음 각 호의 사항을 기재하여야 한다.

1. 피의자의 성명(분명하지 아니한 때에는 인상, 체격, 그 밖에 피의자를 특정할 수 있는 사항), 주민등록번호 등, 직업, 주거
2. 피의자에게 변호인이 있는 때에는 그 성명
3. 죄명 및 범죄사실의 요지
4. 7일을 넘는 유효기간을 필요로 하는 때에는 그 취지 및 사유
5. 여러 통의 영장을 청구하는 때에는 그 취지 및 사유
6. 인치구금할 장소
7. 법 제200조의2 제1항에 규정한 체포의 사유(피의자가 죄를 범하였다고 의심할 만한 상당한 이유가 있고, 정당한 이유없이 제200조의 규정에 의한 출석요구에 응하지 아니하거나 응하지 아니할 우려)
8. 동일한 범죄사실에 관하여 그 피의자에 대하여 전에 체포영장을 청구하였거나 발부받은 사실이 있는 때에는 다시 체포영장을 청구하는 취지 및 이유
9. 현재 수사 중인 다른 범죄사실에 관하여 그 피의자에 대하여 발부된 유효한 체포영장이 있는 경우에는 그 취지 및 그 범죄사실

④ [○] 체포영장을 집행함에는 피고인에게 반드시 이를 제시하고 그 사본을 교부하여야 하며 신속히 지정된 법원 기타 장소에 인치하여야 한다(제200조의6, 제85조 제1항). <개정 2022.2.3.>

정답 ③

1) 체포의 필요성이 '있어야만' 체포할 수 있는 것이 아니라 명백히 체포의 필요성이 '없으면' 체포할 수 없다는 의미이다.

03 체포에 관한 설명 중 옳은 것은 모두 몇 개인가? (다툼이 있는 경우 판례에 의함)

[22 경찰2차] ☆☆☆

> ㉠ 검사와 사법경찰관의 상호협력과 일반적 수사준칙에 관한 규정 제31조에 의하면 사법경찰관은 동일한 범죄사실로 다시 체포영장을 신청하는 경우에 그 취지를 체포영장 신청서에 적어야 한다.
> ㉡ 다액 50만 원 이하의 벌금, 구류 또는 과료에 해당하는 사건의 경우, 피의자가 일정한 주거가 없는 때에 한하여 사법경찰관은 체포영장을 발부받아 피의자를 체포할 수 있다.
> ㉢ 긴급체포한 피의자를 구속하고자 할 때 구속영장은 피의자를 체포한 때로부터 24시간 이내에 청구되어야 한다.
> ㉣ 사법경찰관은 피의자가 죄를 범하였다고 의심할 만한 정황이 있고 형사소송법 제200조에 의한 출석요구에 응하지 아니한 때에는 체포영장을 신청하여 피의자를 체포할 수 있다.
> ㉤ 甲의 마약 투약 제보를 받은 경찰관 P가 자신의 집에 있던 甲을 밖으로 유인하여 불러내려 하였으나, 이를 실패하자 甲의 집 현관문의 잠금장치를 해제하고 강제로 들어가서 수색한 후 甲을 긴급체포한 경우, P가 이미 甲의 신원, 주거지, 전화번호를 모두 알고 있었고, 마약 투약의 증거가 급속히 소멸될 상황이 아니었다고 하더라도 甲이 마약 관련 범죄를 범했다고 의심할 만한 상당한 이유가 있었다면, 이 긴급체포는 위법하지 아니하다.

① 1개 ② 2개
③ 3개 ④ 4개

해설

㉠ [○] 검사 또는 사법경찰관은 동일한 범죄사실로 다시 체포·구속영장을 청구하거나 신청하는 경우(체포·구속영장의 청구 또는 신청이 기각된 후 다시 체포·구속영장을 청구하거나 신청하는 경우와 이미 발부받은 체포·구속영장과 동일한 범죄사실로 다시 체포·구속영장을 청구하거나 신청하는 경우를 말한다)에는 그 취지를 체포·구속영장 청구서 또는 신청서에 적어야 한다(검사와 사법경찰관의 상호협력과 일반적 수사준칙에 관한 규정 제31조).

㉡ [×] 피의자가 죄를 범하였다고 의심할 만한 상당한 이유가 있고, 정당한 이유없이 제200조의 규정에 의한 출석요구에 응하지 아니하거나 응하지 아니할 우려가 있는 때에는 검사는 관할 지방법원판사에게 청구하여 체포영장을 발부받아 피의자를 체포할 수 있고, 사법경찰관은 검사에게 신청하여 검사의 청구로 관할지방법원판사의 체포영장을 발부받아 피의자를 체포할 수 있다. 다만, 다액 50만 원 이하의 벌금, 구류 또는 과료에 해당하는 사건에 관하여는 피의자가 일정한 주거가 없는 경우 또는 정당한 이유없이 제200조의 규정에 의한 출석요구에 응하지 아니한 경우에 한한다(제200조의2 제1항).

㉢ [×] 검사 또는 사법경찰관이 제200조의3의 규정에 의하여 피의자를 체포한 경우, 피의자를 구속하고자 할 때에는 지체없이 검사는 구속영장을 청구하여야 하고, 사법경찰관은 검사에게 신청하여 검사의 청구로 관할지방법원판사에게 구속영장을 청구하여야 한다. 이 경우 구속영장은 피의자를 체포한 때부터 48시간 이내에 청구하여야 한다(제200조의4 제1항).

㉣ [×] 피의자가 죄를 범하였다고 의심할 만한 상당한 이유가 있고, 정당한 이유없이 제200조의 규정에 의한 출석요구에 응하지 아니하거나 응하지 아니할 우려가 있는 때에는 검사는 관할 지방법원판사에게 청구하여 체포영장을 발부받아 피의자를 체포할 수 있고, 사법경찰관은 검사에게 신청하여 검사의 청구로 관할지방법원판사의 체포영장을 발부받아 피의자를 체포할 수 있다(제200조의2 제1항).

㉤ [×] 피고인이 필로폰을 투약한다는 제보를 받은 경찰관이 가지고 있던 피고인의 전화번호로 전화를 하여 차량 접촉사고가 났으니 나오라고 하였으나 나오지 않고, 또한 경찰관임을 밝히고 만나자고 하는데도 현재 집에 있지 않다는 취지로 거짓말을 하자 피고인의 집 문을 강제로 열고 들어가 피고인을 긴급체포하였다면 설령 피고인 甲이 마약에 관한 죄를 범하였다고 의심할 만한 상당한 이유가 있었다고 하더라도, 경찰관이 이미 甲의 신원과 주거지 및 전화번호 등을 모두 파악하고 있었고, 당시 마약 투약의 범죄 증거가 급속하게 소멸될 상황도 아니었다면, 甲에 대한 긴급체포가 미리 체포영장을 받을 시간적 여유가 없었던 경우에 해당하지 아니한다(대판 2016.10.13. 2016도5814).

정답 ①

04 체포에 관한 설명 중 옳지 않은 것은? (다툼이 있으면 판례에 의함)

[20 경찰간부] ★★

① 경찰관이 피의자의 집 문을 강제로 열고 들어가 피의자를 긴급체포한 경우, 피의자가 마약투약을 하였다고 의심할 만한 상당한 이유가 있었더라도 경찰관이 이미 피의자의 주거지 및 전화번호 등을 모두 파악하고 있었고, 당시 증거가 급속하게 소멸될 상황도 아니었다면 미리 체포영장을 받을 시간적 여유가 없었던 경우에 해당하지 않는다.

② 경찰관이 시위에 참가한 6명의 조합원을 집회 및 시위에 관한 법률 위반 혐의로 현행범 체포 후 경찰서로 연행하였는데, 그 과정에서 체포의 이유를 설명하지 않다가 조합원들의 항의를 받고 1시간이 지난 후 그 이유를 설명한 것은 위법하다.

③ 피의자의 소란행위가 업무방해죄의 구성요건에 해당하지 않아 사후적으로 무죄로 판단된다고 하더라도, 피의자가 경찰관 앞에서 소란을 피운 당시 상황에서는 객관적으로 보아 피의자가 업무방해죄의 현행범이라고 인정할 만한 충분한 이유가 있었다면 경찰관이 피의자를 체포하려고 한 행위는 적법하다.

④ 순찰 중이던 경찰관이 교통사고를 낸 차량이 도주하였다는 무전연락을 받고 주변을 수색하다가 범퍼 등의 파손상태로 보아 사고차량으로 인정되는 차량에서 내리는 사람을 발견하고 준현행범인으로 체포한 행위는 위법하다.

제1편 | 수사 2장

해설

① [○] 피고인이 필로폰을 투약한다는 제보를 받은 경찰관이 가지고 있던 피고인의 전화번호로 전화를 하여 차량 접촉사고가 났으니 나오라고 하였으나 나오지 않고, 또한 경찰관임을 밝히고 만나자고 하는데도 현재 집에 있지 않다는 취지로 거짓말을 하자 피고인의 집 문을 강제로 열고 들어가 피고인을 긴급체포한 사안에서, 피고인이 마약에 관한 죄를 범하였다고 의심할만한 상당한 이유가 있었더라도, 경찰관이 이미 피고인의 신원과 주거지 및 전화번호 등을 모두 파악하고 있었고, 당시 마약 투약의 범죄증거가 급속하게 소멸될 상황도 아니었던 점 등의 사정을 감안하면, 긴급체포가 미리 체포영장을 받을 시간적 여유가 없었던 경우에 해당하지 않아 위법하다(대판 2016.10.13. 2016도5814).

② [○] 조합원들을 체포하는 과정에서 체포의 이유 등을 제대로 고지하지 않다가 30~40분이 지난 후 피고인 등의 항의를 받고 나서야 비체포의 이유 등을 고지한 것은 형사소송법상 현행범인 체포의 적법한 절차를 준수한 것이 아니므로, 적법한 공무집행이라고 볼 수 없다(대판 2017.3.15. 2013도2168).

③ [○] 비록 피고인이 식당 안에서 소리를 지르거나 양은그릇을 부딪치는 등의 소란행위가 업무방해죄의 구성요건에 해당하지 않아 사후적으로 무죄로 판단되었다고 하더라도, 피고인이 상황을 설명해 달라거나 밖에서 얘기하자는 경찰관의 요구를 거부하고 경찰관 앞에서 소리를 지르고 양은그릇을 두드리면서 소란을 피우는 등 객관적으로 보아 피고인이 업무방해죄의 현행범이라고 인정할 만한 충분한 이유가 있었다면, 경찰관들이 피고인을 체포하려고 한 행위는 적법한 공무집행이라고 보아야 한다(대판 2013.8.23. 2011도4763).

④ [×] 순찰 중이던 경찰관이 교통사고를 낸 차량이 도주하였다는 무전연락을 받고 주변을 수색하다가 범퍼 등의 파손상태로 보아 사고차량으로 인정되는 차량에서 내리는 사람을 발견한 경우, 형사소송법 제211조 제2항 제2호 소정의 '장물이나 범죄에 사용되었다고 인정함에 충분한 흉기 기타의 물건을 소지하고 있는 때'에 해당하므로 준현행범으로서 영장없이 체포할 수 있다(대판 2000.7.4. 99도4341).

정답 ④

05 「형사소송법」상 영장에 의한 체포제도에 대한 설명으로 가장 적절하지 않은 것은? (다툼이 있으면 판례에 의함)

[21 경찰승진] ★★★

① 다액 50만 원 이하의 벌금, 구류 또는 과료에 해당하는 사건에 관하여는 피의자가 일정한 주거가 없는 경우 또는 정당한 이유 없이 수사기관의 출석요구에 응하지 아니한 경우에 한하여 체포할 수 있다.

② 「형사소송법」은 강제처분에 대한 사전적 구제제도로서 체포 전 피의자신문제도를 두고 있다.

③ 피의자를 체포한 후 그를 다시 구속하고자 할 때에는 체포한 때로부터 48시간 내에 구속영장을 청구해야 한다.

④ 사법경찰관리는 체포영장을 소지하지 아니한 경우에 급속을 요하는 때에는 피의자에 대하여 피의사실의 요지와 영장이 발부되었음을 알리고 집행할 수 있다. 이 경우 집행을 완료한 후에는 신속히 체포영장을 제시해야 한다.

해설

① [○] 영장에 의한 체포의 경우 경미범죄의 특칙에 대한 설명으로 옳은 설명이다.
② [×] 형사소송법은 강제처분에 대한 사전적 구제제도로서 구속 전 피의자심문제도(제201조의2)를 두고 있을 뿐, 체포 전 피의자심문제도는 인정하지 않는다.
③ [○] 체포한 피의자를 구속하고자 할 때에는 체포한 때부터 48시간 이내에 제201조의 규정에 의하여 구속영장을 청구하여야 하고, 그 기간 내에 구속영장을 청구하지 아니하는 때에는 피의자를 즉시 석방하여야 한다(제200조의2 제5항).
④ [○] 체포영장을 집행함에는 피의자에게 이를 제시하고 그 사본을 교부하여야 한다(제200조의6, 제85조 제1항).[2] 다만, 체포영장을 소지하지 아니한 경우에 급속을 요하는 때에는 피의자에 대하여 범죄사실의 요지와 영장이 발부되었음을 고하고 집행할 수 있으나, 집행을 완료한 후에는 신속히 체포영장을 제시하고 그 사본을 교부하여야 한다(제200조의6, 제85조 제3항 · 제4항).[3]

정답 ②

06 체포영장에 의한 체포에 관한 설명 중 가장 옳지 않은 것은? (다툼이 있으면 판례에 의함)

[19 경찰간부] ★★

① 체포영장에 의해 피의자를 체포하기 위해서는 정당한 이유 없이 출석요구에 응하지 아니하거나 응하지 아니할 우려가 있을 것이 요구된다.

② 검사는 관할지방법원판사에게 청구하여 체포영장을 발부받아 피의자를 체포할 수 있고, 사법경찰관은 검사에게 신청하여 검사의 청구로 관할지방법원판사의 체포영장을 발부받아 피의자를 체포할 수 있다.

③ 체포영장에 의하여 체포한 피의자를 구속하고자 할 때에는 검사는 체포한 때로부터 48시간 이내에 관할 지방법원 판사로부터 구속영장을 발부받아야 한다.

④ 피의자를 체포한 때에는 즉시 영장에 기재된 인치 · 구금장소로 호송하여 인치 또는 구금하여야 하며, 이 경우 수사기관이 임의로 구금장소를 변경하는 것은 위법하다.

해설

① [○], ② [○] 제200조의2 제1항.
③ [×] 체포한 피의자를 구속하고자 할 때에는 '체포한 때부터 48시간 이내'에 제201조의 규정에 의하여 구속영장을 청구하여야 하고, 그 기간 내에 구속영장을 청구하지 아니하는 때에는 피의자를 즉시 석방하여야 한다(제200조의2 제5항).
④ [○] 청구인에 대하여 위 구속영장에 의하여 1995.11.30. 07:50경 위 경찰서 유치장에 구속이 집행되었다가 같은 날 08:00에 그 신병이 조사차 국가안전기획부 직원에게 인도된 후 위 경찰서 유치장에 인도된 바 없이 계속하여 국가안전기획부 청사에 사실상 구금되어 있다면, 청구인에 대한 이러한 사실상의 구금장소의 임의적 변경은 청구인의 방어권이나 접견교통권의 행사에 중대한 장애를 초래하는 것이므로 위법하다(대결 1996.5.15. 95모94).

정답 ③

---

2) 형사소송법 개정으로 이제는 체포영장이나 구속영장 집행 시 피고인이나 피의자에게 반드시 영장의 사본을 교부하여야 한다.
3) 긴급집행 시에도 영장의 사본을 교부하도록 개정되었다.

07 체포제도에 대한 설명 중 가장 적절하지 않은 것은? (다툼이 있으면 판례에 의함) [20 경찰1차] ☆☆☆

① 사법경찰관이 긴급체포된 피의자에 대해 검사에게 긴급체포의 승인 건의와 구속영장 신청을 함께 한 경우 검사는 긴급체포의 합당성이나 구속영장 청구에 필요한 사유를 보강하기 위해 피의자 대면조사를 실시할 수 있다.

② 현행범 체포의 요건으로서 행위의 가벌성, 범죄의 현행성 · 시간적 접착성, 범인 · 범죄의 명백성 이외에 체포의 필요성, 즉 도망 또는 증거인멸의 우려가 있어야 한다.

③ 체포영장이 발부된 피의자를 체포하기 위하여 타인의 주거 등을 수색하는 경우에는 피의자가 그 장소에 소재할 개연성 이외에도 별도로 사전에 수색영장을 발부받기 어려운 긴급한 사정이 있는 경우에만 제한적으로 이루어져야 한다.

④ A가 경찰관 B의 불심검문을 받아 운전면허증을 교부한 후 B에게 큰 소리로 욕설을 하는 것을 인근에 있던 C, D 등도 들은 상황에서 B가 A를 현행범으로 체포하는 것은 적법한 공무집행이라 볼 수 없다.

해설

① [×] [1] 사법경찰관이 검사에게 긴급체포된 피의자에 대한 긴급체포 승인 건의와 함께 구속영장을 신청한 경우, 검사는 긴급체포의 승인 및 구속영장의 청구가 피의자의 인권에 대한 부당한 침해를 초래하지 않도록 긴급체포의 적법성 여부를 심사하면서 수사서류뿐만 아니라 피의자를 검찰청으로 출석시켜 직접 대면 조사할 수 있는 권한을 가진다고 보아야 한다.
[2] 다만, 체포된 피의자의 구금 장소가 임의적으로 변경되는 점, 법원에 의한 영장실질심사제도를 도입하고 있는 현행 형사소송법하에서 체포된 피의자의 신속한 법관 대면권 보장이 지연될 우려가 있는 점 등을 고려하면, 위와 같은 검사의 구속영장 청구 전 피의자 대면 조사는 긴급체포의 적법성을 의심할 만한 사유가 기록 기타 객관적 자료에 나타나고 피의자의 대면 조사를 통해 그 여부의 판단이 가능할 것으로 보이는 예외적인 경우에 한하여 허용될 뿐, 긴급체포의 합당성이나 구속영장 청구에 필요한 사유를 보강하기 위한 목적으로 실시되어서는 아니 된다. 나아가 검사의 구속영장 청구 전 피의자 대면 조사는 강제수사가 아니므로 피의자는 검사의 출석 요구에 응할 의무가 없고, 피의자가 검사의 출석 요구에 동의한 때에 한하여 사법경찰관리는 피의자를 검찰청으로 호송하여야 한다(대판 2010.10.28. 2008도11999).

② [○] 현행범인으로 체포하기 위하여는 행위의 가벌성, 범죄의 현행성 · 시간적 접착성, 범인 · 범죄의 명백성 이외에 '체포의 필요성', 즉 도망 또는 증거인멸의 염려가 있어야 한다(대판 2011.5.26. 2011도3682).

③ [○] 검사 또는 사법경찰관은 제200조의2(영장에 의한 체포) · 제200조의3(긴급체포) · 제201조(구속) 또는 제212조(현행범인의 체포)의 규정에 의하여 피의자를 체포 · 구속하는 경우에 필요한 때에는 영장없이 타인의 주거나 타인이 간수하는 가옥, 건조물, 항공기, 선차 내에서 피의자를 수색할 수 있다. 다만, 제200조의2 또는 제201조에 따라 피의자를 체포 또는 구속하는 경우의 피의자 수색은 미리 수색영장을 발부받기 어려운 긴급한 사정이 있는 때에 한정한다(제216조 제1항 제1호).

④ [○] 피고인은 경찰관의 불심검문에 응하여 이미 운전면허증을 교부한 상태이고, 경찰관뿐 아니라 인근 주민도 욕설을 직접 들었으므로, 피고인이 도망하거나 증거를 인멸할 염려가 있다고 보기는 어렵고, 피고인의 모욕 범행은 불심검문에 항의하는 과정에서 저지른 일시적, 우발적인 행위로서 사안 자체가 경미할 뿐 아니라, 피해자인 경찰관이 범행현장에서 즉시 범인을 체포할 급박한 사정이 있다고 보기도 어려우므로, 경찰관이 피고인을 체포한 행위는 적법한 공무집행이라고 볼 수 없고, 피고인이 체포를 면하려고 반항하는 과정에서 상해를 가한 것은 불법체포로 인한 신체에 대한 현재의 부당한 침해에서 벗어나기 위한 행위로서 정당방위에 해당한다는 이유로, 피고인에 대한 상해 및 공무집행방해의 공소사실을 무죄로 인정한 원심판단을 수긍한 사례(대판 2011.5.26. 2011도3682).

정답 ①

08 체포절차에 대한 설명으로 가장 적절하지 않은 것은? [19 경찰2차] ★★

① 사법경찰관이 피의자를 체포하였을 때에는 변호인이 있으면 변호인에게, 변호인이 없으면 변호인 선임권자 중 피의자가 지정한 자에게 지체 없이 서면으로 체포의 통지를 하여야 한다.

② 체포된 피의자는 관할법원에 체포의 적부심사를 청구할 수 있으며, 청구를 받은 법원은 심사청구 후 피의자에 대하여 공소제기가 있는 경우에도 청구가 이유 있다고 인정한 때에는 결정으로 피의자의 석방을 명하여야 한다.

③ 사법경찰관이 기소중지된 피의자를 해당 수사관서가 위치하는 특별시·광역시·도 또는 특별자치도 외의 지역에서 긴급체포하였을 때에는 12시간 내에 검사에게 긴급체포를 승인해 달라는 건의를 하여야 한다.

④ 사법경찰관은 긴급체포한 피의자에 대하여 구속영장을 신청하지 아니하고 석방한 경우에는 즉시 검사에게 보고하여야 한다.

해설

① [○] 피의자를 체포한 때에는 ⅰ) 변호인이 있는 경우에는 변호인에게, ⅱ) 변호인이 없는 경우에는 변호인선임권자[4] 중 피의자가 지정한 자에게 피의사건명, 체포의 일시·장소, 피의사실의 요지, 체포의 이유와 변호인을 선임할 수 있는 취지를 지체없이(체포한 때로부터 늦어도 24시간 이내에) 서면으로 알려야 한다(제200조의6, 제87조, 형사소송규칙 제51조 제2항).

② [○] 체포되거나 구속된 피의자 또는 그 변호인, 법정대리인, 배우자, 직계친족, 형제자매나 가족, 동거인 또는 고용주는 관할법원에 체포 또는 구속의 적부심사(適否審査)를 청구할 수 있다(제214조의2 제1항). 법원은 청구가 이유 있다고 인정한 경우에는 결정으로 체포되거나 구속된 피의자의 석방을 명하여야 한다(제214조의2 제4항 본문). 이는 심사청구 후 피의자에 대하여 공소제기가 있는 경우에도 또한 같다(제214조의2 제4항 단서).[5]

③ [×] 사법경찰관은 긴급체포 후 12시간 내에 관할 지방검찰청 또는 지청의 검사에게 긴급체포를 승인해 달라는 건의를 하여야 한다. 다만, 기소중지된 피의자를 해당 수사관서가 위치하는 특별시·광역시·도 또는 특별자치도 외의 지역에서 긴급체포하였을 때에는 긴급체포 후 24시간 이내에 긴급체포의 승인을 요청해야 한다(검사와 사법경찰관의 상호협력과 일반적 수사준칙에 관한 규정 제27조 제1항 제1호).

④ [○] 사법경찰관은 긴급체포한 피의자에 대하여 구속영장을 신청하지 아니하고 석방한 경우에는 즉시 검사에게 보고하여야 한다(제200조의4 제6항).

정답 ③

4) 피의자의 법정대리인, 배우자, 직계친족과 형제자매를 말한다.

5) 본규정이 명문화되기 전에 피의자가 구속적부심사청구를 한 후 검사가 법원의 결정이 있기 전에 기소하는 경우, 즉 이른바 '전격기소'의 경우 피의자는 형식적으로 피고인의 지위를 갖게 되는바 법원이 '청구를 기각'하여야 하고 석방결정을 할 수 없는지 문제가 되었다. 현행법은 이를 명문으로 해결하여 이른바 '전격기소'의 경우에도 석방결정을 할 수 있게 되었다.

09 현행범인의 체포에 관한 다음 설명 중 옳고 그름의 표시(○, ×)가 바르게 된 것은? (다툼이 있는 경우 판례에 의함)

[23 경찰1차] ☆☆☆

㉠ 사인의 현행범 체포과정에서 일어날 수 있는 물리적 충돌이 적정한 한계를 벗어났는지 여부는 그 행위가 소극적인 방어행위인가 적극적인 공격행위인가에 따라 결정된다.
㉡ 형사소송법 제211조 제1항이 현행범인으로 규정한 '범죄를 실행하고 난 직후의 사람'이라고 함은, 범죄의 실행행위를 종료한 직후의 범인이라는 것이 체포하는 자의 입장에서 볼 때 명백한 경우를 일컫는 것으로서, '범죄의 실행행위를 종료한 직후'라고 함은, 범죄행위를 실행하여 끝마친 순간 또는 이에 아주 접착된 시간적 단계를 의미하는 것으로 해석된다.
㉢ 현행범인은 누구든지 영장없이 체포할 수 있고, 검사 또는 사법경찰관리가 아닌 자가 현행범인을 체포한 때에는 즉시 검사 등에게 인도하여야 하며, 이때 인도시점은 반드시 체포시점과 시간적으로 밀착된 시점이어야 한다.
㉣ 공장을 점거하여 농성 중이던 조합원들이 경찰과 부식반입 문제를 협의하거나 기자회견장 촬영을 위해 공장 밖으로 나오자, 전투경찰대원들은 '고착관리'라는 명목으로 그 조합원들을 방패로 에워싸고 이동하지 못하게 한 사안에서, 위 조합원들이 어떠한 범죄행위를 목전에서 저지르려고 하는 등 긴급한 사정이 있는 경우가 아니라면, 위 전투경찰대원들의 행위는 형사소송법상 체포에 해당한다.

① ㉠ ○ ㉡ × ㉢ ○ ㉣ × ② ㉠ ○ ㉡ ○ ㉢ × ㉣ ○
③ ㉠ × ㉡ × ㉢ ○ ㉣ × ④ ㉠ × ㉡ ○ ㉢ × ㉣ ○

해설

㉠ [×] 적정한 한계를 벗어나는 현행범인 체포행위는 그 부분에 관한 한 법령에 의한 행위로 될 수 없다고 할 것이나, 적정한 한계를 벗어나는 행위인가 여부는 결국 정당행위의 일반적 요건을 갖추었는지 여부에 따라 결정되어야 할 것이지, 그 행위가 소극적인 방어행위인가 적극적인 공격행위인가에 따라 결정되어야 하는 것은 아니다(대판 1999.1.26. 98도3029).

㉡ [○] 형사소송법 제211조가 현행범인으로 규정한 '범죄의 실행의 즉후인 자'라고 함은 범죄의 실행행위를 종료한 직후의 범인이라는 것이 체포하는 자의 입장에서 볼 때 명백한 경우를 일컫는 것으로서 '범죄의 실행행위를 종료한 직후'라고 함은 범죄행위를 실행하여 끝마친 순간 또는 이에 아주 접착된 시간적 단계를 의미하는 것으로 해석되므로 시간적으로나 장소적으로 보아 체포를 당하는 자가 방금 범죄를 실행한 범인이라는 점에 관한 죄증이 명백히 존재하는 것으로 인정되는 경우에만 현행범인으로 볼 수 있다(대판 2007.4.13. 2007도1249).

㉢ [×] 현행범인은 누구든지 영장 없이 체포할 수 있고, 검사 또는 사법경찰관리(이하 '검사 등') 아닌 이가 현행범인을 체포한 때에는 즉시 검사 등에게 인도하여야 한다. 여기서 '즉시'라고 함은 반드시 체포시점과 시간적으로 밀착된 시점이어야 하는 것은 아니고, 정당한 이유 없이 인도를 지연하거나 체포를 계속하는 등으로 불필요한 지체를 함이 없이라는 뜻으로 볼 것이다(대판 2011.12.22. 2011도12927).

㉣ [○] OO자동차 주식회사 ΔΔ공장을 점거하여 농성 중이던 □□□□노동조합 OO자동차지부 조합원인 공소외 1 등이 2009. 6.26. 경찰과 부식 반입 문제를 협의하거나 기자회견장 촬영을 위해 공장 밖으로 나오자, 전투경찰대원들은 '고착관리'라는 명목으로 위 공소외 1 등 6명의 조합원을 방패로 에워싸 이동하지 못하게 하였다. 위 조합원들이 어떠한 범죄행위를 목전에서 저지르려고 하거나 이들의 행위로 인하여 인명·신체에 위해를 미치거나 재산에 중대한 손해를 끼칠 우려 등 긴급한 사정이 있는 경우가 아닌데도 방패를 든 전투경찰대원들이 위 조합원들을 둘러싸고 이동하지 못하게 가둔 행위는 구 경찰관 직무집행법 제6조 제1항에 근거한 제지 조치라고 볼 수 없고, 이는 형사소송법상 체포에 해당한다(대판 2017.3.15. 2013도2168).

정답 ④

10 현행범 체포에 대한 설명으로 가장 적절한 것은? (다툼이 있으면 판례에 의함) [21 경찰승진] ★★

① 현행범으로 체포하기 위하여는 행위의 가벌성, 범죄의 현행성 · 시간적 접착성, 범인 · 범죄의 명백성이 있으면 족하고, 도망 또는 증거인멸의 염려가 있어야 하는 것은 아니다.

② 신고를 받고 출동한 경찰관이 음주운전을 종료한 후 40분 이상이 경과한 시점에서 길가에 앉아 있던 피의자에게서 술냄새가 난다는 점만을 근거로 하여 피의자를 음주운전의 현행범으로 체포한 것은 적법한 공무집행이라고 볼 수 있다.

③ 현행범을 체포한 경찰관의 진술이라 하더라도 범행을 목격한 부분에 관하여는 여느 목격자의 진술과 다름없이 증거능력이 있다.

④ 수사기관이 일반인으로부터 체포된 현행범을 인도받고 현행범을 구속하고자 하는 경우 48시간 이내에 구속영장을 청구해야 하며, 그 48시간의 기산점은 일반인에 의한 체포시점으로 보아야 한다.

해설

① [×] 현행범인으로 체포하기 위하여는 행위의 가벌성, 범죄의 현행성과 시간적 접착성, 범인 · 범죄의 명백성 이외에 체포의 필요성, 즉 도망 또는 증거인멸의 염려가 있어야 한다. 이러한 요건을 갖추지 못한 현행범인 체포는 법적 근거에 의하지 아니한 영장 없는 체포로서 위법한 체포에 해당한다(대판 2017.4.7. 2016도19907).

② [×] 신고를 받고 출동한 제천경찰서 청전지구대 소속 경장 공소외인이 피고인이 음주운전을 종료한 후 40분 이상이 경과한 시점에서 길가에 앉아 있던 피고인에게서 술냄새가 난다는 점만을 근거로 피고인을 음주운전의 현행범으로 체포한 것은 피고인이 '방금 음주운전을 실행한 범인이라는 점에 관한 죄증이 명백하다고 할 수 없는 상태'에서 이루어진 것으로서 적법한 공무집행이라고 볼 수 없다(대판 2007.4.13. 2007도1249).

③ [○] 대판 1995.5.9. 95도535.

④ [×] 검사 등이 아닌 이에 의하여 현행범인이 체포된 후 불필요한 지체 없이 검사 등에게 인도된 경우 구속영장 청구기간인 48시간의 기산점은 체포시가 아니라 '검사 등이 현행범인을 인도받은 때' 라고 할 것이다(대판 2011.12.22. 2011도12927).

정답 ③

11 현행범인 체포에 관한 설명 중 가장 옳지 않은 것은? (다툼이 있으면 판례에 의함) [19 경찰간부] ★★

① 형사소송법 제211조가 현행범인으로 규정한 '범죄의 실행의 즉후인 자'라고 함은, 범죄의 실행행위를 종료한 직후의 범인이라는 것이 일반인의 입장에서 볼 때 명백한 경우를 말한다.

② 甲은 음주운전을 종료한 후 40분 이상이 경과한 시점에서 길가에 앉아 있었는데, 사법경찰관이 甲에게서 술냄새가 난다는 점만을 근거로 현행범으로 체포한 것은 '방금 음주운전을 실행한 범인이라는 점에 관한 죄증이 명백하다고 할 수 없는 상태'에서 이루어진 것이므로 적법한 공무집행이라 볼 수 없다.

③ 사후적으로 구성요건에 해당하지 않아 무죄로 판단된다고 하더라도 체포 당시에 객관적으로 보아 현행범인이라고 인정할 만한 충분한 이유가 있으면 적법한 체포라고 할 것이다.

④ 현행범인은 누구든지 영장 없이 체포할 수 있고, 검사 또는 사법경찰관리 아닌 자가 현행범인을 체포한 때에는 즉시 검사 또는 사법경찰관리에게 인도하여야 한다.

해설

① [×] 형사소송법 제211조가 현행범인으로 규정한 '범죄의 실행의 즉후인 자'라고 함은 범죄의 실행행위를 종료한 직후의 범인이라는 것이 체포하는 자의 입장에서 볼 때 명백한 경우를 일컫는 것으로서 '범죄의 실행행위를 종료한 직후'라고 함은 범죄행위를 실행하여 끝마친 순간 또는 이에 아주 접착된 시간적 단계를 의미하는 것으로 해석되므로 시간적으로나 장소적으로 보아 체포를 당하는 자가 방금 범죄를 실행한 범인이라는 점에 관한 죄증이 명백히 존재하는 것으로 인정되는 경우에만 현행범인으로 볼 수 있다(대판 2007.4.13. 2007도1249).

② [○] 신고를 받고 출동한 제천경찰서 청전지구대 소속 경장 공소외인이 피고인이 음주운전을 종료한 후 40분 이상이 경과한 시점에서 길가에 앉아 있던 피고인에게서 술냄새가 난다는 점만을 근거로 피고인을 음주운전의 현행범으로 체포한 것은 피고인이 '방금 음주운전을 실행한 범인이라는 점에 관한 죄증이 명백하다고 할 수 없는 상태'에서 이루어진 것으로서 적법한 공무집행이라고 볼 수 없다(대판 2007.4.13. 2007도1249).

③ [○] 공무집행방해죄는 공무원의 적법한 공무집행이 전제로 되는데, 추상적인 권한에 속하는 공무원의 어떠한 공무집행이 적법한지 여부는 행위 당시의 구체적 상황에 기하여 객관적·합리적으로 판단하여야 하고 사후적으로 순수한 객관적 기준에서 판단할 것은 아니다. 마찬가지로 현행범 체포의 적법성은 체포 당시의 구체적 상황을 기초로 객관적으로 판단하여야 하고, 사후에 범인으로 인정되었는지에 의할 것은 아니다(대판 2013.8.23. 2011도4763).

④ [○] 현행범인은 누구든지 영장없이 체포할 수 있다(제212조). 검사 또는 사법경찰관리 아닌 자가 현행범인을 체포한 때에는 즉시 검사 또는 사법경찰관리에게 인도하여야 한다(제213조 제1항).

정답 ①

12 긴급체포에 대한 설명으로 가장 적절하지 않은 것은? (다툼이 있으면 판례에 의함) [21 경찰승진] ★★

① 수사기관은 긴급체포 후 구속영장을 발부받지 못하여 피의자를 석방한 경우, 그 피의자를 동일한 범죄사실로 다시 긴급체포할 수 없으나, 체포영장을 다시 발부받아 체포하는 것은 가능하다.

② 사법경찰관이 피의자를 긴급체포한 경우에는 즉시 긴급체포서를 작성하여야 할 뿐만 아니라 즉시 검사의 승인을 얻어야 한다.

③ 긴급체포의 요건을 갖추었는지 여부는 체포 당시의 상황을 기초로 판단하는 것이 아니라 사후에 밝혀진 사정을 기초로 판단하여야 한다.

④ 긴급체포된 피의자에 대하여 구속영장이 발부된 경우 그 구속기간은 피의자를 체포한 날부터 기산한다.

해설

① [○] 긴급체포되었다가 석방된 자는 영장 없이는 동일한 범죄사실에 관하여 다시 체포하지 못한다(제200조의4 제3항).

② [○] 검사 또는 사법경찰관이 피의자를 긴급체포한 경우에는 즉시 긴급체포서를 작성하여야 하고 긴급체포서에는 범죄사실의 요지, 긴급체포의 사유 등을 기재하여야 한다(제200조의3 제3항·제4항).

③ [×] 긴급체포의 요건을 갖추었는지 여부는 사후에 밝혀진 사정을 기초로 판단하는 것이 아니라 체포 당시의 상황을 기초로 판단하여야 하고, 이에 관한 검사나 사법경찰관 등 수사주체의 판단에는 상당한 재량의 여지가 있다고 할 것이다(대판 2008.3.27. 2007도11400).

④ [○] 구속에 앞서 체포 또는 구인이 선행하는 경우에는 구속기간은 피의자를 실제로 체포 또는 구인한 날로부터 기산한다(제203조의2).

정답 ③

13 긴급체포에 대한 설명으로 가장 적절하지 않은 것은? (다툼이 있으면 판례에 의함) [21 경찰1차] ☆☆

① 긴급체포의 요건을 갖추었는지 여부는 사후에 밝혀진 사정을 기초로 판단하는 것이 아니라 체포 당시의 상황을 기초로 판단하여야 하고, 이에 관한 검사나 사법경찰관 등 수사주체의 판단에는 상당한 재량의 여지가 있다.

② 긴급체포 후 구속영장을 청구하지 아니하거나 발부받지 못하여 석방된 자는 영장 없이는 동일한 범죄사실에 관하여 체포하지 못한다.

③ 피의자를 긴급체포하는 경우에 필요한 때에는 영장 없이 체포현장에서 압수·수색을 할 수 있고, 이에 따라 압수한 물건을 계속 압수할 필요가 있는 경우에는 지체 없이 압수·수색영장을 청구하여야 하며, 청구한 압수·수색영장을 발부받지 못한 때에는 압수한 물건을 즉시 반환하여야 하는바, 이를 위반하여 압수·수색영장을 발부받지 아니하고도 즉시 반환하지 아니한 압수물은 피고인이나 변호인이 이를 증거로 함에 동의하지 않는 한 유죄 인정의 증거로 사용할 수 없다.

④ 긴급체포되어 조사를 받고 구속영장이 청구되지 아니하여 석방된 후 검사가 그 석방일로부터 30일 이내에 석방통지를 법원에 하지 아니하더라도, 긴급체포 당시의 상황과 경위, 긴급체포 후 조사 과정 등에 특별한 위법이 없는 이상, 그 긴급체포에 의한 유치 중에 작성된 피의자신문조서가 위법하게 작성되었다고 볼 수는 없다.

해설

① [○] 긴급체포의 요건을 갖추었는지 여부는 사후에 밝혀진 사정을 기초로 판단하는 것이 아니라 체포 당시의 상황을 기초로 판단하여야 하고, 이에 관한 검사나 사법경찰관 등 수사주체의 판단에는 상당한 재량의 여지가 있다(대판 2008.3.27. 2007도11400).

② [○] 긴급체포되었다가 석방된 자는 영장 없이는 동일한 범죄사실에 관하여 다시 체포하지 못한다(제200조의4 제3항).

③ [×] 사법경찰관이 피의자를 긴급체포하면서 그 체포현장에서 물건을 압수한 경우 형사소송법 제217조 제2항, 제3항에 위반하여 압수·수색영장을 청구하여 이를 발부받지 아니하고도 즉시 반환하지 아니한 압수물은 이를 유죄 인정의 증거로 사용할 수 없는 것이고, 피고인이나 변호인이 이를 증거로 함에 동의하였다고 하더라도 달리 볼 것은 아니다(대판 2009.12.24. 2009도11401).

④ [○] 피의자가 긴급체포되어 조사를 받고 구속영장이 청구되지 아니하여 석방되었음에도 검사가 30일 이내에 법원에 석방통지를 하지 않았더라도, 긴급체포 당시의 상황과 경위, 긴급체포 후 조사 과정 등에 특별한 위법이 있다고 볼 수 없는 이상, 단지 사후에 석방통지가 이루어지지 않았다는 사정만으로 그 긴급체포에 의한 유치 중에 작성된 피의자신문조서들의 작성이 소급하여 위법하게 된다고 볼 수는 없다(대판 2014.8.26. 2011도6035).

정답 ③

14 긴급체포에 관한 설명 중 옳지 않은 것은? (다툼이 있으면 판례에 의함)

[21 해경1차] ★★

① 甲이 필로폰을 투약한다는 제보를 받은 경찰관이 제보된 주거지에 甲이 살고 있는지 등 제보의 정확성을 사전에 확인한 후에 제보자를 불러 조사하기 위하여 甲의 주거지를 방문하였다가, 현관에서 담배를 피우고 있는 甲을 발견하고 사진을 찍어 제보자에게 전송하여 사진에 있는 사람이 제보한 대상자가 맞다는 확인을 한 후, 가지고 있던 甲의 전화번호로 전화를 하여 차량 접촉사고가 났으니 나오라고 하였으나 나오지 않고 또한 경찰관임을 밝히고 만나자고 하는데도 현재 집에 있지 않다는 취지로 거짓말을 하자 甲의 집 문을 강제로 열고 들어가 甲을 긴급체포한 경우 甲에 대한 긴급체포는 위법하다.

② 사법경찰관이 「형사소송법」 제200조의3(긴급체포) 제1항의 규정에 의하여 피의자를 체포한 경우 즉시 검사의 승인을 얻어야 한다.

③ 검사 또는 사법경찰관은 「형사소송법」 제200조의3(긴급체포)에 따라 체포된 자가 소유·소지 또는 보관하는 물건에 대하여 긴급히 압수할 필요가 있는 경우에는 체포한 때부터 24시간 이내에 한하여 영장 없이 압수·수색 또는 검증을 할 수 있다. 압수한 물건을 계속 압수할 필요가 있는 경우에는 지체없이 압수·수색영장을 청구하여야 한다. 이 경우 압수·수색영장의 청구는 체포한 때부터 48시간 이내에 하여야 한다.

④ 긴급체포 후 석방된 자 또는 그 변호인·법정대리인·배우자·직계친족·형제자매나 가족, 동거인 또는 고용주는 통지서 및 관련 서류를 열람하거나 등사할 수 있다.

해설

① [○] 피고인이 필로폰을 투약한다는 제보를 받은 경찰관이 가지고 있던 피고인의 전화번호로 전화를 하여 차량 접촉사고가 났으니 나오라고 하였으나 나오지 않고, 또한 경찰관임을 밝히고 만나자고 하는데도 현재 집에 있지 않다는 취지로 거짓말을 하자 피고인의 집 문을 강제로 열고 들어가 피고인을 긴급체포한 사안에서, 피고인이 마약에 관한 죄를 범하였다고 의심할 만한 상당한 이유가 있었더라도, 경찰관이 이미 피고인의 신원과 주거지 및 전화번호 등을 모두 파악하고 있었고, 당시 마약 투약의 범죄증거가 급속하게 소멸될 상황도 아니었던 점 등의 사정을 감안하면, 긴급체포가 미리 체포영장을 받을 시간적 여유가 없었던 경우에 해당하지 않아 위법하다(대판 2016.10.13. 2016도5814).

② [○] 사법경찰관이 피의자를 긴급체포한 경우에는 즉시 검사의 승인을 얻어야 한다(제200조의3 제2항).

③ [○] 검사 또는 사법경찰관은 긴급체포된 자가 소유·소지 또는 보관하는 물건에 대하여 긴급히 압수할 필요가 있는 경우에는 체포한 때부터 24시간 이내에 한하여 영장 없이 압수·수색 또는 검증을 할 수 있다(제217조 제1항). 검사 또는 사법경찰관은 압수한 물건을 계속 압수할 필요가 있는 경우에는 지체 없이 압수수색영장을 청구하여야 한다. 이 경우 영장의 청구는 체포한 때부터 48시간 이내에 하여야 한다(제217조 제2항).

④ [×] 긴급체포 후 석방된 자 또는 그 변호인·법정대리인·배우자·직계친족·형제자매는 통지서 및 관련 서류를 열람하거나 등사할 수 있다(제200조의4 제5항).

정답 ④

15 긴급체포에 관한 설명 중 옳지 않은 것은 모두 몇 개인가? (다툼이 있으면 판례에 의함) [19 경찰간부] ☆☆☆

㉠ 긴급체포는 피의자가 사형·무기 또는 장기 3년 이상의 징역이나 금고에 해당하는 죄를 범하였다고 의심할 만한 상당한 이유가 있어야 할 수 있다.
㉡ 긴급체포의 요건을 갖추었는지 여부는 체포 당시의 상황을 기초로 판단하여야 하고, 이에 관한 수사주체의 판단에는 상당한 재량의 여지가 있다.
㉢ 형사소송법 제208조(재구속의 제한) 소정의 '구속되었다가 석방된 자'의 범위에는 구속영장에 의하여 구속되었다가 석방된 경우뿐 아니라 긴급체포나 현행범으로 체포되었다가 사후영장발부 전에 석방된 경우도 포함된다.
㉣ 긴급체포된 피의자에 대하여 구속영장이 발부된 경우 그 구속기간은 구속영장이 발부된 날부터 기산한다.
㉤ 검사는 긴급체포한 피의자에 대하여 구속영장을 청구하지 아니하고 석방한 경우에는 즉시 긴급체포서의 사본 등을 법원에 통지하여 사후승인을 얻어야 한다.

① 1개 ② 2개
③ 3개 ④ 4개

해설

▶ ㉢, ㉣, ㉤ 3개가 옳지 않다.
㉠ [○] 긴급체포의 요건으로 피의자가 사형·무기 또는 장기 3년 이상의 징역이나 금고에 해당하는 죄[6]를 범하였다고 의심할 만한 상당한 이유 즉, 범죄의 중대성이 인정되어야 한다(제200조의3 제1항).
㉡ [○] 긴급체포의 요건을 갖추었는지 여부는 체포 당시의 상황을 기초로 판단하여야 하고, 이에 관한 수사주체의 판단에는 상당한 재량의 여지가 있다(대판 2008.3.27. 2007도11400).
㉢ [×] 형사소송법 제208조(재구속의 제한 규정) 소정의 '구속되었다가 석방된 자'라 함은 구속영장에 의하여 구속되었다가 석방된 경우를 말하는 것이지, 긴급체포나 현행범으로 체포되었다가 사후영장발부 전에 석방된 경우는 포함되지 않는다 할 것이므로, 피고인이 수사 당시 긴급체포되었다가 수사기관의 조치로 석방된 후 법원이 발부한 구속영장에 의하여 구속이 이루어진 경우 앞서 본 법조에 위배되는 위법한 구속이라고 볼 수 없다(대판 2001.9.28. 2001도4291).
㉣ [×] 구속에 앞서 체포 또는 구인이 선행하는 경우에는 구속기간은 피의자를 실제로 체포 또는 구인한 날로부터 기산한다(제203조의2).
㉤ [×] 검사는 제1항에 따른 구속영장을 청구하지 아니하고 피의자를 석방한 경우에는 석방한 날부터 30일 이내에 서면으로 다음 각 호의 사항을 법원에 통지하여야 한다. 이 경우 긴급체포서의 사본을 첨부하여야 한다(제200조의4 제4항).

정답 ③

6) 긴급체포가 가능한 중대한 범죄의 예로는 절도죄, 강도죄, 강간죄 등이 있으며, 긴급체포의 대상인 중대한 범죄에 해당하지 않는 예로는 단순폭행죄, 도박(상습도박)죄, 명예훼손죄, 모욕죄, 무면허운전죄 등이 있다.

16 다음 중 긴급체포에 대한 설명으로 옳지 않은 것은 모두 몇 개인가? (다툼이 있으면 판례에 의함)

[20 해경간부] ☆☆☆

> ㉠ 「형사소송법」 제200조의4 제3항은 영장 없이는 긴급체포 후 석방된 피의자를 동일한 범죄사실에 관하여 체포하지 못한다는 규정으로, 위와 같이 석방된 피의자는 법원으로부터 구속영장을 발부받아도 구속할 수 없다.
> ㉡ 사법경찰관이 「형사소송법」 제200조의3(긴급체포) 제1항의 규정에 의하여 피의자를 긴급체포한 경우에는 즉시 검사의 승인을 얻어야 한다.
> ㉢ 긴급체포의 요건을 갖추었는지 여부는 사후에 밝혀진 사정을 기초로 판단하는 것이 아니라 체포 당시의 상황을 기초로 판단하여야 한다.
> ㉣ 긴급체포된 자가 소유 · 소지 또는 보관하는 물건에 대하여 긴급히 압수할 필요가 있는 경우에는 체포한 때로부터 24시간 이내에 한하여 영장 없이 압수 · 수색할 수 있으며, 압수한 물건을 계속 압수할 필요가 있는 경우에는 지체없이 압수 · 수색영장을 청구하여야 한다. 이 경우 압수 · 수색영장의 청구는 압수 후 48시간 이내에 하여야 한다.
> ㉤ 사법경찰관은 피의자를 긴급체포하는 경우에 필요한 때에는 영장 없이 타인의 주거나 타인이 간수하는 가옥, 건조물, 항공기, 선차 내에서의 피의자 수사를 할 수 있다.

① 1개 ② 2개
③ 3개 ④ 4개

해설

㉠ [×] 형사소송법 제200조의4 제3항은 영장 없이는 긴급체포 후 석방된 피의자를 동일한 범죄사실에 관하여 체포하지 못한다는 규정으로, 위와 같이 석방된 피의자라도 법원으로부터 구속영장을 발부받아 구속할 수 있음은 물론이다(대판 2001.9.28. 2001도4291).
㉡ [○] 사법경찰관이 제1항의 규정에 의하여 피의자를 체포한 경우에는 즉시 검사의 승인을 얻어야 한다(제200조의3 제2항).
㉢ [○] 긴급체포의 요건을 갖추었는지 여부는 체포 당시의 상황을 기초로 판단하여야 하고, 이에 관한 수사주체의 판단에는 상당한 재량의 여지가 있다(대판 2008.3.27. 2007도11400).
㉣ [×] 검사 또는 사법경찰관은 긴급체포된 자가 소유 · 소지 또는 보관하는 물건에 대하여 긴급히 압수할 필요가 있는 경우에는 체포한 때부터 24시간 이내에 한하여 영장 없이 압수 · 수색 또는 검증을 할 수 있다(제217조 제1항). 검사 또는 사법경찰관은 압수한 물건을 계속 압수할 필요가 있는 경우에는 지체 없이 압수수색영장을 청구하여야 한다. 이 경우 영장의 청구는 체포한 때부터 48시간 이내에 하여야 한다(제217조 제2항).
㉤ [○] 검사 또는 사법경찰관은 제200조의2(영장에 의한 체포) · 제200조의3(긴급체포) · 제201조(구속) 또는 제212조(현행범인의 체포)의 규정에 의하여 피의자를 체포 · 구속하는 경우에 필요한 때에는 영장없이 타인의 주거나 타인이 간수하는 가옥, 건조물, 항공기, 선차 내에서 피의자를 수색할 수 있다. 다만, 제200조의2 또는 제201조에 따라 피의자를 체포 또는 구속하는 경우의 피의자 수색은 미리 수색영장을 발부받기 어려운 긴급한 사정이 있는 때에 한정한다(제216조 제1항 제1호).

정답 ②

17 구속에 관한 설명으로 가장 적절하지 않은 것은? (다툼이 있는 경우 판례에 의함) [23 경찰2차] ☆☆☆

① 항소법원이 구속기간의 만료로 피고인에 대한 구속의 효력이 상실된 후 피고인에 대한 판결을 선고하면서 피고인을 구속하였다 하여 「형사소송법」 제208조의 규정에 위배되는 재구속 또는 이중구속이라 할 수 없다.

② 구속적부심사 청구에 대한 법원의 기각결정 및 석방결정에 대해서는 항고할 수 없지만, 보증금납입조건부 석방결정에 대해서는 피의자나 검사가 그 취소의 실익이 있으면 「형사소송법」 제402조에 의하여 항고할 수 있다.

③ 지방법원 판사가 구속기간의 연장을 허가하지 않는 결정을 하더라도 「형사소송법」 제402조 또는 제403조가 정하는 항고의 방법으로는 불복할 수 없으며, 다만, 「형사소송법」 제416조가 정하는 준항고의 대상이 될 뿐이다.

④ 구속의 효력은 원칙적으로 「형사소송법」 제75조 제1항의 방식에 따라 작성된 구속영장에 기재된 범죄사실에만 미치는 것이므로, 구속기간이 만료될 무렵에 종전 구속영장에 기재된 범죄사실과 다른 범죄사실로 피고인을 구속하였다는 사정만으로는 피고인에 대한 구속이 위법하다고 할 수 없다.

해설

① [○] 구속기간의 만료로 피고인에 대한 구속의 효력이 상실된 후 항소법원이 피고인에 대한 판결을 선고하면서 피고인을 구속하였다 하여 위 법 제208조의 규정에 위배되는 재구속 또는 이중구속이라 할 수 없다(대결 1985.7.23. 85모12).

② [○] 체포 또는 구속적부심사절차에서의 법원의 결정에 대한 항고의 허용 여부에 관하여 같은 법 [1] 제214조의2 제8항은 제3항과 제4항의 기각결정 및 석방결정에 대하여 항고하지 못하는 것으로 규정하고 있을 뿐이고 제5항에 의한 석방결정에 대하여 항고하지 못한다는 규정은 없을 뿐만 아니라, [2] 같은 법 제214조의2 제4항의 석방결정은 체포 또는 구속이 불법이거나 이를 계속할 사유가 없는 등 부적법한 경우에 피의자의 석방을 명하는 것임에 비하여, 같은 법 제214조의2 제5항의 석방결정은 구속의 적법을 전제로 하면서 그 단서에서 정한 제한사유가 없는 경우에 한하여 출석을 담보할 만한 보증금의 납입을 조건으로 하여 피의자의 석방을 명하는 것이어서 같은 법 제214조의2 제4항의 석방결정과 제5항의 석방결정은 원래 그 실질적인 취지와 내용을 달리 하는 것이고, [3] 또한 기소 후 보석결정에 대하여 항고가 인정되는 점에 비추어 그 보석결정과 성질 및 내용이 유사한 기소 전 보증금납입조건부 석방결정에 대하여도 항고할 수 있도록 하는 것이 균형에 맞는 측면도 있다 할 것이므로, 같은 법 제214조의2 제5항의 보증금납입조건부 석방결정에 대하여는 피의자나 검사가 그 취소의 실익이 있는 한 같은 법 제402조에 의하여 항고할 수 있다(대결 1997.8.27. 97모21).

③ [×] 구속기간의 연장을 허가하지 아니하는 지방법원판사의 결정에 대하여는 항고의 방법으로는 불복할 수 없고 나아가 그 지방법원판사는 수소법원으로서의 재판장 또는 수명법관도 아니므로 그가 한 재판은 준항고의 대상이 되지도 않는다(대결 1997.6.16. 97모1).

④ [○] 구속의 효력은 원칙적으로 구속영장에 기재된 범죄사실에만 미치는 것이므로 구속기간이 만료될 무렵에 종전 구속영장에 기재된 범죄사실과 다른 범죄사실로 피고인을 구속하였다는 사정만으로는 피고인에 대한 구속이 위법하다고 할 수 없다(대결 1996.8.12. 96모46).

정답 ③

18 구속에 관한 설명으로 옳고 그름의 표시(○, ×)가 바르게 된 것은? (다툼이 있는 경우 판례에 의함)

[23 경찰간부] ☆☆

가. 수사기관의 청구에 의하여 발부하는 구속영장은 허가장으로서의 성질을 가지며, 법원이 직권으로 발부하는 영장은 명령장으로서의 성질을 가진다.
나. 구속기간이 만료될 무렵에 종전 구속영장에 기재된 범죄사실과 다른 범죄사실로 다시 구속영장을 집행하는 것은 위법하다.
다. 적법하게 체포된 피의자에 대하여 구속영장을 청구받은 판사는 필요하다고 인정되는 때에는 지체없이 영장실질심사를 위하여 피의자를 심문할 수 있으며, 심문할 피의자에게 변호인이 없는 때에는 판사는 직권으로 변호인을 선정하여야 한다.
라. 구속 전 피의자심문을 하는 경우 법원이 구속영장청구서 · 수사관계서류 및 증거물을 접수한 날부터 구속영장을 발부하여 검찰청에 반환한 날까지의 기간은 사법경찰관 및 검사의 피의자 구속기간에 산입하지 아니한다.
마. 피의자에 대한 심문절차는 공개하지 아니하지만, 판사는 상당하다고 인정하는 경우에는 일반인의 방청을 허가할 수 있다.

① 가(×), 나(×), 다(○), 라(×), 마(×)
② 가(○), 나(×), 다(○), 라(○), 마(○)
③ 가(○), 나(○), 다(×), 라(○), 마(○)
④ 가(○), 나(×), 다(×), 라(○), 마(×)

해설

가. [○] 법원이 직권으로 발부하는 영장은 명령장으로서의 성질을 갖지만 수사기관의 청구에 의하여 발부하는 구속영장은 허가장으로서의 성질을 갖는 것이므로 양자의 법적 성격은 같지 않다(헌재 1997.3.27. 96헌바28).
나. [×] 구속의 효력은 원칙적으로 구속영장에 기재된 범죄사실에만 미치는 것이므로 구속기간이 만료될 무렵에 종전 구속영장에 기재된 범죄사실과 다른 범죄사실로 피고인을 구속하였다는 사정만으로는 피고인에 대한 구속이 위법하다고 할 수 없다(대결 1996.8.12. 96모46).
다. [×] 체포된 피의자[7]에 대하여 구속영장을 청구받은 판사는 지체 없이 피의자를 심문하여야 한다. 이 경우 특별한 사정이 없는 한 구속영장이 '청구된 날의 다음날까지' 심문하여야 한다(제201조의2 제1항). 구속전피의자심문에 있어 심문할 피의자에게 변호인이 없는 때에는 지방법원판사는 직권으로 변호인을 선정하여야 한다. 이 경우 변호인의 선정은 피의자에 대한 '구속영장 청구가 기각되어 효력이 소멸한 경우를 제외하고'는 제1심까지 효력이 있다(제201조의2 제8항).
라. [○] 영장실질심사에 있어서 법원이 관계 서류와 증거물을 접수한 날부터 구속영장을 발부하여 검찰청에 반환한 날까지의 기간은 구속기간에 산입하지 않는다(제201조의2 제7항).
마. [×] 피의자에 대한 심문절차는 공개하지 아니한다. 다만, 판사는 상당하다고 인정하는 경우에는 피의자의 친족, 피해자 등 이해관계인의 방청을 허가할 수 있다(형사소송규칙 제96조의14).

정답 ④

7) 체포영장에 의한 체포(제200조의2), 긴급체포(제200조의3), 현행범인의 체포(제212조) 규정에 의해 체포된 피의자를 모두 포함한다.

19 구속에 관한 설명 중 가장 적절하지 않은 것은? (다툼이 있는 경우 판례에 의함) [22 경찰1차]

① 검사와 사법경찰관의 상호협력과 일반적 수사준칙에 관한 규정 제35조에 의하면 검사 또는 사법경찰관은 구속영장의 유효기간 내에 영장의 집행에 착수하지 못한 경우, 반환사유 등을 적은 영장반환서에 해당 영장을 첨부하여 즉시 법원에 반환하여야 하고, 구속영장이 여러 통 발부된 경우에는 모두 반환하여야 한다.

② 체포된 피의자에 대하여 구속영장을 청구받은 관할 지방법원 판사는 구속사유의 존부를 심리 판단하기 위하여 지체 없이 피의자를 심문하여야 한다.

③ 구속적부심사절차에서 작성된 조서는 형사소송법 제311조의 법원 또는 법관의 조서에 해당하는 것이 아니라, 동법 제315조 제3호의 '기타 특히 신용할 만한 정황에 의하여 작성된 문서'로서 당연히 증거능력이 있는 서류에 해당한다.

④ 구속영장을 집행함에는 피의자의 신청이 있는 때에 한하여 피의자에게 그 사본을 교부할 수 있다.

해설

① [○] 검사 또는 사법경찰관은 체포·구속영장의 유효기간 내에 영장의 집행에 착수하지 못했거나, 그 밖의 사유로 영장의 집행이 불가능하거나 불필요하게 되었을 때에는 즉시 해당 영장을 법원에 반환해야 한다. 체포·구속영장이 여러 통 발부된 경우에는 모두 반환해야 한다. 검사 또는 사법경찰관은 제1항에 따라 체포·구속영장을 반환하는 경우에는 반환사유 등을 적은 영장반환서에 해당 영장을 첨부하여 반환하고, 그 사본을 사건기록에 편철한다(검사와 사법경찰관의 상호협력과 일반적 수사준칙에 관한 규정 제35조 제1항·제2항).

② [○] 제200조의2·제200조의3 또는 제212조에 따라 체포된 피의자에 대하여 구속영장을 청구받은 판사는 지체없이 피의자를 심문하여야 한다(제201조의2 제1항).

③ [○] 구속적부심문조서는 형사소송법 제311조가 규정한 문서에는 해당하지 않는다 할 것이나, 특히 신용할 만한 정황에 의하여 작성된 문서라고 할 것이므로 특별한 사정이 없는 한, 피고인이 증거로 함에 부동의하더라도, 형사소송법 제315조 제3호에 의하여 당연히 그 증거능력이 인정된다(대판 2004.1.16. 2003도5693).

④ [×] 구속영장을 집행함에는 피의자에게 반드시 이를 제시하고 그 사본을 교부하여야 한다(제209조, 제85조 제1항).

정답 ④

20 피의자 구속에 관한 설명 중 옳지 않은 것은? (다툼이 있으면 판례에 의함) [20 경찰간부]

① 구속영장을 청구받은 지방법원판사는 체포된 피의자에 대하여 지체없이 심문하여야 하나, 체포되지 않은 피의자에 대하여는 직권으로 심문 여부를 결정한다.

② 구속기간의 초일은 시간을 계산함이 없이 1일로 산정하고, 구속기간의 말일이 공휴일 또는 토요일에 해당하는 경우에도 구속기간에 산입한다.

③ 지방법원판사가 검사의 구속영장청구를 기각한 경우에 이에 대한 불복방법으로서 준항고는 허용되지 않는다.

④ 구속되었다가 석방된 피의자는 다른 중요한 증거가 발견된 경우가 아니면 동일한 범죄사실에 관하여 재차 구속하지 못한다.

해설

① [×] 제200조의2·제200조의3 또는 제212조에 따라 체포된 피의자에 대하여 구속영장을 청구받은 판사는 지체 없이 피의자를 심문하여야 한다. 이 경우 특별한 사정이 없는 한 구속영장이 청구된 날의 다음날까지 심문하여야 한다(제201조의2 제1항). 제1항 외의 피의자에 대하여 구속영장을 청구받은 판사는 피의자가 죄를 범하였다고 의심할 만한 이유가 있는 경우에 구인을 위한 구속영장을 발부하여 피의자를 구인한 후 심문하여야 한다. 다만, 피의자가 도망하는 등의 사유로 심문할 수 없는 경우에는 그러하지 아니하다(제201조의2 제2항).

② [○] 기간의 계산에 관하여는 시(時)로 계산하는 것은 즉시(卽時)부터 기산하고 일(日), 월(月) 또는 연(年)으로 계산하는 것은 초일을 산입하지 아니한다. 다만, 시효(時效)와 구속기간의 초일은 시간을 계산하지 아니하고 1일로 산정한다(제66조 제1항). 기간의 말일이 공휴일이거나 토요일이면 그날은 기간에 산입하지 아니한다. 다만, 시효와 구속기간에 관하여는 예외로 한다(제66조 제3항).

③ [○] 검사의 체포영장 또는 구속영장 청구에 대한 지방법원판사의 재판은 형사소송법 제402조의 규정에 의하여 항고의 대상이 되는 '법원의 결정'에 해당하지 아니하고, 제416조 제1항의 규정에 의하여 준항고의 대상이 되는 '재판장 또는 수명법관의 구금 등에 관한 재판'에도 해당하지 아니한다(대결 2006.12.18. 2006모646).

④ [○] 검사 또는 사법경찰관에 의하여 구속되었다가 석방된 자는 다른 중요한 증거를 발견한 경우를 제외하고는 동일한 범죄사실에 관하여 재차 구속하지 못한다(제208조 제1항).

정답 ①

21 다음 중 구속에 관한 설명으로 가장 옳지 않은 것은? (다툼이 있으면 판례에 의함) [21 해경간부]

① 수사기관이 구속영장에 기재된 장소가 아닌 곳으로 구금장소를 임의적으로 변경하는 것은 위법하다.

② 구속영장을 소지하지 아니한 경우에 급속을 요하는 때에는 피의자에 대하여 피의사실의 요지와 구속영장이 발부되었음을 알리고 집행할 수 있으며, 이 경우 집행을 완료한 후에는 신속히 구속영장을 제시하여야 한다.

③ 검사의 구속영장 청구 전 피의자 대면조사는 강제수사가 아니므로 피의자는 검사의 출석요구에 응할 의무가 없고, 피의자가 검사의 출석 요구에 동의한 때에 한하여 사법경찰관리는 피의자를 검찰청으로 호송하여야 한다.

④ 검사 또는 사법경찰관에 의하여 구속되었다가 석방된 자는 다른 중요한 증거를 발견한 경우를 제외하고는 동일한 범죄사실에 관하여 재차 구속하지 못하며, 이 경우 1개의 목적을 위하여 동시 또는 수단결과의 관계에서 행하여진 행위는 별개의 범죄사실로 간주한다.

해설

① [○] 구속영장에는 청구인을 구금할 수 있는 장소로 특정 경찰서 유치장으로 기재되어 있었는데, 청구인에 대하여 위 구속영장에 의하여 1995.11.30. 07:50경 위 경찰서 유치장에 구속이 집행되었다가 같은 날 08:00에 그 신병이 조사차 국가안전기획부 직원에게 인도된 후 위 경찰서 유치장에 인도된 바 없이 계속하여 국가안전기획부 청사에 사실상 구금되어 있다면, 청구인에 대한 이러한 사실상의 구금장소의 임의적 변경은 청구인의 방어권이나 접견교통권의 행사에 중대한 장애를 초래하는 것이므로 위법하다(대결 1996.5.15. 95모94).

② [○] 구속영장을 소지하지 아니한 경우에 급속을 요하는 때에는 피고인에 대하여 공소사실의 요지와 영장이 발부되었음을 고하고 집행할 수 있다. 전항의 집행을 완료한 후에는 신속히 구속영장을 제시하고 그 사본을 교부하여야 한다(제209조, 제85조 제3항 · 제4항).

③ [○] 검사의 구속영장 청구 전 피의자 대면 조사는 강제수사가 아니므로 피의자는 검사의 출석 요구에 응할 의무가 없고, 피의자가 검사의 출석 요구에 동의한 때에 한하여 사법경찰관리는 피의자를 검찰청으로 호송하여야 한다(대판 2010.10.28. 2008도11999).

④ [×] 검사 또는 사법경찰관에 의하여 구속되었다가 석방된 자는 다른 중요한 증거를 발견한 경우를 제외하고는 동일한 범죄사실에 관하여 재차 구속하지 못한다(제208조 제1항). 전항의 경우에는 1개의 목적을 위하여 동시 또는 수단결과의 관계에서 행하여진 행위는 동일한 범죄사실로 간주한다(동조 제2항).

정답 ④

22 구속과 관련된 다음 설명 중 옳지 않은 것은? (다툼이 있으면 판례에 의함)

[21 해경1차] ☆☆

① 구속의 사유가 없거나 소멸된 때에는 법원은 직권 또는 검사, 피고인, 변호인과 「형사소송법」 제30조 제2항에 규정한 자의 청구에 의하여 결정으로 구속을 취소할 수 있다.

② 「형사소송법」 제200조의2 · 제200조의3 또는 제212조에 따라 체포된 피의자에 대하여 구속영장을 청구받은 판사는 지체없이 피의자를 심문하여야 한다. 이 경우 특별한 사정이 없는 한 구속영장이 청구된 날의 다음날까지 심문하여야 한다.

③ 「헌법」 제44조에 의하여 구속된 국회의원에 대한 석방요구가 있으면 당연히 구속영장의 집행이 정지된다.

④ 검사 또는 사법경찰관에 의하여 구속되었다가 석방된 자는 다른 중요한 증거를 발견한 경우를 제외하고는 동일한 범죄사실에 관하여 재차 구속하지 못한다.

해설

① [×] 구속의 사유가 없거나 소멸된 때에는 법원은 직권 또는 검사, 피고인, 변호인과 제30조 제2항에 규정한 자의 청구에 의하여 결정으로 구속을 취소하여야 한다(제93조).

② [○] 제200조의2 · 제200조의3 또는 제212조에 따라 체포된 피의자에 대하여 구속영장을 청구받은 판사는 지체 없이 피의자를 심문하여야 한다. 이 경우 특별한 사정이 없는 한 구속영장이 청구된 날의 다음날까지 심문하여야 한다(제201조의2 제1항).

③ [○] 헌법 제44조에 의하여 구속된 국회의원에 대한 석방요구가 있으면 당연히 구속영장의 집행이 정지된다(제101조 제4항).

④ [○] 검사 또는 사법경찰관에 의하여 구속되었다가 석방된 자는 다른 중요한 증거를 발견한 경우를 제외하고는 동일한 범죄사실에 관하여 재차 구속하지 못한다(제208조).

정답 ①

23 구속에 대한 설명으로 옳지 않은 것은? (다툼이 있으면 판례에 의함)

[21 국가9급] ☆

① '범죄의 중대성, 재범의 위험성, 피해자 및 중요 참고인 등에 대한 위해우려 등'은 독립된 구속사유가 아니라 구속사유를 심사함에 있어서 필요적 고려사항이다.

② 지방법원판사가 구속영장청구를 기각한 경우에 검사는 지방법원판사의 기각결정에 대하여 항고 또는 준항고의 방법으로 불복할 수 없다.

③ 긴급체포된 피의자를 구속 전 피의자심문을 하는 경우 구속기간은 구속영장 발부시가 아닌 피의자를 체포한 날부터 기산하며, 법원이 구속영장청구서 · 수사 관계 서류 및 증거물을 접수한 날부터 구속영장을 발부하여 검찰청에 반환한 날까지의 기간은 구속기간에 산입하지 않는다.

④ 구속영장 발부에 의하여 적법하게 구금된 피의자가 피의자신문을 위한 출석요구에 응하지 아니하면서 수사기관 조사실에 출석을 거부하는 경우에도 수사기관은 구속영장의 효력에 의하여 피의자를 조사실로 구인할 수 없다.

해설

① [○] 법원은 제1항의 구속사유를 심사함에 있어서 범죄의 중대성, 재범의 위험성, 피해자 및 중요 참고인 등에 대한 위해우려 등을 고려하여야 한다(제70조 제2항).

② [○] 지방법원판사가 구속영장청구를 기각한 경우에 검사는 지방법원판사의 기각결정에 대하여 항고 또는 준항고의 방법으로 불복할 수 없다(대결 2006.12.18. 2006모646).

③ [○] 1) 구속기간의 기산점: 구속기간은 실제로 피의자가 구속된 날로부터 기산한다. 구속에 앞서 체포 또는 구인이 선행하는 경우에는 구속기간은 피의자를 실제로 체포 또는 구인한 날로부터 기산한다(제203조의2).
2) 구속기간에 산입하지 않는 기간: ㉠ 영장실질심사에 있어서 법원이 관계서류와 증거물을 접수한 날부터 구속영장을 발부하여 검찰청에 반환한 날까지의 기간(제201조의2 제7항) ㉡ 체포구속적부심사에 있어서 법원이 관계서류와 증거물을 접수한 때부터 결정 후 검찰청에 반환된 때까지의 기간(제214조의2 제13항) ㉢ 피의자 감정유치기간(제172조의2, 제221조의3) ㉣ 피의자가 도망간 기간 ㉤ 구속집행 정지기간 등은 구속기간에 산입하지 아니한다.
④ [×] 수사기관이 구속영장에 의하여 피의자를 구속하는 경우, 그 구속영장은 기본적으로 장차 공판정에의 출석이나 형의 집행을 담보하기 위한 것이지만, 이와 함께 구속기간의 범위 내에서 수사기관이 피의자신문의 방식으로 구속된 피의자를 조사하는 등 적정한 방법으로 범죄를 수사하는 것도 예정하고 있다고 할 것이다(대결 2013.7.1. 2013모160).

정답 ④

24 「형사소송법」상 구속에 관한 설명으로 옳지 않은 것은? (다툼이 있으면 판례에 의함) [21 소방간부]

① 구속에는 구금은 물론 구인도 포함된다.
② 법원은 도망 또는 도망할 염려 등의 구속사유를 심사함에 있어서 범죄의 중대성, 재범의 위험성, 피해자 및 중요 참고인 등에 대한 위해 우려 등을 고려하여야 한다.
③ 구속영장을 집행함에는 피고인에게 반드시 이를 제시하여야 하며 신속히 지정된 법원 기타 장소에 인치하여야 한다.
④ 사법경찰관이 피의자를 구속한 때에는 20일 이내에 피의자를 검사에게 인치하지 아니하면 석방하여야 한다.
⑤ 구속영장의 효력은 구속영장에 기재된 범죄사실 및 그 사실의 기초가 되는 사회적 사실관계가 기본적인 점에서 동일한 공소사실에 미친다는 것이 판례의 입장이다.

해설

① [○] 본법에서 구속이라 함은 구인과 구금을 포함한다(제69조).
② [○] 법원은 제1항의 구속사유를 심사함에 있어서 범죄의 중대성, 재범의 위험성, 피해자 및 중요 참고인 등에 대한 위해 우려 등을 고려하여야 한다(제70조 제2항).
③ [○] 구속영장을 집행함에는 피고인에게 반드시 이를 제시하고 그 사본을 교부하여야 하며 신속히 지정된 법원 기타 장소에 인치하여야 한다(제85조 제1항).
④ [×] 사법경찰관이 피의자를 구속한 때에는 10일 이내에 피의자를 검사에게 인치하지 아니하면 석방하여야 한다(제202조).
⑤ [○] 구속영장의 효력은 구속영장에 기재된 범죄사실 및 그 사실의 기초가 되는 사회적 사실관계가 기본적인 점에서 동일한 공소사실에 미친다(대결 2001.5.25. 2001모85).

정답 ④

25 구속에 관한 설명으로 옳은 것은? (다툼이 있으면 판례에 의함)

[20 소방간부] ☆

① 구속기간이 만료될 무렵에 종전 구속영장에 기재된 범죄사실과 다른 범죄사실로 피고인을 구속하였다는 사정만으로는 피고인에 대한 구속이 위법하다고 할 수 없다.

② 지방법원판사의 구속영장 기각결정에 대해서는 검사의 준항고가 허용된다.

③ 「형사소송법」 제208조(재구속의 제한)의 '구속되었다가 석방된 자'의 범위에는 구속영장에 의하여 구속되었다가 석방된 경우뿐만 아니라 긴급체포나 현행범으로 체포되었다가 사후영장발부 전에 석방된 경우도 포함된다.

④ 불출석상태에서 징역형을 선고받고 항소한 피고인에 대하여 제1심 법원이 소송기록이 항소법원에 도달하기 전에 구속영장을 발부한 것은 위법하다.

⑤ 피고인의 구속기간에는 공소제기 전의 체포·구인·구금 기간을 산입한다.

해설

① [○] 구속의 효력은 원칙적으로 구속영장에 기재된 범죄사실에만 미치는 것이므로 구속기간이 만료될 무렵에 종전 구속영장에 기재된 범죄사실과 다른 범죄사실로 피고인을 구속하였다는 사정만으로는 피고인에 대한 구속이 위법하다고 할 수 없다(대결 1996.8.12. 96모46).

② [×] 검사의 체포영장 또는 구속영장 청구에 대한 지방법원판사의 재판은 형사소송법 제402조의 규정에 의하여 항고의 대상이 되는 '법원의 결정'에 해당하지 아니하고, 제416조 제1항의 규정에 의하여 준항고의 대상이 되는 '재판장 또는 수명법관의 구금 등에 관한 재판'에도 해당하지 아니한다(대결 2006.12.18. 2006모646).

③ [×] 형사소송법 제208조(재구속의 제한 규정) 소정의 '구속되었다가 석방된 자'라 함은 구속영장에 의하여 구속되었다가 석방된 경우를 말하는 것이지, 긴급체포나 현행범으로 체포되었다가 사후영장발부 전에 석방된 경우는 포함되지 않는다 할 것이므로, 피고인이 수사 당시 긴급체포되었다가 수사기관의 조치로 석방된 후 법원이 발부한 구속영장에 의하여 구속이 이루어진 경우 앞서 본 법조에 위배되는 위법한 구속이라고 볼 수 없다(대판 2001.9.28. 2001도4291).

④ [×] 상소제기 후 소송기록이 상소법원에 도달하지 않고 있는 사이에는 피고인을 구속할 필요가 있는 경우에도 기록이 없는 상소법원에서 구속의 요건이나 필요성 여부에 대한 판단을 하여 피고인을 구속하는 것이 실질적으로 불가능하다는 점 등을 고려하면, 상소기간 중 또는 상소 중의 사건에 관한 피고인의 구속을 소송기록이 상소법원에 도달하기까지는 원심법원이 하도록 규정한 형사소송규칙 제57조 제1항의 규정이 형사소송법 제105조의 규정에 저촉된다고 보기는 어렵다(대결 2007.7.10. 2007모460).

⑤ [×] 공소제기 전의 체포·구인·구금 기간은 제1항 및 제2항의 기간에 산입하지 아니한다(제92조 제3항).

정답 ①

26 구속 전 피의자심문(영장실질심사)에 대한 설명 중 옳은 것만을 모두 고른 것은?

[22 경찰간부] ☆☆

가. 판사는 구속 여부를 판단하기 위하여 필요한 사항에 관하여 신속하고 간결하게 심문하여야 하며, 피의자의 교우관계 등 개인적인 사항에 관하여 심문할 수는 없다.
나. 심문할 피의자에게 변호인이 없는 때에는 지방법원판사는 직권으로 변호인을 선정하여야 한다.
다. 피의자 심문에 참여할 변호인은 지방법원판사에게 제출된 구속영장청구서 및 그에 첨부된 고소·고발장, 피의자의 진술을 기재한 서류와 피의자가 제출한 서류를 열람할 수 있으나, 지방법원판사는 구속영장청구서를 제외하고는 위 서류의 전부 또는 일부의 열람을 제한할 수 있다.
라. 피의자가 출석을 거부하거나 질병 기타 부득이한 사유로 법원에 출석할 수 없는 때에는 경찰서에서 피의자에 대한 구속전 심문을 할 수 있다.
마. 피의자에 대한 구속전 심문절차는 공개하지 아니하지만, 판사는 상당하다고 인정하는 경우 이해관계인의 방청을 허가할 수 있다.

① 가, 나, 라
② 가, 다, 마
③ 나, 다, 라, 마
④ 가, 나, 다, 라, 마

해설

가. [×] 판사는 구속 여부를 판단하기 위하여 필요한 사항에 관하여 신속하고 간결하게 심문하여야 한다. 증거인멸 또는 도망의 염려를 판단하기 위하여 필요한 때에는 피의자의 경력, 가족관계나 교우관계 등 개인적인 사항에 관하여 심문할 수 있다(형사소송규칙 제96조의16 제2항).

나. [○] 구속 전 피의자심문에 있어 심문할 피의자에게 변호인이 없는 때에는 지방법원판사는 직권으로 변호인을 선정하여야 한다. 이 경우 변호인의 선정은 피의자에 대한 구속영장 청구가 기각되어 효력이 소멸한 경우를 제외하고는 제1심까지 효력이 있다(제201조의2 제8항).

다. [○] 검사는 증거인멸 또는 피의자나 공범 관계에 있는 자가 도망할 염려가 있는 등 수사에 방해가 될 염려가 있는 때에는 지방법원 판사에게 제1항에 규정된 서류(구속영장청구서는 제외한다)의 열람 제한에 관한 의견을 제출할 수 있고, 지방법원 판사는 검사의 의견이 상당하다고 인정하는 때에는 그 전부 또는 일부의 열람을 제한할 수 있다(형사소송규칙 제96조의21 제2항).

라. [○] 피의자의 심문은 법원청사 내에서 하여야 한다. 다만, 피의자가 출석을 거부하거나 질병 기타 부득이한 사유로 법원에 출석할 수 없는 때에는 경찰서, 구치소 기타 적당한 장소에서 심문할 수 있다(형사소송규칙 제96조의15).

마. [○] 피의자에 대한 심문절차는 공개하지 아니한다. 다만, 판사는 상당하다고 인정하는 경우에는 피의자의 친족, 피해자 등 이해관계인의 방청을 허가할 수 있다(형사소송규칙 제96조의14).

정답 ③

27 다음 중 구속전 피의자심문제도에 대한 설명으로 옳고 그름의 표시(○, ×)가 바르게 된 것은? (다툼이 있으면 판례에 의함)

[20 해경간부] ☆☆☆

㉠ 법원은 변호인의 사정이나 그 밖의 사유로 변호인 선정결정이 취소되어 변호인이 없게 된 때에는 직권으로 변호인을 다시 선정하여야 한다.
㉡ 심문할 피의자에게 변호인이 없는 때에는 지방법원판사는 직권으로 변호인을 선정하여야 한다. 이 경우 변호인의 선정은 피의자에 대한 구속영장 청구가 기각되어 효력이 소멸한 경우를 제외하고는 심문시까지 효력이 있다.
㉢ 판사는 구속 여부의 판단을 위하여 심문장소에 출석한 피해자 그 밖의 제3자를 심문하여야 한다.
㉣ 판사는 지정된 심문기일에 피의자를 심문할 수 없는 특별한 사정이 있는 경우에는 그 심문기일을 변경할 수 있다.

① ㉠ ○ ㉡ × ㉢ ○ ㉣ ×
② ㉠ × ㉡ ○ ㉢ × ㉣ ○
③ ㉠ × ㉡ × ㉢ × ㉣ ○
④ ㉠ × ㉡ × ㉢ ○ ㉣ ○

해설

㉠ [×] 법원은 변호인의 사정이나 그 밖의 사유로 변호인 선정결정이 취소되어 변호인이 없게 된 때에는 직권으로 변호인을 다시 선정할 수 있다(제201조의2 제9항).

㉡ [×] 심문할 피의자에게 변호인이 없는 때에는 지방법원판사는 직권으로 변호인을 선정하여야 한다. 이 경우 변호인의 선정은 피의자에 대한 구속영장 청구가 기각되어 효력이 소멸한 경우를 제외하고는 제1심까지 효력이 있다(제201조의2의 제8항).

㉢ [×] 판사는 구속 여부의 판단을 위하여 필요하다고 인정하는 때에는 심문장소에 출석한 피해자 그 밖의 제3자를 심문할 수 있다(형사소송규칙 제96조의16 제5항).

㉣ [○] 판사는 지정된 심문기일에 피의자를 심문할 수 없는 특별한 사정이 있는 경우에는 그 심문기일을 변경할 수 있다(형사소송규칙 제96조의22).

정답 ③

28 구속 전 피의자심문제도에 대한 다음의 설명 중 가장 옳지 않은 것은? (다툼이 있으면 판례에 의함)

[20 해경승진] ☆☆

① 제200조의2(영장에 의한 체포), 제200조의3(긴급체포) 또는 제212조(현행범인의 체포)에 따라 체포된 피의자에 대하여 구속영장을 청구받은 판사는 지체 없이 피의자를 심문하여야 한다. 이 경우 특별한 사정이 없는 한 구속영장이 청구된 날의 다음날까지 심문하여야 한다.

② 체포되지 않은 피의자에 대하여 구속영장을 청구받은 판사는 피의자가 죄를 범하였다고 의심할 만한 이유가 있는 경우에 구인을 위한 구속영장을 발부하여 피의자를 구인한 후 심문하여야 한다. 다만, 피의자가 도망하는 등의 사유로 심문할 수 없는 경우에는 그러하지 아니하다.

③ 피의자에 대한 심문절차는 원칙적으로 공개하나 국가의 안전보장 또는 안녕질서를 방해하거나 선량한 풍속을 해할 염려가 있을 때에는 법원의 결정으로 공개하지 아니할 수 있다.

④ 변호인은 구속영장이 청구된 피의자에 대한 심문 시작 전에 피의자와 접견할 수 있고, 피의자는 판사의 심문 도중에도 변호인에게 조력을 구할 수 있다.

해설

① [○] 제200조의2 · 제200조의3 또는 제212조에 따라 체포된 피의자에 대하여 구속영장을 청구받은 판사는 지체없이 피의자를 심문하여야 한다. 이 경우 특별한 사정이 없는 한 구속영장이 청구된 날의 다음날까지 심문하여야 한다(제201조의2 제1항).

② [○] 제1항 외의 피의자에 대하여 구속영장을 청구받은 판사는 피의자가 죄를 범하였다고 의심할 만한 이유가 있는 경우에 구인을 위한 구속영장을 발부하여 피의자를 구인한 후 심문하여야 한다. 다만, 피의자가 도망하는 등의 사유로 심문할 수 없는 경우에는 그러하지 아니하다(제201조의2 제2항).

③ [×] 피의자에 대한 심문절차는 공개하지 아니한다. 다만, 판사는 상당하다고 인정하는 경우에는 피의자의 친족, 피해자 등 이해관계인의 방청을 허가할 수 있다(형사소송규칙 제96조의14).

④ [○] 피의자는 판사의 심문 도중에도 변호인에게 조력을 구할 수 있다(형사소송규칙 제96조의16 제4항). 변호인은 구속영장이 청구된 피의자에 대한 심문 시작 전에 피의자와 접견할 수 있다(형사소송규칙 제96조의20 제1항).

정답 ③

29 체포 · 구속적부심사제도에 관한 설명 중 옳지 않은 것은? (다툼이 있으면 판례에 의함) [20 경찰간부] ☆☆☆

① 공범 또는 공동피의자가 한 체포 · 구속적부심사의 순차청구가 수사방해의 목적임이 명백한 때에는 심문없이 결정으로 청구를 기각할 수 있다.

② 구속적부심사를 청구한 피의자에 대해 법원이 석방결정을 한 후, 그 결정서 등본이 검찰청에 송달되기 전에 검사가 공소를 제기(전격기소)할 경우 그 석방결정은 무효가 된다.

③ 구속적부심사절차와는 달리 체포적부심사절차에서는 보증금납입조건부 피의자석방결정을 할 수 없다.

④ 체포 · 구속적부심문조서는 형사소송법 제315조 제3호의 당연히 증거능력 있는 서류에 해당한다.

해설

① [○] 법원은 ⅰ) 청구권자 아닌 사람이 청구하거나 동일한 체포영장 또는 구속영장의 발부에 대하여 재청구한 때 ⅱ) 공범이나 공동피의자의 순차청구가 수사 방해를 목적으로 하고 있음이 명백한 때에는 심문없이 청구를 기각할 수 있다(제214조의2 제3항).

② [×] 법원은 구속된 피의자(심사청구 후 공소제기된 사람을 포함한다)에 대하여 피의자의 출석을 보증할 만한 보증금의 납입을 조건으로 하여 결정으로 제4항의 석방을 명할 수 있다(제214조의2 제5항).

③ [○] 형사소송법은 수사단계에서의 체포와 구속을 명백히 구별하고 있고 이에 따라 체포와 구속의 적부심사를 규정한 같은 법 제214조의2에서 체포와 구속을 서로 구별되는 개념으로 사용하고 있는바, 제215조의2 제5항에 보증금 납입을 조건으로 한 석방의 대상자가 '구속된 피의자'라고 명시되어 있으므로 … 현행법상 체포된 피의자에 대하여는 보증금 납입을 조건으로 한 석방이 허용되지 않는다(대결 1997.8.27. 97모21).

④ [○] 법원 또는 합의부원, 검사, 변호인, 청구인이 구속된 피의자를 심문하고 그에 대한 피의자의 진술 등을 기재한 구속적부심문조서는 형사소송법 제311조가 규정한 문서에는 해당하지 않는다 할 것이나, 특히 신용할 만한 정황에 의하여 작성된 문서라고 할 것이므로 특별한 사정이 없는 한, 피고인이 증거로 함에 부동의하더라도 형사소송법 제315조 제3호에 의하여 당연히 그 증거능력이 인정된다(대판 2004.1.16. 2003도5693).

정답 ②

30 다음 중 체포 · 구속적부심사에 대한 설명으로 가장 옳지 않은 것은? [21 해경승진] ☆☆

① 「형사소송법」 제30조 제2항의 변호인 선임권자와 동법 제214조의2 제1항의 체포 · 구속적부심사의 청구권자는 그 범위가 같다.

② 체포영장 또는 구속영장을 발부한 법관은 원칙적으로 체포 또는 구속적부심사의 심문 · 조사 · 결정에 관여하지 못한다. 다만, 체포영장 · 구속영장을 발부한 법관 외에는 심문 · 조사 · 결정을 할 판사가 없는 경우에는 그러하지 아니하다.

③ 체포 · 구속적부심사결정에 의하여 석방된 피의자가 도망하거나 범죄의 증거를 인멸하는 경우를 제외하고는 동일한 범죄사실에 관하여 재차 체포 또는 구속하지 못한다.

④ 체포 · 구속적부심사에 관한 법원의 기각결정과 석방결정은 항고가 허용되지 않는다.

해설

① [×] 피고인 또는 피의자의 법정대리인, 배우자, 직계친족과 형제자매는 독립하여 변호인을 선임할 수 있다(제30조 제2항). 체포되거나 구속된 피의자 또는 그 변호인, 법정대리인, 배우자, 직계친족, 형제자매나 가족, 동거인 또는 고용주는 관할법원에 체포 또는 구속의 적부심사(適否審査)를 청구할 수 있다(제214조의2 제1항).

② [○] 체포영장이나 구속영장을 발부한 법관은 제4항부터 제6항까지의 심문 · 조사 · 결정에 관여할 수 없다. 다만, 체포영장이나 구속영장을 발부한 법관 외에는 심문 · 조사 · 결정을 할 판사가 없는 경우에는 그러하지 아니하다(제214조의2 제12항).

③ [○] 제214조의2 제4항에 따른 체포 또는 구속 적부심사결정에 의하여 석방된 피의자가 도망하거나 범죄의 증거를 인멸하는 경우를 제외하고는 동일한 범죄사실로 재차 체포하거나 구속할 수 없다(제214조의3 제1항).

④ [○] 제3항과 제4항의 결정(체포적부심사청구 기각결정)에 대해서는 항고할 수 없다(제214조의2 제8항).

정답 ①

31 체포 · 구속적부심사에 관한 설명 중 가장 적절한 것은? (다툼이 있으면 판례에 의함) [20 경찰승진] ★★

① 법원 또는 합의부원, 검사, 변호인, 청구인이 구속된 피의자를 심문하고 그에 대한 피의자의 진술 등을 기재한 구속적부심문조서는 특히 신용할 만한 정황에 의하여 작성된 문서라고 할 것이므로 특별한 사정이 없는 한, 피고인이 증거로 함에 부동의하더라도 형사소송법 제315조 제3호에 의하여 당연히 그 증거능력이 인정된다.

② 체포의 적부심사는 구속의 적부심사와 달리 국선변호인에 관한 규정이 준용되지 않으므로 체포된 피의자가 심신장애의 의심이 있는 경우에도 법원은 원칙적으로 국선변호인을 선정하지 않고 심사를 진행할 수 있다.

③ 형사소송법 제214조의2 제4항의 규정에 의한 체포 · 구속적부심사결정에 의하여 석방된 피의자는 법원의 출석요구를 받고 정당한 이유 없이 출석하지 아니하거나 주거의 제한 기타 법원이 정한 조건을 위반한 경우를 제외하고는 동일한 범죄사실에 관하여 재차 체포 또는 구속하지 못한다.

④ 법원은 체포된 피의자에 대하여 피의자의 출석을 보증할 만한 보증금의 납입을 조건으로 하여 결정으로 석방을 명할 수 있다.

해설

① [○] 법원 또는 합의부원, 검사, 변호인, 청구인이 구속된 피의자를 심문하고 그에 대한 피의자의 진술 등을 기재한 구속적부심문조서는 형사소송법 제311조가 규정한 문서에는 해당하지 않는다 할 것이나, 특히 신용할 만한 정황에 의하여 작성된 문서라고 할 것이므로 특별한 사정이 없는 한, 피고인이 증거로 함에 부동의하더라도 형사소송법 제315조 제3호에 의하여 당연히 그 증거능력이 인정된다(대판 2004.1.16. 2003도5693).

② [×] 체포되거나 구속된 피의자에게 변호인이 없는 때에는 제33조를 준용한다(제214조의2 제10항).

③ [×] 제214조의2 제4항에 따른 체포 또는 구속 적부심사결정에 의하여 석방된 피의자가 도망하거나 범죄의 증거를 인멸하는 경우를 제외하고는 동일한 범죄사실로 재차 체포하거나 구속할 수 없다(제214조의3 제1항).

④ [×] 형사소송법은 수사단계에서의 체포와 구속을 명백히 구별하고 있고 이에 따라 체포와 구속의 적부심사를 규정한 같은 법 제214조의2에서 체포와 구속을 서로 구별되는 개념으로 사용하고 있는바, 제215조의2 제5항에 보증금 납입을 조건으로 한 석방의 대상자가 '구속된 피의자'라고 명시되어 있으므로 … 현행법상 체포된 피의자에 대하여는 보증금 납입을 조건으로 한 석방이 허용되지 않는다(대결 1997.8.27. 97모21).

정답 ①

32 체포 · 구속적부심사에 대한 설명으로 옳지 않은 것은? (다툼이 있으면 판례에 의함) [19 국가9급] ★★★

① 체포 · 구속적부심사의 청구권자(형사소송법 제214조의2 제1항)는 변호인선임권자(형사소송법 제30조 제2항)보다 범위가 넓다.

② 구속적부심사절차와 달리 체포적부심사절차에서는 보증금 납입조건부 피의자석방결정을 할 수 없다.

③ 구속적부심사청구에 대한 법원의 결정에는 기각결정과 석방결정, 보증금납입조건부 석방결정이 있으며, 검사와 피의자는 이와 같은 법원의 결정에 대해 항고할 수 없다.

④ 구속적부심문조서는 특히 신용할 만한 정황에 의하여 작성된 문서이므로 특별한 사정이 없는 한, 증거동의 여부와 상관 없이 당연히 증거능력이 인정된다.

해설

① [○] 피고인 또는 피의자의 법정대리인, 배우자, 직계친족과 형제자매는 독립하여 변호인을 선임할 수 있다(제30조 제2항), 체포되거나 구속된 피의자 또는 그 변호인, 법정대리인, 배우자, 직계친족, 형제자매나 가족, 동거인 또는 고용주는 관할법원에 체포 또는 구속의 적부심사(適否審査)를 청구할 수 있다(제214조의2 제1항).

② [○], ③ [×] 형사소송법 제402조의 규정에 의하면, 법원의 결정에 대하여 불복이 있으면 항고를 할 수 있으나 다만 같은 법에 특별한 규정이 있는 경우에는 예외로 하도록 되어 있는바, 체포 또는 구속적부심사절차에서의 법원의 결정에 대한 항고의 허용 여부에 관하여 같은 법 [1] 제214조의2 제8항은 제3항과 제4항의 기각결정 및 석방결정에 대하여 항고하지 못하는 것으로 규정하고 있을 뿐이고 제5항에 의한 석방결정에 대하여 항고하지 못한다는 규정은 없을 뿐만 아니라, [2] 같은 법 제214조의2 제4항의 석방결정은 체포 또는 구속이 불법이거나 이를 계속할 사유가 없는 등 부적법한 경우에 피의자의 석방을 명하는 것임에 비하여, 같은 법 제214조의2 제5항의 석방결정은 구속의 적법을 전제로 하면서 그 단서에서 정한 제한사유가 없는 경우에 한하여 출석을 담보할 만한 보증금의 납입을 조건으로 하여 피의자의 석방을 명하는 것이어서 같은 법 제214조의2 제4항의 석방결정과 제5항의 석방결정은 원래 그 실질적인 취지와 내용을 달리 하는 것이고, [3] 또한 기소 후 보석결정에 대하여 항고가 인정되는 점에 비추어 그 보석결정과 성질 및 내용이 유사한 기소 전 보증금납입조건부 석방결정에 대하여도 항고할 수 있도록 하는 것이 균형에 맞는 측면도 있다 할 것이므로, 같은 법 제214조의2 제5항의 (보증금납입조건부)석방결정에 대하여는 피의자나 검사가 그 취소의 실익이 있는 한 같은 법 제402조에 의하여 항고할 수 있다(대결 1997.8.27. 97모21).

④ [○] 법원 또는 합의부원, 검사, 변호인, 청구인이 구속된 피의자를 심문하고 그에 대한 피의자의 진술 등을 기재한 구속적부심문조서는 형사소송법 제311조가 규정한 문서에는 해당하지 않는다 할 것이나, 특히 신용할 만한 정황에 의하여 작성된 문서라고 할 것이므로 특별한 사정이 없는 한, 피고인이 증거로 함에 부동의하더라도 형사소송법 제315조 제3호에 의하여 당연히 그 증거능력이 인정된다(대판 2004.1.16. 2003도5693).

정답 ③

33 체포 · 구속적부심사에 관한 설명 중 옳지 않은 것은? (다툼이 있는 경우 판례에 의함) [23 변호사] ☆☆

① 체포영장에 의해 체포된 피의자뿐만 아니라 체포영장에 의하지 아니하고 긴급체포된 피의자도 체포적부심사의 청구권자에 해당한다.

② 구속적부심사를 청구한 피의자에 대하여 검사가 공소를 제기한 경우에도 법원이 적부심사를 행하여 청구의 이유 유무에 따라 청구기각결정이나 석방결정을 하여야 한다.

③ 피의자의 진술 등을 기재한 구속적부심문조서는 특별한 사정이 없는 한 피고인이 증거로 함에 부동의하더라도 「형사소송법」 제315조 제3호에 의하여 '기타 특히 신용할 만한 정황에 의하여 작성된 문서'로 당연히 그 증거능력이 인정된다.

④ 구속된 피의자로부터 구속적부심사의 청구를 받은 법원이 보증금납입조건부 피의자석방결정을 내린 경우 보증금이 납입된 후에야 피의자를 석방할 수 있다.

⑤ 법원이 구속된 피의자에 대하여 피의자의 출석을 보증할 만한 보증금납입을 조건으로 석방결정을 한 때에는 「형사소송법」 제402조에 따른 항고를 할 수 없다.

해설

① [○] 체포 · 구속된 피의자 또는 그 변호인 · 법정대리인 · 배우자 · 직계친족 · 형제자매 · 가족 · 동거인 · 고용주는 관할법원에 체포 또는 구속의 적부심사를 청구할 수 있다(제214조의2 제1항). 체포 · 구속된 피의자는 영장에 의한 것인지 영장없는 불법에 의한 것인지를 불문한다.[8]

8) 개정 전 형소법은 청구권자를 체포'영장' 또는 구속'영장'에 의하여 체포 또는 구속된 피의자라고 규정하여 긴급체포 등 체포영장에 의하지 아니하고 체포된 피의자가 청구권자에 해당하는지의 논의가 있었다(판례는 긍정). 그러나 현행법은 청구권자에서 '영장'의 요건을 삭제하고 '체포 · 구속된 피의자'로 변경하였으므로 긴급체포 등 체포영장에 의하지 아니하고 체포된 피의자는 당연히 청구권자에 해당한다.

② [○] 피의자보석은 '구속된' 피의자에게만 인정되며, '체포된' 피의자에게는 인정되지 않는다(판례). 구속적부심사청구 후 공소제기된 피고인도 보증금납입조건부 석방결정의 대상이 된다(제214조의2 제5항). 법원은 청구가 이유 있다고 인정한 경우에는 결정으로 체포되거나 구속된 피의자의 석방을 명하여야 한다(제214조의2 제4항 본문). 이는 심사청구 후 피의자에 대하여 공소제기가 있는 경우에도 또한 같다(제214조의2 제4항 단서).[9]

③ [○] 구속적부심은 구속된 피의자 또는 그 변호인 등의 청구로 수사기관과는 별개 독립의 기관인 법원에 의하여 행하여지는 것으로서 구속된 피의자에 대하여 피의사실과 구속사유 등을 알려 그에 대한 자유로운 변명의 기회를 주어 구속의 적부를 심사함으로써 피의자의 권리보호에 이바지하는 제도인바, 법원 또는 합의부원, 검사, 변호인, 청구인이 구속된 피의자를 심문하고 그에 대한 피의자의 진술 등을 기재한 구속적부심문조서는 형사소송법 제311조가 규정한 문서에는 해당하지 않는다 할 것이나, 특히 신용할 만한 정황에 의하여 작성된 문서라고 할 것이므로 특별한 사정이 없는 한, 피고인이 증거로 함에 부동의하더라도 형사소송법 제315조 제3호에 의하여 당연히 그 증거능력이 인정된다(대판 2004.1.16. 2003도5693).

④ [○] 보증금납입조건부 피의자석방결정을 하는 경우에는 보증금 납입을 이행한 후가 아니면 보석허가결정을 집행할 수 없다(제214조의2, 제100조, 제98조).

⑤ [×] 기소 후 보석결정에 대하여 항고가 인정되는 점에 비추어 그 보석결정과 성질 및 내용이 유사한 기소 전 보증금 납입조건부 석방결정에 대하여도 항고할 수 있도록 하는 것이 균형에 맞는 측면도 있다 할 것이므로, 같은 법 제214조의2 제5항의 석방결정에 대하여는 피의자나 검사가 그 취소의 실익이 있는 한 같은 법 제402조에 의하여 항고할 수 있다(대결 1997.8.27. 97모21).

정답 ⑤

34 다음은 체포·구속에 관한 설명이다. ㉠부터 ㉤까지의 설명 중 옳고 그름의 표시(○, ×)가 모두 바르게 된 것은? (다툼이 있는 경우 판례에 의함)

[22 경찰1차] ☆☆

㉠ 검사는 긴급체포한 피의자를 구속영장 청구 없이 석방한 경우에는 석방한 날로부터 30일 이내에 긴급체포서 사본과 함께 법정기재사항이 기재된 서면으로 법원에 통지하여야 하고, 만약 사후에 석방통지가 법에 따라 이루어지지 않은 사정이 있다면 그와 같은 사정만으로도 긴급체포 중에 작성된 피의자신문조서의 증거능력은 소급하여 부정된다.

㉡ 구속영장 발부에 의하여 적법하게 구금된 피의자가 피의자 신문을 위한 출석요구에 응하지 아니하면서 수사기관 조사실에 출석을 거부한다면 수사기관은 그 구속영장의 효력에 의하여 피의자를 조사실로 구인할 수 있는데, 이 경우 피의자신문 절차도 강제수사의 한 방법으로 진행되어야 하므로 수사기관은 피의자를 신문하기 전에 진술거부권이 있음을 고지하여야 한다.

㉢ 검사의 구속영장 청구 전 피의자 대면조사는 강제수사가 아니므로 피의자는 검사의 출석 요구에 응할 의무가 없다.

㉣ 영장실질심사는 필요적 변호사건이므로 심문할 피의자에게 변호인이 없는 때에는 지방법원판사는 직권으로 변호인을 선정하여야 한다. 이 경우 변호인 선정의 효력은 구속영장 청구가 기각된 경우에도 제1심까지 효력이 있다.

㉤ 공동피의자의 순차적인 체포·구속적부심사청구가 수사방해를 목적으로 하고 있음이 명백한 때에는 법원은 피의자에 대한 심문 없이 결정으로 청구를 기각할 수 있으며, 이와 같은 결정에 대해서는 피의자가 항고할 수 없다.

① ㉠ ○ ㉡ ○ ㉢ × ㉣ ○ ㉤ ×
② ㉠ ○ ㉡ × ㉢ ○ ㉣ ○ ㉤ ×
③ ㉠ × ㉡ ○ ㉢ ○ ㉣ × ㉤ ○
④ ㉠ × ㉡ × ㉢ ○ ㉣ × ㉤ ○

9) 본규정이 명문화되기 전에 피의자가 구속적부심사청구를 한 후 검사가 법원의 결정이 있기 전에 기소하는 경우, 즉 이른바 '전격기소'의 경우 피의자는 형식적으로 피고인의 지위를 갖게 되는바 법원이 '청구를 기각'하여야 하고 석방결정을 할 수 없는지 문제가 되었다. 현행법은 이를 명문으로 해결하여 이른바 '전격기소'의 경우에도 석방결정을 할 수 있게 되었다.

해설

㉠ [×] 피의자가 긴급체포되어 조사를 받고 구속영장이 청구되지 아니하여 석방되었음에도 검사가 30일 이내에 법원에 석방통지를 하지 않았더라도, 긴급체포 당시의 상황과 경위, 긴급체포 후 조사 과정 등에 특별한 위법이 있다고 볼 수 없는 이상, 단지 사후에 석방통지가 이루어지지 않았다는 사정만으로 그 긴급체포에 의한 유치 중에 작성된 피의자신문조서들의 작성이 소급하여 위법하게 된다고 볼 수는 없다(대판 2014.8.26. 2011도6035).

㉡ [×] 수사기관이 구속영장에 의하여 피의자를 구속하는 경우, 그 구속영장은 기본적으로 장차 공판정에의 출석이나 형의 집행을 담보하기 위한 것이지만, 이와 함께 구속기간의 범위 내에서 수사기관이 피의자신문의 방식으로 구속된 피의자를 조사하는 등 적정한 방법으로 범죄를 수사하는 것도 예정하고 있다고 할 것이다. 따라서 구속영장 발부에 의하여 적법하게 구금된 피의자가 피의자신문을 위한 출석 요구에 응하지 아니하면서 수사기관 조사실에의 출석을 거부한다면 수사기관은 그 구속영장의 효력에 의하여 피의자를 조사실로 구인할 수 있다. 다만 이러한 경우에도 그 피의자신문 절차는 어디까지나 임의수사의 한 방법으로 진행되어야 하므로, 피의자는 일체의 진술을 하지 아니하거나 개개의 질문에 대하여 진술을 거부할 수 있고, 수사기관은 피의자를 신문하기 전에 그와 같은 권리를 알려주어야 한다(대결 2013.7.1. 2013모160).

㉢ [○] [1] 사법경찰관이 검사에게 긴급체포된 피의자에 대한 긴급체포 승인 건의와 함께 구속영장을 신청한 경우, 검사는 긴급체포의 승인 및 구속영장의 청구가 피의자의 인권에 대한 부당한 침해를 초래하지 않도록 긴급체포의 적법성 여부를 심사하면서 수사서류뿐만 아니라 피의자를 검찰청으로 출석시켜 직접 대면 조사할 수 있는 권한을 가진다고 보아야 한다.
[2] 다만, 체포된 피의자의 구금 장소가 임의적으로 변경되는 점, 법원에 의한 영장실질심사제도를 도입하고 있는 현행 형사소송법 하에서 체포된 피의자의 신속한 법관 대면권 보장이 지연될 우려가 있는 점 등을 고려하면, 위와 같은 검사의 구속영장 청구 전 피의자 대면 조사는 긴급체포의 적법성을 의심할 만한 사유가 기록 기타 객관적 자료에 나타나고 피의자의 대면 조사를 통해 그 여부의 판단이 가능할 것으로 보이는 예외적인 경우에 한하여 허용될 뿐, 긴급체포의 합당성이나 구속영장 청구에 필요한 사유를 보강하기 위한 목적으로 실시되어서는 아니된다. 나아가 검사의 구속영장 청구 전 피의자 대면 조사는 강제수사가 아니므로 피의자는 검사의 출석요구에 응할 의무가 없고, 피의자가 검사의 출석 요구에 동의한 때에 한하여 사법경찰관리는 피의자를 검찰청으로 호송하여야 한다(대판 2010.10.28. 2008도11999).

㉣ [×] 심문할 피의자에게 변호인이 없는 때에는 지방법원판사는 직권으로 변호인을 선정하여야 한다. 이 경우 변호인의 선정은 피의자에 대한 '구속영장 청구가 기각되어 효력이 소멸한 경우를 제외하고는' 제1심까지 효력이 있다.

㉤ [○] 법원은 ⅰ) 청구권자 아닌 사람이 청구하거나 동일한 체포영장 또는 구속영장의 발부에 대하여 재청구한 때 ⅱ) 공범이나 공동피의자의 순차청구가 수사 방해를 목적으로 하고 있음이 명백한 때에는 심문없이 청구를 기각할 수 있다(제214조의2 제3항).

정답 ④

35 다음 중 체포 및 구속에 대한 설명으로 옳은 것은 모두 몇 개인가? (다툼이 있으면 판례에 의함)

[20 해경승진] ☆☆

㉠ 긴급체포의 요건을 갖추었는지 여부는 사후에 밝혀진 사정을 기초로 판단하는 것이 아니라 체포 당시의 상황을 기초로 판단하여야 한다.
㉡ 구속집행 당시 영장이 제시되지는 않았으나, 피고인이 청구한 구속적부심사절차에서 영장을 제시받아 그 기재된 범죄사실을 숙지하고 있으며, 구속 중 이루어진 법정진술의 임의성 등을 다투지 않고 오히려 변호인과의 충분한 상의를 거친 후 공소사실 전부에 대하여 자백한 경우라면, 그 자백을 증거로 할 수 있다.
㉢ 현행범인 체포의 적법성과 관련하여 체포사유의 판단은 현행범인체포서에 기재된 죄명에 의하여야만 한다.
㉣ 「형사소송법」 제33조 제1항은 국선변호인을 반드시 선정해야 하는 사유를 정하고 있는데, 그 제1호에서 정한 '피고인이 구속된 때'라고 함에는 피고인이 별건으로 구속된 경우가 제외되는 것은 아니다.

① 1개 ② 2개
③ 3개 ④ 4개

해설

㉠ [○] 긴급체포의 요건을 갖추었는지 여부는 사후에 밝혀진 사정을 기초로 판단하는 것이 아니라 체포 당시의 상황을 기초로 판단하여야 한다(대판 2008.3.27. 2007도11400).

㉡ [○] 사전에 구속영장을 제시하지 아니한 채 구속영장을 집행하고, 그 구속 중 수집한 피고인의 진술증거 중 피고인의 제1심 법정진술은, 피고인이 구속집행절차의 위법성을 주장하면서 청구한 구속적부심사의 심문 당시 구속영장을 제시받은 바 있어 그 이후에는 구속영장에 기재된 범죄사실에 대하여 숙지하고 있었던 것으로 보이고, 구속 이후 원심에 이르기까지 구속적부심사와 보석의 청구를 통하여 구속집행절차의 위법성만을 다투었을 뿐, 구속 중 이루어진 진술증거의 임의성이나 신빙성에 대하여는 전혀 다투지 않았을 뿐만 아니라, 변호인과의 충분한 상의를 거친 후 공소사실 전부에 대하여 자백한 것이라면 유죄 인정의 증거로 삼을 수 있는 예외적인 경우에 해당한다(대판 2009.4.23. 2009도526).

㉢ [×] 범죄행위의 동일성이 유지되는 범위 안에서 죄명은 체포 후에 얼마든지 변경할 수 있는 것이므로 현행범인체포서에 기재된 죄명에 의해 체포 사유가 한정된다고 볼 수는 없다(대판 2006.9.28. 2005도6461).

㉣ [×] 형사소송법 제33조 제1항 제1호의 '피고인이 구속된 때'라고 함은, 원래 구속제도가 형사소송의 진행과 형벌의 집행을 확보하기 위하여 법이 정한 요건과 절차 아래 피고인의 신병을 확보하는 제도라는 점 등에 비추어 볼 때 피고인이 당해 형사사건에서 구속되어 재판을 받고 있는 경우를 의미하고, 피고인이 별건으로 구속되어 있거나 다른 형사사건에서 유죄로 확정되어 수형중인 경우는 이에 해당하지 아니한다(대판 2009.5.28. 2009도579).

정답 ②

36

사법경찰관 A가 甲을 해상강도죄로 긴급체포한 후 구속과 관련하여 아래와 같은 절차가 이루어졌다. 다음 설명 중 가장 옳은 것은? (다툼이 있으면 판례에 의함) [20 해경3차]

㉠ 2021.2.11.	11:00	사법경찰관 A가 甲을 긴급체포하여 피의자조사
㉡ 2021.2.12.	15:00	사법경찰관 A가 검사에게 구속영장 신청
㉢ 2021.2.13.	10:00	구속영장청구서, 수사관계서류 및 증거물이 법원에 접수
㉣ 2021.2.14.	09:00	판사의 구속 전 피의자심문
	16:00	구속영장 발부
	17:00	검찰청에 구속영장, 수사관계서류 및 증거물 반환
㉤ 2021.2.15.	18:00	구속영장 집행

① 사법경찰관 A가 체포한 甲이 소유하고 있던 흉기를 긴급히 압수할 필요가 있는 경우에는 2021.2.13. 11:00까지 영장 없이 압수·수색할 수 있다.

② 사법경찰관 A가 피의자 甲을 구속할 수 있는 기간은 2021.2.22. 24:00에 만료된다.

③ 사법경찰관 A가 2021.2.16. 09:00 유치장에 구금된 피의자 甲에 대하여 조사하려고 하였으나, 甲이 조사실에의 출석을 거부한다면 A가 구속영장의 효력에 의하여 甲을 구인할 수는 없다.

④ 만약 사법경찰관 A가 긴급체포된 甲에 대하여 구속영장을 신청하지 아니하고 석방한 경우에는 석방한 날로부터 30일 이내에 서면으로 법원에 통지하여야 한다.

해설

① [×] 사법경찰관은 긴급체포된 자가 소유·소지 또는 보관하는 물건에 대하여 체포한 때부터 24시간 이내에 한하여 영장 없이 압수·수색 또는 검증을 할 수 있다(제217조 제1항). 사법경찰관 A가 甲을 2021.2.11. 11:00에 긴급체포했으므로 그때부터 24시간 이내인 2021.2.12. 11:00까지 영장 없이 A가 소유하고 있던 흉기를 압수·수색할 수 있다.

② [○] 구속기간의 초일은 시간을 계산함이 없이 1일로 산정한다(제66조 제1항 단서). 구속에 앞서 체포 또는 구인이 선행하는 경우에는 수사기관의 구속기간은 피의자를 실제로 체포 또는 구인한 날로부터 기산한다(제203조의2). 사법경찰관은 피의자를 최장 10일 동안 구속할 수 있으므로 설문의 경우 원칙적으로 2021.2.11.부터 기산하여 10일이 되는 2021.2.20. 24:00까지 피의자를 구속할 수 있다. 또한 피의자 심문을 하는 경우 법원이 관계서류를 접수한 날부터 구속영장을 발부하여 검찰청에 반환한 날까지의 기간은 수사기관의 구속기간에 이를 산입하지 아니하므로(제201조의2 제7항)[10] 2021.2.22. 24:00까지 피의자 甲을 구속할 수 있다.

③ [×] 수사기관이 구속영장에 의하여 피의자를 구속하는 경우, 그 구속영장은 기본적으로 장차 공판정에의 출석이나 형의 집행을 담보하기 위한 것이지만, 이와 함께 구속기간의 범위 내에서 수사기관이 피의자신문의 방식으로 구속된 피의자를 조사하는 등 적정한 방법으로 범죄를 수사하는 것도 예정하고 있다고 할 것이다. 따라서 구속영장 발부에 의하여 적법하게 구금된 피의자가 피의자신문을 위한 출석 요구에 응하지 아니하면서 수사기관 조사실에의 출석을 거부한다면 수사기관은 그 구속영장의 효력에 의하여 피의자를 조사실로 구인할 수 있다(대결 2013.7.1. 2013모160).

④ [×] 사법경찰관은 긴급체포한 피의자에 대하여 구속영장을 신청하지 아니하고 석방한 경우에는 즉시 검사에게 보고하여야 한다(제200조의4 제6항).

정답 ②

37 강도사건 피의자 甲은 2018.7.18. 10:00에 체포영장이 발부되어 2018.7.19. 11:00에 체포되었다. 이에 甲의 변호인은 체포 당일 체포적부심을 청구하였고, 2018.7.20. 12:00에 수사 관계서류와 증거물이 법원에 접수되어 청구기각결정 후 2018.7.21. 14:00에 검찰청에 반환되었다. 이때 검사가 甲에 대한 구속 영장을 법원에 청구할 수 있는 일시(㉠)와 사법경찰관이 구속영장에 의해 甲을 구속할 수 있는 일시(㉡)가 바르게 짝지어진 것은?

[19 해경승진] ☆☆☆

① ㉠ 2018.7.22. 11:00까지 ㉡ 2018.7.28. 24:00까지
② ㉠ 2018.7.22. 13:00까지 ㉡ 2018.7.30. 24:00까지
③ ㉠ 2018.7.21. 11:00까지 ㉡ 2018.7.28. 24:00까지
④ ㉠ 2018.7.21. 13:00까지 ㉡ 2018.7.30. 24:00까지

해설

(1) 체포적부심사에 있어 법원이 수사 관계 서류와 증거물을 접수한 때부터 결정 후 검찰청에 반환된 때까지의 기간은 구속영장 청구시한 48시간(제200조의2 제5항, 제200조의4 제1항, 제213조의2) 또는 구속기간(제202조, 제203조, 제205조)에 산입하지 아니한다(제214조의2 제13항).

(2) 영장청구시한: 검사는 원칙적으로 甲이 체포된 2018.7.19. 11:00부터 48시간 후인 2018.7.21. 11:00까지 구속영장을 청구하여야 한다(제200조의2 제5항). 다만, 서류가 접수된 후 반환된 때까지의 시간인 26시간(2018.7.20. 12:00~2018.7.21. 14:00)은 산입하지 않으므로 결국 검사는 ㉠ 2018.7.22. 13:00까지 구속영장을 청구하여야 한다.

(3) 구속기간 만료일: 구속에 앞서 체포가 선행하는 경우에는 수사기관의 구속기간은 피의자를 실제로 체포한 날로부터 기산하고(제203조의2), 사법경찰관은 피의자를 최장 10일 동안 구속할 수 있으므로 甲이 체포된 2018.7.19. 11:00부터 기산하여 10일이 되는 2018.7.28. 24:00까지 구속할 수 있지만, 서류가 접수된 후 반환된 때까지의 일수 2일(7.20.과 7.21.)은 산입하지 않으므로 사법경찰관은 ㉡ 2018.7.30. 24:00까지 甲을 구속할 수 있다.

정답 ②

10) 실무상 이는 일(日) 단위로 계산한다.

38 다음 각 ( )에 들어갈 숫자의 합은?

[19 해경3차] ★★

> ㉠ 체포영장의 청구서에 ( )일을 넘는 유효기간을 필요로 하는 때에는 그 취지 및 사유를 기재하여야 한다.
> ㉡ 현행범을 체포한 후 구속하고자 할 때에는 체포한 때부터 ( )시간 이내에 구속영장을 청구하여야 하고, 그 기간 내에 구속영장을 청구하지 아니한 때에는 피의자를 즉시 석방하여야 한다.
> ㉢ 사법경찰관이 피의자를 구속한 때에는 ( )일 이내에 피의자를 검사에게 인치하지 아니하면 석방하여야 한다.
> ㉣ 구인한 피고인을 법원에 인치한 경우에 구금할 필요가 없다고 인정한 때에는 그 인치한 때로부터 ( )시간 내에 석방하여야 한다.

① 77　② 89　③ 92　④ 100

해설

㉠ 7일을 넘는 유효기간을 필요로 하는 때에는 그 취지 및 사유(형사소송규칙 제95조 제4호) ㉡ 제87조, 제89조, 제90조, 제200조의2 제5항 및 제200조의5의 규정은 검사 또는 사법경찰관리가 현행범인을 체포하거나 현행범인을 인도받은 경우에 이를 준용한다(제213조의2). 체포한 피의자를 구속하고자 할 때에는 체포한 때부터 48시간 이내에 제201조의 규정에 의하여 구속영장을 청구하여야 하고, 그 기간 내에 구속영장을 청구하지 아니하는 때에는 피의자를 즉시 석방하여야 한다(제200조의2 제5항). ㉢ 사법경찰관이 피의자를 구속한 때에는 10일 이내에 피의자를 검사에게 인치하지 아니하면 석방하여야 한다(제202조). ㉣ 구인한 피고인을 법원에 인치한 경우에 구금할 필요가 없다고 인정한 때에는 그 인치한 때로부터 24시간 내에 석방하여야 한다(제71조).

정답 ②

39 체포 및 구속에 대한 설명으로 옳은 것만을 모두 고르면? (다툼이 있으면 판례에 의함)

[19 국가7급] ★★★

> ㉠ 현행범인 체포의 요건으로는 행위의 가벌성, 범죄의 현행성·시간적 접착성, 범인·범죄의 명백성 외에 체포의 필요성, 도망 또는 증거인멸의 염려가 있을 것을 요한다.
> ㉡ 현행범인 체포에 있어서 체포 당시의 상황으로 보아 체포의 요건에 관한 수사주체의 판단이 경험칙에 비추어 현저히 합리성이 없다고 인정되지 않는 한, 수사주체의 현행범인 체포를 위법하다고 단정할 수 없다.
> ㉢ 법원은 피고인에 대한 구속영장을 발부함에 있어서, 피고인에게 범죄사실의 요지, 구속의 이유와 변호인을 선임할 수 있음을 말하고 변명할 기회를 주는 것을 합의부원으로 하여금 이행하게 할 수 있다.
> ㉣ "검사 또는 사법경찰관에 의하여 구속되었다가 석방된 자는 다른 중요한 증거를 발견한 경우를 제외하고는 동일한 범죄사실에 관하여 재차 구속하지 못한다."라는 형사소송법 규정은 법원이 피고인을 구속하는 경우에는 적용되지 않는다.

① ㉠, ㉣　② ㉠, ㉡, ㉢
③ ㉡, ㉢, ㉣　④ ㉠, ㉡, ㉢, ㉣

해설

㉠ [○] 현행범인 체포의 요건으로는 행위의 가벌성, 범죄의 현행성·시간적 접착성, 범인·범죄의 명백성 외에 체포의 필요성, 즉 도망 또는 증거인멸의 염려가 있을 것을 요한다(대판 2018.3.29. 2017도21537).
㉡ [○] 현행범인 체포에 있어서 체포 당시의 상황으로 보아 체포의 요건에 관한 수사주체의 판단이 경험칙에 비추어 현저히 합리성이 없다고 인정되지 않는 한, 수사주체의 현행범인 체포를 위법하다고 단정할 수 없다(대판 2018.3.29. 2017도21537).
㉢ [○] 피고인에 대하여 범죄사실의 요지, 구속의 이유와 변호인을 선임할 수 있음을 말하고 변명할 기회를 준 후가 아니면 구속할 수 없다. 다만, 피고인이 도망한 경우에는 그러하지 아니하다(제72조). 법원은 합의부원으로 하여금 제72조의 절차를 이행하게 할 수 있다(제72조의2).
㉣ [○] 대결 1985.7.23. 85모12.

정답 ④

40 다음 중 '피의자 또는 피고인'의 가족 · 동거인 · 고용주에게 인정되는 권리로만 묶인 것은? [20 경찰간부] ★★

㉠ 변호인선임권	㉡ 체포 · 구속적부심청구권
㉢ 보석청구권	㉣ 구속취소청구권

① ㉠, ㉡　　② ㉠, ㉣
③ ㉡, ㉢　　④ ㉢, ㉣

해설

㉠ [×] 피고인 또는 피의자의 법정대리인, 배우자, 직계친족과 형제자매는 독립하여 변호인을 선임할 수 있다(제30조 제2항).
㉡ [○] 체포 또는 구속된 피의자 또는 그 변호인, 법정대리인, 배우자, 직계친족, 형제자매나 가족, 동거인 또는 고용주는 관할법원에 체포 또는 구속의 적부심사를 청구할 수 있다(제214조의2 제1항).
㉢ [○] 피고인, 피고인의 변호인, 법정대리인, 배우자, 직계친족, 형제자매, 가족, 동거인 또는 고용주는 법원에 구속된 피고인의 보석을 청구할 수 있다(제94조).
㉣ [×] 구속의 사유가 없거나 소멸된 때에는 법원은 직권 또는 검사, 피고인, 변호인과 제30조 제2항(피고인 또는 피의자의 법정대리인, 배우자, 직계친족과 형제자매)에 규정한 자의 청구에 의하여 결정으로 구속을 취소하여야 한다(제93조).

정답 ③

41 다음은 형사소송법의 조문으로서 수소법원이 영장에 의해 피고인을 구속할 때 고지해야 하는 내용을 규정한 것이다. 이에 관한 설명 중 옳은 것은? (다툼이 있으면 판례에 의함) [20 경찰간부] ★

> ㉠ 제72조【구속과 이유의 고지】 피고인에 대하여 범죄사실의 요지, 구속의 이유와 변호인을 선임할 수 있음을 말하고 변명할 기회를 준 후가 아니면 구속할 수 없다. 다만, 피고인이 도망한 경우에는 그러하지 아니하다.
> ㉡ 제88조【구속과 공소사실 등의 고지】 피고인을 구속한 때에는 즉시 공소사실의 요지와 변호인을 선임할 수 있음을 알려야 한다.

① 제72조의 고지는 피고인 구속에 관한 사후 청문절차이다.
② 제88조의 고지는 피고인 구속에 관한 사전 청문절차이다.
③ 제88조의 고지는 이를 이행하지 않으면 구속영장은 효력이 없다.
④ 제72조의 고지는 이를 이행하지 않았더라도 제72조에 따른 절차적 권리가 실질적으로 보장되었다면 구속영장은 효력이 있다.

해설

① [×], ④ [○] 형사소송법 제72조는 피고인을 구속함에 있어 법관에 의한 '사전 청문절차'를 규정한 것으로서, 구속영장을 집행함에 있어 집행기관이 취하여야 하는 절차가 아니라 구속영장 발부함에 있어 수소법원 등 법관이 취하여야 하는 절차라 할 것이므로, 법원이 피고인에 대하여 구속영장을 발부함에 있어 사전에 위 규정에 따른 절차를 거치지 아니한 채 구속영장을 발부하였다면 그 발부결정은 위법하다고 할 것이나, 위 규정은 피고인의 절차적 권리를 보장하기 위한 규정이므로 이미 변호인을 선정하여 공판절차에서 변명과 증거의 제출을 다하고 그의 변호 아래 판결을 선고받은 경우 등과 같이 위 규정에서 정한 절차적 권리가 실질적으로 보장되었다고 볼 수 있는 경우에는, 이에 해당하는 절차의 전부 또는 일부를 거치지 아니한 채 구속영장을 발부하였다 하더라도 이러한 점만으로 그 발부결정이 위법하다고 볼 것은 아니다(대결 2000.11.10. 2000모134).
② [×], ③ [×] 형사소송법 제88조의 '사후 청문절차'에 관한 규정을 위반하였다 하여 구속영장의 효력에 어떠한 영향을 미치는 것은 아니다(대결 2000.11.10. 2000모134).

정답 ④

42 구속의 집행정지와 취소에 대한 설명으로 가장 적절하지 않은 것은? (다툼이 있으면 판례에 의함)

[21 경찰승진] ★★

① 법원은 「형사소송법」 제101조 제4항에 따라 구속영장의 집행이 정지된 국회의원이 소환을 받고도 정당한 사유 없이 출석하지 아니한 때에는 그 회기 중이라도 구속영장의 집행정지를 취소할 수 있다.

② 검사가 구속된 피의자를 석방한 때에는 지체 없이 구속영장을 발부한 법원에 그 사유를 서면으로 통지하여야 한다.

③ 구속의 사유가 없거나 소멸된 때에는 법원은 직권 또는 검사, 피고인, 변호인과 「형사소송법」 제30조 제2항에 규정된 자의 청구에 의하여 결정으로 구속을 취소하여야 한다.

④ 법원은 상당한 이유가 있는 때에는 결정으로 구속된 피고인을 친족 · 보호단체 기타 적당한 자에게 부탁하거나 피고인의 주거를 제한하여 구속의 집행을 정지할 수 있고, 이때 급속을 요하는 경우를 제외하고는 검사의 의견을 물어야 한다.

해설

① [×] 법원은 형사소송법 제101조 제4항에 따라 구속의 집행이 정지된 국회의원이 소환을 받고도 정당한 사유 없이 출석하지 않더라도 그 회기 중에는 그 구속의 집행정지를 취소하지 못한다(제102조 제2항).

② [○] 체포영장 또는 구속영장의 발부를 받은 후 피의자를 체포 또는 구속하지 아니하거나 체포 또는 구속한 피의자를 석방한 때에는 지체없이 검사는 영장을 발부한 법원에 그 사유를 서면으로 통지하여야 한다(제204조).

③ [○] 구속의 사유가 없거나 소멸된 때에는 법원은 직권 또는 검사, 피고인, 변호인과 제30조 제2항에 규정한 자의 청구에 의하여 결정으로 구속을 취소하여야 한다(제93조).

④ [○] 법원은 상당한 이유가 있는 때에는 결정으로 구속된 피고인을 친족 · 보호단체 기타 적당한 자에게 부탁하거나 피고인의 주거를 제한하여 구속의 집행을 정지할 수 있다(제101조 제1항). 전항의 결정을 함에는 검사의 의견을 물어야 한다. 단, 급속을 요하는 경우에는 그러하지 아니하다(동조 제2항).

정답 ①

43 다음 중 구속의 집행정지 또는 구속의 실효에 관한 설명으로 가장 옳지 않은 것은?

[21 해경간부] ★★★

① 피고인 또는 변호인은 구속집행정지를 청구할 권리가 있다. 청구를 받은 법원은 48시간 이내에 구속된 피고인을 심문하여야 하고, 그 청구가 이유 있다고 인정한 때에는 결정으로 구속의 집행정지를 명하여야 한다.

② 「헌법」 제44조에 의하여 구속된 국회의원에 대한 석방요구가 있으면 당연히 구속영장의 집행이 정지된다.

③ 무죄, 면소, 형의 면제, 형의 선고유예, 형의 집행유예, 공소기각 또는 벌금이나 과료를 과하는 판결이 선고된 때에는 구속영장은 판결 선고와 동시에 바로 효력을 잃는다.

④ 구속의 사유가 없거나 소멸된 때에는 법원은 직권 또는 검사, 피고인, 변호인과 변호인선임권자의 청구에 의하여 결정으로 구속을 취소하여야 한다.

해설

① [×] 법원은 상당한 이유가 있는 때에는 결정으로 구속된 피고인을 친족 · 보호단체 기타 적당한 자에게 부탁하거나 피고인의 주거를 제한하여 구속의 집행을 정지할 수 있다(제101조 제1항).

▶ 피고인에 대한 구속집행정지는 법원이 직권으로 행한다. 즉, 피고인 또는 변호인은 구속집행정지를 청구할 권리가 없고 구속집행정지를 청구하였더라도 이는 법원의 직권 발동을 촉구하는 의미밖에 없다.

② [○] 헌법 제44조에 의하여 구속된 국회의원에 대한 석방요구가 있으면 당연히 구속영장의 집행이 정지된다(제101조 제4항).
③ [○] 무죄, 면소, 형의 면제, 형의 선고유예, 형의 집행유예, 공소기각 또는 벌금이나 과료를 과하는 판결이 선고된 때에는 구속영장은 효력을 잃는다(제331조).
④ [○] 구속의 사유가 없거나 소멸된 때에는 법원은 직권 또는 검사, 피고인, 변호인과 제30조 제2항에 규정한 자의 청구에 의하여 결정으로 구속을 취소하여야 한다(제93조).

정답 ①

44 구속의 집행정지와 취소에 대한 설명으로 가장 적절하지 않은 것은? (다툼이 있으면 판례에 의함)

[20 경찰2차] ☆☆

① 구속의 사유가 없거나 소멸된 때에는 법원은 직권 또는 검사, 피고인, 변호인과 형사소송법 제30조 제2항에 규정된 자의 청구에 의하여 결정으로 구속을 취소하여야 한다.
② 피고인 甲은 형사소송법 제72조에 정한 사전 청문절차 없이 발부된 구속영장에 기하여 구속되었나. 제1심 법원이 그 위법을 시정하기 위하여 구속취소결정 후 적법한 청문절차를 밟아 甲에 대한 구속영장을 발부하였고, 甲이 이 청문절차부터 제1, 2심의 소송절차에 이르기까지 변호인의 조력을 받았다면, 법원은 甲에 대한 구속영장 발부와 집행에 관한 소송절차의 법령위반 등을 다투는 상고이유 주장은 받아들이지 않는다.
③ 법원은 형사소송법 제101조 제4항에 따라 구속영장의 집행이 정지된 국회의원이 소환을 받고도 정당한 사유 없이 출석하지 아니한 때에는 그 회기 중이라도 구속영장의 집행정지를 취소할 수 있다.
④ 법원은 상당한 이유가 있는 때에는 결정으로 구속된 피고인을 친족·보호단체 기타 적당한 자에게 부탁하거나 피고인의 주거를 제한하여 구속의 집행을 정지할 수 있고, 이때 급속을 요하는 경우를 제외하고는 검사의 의견을 물어야 한다.

해설

① [○] 구속의 사유가 없거나 소멸된 때에는 법원은 직권 또는 검사, 피고인, 변호인과 제30조 제2항에 규정한 자의 청구에 의하여 결정으로 구속을 취소하여야 한다(제93조).
② [○] 이 사건 기록에 따르면, 피고인은 이 사건 범죄사실에 관하여 형사소송법 제72조에서 정한 사전 청문절차 없이 발부된 구속영장에 기하여 2018.1.19. 구속되었다. 그러나 제1심법원이 위 구속의 위법을 시정하기 위하여 2018.4.13. 구속취소결정을 하고 적법한 청문절차를 밟아 구속사유가 있음을 인정하고 같은 날 피고인에 대한 구속영장을 새로 발부하였다. 이와 같이 적법하게 발부된 새로운 구속영장에 따라 피고인에 대한 구속이 계속되었다. 피고인이 위 청문절차에서부터 제1심과 원심의 소송절차에 이르기까지 변호인의 조력을 받았다. 위와 같은 사실관계를 기록에 비추어 살펴보면, 피고인에 대한 신체구금 과정에 피고인의 방어권이 본질적으로 침해되어 원심판결의 정당성마저 인정하기 어렵다고 볼 정도의 위법은 없다. 따라서 피고인에 대한 구속영장 발부와 집행에 관한 소송절차의 법령위반 등을 다투는 상고이유 주장은 받아들이지 않는다(대판 2019.2.28. 2018도19034).
③ [×] 헌법 제44조에 의하여 구속된 국회의원에 대한 석방요구가 있으면 당연히 구속영장의 집행이 정지된다(제101조 제4항). 구속영장의 집행정지는 그 회기 중 취소하지 못한다(제102조 제2항).
④ [○] 법원은 상당한 이유가 있는 때에는 결정으로 구속된 피고인을 친족·보호단체 기타 적당한 자에게 부탁하거나 피고인의 주거를 제한하여 구속의 집행을 정지할 수 있다(제101조 제1항). 전항의 결정을 함에는 검사의 의견을 물어야 한다. 단, 급속을 요하는 경우에는 그러하지 아니하다(동조 제2항).

정답 ③

45 다음 중 보석, 구속집행정지, 구속취소 등에 관한 설명으로 가장 옳은 것은? (다툼이 있으면 판례에 의함)

[20 해경간부] ☆☆☆

① 구속을 취소하는 결정이나 구속의 집행을 정지하는 결정에 대하여 검사는 즉시항고할 수 있다.

② 법원은 구속집행정지에 앞서 반드시 검사의 의견을 물어야 한다.

③ 법원은 보석을 취소하는 때에는 직권 또는 검사의 청구에 따라 보증금 또는 담보의 전부를 몰취하는 결정을 하여야 한다.

④ 구속영장의 효력이 소멸한 때에는 주거제한 등의 보석조건은 즉시 그 효력을 상실한다.

해설

① [×] 구속을 취소하는 결정에 대하여 검사는 즉시항고를 할 수 있다(제97조 제4항). 구속의 집행을 정지하는 결정에 대하여는 검사는 보통항고를 할 수 있다(제403조 제2항).

② [×] 법원이 구속의 집행을 정지하는 결정을 함에는 검사의 의견을 물어야 한다. 단, 급속을 요하는 경우에는 그러하지 아니하다(제101조 제2항).

③ [×] 법원은 보석을 취소하는 때에는 직권 또는 검사의 청구에 따라 결정으로 보증금 또는 담보의 전부 또는 일부를 몰취할 수 있다(제103조 제2항).

④ [○] 구속영장의 효력이 소멸한 때에는 보석조건은 즉시 그 효력을 상실한다(제104조의2 제1항).

정답 ④

46 보석에 관한 설명으로 옳은 것은? (다툼이 있으면 판례에 의함)

[21 소방간부] ☆☆☆

① 재판장은 보석에 관한 결정을 하기 전에 검사의 의견을 물어야 하고, 법원은 검사의 의견표명이 있기 전에 보석의 허가 여부를 결정할 수 없다.

② 법원이 검사의 의견을 듣지 아니한 채 보석에 관한 결정을 한 경우, 그 결정이 적정하다고 하여도 절차상의 하자로 인해 그 결정을 취소한다.

③ 구속영장의 효력이 소멸한 때에는 보석조건은 즉시 그 효력을 상실한다.

④ 법원은 보석을 취소하는 때에는 직권 또는 검사의 청구에 따라 판결로 보증금 또는 담보의 전부 또는 일부를 몰취하여야 한다.

⑤ 피고인이 형의 집행유예기간 중에 있는 경우에 집행유예 결격자라면 보석이 불가능하다.

해설

① [×] 재판장은 보석에 관한 결정을 하기 전에 검사의 의견을 물어야 한다(제97조 제1항). 검사는 의견요청에 대하여 지체 없이 의견을 표명하여야 한다(제97조 제3항). 검사는 법원으로부터 보석에 관한 의견요청이 있을 때에는 의견서와 소송서류 및 증거물을 지체 없이 법원에 제출하여야 한다. 이 경우 특별한 사정이 없는 한 의견요청을 받은 날의 다음날까지 제출하여야 한다(형사소송규칙 제54조 제1항).

▶ 검사가 기한 내에 의견서를 제출하지 않은 경우, 법원은 검사의 의견을 듣지 않고도 보석의 허가 여부를 결정할 수 있다고 보아야 한다.

② [×] 검사의 의견청취의 절차는 보석에 관한 결정의 본질적 부분이 되는 것은 아니므로, 설사 법원이 검사의 의견을 듣지 아니한 채 보석에 관한 결정을 하였다고 하더라도 그 결정이 적정한 이상 절차상의 하자만을 들어 그 결정을 취소할 수는 없다(대결 1997.11.27. 97모88).

③ [○] 구속영장의 효력이 소멸한 때에는 보석조건은 즉시 그 효력을 상실한다(제104조의2 제1항).

④ [×] 법원은 보석을 취소하는 때에는 직권 또는 검사의 청구에 따라 결정으로 보증금 또는 담보의 전부 또는 일부를 몰취할 수 있다(제103조 제1항).

⑤ [×] 피고인이 집행유예의 기간 중에 있어 집행유예의 결격자라고 하여 보석을 허가할 수 없는 것은 아니고 형사소송법 제95조는 그 제1호 내지 제6호 이외의 경우에는 필요적으로 보석을 허가하여야 한다는 것이지, 여기에 해당하는 경우에는 보석을 허가하지 아니할 것을 규정한 것이 아니므로, 집행유예기간 중에 있는 피고인의 보석을 허가한 것이 누범과 상습범에 대하여는 보석을 허가하지 아니할 수 있다는 형사소송법 제95조 제2호의 취지에 위배되어 위법이라고 할 수 없다(대결 1990.4.18. 90모22).

정답 ③

47 보석제도에 대한 설명으로 가장 적절하지 않은 것은? (다툼이 있으면 판례에 의함) [19 경찰1차] ☆☆

① 법원이 집행유예기간 중에 있는 피고인의 보석을 허가한 경우, 이러한 법원의 결정은 누범과 상습범을 필요적 보석의 제외사유로 규정한 「형사소송법」 제95조 제2호의 취지에 반하여 위법이라고 할 수 없다.

② 보석허가결정의 취소는 그 취소결정을 고지하거나 결정법원에 대응하는 검찰청 검사에게 결정서를 교부 또는 송달함으로써 즉시 집행할 수 있는 것이고, 그 결정등본이 피고인에게 송달되어야 집행할 수 있는 것은 아니다.

③ 「형사소송법」 제97조 제1항은 "재판장은 보석에 관한 결정을 하기 전에 검사의 의견을 물어야 한다."라고 규정하고 있으므로, 법원이 검사의 의견을 듣지 아니한 채 보석에 관한 결정을 하였다면 결정의 적정성 여부를 불문하고 절차상의 하자만으로도 그 결정을 취소할 수 있다.

④ 법원은 보석취소 후에 별도로 보증금몰수결정을 할 수도 있다.

해설

① [○] 피고인이 집행유예의 기간 중에 있어 집행유예의 결격자라고 하여 보석을 허가할 수 없는 것은 아니고 형사소송법 제95조는 그 제1호 내지 제6호 이외의 경우에는 필요적으로 보석을 허가하여야 한다는 것이지, 여기에 해당하는 경우에는 보석을 허가하지 아니할 것을 규정한 것이 아니므로, 집행유예기간 중에 있는 피고인의 보석을 허가한 것이 누범과 상습범에 대하여는 보석을 허가하지 아니할 수 있다는 형사소송법 제95조 제2호의 취지에 위배되어 위법이라고 할 수 없다(대결 1990.4.18. 90모22).

② [○] 보석허가결정의 취소는 그 취소결정을 고지하거나 결정 법원에 대응하는 '검찰청 검사에게' 결정서를 교부 또는 송달함으로써 즉시 집행할 수 있는 것이고, 그 결정등본이 '피고인에게' 송달 또는 고지되어야 집행할 수 있는 것은 아니다(대결 1983.4.21. 83모19).

③ [×] 검사의 의견청취의 절차는 보석에 관한 결정의 본질적 부분이 되는 것은 아니므로 설사 법원이 검사의 의견을 듣지 아니한 채 보석에 관한 결정을 하였다고 하더라도, 그 결정이 적정한 이상 절차상의 하자만을 들어 그 결정을 취소할 수는 없다(대결 1997.11.27. 97모88).

④ [○] 보석취소결정은 그 성질상 신속을 요하는 경우가 대부분임에 반하여, 보증금몰수결정에 있어서는 그 몰수의 요부(보석조건위반 등 귀책사유의 유무) 및 몰수 금액의 범위 등에 관하여 신중히 검토하여야 할 필요성도 있는 점 등을 고려하여 보면, 보석보증금을 몰수하려면 반드시 보석취소와 동시에 하여야만 가능한 것이 아니라 보석취소 후에 별도로 보증금몰수결정을 할 수도 있다. 그리고 형사소송법 제104조가 구속 또는 보석을 취소하거나 구속영장의 효력이 소멸된 때에는 몰수하지 아니한 보증금을 청구한 날로부터 7일 이내에 환부하도록 규정되어 있다고 하여도, 이 규정의 해석상 보석취소 후에 보증금몰수를 하는 것이 불가능하게 되는 것도 아니다(대결(전) 2001.5.29. 2000모22).

정답 ③

48 보석에 대한 다음 설명 중 옳은 것은 모두 몇 개인가? (다툼이 있으면 판례에 의함) [19 해경1차] ☆☆

㉠ 법원은 특별한 사정이 없는 한 보석청구를 받은 날로부터 7일 이내에 그에 관한 결정을 하여야 한다.
㉡ 법원이 검사의 의견을 듣지 아니한 채 보석에 관한 결정을 하였다면 그 결정은 취소되어야 한다.
㉢ 구속영장의 효력이 소멸한 때에는 보석조건은 즉시 그 효력을 상실한다.
㉣ 보석허가결정에 대하여 검사는 보통항고할 수 있다.
㉤ 법원은 보석을 취소하는 때에는 직권 또는 검사의 청구에 따라 결정으로 보증금 또는 담보의 전부 또는 일부를 몰취할 수 있다.

① 2개 ② 3개
③ 4개 ④ 5개

해설

㉠ [○] 법원은 특별한 사정이 없는 한 보석 또는 구속취소의 청구를 받은 날부터 7일 이내에 그에 관한 결정을 하여야 한다(형사소송규칙 제55조).
㉡ [×] 검사의 의견청취의 절차는 보석에 관한 결정의 본질적 부분이 되는 것은 아니므로, 설사 법원이 검사의 의견을 듣지 아니한 채 보석에 관한 결정을 하였다고 하더라도 그 결정이 적정한 이상 절차상의 하자만을 들어 그 결정을 취소할 수는 없다(대결 1997.11.27. 97모88).
㉢ [○] 구속영장의 효력이 소멸한 때에는 보석조건은 즉시 그 효력을 상실한다(제104조의2 제1항).
㉣ [○] 전항의 규정은 구금, 보석, 압수나 압수물의 환부에 관한 결정 또는 감정하기 위한 피고인의 유치에 관한 결정에 적용하지 아니한다(제403조 제2항).
㉤ [○] 법원은 보석을 취소하는 때에는 직권 또는 검사의 청구에 따라 결정으로 보증금 또는 담보의 전부 또는 일부를 몰취할 수 있다(제103조 제1항).

정답 ③

49 다음 중 보석, 구속취소 등에 관한 설명으로 가장 옳은 것은? (다툼이 있으면 판례에 의함) [19 해경3차] ☆☆

① 피고인이 사형 · 무기 또는 장기 10년이 넘는 징역이나 금고에 해당하는 때에도 상당한 이유가 있는 경우에는 법원이 직권 또는 보석청구권자의 청구에 의하여 보석을 허가할 수 있다.
② 법원은 피고인 외의 자가 작성한 출석보증서를 제출할 것을 조건으로 한 보석허가결정에 따라 석방된 피고인이 정당한 사유없이 기일에 불출석하는 경우에는 결정으로 그 출석보증인에 대하여 과태료를 부과하거나 감치에 처할 수 있다.
③ 구속을 취소하는 결정에 대하여는 검사는 즉시항고를 할 수 없다.
④ 법원은 보석을 취소하는 때에는 직권 또는 검사의 청구에 따라 보증금 또는 담보의 전부를 몰취하는 결정을 하여야 한다.

해설

① [○] 법원은 제95조의 규정에 불구하고 상당한 이유가 있는 때에는 직권 또는 제94조에 규정한 자의 청구에 의하여 결정으로 보석을 허가할 수 있다(제96조).
② [×] 법원은 제98조 제5호의 조건을 정한 보석허가결정에 따라 석방된 피고인이 정당한 사유 없이 기일에 불출석하는 경우에는 결정으로 그 출석보증인에 대하여 500만 원 이하의 과태료를 부과할 수 있다(제100조의2).
▶ 출석보증인에게 감치를 부과할 수는 없다.
③ [×] 구속을 취소하는 결정에 대하여는 검사는 즉시항고를 할 수 있다(제97조 제4항).

④ [×] 법원은 보석을 취소하는 때에는 직권 또는 검사의 청구에 따라 결정으로 보증금 또는 담보의 전부 또는 일부를 몰취할 수 있다(제103조 제1항).

정답 ①

50 보석에 대한 설명으로 옳지 않은 것은? (다툼이 있으면 판례에 의함) [19 국가7급] ☆☆

① 구속영장의 효력이 소멸하는 경우에도 보석조건이 즉시 효력을 상실하는 것은 아니다.

② 법원은 직권 또는 보석청구권자의 청구에 의하여 결정으로 보석을 허가할 수 있다.

③ 법원이 보석을 취소하는 때에는 직권 또는 검사의 청구에 따라 결정으로 보증금 또는 담보의 전부 또는 일부를 몰취할 수 있다.

④ 상소기간 중 또는 상소 중의 사건에 관한 피고인 보석의 결정은 소송기록이 상소법원에 도달하기까지는 원심법원이 하여야 한다.

해설

① [×] 구속영장의 효력이 소멸한 때에는 보석조건은 즉시 그 효력을 상실한다(제104조의2 제1항).
② [○] 법원은 제95조의 규정에 불구하고 상당한 이유가 있는 때에는 직권 또는 제94조에 규정한 자의 청구에 의하여 결정으로 보석을 허가할 수 있다(제96조).
③ [○] 법원은 보석을 취소하는 때에는 직권 또는 검사의 청구에 따라 결정으로 보증금 또는 담보의 전부 또는 일부를 몰취할 수 있다(제103조 제1항).
④ [○] 상소기간 중 또는 상소 중의 사건에 관한 피고인의 구속, 구속기간갱신, 구속취소, 보석, 보석의 취소, 구속집행정지와 그 정지의 취소의 결정은 소송기록이 상소법원에 도달하기까지는 원심법원이 이를 하여야 한다(형사소송규칙 제57조 제1항).

정답 ①

51 보석제도에 관한 다음 설명 중 가장 옳지 않은 것은? [19 법원9급] ☆☆

① 보석의 청구를 받은 법원은 이미 제출한 자료만을 검토하여 보석을 허가하거나 불허가할지 여부가 명백하다면, 심문기일을 열지 않은 채 보석의 허가 여부에 관한 결정을 할 수도 있다.

② 보석허가결정으로 구속영장은 효력이 소멸하므로 피고인이 도망하는 등 피고인을 재구금할 필요가 생긴 때에는 법원이 피고인에 대해 새로운 구속영장을 발부하여야 한다.

③ 보석보증금은 현금으로 전액이 납부되어야 하고 유가증권이나 피고인 외의 자가 제출한 보증서로써 이를 갈음하기 위해서는 반드시 법원의 허가를 받아야 한다.

④ 출석보증서의 제출을 보석조건으로 한 법원의 보석허가결정에 따라 석방된 피고인이 정당한 사유 없이 기일에 불출석하는 경우, 출석보증인에 대하여 500만 원 이하의 과태료를 부과하는 제재를 가할 수 있다.

해설

① [○] 보석의 청구를 받은 법원은 지체없이 심문기일을 정하여 구속된 피고인을 심문하여야 한다. 다만, 제출한 자료만으로 보석을 허가하거나 불허가할 것이 명백한 때 그러하지 아니하다(형사소송규칙 제54조의2 제1항 제4호).
② [×] 보석은 보증금 납입 등을 조건으로 구속의 집행을 정지하는 제도이므로 구속영장은 효력이 소멸하지 않고 또한 피고인이 도망하는 등 피고인을 재구금할 필요가 생긴 때에는 보석취소 결정의 등본에 의하여 피고인을 재구금하여야 한다(형사소송규칙 제56조 제1항).
③ [○] 법원은 유가증권 또는 피고인 외의 자가 제출한 보증서로써 보증금에 갈음함을 허가할 수 있다(제100조 제3항).
④ [○] 법원은 제98조 제5호의 조건을 정한 보석허가결정에 따라 석방된 피고인이 정당한 사유 없이 기일에 불출석하는 경우에는 결정으로 그 출석보증인에 대하여 500만 원 이하의 과태료를 부과할 수 있다(제100조의2 제1항).

정답 ②

52 보석보증금에 관한 다음 설명 중 가장 옳지 않은 것은? (다툼이 있으면 판례에 의함) [19 법원9급]

① 형사소송법 제103조(보석된 자가 형의 선고를 받고 그 판결이 확정된 후 집행하기 위한 소환을 받고 정당한 이유 없이 출석하지 아니하거나 도망한 때에는 직권 또는 검사의 청구에 의하여 결정으로 보증금의 전부 또는 일부를 몰수하여야 한다)에 의한 보증금몰수사건은 보석허가결정 또는 그 취소결정 등을 한 본안 재판부에 관할이 있다.
② 보석보증금을 몰수하려면 반드시 보석취소결정과 동시에 하여야만 하는 것이 아니라 보석취소결정 후에 별도로 할 수도 있다.
③ 형사소송법 제103조의 '보석된 자'에는 판결확정 전에 그 보석이 취소되었으나 도망 등으로 재구금이 되지 않은 상태에 있는 사람도 포함된다.
④ 보석보증금이 소송절차 진행 중의 피고인의 출석을 담보하는 기능 외에 형 확정 후의 형 집행을 위한 출석을 담보하는 기능도 담당한다.

해설

① [×] 형사소송법 제103조는 "보석된 자가 형의 선고를 받고 그 판결이 확정된 후 집행하기 위한 소환을 받고 정당한 이유 없이 출석하지 아니하거나 도망한 때에는 직권 또는 검사의 청구에 의하여 결정으로 보증금의 전부 또는 일부를 몰수하여야 한다."고 규정하고 있는바, 이 규정에 의한 보증금몰수사건은 그 성질상 당해 형사본안 사건의 기록이 존재하는 법원 또는 그 기록을 보관하는 검찰청에 대응하는 법원의 토지관할에 속하고, 그 법원이 지방법원인 경우에 있어서 사물관할은 법원조직법 제7조 제4항의 규정에 따라 '지방법원 단독판사에게' 속하는 것이지 소송절차 계속 중에 보석허가결정 또는 그 취소결정 등을 본안 관할법원인 제1심 합의부 또는 항소심인 합의부에서 한 바 있었다고 하여 그러한 법원이 사물관할을 갖게 되는 것은 아니다(대결 2002.5.17. 2001모53).
② [○] 보석취소결정은 그 성질상 신속을 요하는 경우가 대부분임에 반하여, 보증금몰수결정에 있어서는 그 몰수의 요부(보석조건위반 등 귀책사유의 유무) 및 몰수 금액의 범위 등에 관하여 신중히 검토하여야 할 필요성도 있는 점 등을 고려하여 보면, 보석보증금을 몰수하려면 반드시 보석취소와 동시에 하여야만 가능한 것이 아니라 보석취소 후에 별도로 보증금몰수결정을 할 수도 있다. 그리고 형사소송법 제104조가 구속 또는 보석을 취소하거나 구속영장의 효력이 소멸된 때에는 몰수하지 아니한 보증금을 청구한 날로부터 7일 이내에 환부하도록 규정되어 있다고 하여도, 이 규정의 해석상 보석취소 후에 보증금몰수를 하는 것이 불가능하게 되는 것도 아니다(대결(전) 2001.5.29. 2000모22).
③ [○], ④ [○] 보석보증금이 소송절차 진행 중의 피고인의 출석을 담보하는 기능 외에 형 확정 후의 형 집행을 위한 출석을 담보하는 기능도 담당하는 것이고 형사소송법 제102조 제2항의 규정에 의한 보증금몰수결정은 반드시 보석취소결정과 동시에 하여야만 하는 것이 아니라 보석취소결정 후에 별도로 할 수도 있다고 해석되는 점에 비추어 보면, 위 법 제103조에서 규정하는 "보석된 자"란 보석허가결정에 의하여 석방된 사람 모두를 가리키는 것이지, 판결확정 전에 그 보석이 취소되었으나 도망 등으로 재구금이 되지 않은 상태에 있는 사람이라고 하여 여기에서 제외할 이유가 없다(대결 2002.5.17. 2001모53).

정답 ①

53 법원의 구속기간과 갱신에 관한 다음 설명 중 가장 옳지 않은 것은? (다툼이 있으면 판례에 의함)

[21 법원9급] ☆☆

① 구속기간은 2개월로 하며, 구속을 계속할 필요가 있는 경우에는 심급마다 2개월 단위로 2차에 한하여 결정으로 갱신할 수 있다. 다만, 상소심은 검사, 피고인 또는 변호인이 신청한 증거의 조사, 상소이유를 보충하는 서면의 제출 등으로 추가 심리가 필요한 부득이한 경우에는 3차에 한하여 갱신할 수 있다.

② 대법원의 파기환송 판결에 의하여 사건을 환송받은 법원은 형사소송법 제92조 제1항에 따라 2월의 구속기간이 만료되면 특히 계속할 필요가 있는 경우에는 2차(대법원이 형사소송규칙 제57조 제2항에 의하여 구속기간을 갱신한 경우에는 1차)에 한하여 결정으로 구속기간을 갱신할 수 있는 것이고, 무죄추정을 받는 피고인이라고 하더라도 이러한 조치가 무죄추정의 원칙에 위배되는 것이라고 할 수는 없다.

③ 기피신청으로 소송진행이 정지된 기간, 공소장의 변경이 피고인의 불이익을 증가할 염려가 있다고 인정되어 피고인으로 하여금 필요한 방어의 준비를 하게 하기 위하여 결정으로 공판절차를 정지한 기간, 공소제기 전의 체포·구인·구금 기간은 법원의 구속기간에 산입하지 아니한다.

④ 구속 중인 피고인에 대하여 감정유치장이 집행되어 피고인이 유치되어 있는 기간은 법원의 구속기간에 산입하지 않지만 미결구금일수의 산입에 있어서는 구속으로 간주한다.

해설

① [×] 구속기간은 2개월로 한다(제92조 제1항). 제1항에도 불구하고 특히 구속을 계속할 필요가 있는 경우에는 심급마다 2개월 단위로 2차에 한하여 결정으로 갱신할 수 있다. 다만, 상소심은 피고인 또는 변호인이 신청한 증거의 조사, 상소이유를 보충하는 서면의 제출 등으로 추가 심리가 필요한 부득이한 경우에는 3차에 한하여 갱신할 수 있다(제92조 제2항).

② [○] 대법원의 파기환송 판결에 의하여 사건을 환송받은 법원은 형사소송법 제92조 제1항에 따라 2월의 구속기간이 만료되면 특히 계속할 필요가 있는 경우에는 2차(대법원이 형사소송규칙 제57조 제2항에 의하여 구속기간을 갱신한 경우에는 1차)에 한하여 결정으로 구속기간을 갱신할 수 있는 것이고, 한편 무죄추정을 받는 피고인이라고 하더라도 그에게 구속의 사유가 있어 구속영장이 발부, 집행된 이상 신체의 자유가 제한되는 것은 당연한 것이므로, 이러한 조치가 무죄추정의 원칙에 위배되는 것이라고 할 수는 없다(대판 2001.11.30. 2001도5225).

③ [○] 제22조, 제298조 제4항, 제306조 제1항 및 제2항의 규정에 의하여 공판절차가 정지된 기간 및 공소제기전의 체포·구인·구금 기간은 제1항 및 제2항의 기간에 산입하지 아니한다(제92조 제3항).

④ [○] 구속 중인 피고인에 대하여 감정유치장이 집행되었을 때에는 피고인이 유치되어 있는 기간 구속은 그 집행이 정지된 것으로 간주한다(제172조의2 제1항). 제3항의 유치는 미결구금일수의 산입에 있어서는 이를 구속으로 간주한다(제172조 제8항).

정답 ①

54 구속기간에 관한 설명 중 가장 적절하지 않은 것은?

[20 경찰승진] ☆

① 기피신청으로 소송진행이 정지된 기간은 구속기간에 산입하지 아니한다.

② 공소장변경으로 피고인의 불이익이 증가할 염려가 있다고 인정되어 공판절차가 정지된 기간은 구속기간에 산입하지 아니한다.

③ 구속기간의 말일이 공휴일 또는 토요일이면 구속기간에 산입하지 아니한다.

④ 구속전 피의자심문을 위하여 법원이 구속영장청구서·수사 관계 서류 및 증거물을 접수한 날부터 구속영장을 발부하여 검찰청에 반환한 날까지의 기간은 구속기간에 산입하지 아니한다.

해설

① [○], ② [○], ④ [○] 1) 피의자의 구속기간에 산입하지 않는 기간: ㉠ 영장실질심사에 있어서 법원이 관계서류와 증거물을 접수한 날부터 구속영장을 발부하여 검찰청에 반환한 날까지의 기간(제201조의2 제7항), ㉡ 체포구속적부심사에 있어서 법원이 관계서류와 증거물을 접수한 때부터 결정 후 검찰청에 반환된 때까지의 기간(제214조의2 제13항), ㉢ 피의자 감정유치기간(제172조의2, 제221조의3), ㉣ 피의자가 도망간 기간, ㉤ 구속집행 정지기간 등은 구속기간에 산입하지 아니한다.
2) 피고인의 구속기간에 산입하지 않는 기간: 구속기간을 계산할 때에는 ㉠ 공소제기 전의 체포 · 구인 · 구금 기간, ㉡ 기피신청에 의한 소송진행의 정지기간, ㉢ 공소장변경에 의한 공판절차 정지기간, ㉣ 심신상실 · 질병으로 인한 공판절차 정지기간 ㉤ 피고인 감정유치기간 ㉥ 피고인이 도망간 기간 ㉦ 구속집행 정지기간 ㉧ 보석기간 ㉨ 위헌법률심판 제청에 의한 공판절차 정지기간 등은 구속기간에 산입하지 아니한다(제92조 제3항, 제172조의2, 헌법재판소법 제42조).[11]

③ [×] 기간의 말일이 공휴일 또는 토요일에 해당하는 날은 기간에 산입하지 아니한다. 단, 시효와 구속의 기간에 관하여서는 예외로 한다(제66조 제3항).

정답 ③

55 접견교통권에 관한 설명 중 가장 적절하지 않은 것은? (다툼이 있는 경우 판례에 의함) [23 경찰1차] ☆☆

① 변호인의 접견교통의 상대방인 신체구속을 당한 사람이 그 변호인을 자신의 범죄행위에 공범으로 가담시키려고 하였다는 등의 사정만으로 그 변호인의 신체구속을 당한 사람과의 접견교통을 금지하는 것이 정당화될 수는 없다.

② 형사소송법 제34조에 따르면 변호인 또는 변호인이 되려는 자는 신체구속을 당한 피고인 또는 피의자와 접견하고 서류 또는 물건을 수수할 수 있으며 의사로 하여금 진료하게 할 수 있으므로, 변호인이 되려는 의사를 표시한 자가 객관적으로 변호인이 될 가능성이 있다고 인정된다면, 신체구속을 당한 피고인 또는 피의자와 접견하지 못하도록 제한해서는 안 된다.

③ 변호인의 구속된 피고인 또는 피의자와의 접견교통권은 피고인 또는 피의자 자신이 가지는 변호인과의 접견교통권과는 성질을 달리하는 것으로서 헌법상 보장된 권리라고 할 수 없으므로, 수사기관의 처분 등에 의하여 이를 제한할 수 있으며 반드시 법령에 의하여서만 제한 가능한 것은 아니다.

④ 변호인의 조력을 받을 권리를 보장하는 목적은 피의자 또는 피고인의 방어권 행사를 보장하기 위한 것이므로, 변호인의 조력을 받을 기회가 충분히 보장되었다고 인정될 수 있는 경우에는 미결수용자 또는 변호인이 원하는 특정한 시점에 접견이 이루어지지 못하였다 하더라도 그것만으로 곧바로 변호인의 조력을 받을 권리가 침해되었다고 단정할 수는 없다.

해설

① [○] 신체구속을 당한 피의자 또는 피고인이 범한 것으로 의심받고 있는 범죄행위에 해당 변호인이 관련되어 있다는 등의 사유에 기하여 그 변호인의 변호 활동을 광범위하게 규제하는 변호인의 제척과 같은 제도를 두고 있지 아니한 우리 법제 아래에서는, 변호인의 접견교통의 상대방인 신체구속을 당한 사람이 그 변호인을 자신의 범죄행위에 공범으로 가담시키려고 하였다는 등의 사정만으로 그 변호인의 신체구속을 당한 사람과의 접견교통을 금지하는 것이 정당화될 수는 없다(대결 2007.1.31. 2006모656).

② [○] 변호인이 되려는 의사를 표시한 자가 객관적으로 변호인이 될 가능성이 있다고 인정되는데도, 형사소송법 제34조에서 정한 '변호인 또는 변호인이 되려는 자'가 아니라고 보아 신체구속을 당한 피고인 또는 피의자와 접견하지 못하도록 제한하여서는 아니 된다(대판 2017.3.9. 2013도16162).

11) 그러나 관할지정이나 관할이전 신청에 의한 소송절차 정지기간, 토지관할의 병합심리신청에 의한 소송절차 정지기간은 구속기간에 산입한다. [16 법원9급]

③ [×] 변호인의 구속된 피고인 또는 피의자와의 접견교통권은 피고인 또는 피의자 자신이 가지는 변호인과의 접견교통권과는 성질을 달리하는 것으로서 헌법상 보장된 권리라고는 할 수 없고, 형사소송법 제34조에 의하여 비로소 보장되는 권리이지만,[12] 신체구속을 당한 피고인 또는 피의자의 인권보장과 방어준비를 위하여 필수불가결한 권리이므로, 수사기관의 처분이나 법원의 결정에 의하여 이를 제한할 수 없고, 다만 법령에 의하여서만 제한이 가능하다(대결 1991.3.28. 91모24).

④ [O] 미결수용자 또는 변호인이 원하는 특정한 시점에 접견이 이루어지지 못하였다 하더라도 그것만으로 곧바로 변호인의 조력을 받을 권리가 침해되었다고 단정할 수는 없는 것이다(헌재 2011.5.26. 2009헌마341).

정답 ③

56 접견교통권에 대한 설명으로 옳은 것은? (다툼이 있으면 판례에 의함) [20 국가7급]

① 구속피의자가 변호인을 자신의 범죄행위에 공범으로 가담시키려고 하였다는 사정만으로 수사기관이 그 변호인의 구속 피의자와의 접견교통을 금지하는 것은 정당화될 수 없다.

② 변호인의 구속된 피고인과의 접견교통권에 관한 형사소송법 제34조는 형이 확정되어 집행 중에 있는 수형자에 대한 재심 개시의 여부를 결정하는 재심청구절차에도 그대로 적용된다.

③ 구속된 피고인의 변호인과의 접견교통권과 달리 변호인의 구속된 피고인과의 접견교통권은 헌법이 아니라 형사소송법에 의해 보장되는 권리이므로 그 제한은 법령 또는 법원의 결정에 의해서만 가능하고 수사기관의 처분에 의해서는 할 수 없다.

④ 수사기관에 임의동행 형식으로 연행된 피의자에게는 변호인 또는 변호인이 되려는 자와의 접견교통권이 인정되지만, 임의동행 형식으로 연행된 피내사자의 경우에는 그 접견교통권이 인정되지 않는다.

해설

① [O] 신체구속을 당한 피의자 또는 피고인이 범한 것으로 의심받고 있는 범죄행위에 해당 변호인이 관련되어 있다는 등의 사유에 기하여 그 변호인의 변호활동을 광범위하게 규제하는 변호인의 제척과 같은 제도를 두고 있지 아니한 우리 법제 아래에서는, 변호인의 접견교통의 상대방인 신체구속을 당한 사람이 그 변호인을 자신의 범죄행위에 공범으로 가담시키려고 하였다는 등의 사정만으로 그 변호인의 신체구속을 당한 사람과의 접견교통을 금지하는 것이 정당화될 수는 없다(대결 2007.1.31. 2006모656).

② [×] 형사소송법 제34조는 형이 확정되어 집행 중에 있는 수형자에 대한 재심개시의 여부를 결정하는 재심청구절차에는 그대로 적용될 수 없다(대판 1998.4.28. 96다48831).

③ [×] 변호인의 구속된 피고인 또는 피의자와의 접견교통권은 피고인 또는 피의자 자신이 가지는 변호인과의 접견교통권과는 성질을 달리하는 것으로서 헌법상 보장된 권리라고는 할 수 없고, 형사소송법 제34조에 의하여 비로소 보장되는 권리이지만, 신체구속을 당한 피고인 또는 피의자의 인권보장과 방어준비를 위하여 필수불가결한 권리이므로, 수사기관의 처분이나 법원의 결정에 의하여 이를 제한할 수 없고, 다만 법령에 의하여서만 제한이 가능하다(대결 1991.3.28. 91모24).

④ [×] 임의동행의 형식으로 수사기관에 연행된 피의자에게도 변호인 또는 변호인이 되려는 자와의 접견교통권은 당연히 인정된다고 보아야 하고 임의동행의 형식으로 연행된 피내사자의 경우에도 이는 마찬가지이다(대결 1996.6.3. 96모18).

정답 ①

12) 헌재는 구속된 피고인 또는 피의자의 변호인과의 접견교통권, 구속된 피의자 또는 피고인이 갖는 변호인 아닌 자와의 접견교통권, 미결수용자의 가족의 미결수용자와의 접견을 헌법상의 기본권으로 인정하고 있다(헌재 2003.11.27. 2002헌마193).

57 접견교통권에 대한 설명으로 가장 적절하지 않은 것은? (다툼이 있으면 판례에 의함)

[19 경찰승진]

① 임의동행의 형식으로 수사기관에 연행된 피의자 또는 피내사자에게는 변호인 또는 변호인이 되려는 자와의 접견교통권이 인정된다.

② 수사기관이 구금장소를 임의적으로 변경하여 접견교통을 어렵게 한 것은 접견교통권의 행사에 중대한 장애를 초래하는 것이므로 위법하다.

③ 신체구속을 당한 사람이 그 변호인을 자신의 범죄행위에 공범으로 가담시키려고 하였다는 사정만으로도 신체구속을 당한 사람과 그 변호인과의 접견교통권을 금지하는 것은 정당하다.

④ 수사기관의 접견불허처분이 없더라도 변호인의 접견신청일로부터 상당한 기간이 경과하였거나 접견신청일이 경과하도록 접견이 이루어지지 않는 경우에는 실질적으로 접견불허가처분이 있는 것과 동일시된다.

해설

① [○] 임의동행 방식으로 연행된 피의자 피내사자에게 변호인 또는 변호인이 되려는 자와의 접견교통권이 인정된다(대결 1996.6.3. 96모18).

② [○] 수사기관이 구금장소를 임의적으로 변경하여 접견교통을 어렵게 한 것은 접견교통권의 행사에 중대한 장애를 초래하는 것이므로 위법하다(대결 1996.5.15. 95모94).

③ [×] 신체구속을 당한 피의자 또는 피고인이 범한 것으로 의심받고 있는 범죄행위에 해당 변호인이 관련되어 있다는 등의 사유에 기하여 그 변호인의 변호활동을 광범위하게 규제하는 변호인의 제척과 같은 제도를 두고 있지 아니한 우리 법제 아래에서는, 변호인의 접견교통의 상대방인 신체구속을 당한 사람이 그 변호인을 자신의 범죄행위에 공범으로 가담시키려고 하였다는 등의 사정만으로 그 변호인의 신체구속을 당한 사람과의 접견교통을 금지하는 것이 정당화될 수는 없다(대결 2007.1.31. 2006모656).

④ [○] 접견신청일이 경과하도록 접견이 이루어지지 아니한 것은 실질적으로 접견불허가처분이 있는 것과 동일시된다고 할 것이다(대결 1991.3.28. 91모24).

정답 ③

58 수사상 감정유치에 관한 설명 중 가장 적절하지 않은 것은?

[19 해경승진]

① 피의자에 대한 감정유치기간은 피의자의 구속기간에 산입한다.

② 검사는 감정을 위촉하는 경우에 피의자의 정신 또는 신체에 관한 감정을 위하여 유치처분이 필요한 때에는 판사에게 이를 청구하여야 한다.

③ 불구속 피고인에 대하여 감정유치장을 발부하여 구속할 때에는 범죄사실의 요지와 변호인을 선임할 수 있음을 알려주어야 한다.

④ 감정유치는 감정을 목적으로 신체의 자유를 구속하는 강제처분이므로 법관이 발부하는 영장, 즉 감정유치장을 요한다.

해설

① [×] 구속 중인 피의자에 대하여 감정유치장이 집행되었을 때에는 피의자가 유치되어 있는 기간의 구속은 그 집행이 정지된 것으로 간주한다(제172조의2 제1항, 제221조의3 제2항).

② [○], ④ [○] 검사는 피의자에 대한 감정에 필요할 때에는 판사에게 감정유치를 청구하여야 한다(제221조의3 제1항). 판사는 청구가 상당하다고 인정할 때에는 감정유치장을 발부한다(동조 제2항).

③ [○] 피고인에 대하여 범죄사실의 요지, 구속의 이유와 변호인을 선임할 수 있음을 말하고 변명할 기회를 준 후가 아니면 구속할 수 없다. 다만, 피고인이 도망한 경우에는 그러하지 아니하다(제72조). 구속에 관한 규정은 이 법률에 특별한 규정이 없는 경우에는 제3항의 유치에 관하여 이를 준용한다. 단, 보석에 관한 규정은 그러하지 아니하다(제221조의3 제2항, 제172조 제7항).

정답 ①

제2절 I 압수, 수색, 검증

59 압수 · 수색 절차에 관한 설명으로 가장 적절하지 않은 것은? (다툼이 있는 경우 판례에 의함)

[23 경찰2차] ☆☆☆

① 압수 · 수색영장은 원칙적으로 처분을 받는 자에게 반드시 제시하고, 처분을 받는 자가 피의자인 경우에는 그 사본을 교부해야 하는데, 이는 준항고 등 피압수자의 불복신청의 기회를 실질적으로 보장하기 위한 것이다.

② 압수 · 수색영장을 소지하지 아니한 경우에 급속을 요하는 때에는 피의자에 대하여 공소사실의 요지와 영장이 발부되었음을 고지하고 집행할 수 있다.

③ 압수 · 수색영장 통지의 예외 사유인 '급속을 요하는 때'란 압수 · 수색영장 집행 사실을 미리 알려주면 증거물을 은닉할 염려 등이 있어 압수 · 수색의 실효를 거두기 어려울 경우를 의미한다.

④ 수사기관이 A 회사에서 압수 · 수색영장을 집행하면서 A 회사에 팩스로 영장 사본을 송신하기만 하고 영장 원본을 제시하지 않았고 또한 압수조서와 압수물 목록을 작성하여 피압수 · 수색 당사자에게 교부하지 않은 채 피고인의 이메일을 압수한 후 이를 증거로 제출한 것은 적법절차원칙의 실질적인 내용을 침해한 것이다.

해설

① [○], ② [×] 압수 · 수색영장은 처분을 받는 자에게 '반드시' 사전에 제시하여야 하고 처분을 받는 자가 피의자나 피고인인 경우에는 그 사본을 교부하여야 한다. 다만, 처분을 받는 자가 현장에 없는 등 영장의 제시나 그 사본의 교부가 현실적으로 불가능한 경우 또는 처분을 받는 자가 영장의 제시나 사본의 교부를 거부한 때에는 예외로 한다(제118조, 제219조).[13]

▶ 따라서 체포 · 구속영장의 집행시 인정되는 긴급집행은 압수 · 수색영장의 집행에서는 인정되지 않는다.

관련판례 형사소송법이 압수 · 수색영장을 집행하는 경우에 피압수자에게 반드시 압수 · 수색영장을 제시하도록 규정한 것은 법관이 발부한 영장 없이 압수 · 수색을 하는 것을 방지하여 영장주의 원칙을 절차적으로 보장하고, 압수 · 수색영장에 기재된 물건, 장소, 신체에 대해서만 압수 · 수색을 하도록 하여 개인의 사생활과 재산권의 침해를 최소화하는 한편, 준항고 등 피압수자의 불복신청의 기회를 실질적으로 보장하기 위한 것이다(대판 2017.9.21. 2015도12400).

③ [○] '급속을 요하는 때'라고 함은 압수 · 수색영장 집행 사실을 미리 알려주면 증거물을 은닉할 염려 등이 있어 압수 · 수색의 실효를 거두기 어려울 경우라고 해석함이 옳고, 그와 같이 합리적인 해석이 가능하므로 형사소송법 제122조 단서가 명확성의 원칙 등에 반하여 위헌이라고 볼 수 없다(대판 2012.10.11. 2012도7455).

④ [○] 수사기관이 이메일에 대한 압수수색영장을 집행할 당시 피압수자인 네이버 주식회사에 팩스로 영장 사본을 송신했을 뿐 그 원본을 제시하지 않았고, 압수조서와 압수물 목록을 작성하여 피압수 · 수색 당사자에게 교부하였다고 볼 수 없는 경우, 이러한 방법으로 압수된 이메일은 위법수집증거로 원칙적으로 유죄의 증거로 삼을 수 없다(대판 2017.9.7. 2015도10648).

정답 ②

13) 2022.2.3. 공포 · 시행된 개정 형사소송법은 피의자와 피고인의 방어권을 실질적으로 보장하기 위하여 영장제시 외 영장의 사본을 교부하도록 개정되었다.

60 압수·수색에 관한 설명으로 옳은 것은 모두 몇 개인가? (다툼이 있는 경우 판례에 의함) [23 경찰간부] ☆☆

가. 압수·수색영장의 집행 과정에서 피압수자의 지위가 참고인에서 피의자로 전환될 수 있는 증거가 발견되었더라도 그 증거가 압수·수색영장에 기재된 범죄사실과 객관적으로 관련되어 있다면 이는 압수·수색영장의 집행 범위 내에 있으므로 다시 피압수자에 대하여 영장을 발부받을 필요는 없다.
나. 수사기관이 압수·수색에 착수하면서 그 장소의 관리책임자에게 압수·수색영장을 제시하였더라도, 물건을 소지하고 있는 다른 사람으로부터 이를 압수하고자 하는 때에는 그 소지자에게 따로 영장을 제시하여야 한다.
다. 수사기관이 휴대전화 등을 압수할 당시 압수당한 피의자가 수사기관에게 압수·수색영장의 구체적인 확인을 요구하였으나 수사기관이 영장의 범죄사실 기재 부분을 보여주지 않고 겉표지만 보여주었다 하더라도, 그 후 변호인이 피의자조사에 참여하면서 영장을 확인하였다면 위 압수처분의 위법성은 치유된다.
라. 수사기관이 압수·수색영장을 제시하고 집행에 착수하여 압수·수색을 실시하고 그 집행을 종료하였으나 동일한 장소 또는 목적물에 대하여 다시 압수·수색할 필요가 있는 경우, 앞서 발부받은 압수·수색영장의 유효기간이 남아있다면 그 영장을 제시하고 다시 압수·수색을 할 수 있다.

① 1개 ② 2개
③ 3개 ④ 4개

해설

가. [○] 압수·수색영장의 집행 과정에서 피압수자의 지위가 참고인에서 피의자로 전환될 수 있는 증거가 발견되었더라도, 그 증거가 압수·수색영장에 기재된 범죄사실과 객관적으로 관련되어 있다면 이는 압수·수색영장의 집행 범위 내에 있다. 따라서 다시 공소외 1에 대하여 영장을 발부받고 헌법상 변호인의 조력을 받을 권리를 고지하거나 압수·수색과정에 참여할 의사를 확인해야 한다고 보기 어렵다(대판 2017.12.5. 2017도13458).
나. [○] 압수·수색영장은 처분을 받는 자에게 반드시 제시하여야 하는바, 현장에서 압수·수색을 당하는 사람이 여러 명일 경우에는 그 사람들 모두에게 개별적으로 영장을 제시해야 하는 것이 원칙이고, 수사기관이 압수·수색에 착수하면서 그 장소의 관리책임자에게 영장을 제시하였다고 하더라도 물건을 소지하고 있는 다른 사람으로부터 이를 압수하고자 하는 때에는 '그 사람에게 따로 영장을 제시하여야' 한다(대판 2009.3.12. 2008도763).
다. [×] 수사기관이 압수처분 당시 재항고인으로부터 영장 내용의 구체적인 확인을 요구받았음에도 압수·수색영장의 내용을 보여주지 않았던 것으로 보이므로 형사소송법 제219조, 제118조에 따른 적법한 압수·수색영장의 제시라고 인정하기 어렵다는 이유로, 압수처분 당시 수사기관이 법령에서 정한 취지에 따라 재항고인에게 압수·수색영장을 제시하였는지 여부를 판단하지 아니한 채 변호인이 조사에 참여할 당시 영장을 확인하였다는 사정을 들어 압수처분이 위법하지 않다고 본 원심결정은 잘못이 있다고 한 사례(대결 2020.4.16. 2019모3526).
라. [×] 형사소송법 제215조에 의한 압수·수색영장은 수사기관의 압수·수색에 대한 허가장으로서 거기에 기재되는 유효기간은 집행에 착수할 수 있는 종기를 의미하는 것일 뿐이므로, 동일한 장소 또는 목적물에 대하여 다시 압수·수색할 필요가 있는 경우라면 그 필요성을 소명하여 법원으로부터 새로운 압수·수색영장을 발부받아야 하는 것이지, 앞서 발부받은 압수·수색영장의 유효기간이 남아있다고 하여 이를 제시하고 다시 압수·수색을 할 수는 없다(대결 1999.12.1. 99모161).

정답 ②

61 압수·수색에 관한 설명 중 가장 적절하지 않은 것은? (다툼이 있는 경우 판례에 의함) [22 경찰2차] ☆☆

① 검사 또는 사법경찰관이 피의자를 영장에 의하여 체포하는 경우에 필요한 때에는 영장없이 타인의 주거나 타인이 간수하는 가옥, 건조물, 항공기, 선차 안에서의 피의자 수색이 허용된다.

② 검사 또는 사법경찰관은 피의자를 현행범인으로 체포하는 경우에 필요한 때에는 영장 없이 체포현장에서 압수·수색을 할 수 있다.

③ 수사기관이 범죄 혐의사실과 관련 있는 정보를 선별하여 압수한 후에도 그와 관련이 없는 나머지 정보를 삭제 폐기 반환하지 아니한 채 그대로 보관하고 있다면, 범죄 혐의사실과 관련이 없는 부분에 대하여는 압수의 대상이 되는 전자정보의 범위를 넘어서는 전자정보를 영장없이 압수·수색하여 취득한 것이어서 위법하고, 사후에 압수·수색영장이 발부되었다거나 피고인이나 변호인이 이를 증거로 함에 동의하였다고 하여 그 위법성이 치유된다고 볼 수 없다.

④ 검사는 사본을 확보한 경우 등 압수를 계속할 필요가 없다고 인정되는 압수물 및 증거에 사용할 압수물에 대하여 공소제기 전이라도 소유자, 소지자, 보관자 또는 제출인의 청구가 있는 때에는 환부 또는 가환부하여야 한다.

해설

① [×] 검사 또는 사법경찰관은 제200조의2(영장에 의한 체포)·제200조의3(긴급체포)·제201조(구속) 또는 제212조(현행범인의 체포)의 규정에 의하여 피의자를 체포·구속하는 경우에 필요한 때에는 영장없이 타인의 주거나 타인이 간수하는 가옥, 건조물, 항공기, 선차 내에서 피의자를 수색할 수 있다. 다만, 제200조의2 또는 제201조에 따라 피의자를 체포 또는 구속하는 경우의 피의자 수색은 미리 수색영장을 발부받기 어려운 긴급한 사정이 있는 때에 한정한다(제216조 제1항 제1호).

② [○] 검사 또는 사법경찰관은 피의자를 체포 또는 구속하는 경우에 필요한 때에는 영장없이 체포현장에서 압수·수색·검증을 할 수 있다(제216조 제1항 제2호).
▶ 피의자의 체포는 체포영장에 의한 체포, 긴급체포, 현행범인의 체포를 불문한다.

③ [○] 수사기관이 범죄 혐의사실과 관련 있는 정보를 선별하여 압수한 후에도 그와 관련이 없는 나머지 정보를 삭제·폐기·반환하지 아니한 채 그대로 보관하고 있다면 범죄 혐의사실과 관련이 없는 부분에 대하여는 압수의 대상이 되는 전자정보의 범위를 넘어서는 전자정보를 영장 없이 압수·수색하여 취득한 것이어서 위법하고, 사후에 법원으로부터 압수·수색영장이 발부되었다거나 피고인이나 변호인이 이를 증거로 함에 동의하였다고 하여 그 위법성이 치유된다고 볼 수 없다(대결 2022.1.14. 2021모1586).

④ [○] 검사는 사본을 확보한 경우 등 압수를 계속할 필요가 없다고 인정되는 압수물 및 증거에 사용할 압수물에 대하여 공소제기 전이라도 소유자, 소지자, 보관자 또는 제출인의 청구가 있는 때에는 환부 또는 가환부하여야 한다(제218조의2 제1항).

정답 ①

62 다음 사례에 대한 설명 중 가장 적절한 것은? (다툼이 있는 경우 판례에 의함)

[22 경찰2차] ☆☆☆

> A는 2022.2.10. 甲의 집에서 자고 있는 사이 甲이 자신의 의사에 반해 나체를 촬영한 범행을 저질렀다며 경찰에 甲을 신고하였다. A는 甲을 신고하면서 甲의 집에서 가지고 나온 甲 소유의 휴대폰 2대(휴대폰1, 휴대폰2)를 사법경찰관 P에게 임의제출하였고, P는 A에게 제출범위에 관한 의사를 따로 확인하지 않았다. P는 휴대폰1에 저장된 동영상 파일을 통해 甲의 A에 대한 범행을 확인한 후, 휴대폰2에서도 甲의 범행의 증거를 찾던 중 2021.1.경 A가 아닌 B와 C의 나체를 불법 촬영한 동영상 30개와 사진을 발견하였다. P는 발견한 동영상과 사진을 CD에 복제한 후, 압수·수색 영장을 발부받아 이 CD를 압수하였다.

① 휴대폰은 임의제출물이기 때문에 2대의 휴대폰에 저장된 전자정보 전부가 임의제출되어 압수된 것으로 취급할 수 있다.

② 2021.1.경 범행 동영상은 2022.2.10. 범행과 동종 유사한 범행이므로 2022.2.10. 범행과 구체적·개별적 연관관계가 없다 하더라도 2022.2.10. 범행 혐의사실과 관련성이 있다.

③ A가 제출한 휴대폰이 임의제출물이라 하더라도 휴대폰을 탐색하는 과정에서 甲에게 참여권을 보장하고 압수목록을 교부해야 한다.

④ 압수된 CD에 저장된 동영상과 휴대폰2에 저장된 원본 동영상과의 동일성은 검사가 주장·입증해야 하며, 엄격한 증명의 방법으로 증명되어야 한다.

해설

① [×] 범죄발생 시점 사이에 상당한 간격이 있고 피해자 및 범행에 이용한 휴대전화도 전혀 다른 피고인의 2013년 범행에 관한 동영상은 임의제출에 따른 압수의 동기가 된 범죄혐의사실(2014년 범행)과 구체적·개별적 연관관계 있는 전자정보로 보기 어려워 수사기관이 사전영장 없이 이를 취득한 이상 증거능력이 없고, 사후에 압수·수색영장을 받아 압수절차가 진행되었더라도 달리 볼 수 없다는 이유로, 피고인의 2013년 범행을 무죄로 판단한 원심의 결론이 정당하다고 한 사례(대판(전) 2021.11.18. 2016도348).

② [×] 휴대전화에 담긴 전자정보 중 임의제출을 통해 적법하게 압수된 범위는 임의제출 및 압수의 동기가 된 피고인의 2014년 범행 자체와 구체적·개별적 연관관계가 있는 전자정보로 제한적으로 해석하는 것이 타당하고, 이에 비추어 볼 때 범죄발생 시점 사이에 상당한 간격이 있고 피해자 및 범행에 이용한 휴대전화도 전혀 다른 피고인의 2013년 범행에 관한 동영상은 임의제출에 따른 압수의 동기가 된 범죄혐의사실(2014년 범행)과 구체적·개별적 연관관계 있는 전자정보로 보기 어려워 수사기관이 사전영장 없이 이를 취득한 이상 증거능력이 없고, 사후에 압수·수색영장을 받아 압수절차가 진행되었더라도 달리 볼 수 없다는 이유로, 피고인의 2013년 범행을 무죄로 판단한 원심의 결론이 정당하다고 한 사례(대판(전) 2021.11.18. 2016도348).

③ [○] 피해자 등 제3자가 피의자의 소유·관리에 속하는 정보저장매체를 영장에 의하지 않고 임의제출한 경우에는 실질적 피압수자인 피의자가 수사기관으로 하여금 그 전자정보 전부를 무제한 탐색하는 데 동의한 것으로 보기 어려울 뿐만 아니라 피의자 스스로 임의제출한 경우 피의자의 참여권 등이 보장되어야 하는 것과 견주어 보더라도 특별한 사정이 없는 한 형사소송법 제219조, 제121조, 제129조에 따라 피의자에게 참여권을 보장하고 압수한 전자정보 목록을 교부하는 등 "피의자"의 절차적 권리를 보장하기 위한 적절한 조치가 이루어져야 한다(대판(전) 2021.11.18. 2016도348).

④ [×] 압수된 CD에 저장된 동영상과 휴대폰2에 저장된 원본 동영상과의 동일성은 증거능력의 요건에 해당하므로 검사가 존재에 대하여 구체적으로 주장·증명해야 하는 것이지만(대판 2018.2.8. 2017도13263), 자유로운 증명으로 족하다(대판 2001.9.4. 2000도1743).

정답 ③

63 다음 사례에 대한 설명 중 가장 적절한 것은? (다툼이 있는 경우 판례에 의함) [22 경찰2차] ☆☆

사법경찰관 P는 甲을 정보통신망 이용촉진 및 정보보호 등에 관한 법률상 명예훼손 혐의로 수사하면서 압수·수색영장을 발부받아 甲의 집에서 그의 컴퓨터를 압수·수색하였다. P는 甲의 컴퓨터 하드디스크를 하드카피 방법으로 복제본을 생성한 후, 수사기관 사무실로 가지고 나왔다. P는 甲에게 참여권을 고지하지 않은 채 甲의 참여 없이 반출한 복제본을 탐색하는 과정에서 우연히 성폭력범죄의 처벌 등에 관한 특례법 위반죄에 해당되는 성폭력범죄 동영상 파일을 발견하였다. 이후 P는 압수·수색 영장을 발부받아 이 동영상 파일을 압수하였다.

① 사법경찰관 P는 압수목록에 컴퓨터 하드디스크 규격과 개수를 기재한 후, 하드카피 방법으로 복제본을 생성한 때 지체없이 甲에게 교부하여야 한다.

② 압수·수색 영장집행은 甲의 집에서 하드디스크 복제본을 생성한 때 종료된 것이므로 탐색과정에서는 甲에게 참여권을 보장하지 않아도 된다.

③ 甲의 컴퓨터를 압수·수색함에 있어서 압수·수색영장 집행 사실을 미리 알려주면 컴퓨터에 저장된 파일을 삭제할 염려 등이 있더라도 사전에 집행의 일시와 장소를 甲에게 통지하여 참여권을 보장해야 한다.

④ 성폭력범죄 동영상 파일을 우연히 발견하고, 사후에 영장을 발부받았다 하더라도 이 동영상 파일은 증거능력이 인정되지 않는다.

해설

① [×] 저장매체 자체 또는 적법하게 획득한 복제본을 사무실 등으로 옮긴 후 영장에 기재된 범죄 혐의 관련 전자정보를 탐색하여 해당 혐의사실과 관련된 전자정보를 문서로 출력하거나 파일로 복제하는 일련의 과정 역시 전체적으로 하나의 영장에 기한 압수·수색의 일환에 해당한다. 따라서 압수목록은 하드카피 방법으로 복제본을 생성한 때에 甲에게 교부하는 것이 아니라 수사기관 사무실에서 관련 전자정보를 탐색·복제·출력한 후에 甲에게 교부하면 된다(대판 2022.7.28. 2022도2960; 대판(전) 2021.11.18. 2016도348).

② [×] 압수의 대상이 되는 전자정보와 그렇지않은 전자정보가 혼재된 정보저장매체나 복제본을 압수·수색한 수사기관이 정보저장매체 등을 수사기관 사무실 등으로 옮겨 이를 탐색·복제·출력하는 경우, 일련의 과정에서 형소법 제219조, 제121조에서 규정하는 피압수·수색 당사자(이하 '피압수자'라 한다)나 변호인에게 참여의 기회를 보장하고 압수된 전자정보의 파일 명세가 특정된 압수목록을 작성·교부하여야 하며, 범죄혐의사실과 무관한 전자정보의 임의적인 복제 등을 막기 위한 조치를 취하는 등 영장주의 원칙과 적법절차를 준수하여야 한다. 그러한 조치가 취해지지 않았다면 피압수자 측이 참여하지 아니한다는 의사를 명시적으로 표시하였거나 피압수자 측에 절차 참여를 보장한 취지가 실질적으로 침해되었다고 볼 수 없을 정도에 해당한다는 등의 특별한 사정이 없는 이상 압수·수색이 적법하다고 평가할 수 없고, 비록 수사기관이 정보저장매체 또는 복제본에서 범죄혐의사실과 관련된 전자정보만을 복제·출력하였다 하더라도 달리 볼 것은 아니다(대판 2022.7.28. 2022도2960).

③ [×] 형소법 제122조(영장집행과 참여권자에의 통지)는 "압수·수색영장을 집행함에는 미리 집행의 일시와 장소를 전조에 규정한 자에게 통지하여야 한다. 단, 전조에 규정한 자가 참여하지 아니한다는 의사를 명시한 때 또는 급속을 요하는 때에는 예외로 한다."고 규정한다. '급속을 요하는 때'라고 함은 압수·수색영장 집행 사실을 미리 알려주면 증거물을 은닉할 염려 등이 있어 압수·수색의 실효를 거두기 어려울 경우라고 해석함이 옳고, 그와 같이 합리적인 해석이 가능하므로 형사소송법 제122조 단서가 명확성의 원칙 등에 반하여 위헌이라고 볼 수 없다(대판 2012.10.11. 2012도7455). 따라서, 압수·수색 집행 사실을 미리 알려주면 컴퓨터에 저장된 파일을 삭제할 염려가 있는 경우는 증거물을 인멸 은닉할 염려가 있는 경우에 해당하여 '급속을 요하는 때'에 해당하므로, 예외적으로 사전에 집행의 일시와 장소를 甲에게 통지하여 참여권을 보장하지 않아도 된다.

④ [○] 혐의사실과 관련된 전자정보를 적법하게 탐색하는 과정에서 별도의 범죄혐의와 관련된 전자정보를 우연히 발견한 경우라면, 수사기관은 더 이상의 추가 탐색을 중단하고 법원에서 별도의 범죄혐의에 대한 압수·수색영장을 발부받은 경우에 한하여 적법하게 압수·수색을 할 수 있다. 나아가 이러한 경우에도 특별한 사정이 없는 한 피압수자에게 형사소송법 제219조, 제121조, 제129조에 따라 참여권을 보장하고 압수한 전자정보 목록을 교부하는 등 피압수자의 이익을 보호하기 위한 적절한 조치가 이루어져야 한다(대판(전) 2021.11.18. 2016도348). 따라서 피압수자 측에게 참여의 기회를 보장하거나 압수한 전자정보 목록을 교부하지 않는 등 영장주의 원칙과 적법절차를 준수하지 않은 위법한 압수·수색 과정을 통하여 취득한 증거는 위법수집증거에 해당하고, 사후영장이 발부되었다거나 피고인이나 변호인이 이를 증거로 함에 동의하였다고 하여 위법성이 치유되는 것도 아니다(대판(전) 2021.11.18. 2016도348; 대판 2022.7.28. 2022도2960).

정답 ④

64 수사기관의 강제처분에 관한 설명으로 가장 적절하지 않은 것은? (다툼이 있는 경우 판례에 의함)

[22 경찰1차] ★★★

① 통신비밀보호법에 규정된 통신제한조치상의 '전기통신의 감청'은 '감청'의 개념 규정에 비추어 이미 수신이 완료된 전기통신에 관하여 남아 있는 기록이나 내용을 열어보는 등의 행위는 포함하지 않는다.

② 공무원에게 금품을 제공한 혐의로 발부된 통신사실 확인자료제공 요청 허가서에 대상자로 기재되어 있는 피고인 甲이 피고인 乙의 뇌물수수 범행의 증뢰자라면, 위 허가서에 의하여 제공받은 甲과 乙의 통화내역을 乙의 수뢰사실의 증명을 위한 증거로 사용할 수 있다.

③ 임의제출물의 압수는 압수물에 대한 수사기관의 점유취득이 제출자의 의사에 따라 이루어지므로, 임의제출된 정보저장매체에서 압수의 대상이 되는 전자정보의 범위를 초과하여 수사기관이 임의로 전자정보를 탐색·복제·출력하는 것은 원칙적으로 위법한 압수·수색에 해당한다고 할 수 없다.

④ 수사기관이 범죄증거를 수집할 목적으로 피의자의 동의 없이 피의자의 소변을 채취하기 위해서는 법원으로부터 감정허가장을 받아 형사소송법 제221조의4 제1항, 제173조 제1항에서 정한 '감정에 필요한 처분'으로 할 수 있지만, 형사소송법 제219조, 제106조 제1항, 제109조에 따른 압수·수색의 방법으로도 할 수 있다.

해설

① [○] '전기통신의 감청'에 관하여 이미 수신이 완료된 전기통신에 관하여 남아 있는 기록이나 내용을 열어보는 등의 행위는 포함하지 않는다(대판 2016.10.13. 2016도8137).

② [○] 통비법은 통신제한조치의 집행으로 인하여 취득된 전기통신의 내용은 통신제한조치의 목적이 된 범죄나 이와 관련되는 범죄를 수사·소추하거나 그 범죄를 예방하기 위한 경우 등에 한정하여 사용할 수 있도록 규정한다(제12조 제1호). 통신사실확인자료의 사용제한에 관하여 이 규정을 준용하고 있다(제13조의5). 여기서 관련성은 통신사실 확인자료제공요청 허가서에 기재된 혐의사실의 내용과 수사 대상 및 수사 경위 등을 종합하여 구체적·개별적 연관관계가 있는 경우에만 인정되고, 단순히 동종 또는 유사 범행이라는 사유만으로 관련성이 있는 것은 아니다. 피의자와 사이의 인적 관련성은 통신사실 확인자료제공요청 허가서에 기재된 대상자의 공동정범이나 교사범 등 공범이나 간접정범은 물론 필요적 공범에 대한 피고사건에 대해서도 인정될 수 있다(대판 2017.1.25. 2016도13489).

③ [×] 임의제출된 정보저장매체에서 압수의 대상이 되는 전자정보의 범위를 초과하여 수사기관이 임의로 전자정보를 탐색·복제·출력하는 것은 원칙적으로 위법한 압수·수색에 해당하므로 허용될 수 없다. 만약 전자정보에 대한 압수·수색이 종료되기 전에 범죄혐의사실과 관련된 전자정보를 적법하게 탐색하는 과정에서 별도의 범죄혐의와 관련된 전자정보를 우연히 발견한 경우라면, 수사기관은 더 이상의 추가 탐색을 중단하고 법원으로부터 별도의 범죄혐의에 대한 압수·수색영장을 발부받은 경우에 한하여 그러한 정보에 대하여도 적법하게 압수·수색을 할 수 있다. 따라서 임의제출된 정보저장매체에서 압수의 대상이 되는 전자정보의 범위를 넘어서는 전자정보에 대해 수사기관이 영장 없이 압수·수색하여 취득한 증거는 위법수집증거에 해당하고, 사후영장이 발부되었다거나 피고인이나 변호인이 이를 증거로 함에 동의하였다고 하여 위법성이 치유되는 것도 아니다(대판(전) 2021.11.18. 2016도348).

④ [○] 수사기관이 범죄 증거를 수집할 목적으로 피의자의 동의 없이 피의자의 혈액을 취득·보관하는 행위는 법원으로부터 감정처분허가장을 받아 형사소송법 제221조의4 제1항, 제173조 제1항에 의한 '감정에 필요한 처분'으로도 할 수 있지만, 형사소송법 제219조, 제106조 제1항에 정한 압수의 방법으로도 할 수 있고, 압수의 방법에 의하는 경우 혈액의 취득을 위하여 피의자의 신체로부터 혈액을 채취하는 행위는 그 혈액의 압수를 위한 것으로서 형사소송법 제219조, 제120조 제1항에 정한 '압수영장의 집행에 있어 필요한 처분'에 해당한다(대판 2012.11.15. 2011도15258).

정답 ③

65 영장의 집행에 관한 설명으로 가장 적절하지 않은 것은? (다툼이 있는 경우 판례에 의함) [22 경찰1차] ☆☆

① 수사기관이 압수·수색에 착수하면서 그 장소의 관리책임자에게 영장을 제시하였더라도, 물건을 소지하고 있는 다른 사람으로 부터 이를 압수하고자 하는 때에는 그 사람에게 따로 영장을 제시하여야 한다.

② 체포된 피의자에 대한 수사기관의 구속영장의 제시와 집행이 그 발부 시로부터 정당한 사유 없이 시간이 지체되어 이루어졌다 하더라도, 구속영장이 그 유효기간 내에 집행되었다면 위 기간 동안의 체포 내지 구금 상태를 위법하다고 할 수 없다.

③ 압수·수색영장을 집행함에 있어 '급속을 요하는 때'에는 집행의 일시와 장소를 피의자 등에게 통지하지 않아도 되는데, 여기서 '급속을 요하는 때'라고 함은 압수·수색영장 집행 사실을 미리 알려주면 증거물을 은닉할 염려 등이 있어 압수·수색의 실효를 거두기 어려울 경우를 의미한다.

④ 구속영장을 집행함에 있어 사법경찰관이 구속영장을 소지하지 아니한 경우에 급속을 요하는 때에는 피고인에 대하여 공소사실의 요지와 영장이 발부되었음을 고하고 집행할 수 있다.

제1편 | 수사

2장

해설

① [○] 압수·수색영장은 처분을 받는 자에게 반드시 제시하여야 하는바, 현장에서 압수·수색을 당하는 사람이 여러 명일 경우에는 그 사람들 모두에게 개별적으로 영장을 제시해야 하는 것이 원칙이고, 수사기관이 압수·수색에 착수하면서 그 장소의 관리책임자에게 영장을 제시하였다고 하더라도 물건을 소지하고 있는 다른 사람으로부터 이를 압수하고자 하는 때에는 그 사람에게 따로 영장을 제시하여야 한다(대판 2009.3.12. 2008도763).

② [×] 법관이 검사의 청구에 의하여 체포된 피의자의 구금을 위한 구속영장을 발부하면 검사와 사법경찰관리는 지체 없이 신속하게 구속영장을 집행하여야 한다. 피의자에 대한 구속영장의 제시와 집행이 그 발부 시로부터 정당한 사유 없이 시간이 지체되어 이루어졌다면, 구속영장이 그 유효기간 내에 집행되었다고 하더라도 위 기간 동안의 체포 내지 구금 상태는 위법하다(대판 2021.4.29. 2020도16438).

③ [○] 압수·수색영장을 집행함에는 원칙적으로 미리 집행의 일시와 장소를 피의자 등에게 통지하여야 하나(제122조 본문), '급속을 요하는 때'에는 위와 같은 통지를 생략할 수 있다(제122조 단서). 여기서 '급속을 요하는 때'라고 함은 압수·수색영장 집행 사실을 미리 알려주면 증거물을 은닉할 염려 등이 있어 압수·수색의 실효를 거두기 어려울 경우라고 해석함이 옳고, 그와 같이 합리적인 해석이 가능하므로 형사소송법 제122조 단서가 명확성의 원칙 등에 반하여 위헌이라고 볼 수 없다(대판 2012.10.11. 2012도7455).

④ [○] 구속영장을 소지하지 아니한 경우에 급속을 요하는 때에는 피고인에 대하여 공소사실의 요지와 영장이 발부되었음을 고하고 집행할 수 있다(제85조 제3항). 전항의 집행을 완료한 후에는 신속히 구속영장을 제시하고 그 사본을 교부하여야 한다(제85조 제4항).

정답 ②

66 영장주의에 관한 설명 중 가장 적절하지 않은 것은? (다툼이 있는 경우 판례에 의함) [23 경찰1차] ★★

① 수사기관이 甲 주식회사에서 압수수색영장을 집행하면서 甲 회사에 팩스로 영장 사본을 송신하기만 하고 영장 원본을 제시하거나 압수조서와 압수물 목록을 작성하여 피압수·수색 당사자에게 교부하지도 않은 채 피고인의 이메일을 압수한 후 이를 증거로 제출한 사안에서, 위와 같은 방법으로 압수된 이메일은 형사소송법 등에서 정한 절차를 위반한 것으로 유죄 인정의 증거로 사용할 수 없다.

② 법원이 피고인에 대하여 구속영장을 발부하기 전에 형사소송법 제72조에서 규정한 절차를 거치지 아니하였다 하더라도 같은 규정에 따른 절차적 권리가 실질적으로 보장되었다면, 위 사전 청문절차를 거치지 않은 것만으로 그 구속영장 발부결정이 위법하다고 볼 것은 아니다.

③ 형사소송법 제88조는 "피고인을 구속한 때에는 즉시 공소사실의 요지와 변호인을 선임할 수 있음을 알려야 한다"고 규정하고 있는바, 이는 사후 청문절차에 관한 규정으로서 이를 위반한 경우 구속영장의 효력에 어떠한 영향을 미치는 것은 아니다.

④ 형사소송법 제217조 제2항, 제3항에 위반하여 압수수색영장을 발부받지 아니하고도 즉시 반환하지 아니한 압수물은 이를 유죄 인정의 증거로 사용할 수 없지만, 피고인이나 변호인이 이를 증거로 함에 동의하였다면 유죄 인정의 증거로 사용할 수 있다.

해설

① [○] 수사기관이 이메일에 대한 압수수색영장을 집행할 당시 피압수자인 네이버 주식회사에 팩스로 영장 사본을 송신했을 뿐 그 원본을 제시하지 않았고, 압수조서와 압수물 목록을 작성하여 피압수·수색 당사자에게 교부하였다고 볼 수 없는 경우, 이러한 방법으로 압수된 이메일은 위법수집증거로 원칙적으로 유죄의 증거로 삼을 수 없다(대판 2017.9.7. 2015도10648).

② [○], ③ [○] 형사소송법 제72조는 "피고인에 대하여 범죄사실의 요지, 구속의 이유와 변호인을 선임할 수 있음을 말하고 변명할 기회를 준 후가 아니면 구속할 수 없다."고 규정하고 있는바, 이는 피고인을 구속함에 있어 법관에 의한 사전 청문절차를 규정한 것으로서, 구속영장을 집행함에 있어 집행기관이 취하여야 하는 절차가 아니라 구속영장 발부함에 있어 수소법원 등 법관이 취하여야 하는 절차라 할 것이므로, 법원이 피고인에 대하여 구속영장을 발부함에 있어 사전에 위 규정에 따른 절차를 거치지 아니한 채 구속영장을 발부하였다면 그 발부결정은 위법하다고 할 것이나, 위 규정은 피고인의 절차적 권리를 보장하기 위한 규정이므로 이미 변호인을 선정하여 공판절차에서 변명과 증거의 제출을 다하고 그의 변호 아래 판결을 선고받은 경우 등과 같이 위 규정에서 정한 '절차적 권리가 실질적으로 보장되었다고 볼 수 있는 경우'에는, 이에 해당하는 절차의 전부 또는 일부를 거치지 아니한 채 구속영장을 발부하였다 하더라도 이러한 점만으로 그 발부결정이 위법하다고 볼 것은 아니다(대결 2000.11.10. 2000모134).

④ [×] 사법경찰관이 피의자를 긴급체포하면서 그 체포현장에서 물건을 압수한 경우 형사소송법 제217조 제2항, 제3항에 위반하여 압수·수색영장을 청구하여 이를 발부받지 아니하고도 즉시 반환하지 아니한 압수물은 이를 유죄 인정의 증거로 사용할 수 없는 것이고, 피고인이나 변호인이 이를 증거로 함에 동의하였다고 하더라도 달리 볼 것은 아니다(대판 2009.12.24. 2009도11401).

정답 ④

67 압수·수색에 관한 설명 중 옳지 않은 것은? (다툼이 있으면 판례에 의함) [20 경찰간부] ☆☆☆

① 이메일 등 전자정보 압수·수색시, 압수·수색할 전자정보가 압수·수색영장에 기재된 수색장소에 있는 컴퓨터 등 정보처리장치 내에 있지 아니하고 그 정보처리장치와 정보통신망으로 연결된 해외 인터넷서비스 제공자가 관리하는 저장매체에 있는 경우라고 할지라도 피의자의 이메일 관련 전자정보를 수색 장소의 정보 처리장치로 내려받거나 그 화면에 현출시키는 것은 적법하다.

② ○○평생교육원에 대한 압수·수색 당시 원장은 현장에 없었고, 이사장도 수사관들에게 자신의 신분을 밝히지 않은 채 건물 밖에서 지켜보기만 하는 등 영장제시가 사실상 불가능한 상황에서 수사관들이 영장의 제시 없이 압수·수색을 집행한 것은 적법하다.

③ 정보통신서비스 회사에서 보관 중인 이메일에 대하여 압수·수색영장을 집행하면서 팩스로 영장사본을 송신하였다면, 집행 시에 그 영장의 원본을 제시하지 않더라도 적법하다.

④ 우편물 통관검사절차에서 이루어지는 우편물의 개봉, 시료채취, 성분분석 등의 검사는 수출입물품에 대한 적정한 통관 등을 목적으로 한 행정조사의 성격을 가지는 것으로서 수사기관의 강제처분이라고 할 수 없으므로 압수·수색영장 없이 우편물을 개봉, 시료채취, 성분분석 등 검사가 진행되었다고 하더라도 특별한 사정이 없는 한 적법하다.

해설

① [○] 피의자의 이메일 계정에 대한 접근권한에 갈음하여 발부받은 압수·수색영장에 따라 원격지의 저장매체에 적법하게 접속하여 내려받거나 현출된 전자정보를 대상으로 하여 범죄 혐의사실과 관련된 부분에 대하여 압수·수색하는 것은, 압수·수색영장의 집행을 원활하고 적정하게 행하기 위하여 필요한 최소한도의 범위 내에서 이루어지며 그 수단과 목적에 비추어 사회통념상 타당하다고 인정되는 대물적 강제처분 행위로서 허용되며, 형사소송법 제120조 제1항에서 정한 압수·수색영장의 집행에 필요한 처분에 해당한다. 그리고 이러한 법리는 원격지의 저장매체가 국외에 있는 경우라 하더라도 그 사정만으로 달리 볼 것은 아니다(대판 2017.11.29. 2017도9747).

② [○] 형사소송법 제219조가 준용하는 제118조는 '압수·수색영장은 처분을 받는 자에게 반드시 제시하여야 한다'고 규정하고 있으나, 이는 영장제시가 현실적으로 가능한 상황을 전제로 한 규정으로 보아야 하고, 피처분자가 현장에 없거나 현장에서 그를 발견할 수 없는 경우 등 영장제시가 현실적으로 불가능한 경우에는 영장을 제시하지 아니한 채 압수·수색을 하더라도 위법하다고 볼 수 없다(대판 2015.1.22. 2014도10978).

③ [×] 수사기관이 피압수자인 네이버 주식회사에 팩스로 영장 사본을 송신했을 뿐 그 원본을 제시하지 않았고, 압수조서와 압수물 목록을 작성하여 피압수·수색 당사자에게 교부하였다고 볼 수 없는 경우, 이러한 방법으로 압수된 이메일은 위법수집증거로 원칙적으로 유죄의 증거로 삼을 수 없다(대판 2017.9.7. 2015도10648).

④ [○] 우편물 통관검사절차에서 이루어지는 우편물의 개봉, 시료채취, 성분분석 등의 검사는 수출입물품에 대한 적정한 통관 등을 목적으로 한 행정조사의 성격을 가지는 것으로서 수사기관의 강제처분이라고 할 수 없으므로, 압수·수색영장 없이 우편물의 개봉, 시료채취, 성분분석 등 검사가 진행되었다 하더라도 특별한 사정이 없는 한 위법하다고 볼 수 없다. 또한 세관공무원이 통관검사를 위하여 직무상 소지 또는 보관하는 우편물을 수사기관에 임의로 제출한 경우에는 비록 소유자의 동의를 받지 않았다 하더라도 수사기관이 강제로 점유를 취득하지 않은 이상 해당 우편물을 압수하였다고 할 수 없다(대판 2013.9.26. 2013도7718).

정답 ③

68 영장 없는 압수 · 수색 · 검증에 관한 설명 중 옳지 않은 것은? (다툼이 있으면 판례에 의함) [20 경찰간부]

① 체포영장이 발부된 피의자를 체포하기 위하여 경찰관이 타인의 주거 등을 수색하는 경우에는 그 피의자가 그 장소에 소재할 개연성 이외에도 별도로 사전에 수색영장을 발부받기 어려운 긴급한 사정이 있는 경우에만 제한적으로 이루어져야 한다.

② 음주운전 중 교통사고를 야기하고 의식불명 상태에 빠져 병원응급실에 후송된 피의자의 신체 내지 의복류에 주취로 인한 냄새가 강하게 나고, 교통사고 발생 시각으로부터 사회통념상 범행 직후라고 볼 수 있는 시간 내라면 경찰관은 의료진에게 요청하여 피의자의 혈액을 채취하도록 하여 압수할 수 있다.

③ 경찰관이 음주운전과 관련한 도로교통법위반죄의 수사를 목적으로 미성년자인 피의자의 혈액을 채취해야 할 경우, 피의자에게 의사능력이 있다면 피의자 본인의 동의를 받아서 하면 되고, 별도로 법정대리인의 동의를 받을 필요는 없다.

④ 경찰관이 2020.10.5. 20:00 도로에서 마약류 거래를 하고 있는 피의자를 긴급체포한 뒤 같은 날 20:24경 영장 없이 체포현장에서 약 2km 떨어진 피의자의 주거지에 대한 수색을 실시해서 작은 방 서랍장 등에서 메스암페타민 약 10g을 압수한 것은 위법하다.

해설

① [○] 검사 또는 사법경찰관은 제200조의2(영장에 의한 체포) · 제200조의3(긴급체포) · 제201조(구속) 또는 제212조(현행범인의 체포)의 규정에 의하여 피의자를 체포 · 구속하는 경우에 필요한 때에는 영장없이 타인의 주거나 타인이 간수하는 가옥, 건조물, 항공기, 선차 내에서 피의자를 수색할 수 있다. 다만, 제200조의2 또는 제201조에 따라 피의자를 체포 또는 구속하는 경우의 피의자 수색은 미리 수색영장을 발부받기 어려운 긴급한 사정이 있는 때에 한정한다(제216조 제1항 제1호).

② [○] 음주운전을 하여 교통사고가 발생한 이후 피의자가 의식불명 상태에 빠져 있는 등으로 호흡조사에 의한 음주측정이 불가능하고 혈액 채취에 대한 동의를 받을 수도 없을 뿐만 아니라 법원으로부터 혈액채취에 대한 감정처분허가장이나 사전 압수영장을 발부받을 시간적 여유도 없는 긴급한 상황이 생길 경우 [2] 피의자의 신체 내지 의복류에 주취로 인한 냄새가 강하게 나는 등 형사소송법 제211조 제2항 제3호에 해당하는 현저한 준현행범인으로서의 요건이 갖추어져 있고 교통사고 발생 시각으로부터 사회통념상 범행 직후라고 볼 수 있는 시간 내라면 [3] 피의자의 생명 · 신체를 구조하기 위하여 사고현장으로부터 곧바로 후송된 병원 '응급실 등'의 장소는 형사소송법 제216조 제3항의 범죄장소에 준한다 할 것이므로, 검사 또는 사법경찰관은 피의자의 혈중알콜농도등 증거의 수집을 위하여 의료법상 의료인의 자격이 있는 자로 하여금 의료용 기구로 의학적인 방법에 따라 필요최소한의 한도 내에서 피의자의 혈액을 채취하게 한 후 그 혈액을 영장 없이 압수할 수 있다. 다만, 이 경우 사후에 지체 없이 강제채혈에 의한 압수의 사유 등을 기재한 영장을 발부받아야 한다(대판 2012.11.15. 2011도15258).

③ [○] 도로교통법 상 음주운전 위반죄의 범죄수사를 위하여 미성년자인 피의자의 혈액채취가 필요한 경우에도 피의자에게 의사능력이 있다면 피의자 본인만이 혈액채취에 관한 유효한 동의를 할 수 있고, 피의자에게 의사능력이 없는 경우에도 명문의 규정이 없는 이상 법정대리인이 피의자를 대리하여 동의할 수는 없다(대판 2014.11.13. 2013도1228).

④ [×] 체포 현장에서 약 2km 떨어진 피고인의 주거지에서 메트암페타민 약 4.82g을 추가로 찾아내어 이를 압수한 다음 법원으로부터 사후 압수 · 수색영장을 발부받은 경우, 피고인에 대한 긴급체포 사유, 압수 · 수색의 시각과 경위, 사후 영장의 발부 내역 등에 비추어 피고인의 주거지에서 긴급 압수한 메트암페타민 4.82g은 긴급체포의 사유가 된 범죄사실 수사에 필요한 범위 내의 것으로서 적법하게 압수되었다고 할 것이다(대판 2017.9.12. 2017도10309).

정답 ④

69 압수에 대한 설명으로 가장 적절하지 않은 것은? (다툼이 있으면 판례에 의함) [21 경찰승진] ☆☆

① 경찰관이 진료 목적으로 이미 채혈되어 있던 피고인의 혈액 중 일부를 주취운전 여부에 대한 감정을 목적으로 간호사로부터 임의로 제출받아 이를 압수한 경우 간호사가 혈액의 소지자 겸 보관자인 병원 또는 담당의사를 대리하여 혈액을 경찰관에게 임의로 제출할 수 있는 권한이 없었다고 볼 특별한 사정이 없는 이상, 이를 위법하다고 볼 수 없다.

② 피해자의 신고를 받고 현장에 출동한 경찰서 과학수사팀 소속 경찰관이 피해자가 범인과 함께 술을 마신 테이블 위에 놓여 있던 맥주컵에서 지문 6점, 물컵에서 지문 8점, 맥주병에서 지문 2점을 각각 현장에서 직접 채취한 후, 지문채취 대상물을 적법한 절차에 의하지 않고 압수하였더라도 채취된 지문은 위법수집증거라고 할 수 없다.

③ 현행범 체포현장이나 범죄장소에서도 소지자 등이 임의로 제출하는 물건은 영장 없이 압수할 수 있다. 이 경우 검사나 사법경찰관은 사후에 영장을 받아야 한다.

④ 소유자, 소지자 또는 보관자가 아닌 자로부터 제출받은 물건을 영장없이 압수한 경우 그 압수물 및 압수물을 찍은 사진은 유죄 인정의 증거로 사용할 수 없다.

해설

① [○] 의료인이 진료 목적으로 채혈한 환자의 혈액을 수사기관에 임의로 제출하였다면 그 혈액의 증거사용에 대하여도 환자의 사생활의 비밀 기타 인격적 법익이 침해되는 등의 특별한 사정이 없는 한 반드시 그 환자의 동의를 받아야 하는 것이 아니고, 따라서 경찰관이 간호사로부터 진료 목적으로 이미 채혈되어 있던 피고인의 혈액 중 일부를 주취운전 여부에 대한 감정을 목적으로 임의로 제출받아 이를 압수한 경우, 당시 간호사가 위 혈액의 소지자 겸 보관자인 병원 또는 담당의사를 대리하여 혈액을 경찰관에게 임의로 제출할 수 있는 권한이 없었다고 볼 특별한 사정이 없는 이상, 그 압수절차가 피고인 또는 피고인의 가족의 동의 및 영장 없이 행하여졌다고 하더라도 이에 적법절차를 위반한 위법이 있다고 할 수 없다(대판 1999.9.3. 98도968).

② [○] 범행 현장에서 지문채취 대상물에 대한 지문채취가 먼저 이루어진 이상, 수사기관이 그 이후에 지문채취 대상물을 적법한 절차에 의하지 아니한 채 압수하였다고 하더라도 위와 같이 채취된 지문은 위법하게 압수한 지문채취 대상물로부터 획득한 2차적 증거에 해당하지 아니함이 분명하여 이를 가리켜 위법수집증거라고 할 수 없다(대판 2008.10.23. 2008도7471).

③ [×] 현행범 체포현장이나 범죄장소(범죄현장)에서도 소지자 등이 임의로 제출하는 물건은 형사소송법 제218조에 의하여 영장 없이 압수할 수 있고, 이 경우에는 검사나 사법경찰관이 사후에 영장을 받을 필요가 없다(대판 2020.4.9. 2019도17142).

④ [○] 형사소송법 규정에 위반하여 소유자, 소지자 또는 보관자가 아닌 자로부터 제출받은 물건을 영장없이 압수한 경우 그 압수물 및 압수물을 찍은 사진은 이를 유죄 인정의 증거로 사용할 수 없는 것이고, 피고인이나 변호인이 이를 증거로 함에 동의하였다고 하더라도 달리 볼 것은 아니다(대판 2010.1.28. 2009도10092).

정답 ③

70 압수 · 수색에 대한 설명으로 가장 적절하지 않은 것은? (다툼이 있으면 판례에 의함) [21 경찰승진] ☆

① 압수 · 수색영장의 유효기간 내에서 동일한 영장으로 동일한 장소에서 수회 압수 · 수색하는 것은 허용된다.

② 압수 · 수색영장의 집행 중에는 타인의 출입을 금지할 수 있고, 이를 위배한 자에게는 퇴거하게 하거나 집행종료시까지 간수자를 붙일 수 있다.

③ 압수 · 수색영장의 제시가 현실적으로 불가능한 경우, 영장을 제시하지 아니한 채 압수 · 수색을 하더라도 위법하다고 볼 수 없다.

④ 압수 · 수색영장의 집행은 주간에 하는 것이 원칙이고, 야간에 집행하기 위해서는 압수 · 수색영장에 야간집행을 할 수 있다는 기재가 있어야 하나, 도박 기타 풍속을 해하는 행위에 상용된다고 인정하는 장소에서 압수 · 수색영장을 집행함에는 그러한 제한을 받지 아니한다.

해설

① [×] 형사소송법 제215조에 의한 압수 · 수색영장은 수사기관의 압수 · 수색에 대한 허가장으로서 거기에 기재되는 유효기간은 집행에 착수할 수 있는 종기를 의미하는 것일 뿐이므로, 수사기관이 압수 · 수색영장을 제시하고 집행에 착수하여 압수 · 수색을 실시하고 그 집행을 종료하였다면 이미 그 영장은 목적을 달성하여 효력이 상실되는 것이고, 동일한 장소 또는 목적물에 대하여 다시 압수 · 수색할 필요가 있는 경우라면 그 필요성을 소명하여 법원으로부터 새로운 압수 · 수색영장을 발부받아야 하는 것이지, 앞서 발부받은 압수 · 수색영장의 유효기간이 남아있다고 하여 이를 제시하고 다시 압수 · 수색을 할 수는 없다(대결 1999.12.1. 99모161).

② [○] 압수 · 수색영장의 집행 중에는 타인의 출입을 금지할 수 있다(제119조 제1항). 전항의 규정에 위배한 자에게는 퇴거하게 하거나 집행종료 시까지 간수자를 붙일 수 있다(제119조 제2항).

③ [○] 압수 · 수색영장은 처분을 받는 자에게 '반드시' 사전에 제시하여야 하고 처분을 받는 자가 피의자나 피고인인 경우에는 그 사본을 교부하여야 한다. 다만, 처분을 받는 자가 현장에 없는 등 영장의 제시나 그 사본의 교부가 현실적으로 불가능한 경우 또는 처분을 받는 자가 영장의 제시나 사본의 교부를 거부한 때에는 예외로 한다(제118조, 제219조).[14)]

④ [○] 일출 전, 일몰 후에는 압수 · 수색영장에 야간집행을 할 수 있는 기재가 없으면 그 영장을 집행하기 위하여 타인의 주거 · 간수자 있는 가옥 · 건조물 · 항공기 · 선차 내에 들어가지 못한다(제125조, 제219조). 다만, 압수 · 수색영장에 야간집행을 할 수 있는 기재가 없더라도 ㉠ 도박 기타 풍속을 해하는 행위에 상용된다고 인정하는 장소 ㉡ 여관, 음식점 기타 야간에 공중이 출입할 수 있는 장소(단, 공개한 시간 내에 한한다)는 이러한 제한없이 압수 · 수색을 할 수 있다(제126조, 제219조).

정답 ①

71 압수 · 수색에 대한 설명으로 가장 적절하지 않은 것은? (다툼이 있으면 판례에 의함) [21 경찰1차]

① 설령 피압수자가 수사기관에 압수 · 수색영장의 집행에 참여하지 않는다는 의사를 명시하였다고 하더라도, 특별한 사정이 없는 한 그 변호인에게는 미리 집행의 일시와 장소를 통지하는 등으로 압수 · 수색영장의 집행에 참여할 기회를 별도로 보장하여야 한다.

② 압수 · 수색영장을 집행하는 수사기관은 원칙적으로 피압수자로 하여금 법관이 발부한 영장에 의한 압수 · 수색이라는 사실을 확인함과 동시에 「형사소송법」이 압수 · 수색영장에 필요적으로 기재하도록 정한 사항이나 그와 일체를 이루는 사항을 충분히 알 수 있도록 압수 · 수색영장을 제시하여야 한다.

③ 저장매체에 대한 압수 · 수색 과정에서 압수의 목적을 달성하기에 현저히 곤란한 예외적인 사정이 인정되어 전자정보가 담긴 저장매체 등을 수사기관 사무실 등으로 옮겨 복제 · 탐색 · 출력하는 경우에도 피압수자나 변호인에게 참여 기회를 보장하여야 하는데, 이는 수사기관이 저장매체 등에서 혐의사실과 관련된 전자정보만을 복제 · 출력하는 경우에도 마찬가지이다.

④ 검사나 사법경찰관에게는 현행범 체포현장에서 소지자 등이 임의로 제출하는 물건을 「형사소송법」 제218조에 의하여 영장 없이 압수하는 것이 허용되는데, 이후 검사나 사법경찰관이 압수한 물건을 계속 압수할 필요가 있는 경우에는 지체 없이 영장을 청구하여야 한다.

해설

① [○] 형사소송법 제219조, 제121조가 규정한 변호인의 참여권은 피압수자의 보호를 위하여 변호인에게 주어진 고유권이다. 따라서 설령 피압수자가 수사기관에 압수 · 수색영장의 집행에 참여하지 않는다는 의사를 명시하였다고 하더라도, 특별한 사정이 없는 한 그 변호인에게는 형사소송법 제219조, 제122조에 따라 미리 집행의 일시와 장소를 통지하는 등으로 압수 · 수색영장의 집행에 참여할 기회를 별도로 보장하여야 한다(대판 2020.11.26. 2020도10729).

---

14) 2022.2.3. 공포 · 시행된 개정 형사소송법은 피의자와 피고인의 방어권을 실질적으로 보장하기 위하여 영장제시 외 영장의 사본을 교부하도록 개정되었다.

② [○] 압수 · 수색영장을 집행하는 수사기관은 피압수자로 하여금 법관이 발부한 영장에 의한 압수 · 수색이라는 사실을 확인함과 동시에 형사소송법이 압수 · 수색영장에 필요적으로 기재하도록 정한 사항이나 그와 일체를 이루는 사항을 충분히 알 수 있도록 압수 · 수색영장을 제시하여야 한다(대판 2017.9.21. 2015도12400).

③ [○] 저장매체에 대한 압수 · 수색 과정에서 범위를 정하여 출력 또는 복제하는 방법이 불가능하거나 압수의 목적을 달성하기에 현저히 곤란한 예외적인 사정이 인정되어 전자정보가 담긴 저장매체 또는 하드카피나 이미징 등 형태(이하 '복제본'이라 한다)를 수사기관 사무실 등으로 옮겨 복제 · 탐색 · 출력하는 경우에도, 그와 같은 일련의 과정에서 형사소송법 제219조, 제121조에서 규정하는 피압수 · 수색 당사자(이하 '피압수자'라 한다)나 변호인에게 참여의 기회를 보장하고 혐의사실과 무관한 전자정보의 임의적인 복제 등을 막기 위한 적절한 조치를 취하는 등 영장주의 원칙과 적법절차를 준수하여야 한다. 만약 그러한 조치가 취해지지 않았다면 피압수자 측이 참여하지 아니한다는 의사를 명시적으로 표시하였거나 절차 위반행위가 이루어진 과정의 성질과 내용 등에 비추어 피압수자 측에 절차 참여를 보장한 취지가 실질적으로 침해되었다고 볼 수 없을 정도에 해당한다는 등의 특별한 사정이 없는 이상 압수 · 수색이 적법하다고 평가할 수 없고, 비록 수사기관이 저장매체 또는 복제본에서 혐의사실과 관련된 전자정보만을 복제 · 출력하였다 하더라도 달리 볼 것은 아니다(대결(전) 2015.7.16. 2011모1839).

④ [×] 현행범 체포현장이나 범죄장소(범죄현장)에서도 소지자 등이 임의로 제출하는 물건은 형사소송법 제218조에 의하여 영장 없이 압수할 수 있고, 이 경우에는 검사나 사법경찰관이 사후에 영장을 받을 필요가 없다(대판 2020.4.9. 2019도17142).

정답 ④

72 형사소송법 절차 중 압수와 수색에 대한 설명이다. <보기> 중 옳지 않은 것은 모두 몇 개인가?

[21 해경1차] ★★

<보기>

㉠ 일출 전, 일몰 후에는 압수 · 수색영장에 야간집행을 할 수 있는 기재가 없으면 그 영장을 집행하기 위하여 타인의 주거, 간수자 있는 가옥, 건조물, 항공기 또는 선차 내에 들어가지 못한다.
㉡ 압수 · 수색영장의 집행을 중지한 경우에 필요한 때에는 집행이 종료될 때까지 그 장소를 폐쇄하거나 간수자를 둘 수 있다.
㉢ 수색한 경우에 증거물 또는 몰취할 물건이 없는 때에는 그 취지의 증명서를 교부하여야 한다.
㉣ 압수한 경우에는 압수조서와 목록을 작성하여 소유자, 소지자, 보관자 기타 이에 준할 자에게 교부하여야 한다.
㉤ 몰수하여야 할 압수물로서 멸실 · 파손 · 부패 또는 현저한 가치 감소의 염려가 있거나 보관하기 어려운 압수물은 매각하여 대가를 보관하여야 한다.
㉥ 압수한 장물은 피해자에게 환부할 이유가 명백한 때에는 피고사건의 종결 전이라도 결정으로 피해자에게 환부하여야 한다.
㉦ 여자의 신체에 대하여 수색할 때에는 성년의 여자를 참여하게 하여야 한다.

① 2개 ② 3개
③ 4개 ④ 5개

해설

㉠ [○] 일출 전, 일몰 후에는 압수 · 수색영장에 야간집행할 수 있는 기재가 없으면 그 영장을 집행하기 위하여 타인의 주거, 간수자 있는 가옥, 건조물, 항공기 또는 선차 내에 들어가지 못한다(제125조).

㉡ [○] 압수 · 수색영장의 집행을 중지한 경우에 필요한 때에는 집행이 종료될 때까지 그 장소를 폐쇄하거나 간수자를 둘 수 있다(제127조).

㉢ [○] 수색한 경우에 증거물 또는 몰취할 물건이 없는 때에는 그 취지의 증명서를 교부하여야 한다(제128조).

㉣ [×] 압수한 경우에는 목록을 작성하여 소유자, 소지자, 보관자 기타 이에 준할 자에게 교부하여야 한다(제129조). 압수목록은 교부하여야 하지만 압수조서는 교부하지 않는다.

ⓜ [×] 몰수하여야 할 압수물로서 멸실·파손·부패 또는 현저한 가치 감소의 염려가 있거나 보관하기 어려운 압수물은 매각하여 대가를 보관할 수 있다(제132조 제1항).
ⓑ [×] 압수한 장물은 피해자에게 환부할 이유가 명백한 때에는 피고사건의 종결 전이라도 결정으로 피해자에게 환부할 수 있다(제134조).
ⓢ [○] 여자의 신체에 대하여 수색할 때에는 성년의 여자를 참여하게 하여야 한다(제124조).

정답 ②

73 다음 설명 중 가장 옳지 않은 것은? (다툼이 있으면 판례에 의함) [21 해경1차] ★★

① 현장에서 압수·수색을 당하는 사람이 여러 명일 경우에는 그 사람들 모두에게 개별적으로 영장을 제시해야 하는 것이 원칙이다. 수사기관이 압수·수색에 착수하면서 그 장소의 관리책임자에게 영장을 제시하였다고 하더라도, 물건을 소지하고 있는 다른 사람으로부터 이를 압수하고자 하는 때에는 그 사람에게 따로 영장을 제시하여야 한다.
② 주취운전이라는 범죄행위로 당해 음주운전자를 구속·체포하지 아니한 경우에도 필요하다면 주취운전 중 또는 주취운전 직후의 현장에 있던 차량 열쇠는 「형사소송법」 제216조 제3항에 의하여 영장 없이 이를 압수할 수 있다.
③ 긴급체포된 자가 소유·소지 또는 보관하는 물건에 대하여 긴급히 압수할 필요가 있는 경우 체포한 때부터 24시간 이내에 한하여 영장없이 압수·수색 또는 검증을 할 수 있다.
④ 수사기관이 피의자 참여하에 정보저장매체에 기억된 정보 중에서 키워드 또는 확장자 검색 등을 통해 범죄 혐의사실과 관련 있는 정보를 선별한 다음 정보저장매체와 동일하게 비트열 방식으로 복제하여 생성한 파일을 제출받아 압수한 경우, 수사기관에서 위와 같이 압수된 파일을 탐색·복제·출력하는 과정에서도 피의자 등에게 참여의 기회를 보장하여야 한다.

해설

① [○] 압수·수색영장은 처분을 받는 자에게 반드시 제시하여야 하는바, 현장에서 압수·수색을 당하는 사람이 여러 명일 경우에는 그 사람들 모두에게 개별적으로 영장을 제시해야 하는 것이 원칙이고, 수사기관이 압수·수색에 착수하면서 그 장소의 관리책임자에게 영장을 제시하였다고 하더라도 물건을 소지하고 있는 다른 사람으로부터 이를 압수하고자 하는 때에는 그 사람에게 따로 영장을 제시하여야 한다(대판 2009.3.12. 2008도763).
② [○] 단순히 주취운전의 계속을 금지하는 명령 이외에 다른 사람으로 하여금 대신하여 운전하게 하거나 당해 주취운전자가 임의로 제출한 차량열쇠를 일시 보관하면서 가족에게 연락하여 주취운전자와 자동차를 인수하게 하거나 또는 주취 상태에서 벗어난 후 다시 운전하게 하며 그 주취 정도가 심한 경우에 경찰관서에 일시 보호하는 것 등을 들 수 있고, 한편 주취운전이라는 범죄행위로 당해 음주운전자를 구속·체포하지 아니한 경우에도 필요하다면 그 차량열쇠는 범행 중 또는 범행 직후의 범죄장소에서의 압수로서 형사소송법 제216조 제3항에 의하여 영장 없이 이를 압수할 수 있다(대판 1998.5.8. 97다54482).
③ [○] 검사 또는 사법경찰관은 제200조의3(긴급체포)에 따라 체포된 자가 소유·소지 또는 보관하는 물건에 대하여 긴급히 압수할 필요가 있는 경우에는 체포한 때부터 24시간 이내에 한하여 영장 없이 압수·수색 또는 검증을 할 수 있다(제217조 제1항).
④ [×] 수사기관이 정보저장매체에 기억된 정보 중에서 키워드 또는 확장자 검색 등을 통해 범죄 혐의사실과 관련 있는 정보를 '선별한 다음' 정보저장매체와 동일하게 비트열 방식으로 복제하여 생성한 파일(이하 '이미지 파일'이라 한다)을 제출받아 압수하였다면 이로써 압수의 목적물에 대한 압수·수색 절차는 종료된 것이므로, 수사기관이 수사기관 사무실에서 위와 같이 압수된 이미지 파일을 탐색·복제·출력하는 과정에서도 피의자 등에게 참여의 기회를 보장하여야 하는 것은 아니다(대판 2018.2.8. 2017도13263).

정답 ④

74 다음에 관한 설명 중 가장 옳은 것은? (다툼이 있으면 판례에 의함) [21 해경간부]

> 사법경찰관 A는 중국 국적의 甲이 모터보트를 이용하여 한국으로 밀입국하면서 코카인을 밀수한다는 첩보를 입수하고, △△해변에서 잠복하다가 현장에 도착한 모터보트를 수색하였다. A는 연료통에 있던 코카인 10kg을 발견하고 甲을 「마약류 관리에 관한 법률」 위반 등의 혐의로 현행범 체포하였다. A는 현장에서 甲의 승낙을 받아 코카인을 압수하였으며, 같은 날 피의자신문조서를 작성하면서 임의제출서에 甲으로부터 서명과 날인을 받았다. 그러나 A는 압수한 코카인에 대하여 사후 압수영장을 받지는 않았다. 이 모든 과정은 출입국외국인사무소장 등의 고발이 있기 전에 이루어졌다.

① 사법경찰관 A가 甲을 체포하기 위하여 영장 없이 모터보트를 수색하는 것은 위법하다.
② 사법경찰관 A가 출입국사범인 甲에 대한 출입국 · 외국인사무소장 등의 고발이 있기 전에 수색을 하였다 하더라도 위법하다고 볼 수 없으나, 甲에 대한 피의자신문조서는 증거능력이 부정된다.
③ 사법경찰관 A는 甲이 임의로 제출한 코카인을 영장 없이 압수할 수 있다. 이 경우에는 사후에 영장을 받을 필요가 없다.
④ 사법경찰관 A는 법령상 생산 · 제조 · 소지 · 소유 또는 유통이 금지된 코카인을 甲의 동의를 받아 폐기할 수 있다. 이 경우에는 개정 「형사소송법」에 따라 검사의 지휘를 받을 필요가 없다.

해설

① [×] 검사 또는 사법경찰관은 피의자를 체포[15] 또는 구속하는 경우에 필요한 때에는 영장없이 체포현장에서 압수 · 수색 · 검증을 할 수 있다(제216조 제1항 제2호).
▶ 모터보트는 체포현장에 해당하므로 사법경찰관은 영장없이 모터보트를 수색할 수 있다.
② [×] 법률에 의하여 고소나 고발이 있어야 논할 수 있는 죄에 있어서 고소 또는 고발은 이른바 소추조건에 불과하고 당해 범죄의 성립요건이나 수사의 조건은 아니므로, 위와 같은 범죄에 관하여 고소나 고발이 있기 전에 수사를 하였더라도, 그 수사가 장차 고소나 고발의 가능성이 없는 상태하에서 행해졌다는 등의 특단의 사정이 없는 한 고소나 고발이 있기 전에 수사를 하였다는 이유만으로 그 수사가 위법하게 되는 것은 아니다(대판 2011.3.10. 2008도7724). 수사가 위법하지 않은 이상 그 수사과정에서 작성된 피의자신문조서나 진술조서 등의 증거능력도 이를 부인할 수 없다(대판 2001.10.26. 2000도2968).
③ [○] 현행범 체포현장이나 범죄장소(범죄현장)에서도 소지자 등이 임의로 제출하는 물건은 형사소송법 제218조에 의하여 영장없이 압수할 수 있고, 이 경우에는 검사나 사법경찰관이 사후에 영장을 받을 필요가 없다(대판 2020.4.9. 2019도17142).
④ [×] 사법경찰관이 제130조(압수물의 보관과 폐기), 제132조 및 제134조에 따른 처분을 함에는 검사의 지휘를 받아야 한다(제219조).

정답 ③

15) 피의자의 체포는 체포영장에 의한 체포, 긴급체포, 현행범인의 체포를 불문한다.

75 다음 (　) 안에 들어갈 말로 가장 옳게 짝지어진 것은?

[21 해경승진]

> 여자의 신체에 대하여 수색할 때에는 (㉠)를 참여하게 하여야 하고, 여자의 신체를 검사하는 경우에는 (㉡)를 참여하게 하여야 한다.

① ㉠ 성년의 여자 ㉡ 성년의 여자
② ㉠ 의사나 성년의 여자 ㉡ 의사나 성년의 여자
③ ㉠ 성년의 여자 ㉡ 의사나 성년의 여자
④ ㉠ 의사나 성년의 여자 ㉡ 성년의 여자

해설

㉠ 여자의 신체에 대하여 수색할 때에는 성년의 여자를 참여하게 하여야 한다(제124조).
㉡ 여자의 신체를 검사하는 경우에는 의사나 성년 여자를 참여하게 하여야 한다(제141조 제3항).

정답 ③

76 압수·수색에 대한 설명으로 가장 적절하지 않은 것은? (다툼이 있으면 판례에 의함)

[19 경찰1차]

① 압수·수색영장에 기재한 혐의사실과 범죄와의 객관적 관련성은 압수·수색영장에 기재된 혐의사실의 내용과 수사의 대상, 수사 경위 등을 종합하여 구체적·개별적 연관관계가 있는 경우에는 인정되지만, 혐의사실과 단순히 동종 또는 유사 범행이라는 사유만으로 관련성이 있다고 할 것은 아니다.
② 압수·수색영장 대상자와 피의자 사이에 요구되는 인적 관련성은 압수·수색영장에 기재된 대상자의 공동정범이나 교사범 등 공범이나 간접정범은 물론 필요적 공범 등에 대한 피고사건에 대해서도 인정될 수 있다.
③ 피압수자에게 영장의 표지인 첫 페이지와 피압수자의 혐의사실 부분만을 보여주고 나머지 부분을 확인하지 못하게 한 것은 압수·수색영장의 필요적 기재사항이나 그와 일체를 이루는 사항을 충분히 알 수 있도록 제시한 것이라 할 수 없다.
④ 수사기관이 압수·수색에 착수하면서 그 장소의 관리책임자에게 영장을 제시하였다면, 물건을 소지하고 있는 다른 사람으로부터 이를 압수하고자 하는 때에는 그 사람에게 따로 영장을 제시할 필요는 없다.

해설

① [○], ② [○] 관련성은 압수·수색영장에 기재된 혐의사실의 내용과 수사의 대상, 수사 경위 등을 종합하여 구체적·개별적 연관관계가 있는 경우에만 인정되고, 혐의사실과 단순히 동종 또는 유사 범행이라는 사유만으로 관련성이 있다고 할 것은 아니다. 그리고 피의자와 사이의 인적 관련성은 압수·수색영장에 기재된 대상자의 공동정범이나 교사범 등 공범이나 간접정범은 물론 필요적 공범 등에 대한 피고사건에 대해서도 인정될 수 있다(대판 2017.12.5. 2017도13458).
③ [○] 사법경찰관이 피압수자인 乙(보은군수 甲의 비서실장)에게 압수·수색영장을 제시하면서 표지에 해당하는 첫 페이지와 乙의 혐의사실이 기재된 부분만을 보여주고, 영장의 내용 중 압수·수색·검증할 물건, 압수·수색·검증할 장소, 압수·수색·검증을 필요로 하는 사유, 압수 대상 및 방법의 제한 등 필요적 기재 사항 및 그와 일체를 이루는 부분을 확인하지 못하게 한 것은 적법한 압수·수색영장의 제시라고 볼 수 없어, 이에 따라 압수된 동향보고 서류와 乙의 휴대전화는 적법한 절차에 따라 수집된 증거라고 보기 어렵다(대판 2017.9.21. 2015도12400).
④ [×] 수사기관이 압수·수색에 착수하면서 그 장소의 관리책임자에게 영장을 제시하였다고 하더라도 물건을 소지하고 있는 다른 사람으로부터 이를 압수하고자 하는 때에는 그 사람에게 따로 영장을 제시하여야 한다(대판 2009.3.12. 2008도763).

정답 ④

77 영장에 의하지 아니한 강제처분에 대한 설명으로 가장 적절하지 않은 것은? (다툼이 있으면 판례에 의함)

[19 경찰2차] ☆☆☆

① 체포영장의 집행을 위하여 타인의 주거를 수색하는 경우 별도로 영장을 발부받기 어려운 긴급한 사정이 있는지 여부를 구별하지 않고 피의자가 그 장소에 소재할 개연성만 소명되면 수색영장 없이 피의자 수색을 할 수 있도록 허용하는 형사소송법 제216조 제1항 제1호 중 제200조의2에 관한 부분은 영장주의에 위반된다.

② 사법경찰관은 긴급체포된 자가 소유・소지 또는 보관하는 물건에 대하여 긴급히 압수할 필요가 있는 경우에는 체포한 때부터 24시간 이내에 한하여 영장 없이 압수・수색 또는 검증을 할 수 있다.

③ 긴급체포된 자가 소유・소지 또는 보관하는 물건을 영장없이 압수한 이후 이 물건을 계속 압수할 필요가 있는 경우 사법경찰관은 압수한 때부터 48시간 이내에 압수・수색영장을 청구하여야 한다.

④ 교통사고를 가장한 살인사건의 범행일로부터 약 3개월 가까이 경과한 후 범죄에 이용된 승용차의 일부분인 강판조각이 범행현장에서 발견된 경우 이 강판조각은 형사소송법 제218조에 규정된 유류물에 해당하므로 영장 없이 압수할 수 있다.

해설

① [○] 체포영장의 집행을 위하여 타인의 주거를 수색하는 경우 별도로 영장을 발부받기 어려운 긴급한 사정이 있는지 여부를 구별하지 않고 피의자가 그 장소에 소재할 개연성만 소명되면 수색영장 없이 피의자 수색을 할 수 있도록 허용하는 형사소송법 제216조 제1항 제1호 중 제200조의2에 관한 부분은 영장주의에 위반된다(헌재 2018.4.26. 2015헌바370).

② [○] 검사 또는 사법경찰관은 제200조의3에 따라 체포된 자가 소유・소지 또는 보관하는 물건에 대하여 긴급히 압수할 필요가 있는 경우에는 체포한 때부터 24시간 이내에 한하여 영장 없이 압수・수색 또는 검증을 할 수 있다(제217조 제1항).

③ [×] 압수한 물건을 계속 압수할 필요가 있는 경우에는 지체 없이 압수・수색영장을 청구하여야 한다. 이 경우 압수・수색영장의 청구는 체포한 때부터 48시간 이내에 하여야 한다(제217조 제2항).

④ [○] 강판조각은 형사소송법 제218조에 규정된 유류물에, 이 사건 차량에서 탈거 또는 채취된 이 사건 보강용 강판과 페인트는 위 차량의 보관자가 감정을 위하여 임의로 제출한 물건에 해당하고, 이를 감정하기 위하여 압수하는 것은 영장주의 위배가 아니다(대판 2011.5.26. 2011도1902).

정답 ③

78 다음 중 압수물 처리에 대한 설명으로 가장 옳지 않은 것은? (다툼이 있으면 판례에 의함) [21 해경승진] ☆☆

① 피압수자 등 환부를 받을 자가 압수 후 수사기관에 대하여 「형사소송법」상의 환부청구권을 포기한다는 의사표시를 하면 수사기관의 필요적 환부의무는 면제된다.

② 법령상 생산・제조・소지・소유 또는 유통이 금지된 압수물로서 부패의 염려가 있거나 보관하기 어려운 압수물은 소유자 등 권한 있는 자의 동의를 받아 폐기할 수 있다.

③ 검찰에 의해 압수된 후 피의자에게 환부된 물건에 대해서도 수소법원은 그 피의자였던 피고인에게 몰수를 선고할 수 있다.

④ 피해품인 압수물은 피고인에 대한 범죄의 증명이 없게 된 경우에는 압수물의 존재만으로 그 유죄의 증거가 될 수 없다.

해설

① [×] 압수물의 환부는 환부를 받는 자에게 환부된 물건에 대한 소유권 기타 실체법상의 권리를 부여하거나 그러한 권리를 확정하는 것이 아니라 단지 압수를 해제하여 압수 이전의 상태로 환원시키는 것뿐으로서 이는 실체법상의 권리와 관계없이 압수당시의 소지인에 대하여 행하는 것이므로, 실체법인 민법(사법)상 권리의 유무나 변동이 압수물의 환부를 받을 자의 절차법인 형사소송법(공법)상 지위에 어떠한 영향을 미친다고는 할 수 없다(대결(전) 1996.8.16. 94모51).

② [○] 법령상 생산 · 제조 · 소지 · 소유 또는 유통이 금지된 압수물로서 부패의 염려가 있거나 보관하기 어려운 압수물은 소유자 등 권한 있는 자의 동의를 받아 폐기할 수 있다(제130조 제3항).

③ [○] 몰수는 압수되어 있는 물건에 대해서만 하는 것이 아니므로 판결선고 전 검찰에 의하여 압수된 후 피고인에게 환부된 물건에 대하여도 피고인으로부터 몰수할 수 있다(대판 1977.5.24. 76도4001).

④ [○] 압수물(피해품)은 피고인에 대한 범죄의 증명이 없게 된 경우에는 압수물의 존재만으로 그 유죄의 증거가 될 수 없다(대판 1984.3.27. 83도3067).

정답 ①

79 압수 · 수색에 관한 설명 중 옳지 않은 것은 모두 몇 개인가? (다툼이 있으면 판례에 의함) [19 경찰간부]

㉠ 압수 · 수색영장은 피압수자로 하여금 법관이 발부한 영장에 의한 압수 · 수색이라는 사실을 확인함과 동시에 압수 · 수색 영장에 필요적으로 기재하도록 정한 사항이나 그와 일체를 이루는 사항을 충분히 알 수 있도록 제시하여야 한다.
㉡ 수사기관이 압수 · 수색에 착수하면서 그 장소의 관리책임자에게 영장을 제시하였더라도, 물건을 소지하고 있는 다른 사람으로부터 이를 압수하고자 하는 때에는 그 사람에게 따로 영장을 제시하여야 한다.
㉢ 검사가 영장을 집행하면서 영장 기재 압수 · 수색의 장소에서 압수할 전자정보를 용이하게 하드카피 · 이미지 또는 문서로 출력할 수 있음에도 저장매체 자체를 반출하여 가지고 간 경우, 직무집행지의 관할 법원에 수사기관의 압수처분에 대하여 취소 또는 변경을 청구할 수 있다.
㉣ 사건 관련 차량으로부터 채취된 강판과 페인트를 피의자가 아닌 차량의 보관자가 임의제출하였는데 이를 감정하기 위해서 압수한 것은 영장주의 위배가 아니다.
㉤ 수사기관이 금융회사가 발행하는 매출전표의 거래명의자에 관한 정보를 수사 목적으로 금융회사에 요구하는 경우 법관이 발부한 영장에 의하지 않아도 된다.

① 1개 ② 2개
③ 3개 ④ 4개

해설

㉠ [○], ㉡ [○] 압수 · 수색영장은 피압수자로 하여금 법관이 발부한 영장에 의한 압수 · 수색이라는 사실을 확인함과 동시에 압수 · 수색 영장에 필요적으로 기재하도록 정한 사항이나 그와 일체를 이루는 사항을 충분히 알 수 있도록 제시하여야 한다. 또한, 수사기관이 압수 · 수색에 착수하면서 그 장소의 관리책임자에게 영장을 제시하였더라도, 물건을 소지하고 있는 다른 사람으로부터 이를 압수하고자 하는 때에는 그 사람에게 따로 영장을 제시하여야 한다(대판 2017.9.21. 2015도12400).

㉢ [○] 전자정보를 용이하게 하드카피 · 이미지 또는 문서로 출력할 수 있음에도 저장매체 자체를 반출하여 가지고 간 경우 이는 위법하므로(제106조 제3항, 제219조), 이에 대하여 형사소송법 제417조에 의하여 직무집행지의 관할 법원에 수사기관의 압수처분에 대하여 취소 또는 변경을 청구할 수 있다.
▶ 준항고를 제기할 수 있다.

㉣ [○] 강판조각은 형사소송법 제218조에 규정된 유류물에, 이 사건 차량에서 탈거 또는 채취된 이 사건 보강용 강판과 페인트는 위 차량의 보관자가 감정을 위하여 임의로 제출한 물건에 해당하고, 이를 감정하기 위하여 압수하는 것은 영장주의 위배가 아니다(대판 2011.5.26. 2011도1902).

㉤ [×] 수사기관이 범죄의 수사를 목적으로 '거래정보 등'을 획득하기 위해서는 법관의 영장이 필요하다고 할 것이고, 신용카드에 의하여 물품을 거래할 때 '금융회사 등'이 발행하는 매출전표의 거래명의자에 관한 정보 또한 금융실명법에서 정하는 '거래정보 등'에 해당한다고 할 것이므로, 수사기관이 금융회사 등에 그와 같은 정보를 요구하는 경우에도 법관이 발부한 영장에 의하여야 한다. 그럼에도 수사기관이 영장에 의하지 아니하고 매출전표의 거래명의자에 관한 정보를 획득하였다면 그와 같이 수집된 증거는 원칙적으로 유죄의 증거로 삼을 수 없다(대판 2013.3.28. 2012도13607).

정답 ①

80 영장 없는 압수·수색에 관한 설명 중 가장 옳지 않은 것은? (다툼이 있으면 판례에 의함) [19 경찰간부] ✰✰

① 甲에 대한 음란물 유포의 범죄혐의를 이유로 압수·수색영장을 발부받은 사법경찰관이 甲의 주거지를 수색하는 과정에서 대마를 발견하자, 甲을 마약류 관리에 관한 법률 위반죄의 현행범으로 체포하면서 대마를 압수하였으나, 그 다음날 甲을 석방하고도 사후 압수·수색영장을 발부받지 않은 경우 압수물의 증거능력이 부정된다.

② 현행범인을 체포하는 경우에도 일반 사인에게는 체포현장에서의 압수·수색이 허용되지 않는다.

③ 검사 또는 사법경찰관은 긴급체포된 자가 소유·소지 또는 보관하는 물건에 대하여 긴급히 압수할 필요가 있는 경우에는 피의자를 체포한 때부터 24시간 이내에 한하여 영장 없이 압수·수색할 수 있다.

④ 사법경찰관이 피고인 甲 소유의 쇠파이프를 甲의 주거지 앞마당에서 발견하였음에도 그 소유자, 소지자 또는 보관자가 아닌 피해자로부터 임의로 제출받는 형식으로 그 쇠파이프를 압수하였고 그 후 압수물의 사진을 찍은 경우, 그 '압수물' 및 '압수물을 찍은 사진'은 甲이 증거로 사용함에 동의한 경우에만 유죄인정의 증거로 사용할 수 있다.

해설

① [○] 정보통신망법상 음란물 유포의 범죄혐의를 이유로 압수·수색영장을 발부받은 사법경찰리가 피고인의 주거지를 수색하는 과정에서 대마를 발견하자, 피고인을 마약법위반죄의 현행범으로 체포하면서 대마를 압수하였으나, 그 다음날 피고인을 석방하였음에도 사후 압수·수색영장을 발부받지 않은 경우, 위 압수물과 압수조서는 형사소송법상 영장주의를 위반하여 수집한 증거로서 증거능력이 부정된다(대판 2009.5.14. 2008도10914).

② [○] 현행 형사소송법상 현행범인은 누구든지(사인 포함) 영장없이 체포할 수 있다(제212조)는 명문의 규정이 존재하나 체포현장에서의 압수·수색의 경우 수사기관만을 그 주체로 규정하고 있고 사인에게는 이를 허용하는 명문의 규정이 존재하지 않는다.

③ [○] 검사 또는 사법경찰관은 제200조의3에 따라 체포된 자가 소유·소지 또는 보관하는 물건에 대하여 긴급히 압수할 필요가 있는 경우에는 체포한 때부터 24시간 이내에 한하여 영장 없이 압수·수색 또는 검증을 할 수 있다(제217조 제1항).

④ [×] 형사소송법 규정에 위반하여 소유자, 소지자 또는 보관자가 아닌 자로부터 제출받은 물건을 영장없이 압수한 경우 그 압수물 및 압수물을 찍은 사진은 이를 유죄 인정의 증거로 사용할 수 없는 것이고, 피고인이나 변호인이 이를 증거로 함에 동의하였다고 하더라도 달리 볼 것은 아니다(대판 2010.1.28. 2009도10092).

정답 ④

81 압수물의 처리에 대한 설명으로 가장 적절하지 않은 것은? (다툼이 있으면 판례에 의함) [20 경찰2차] ★★★

① 검사는 증거에 사용할 압수물에 대하여 가환부의 청구가 있는 경우 거부할 수 있는 특별한 사정이 없는 한 이에 응하여야 한다.

② 외국산 물품을 관세장물의 혐의가 있다고 보아 압수하였다 하더라도 그것이 언제, 누구에 의하여 관세포탈된 물건인지 알 수 없어 기소중지처분을 한 경우에는 그 압수물은 관세장물이라고 단정할 수 없으므로 이를 국고에 귀속시킬 수 없으나, 압수는 계속할 필요가 있다.

③ 압수를 계속할 필요가 없다고 인정되는 압수물은 피고사건 종결 전이라도 결정으로 환부하여야 하고, 증거에 공할 압수물은 소유자, 소지자, 보관자 또는 제출인의 청구에 의하여 가환부할 수 있다.

④ 법령상 생산·제조가 금지된 압수물로서 부패의 염려가 있거나 보관하기 어려운 압수물도 소유자 등 권한 있는 자의 동의를 받아 폐기할 수 있다.

해설

① [○] 검사는 증거에 사용할 압수물에 대하여 가환부의 청구가 있는 경우 가환부를 거부할 수 있는 특별한 사정이 없는 한, 형소법 제218조의2 제1항에 의하여 가환부에 응하여야 한다(대결 2017.9.29. 2017모236).

② [×] 외국산 물품을 관세 장물의 혐의가 있다고 보아 압수하였다 하더라도 그것이 언제, 누구에 의하여 관세포탈된 물건인지 알 수 없어 기소중지처분을 한 경우 그 압수물은 관세장물이라고 단정할 수 없어 이를 국고에 귀속시킬 수 없을 뿐만 아니라 압수를 더 이상 계속할 필요도 없다(대결 1996.8.16. 94모51).

③ [○] 압수를 계속할 필요가 없다고 인정되는 압수물은 피고사건 종결 전이라도 결정으로 환부하여야 하고 증거에 공할 압수물은 소유자, 소지자, 보관자 또는 제출인의 청구에 의하여 가환부할 수 있다(제133조 제1항).

④ [○] 법령상 생산·제조·소지·소유 또는 유통이 금지된 압수물로서 부패의 염려가 있거나 보관하기 어려운 압수물은 소유자 등 권한 있는 자의 동의를 받아 폐기할 수 있다(제130조 제3항).

정답 ②

82 A해양경찰서 소속 사법경찰관 甲이 2019.12.6. 15:00 동해항에 입항한 대한민국 국적 상선의 선원 乙을 해상강도살인죄로 긴급체포하였다. 다음 甲의 조치 중 가장 옳지 않은 것은? (다툼이 있으면 판례에 의함)

[20 해경승진] ★★

① 甲은 선원 乙이 선실에 보관하고 있던 도끼를 긴급히 압수할 필요가 있어 2019.12.7. 14:00에 상선의 선장을 참여하게 한 후 영장 없이 압수하였다.

② 甲은 긴급 압수한 흉기를 계속 압수할 필요가 있다고 판단하여 2019.12.8. 14:00에 압수·수색영장을 청구하였다.

③ 甲은 2019.12.8. 15:00까지 관할 지방법원판사로부터 선원 乙에 대한 구속영장을 발부받아야 한다.

④ 甲은 피의자에 대하여 구속영장을 신청하지 아니하고 석방한 경우에는 즉시 검사에게 보고하여야 한다.

해설

① [○] 사법경찰관은 긴급체포된 자가 소유·소지 또는 보관하는 물건에 대하여 긴급히 압수할 필요가 있는 경우에는 체포한 때부터 24시간 이내에 한하여 영장 없이 압수·수색 또는 검증을 할 수 있다(제217조 제1항).
▶ 사법경찰관 甲이 乙을 긴급체포한 2019.12.6. 15:00부터 24시간 이내인 2019.12.7. 14:00에 영장 없이 도끼를 압수한 것은 적법하다.

② [○] 형사소송법 제217조 제1항에 따라 압수한 물건을 계속 압수할 필요가 있는 경우에는 지체 없이 압수·수색영장을 청구하여야 한다. 이 경우 압수·수색영장의 청구는 체포한 때부터 48시간 이내에 하여야 한다(제217조 제2항).
▶ 사법경찰관 甲이 乙을 긴급체포한 2019.12.6. 15:00부터 48시간 이내인 2019.12.8. 14:00에 압수·수색영장을 청구하였으므로 압수는 적법하다.

③ [×] 긴급체포한 피의자를 구속하고자 할 때에는 지체없이(늦어도 48시간 이내에) 검사는 관할지방법원판사에게 구속영장을 청구하여야 하고, 사법경찰관은 검사에게 신청하여 검사의 청구로 관할지방법원판사에게 구속영장을 청구하여야 한다(제200조의4 제1항).

▶ 사법경찰관 甲의 신청에 의하여 검사는 늦어도 2019.12.8. 15:00까지 구속영장을 '청구하면' 족한 것이지 구속영장을 발부받을 필요는 없다.

④ [○] 사법경찰관은 긴급체포한 피의자에 대하여 구속영장을 신청하지 아니하고 석방한 경우에는 즉시 검사에게 보고하여야 한다(제200조의4 제6항).

정답 ③

83 압수·수색에 관한 설명으로 옳지 않은 것만을 <보기>에서 고른 것은? (다툼이 있으면 판례에 의함)

[20 소방간부] ☆☆

<보기>

㉠ 수사기관이 甲회사에 팩스로 영장 사본을 송신하였더라도, 압수·수색영장 집행 시에 그 영장의 원본을 제시하여야 한다.

㉡ 수사기관이 해당 장소의 관리책임자에게 영장을 제시하였다면, 물건을 소지하고 있는 다른 사람으로부터 이를 압수하고자 하는 때에는 따로 그 사람에게 영장을 제시할 필요가 없다.

㉢ 영장 발부의 사유로 된 범죄 혐의사실과 무관한 별개의 압수물은 원칙적으로 유죄 인정의 증거로 사용할 수 없지만, 압수·수색의 목적이 된 범죄나 이와 관련된 범죄의 경우에는 그 압수·수색의 결과를 유죄의 증거로 사용할 수 있다.

㉣ 영장 제시가 현실적으로 불가능한 경우에는 영장을 제시하지 아니한 채 압수·수색을 하더라도 위법은 아니다.

㉤ 사법경찰관이 속칭 '전화사기' 피의자를 주거지에서 긴급체포하면서 그 주거지에 보관하던 타인의 주민등록증, 운전면허증이 든 지갑 등을 영장 없이 압수한 것은 위법하다.

① ㉠, ㉢　② ㉡, ㉢　③ ㉡, ㉣
④ ㉡, ㉤　⑤ ㉢, ㉤

해설

㉠ [○] 수사기관이 피압수자인 네이버 주식회사에 팩스로 영장 사본을 송신했을 뿐 그 원본을 제시하지 않았고, 압수조서와 압수물 목록을 작성하여 피압수·수색 당사자에게 교부하였다고 볼 수 없는 경우, 이러한 방법으로 압수된 이메일은 위법수집증거로 원칙적으로 유죄의 증거로 삼을 수 없다(대판 2017.9.7. 2015도10648).

㉡ [×] 압수·수색영장은 처분을 받는 자에게 반드시 제시하여야 하는바, 현장에서 압수·수색을 당하는 사람이 여러 명일 경우에는 그 사람들 모두에게 개별적으로 영장을 제시해야 하는 것이 원칙이고, 수사기관이 압수·수색에 착수하면서 그 장소의 관리책임자에게 영장을 제시하였다고 하더라도 물건을 소지하고 있는 다른 사람으로부터 이를 압수하고자 하는 때에는 그 사람에게 따로 영장을 제시하여야 한다(대판 2009.3.12. 2008도762).

㉢ [○] 영장 발부의 사유로 된 범죄 혐의사실과 무관한 별개의 증거를 압수하였을 경우 이는 원칙적으로 유죄 인정의 증거로 사용할 수 없다. 그러나 압수·수색의 목적이 된 범죄나 이와 관련된 범죄의 경우에는 그 압수·수색의 결과를 유죄의 증거로 사용할 수 있다(대판 2017.12.5. 2017도13458).

㉣ [○] 압수·수색영장은 처분을 받는 자에게 '반드시' 사전에 제시하여야 하고 처분을 받는 자가 피의자나 피고인인 경우에는 그 사본을 교부하여야 한다. 다만, 처분을 받는 자가 현장에 없는 등 영장의 제시나 그 사본의 교부가 현실적으로 불가능한 경우 또는 처분을 받는 자가 영장의 제시나 사본의 교부를 거부한 때에는 예외로 한다(제118조, 제219조).

㉤ [×] 경찰관이 이른바 전화사기죄 범행의 혐의자를 긴급체포하면서 그가 보관하고 있던 다른 사람의 주민등록증, 운전면허증 등을 압수한 경우, 이는 구 형사소송법 제217조 제1항에서 규정한 해당 범죄사실의 수사에 필요한 범위 내의 압수로서 적법하므로 이를 위 혐의자의 점유이탈물횡령죄 범행에 대한 증거로 사용할 수 있다(대판 2008.7.10. 2008도2245).

정답 ④

84 압수 · 수색에 대한 설명으로 가장 적절하지 않은 것은? (다툼이 있으면 판례에 의함) [19 경찰승진]

① 압수 · 수색영장의 집행 중에는 타인의 출입을 금지할 수 있고, 이를 위배한 자에게는 퇴거하게 하거나 집행종료시까지 간수자를 붙일 수 있다.

② 압수 · 수색영장에 압수할 물건을 '압수장소에 보관중인 물건'이라고 기재한 경우, 이를 '압수장소에 현존하는 물건'이라고 해석할 수 없다.

③ 우편물 통관검사절차에서 이루어지는 우편물의 개봉, 시료채취, 성분분석 등의 검사가 압수 · 수색영장 없이 진행되었다 하더라도 특별한 사정이 없는 한 위법하다고 볼 수 없다.

④ 기존에 발부받은 압수 · 수색영장으로 이미 집행을 마쳤더라도 영장의 유효기간이 도과하지 않았다면, 남은 유효기간 내에서는 동일한 영장으로 동일한 장소 또는 목적물에 대하여 다시 압수 · 수색을 할 수 있다.

해설

① [○] 압수 · 수색영장의 집행 중에는 타인의 출입을 금지할 수 있다(제119조 제1항).

② [○] 압수 · 수색영장에서 압수할 물건을 '압수장소에 보관 중인 물건'이라고 기재하고 있는 것을 '압수장소에 현존하는 물건'으로 해석할 수 없다(대판 2009.3.12. 2008도763).

③ [○] 우편물 통관검사절차에서 이루어지는 우편물의 개봉, 시료채취, 성분분석 등의 검사는 수출입물품에 대한 적정한 통관 등을 목적으로 한 행정조사의 성격을 가지는 것으로서 수사기관의 강제처분이라고 할 수 없으므로, 압수 · 수색영장 없이 우편물의 개봉, 시료채취, 성분분석 등 검사가 진행되었다 하더라도 특별한 사정이 없는 한 위법하다고 볼 수 없다. 또한 세관공무원이 통관검사를 위하여 직무상 소지 또는 보관하는 우편물을 수사기관에 임의로 제출한 경우에는 비록 소유자의 동의를 받지 않았다 하더라도 수사기관이 강제로 점유를 취득하지 않은 이상 해당 우편물을 압수하였다고 할 수 없다(대판 2013.9.26. 2013도7718).

④ [×] 형사소송법 제215조에 의한 압수 · 수색영장은 수사기관의 압수 · 수색에 대한 허가장으로서 거기에 기재되는 유효기간은 집행에 착수할 수 있는 종기를 의미하는 것일 뿐이므로, 수사기관이 압수 · 수색영장을 제시하고 집행에 착수하여 압수 · 수색을 실시하고 그 집행을 종료하였다면 이미 그 영장은 목적을 달성하여 효력이 상실되는 것이고, 동일한 장소 또는 목적물에 대하여 다시 압수 · 수색할 필요가 있는 경우라면 그 필요성을 소명하여 법원으로부터 새로운 압수 · 수색영장을 발부받아야 하는 것이지, 앞서 발부받은 압수 · 수색영장의 유효기간이 남아있다고 하여 이를 제시하고 다시 압수 · 수색을 할 수는 없다(대결 1999.12.1. 99모161).

정답 ④

85 전자정보 압수 · 수색에 관한 다음 설명 중 옳지 않은 것은 모두 몇 개인가? (다툼이 있는 경우 판례에 의함)

[23 경찰2차] ☆☆☆

㉠ 수사기관이 압수 · 수색영장에 적힌 '수색할 장소'에 있는 컴퓨터 등 정보처리장치에 저장된 전자정보 외에 원격지 클라우드에 저장된 전자정보를 압수 · 수색하기 위해서는 압수 · 수색영장에 적힌 '압수할 물건'에 별도로 원격지 클라우드 저장 전자정보가 특정되어 있어야 한다.

㉡ 수사기관이 전자정보에 대한 압수 · 수색이 종료되기 전에 혐의사실과 관련된 전자정보를 적법하게 탐색하는 과정에서 별도 범죄혐의와 관련된 전자정보를 우연히 발견한 경우, 대법원은 '우연한 육안발견 원칙(plain view doctrine)'에 의해 별도의 영장 없이 우연히 발견한 별도 범죄혐의와 관련된 전자정보를 압수 · 수색할 수 있다고 판시하였다.

㉢ 수사기관이 피의자의 이메일 계정에 대한 접근권한에 갈음하여 발부받은 압수 · 수색영장에 따라, 원격지의 저장매체에 적법하게 접속하여 내려받거나 현출된 전자정보를 대상으로 하여 범죄 혐의사실과 관련된 부분에 대하여 압수 · 수색하는 것은 특별한 사정이 없는 한 허용되지만, 원격지 저장매체가 국외에 있는 경우에는 허용되지 않는다.

㉣ 수사기관이 범죄 혐의사실과 관련 있는 정보를 선별하여 압수한 후에도 그와 관련이 없는 나머지 정보를 법원의 영장 내용에 반하여 삭제 · 폐기 · 반환하지 아니한 채 그대로 보관하고 있다면, 범죄 혐의사실과 관련이 없는 부분에 대하여는 압수의 대상이 되는 전자정보의 범위를 넘어서는 전자정보를 영장 없이 압수 · 수색하여 취득한 것이어서 위법하다.

㉤ 피의자가 휴대전화를 임의제출하면서 휴대전화에 저장된 전자정보가 아닌 클라우드 등 제3자가 관리하는 원격지에 저장되어 있는 전자정보를 수사기관에 제출한다는 의사로 수사기관에게 클라우드 등에 접속하기 위한 아이디와 비밀번호를 임의로 제공하였다면 위 클라우드 등에 저장된 전자정보를 임의제출하는 것으로 볼 수 있다.

① 1개　　② 2개

③ 3개　　④ 4개

해설

㉠ [○] 수사기관이 압수 · 수색영장에 적힌 '수색할 장소'에 있는 컴퓨터 등 정보처리장치에 저장된 전자정보 외에 원격지 서버에 저장된 전자정보를 압수 · 수색하기 위해서는 압수 · 수색영장에 적힌 '압수할 물건'에 별도로 원격지 서버 저장 전자정보가 특정되어 있어야 한다(대판 2022.6.30. 2022도1452).

㉡ [×] 전자정보에 대한 압수 · 수색이 종료되기 전에 혐의사실과 관련된 전자정보를 적법하게 탐색하는 과정에서 별도의 범죄혐의와 관련된 전자정보를 우연히 발견한 경우라면, 수사기관은 더 이상의 추가 탐색을 중단하고 법원에서 별도의 범죄혐의에 대한 압수 · 수색영장을 발부받은 경우에 한하여 그러한 정보에 대하여도 적법하게 압수 · 수색을 할 수 있다(대결 2015.7.16. 2011모1839).[16]

㉢ [×] 피의자의 이메일 계정에 대한 접근권한에 갈음하여 발부받은 압수 · 수색영장에 따라 원격지의 저장매체에 적법하게 접속하여 내려받거나 현출된 전자정보를 대상으로 하여 범죄 혐의사실과 관련된 부분에 대하여 압수 · 수색하는 것은, 압수 · 수색영장의 집행을 원활하고 적정하게 행하기 위하여 필요한 최소한도의 범위 내에서 이루어지며 그 수단과 목적에 비추어 사회통념상 타당하다고 인정되는 대물적 강제처분 행위로서 허용되며, 형사소송법 제120조 제1항에서 정한 압수 · 수색영장의 집행에 필요한 처분에 해당한다. 이러한 법리는 원격지의 저장매체가 국외에 있는 경우라 하더라도 그 사정만으로 달리 볼 것은 아니다(대판 2017.11.29. 2017도9747).

㉣ [○] 수사기관이 범죄 혐의사실과 관련 있는 정보를 선별하여 압수한 후에도 그와 관련이 없는 나머지 정보를 삭제 · 폐기 · 반환하지 아니한 채 그대로 보관하고 있다면 범죄 혐의사실과 관련이 없는 부분에 대하여는 압수의 대상이 되는 전자정보의 범위를 넘어서는 전자정보를 영장 없이 압수 · 수색하여 취득한 것이어서 위법하고, 사후에 영장이 발부되었다거나 피고인이나 변호인이 이를 증거로 함에 동의하였다고 하여 그 위법성이 치유된다고 볼 수 없다(대결 2022.1.14. 2021모1586).

㉤ [○] 피의자가 휴대전화를 임의제출하면서 휴대전화에 저장된 전자정보가 아닌 클라우드 등 제3자가 관리하는 원격지에 저장되어 있는 전자정보를 수사기관에 제출한다는 의사로 수사기관에게 클라우드 등에 접속하기 위한 아이디와 비밀번호를 임의로 제공하였다면 위 클라우드 등에 저장된 전자정보를 임의제출하는 것으로 볼 수 있다(대판 2021.7.29. 2020도14654).

정답 ②

16) '우연한 육안발견 원칙(plain view doctrine)'이란 수사기관이 적법하게 특정한 장소에 들어가 발견한 즉시 식별가능한 압수 대상물은 영장 없이 압수할 수 있다는 원칙으로서 영장주의의 예외에 해당하는 영 · 미법의 이론이다. 대법원은 동 원칙을 인정하지 않고 있다.

86 전자정보의 압수 · 수색절차에 관한 설명으로 옳은 것은 모두 몇 개인가? (다툼이 있는 경우 판례에 의함)

[23 경찰간부] ★★★

가. 수사기관이 임의제출받은 정보저장매체가 대부분 임의제출에 따른 적법한 압수의 대상이 되는 전자정보만이 저장되어 있어서 그렇지 않은 전자정보와 혼재될 여지가 거의 없는 경우라 하더라도, 전자정보인 이상 소지 · 보관자의 임의제출에 따른 통상의 압수절차 외에 피압수자에게 참여의 기회를 보장하지 않았고 전자정보 압수목록을 작성 · 교부하지 않았다면 곧바로 증거능력을 인정할 수 없다.

나. 압수물 목록은 수사기관의 압수 직후 현장에서 바로 작성하여 교부해야 하는 것이 원칙인데, 압수된 정보의 상세목록에는 정보의 파일명세가 특정되어 있어야 하고 수사기관은 이를 출력한 서면을 교부해야 하며, 이를 전자파일 형태로 복사해 주거나 이메일을 전송하는 등의 방식으로 교부해서는 안 된다.

다. 정보저장매체를 임의제출한 피압수자와 임의제출자 아닌 피의자에게도 참여권이 보장되어야 하는 '피의자 소유 · 관리에 속하는 정보저장매체'에 해당하는지 여부는 압수 · 수색 당시 외형적 · 객관적으로 인식가능한 사실상의 상태를 기준으로 판단하는 것이 아니라 민사법상 권리의 귀속에 따른 법률적 · 사후적 판단을 기준으로 판단하여야 한다.

라. 압수 · 수색영장에 적힌 '압수할 물건'에 컴퓨터 등 정보처리장치 저장 전자정보만 기재되어 있고 별도로 원격지 서버 저장의 전자정보가 특정되어 있지 않았다 하더라도, 영장에 기재된 해당 컴퓨터 등 정보처리장치를 이용하여 로그인되어 있는 상태의 원격지 서버 저장 전자정보를 압수한 경우는 영장주의 원칙에 반하지 않는다.

마. 수사기관이 압수 · 수색 · 검증 영장을 발부받은 후 그 집행 현장에서 정보저장매체에 기억된 정보 중에서 키워드 또는 확장자 검색 등을 통해 범죄 혐의사실과 관련 있는 정보를 선별한 다음 정보저장매체와 동일하게 비트열 방식으로 복제하여 생성한 파일을 제출받아 적법하게 압수하였다면, 수사기관은 수사기관 사무실에서 위와 같이 압수된 이미지 파일을 탐색 · 복제 · 출력하는 과정에서 피의자 등에게 참여의 기회를 보장해야 하는 것은 아니다.

① 1개 ② 2개

③ 3개 ④ 4개

해설

가. [×] 수사기관이 임의제출받은 정보저장매체가 적법한 압수의 대상이 되는 전자정보와 그렇지 않은 전자정보가 혼재될 여지가 거의 없어 사실상 대부분 압수의 대상이 되는 전자정보만이 저장되어 있는 경우에는 소지 · 보관자의 임의제출에 따른 통상의 압수절차 외에 피압수자에게 참여의 기회를 보장하지 않고 전자정보 압수목록을 작성 · 교부하지 않았다는 점만으로 증거능력을 부정할 것은 아니다(대판 2021.11.25. 2019도7342).

나. [×] 수사기관은 이러한 권리행사에 지장이 없도록 압수 직후 현장에서 압수물 목록을 바로 작성하여 교부해야 하는 것이 원칙이다. 이러한 압수된 정보의 상세목록에는 정보의 파일 명세가 특정되어 있어야 하고, 수사기관은 이를 출력한 서면을 교부하거나 전자파일 형태로 복사해 주거나 이메일을 전송하는 등의 방식으로도 할 수 있다(대판 2018.2.8. 2017도13263).

다. [×] '피의자의 소유 · 관리에 속하는 정보저장매체'란, 피의자가 압수 · 수색 당시 또는 이와 시간적으로 근접한 시기까지 정보저장매체를 현실적으로 지배 · 관리하면서 정보저장매체 내 전자정보 전반에 관한 전속적인 관리처분권을 보유 · 행사하고, 자신의 의사에 따라 제3자에게 양도하거나 포기하지 아니한 경우로써, 피의자를 정보저장매체에 저장된 전자정보에 대하여 실질적인 피압수자로 평가할 수 있는 경우를 말하는 것이다. 이에 해당하는지 여부는 민사법상 권리의 귀속에 따른 법률적 · 사후적 판단이 아니라 압수 · 수색 당시 외형적 · 객관적으로 인식 가능한 사실상의 상태를 기준으로 판단하여야 한다(대판 2022.1.27. 2021도11170).

라. [×] [1] 수사기관이 압수 · 수색영장에 적힌 '수색할 장소'에 있는 컴퓨터 등 정보처리장치에 저장된 전자정보 외에 원격지 서버에 저장된 전자정보를 압수 · 수색하기 위해서는 압수 · 수색영장에 적힌 '압수할 물건'에 별도로 원격지 서버 저장 전자정보가 특정되어 있어야 한다. 압수 · 수색영장에 적힌 '압수할 물건'에 컴퓨터 등 정보처리장치 저장 전자정보만 기재되어 있다면 컴퓨터 등 정보처리장치를 이용하여 원격지 서버 저장 전자정보를 압수할 수는 없다.

[2] 이 사건 압수 · 수색영장에 적힌 '압수할 물건'에 원격지 서버 저장 전자정보가 기재되어 있지 않은 이상 이 사건 압수 · 수색영장에 적힌 '압수할 물건'은 피고인의 주거지에 있는 컴퓨터 하드디스크 및 외부저장매체에 저장된 전자정보에 한정된다. 그럼에도 경찰은 이 사건 휴대전화가 구글계정에 로그인되어 있는 상태를 이용하여 원격지 서버에 해당하는 구글클라우드에 접속하여 구글클라우드에서 발견한 불법촬영물을 압수하였다. 결국 경찰의 압수는 이 사건 압수 · 수색영장에서 허용한 압수의 범위를 넘어선 것으로 적법절차 및 영장주의의 원칙에 반하여 위법하다.

[3] 따라서 이 사건 압수 · 수색영장으로 수집한 불법촬영물은 증거능력이 없는 위법수집증거에 해당하고, 이 사건 압수 · 수색영장의 집행 경위를 밝힌 압수조서 등이나 위법수집증거를 제시하여 수집된 관련자들의 진술 등도 위법수집증거에 기한 2차적 증거에 해당하여 증거능력이 없다(대판 2022.6.30. 2022도1452).

마. [○] 수사기관이 정보저장매체에 기억된 정보 중에서 키워드 또는 확장자 검색 등을 통해 범죄 혐의사실과 관련 있는 정보를 선별한 다음 정보저장매체와 동일하게 비트열 방식으로 복제하여 생성한 파일(이하 '이미지 파일'이라 한다)을 제출받아 압수하였다면 이로써 압수의 목적물에 대한 압수 · 수색 절차는 종료된 것이므로, 수사기관이 수사기관 사무실에서 위와 같이 압수된 이미지 파일을 탐색 · 복제 · 출력하는 과정에서도 피의자 등에게 참여의 기회를 보장하여야 하는 것은 아니다(대판 2018.2.8. 2017도13263).

정답 ①

87 압수 · 수색에 관한 설명 중 옳지 않은 것은? (다툼이 있는 경우 판례에 의함) [23 변호사] ☆☆☆

① 수사기관이 2022.9.12. 甲을 성폭력범죄의처벌등에관한특례법위반(카메라등이용촬영)의 현행범으로 체포하면서 휴대전화를 임의제출받은 후 피의자신문과정에서 甲과 함께 휴대전화를 탐색하던 중 2022.6.경의 동일한 범행에 관한 영상을 발견하고 그 영상을 甲에게 제시하였으며 甲이 해당 영상을 언제, 어디에서 촬영한 것인지 쉽게 알아보고 그에 관해 구체적으로 진술하였던 경우에 甲에게 전자정보의 파일 명세가 특정된 압수목록이 작성 · 교부되지 않았더라도 甲의 절차상 권리가 실질적으로 침해되었다고 볼 수 없다.

② 甲이 A 소유 모텔 객실에 위장형 카메라를 몰래 설치해 불법촬영을 하였는데 이후 甲의 범행을 인지한 수사기관이 A로부터 임의제출 형식으로 위 카메라를 압수한 경우, 카메라의 메모리카드에 사실상 대부분 압수의 대상이 되는 전자정보만이 저장되어 있어 해당 전자정보인 불법촬영 동영상을 탐색 · 출력하는 과정에서 위 임의제출에 따른 통상의 압수절차 외에 별도의 조치가 따로 요구되는 것은 아니므로, 甲에게 참여의 기회를 보장하지 않고 전자정보 압수목록을 작성 · 교부하지 않았다는 점만으로 곧바로 위 임의제출물의 증거능력을 부정할 수 없다.

③ 정보저장매체를 임의제출한 피압수자에 더하여 임의제출자 아닌 피의자에게도 참여권이 보장되어야 하는 '피의자의 소유 · 관리에 속하는 정보저장매체'에 해당하는지 여부는 전자정보에 의해 식별되는 정보주체의 정보자기결정권을 고려할 때 압수 · 수색 당시 외형적 · 객관적으로 인식 가능한 사실상의 상태가 아니라 민사법상 권리의 귀속에 따른 법률적 · 사후적 판단을 기준으로 판단하여야 한다.

④ 수사기관은 압수 직후 현장에서 압수물 목록을 바로 작성하여 교부해야 하는 것이 원칙이고 압수된 전자정보의 상세목록에는 정보의 파일 명세가 특정되어 있어야 하며 수사기관은 이를 출력한 서면을 교부하거나 전자파일 형태로 복사해 주거나 이메일을 전송하는 등의 방식으로도 할 수 있다.

⑤ 수사기관이 압수 · 수색영장으로 압수한 휴대전화가 클라우드 서버에 로그인되어 있는 상태를 이용하여 클라우드 서버에서 불법촬영물을 다운로드받아 압수한 경우 압수 · 수색영장에 적힌 '압수할 물건'에 원격지 서버 저장 전자정보가 기재되어 있지 않았다면 압수한 불법촬영물은 유죄의 증거로 사용할 수 없다.

해설

① [○] 피고인이 이 사건 휴대전화를 임의제출할 당시 그 안에 저장된 전자정보의 제출 범위를 명확히 밝히지 않았으므로, 임의제출에 따른 압수의 동기가 된 범죄혐의사실과 관련되고 이를 증명할 수 있는 최소한의 가치가 있는 전자정보에 한하여 압수의 대상이 된다. 순번 1~47번 범행은 범죄의 속성상 해당 범행의 상습성이 의심되거나 피고인의 성적 기호 내지 경향성의 발현에 따른 일련의 범행의 일환으로 이루어진 것으로 의심되어, 순번 48번 범행의 동기와 경위, 범행 수단과 방법 등을 증명하기 위한 간접증거나 정황증거 등으로 사용될 수 있어 순번 48번 범죄혐의사실과 구체적 · 개별적 연관관계를 인정할 수 있다. 결국 순번 1~47번 범행에 관한 동영상은 임의제출에 따른 압수의 동기가 된 순번 48번 범죄혐의사실과 관련성이 있는 증거로서 관련성이 인정될 수 있다. 또한 경찰관은 피의자 신문 당시 임의제출받은 이 사건 휴대전화를 피고인과 함께 탐색하는 과정에서 발견된 순번 1~47번 범행에 관한 동영상을 피고인의 참여 아래 추출 · 복사하였고, 피고인은 직접 위 순번 1~47 범행에 관한 동영상을 토대로 '범죄일람표' 목록을 작성하였음을 알 수 있다. 따라서 피고인이 이 사건 휴대전화의 탐색과정에 참여하였다고 보아야 하고, 순번 1~47번 범행에 관한 동영상을 특정하여 범죄일람표 목록을 작성 · 제출함으로써 실질적으로 피고인에게 전자정보 상세목록이 교부된 것과 다름이 없다고 볼 수 있다.
수사기관이 위 휴대전화에 담긴 내용을 조사하는 과정에서 순번 1~47번 범행의 동영상을 확인하고 이를 복제한 시디는 임의제출에 의해 적법하게 압수된 전자정보로서 그 증거능력이 인정된다(대판 2021.11.25. 2019도6730).

② [○] 임의제출된 이 사건 모텔 내부의 각 위장형 카메라 및 그 메모리카드에 저장된 전자정보는 오직 불법촬영을 목적으로 방실 내 나체나 성행위 모습을 촬영할 수 있는 벽 등에 은밀히 설치되고, 촬영대상 복표물의 동작이 감지될 때에만 카메라가 작동하여 촬영이 이루어지는 등, 소지 · 보관자의 임의제출에 따른 적법한 압수의 대상이 되는 전자정보와 구별되는 별도의 보호가치 있는 전자정보의 혼재 가능성을 상정하기 어려운 경우에는 위 소지 · 보관자의 임의제출에 따른 통상의 압수절차 외에 별도의 조치가 따로 요구된다고 보기는 어렵다. 따라서 피고인 내지 변호인에게 참여의 기회를 보장하지 않고 전자정보 압수목록을 작성 · 교부하지 않았다는 점만으로 곧바로 증거능력을 부정할 것은 아니다(대판 2021.11.25. 2019도7342).

③ [×] '피의자의 소유 · 관리에 속하는 정보저장매체'라 함은, 피의자가 압수 · 수색 당시 또는 이와 시간적으로 근접한 시기까지 해당 정보저장매체를 현실적으로 지배 · 관리하면서 그 정보저장매채 내 전자정보 전반에 관한 전속적인 관리처분권을 보유 · 행사하고, 달리 이를 자신의 의사에 따라 제3자에게 양도하거나 포기하지 아니한 경우로써, 피의자를 그 정보저장매체에 저장된 전자정보에 대하여 실질적인 압수 · 수색 당사자로 평가할 수 있는 경우를 말하는 것이다. 이에 해당하는지 여부는 민사법상 권리의 귀속에 따른 법률적 · 사후적 판단이 아니라 압수 · 수색 당시 외형적 · 객관적으로 인식 가능한 사실상의 상태를 기준으로 판단하여야 한다(대판 2022.1.27. 2021도11170).

④ [○] 압수된 정보의 상세목록에는 정보의 파일 명세가 특정되어 있어야 하고, 이를 출력한 서면을 교부하거나 전자파일 형태로 '복사해 주거나 이메일을 전송'하는 등의 방식으로도 할 수 있다(대판 2018.2.8. 2017도13263).

⑤ [○] 수사기관이 압수 · 수색영장에 적힌 '수색할 장소'에 있는 컴퓨터 등 정보처리장치에 저장된 전자정보 외에 원격지 서버에 저장된 전자정보를 압수 · 수색하기 위해서는 압수 · 수색영장에 적힌 '압수할 물건'에 별도로 원격지 서버 저장 전자정보가 특정되어 있어야 한다. 압수 · 수색영장에 적힌 '압수할 물건'에 컴퓨터 등 정보처리장치 저장 전자정보만 기재되어 있다면 컴퓨터 등 정보처리장치를 이용하여 원격지 서버 저장 전자정보를 압수할 수는 없다(대판 2022.6.30. 2022도1452).

정답 ③

88 압수 · 수색에 관한 설명 중 옳지 않은 것을 모두 고른 것은? (다툼이 있는 경우 판례에 의함)

[24 변호사] ☆☆☆

ㄱ. 피압수자가 수사기관에 압수 · 수색영장의 집행에 참여하지 않는다는 의사를 명시하였다면 특별한 사정이 있는 경우를 제외하고는 그 변호인에게 압수 · 수색영장의 집행에 참여할 기회를 별도로 보장하지 않아도 무방하다.

ㄴ. 수사기관이 범죄 혐의사실과 관련 있는 정보를 선별하여 압수한 후에도 그와 관련이 없는 나머지 정보를 삭제 · 폐기 · 반환하지 아니한 채 그대로 보관하고 있다면 범죄 혐의사실과 관련이 없는 부분에 대하여는 압수의 대상이 되는 전자정보의 범위를 넘어서는 전자정보를 영장 없이 압수 · 수색하여 취득한 것이어서 위법하고, 사후에 법원으로부터 압수 · 수색영장이 발부되었다거나 피고인이나 변호인이 이를 증거로 함에 동의하였다고 하여 그 위법성이 치유된다고 볼 수 없다.

ㄷ. 정보저장매체를 임의제출한 피압수자에 더하여 임의제출자 아닌 피의자에게도 참여권이 보장되어야 하는 '피의자의 소유 · 관리에 속하는 정보저장매체'란, 피의자가 압수 · 수색 당시 또는 이와 시간적으로 근접한 시기까지 해당 정보저장매체를 현실적으로 지배 · 관리하면서 그 정보저장매체 내 전자정보 전반에 관한 전속적인 관리처분권을 보유 · 행사하고, 달리 이를 자신의 의사에 따라 제3자에게 양도하거나 포기하지 아니한 경우로서, 피의자를 그 정보저장매체에 저장된 전자정보에 대하여 실질적인 피압수자로 평가할 수 있는 경우를 말한다.

ㄹ. 실질적인 피압수자에 해당하는지 여부는 압수 · 수색 당시 외형적 · 객관적으로 인식가능한 사실상의 상태를 기준으로 판단하여야 하는바, 피의자나 그 밖의 제3자가 과거 그 정보저장매체의 이용 내지 개별 전자정보의 생성 · 이용 등에 관여한 사실이 있다거나 그 과정에서 생성된 전자정보에 의해 식별되는 정보주체에 해당한다는 사정이 있다면 그들을 실질적으로 압수 · 수색을 받는 당사자로 취급하여야 한다.

ㅁ. 피의자가 휴대전화를 임의제출하면서 휴대전화에 저장된 전자정보가 아닌 클라우드 등 제3자가 관리하는 원격지에 저장되어 있는 전자정보를 수사기관에 제출한다는 의사로 수사기관에게 클라우드 등에 접속하기 위한 아이디와 비밀번호를 임의로 제공하였다면 위 클라우드 등에 저장된 전자정보를 임의제출하는 것으로 볼 수 있다.

① ㄱ, ㄹ ② ㄴ, ㄹ

③ ㄹ, ㅁ ④ ㄱ, ㄴ, ㄹ

⑤ ㄱ, ㄷ, ㅁ

해설

ㄱ. [×] 형소법 제219조, 제121조가 규정한 변호인의 참여권은 피압수자의 보호를 위하여 변호인에게 주어진 고유권이다. 따라서 설령 피압수자가 수사기관에 압수 · 수색영장의 집행에 참여하지 않는다는 의사를 명시하였다고 하더라도, 특별한 사정이 없는 한, 그 변호인에게는 형소법 제219조, 제122조에 따라 미리 집행의 일시와 장소를 통지하는 등으로 압수 · 수색영장의 집행에 참여할 기회를 별도로 보장하여야 한다(대판 2020.11.26. 2020도10729).

ㄴ. [○] 수사기관이 혐의사실과 관련있는 정보를 선별하여 압수한 후에도 관련 없는 나머지 정보를 삭제 · 폐기 · 반환하지 아니한 채 그대로 보관하고 있다면 범죄 혐의사실과 관련이 없는 부분에 대하여는 압수의 대상이 되는 전자정보의 범위를 넘어서는 전자정보를 영장 없이 압수 · 수색하여 취득한 것이어서 위법하고, 사후에 법원으로부터 압수 · 수색영장이 발부되었다거나 피고인이나 변호인이 이를 증거로 함에 동의하였다고 하여 위법성이 치유된다고 볼 수 없다(대결 2022.1.14. 2021모1586).

ㄷ. [○], ㄹ. [×] '피의자의 소유 · 관리에 속하는 정보저장매체'란, 피의자가 압수 · 수색 당시 또는 이와 시간적으로 근접한 시기까지 해당 정보저장매체를 현실적으로 지배 · 관리하면서 그 정보저장매체 내 전자정보 전반에 관한 전속적인 관리처분권을 보유 · 행사하고, 달리 이를 자신의 의사에 따라 제3자에게 양도하거나 포기하지 아니한 경우로써, 피의자를 정보저장매체에 저장된 전자정보에 대하여 실질적인 피압수자로 평가할 수 있는 경우를 말한다. 이에 해당하는지 여부는 민사법상 권리의 귀속에 따른 법률적 · 사후적 판단이 아니라 압수 · 수색 당시 외형적 · 객관적으로 인식 가능한 사실상의 상태를 기준으로 판단하여야 한다. 단지 피의자나 그 밖의 제3자가 과거 정보저장매체의 이용 내지 개별 전자정보의 생성 · 이용 등에 관여한 사실이 있다거나 그 과정에서 생성된 전자정보에 의해 식별되는 정보주체에 해당한다는 사정만으로 실질적으로 압수 · 수색을 받는 당사자로 취급하여야 하는 것은 아니다(대판 2022.1.27. 2021도11170).

관련판례 피고인이 허위의 인턴십 확인서를 작성한 후 갑의 자녀 대학원 입시에 활용하도록 하는 방법으로 갑 등과 공모하여 대학원 입학담당자들의 입학사정업무를 방해하였다는 공소사실과 관련하여, 갑 등이 주거지에서 사용하던 컴퓨터 내 정보저장매체(하드디스크)에 인턴십 확인서 등 증거들이 저장되어 있고, 갑은 자신 등의 혐의에 대한 수사가 본격화되자 을에게 지시하여 하드디스크를 은닉하였는데, 이후 수사기관이 을을 증거은닉혐의의 피의자로 입건하자 을이 이를 임의제출하였고, 수사기관은 하드디스크 임의제출 및 그에 저장된 전자정보에 관한 탐색 · 복제 · 출력 과정에서 을 측에 참여권을 보장한 반면 갑 등에게는 참여 기회를 부여하지 않은 사안에서, 증거은닉범행의 피의자로서 하드디스크를 임의제출한 을에 더하여 임의제출자가 아닌 갑 등에게도 참여권이 보장되어야 한다고 볼 수 없다(대판(전) 2023.9.18. 2022도7453).

ㅁ. [○] 피의자가 휴대전화를 임의제출하면서 휴대전화에 저장된 전자정보가 아닌 클라우드 등 제3자가 관리하는 원격지에 저장되어 있는 전자정보를 수사기관에 제출한다는 의사로 수사기관에게 클라우드 등에 접속하기 위한 아이디와 비밀번호를 임의로 제공하였다면 위 클라우드 등에 저장된 전자정보를 임의제출하는 것으로 볼 수 있다(대판 2021.7.29. 2020도14654).

비교판례 [1] 이 사건 압수 · 수색영장에 적힌 '압수할 물건'에는 '여성의 신체를 몰래 촬영한 것으로 판단되는 사진, 동영상 파일이 저장된 컴퓨터 하드디스크 및 외부저장매체'가, '수색할 장소'에는 피고인의 주거지가 기재되어 있다. 이 사건 압수 · 수색영장에 적힌 '압수할 물건'에 원격지 서버 저장 전자정보가 기재되어 있지 않은 이상 이 사건 압수 · 수색영장에 적힌 '압수할 물건'은 피고인의 주거지에 있는 컴퓨터 하드디스크 및 외부저장매체에 저장된 전자정보에 한정된다.

[2] 경찰은 이 사건 휴대전화가 구글계정에 로그인되어 있는 상태를 이용하여 원격지 서버에 해당하는 구글클라우드에 접속하여 구글클라우드에서 발견한 불법촬영물을 압수하였다. 경찰의 압수는 이 사건 압수 · 수색영장에서 허용한 압수의 범위를 넘어선 것으로 적법절차 및 영장주의의 원칙에 반하여 위법하다.

[3] 이 사건 압수 · 수색영장으로 수집한 불법촬영물은 증거능력이 없는 위법수집증거에 해당하고, 압수 · 수색영장의 집행 경위를 밝힌 압수조서 등이나 위법수집증거를 제시하여 수집된 관련자들의 진술 등도 위법수집증거에 기한 2차적 증거에 해당하여 증거능력이 없다(대판 2022.6.30. 2022도1452).

정답 ①

89 전자정보의 압수 · 수색에 대한 설명으로 가장 적절한 것은? (다툼이 있으면 판례에 의함) [21 경찰승진] ☆☆

① 전자정보에 대한 압수 · 수색이 종료되기 전에 혐의사실과 관련된 전자정보를 적법하게 탐색하는 과정에서 별도의 범죄혐의와 관련된 전자정보를 우연히 발견한 경우라면 따로 압수 · 수색영장을 발부받지 않고 그 전자정보를 적법하게 압수 · 수색할 수 있다.

② 전자정보가 담긴 저장매체를 수사기관 사무실 등으로 옮겨 복제 · 탐색 · 출력하는 경우에는 변호인의 참여기회를 보장할 필요는 없다.

③ 전자정보에 대한 압수 · 수색영장을 집행할 때에는 원칙적으로 영장발부의 사유인 혐의사실과 관련된 부분만을 문서 출력물로 수집하거나 수사기관이 휴대한 저장매체에 해당 파일을 복사하는 방법으로 이루어져야 한다.

④ 압수 · 수색영장에 저장매체 자체를 직접 또는 하드카피나 이미징 등 형태로 수사기관 사무실 등 외부로 반출하여 해당 파일을 압수 · 수색할 수 있도록 기재되어 있지 않더라도, 수사기관이 전자정보의 복사 또는 출력이 불가능하거나 현저히 곤란한 부득이한 사정이 있을 때에는 압수목적물인 저장매체 자체를 수사관서로 반출할 수 있다.

해설

① [×] 전자정보에 대한 압수 · 수색이 종료되기 전에 혐의사실과 관련된 전자정보를 적법하게 탐색하는 과정에서 별도의 범죄혐의와 관련된 전자정보를 우연히 발견한 경우라면, 수사기관은 더 이상의 추가 탐색을 중단하고 법원에서 별도의 범죄혐의에 대한 압수 · 수색영장을 발부받은 경우에 한하여 그러한 정보에 대하여도 적법하게 압수 · 수색을 할 수 있다(대결(전) 2015.7.16. 2011모1839).

② [×] 저장매체에 대한 압수 · 수색 과정에서 범위를 정하여 출력 또는 복제하는 방법이 불가능하거나 압수의 목적을 달성하기에 현저히 곤란한 예외적인 사정이 인정되어 전자정보가 담긴 저장매체 또는 하드카피나 이미징 등 형태(이하 '복제본'이라 한다)를 수사기관 사무실 등으로 옮겨 복제 · 탐색 · 출력하는 경우에도, 형사소송법 제219조, 제121조에서 규정하는 피압수 · 수색 당사자(이하 '피압수자'라 한다)나 변호인에게 참여의 기회를 보장하고, 혐의사실과 무관한 전자정보의 임의적인 복제 등을 막기 위한 적절한 조치를 취하는 등 영장주의 원칙과 적법절차를 준수하여야 한다(대결(전) 2015.7.16. 2011모1839).

③ [○] 수사기관의 전자정보에 대한 압수·수색은 원칙적으로 영장 발부의 사유로 된 범죄 혐의사실과 관련된 부분만을 문서 출력물로 수집하거나 수사기관이 휴대한 저장매체에 해당 파일을 복제하는 방식으로 이루어져야 하고, 저장매체 자체를 직접 반출하거나 하드카피나 이미징 등 형태(이하 '복제본')로 수사기관 사무실 등 외부로 반출하는 방식으로 압수·수색하는 것은 현장의 사정이나 전자정보의 대량성으로 인하여 관련 정보 획득에 긴 시간이 소요되거나 전문 인력에 의한 기술적 조치가 필요한 경우 등 범위를 정하여 출력 또는 복제하는 방법이 불가능하거나 압수의 목적을 달성하기에 현저히 곤란하다고 인정되는 때에 한하여 예외적으로 허용될 수 있을 뿐이다(대결(전) 2015.7.16. 2011모1839).

④ [×] 전자정보에 대한 압수·수색영장을 집행할 때에는 원칙적으로 영장 발부의 사유인 혐의사실과 관련된 부분만을 문서 출력물로 수집하거나 수사기관이 휴대한 저장매체에 해당 파일을 복사하는 방식으로 이루어져야 하고, 집행현장 사정상 집행이 불가능하거나 현저히 곤란한 부득이한 사정이 존재하더라도 저장매체 자체를 직접 혹은 하드카피나 이미징 등 형태로 수사기관 사무실 등 외부로 반출하여 해당 파일을 압수·수색할 수 있도록 영장에 기재되어 있는 경우에 한하여 예외적으로 허용될 수 있을 뿐이다(대결 2011.5.26. 2009모1190).

정답 ③

90 다음 중 전자정보의 압수·수색에 관한 설명으로 옳은 것은 모두 몇 개인가? (다툼이 있으면 판례에 의함)

[21 해경간부] ☆☆

㉠ 압수물인 디지털 저장매체로부터 출력한 문건을 증거로 사용하기 위해서는 디지털 저장매체 원본에 저장된 내용과 출력한 문건의 동일성이 인정되어야 하고, 이를 위해서는 디지털 저장매체 원본이 압수시부터 문건 출력시까지 변경되지 않았음이 담보되어야 한다.

㉡ 전자정보에 대한 압수·수색이 종료되기 전에 혐의사실과 관련된 전자정보를 적법하게 탐색하는 과정에서 별도의 범죄혐의와 관련된 전자정보를 우연히 발견한 경우, 수사기관은 더 이상의 추가 탐색을 중단하고 법원에서 별도의 범죄혐의에 대한 압수·수색영장을 발부받은 경우에 한하여 그러한 정보에 대하여도 적법하게 압수·수색할 수 있다.

㉢ 수사기관이 인터넷서비스이용자인 피의자를 상대로 피의자의 컴퓨터 등 정보처리장치 내에 저장되어 있는 이메일 등 전자정보를 압수·수색하는 것은 전자정보의 소유자 내지 소지자를 상대로 해당 전자정보를 압수·수색하는 강제처분으로 형사소송법의 해석상 허용된다.

㉣ 이메일 등 전자정보 압수·수색 시 해외 인터넷서비스제공자의 저장매체가 국외에 있는 경우에는 우리나라의 재판권이 미치지 않으므로 피의자의 이메일 계정에 대한 접근권한에 갈음하여 발부받은 압수·수색영장에 따라 수사기관이 적법하게 취득한 이메일 계정 아이디와 비밀번호를 입력하는 방법으로 국외에 있는 원격지의 저장매체에 접속하여 내려받은 전자정보에 대한 압수·수색은 위법하다.

㉤ 수사기관이 정보저장매체에 기억된 정보 중에서 범죄 혐의사실과 관련 있는 정보를 선별한 다음 '이미지 파일'을 제출받아 압수하고, 수사기관 사무실에서 그 압수된 이미지 파일을 탐색·복제·출력하는 과정을 거치는 경우, 이 모든 과정에 피의자나 변호인 등에게 참여의 기회를 보장하여야 한다.

① 2개 ② 3개
③ 4개 ④ 5개

해설

㉠ [○] 압수물인 디지털 저장매체로부터 '출력한 문건'을 증거로 사용하기 위해서는 원본에 저장된 내용과 출력한 문건의 동일성이 인정되어야 하고, 디지털 저장매체 원본이 압수시부터 문건 출력시까지 변경되지 않았음이 담보되어야 한다(대판 2013.6.13. 2012도16001).

㉡ [○] 전자정보에 대한 압수·수색이 종료되기 전에 혐의사실과 관련된 전자정보를 적법하게 탐색하는 과정에서 별도의 범죄혐의와 관련된 전자정보를 우연히 발견한 경우라면, 수사기관은 더 이상의 추가 탐색을 중단하고 법원에서 별도의 범죄혐의에 대한 압수·수색영장을 발부받은 경우에 한하여 적법하게 압수·수색을 할 수 있다(대결(전) 2015.7.19. 2011모1839).

ⓒ [×], ⓔ [○] 피의자의 이메일 계정에 대한 접근권한에 갈음하여 발부받은 압수·수색영장에 따라 원격지의 저장매체에 적법하게 접속하여 내려받거나 현출된 전자정보를 대상으로 하여 범죄 혐의사실과 관련된 부분에 대하여 압수·수색하는 것은, 필요한 최소한도의 범위 내에서 이루어지며 수단과 목적에 비추어 사회통념상 타당하다고 인정되는 대물적 강제처분 행위로서 허용되며, 형사소송법 제120조 제1항에서 정한 압수·수색영장의 집행에 필요한 처분에 해당한다. 그리고 이러한 법리는 원격지의 저장매체가 국외에 있는 경우라 하더라도 그 사정만으로 달리 볼 것은 아니다(대판 2017.11.29. 2017도9747).

ⓜ [×] 수사기관이 정보저장매체에 기억된 정보 중에서 키워드 또는 확장자 검색 등을 통해 범죄 혐의사실과 관련 있는 정보를 선별한 다음 정보저장매체와 동일하게 비트열 방식으로 복제하여 생성한 파일(이하 '이미지 파일'이라 한다)을 제출받아 압수하였다면 압수의 목적물에 대한 압수·수색 절차는 종료된 것이므로, 수사기관이 수사기관 사무실에서 압수된 이미지 파일을 탐색·복제·출력하는 과정에서도 피의자 등에게 참여의 기회를 보장하여야 하는 것은 아니다(대판 2018.2.8. 2017도13263).

정답 ②

91 전자정보에 대한 압수·수색에 관한 다음 설명 중 가장 옳지 않은 것은? (다툼이 있으면 판례에 의함)

[21 법원9급] ☆☆

① 전자정보에 대한 압수·수색은 사생활의 비밀과 자유, 정보에 대한 자기결정권, 재산권 등을 침해할 우려가 크므로 포괄적으로 이루어져서는 아니되고 비례의 원칙에 따라 필요한 최소한의 범위 내에서 이루어져야 한다.

② 전자정보가 담긴 저장매체 또는 복제본을 수사기관 사무실 등으로 옮겨 이를 복제·탐색·출력하는 경우에도, 그와 같은 일련의 과정에서 형사소송법 제219조, 제121조에서 규정하는 피압수·수색 당사자나 그 변호인에게 참여의 기회를 보장하고 혐의사실과 무관한 전자정보의 임의적인 복제 등을 막기 위한 적절한 조치를 취하는 등 영장주의 원칙과 적법절차를 준수하여야 한다.

③ 전자정보에 대한 압수·수색이 종료되기 전에 혐의사실과 관련된 전자정보를 적법하게 탐색하는 과정에서 별도의 범죄혐의와 관련된 전자정보를 우연히 발견한 경우라면, 수사기관은 더 이상의 추가 탐색을 중단하고 법원에서 별도의 범죄혐의에 대한 압수·수색영장을 발부받은 경우에 한하여 그러한 정보에 대하여도 적법하게 압수·수색을 할 수 있다.

④ 준항고인이 전체 압수·수색 과정을 단계적·개별적으로 구분하여 각 단계의 개별 처분의 취소를 구한 경우, 특별한 사정이 없는 한 준항고법원으로서는 그 구분된 개별 처분의 위법이나 취소 여부를 판단하여야 한다.

해설

① [○], ② [○], ③ [○] 전자정보에 대한 압수·수색은 사생활의 비밀과 자유, 정보에 대한 자기결정권, 재산권 등을 침해할 우려가 크므로 포괄적으로 이루어져서는 아니되고, 비례의 원칙에 따라 필요한 최소한의 범위 내에서 이루어져야 한다. 전자정보가 담긴 저장매체 또는 복제본을 수사기관 사무실 등으로 옮겨 이를 복제·탐색·출력하는 경우에도, 그와 같은 일련의 과정에서 형사소송법 제219조, 제121조에서 규정하는 피압수·수색 당사자나 그 변호인에게 참여의 기회를 보장하고 혐의사실과 무관한 전자정보의 임의적인 복제 등을 막기 위한 적절한 조치를 취하는 등 영장주의 원칙과 적법절차를 준수하여야 한다. 전자정보에 대한 압수·수색이 종료되기 전에 혐의사실과 관련된 전자정보를 적법하게 탐색하는 과정에서 별도의 범죄혐의와 관련된 전자정보를 우연히 발견한 경우라면, 수사기관은 더 이상의 추가 탐색을 중단하고 법원에서 별도의 범죄혐의에 대한 압수·수색영장을 발부받은 경우에 한하여 그러한 정보에 대하여도 적법하게 압수·수색을 할 수 있다(대판 2017.11.14. 2017도3449).

④ [×] 준항고인이 전체 압수·수색 과정을 단계적·개별적으로 구분하여 각 단계의 개별 처분의 취소를 구하더라도 준항고법원은 특별한 사정이 없는 한 구분된 개별 처분의 위법이나 취소 여부를 판단할 것이 아니라 당해 압수·수색 과정 전체를 하나의 절차로 파악하여 그 과정에서 나타난 위법이 압수·수색 절차 전체를 위법하게 할 정도로 중대한지 여부에 따라 전체적으로 압수·수색 처분을 취소할 것인지를 가려야 한다. 위법의 중대성은 위반한 절차조항의 취지, 전체과정 중에서 위반행위가 발생한 과정의 중요도, 위반사항에 의한 법익침해 가능성의 경중 등을 종합하여 판단하여야 한다(대결(전) 2015.7.19. 2011모1839).

정답 ④

92 전자정보의 압수 · 수색에 관한 설명 중 가장 적절한 것은? (다툼이 있으면 판례에 의함) [20 경찰승진]

① 수사기관이 키워드 또는 확장자 검색 등을 통해 범죄 혐의사실과 관련 있는 정보를 선별한 다음 정보저장매체와 동일하게 비트열 방식으로 복제하여 생성한 파일을 제출받아 압수하였다면 아직 압수의 목적물에 대한 압수 · 수색 절차는 종료된 것이 아니므로, 수사관서에서 압수된 이미지 파일을 탐색 · 복제 · 출력하는 과정에 피의자 등에게 참여 기회를 보장하여야 한다.

② 저장매체 자체를 직접 또는 하드카피나 이미징 등 형태로 수사기관 사무실 등 외부로 반출하여 해당 파일을 압수 · 수색할 수 있도록 영장에 기재되어 있지 않더라도 집행현장의 사정상 선별적 방식에 의한 집행이 불가능하거나 현저히 곤란한 부득이한 사정이 있는 때에는 저장매체 자체를 수사관서로 반출할 수 있다.

③ 압수물 목록은 피압수자 등이 압수처분에 대한 준항고를 하는 등 권리행사절차를 밟는 가장 기초적인 자료가 되므로 압수된 정보의 상세목록에는 정보의 파일 명세가 특정되어 있어야 하고 수사기관은 이를 서면으로 교부하여야 하며, 전자파일 형태로 복사해 주거나 이메일을 전송하는 등의 방식으로는 교부할 수 없다.

④ 증거로 제출된 전자문서 파일의 원본 동일성은 증거능력의 요건에 해당하므로 검사가 그 존재에 대하여 구체적으로 주장 · 증명해야 한다.

해설

① [×] 수사기관이 정보저장매체에 기억된 정보 중에서 키워드 또는 확장자 검색 등을 통해 범죄 혐의사실과 관련 있는 정보를 선별한 다음 정보저장매체와 동일하게 비트열 방식으로 복제하여 생성한 파일(이하 '이미지 파일'이라 한다)을 제출받아 압수하였다면, 이로써 압수의 목적물에 대한 압수 · 수색 절차는 종료된 것이므로, 수사기관이 수사기관 사무실에서 압수된 이미지 파일을 탐색 · 복제 · 출력하는 과정에서도 피의자 등에게 참여의 기회를 보장하여야 하는 것은 아니다(대판 2018.2.8. 2017도13263).

② [×] 전자정보에 대한 압수 · 수색영장을 집행할 때에는 원칙적으로 영장 발부의 사유인 혐의사실과 관련된 부분만을 문서 출력물로 수집하거나 수사기관이 휴대한 저장매체에 해당 파일을 복사하는 방식으로 이루어져야 하고, 집행현장 사정상 위와 같은 방식에 의한 집행이 불가능하거나 현저히 곤란한 부득이한 사정이 존재하더라도 저장매체 자체를 직접 혹은 하드카피나 이미징 등 형태로 수사기관 사무실 등 외부로 반출하여 해당 파일을 압수 · 수색할 수 있도록 영장에 기재되어 있고 실제 그와 같은 사정이 발생한 때에 한하여 위 방법이 예외적으로 허용될 수 있을 뿐이다(대결 2011.5.26. 2009모1190).

③ [×] 압수된 정보의 상세목록에는 정보의 파일 명세가 특정되어 있어야 하고, 수사기관은 이를 출력한 서면을 교부하거나 전자파일 형태로 복사해 주거나 이메일을 전송하는 등의 방식으로도 할 수 있다(대판 2018.2.8. 2017도13263).

④ [○] 전자문서를 수록한 파일 등의 경우에는, 성질상 작성자의 서명 혹은 날인이 없을 뿐만 아니라 작성자 · 관리자의 의도나 특정한 기술에 의하여 내용이 편집 · 조작될 위험성이 있음을 고려하여, 원본임이 증명되거나 혹은 원본으로부터 복사한 사본일 경우에는 복사 과정에서 편집되는 등 인위적 개작 없이 원본의 내용 그대로 복사된 사본임이 증명되어야만 하고, 이러한 원본 동일성은 증거능력의 요건에 해당하므로 검사가 그 존재에 대하여 구체적으로 주장 · 증명해야 한다(대판 2018.2.8. 2017도13263).

정답 ④

93 전자정보의 압수 · 수색에 대한 설명으로 가장 적절하지 않은 것은? (다툼이 있으면 판례에 의함)

[19 경찰1차] ☆☆

① 피의자의 이메일 계정에 대한 접근권한에 갈음하여 발부받은 압수 · 수색영장의 효력은 대한민국의 사법관할권이 미치지 아니하는 해외 이메일서비스제공자의 해외 서버 및 그 해외 서버에 소재하는 저장매체 속 피의자의 전자정보에 대하여까지 미치지는 않는다.

② 피의자의 이메일 계정에 대한 접근권한에 갈음하여 발부받은 압수 · 수색영장에 따라 국내 원격지의 저장매체에 적법하게 접속하여 내려받거나 현출된 전자정보를 대상으로 하여 범죄 혐의사실과 관련된 부분에 대하여 압수 · 수색하는 것은 「형사소송법」 제120조 제1항에서 정한 압수 · 수색영장의 집행에 필요한 처분에 해당한다.

③ 수사기관이 정보저장매체에 기억된 정보 중에서 키워드 또는 확장자 검색 등을 통해 범죄 혐의사실과 관련 있는 정보를 선별한 다음 정보저장매체와 동일하게 비트열 방식으로 복제하여 생성한 이미지 파일을 제출받아 압수하였다면, 이후 압수된 이미지 파일을 탐색 · 복제 · 출력하는 과정에서 피의자등에게 참여의 기회를 보장하여야 하는 것은 아니다.

④ 전자정보에 대한 압수 · 수색이 종료되기 전에 혐의사실과 관련된 전자정보를 적법하게 탐색하는 과정에서 별도의 범죄혐의와 관련된 전자정보를 우연히 발견한 경우라면, 수사기관은 더 이상의 추가 탐색을 중단하고 법원에서 별도의 범죄혐의에 대한 압수 · 수색영장을 발부받은 경우에 한하여 그러한 정보에 대하여도 적법하게 압수 · 수색을 할 수 있다.

해설

① [×] 피의자의 이메일 계정에 대한 접근권한에 갈음하여 발부받은 압수 · 수색영장에 따라 원격지의 저장매체에 적법하게 접속하여 내려받거나 현출된 전자정보를 대상으로 하여 범죄 혐의사실과 관련된 부분에 대하여 압수 · 수색하는 것은, 압수 · 수색영장의 집행을 원활하고 적정하게 행하기 위하여 필요한 최소한도의 범위 내에서 이루어지며 그 수단과 목적에 비추어 사회통념상 타당하다고 인정되는 대물적 강제처분 행위로서 허용되며, 형사소송법 제120조 제1항에서 정한 압수 · 수색영장의 집행에 필요한 처분에 해당한다. 그리고 이러한 법리는 원격지의 저장매체가 국외에 있는 경우라 하더라도 사정만으로 달리 볼 것은 아니다(대판 2017.11.29. 2017도9747).

② [○] 피의자의 이메일 계정에 대한 접근권한에 갈음하여 발부받은 압수 · 수색영장에 따라 국내 원격지의 저장매체에 적법하게 접속하여 내려받거나 현출된 전자정보를 대상으로 하여 범죄 혐의사실과 관련된 부분에 대하여 압수 · 수색하는 것은 「형사소송법」 제120조 제1항에서 정한 압수 · 수색영장의 집행에 필요한 처분에 해당한다(대판 2017.11.29. 2017도9747).

③ [○] 수사기관이 정보저장매체에 기억된 정보 중에서 키워드 또는 확장자 검색 등을 통해 범죄 혐의사실과 관련 있는 정보를 선별한 다음 정보저장매체와 동일하게 비트열 방식으로 복제하여 생성한 이미지 파일을 제출받아 압수하였다면, 이후 압수된 이미지 파일을 탐색 · 복제 · 출력하는 과정에서 피의자 등에게 참여의 기회를 보장하여야 하는 것은 아니다(대판 2018.2.8. 2017도13263).

④ [○] 전자정보에 대한 압수 · 수색이 종료되기 전에 혐의사실과 관련된 전자정보를 적법하게 탐색하는 과정에서 별도의 범죄혐의와 관련된 전자정보를 우연히 발견한 경우라면, 수사기관은 더 이상의 추가 탐색을 중단하고 법원에서 별도의 범죄혐의에 대한 압수 · 수색영장을 발부받은 경우에 한하여 그러한 정보에 대하여도 적법하게 압수 · 수색을 할 수 있다(대결(전) 2015.7.19. 2011모1839).

정답 ①

94 저장매체의 임의제출에 관한 설명 중 가장 적절하지 않은 것은? (다툼이 있는 경우 판례에 의함)

[23 경찰1차] ☆☆

① 임의제출된 정보저장매체에서 압수의 대상이 되는 전자정보의 범위를 넘어서는 전자정보에 대해 수사기관이 영장 없이 압수·수색하여 취득한 증거는 위법수집증거에 해당하지만, 피고인이나 변호인이 이를 증거로 함에 동의하였다면 그 위법성이 치유된다.

② 제3자가 피의자의 소유·관리에 속하는 정보저장매체를 영장에 의하지 않고 임의제출하는 경우, 특별한 사정이 없는 한 피의자에게 참여권을 보장하고 압수한 전자정보 목록을 교부하는 등 피의자의 절차적 권리를 보장하기 위한 적절한 조치가 이루어져야 한다.

③ 피의자가 자기 소유의 휴대전화를 임의제출하면서 클라우드 등 제3자가 관리하는 원격지에 저장되어 있는 전자정보를 수사기관에게 제출한다는 의사로 수사기관에 클라우드 등에 접속하기 위한 자신의 아이디와 비밀번호를 임의로 제공한 경우, 위 클라우드 등에 저장된 전자정보를 임의제출하는 것으로 볼 수 있다.

④ 현행범 체포현장이나 범죄현장에서도 소지자 등이 임의로 제출하는 저장매체는 형사소송법 제218조에 의하여 영장 없이 압수하는 것이 허용된다.

해설

① [×] 만약 전자정보에 대한 압수·수색이 종료되기 전에 범죄혐의사실과 관련된 전자정보를 적법하게 탐색하는 과정에서 별도의 범죄혐의와 관련된 전자정보를 우연히 발견한 경우라면, 수사기관은 더 이상의 추가 탐색을 중단하고 법원으로부터 별도의 범죄혐의에 대한 압수·수색영장을 발부받은 경우에 한하여 그러한 정보에 대하여도 적법하게 압수·수색을 할 수 있다. 따라서 임의제출된 정보저장매체에서 압수의 대상이 되는 전자정보의 범위를 넘어서는 전자정보에 대해 수사기관이 영장 없이 압수·수색하여 취득한 증거는 위법수집증거에 해당하고, 사후에 영장이 발부되었다거나 피고인이나 변호인이 이를 증거로 함에 동의하였다고 하여 위법성이 치유되는 것도 아니다(대판(전) 2021.11.18. 2016도348).

② [○] 피해자 등 제3자가 피의자의 소유·관리에 속하는 정보저장매체를 영장에 의하지 않고 임의제출한 경우에는 실질적 피압수자인 피의자가 수사기관으로 하여금 그 전자정보 전부를 무제한 탐색하는 데 동의한 것으로 보기 어려울 뿐만 아니라 피의자 스스로 임의제출한 경우 피의자의 참여권 등이 보장되어야 하는 것과 견주어 보더라도 특별한 사정이 없는 한, 형사소송법 제219조, 제121조, 제129조에 따라 "피의자에게 참여권을 보장하고 압수한 전자정보 목록을 교부하는 등 피의자의 절차적 권리를 보장하기 위한 적절한 조치가 이루어져야 한다(대판(전) 2021.11.18. 2016도348).

③ [○] 피의자가 휴대전화를 임의제출하면서 휴대전화에 저장된 전자정보가 아닌 클라우드 등 제3자가 관리하는 원격지에 저장되어 있는 전자정보를 수사기관에 제출한다는 의사로 수사기관에게 클라우드 등에 접속하기 위한 아이디와 비밀번호를 임의로 제공하였다면 위 클라우드 등에 저장된 전자정보를 임의제출하는 것으로 볼 수 있다(대판 2021.7.29. 2020도14654).

④ [○] 현행범 체포현장이나 범죄장소(범죄현장)에서도 소지자 등이 임의로 제출하는 물건은 형사소송법 제218조에 의하여 영장 없이 압수할 수 있고, 이 경우에는 검사나 사법경찰관이 사후에 영장을 받을 필요가 없다(대판 2020.4.9. 2019도17142).

정답 ①

95 임의제출물의 압수에 대한 설명으로 옳지 않은 것은? (다툼이 있는 경우 판례에 의함)

[22 경찰간부] ☆☆

① 검사가 교도관으로부터 그가 보관하고 있던 재소자의 인격적 법익에 대한 침해와 무관한 비망록을 뇌물수수 등의 증거자료로 임의제출받은 경우 그 압수절차가 재소자의 승낙없이 행해졌더라도 위법하지 않다.

② 수사기관이 압수·수색 영장의 집행과정에서 영장발부의 사유인 범죄 혐의사실과 무관한 별개의 증거를 압수하였다가 피압수자 등에게 환부하고 후에 이를 다시 임의제출받아 압수한 경우 검사가 그 압수물 제출의 임의성을 합리적 의심을 배제할 수 있을 정도로 증명하면 이를 유죄 인정의 증거로 사용할 수 있다.

③ 甲이 골프채로 A를 상해한 사건에서, 사법경찰관이 甲 소유의 골프채를 甲의 집 앞마당에서 발견했음에도 그 소지자 또는 보관자가 아닌 피해자 A로부터 임의로 제출받는 형식으로 위 골프채를 압수하였다면, 이는 위법한 압수이다.

④ 사법경찰관이 절도죄의 피의자 A를 현행범으로 체포하면서 A로부터 절도를 위하여 소지하고 있던 드라이버를 임의제출받은 경우 사법경찰관은 「형사소송법」 제216조 제1항 제2호 및 같은 법 제217조 제2항에 따라서 사후에 압수영장을 발부받아야 한다.

해설

① [○] 교도관이 재소자가 맡긴 비망록을 수사기관에 임의로 제출하였다면 그 비망록의 증거사용에 대하여도 재소자의 사생활의 비밀 기타 인격적 법익이 침해되는 등의 특별한 사정이 없는 한 반드시 그 재소자의 동의를 받아야 하는 것은 아니고 따라서 검사가 교도관으로부터 보관하고 있던 피고인의 비망록을 뇌물수수 등의 증거자료로 임의로 제출받아 이를 압수한 경우 그 압수절차가 피고인의 승낙 및 영장 없이 행하여졌다고 하더라도 이에 적법절차를 위반한 위법이 있다고 할 수 없다(대판 2008.5.15. 2008도1097).

② [○] 영장 발부의 사유로 된 범죄 혐의사실과 무관한 별개의 증거를 압수하였을 경우 이는 원칙적으로 유죄 인정의 증거로 사용할 수 없다. 다만, 수사기관이 별개의 증거를 피압수자 등에게 환부하고 후에 임의제출받아 다시 압수하였다면 증거를 압수한 최초의 절차 위반행위와 최종적인 증거수집 사이의 인과관계가 단절되었다고 평가할 수 있으나, 환부 후 다시 제출하는 과정에서 수사기관의 우월적 지위에 의하여 임의제출 명목으로 실질적으로 강제적인 압수가 행하여질 수 있으므로, 제출에 임의성이 있다는 점에 관하여는 검사가 합리적 의심을 배제할 수 있을 정도로 증명하여야 하고, 임의로 제출된 것이라고 볼 수 없는 경우에는 증거능력을 인정할 수 없다(대판 2016.3.10. 2013도11233).

③ [○] 형사소송법 규정에 위반하여 소유자, 소지자 또는 보관자가 아닌 자로부터 제출받은 물건을 영장없이 압수한 경우 그 압수물 및 압수물을 찍은 사진은 이를 유죄 인정의 증거로 사용할 수 없는 것이고, 피고인이나 변호인이 이를 증거로 함에 동의하였다고 하더라도 달리 볼 것은 아니다(대판 2010.1.28. 2009도10092).

판례해설 충청남도 금산경찰서 소속 사법경찰관이 피고인 소유의 쇠파이프를 피고인의 주거지 앞 마당에서 발견하였으면서도 그 소유자, 소지자 또는 보관자가 아닌 피해자로부터 임의로 제출받는 형식으로 위 쇠파이프를 압수하였고, 그 후 압수물의 사진을 찍은 사건이다.

④ [×] 현행범 체포현장이나 범죄장소(범죄현장)에서도 소지자 등이 임의로 제출하는 물건은 형사소송법 제218조에 의하여 영장 없이 압수할 수 있고, 이 경우에는 검사나 사법경찰관이 사후에 영장을 받을 필요가 없다(대판 2020.4.9. 2019도17142; 동지 대판 2019.11.14. 2019도13290).

정답 ④

96 압수물의 환부 또는 가환부에 대한 설명으로 옳지 않은 것은?

[22 경찰간부] ☆☆

① 검사는 압수를 계속할 필요가 없다고 인정되는 압수물 및 증거에 사용할 압수물에 대하여 공소제기 전이라도 소유자, 소지자, 보관자 또는 제출인의 청구가 있는 때에는 환부 또는 가환부하여야 한다.

② 소유자 등의 환부 또는 가환부 청구에 대해 검사가 이를 거부하는 경우, 신청인은 해당 검사의 소속 검찰청에 대응한 법원에 압수물의 환부 또는 가환부 결정을 청구할 수 있다.

③ 검사가 가환부 처분을 할 경우에는 미리 피해자, 피의자 또는 변호인에게 통지해야 한다.

④ 압수한 장물은 압수를 계속할 필요가 없다고 인정되는 경우 피해자의 청구가 있는 때에는 공소제기 전이라도 피해자에게 환부하여야 한다.

해설

① [○] 검사는 사본을 확보한 경우 등 압수를 계속할 필요가 없다고 인정되는 압수물 및 증거에 사용할 압수물에 대하여 공소제기 전이라도 소유자, 소지자, 보관자 또는 제출인의 청구가 있는 때에는 환부 또는 가환부하여야 한다(제218조의2 제1항). 사법경찰관의 환부 또는 가환부 처분에 관하여는 제1항부터 제3항까지의 규정을 준용한다. 이 경우 사법경찰관은 검사의 지휘를 받아야 한다(제218조의2 제4항).
② [○] 제1항의 청구에 대하여 검사가 이를 거부하는 경우에는 신청인은 해당 검사의 소속 검찰청에 대응한 법원에 압수물의 환부 또는 가환부 결정을 청구할 수 있다(제218조의2 제2항).
③ [○] 전3조의 결정을 함에는 검사, 피해자, 피고인 또는 변호인에게 미리 통지하여야 한다(제135조).
④ [×] 압수한 장물은 피해자에게 환부할 이유가 명백한 때에는 피고사건 또는 피의사건 종결 전이라도 법원 결정 또는 수사기관의 처분으로 피해자에게 환부할 수 있다(제134조, 제219조).

정답 ④

97 다음 중 압수물 처리에 관한 설명으로 가장 옳은 것은? (다툼이 있으면 판례에 의함) [21 해경간부] ☆☆☆

① 피압수자 등 환부를 받을 자가 압수 후에 그 소유권을 포기하는 등 실체법상의 권리를 상실하면, 이는 압수를 계속할 필요가 없는 압수물을 환부해야 하는 수사기관의 의무에도 영향을 미치므로 결국 그에 대응하는 압수물 환부를 청구할 수 있는 절차법상의 권리도 함께 소멸하게 된다.
② 법령상 생산·제조·소지·소유 또는 유통이 금지된 압수물로서 부패의 염려가 있거나 보관하기 어려운 압수물은 소유자 등 권한 있는 자의 동의를 받아 폐기하여야 한다.
③ 수사기관의 압수물의 환부에 관한 처분의 취소를 구하는 준항고는 소송 계속 중 준항고로써 달성하고자 하는 목적이 이미 이루어졌거나 시일의 경과 또는 그 밖의 사정으로 인하여 그 이익이 상실된 경우에도 적법하다.
④ 법원은 압수를 계속할 필요가 없다고 인정되는 압수물은 피고사건 종결 전이라도 결정으로 환부하여야 하고, 증거에 공할 압수물은 소유자, 소지자, 보관자 또는 제출인의 청구에 의하여 가환부할 수 있다.

해설

① [×] 압수물의 환부는 환부를 받는 자에게 환부된 물건에 대한 소유권 기타 실체법상의 권리를 부여하거나 그러한 권리를 확정하는 것이 아니라 단지 압수를 해제하여 압수 이전의 상태로 환원시키는 것뿐으로서 이는 실체법상의 권리와 관계없이 압수 당시의 소지인에 대하여 행하는 것이므로 실체법인 민법(사법)상 권리의 유무나 변동이 압수물의 환부를 받을 자의 절차법인 형사소송법(공법)상 지위에 어떠한 영향을 미친다고는 할 수 없다(대결(전) 1996.8.16. 94모51).
② [×] 법령상 생산·제조·소지·소유 또는 유통이 금지된 압수물로서 부패의 염려가 있거나 보관하기 어려운 압수물은 소유자 등 권한 있는 자의 동의를 받아 폐기할 수 있다(제130조 제3항).
③ [×] 수사기관의 압수물의 환부에 관한 처분의 취소를 구하는 준항고는 일종의 항고소송이므로, 통상의 항고소송에서와 마찬가지로 그 이익이 있어야 하고, 소송 계속 중 준항고로써 달성하고자 하는 목적이 이미 이루어졌거나 시일의 경과 또는 그 밖의 사정으로 인하여 그 이익이 상실된 경우에는 준항고는 그 이익이 없어 부적법하게 된다(대결 2015.10.15. 2013모1970).
④ [○] 압수를 계속할 필요가 없다고 인정되는 압수물은 피고사건 종결 전이라도 결정으로 환부하여야 하고 증거에 공할 압수물은 소유자, 소지자, 보관자 또는 제출인의 청구에 의하여 가환부할 수 있다(제133조 제1항).

정답 ④

98 다음 중 준항고에 대한 설명으로 가장 옳지 않은 것은? (다툼이 있으면 판례에 의함) [21 해경승진] ★★

① 수사기관의 구금 · 압수 또는 압수물의 환부에 관한 처분과 「형사소송법」 제243조의2에 따른 변호인의 참여 등에 관한 처분에 대하여 불복이 있으면 그 직무집행의 관할법원 또는 그 검사소속 검찰청에 대응하는 법원에 그 처분의 취소 또는 변경을 청구할 수 있다.

② 검사의 체포영장 또는 구속영장 청구에 대한 지방법원판사의 재판은 「형사소송법」 제402조의 규정에 의하여 항고의 대상이 되는 '법원의 결정'에 해당하지 아니하고, 제416조 제1항의 규정에 의하여 준항고의 대상이 되는 '재판장 또는 수명법관의 구금 등에 관한 재판'에도 해당하지 아니한다.

③ 수사기관의 압수물의 환부에 관한 처분의 취소를 구하는 준항고는 소송계속 중 그것으로써 달성하고자 하는 목적이 이미 이루어졌거나 시일의 경과 또는 그 밖의 사정으로 인하여 그 이익이 상실된 경우에는 부적법하게 된다.

④ 「형사소송법」 제332조의 규정에 의하여 압수가 해제된 것으로 되었음에도 불구하고 검사가 그 해제된 압수물의 인도를 거부하는 조치에 대해서는 「형사소송법」 제417조에 의하여 준항고로 불복할 수 있다.

해설

① [○] 검사 또는 사법경찰관의 구금, 압수 또는 압수물의 환부에 관한 처분과 제243조의2에 따른 변호인의 참여 등에 관한 처분에 대하여 불복이 있으면 그 직무집행지의 관할법원 또는 검사의 소속검찰청에 대응한 법원에 그 처분의 취소 또는 변경을 청구할 수 있다(제417조).

② [○] 검사의 체포영장 또는 구속영장 청구에 대한 지방법원판사의 재판은 「형사소송법」 제402조의 규정에 의하여 항고의 대상이 되는 '법원의 결정'에 해당하지 아니하고, 제416조 제1항의 규정에 의하여 준항고의 대상이 되는 '재판장 또는 수명법관의 구금 등에 관한 재판'에도 해당하지 아니한다(대결 2006.12.18. 2006모646).

③ [○] 수사기관의 압수물의 환부에 관한 처분의 취소를 구하는 준항고는 일종의 항고소송이므로, 통상의 항고소송에서와 마찬가지로 그 이익이 있어야 하고, 소송 계속 중 준항고로써 달성하고자 하는 목적이 이미 이루어졌거나 시일의 경과 또는 그 밖의 사정으로 인하여 그 이익이 상실된 경우에는 준항고는 그 이익이 없어 부적법하게 된다(대결 2015.10.15. 2013모1970).

④ [×] 형사소송법 제417조의 규정은 검사 또는 사법경찰관이 수사단계에서 압수물의 환부에 관하여 처분을 할 권한을 가지고 있을 경우에 그 처분에 불복이 있으면 준항고를 허용하는 취지라고 보는 것이 상당하므로 형사소송법 제332조의 규정에 의하여 압수가 해제된 것으로 되었음에도 불구하고 검사가 그 해제된 압수물의 인도를 거부하는 조치에 대해서는 형사소송법 제417조가 규정하는 준항고로 불복할 대상이 될 수 없다(대결 1984.2.6. 84모3).

정답 ④

99 압수물의 처리에 관한 설명 중 가장 옳지 않은 것은? (다툼이 있으면 판례에 의함) [19 경찰간부] ★

① 압수한 장물은 피해자에게 환부할 이유가 명백한 때에는 피고사건의 종결 전이라도 결정으로 피해자에게 환부할 수 있다.

② 형사소송법의 압수장물의 환부에 관한 규정은 이해관계인이 민사소송절차에 의하여 그 권리를 주장함에 영향을 미치지 아니한다.

③ 사법경찰관은 압수물을 환부 또는 가환부하려면 검사의 지휘를 받아야 한다.

④ 법령상 생산 · 제조 · 소지 · 소유 또는 유통이 금지된 압수물로서 부패의 염려가 있거나 보관하기 어려운 압수물은 소유자 등 권한 있는 자의 동의를 받아 폐기하여야 한다.

해설

① [○] 압수한 장물은 피해자에게 환부할 이유가 명백한 때에는 피고사건의 종결 전이라도 결정으로 피해자에게 환부할 수 있다(제134조).
② [○] 전3항의 규정은 이해관계인이 민사소송절차에 의하여 그 권리를 주장함에 영향을 미치지 아니한다(제333조 제4항).
③ [○] 사법경찰관이 압수물에 대하여 환부 또는 가환부 처분 등을 할 경우 검사의 지휘를 받아야 한다(제218조의2 제4항, 제219조).
④ [×] 법령상 생산 · 제조 · 소지 · 소유 또는 유통이 금지된 압수물로서 부패의 염려가 있거나 보관하기 어려운 압수물은 소유자 등 권한 있는 자의 동의를 받아 폐기할 수 있다(제130조 제3항).

정답 ④

100 압수물의 환부 및 가환부에 대한 설명으로 가장 적절하지 않은 것은? (다툼이 있으면 판례에 의함)

[19 경찰승진] ☆

① 가환부한 장물에 대하여 별단의 선고가 없는 때에는 환부의 선고가 있는 것으로 간주한다.
② 증거에만 공할 목적으로 압수할 물건으로서 그 소유자 또는 소지자가 계속 사용하여야 할 물건은 사진촬영 기타 원형보존의 조치를 취하고 신속히 가환부하여야 한다.
③ 수사기관의 압수물의 환부에 관한 처분의 취소를 구하는 준항고는 소송 계속 중 준항고로써 달성하고자 하는 목적이 이미 이루어졌거나 시일의 경과 또는 그 밖의 사정으로 인하여 그 이익이 상실된 경우에는 부적법하게 된다.
④ 검사는 사본을 확보한 경우 등 압수를 계속할 필요가 없다고 인정되는 압수물 및 증거에 사용할 압수물에 대하여 공소제기 전이라도 소유자, 소지자, 보관자 또는 제출인의 청구가 있는 때에는 환부 또는 가환부할 수 있다.

해설

① [○] 가환부한 장물에 대하여 별단의 선고가 없는 때에는 환부의 선고가 있는 것으로 간주한다(제333조 제3항).
② [○] 증거에만 공할 목적으로 압수한 물건으로서 그 소유자 또는 소지자가 계속 사용하여야 할 물건은 사진촬영 기타 원형보존의 조치를 취하고 신속히 가환부하여야 한다(제133조 제2항).
③ [○] 수사기관의 압수물의 환부에 관한 처분의 취소를 구하는 준항고는 일종의 항고소송이므로, 통상의 항고소송에서와 마찬가지로 그 이익이 있어야 하고, 소송 계속 중 준항고로써 달성하고자 하는 목적이 이미 이루어졌거나 시일의 경과 또는 그 밖의 사정으로 인하여 그 이익이 상실된 경우에는 준항고는 그 이익이 없어 부적법하게 된다(대결 2015.10.15. 2013모1970).
④ [×] 검사는 사본을 확보한 경우 등 압수를 계속할 필요가 없다고 인정되는 압수물 및 증거에 사용할 압수물에 대하여 공소제기 전이라도 소유자, 소지자, 보관자 또는 제출인의 청구가 있는 때에는 환부 또는 가환부하여야 한다(제218조의2 제1항).

정답 ④

101 통신제한조치에 관한 설명 중 옳지 않은 것은? (다툼이 있으면 판례에 의함) [20 경찰간부] ☆☆

① 수사기관이 범죄수사를 위하여 당사자의 동의 없이 전기통신을 감청하기 위해서는 통신 당사자의 쌍방 또는 일방의 주소지 · 소재지 등을 관할하는 지방법원 또는 지원에 청구하여 발부받은 통신제한조치허가서를 통신당사자가 가입된 전기통신사업자에게 제시하여야 한다.

② 범죄수사를 위한 통신제한조치의 기간은 2개월을 초과하지 못하고, 그 기간 중 통신제한조치의 목적이 달성되었을 경우에는 즉시 종료하여야 한다.

③ 전자우편이 송신되어 수신인이 확인하는 등으로 이미 수신이 완료된 전기통신에 관하여 남아 있는 기록이나 내용을 열어보는 등의 행위는 통신비밀보호법에서 규정하는 '전기통신의 감청'에 포함되지 않는다.

④ 수사기관은 감청의 실시를 종료하면 감청대상이 된 전기통신의 가입자에게 감청사실 등을 통지하여야 하지만, 통지로 인하여 수사에 방해될 우려가 있다고 인정할 때에는 그 사유가 해소될 때까지 통지를 유예할 수 있다.

해설

① [○] 수사기관은 허가서에 기재된 통신제한조치허가의 내용과 범위 및 집행방법 등을 준수하여 통신제한조치를 집행하여야 한다. 이때 수사기관은 통신기관 등에 통신제한조치허가서의 사본을 교부하고 집행을 위탁할 수 있으나(통신비밀보호법 제9조 제1항 · 제2항), 그 경우에도 집행의 위탁을 받은 통신기관 등은 수사기관이 직접 집행할 경우와 마찬가지로 허가서에 기재된 집행방법 등을 준수하여야 함은 당연하다. 따라서 허가된 통신제한조치의 종류가 전기통신의 '감청'인 경우, 수사기관 또는 수사기관으로부터 통신제한조치의 집행을 위탁받은 통신기관 등은 (통신제한조치허가서를 제시하거나 수사기관에 필요한 설비의 제공을 요청하는 등) 통신비밀보호법이 정한 감청의 방식으로 집행하여야 하고 그와 다른 방식으로 집행하여서는 아니 된다(대판 2016.10.13. 2016도8137).

② [○] 통신제한조치의 기간은 2개월을 초과하지 못하고, 그 기간 중 통신제한조치의 목적이 달성되었을 경우에는 즉시 종료하여야 한다(통비법 제6조 제7항).

③ [○] '전기통신의 감청'은 위 '감청'의 개념 규정에 비추어 현재 이루어지고 있는 전기통신의 내용을 지득 · 채록하는 경우와 통신의 송 · 수신을 직접적으로 방해하는 경우를 의미하는 것이지 전자우편이 송신되어 수신인이 이를 확인하는 등으로 이미 수신이 완료된 전기통신에 관하여 남아 있는 기록이나 내용을 열어보는 등의 행위는 포함하지 않는다(대판 2013.11.28. 2010도12244).

④ [×] 수사기관은 감청의 실시를 종료하면 감청대상이 된 전기통신의 가입자에게 감청사실 등을 통지하여야 하지만, 통신제한조치를 통지할 경우 국가의 안전보장 · 공공의 안녕질서를 위태롭게 할 현저한 우려가 있는 때 또는 통신제한조치를 통지할 경우 사람의 생명 · 신체에 중대한 위험을 초래할 염려가 현저한 때에는 그 사유가 해소될 때까지 통지를 유예할 수 있다(통비법 제9조의2 제4항).

정답 ④

102 인터넷통신망을 통하여 흐르는 전기신호 형태의 패킷(packet)을 중간에 확보하여 그 내용을 지득하는 소위 패킷감청에 대한 설명으로 가장 적절한 것은? (다툼이 있으면 판례에 의함) [21 경찰승진] ☆☆

① 패킷감청은 사건과 무관한 불특정 다수의 방대한 정보까지 수집되어 개인의 통신 및 사생활의 비밀과 자유를 침해하기 때문에 헌법불합치결정이 선고되었고, 현재 패킷감청에 의한 통신제한조치는 허용되지 않는다.

② 사법경찰관은 「통신비밀보호법」에 따른 패킷감청을 집행하여 그 전기통신을 보관하고자 하는 때에는 집행종료일로부터 14일 이내에 보관등이 필요한 전기통신을 선별하여 통신제한조치를 허가한 법원에 그 승인을 청구할 수 있다.

③ 법원이 패킷감청으로 취득한 자료의 보관을 위한 승인청구를 기각한 경우, 사법경찰관은 청구기각의 통지를 받은 날부터 7일 이내에 해당 전기통신을 폐기하고, 폐기결과보고서를 작성하여 7일 이내에 검사에게 송부하여야 한다.

④ 「통신비밀보호법」은 패킷감청으로 취득한 자료의 관리에 관한 절차(「통신비밀보호법」 제12조의2)의 위반에 대해서는 벌칙 조항을 두고 있지 않다.

해설

① [×] 헌법재판소는 2018년 8월 30일에 통비법 제5조 제2항 중 '인터넷 회선을 통하여 송신 · 수신하는 전기통신'에 관한 부분은 인터넷 감청의 특성상 다른 통신제한조치에 비하여 수사기관이 취득하는 자료가 매우 방대함에도 불구하고 수사기관이 감청 집행으로 취득한 자료에 대한 처리 등을 객관적으로 통제할 수 있는 절차가 마련되어 있지 않다는 취지로 헌법불합치 결정을 한 바 있다(헌재 2018.8.30. 2016헌마263). 이에 수사기관이 인터넷 회선을 통하여 송신 · 수신하는 전기통신에 대한 통신제한조치로 취득한 자료에 대해서는 집행 종료 후 범죄수사나 소추 등에 사용하거나 사용을 위하여 보관하고자 하는 때에는 보관 등이 필요한 전기통신을 선별하여 법원으로부터 보관 등의 승인을 받도록 하고, 승인 청구를 하지 아니한 전기통신 등의 폐기 절차를 마련함으로써 법 규정의 합헌성을 제고하였다.

② [×] 사법경찰관은 인터넷 회선을 통하여 송신 · 수신하는 전기통신을 대상으로 통신제한조치를 집행한 경우 그 전기통신의 보관 등을 하고자 하는 때에는 집행종료일부터 14일 이내에 보관등이 필요한 전기통신을 선별하여 검사에게 보관등의 승인을 신청하고, 검사는 신청일부터 7일 이내에 통신제한조치를 허가한 법원에 그 승인을 청구할 수 있다(통비법 제12조의2 제2항).

③ [×] 검사 또는 사법경찰관은 법원에 승인청구를 한 경우(취득한 전기통신의 일부에 대해서만 청구한 경우를 포함한다)에는 제4항에 따라 법원으로부터 승인서를 발부받거나 청구기각의 통지를 받은 날부터 7일 이내에 승인을 받지 못한 전기통신을 폐기하여야 한다. 검사 또는 사법경찰관은 승인청구 기각에 따라 통신제한조치로 취득한 전기통신을 폐기한 때에는 폐기의 이유와 범위 및 일시 등을 기재한 폐기결과보고서를 작성하여 피의자의 수사기록 또는 피내사자의 내사사건기록에 첨부하고, 폐기일부터 7일 이내에 통신제한조치를 허가한 법원에 송부하여야 한다(통비법 제12조의2 제5항 · 제6항).

④ [○] 통비법은 패킷감청으로 취득한 자료의 관리에 관한 절차(통신비밀보호법 제12조의2) 위반행위에 대한 벌칙 조항을 두고 있지 않다(통비법 제16조, 제17조).

정답 ④

103 「통신비밀보호법」상 통신제한조치에 대한 설명으로 가장 적절한 것은? (다툼이 있으면 판례에 의함)

[21 경찰승진] ★

① 전기통신의 감청은 전기통신이 이루어지고 있는 상황에서 실시간으로 전기통신의 내용을 지득·채록하는 경우와 통신의 송·수신을 직접적으로 방해하는 경우뿐만 아니라 이미 수신이 완료된 전기통신에 관하여 남아 있는 기록이나 내용을 열어보는 등의 행위도 포함한다.

② 사법경찰관이 「통신비밀보호법」 제8조에 따른 긴급통신제한조치를 할 경우에는 미리 검사의 지휘를 받아야 한다. 다만, 특히 급속을 요하여 미리 지휘를 받을 수 없는 사유가 있는 경우에는 긴급통신제한조치의 집행착수 후 지체없이 검사의 승인을 얻어야 한다.

③ 「형법」상 절도죄, 강도죄, 사기죄, 공갈죄는 「통신비밀보호법」상 범죄수사를 위한 통신제한조치가 가능한 범죄이다.

④ 불법감청에 의하여 녹음된 전화통화의 내용은 「통신비밀보호법」에 의하여 증거능력이 없으나 피고인이나 변호인이 이를 증거로 함에 동의한 때에는 예외적으로 증거능력이 인정된다.

해설

① [×] '감청'은 전기통신에 대하여 당사자의 동의 없이 전자장치·기계장치 등을 사용하여 통신의 음향·문언·부호·영상을 청취·공독하여 그 내용을 지득 또는 채록하거나 전기통신의 송·수신을 방해하는 것을 말한다고 규정되어 있다(제2조 제7호). 따라서 '전기통신의 감청'은 '감청'의 개념 규정에 비추어 전기통신이 이루어지고 있는 상황에서 실시간으로 전기통신의 내용을 지득·채록하는 경우와 통신의 송·수신을 직접적으로 방해하는 경우를 의미하는 것이지, 이미 수신이 완료된 전기통신에 관하여 남아 있는 기록이나 내용을 열어보는 등의 행위는 포함하지 않는다(대판 2016.10.13. 2016도8137).

② [○] 사법경찰관이 긴급통신제한조치를 할 경우에는 미리 검사의 지휘를 받아야 한다. 다만, 특히 급속을 요하여 미리 지휘를 받을 수 없는 사유가 있는 경우에는 긴급통신제한조치의 집행착수 후 지체없이 검사의 승인을 얻어야 한다(통비법 제8조 제3항).

③ [×] 절도죄, 강도죄, 공갈죄는 통신제한조치가 가능한 범죄이지만, 사기죄는 통신제한조치가 가능한 범죄에 해당하지 않는다(통비법 제5조 제1항 제1호).

④ [×] 필로폰 매도혐의로 기소된 피고인 甲에 대한 추가적인 증거확보를 목적으로, 검찰이 구속수감되어 있던 乙에게 그의 압수된 휴대전화를 제공하여 甲과 통화하게 하고 "내가 준 필로폰의 품질에는 아무런 문제가 없다."는 내용의 녹음이 들어 있는 휴대전화를 임의제출 형식으로 제출받은 후 휴대전화에 내장된 녹음파일에 대한 녹취록 등을 법원에 제출한 경우, 피고인과 변호인의 증거동의에 상관없이 증거능력이 없다(대판 2010.10.14. 2010도9016).

정답 ②

104 다음 중 통신제한조치 또는 감청에 관한 설명으로 가장 옳지 않은 것은? (다툼이 있으면 판례에 의함)

[21 해경간부] ★★

① 전기통신의 감청은 현재 이루어지고 있는 전기통신의 내용을 지득·채록하는 경우와 통신의 송·수신을 직접적으로 방해하는 경우를 의미하고, 전자우편이 송신되어 이미 수신이 완료된 전기통신에 관하여 남아 있는 기록이나 내용을 열어 보는 등의 행위는 포함하지 않는다.

② 통신기관 등은 통신제한조치허가서 또는 긴급감청서 등에 기재된 통신제한조치 대상자의 전화번호 등이 사실과 일치하지 않는 경우에는 그 집행을 거부할 수 있으며, 어떠한 경우에도 전기통신에 사용되는 비밀번호를 누설할 수 없다.

③ 통신제한조치 허가서에 의하여 허가된 통신제한조치가 '전기통신감청 및 우편물 검열'이라 하더라도 그 후 연장결정서에 당초 허가내용에 없던 '대화녹음'이 기재되어 있다면 이는 대화녹음의 적법한 근거가 될 수 있다.

④ 전화통화 당사자의 일방이 상대방 모르게 통화내용을 녹음하는 것은 감청에 해당하지 않지만, 제3자가 전화통화 당사자 일방만의 동의를 받고 그 통화내용을 녹음한 경우에는 「통신비밀보호법」 위반에 해당한다.

해설

① [○] 통신비밀보호법에 규정된 '통신제한조치'는 '우편물의 검열 또는 전기통신의 감청'을 말하는 것으로(제3조 제2항), 여기서 '전기통신'은 전화 · 전자우편 · 모사전송 등과 같이 유선 · 무선 · 광선 및 기타의 전자적 방식에 의하여 모든 종류의 음향 · 문언 · 부호 또는 영상을 송신하거나 수신하는 것을 말하고(제2조 제3호), '감청'은 전기통신에 대하여 당사자의 동의 없이 전자장치 · 기계장치 등을 사용하여 통신의 음향 · 문언 · 부호 · 영상을 청취 · 공독하여 그 내용을 지득 또는 채록하거나 전기통신의 송 · 수신을 방해하는 것을 말한다고 규정되어 있다(제2조 제7호). 따라서 '전기통신의 감청'은 '감청'의 개념 규정에 비추어 전기통신이 이루어지고 있는 상황에서 실시간으로 전기통신의 내용을 지득 · 채록하는 경우와 통신의 송 · 수신을 직접적으로 방해하는 경우를 의미하는 것이지, 이미 수신이 완료된 전기통신에 관하여 남아 있는 기록이나 내용을 열어보는 등의 행위는 포함하지 않는다(대판 2016.10.13. 2016도8137).

② [○] 통신기관 등은 통신제한조치허가서 또는 긴급감청서등에 기재된 통신제한조치 대상자의 전화번호 등이 사실과 일치하지 않을 경우에는 그 집행을 거부할 수 있으며, 어떠한 경우에도 전기통신에 사용되는 비밀번호를 누설할 수 없다(통비법 제9조 제4항).

③ [×] 통신제한조치에 대한 기간연장결정은 원 허가의 내용에 대하여 단지 기간을 연장하는 것일 뿐 원 허가의 대상과 범위를 초과할 수 없다 할 것이므로 통신제한조치허가서에 의하여 허가된 통신제한조치가 '전기통신 감청 및 우편물 검열'뿐인 경우 그 후 연장결정서에 당초 허가 내용에 없던 '대화녹음'이 기재되어 있다 하더라도 이는 대화녹음의 적법한 근거가 되지 못한다(대판 1999.9.3. 99도2317).

④ [○] 전화통화 당사자의 일방이 상대방 모르게 통화내용을 녹음하는 것은 감청에 해당하지 않지만, 제3자가 전화통화 당사자 일방만의 동의를 받고 그 통화내용을 녹음한 경우에는 「통신비밀보호법」 위반에 해당한다(대판 2010.10.14. 2010도9016).

정답 ③

105 다음 중 통신제한조치에 대한 설명으로 가장 옳지 않은 것은? (다툼이 있으면 판례에 의함) [21 해경승진] ☆☆

① 무전기와 같은 무선전화기를 이용한 통화는 「통신비밀보호법」상 전기통신에 해당하고 타인간의 대화에 해당하지 않는다.

② 사법경찰관은 감청의 실시를 종료하면 감청대상이 된 전기통신의 가입자에게 감청사실 등을 통지하여야 하지만, 통지할 경우 국가의 안전보장 · 공공의 안녕질서를 위태롭게 할 현저한 우려가 있는 때는 통지를 생략할 수 있다.

③ 알선수뢰죄, 강간죄, 경매입찰방해죄, 절도죄는 통신제한조치 대상 범죄이다.

④ 사람의 육성이 아닌 사물에서 발생하는 음향은 타인간의 대화에 해당하지 않고, 사람의 목소리라도 단순한 비명소리나 탄식 등은 특별한 사정이 없는 한 타인간의 대화에 해당한다고 볼 수 없다.

해설

① [○] 통신비밀보호법에서는 그 규율의 대상을 통신과 대화로 분류하고 그 중 통신을 다시 우편물과 전기통신으로 나눈 다음, 그 제2조 제3호로 "전기통신"이라 함은 유선 · 무선 · 광선 및 기타의 전자적 방식에 의하여 모든 종류의 음향 · 문언 · 부호 또는 영상을 송신하거나 수신하는 것을 말한다고 규정하고 있는바, 무전기와 같은 무선전화기를 이용한 통화가 위 법에서 규정하고 있는 전기통신에 해당함은 전화통화의 성질 및 위 규정 내용에 비추어 명백하므로 이를 같은 법 제3조 제1항 소정의 '타인간의 대화'에 포함된다고 할 수 없다(대판 2003.11.13. 2001도6213).

② [×] [1] 사법경찰관은 검사로부터 공소를 제기하거나 제기하지 아니하는 처분(기소중지결정, 참고인중지결정을 제외한다)의 통보를 받거나 내사사건에 관하여 입건하지 아니하는 처분을 한 때에는 그 날부터 30일 이내에 우편물 검열의 경우에는 그 대상자에게, 감청의 경우에는 그 대상이 된 전기통신의 가입자에게 통신제한조치를 집행한 사실과 집행기관 및 그 기간 등을 서면으로 통지하여야 한다.
[2] 다만, 통신제한조치를 통지할 경우 국가의 안전보장 · 공공의 안녕질서를 위태롭게 할 현저한 우려가 있는 때 또는 통신제한조치를 통지할 경우 사람의 생명 · 신체에 중대한 위험을 초래할 염려가 현저한 때에는 그 사유가 해소될 때까지 통지를 유예할 수 있다(통비법 제9조의2 제2항 · 제4항).
▶ '국가의 안전보장 · 공공의 안녕질서를 위태롭게 할 현저한 우려가 있는 때'는 통지의 유예는 가능하지만 통지 자체를 생략할 수 없다.

③ [○] 통비법 제5조 제1항.
④ [○] 사람의 육성이 아닌 사물에서 발생하는 음향은 타인 간의 '대화'에 해당하지 않는다. 또한 사람의 목소리라고 하더라도 상대방에게 의사를 전달하는 말이 아닌 단순한 비명소리나 탄식 등은 타인과 의사소통을 하기 위한 것이 아니라면 특별한 사정이 없는 한 타인 간의 '대화'에 해당한다고 볼 수 없다(대판 2017.3.15. 2016도19843).

정답 ②

106 통신제한조치에 관한 설명 중 가장 적절하지 않은 것은? (다툼이 있으면 판례에 의함)

[20 경찰승진] ☆☆

① 무전기와 같은 무선전화기를 이용한 통화는 통신비밀보호법상 '타인간의 대화'에 포함되므로 '전기통신'에는 해당하지 않는다.

② 이미 수신이 완료된 전기통신에 관하여 남아 있는 기록이나 내용을 열어보는 등의 행위는 전기통신의 감청에 해당하지 않는다.

③ 피고인이 범행 후 피해자에게 전화를 걸어오자 피해자가 증거를 수집하려고 그 전화내용을 녹음한 경우 그것이 피고인 모르게 녹음된 것이라 하여 이를 위법하게 수집된 증거라고 할 수 없다.

④ 제3자가 당사자 일방의 동의를 받고 통화내용을 녹음한 경우 통화 상대방의 동의가 없었다면 통신비밀보호법 위반에 해당한다.

해설

① [×] 통신비밀보호법에서는 그 규율의 대상을 통신과 대화로 분류하고 그 중 통신을 다시 우편물과 전기통신으로 나눈 다음, 그 제2조 제3호로 "전기통신"이라 함은 유선 · 무선 · 광선 및 기타의 전자적 방식에 의하여 모든 종류의 음향 · 문언 · 부호 또는 영상을 송신하거나 수신하는 것을 말한다고 규정하고 있는바, 무전기와 같은 무선전화기를 이용한 통화가 위 법에서 규정하고 있는 전기통신에 해당함은 전화통화의 성질 및 위 규정 내용에 비추어 명백하므로 이를 같은 법 제3조 제1항 소정의 '타인간의 대화'에 포함된다고 할 수 없다(대판 2003.11.13. 2001도6213).

② [○] '전기통신의 감청'은 '감청'의 개념 규정에 비추어 전기통신이 이루어지고 있는 상황에서 실시간으로 전기통신의 내용을 지득 · 채록하는 경우와 통신의 송 · 수신을 직접적으로 방해하는 경우를 의미하는 것이지, 이미 수신이 완료된 전기통신에 관하여 남아 있는 기록이나 내용을 열어보는 등의 행위는 포함하지 않는다(대판 2016.10.13. 2016도8137).

③ [○] 피고인이 범행 후 피해자에게 전화를 걸어오자 피해자가 증거를 수집하려고 그 전화내용을 녹음한 경우, 그 녹음테이프가 피고인 모르게 녹음된 것이라 하여 이를 위법하게 수집된 증거라고 할 수 없다(대판 1997.3.28. 97도240).

④ [○] 전기통신에 해당하는 전화통화 당사자의 일방이 상대방 모르게 통화 내용을 녹음하는 것은 감청에 해당하지 아니하지만, 제3자의 경우는 설령 전화통화 당사자 일방의 동의를 받고 그 통화 내용을 녹음하였다 하더라도 그 상대방의 동의가 없었던 이상, 이는 여기의 감청에 해당하여 법 제3조 제1항 위반이 되고(대판 2002.10.8. 2002도123 판결 참조), 이와 같이 법 제3조 제1항에 위반한 불법감청에 의하여 녹음된 전화통화의 내용은 법 제4조에 의하여 증거능력이 없다(대판 2010.10.14. 2010도9016).

정답 ①

107 강제처분에 대한 설명 중 가장 적절하지 않은 것은? (다툼이 있으면 판례에 의함) [20 경찰1차] ☆☆☆

① 압수 · 수색영장 대상자와 피의자 사이에 요구되는 인적 관련성은 압수 · 수색영장에 기재된 대상자의 공동정범, 간접정범, 교사범 등은 물론이며 필요적 공범 등에 대한 피고사건에 대해서도 인정될 수 있다.

② 사법경찰관은 피내사자를 대상으로 하는 통신제한조치에 대한 허가를 검사에게 신청하고, 검사는 법원에 대하여 그 허가를 청구할 수 있다.

③ 통신비밀보호법 제12조의2에 의하면 사법경찰관은 인터넷회선을 통하여 송신 · 수신하는 전기통신을 대상으로 제6조 또는 제8조(제5조 제1항의 요건에 해당하는 사람에 대한 긴급통신제한조치에 한정한다)에 따른 통신제한조치를 집행한 경우 그 전기통신의 보관등을 하고자 하는 때에는 집행종료일부터 14일 이내에 보관등이 필요한 전기통신을 선별하여 검사에게 보관 등의 승인을 신청하고 검사는 신청일부터 14일 이내에 통신제한조치를 허가한 법원에 그 승인을 청구할 수 있다.

④ 마약류 불법거래 방지에 관한 특례법 제4조 제1항에 따른 조치의 일환으로 특정한 수출입물품을 개봉하여 검사하고 그 내용물의 점유를 취득한 행위는 수출입물품에 대한 적정한 통관 등을 목적으로 하는 조사와 달리 범죄수사인 압수 또는 수색에 해당하여 사전 또는 사후에 영장을 받아야 한다.

해설

① [○] 관련성은 압수 · 수색영장에 기재된 혐의사실의 내용과 수사의 대상, 수사 경위 등을 종합하여 구체적 · 개별적 연관관계가 있는 경우에만 인정되고, 혐의사실과 단순히 동종 또는 유사 범행이라는 사유만으로 관련성이 있다고 할 것은 아니다. 그리고 피의자와 사이의 인적 관련성은 압수 · 수색영장에 기재된 대상자의 공동정범이나 교사범 등 공범이나 간접정범은 물론 필요적 공범 등에 대한 피고사건에 대해서도 인정될 수 있다(대판 2017.12.5. 2017도13458).

② [○] 검사는 요건이 구비된 경우에는 법원에 대하여 각 피의자별 또는 각 피내사자별로 통신제한조치를 허가하여 줄 것을 청구할 수 있다(통비법 제6조 제1항). 사법경찰관은 검사에 대하여 허가를 신청하고, 검사는 법원에 대하여 그 허가를 청구할 수 있다(동조 제2항).

③ [×] 사법경찰관은 … 집행종료일부터 14일 이내에 보관등이 필요한 전기통신을 선별하여 검사에게 보관등의 승인을 신청하고, 검사는 신청일부터 7일 이내에 통신제한조치를 허가한 법원에 그 승인을 청구할 수 있다(통비법 제12조의2 제2항).

④ [○] 수출입물품을 검사하는 과정에서 마약류가 감추어져 있다고 밝혀지거나 그러한 의심이 드는 경우, 마약류 불법거래 방지에 관한 특례법 제4조 제1항에 따라 (검사의 요청으로) 세관장이 특정한 수출입물품을 개봉하여 검사하고 그 내용물의 점유를 취득한 행위는 수출입물품에 대한 적정한 통관 등을 목적으로 조사를 하는 경우와는 달리, 범죄수사인 압수 또는 수색에 해당하여 영장주의 원칙이 적용되므로 사전 또는 사후에 영장을 받아야 한다(대판 2013.3.28. 2012도13607).

정답 ③

제3절 | 수사상의 증거보전과 증인신문

108 「형사소송법」 제184조의 수사상 증거보전과 「형사소송법」 제221조의2의 증인신문에 관한 설명으로 가장 적절하지 않은 것은? (다툼이 있는 경우 판례에 의함) [23 경찰2차] ☆☆☆

① 증거보전은 수사단계뿐 아니라 공소제기 이후에도 제1심 제1회 공판기일 전에 한하여 허용되지만, 재심청구사건에서는 증거보전절차가 허용되지 않는다.

② 「형사소송법」 제221조의2의 증인신문청구를 하려면 증인의 진술로서 증명할 대상인 피의사실이 존재해야 하는데, 피의사실은 수사기관 내심의 혐의만으로는 존재한다고 할 수 없고, 고소·고발 또는 자수를 받는 등 수사의 대상으로 삼고 있음을 외부로 표현한 때에 비로소 그 존재를 인정할 수 있다.

③ 증거보전을 청구할 수 있는 것은 압수·수색·검증·증인신문·감정이어서 피의자의 신문을 구하는 청구는 할 수 없지만, 필요적 공범관계에 있는 공동피고인을 증인으로 신문할 것을 청구할 수 있다.

④ 「형사소송법」 제221조의2의 증인신문에 관한 서류는 증인신문을 한 법원이 보관하므로, 공소제기 이전에도 피의자 또는 변호인은 판사의 허가를 얻어 서류와 증거물을 열람 또는 등사할 수 있다.

해설

① [○] 증거보전이란 제1심 제1회 공판기일 전에 한하여 허용되는 것이므로 재심청구사건에서는 증거보전절차는 허용되지 아니한다(대결 1984.3.29. 84모15).

② [○] 형사소송법 제221조의2 제2항에 의한 검사의 증인신문청구는 수사단계에서의 피의자 이외의 자의 진술이 범죄의 증명에 없어서는 안될 것으로 인정되는 경우에 공소유지를 위하여 이를 보전하려는데 그 목적이 있으므로, 증인신문청구를 하려면 증인의 진술로서 증명할 대상인 피의사실이 존재하여야 하고, 피의사실은 수사기관이 어떤 자에 대하여 내심으로 혐의를 품고 있는 정도의 상태만으로는 존재한다고 할 수 없고 고소, 고발 또는 자수를 받거나 또는 수사기관 스스로 범죄의 혐의가 있다고 보아 수사를 개시하는 범죄의 인지 등 수사의 대상으로 삼고 있음을 외부적으로 표현한 때에 비로소 그 존재를 인정할 수 있다(대판 1989.6.20. 89도648).

③ [○] 피의자신문 또는 피고인신문에 해당하는 사항을 증거보전의 방법으로 청구할 수 없다(대판 1979.6.12. 79도792). 공동피고인과 피고인이 뇌물을 주고받은 사이로 필요적 공범관계에 있다고 하더라도 검사는 수사단계에서 피고인에 대한 증거를 미리 보전하기 위하여 필요한 경우에는 판사에게 (필요적 공범관계에 있는) 공동피고인을 증인으로 신문할 것을 청구할 수 있다(대판 1988.11.8. 86도1646).

④ [×] 증인신문을 한 때에는 판사는 지체없이 이에 관한 서류를 검사에게 송부하여야 한다(제221조의2 제6항).
▶ 이 증인신문조서는 피의자 등에게 열람등사권이 인정되지 아니한다.

☑ **증거보전 vs 참고인에 대한 증인신문**

구분	증거보전	증인신문
공통점	① 제1회 공판기일 전까지 청구 가능 ② 수임판사에 의하여 행하여지며 판사의 권한도 동일함 ③ 청구한 자의 소명을 요함 ④ 작성된 조서는 당연히 증거능력이 인정됨 ⑤ 당사자의 참여권이 인정됨	
요건	미리 증거보전을 하지 않으면 그 증거를 사용하기 곤란한 사정	참고인의 출석 또는 진술의 거부
청구권자	검사, 피고인, 피의자, 변호인	검사
청구내용	압수·수색·검증·감정·증인신문	증인신문
작성된 조서	증거보전을 한 판사소속 법원이 보관	검사에게 송부
열람등사권	인정	부정
판사의 결정에 대한 불복	즉시항고	불복불가

정답 ④

109 수사상 증거보전에 관한 설명 중 옳은 것만을 모두 고르면? (다툼이 있으면 판례에 의함) [20 경찰간부] ★★

> ㉠ 아동·청소년대상 성범죄의 피해자, 그 법정대리인 또는 경찰은 피해자가 공판기일에 출석하여 증언하는 것에 현저히 곤란한 사정이 있을 때에는 그 사유를 소명하여 아동·청소년의 성보호에 관한 법률 제26조에 따라 촬영된 영상물 또는 그 밖의 다른 증거물에 대하여 해당 성범죄를 수사하는 검사에게 증거보전의 청구를 할 것을 요청할 수 있다.
> ㉡ 증거보전을 청구할 수 있는 것은 압수·수색·검증·증인신문·감정에 한하므로 피고인신문 및 피고인과 공범관계에 있는 공동피고인에 대한 신문은 허용되지 않는다.
> ㉢ 지방법원판사는 증거보전의 청구가 부적법하거나 필요없다고 인정할 때에는 청구기각결정을 하여야 한다. 증거보전 청구기각결정에 대해서는 3일 이내에 항고할 수 있다.
> ㉣ 검사가 증거보전청구를 한 경우 증거보전을 한 판사는 이에 관한 서류와 증거물을 지체없이 검사에게 송부해야 한다.

① ㉠, ㉡ ② ㉠, ㉢
③ ㉡, ㉢ ④ ㉢, ㉣

해설

㉠ [○] 아동·청소년대상 성범죄의 피해자, 그 법정대리인 또는 경찰은 피해자가 공판기일에 출석하여 증언하는 것에 현저히 곤란한 사정이 있을 때에는 그 사유를 소명하여 제26조에 따라 촬영된 영상물 또는 그 밖의 다른 증거물에 대하여 해당 성범죄를 수사하는 검사에게 「형사소송법」 제184조 제1항에 따른 증거보전의 청구를 할 것을 요청할 수 있다(아청법 제27조 제1항).
㉡ [×] 피의자신문 또는 피고인신문에 해당하는 사항을 증거보전의 방법으로 청구할 수 없다(대판 1979.6.12. 79도792). 공동피고인과 피고인이 뇌물을 주고받은 사이로 필요적 공범관계에 있다고 하더라도 검사는 수사단계에서 피고인에 대한 증거를 미리 보전하기 위하여 필요한 경우에는 판사에게 필요적 공범관계에 있는 공동피고인을 증인으로 신문할 것을 청구할 수 있다(대판 1988.11.8. 86도1646).
㉢ [○] 제1항의 청구를 기각하는 결정에 대하여는 3일 이내에 항고할 수 있다(제184조 제4항).
㉣ [×] 증거보전에 의하여 압수한 물건 또는 작성한 조서(증인신문조서 등)는 증거보전을 한 판사가 속하는 법원에 보관한다. 검사·피고인·피의자 또는 변호인은 판사의 허가를 얻어서 그 서류와 증거물을 열람 또는 등사할 수 있다(제185조).

정답 ②

110 수사상 증거보전절차에 관한 설명 중 옳지 않은 것은? [21 해경1차] ★★★

① 증거보전의 청구를 함에는 서면 또는 구술로 그 사유를 소명할 수 있다.
② 검사, 피고인, 피의자 또는 변호인은 미리 증거를 보전하지 아니하면 그 증거를 사용하기 곤란한 사정이 있는 때에는 제1회 공판기일 전이라도 판사에게 압수, 수색, 검증, 증인신문 또는 감정을 청구할 수 있다. 이때 청구를 받은 판사는 그 처분에 관하여 법원 또는 재판장과 동일한 권한이 있다.
③ 증거보전의 청구를 기각하는 결정에 대하여는 3일 이내에 항고할 수 있다.
④ 증거보전절차에서 증인신문을 하면서 증인신문의 일시와 장소를 피의자 및 변호인에게 미리 통지하지 아니하여 증인신문에 참여할 수 있는 기회를 주지 아니하였고, 또 변호인이 제1심 공판기일에위 증인신문조서의 증거조사에 관하여 이의신청을 하였다면, 위 증인신문조서는 증거능력이 없다 할 것이고, 그 증인이 후에 법정에서 그 조서의 진정성립을 인정한다 하여 다시 그 증거능력을 취득한다고 볼 수도 없다.

해설

① [×] 증거보전의 청구를 함에는 서면으로 그 사유를 소명하여야 한다(제184조 제3항).
② [○] 검사, 피고인, 피의자 또는 변호인은 미리 증거를 보전하지 아니하면 그 증거를 사용하기 곤란한 사정이 있는 때에는 제1회 공판기일 전이라도 판사에게 압수, 수색, 검증, 증인신문 또는 감정을 청구할 수 있다(제184조 제1항). 전항의 청구를 받은 판사는 그 처분에 관하여 법원 또는 재판장과 동일한 권한이 있다(제184조 제2항).
③ [○] 제1항의 청구를 기각하는 결정(증거보전청구 기각결정)에 대하여는 3일 이내에 항고할 수 있다(제184조 제4항).
④ [○] 증거보전절차에서 증인신문을 하면서 증인신문의 일시와 장소를 피의자 및 변호인에게 미리 통지하지 아니하여 증인신문에 참여할 수 있는 기회를 주지 아니하였고 또 변호인이 제1심 공판기일에 증인신문조서의 증거조사에 관하여 이의신청을 하였다면 증인신문조서는 증거능력이 없다 할 것이고, 그 증인 이후에 법정에서 그 조서의 진정성립을 인정한다 하여도 다시 그 증거능력을 취득한다고 볼 수도 없다(대판 1992.2.28. 91도2337).

정답 ①

111 다음 중 증거보전에 대한 설명으로 가장 옳지 않은 것은? (다툼이 있으면 판례에 의함) [21 해경승진]

① 증거보전의 청구권자는 검사, 피고인, 피의자 또는 변호인이다.
② 증거보전의 청구를 기각하는 결정에 대하여는 3일 내에 항고할 수 있다.
③ 증거보전의 청구를 함에는 서면으로 그 사유를 소명하여야 한다.
④ 증거보전은 제1심 제1회 공판기일 이전에 한하여 허용되는 것이 원칙이지만, 재심청구사건에서는 예외적으로 증거보전 절차가 허용된다.

해설

① [○] 검사, 피고인, 피의자 또는 변호인은 미리 증거를 보전하지 아니하면 그 증거를 사용하기 곤란한 사정이 있는 때에는 제1회 공판기일 전이라도 판사에게 압수, 수색, 검증, 증인신문 또는 감정을 청구할 수 있다(제184조 제1항).
② [○] 제1항의 청구를 기각하는 결정에 대하여는 3일 이내에 항고할 수 있다(제184조 제4항).
③ [○] 제1항의 청구를 함에는 서면으로 그 사유를 소명하여야 한다(제184조 제3항).
④ [×] 증거보전이란 제1심 제1회 공판기일 전에 한하여 허용되는 것이므로 재심청구사건에서는 증거보전절차는 허용되지 아니한다(대결 1984.3.29. 84모15).

정답 ④

112 수사상의 증거보전절차에 관한 설명 중 가장 적절하지 않은 것은? [20 경찰승진]

① 피고인, 피의자 또는 변호인뿐만 아니라 검사도 미리 증거를 보전하지 아니하면 그 증거를 사용하기 곤란한 사정이 있는 때에는 형사소송법 제184조에 따라 제1회 공판기일 전이라도 판사에게 압수, 수색, 검증, 증인신문 또는 감정을 청구할 수 있다. 이때 청구를 받은 판사는 그 처분에 관하여 법원 또는 재판장과 동일한 권한이 있다.
② 범죄의 수사에 없어서는 아니 될 사실을 안다고 명백히 인정되는 자가 형사소송법 제221조에 의한 출석 또는 진술을 거부한 경우에는 검사는 제1회 공판기일 전에 한하여 판사에게 그에 대한 증인신문을 청구할 수 있다.
③ 판사는 형사소송법 제221조의2에 의한 검사의 증인신문청구에 따라 증인신문기일을 정한 때에는 피고인·피의자 또는 변호인에게 이를 통지하여 증인신문에 참여할 수 있도록 하여야 하며, 증인신문을 한 후에는 이에 관한 서류를 판사 소속 법원에 보관하여야 한다.
④ 증거보전 또는 증인신문을 청구하는 자는 그 사유를 서면으로 소명하여야 한다.

해설

① [○] 검사, 피고인, 피의자 또는 변호인은 미리 증거를 보전하지 아니하면 그 증거를 사용하기 곤란한 사정이 있는 때에는 제1회 공판기일 전이라도 판사에게 압수, 수색, 검증, 증인신문 또는 감정을 청구할 수 있다(제184조 제1항). 전항의 청구를 받은 판사는 처분에 관하여 법원 또는 재판장과 동일한 권한이 있다(동조 제2항).
② [○] 범죄의 수사에 없어서는 아니될 사실을 안다고 명백히 인정되는 자가 전조의 규정에 의한 출석 또는 진술을 거부한 경우에는 검사는 제1회 공판기일 전에 한하여 판사에게 그에 대한 증인신문을 청구할 수 있다(제221조의2 제1항).
③ [×] 판사는 검사의 증인신문청구에 의한 증인신문을 한 때에는 지체없이 이에 관한 서류를 검사에게 송부하여야 한다(제221조의2 제6항).
④ [○] 제1항의 청구를 함에는 서면으로 그 사유를 소명하여야 한다(제184조 제3항, 제221조의2 제3항).

정답 ③

113 증거보전절차에 관한 설명 중 가장 옳지 않은 것은? (다툼이 있으면 판례에 의함) [19 경찰간부]

① 증거보전의 청구권자는 검사, 피고인, 피의자 또는 변호인이다.
② 증거보전청구 기각결정에 대하여는 3일 이내에 항고할 수 있다.
③ 증거보전절차에서 피의자의 신문을 청구할 수는 없으나, 공범자인 공동피고인에 대한 증인신문은 가능하다.
④ 증거보전은 제1심 제1회 공판기일 이전에 한하여 허용되는 것이 원칙이지만, 재심청구사건에서는 예외적으로 증거보전 절차가 허용된다.

해설

① [○] 검사, 피고인, 피의자 또는 변호인은 미리 증거를 보전하지 아니하면 그 증거를 사용하기 곤란한 사정이 있는 때에는 제1회 공판기일 전이라도 판사에게 압수, 수색, 검증, 증인신문 또는 감정을 청구할 수 있다(제184조 제1항).
② [○] 제1항의 청구를 기각하는 결정에 대하여는 3일 이내에 항고할 수 있다(제184조 제4항).
③ [○] 피의자신문 또는 피고인신문에 해당하는 사항을 증거보전의 방법으로 청구할 수 없다(대판 1979.6.12. 79도792). 공동피고인과 피고인이 뇌물을 주고받은 사이로 필요적 공범관계에 있다고 하더라도 검사는 수사단계에서 피고인에 대한 증거를 미리 보전하기 위하여 필요한 경우에는 판사에게 (필요적 공범관계에 있는) 공동피고인을 증인으로 신문할 것을 청구할 수 있다(대판 1988.11.8. 86도1646).
④ [×] 증거보전이란 제1심 제1회 공판기일 전에 한하여 허용되는 것이므로 재심청구사건에서는 증거보전절차는 허용되지 아니한다(대결 1984.3.29. 84모15).

정답 ④

114 수사상의 증거보전과 관련된 다음의 설명 중 가장 옳지 않은 것은? (다툼이 있으면 판례에 의함)

[19 해경승진]

① 증거보전의 청구권자는 검사, 피고인, 피의자 또는 변호인이다.

② 증거보전절차에서 피의자와 변호인에게 일시와 장소를 미리 통지하지 아니하여 참여기회를 주지 않은 때에는 증인신문조서의 증거능력이 인정되지 않는다.

③ 증거보전절차에서 피의자 또는 피고인의 신문을 청구할 수 없으며, 공동피고인 또는 공범자를 증거보전절차에서 증인으로 신문하는 것도 허용되지 않는다.

④ 검사는 판사의 허가를 얻어 증거보전의 처분에 관한 서류와 증거물을 열람 또는 등사할 수 있다.

해설

① [○] 검사, 피고인, 피의자 또는 변호인은 증거를 보전하지 아니하면 증거를 사용하기 곤란한 사정이 있는 때에는 제1회 공판기일 전이라도 판사에게 압수, 수색, 검증, 증인신문 또는 감정을 청구할 수 있다(제184조 제1항).

② [○] 증거보전절차에서 증인신문을 하면서 증인신문의 일시와 장소를 피의자 및 변호인에게 미리 통지하지 아니하여 증인신문에 참여할 수 있는 기회를 주지 아니하였고 또 변호인이 제1심 공판기일에 증인신문조서의 증거조사에 관하여 이의신청을 하였다면 증인신문조서는 증거능력이 없다 할 것이고 … 볼 수도 없다(대판 1992.2.28. 91도2337).

③ [×] 공동피고인과 피고인이 뇌물을 주고받은 사이로 필요적 공범관계에 있다고 하더라도 검사는 수사단계에서 피고인에 대한 증거를 미리 보전하기 위하여 필요한 경우에는 판사에게 (필요적 공범관계에 있는) 공동피고인을 증인으로 신문할 것을 청구할 수 있다(대판 1988.11.8. 86도1646).

▶ 공판절차에서 변론이 분리되지 않은 공범인 공동피고인들의 경우를 제외하고, 공범자들 상호간에 증인적격이 인정된다는 대법원의 기본입장을 고려하면 위 판례의 결론은 당연하다.

관련판례 (공범인 경우 소송절차분리 후 증인적격 인정) 공범인 공동피고인은 당해 소송절차에서는 피고인의 지위에 있어 다른 공동피고인에 대한 공소사실에 관하여 증인이 될 수 없으나, 소송절차가 분리되어 피고인의 지위에서 벗어나게 되면 다른 공동피고인에 대한 공소사실에 관하여 증인이 될 수 있다(대판 2012.12.13. 2010도10028).

④ [○] 검사, 피고인, 피의자 또는 변호인은 판사의 허가를 얻어 전조의 처분에 관한 서류와 증거물을 열람 또는 등사할 수 있다(제185조).

정답 ③

115 증인신문에 대한 설명으로 가장 적절하지 않은 것은? (다툼이 있으면 판례에 의함)

[21 경찰1차]

① 다른 증거나 증인의 진술에 비추어 굳이 추가 증거조사를 할 필요가 없다는 등 특별한 사정이 없고, 소재탐지나 구인장 발부가 불가능한 것이 아님에도 불구하고, 불출석한 핵심 증인에 대하여 소재탐지나 구인장 발부 없이 증인채택 결정을 취소하는 것은 법원의 재량을 벗어나는 것으로서 위법하다.

② 공범인 공동피고인은 당해 소송절차에서는 피고인의 지위에 있어 다른 공동피고인에 대한 공소사실에 관하여 증인이 될 수 없으나, 소송절차가 분리되어 피고인의 지위에서 벗어나게 되면 다른 공동피고인에 대한 공소사실에 관하여 증인이 될 수 있다.

③ 자신에 대한 유죄판결이 확정된 증인이 공범에 대한 피고사건에서 증언할 당시 앞으로 재심을 청구할 예정이라면, 이를 이유로 증인에게는 「형사소송법」 제148조에 의한 증언거부권이 인정된다.

④ 재판과정에서 증인소환장을 송달받은 적이 없고 법원에 출석하지도 아니한 공소외인을 구인하여 달라는 검사의 신청을 기각한 법원의 조치는 정당하다.

해설

① [○] 다른 증거나 증인의 진술에 비추어 굳이 추가 증거조사를 할 필요가 없다는 등 특별한 사정이 없고, 소재탐지나 구인장 발부가 불가능한 것이 아님에도 불구하고, 불출석한 핵심 증인에 대하여 소재탐지나 구인장 발부 없이 증인채택 결정을 취소하는 것은 법원의 재량을 벗어나는 것으로서 위법하다(대판 2020.12.10. 2020도2623).

② [○] 공범인 공동피고인은 당해 소송절차에서는 피고인의 지위에 있어 다른 공동피고인에 대한 공소사실에 관하여 증인이 될 수 없으나, 소송절차가 분리되어 피고인의 지위에서 벗어나게 되면 다른 공동피고인에 대한 공소사실에 관하여 증인이 될 수 있다(대판 2012.12.13. 2010도10028).

③ [×] 자신의 유죄 확정판결에 대하여 재심을 청구한 증인에게 증언의무를 부과하는 것이 형사소추 또는 공소제기를 당하거나 유죄판결을 받을 사실이 발로될 염려 있는 증언을 강제하는 것이라고 볼 수는 없다. 따라서 자신에 대한 유죄판결이 확정된 증인이 공범에 대한 피고사건에서 증언할 당시 앞으로 재심을 청구할 예정이라고 하여도, 이를 이유로 증인에게 형사소송법 제148조에 의한 증언거부권이 인정되지는 않는다(대판 2011.11.24. 2011도11994).

④ [○] 형사공판절차에서 증인의 구인은 증인이 정당한 사유 없이 소환에 불응하거나(제152조), 법원에 출석해 있는 증인이 정당한 사유 없이 동행명령에 따른 동행을 거부하는 때(제166조 제2항)에 한하여 허용되므로, 원심 재판과정에서 증인 소환장을 송달받은 적이 없고 법원에 출석하지도 아니한 공소외 1을 구인하여 달라는 검사의 신청을 기각한 원심의 조치는 정당하고, 거기에 상고이유의 주장과 같은 법령위반의 위법이 없다(대판 2008.9.25. 2008도6985).

정답 ③

116 다음 중 증거보전과 증인신문에 관한 설명으로 가장 옳지 않은 것은? (다툼이 있으면 판례에 의함)

[21 해경간부] ☆☆☆

① 증거보전은 물론 증인신문의 청구를 받은 판사도 그 처분에 관하여 법원 또는 재판장과 동일한 권한이 있다.
② 증거보전절차에서는 압수, 수색, 검증 및 감정도 할 수 있으나 증거보전의 방법으로 피의자신문, 피고인신문, 증인신문을 청구할 수는 없다.
③ 증거보전 또는 증인신문을 청구하는 자는 그 사유를 서면으로 소명하여야 한다.
④ 증거보전청구를 기각하는 결정에 대하여는 항고할 수 있으나, 증인신문청구를 기각하는 결정에 대하여는 불복할 수 없다.

해설

① [○] 전항의 청구를 받은 판사는 그 처분에 관하여 법원 또는 재판장과 동일한 권한이 있다(제184조 제2항). 제1항의 청구를 받은 판사는 증인신문에 관하여 법원 또는 재판장과 동일한 권한이 있다(제221조의2 제4항).

② [×] 증거보전으로 청구할 수 있는 것은 압수 · 수색 · 검증 · 증인신문 · 감정이다(제184조 제1항). 피의자신문 또는 피고인신문에 해당하는 사항을 증거보전의 방법으로 청구할 수 없다(대판 1979.6.12. 79도792).

③ [○] 제1항의 청구를 함에는 서면으로 그 사유를 소명하여야 한다(제184조 제3항). 제1항의 청구를 함에는 서면으로 그 사유를 소명하여야 한다(제221조의2 제3항).

④ [○] 증거보전청구를 기각하는 결정에 대하여는 3일 이내에 항고할 수 있다(제184조 제4항). 그러나 증인신문 청구기각결정에 대하여는 불복할 수 없다.

정답 ②

117 증인에 관한 다음 설명 중 가장 옳은 것은? (다툼이 있으면 판례에 의함) [21 국가9급] ★★★

① 공범인 공동피고인은 당해 소송절차에서는 피고인의 지위에 있으므로 다른 공동피고인에 대한 공소사실에 관하여 증인이 될 수 없으나, 소송절차가 분리되어 피고인의 지위에서 벗어나게 되면 다른 공범인 공동피고인에 대한 공소사실에 관하여 증인이 될 수 있다.

② 누구든지 자기나 친족 또는 친족관계가 있었던 자가 형사소추 또는 공소제기를 당하거나 유죄판결을 받을 사실이 발로될 염려 있는 증언을 거부할 수 있으며 이 경우 증언을 거부하는 자는 거부사유를 소명하지 않아도 된다.

③ 이미 유죄의 확정판결을 받은 피고인은 공범의 형사사건에서 그 범행에 대한 증언을 거부할 수 없을 뿐만 아니라 나아가 사실대로 증언하여야 하나, 만약 피고인이 자신의 형사사건에서 시종일관 그 범행을 부인하였다면 피고인에게 사실대로 진술할 것을 기대할 가능성이 없다고 볼 수 있다.

④ 증인신문을 함에 있어서 증언거부권 있음을 설명하지 아니한 경우라면 증인이 선서하고 증언하였다고 하여도 그 증언의 효력에 관하여는 영향이 있어 무효라고 해석하여야 한다.

해설

① [○] 공범인 공동피고인은 당해 소송절차에서는 피고인의 지위에 있어 다른 공동피고인에 대한 공소사실에 관하여 증인이 될 수 없으나, 소송절차가 분리되어 피고인의 지위에서 벗어나게 되면 다른 공동피고인에 대한 공소사실에 관하여 증인이 될 수 있다(대판 2012.12.13. 2010도10028).

② [×] 증언을 거부하는 자는 거부사유를 소명하여야 한다(제150조).

③ [×] '누구든지 자기가 형사소추 또는 공소제기를 당하거나 유죄판결을 받을 사실이 발로될 염려 있는 증언을 거부할 수 있다'는 형사소송법 제148조의 증언거부권은 헌법 제12조 제2항에 정한 불이익 진술의 강요금지 원칙을 구체화한 자기부죄거부특권에 관한 것인바, 이미 유죄의 확정판결을 받은 경우에는 헌법 제13조 제1항에 정한 일사부재리의 원칙에 의해 다시 처벌받지 아니하므로 자신에 대한 유죄판결이 확정된 증인은 공범에 대한 피고사건에서 증언을 거부할 수 없고, 설령 증인이 자신에 대한 형사사건에서 시종일관 그 범행을 부인하였다 하더라도 그러한 사정만으로, 증인이 진실대로 진술할 것을 기대할 수 있는 가능성이 없는 경우에 해당한다고 할 수 없으므로 허위의 진술에 대하여 위증죄의 성립을 부정할 수 없다(대판 2011.11.24. 2011도11994).

④ [×] 증인신문에 당하야 증언거부권 있음을 설명하지 아니한 경우라 할지라도 증인이 선서하고 증언한 이상 그 증언의 효력에 관하여는 역시 영향이 없고 유효하다고 해석함이 타당하다(대판 1957.3.8. 4290형상23).

정답 ①

police.Hackers.com

제3장 | 수사의 종결

제1절 | 수사기관의 사건처리

01 수사의 종결에 관한 설명으로 옳고 그름의 표시(○, ×)가 바르게 된 것은? (다툼이 있는 경우 판례에 의함)

[23 경찰간부] ☆☆

> 가. 고소인과 고발인은 사법경찰관으로부터 사건불송치 통지를 받은 경우에 해당 사법경찰관의 소속 관서의 장에게 이의를 신청할 수 있다.
> 나. 사법경찰관은 범죄혐의가 인정되지 않는다고 판단하는 경우 검사에게 사건을 송치할 필요는 없으나, 불송치결정서와 함께 압수물 총목록, 기록목록 등 관계서류와 증거물을 검사에게 송부하여야 한다.
> 다. 검사의 불기소처분에 의해 기본권을 침해받은 자는 헌법소원을 제기할 수 있으므로 고소하지 않은 피해자 및 기소유예 처분을 받은 피의자는 헌법소원을 제기할 수 있으나 고발인은 특별한 사정이 없는 한 자기관련성이 없으므로 헌법소원심판을 청구할 수 없다.
> 라. 검사의 불기소처분에 대한 헌법소원에 있어서 그 대상이 된 범죄에 대하여 공소시효가 완성되었더라도 헌법소원을 제기할 수 있다.

① 가(○), 나(×), 다(○), 라(○)
② 가(○), 나(×), 다(×), 라(×)
③ 가(×), 나(○), 다(○), 라(×)
④ 가(×), 나(○), 다(×), 라(○)

해설

가. [×] 사법경찰관은 제245조의5 제2호(불송치)의 경우에는 그 송부한 날부터 7일 이내에 서면으로 고소인·고발인·피해자 또는 그 법정대리인(피해자가 사망한 경우에는 그 배우자·직계친족·형제자매를 포함한다)에게 사건을 검사에게 송치하지 아니하는 취지와 그 이유를 통지하여야 한다(제245조의6). 제245조의6의 통지를 받은 사람(고발인을 제외한다)은 해당 사법경찰관의 소속 관서의 장에게 이의를 신청할 수 있다(제245조의7). <개정 2022.5.9.>

나. [○] 사법경찰관은 법 제245조의5 제2호 및 이 영 제51조 제1항 제3호에 따라 불송치 결정을 하는 경우 불송치의 이유를 적은 불송치 결정서와 함께 압수물 총목록, 기록목록 등 관계 서류와 증거물을 검사에게 송부해야 한다(검사와 사법경찰관의 상호협력과 일반적 수사준칙에 관한 규정 제62조 제1항).

다. [○] 1) (고소하지 않은 피해자) 범죄피해자는 그가 고소를 제기한 바 없었어도 검사의 불기소처분에 대하여 헌법소원심판을 청구할 자격이 있는 한편, 그는 고소인이 아니므로 불기소처분에 대하여 검찰청법에 정한 항고, 재항고의 제기에 의한 구제를 받을 방법이 없고 '고소권자로서 고소한 자'에 해당하지 않아 형사소송법 제260조 제1항 소정의 재정신청 절차를 취할 수도 없으므로 곧바로 헌법소원심판을 청구할 수 있다(헌재 2008.11.27. 2008헌마399).
2) (무죄가 가능함에도 기소유예처분을 받은 피의자) 수사미진의 잘못은 기소유예처분의 결정에 영향을 미침으로써 피의자인 청구인의 평등권과 행복추구권을 침해하였다 할 것이다(헌재 2012.7.26. 2010헌마642).
3) (범죄의 피해자가 아닌 고발인) 범죄피해자가 아닌 고발인에게는 개인적 주관적인 권리나 재판절차에서의 진술권 따위의 기본권이 허용될 수 없으므로 검사가 자의적으로 불기소처분을 하였다고 하여 달리 특별한 사정이 없으면 헌법소원심판청구의 요건인 자기관련성이 없다(헌재 1989.12.22. 89헌마145).

라. [×] 불기소처분의 대상이 된 피의사실에 대한 공소시효가 완성된 경우 그 불기소처분에 대한 헌법소원심판청구는 권리보호의 이익이 없어 부적합하다(헌재 1989.7.28. 89헌마65).

정답 ③

02 수사의 종결에 관한 설명으로 가장 적절하지 않은 것은? (다툼이 있는 경우 판례에 의함) [22 경찰1차]

① 사법경찰관은 사건을 수사한 경우에는 혐의없음, 죄가안됨, 공소권없음, 각하와 같은 불송치 결정을 할 수 있지만 기소유예는 할 수 없다.

② 「검사와 사법경찰관의 상호협력과 일반적 수사준칙에 관한 규정」 제53조 및 제54조에 의하면 사법경찰관은 수사 종결 후 그 내용을 고소인 등과 피의자에게 통지해야 하는데, 특히 수사중지 결정 통지를 받은 사람은 해당 사법경찰관이 소속된 경찰관서의 장에게 이의를 제기할 수 있다.

③ 검사가 수사를 종결하고 공소제기한 이후 「형사소송법」 제215조에 따라 수소법원 이외의 지방법원 판사에게 청구하여 발부받은 영장에 의하여 압수·수색을 하였다면 이는 위법한 압수·수색에 해당한다.

④ 검사의 무혐의 불기소처분에 대해 재정신청을 받은 법원은 당해 불기소처분이 위법하다 하더라도 기록에 나타난 제반사정을 고려하여 기소유예의 불기소처분을 할 만한 사건이라고 인정되는 경우에는 재정신청을 기각할 수 있다.

제1편 | 수사

3장

해설

① [○] 수사준칙 제51조【사법경찰관의 결정】 ① 사법경찰관은 사건을 수사한 경우에는 다음 각 호의 구분에 따라 결정해야 한다.

1. 법원송치
2. 검찰송치
3. 불송치 가. 혐의없음 1) 범죄인정안됨 2) 증거불충분 나. 죄가안됨 다. 공소권없음 라. 각하
4. 수사중지 가. 피의자중지 나. 참고인중지
5. 이송

▶ 기소유예는 사법경찰관이 할 수 있는 결정에 해당하지 않는다.

② [×] 제53조에 따라 사법경찰관으로부터 제51조 제1항 제4호에 따른 수사중지 결정의 통지를 받은 사람은 해당 사법경찰관이 소속된 바로 위 상급경찰관서의 장에게 이의를 제기할 수 있다(수사준칙 제54조).

③ [○] 형사소송법은 제215조에서 검사가 압수·수색 영장을 청구할 수 있는 시기를 공소제기 전으로 명시적으로 한정하고 있지는 아니하나, 헌법상 보장된 적법절차의 원칙과 재판받을 권리, 공판중심주의·당사자주의·직접주의를 지향하는 현행 형사소송법의 소송구조, 관련 법규의 체계, 문언 형식, 내용 등을 종합하여 보면, 일단 공소가 제기된 후에는 피고사건에 관하여 검사로서는 형사소송법 제215조에 의하여 압수·수색을 할 수 없다고 보아야 하며, 그럼에도 검사가 공소제기 후 형사소송법 제215조에 따라 수소법원 이외의 지방법원 판사에게 청구하여 발부받은 영장에 의하여 압수·수색을 하였다면, 그와 같이 수집된 증거는 기본적 인권 보장을 위해 마련된 적법한 절차에 따르지 않은 것으로서 원칙적으로 유죄의 증거로 삼을 수 없다(대판 2011.4.28. 2009도10412).

④ [○] 검사의 무혐의 불기소처분이 위법하다 하더라도 기록에 나타난 여러 가지 사정을 고려하여 기소유예의 불기소처분을 할 만한 사건이라고 인정되는 경우에는 재정신청을 기각할 수 있다(대결 1997.4.22. 97모30).

정답 ②

03 수사의 종결에 관한 설명 중 옳지 않은 것은? (다툼이 있으면 판례에 의함) [20 경찰간부] ☆☆

① 피의사실이 범죄구성요건에 해당하지만 법률상 범죄의 성립을 조각하는 사유가 있어 범죄를 구성하지 않는 경우에 검사는 '죄가 안됨'을 이유로 불기소결정을 하여야 한다.

② 검사의 불기소처분에 불복하는 고소인이나 고발인은 그 검사가 속한 지방검찰청 또는 지청을 거쳐 서면으로 관할 고등검찰청 검사장에게 항고할 수 있다.

③ 검사가 고소사건에 관하여 공소를 제기하는 처분을 한 때에는 그 처분한 날로부터 7일 이내에 서면으로 고소인에게 그 취지를 통지하여야 한다.

④ 검사가 공소제기 후에 그 피고사건에 관하여 수소법원이 아닌 지방법원판사에게 청구받은 영장에 의하여 압수·수색하는 것은 공소유지를 위해 필요한 경우에 한하여 적법하다.

해설

① [○]

☑ 검사의 사건처리(검찰사건사무규칙 제98조 등)

<table>
<tr><td>공소제기</td><td colspan="4">검사는 수사결과 범죄의 객관적 혐의가 충분하고 소송조건을 구비하여 유죄판결을 받을 수 있다고 인정되면 공소를 제기한다(제246조).</td></tr>
<tr><td rowspan="6">불기소처분</td><td rowspan="5">협의의 불기소처분</td><td rowspan="2">혐의없음</td><td>범죄 인정안됨</td><td>피의사실이 범죄를 구성하지 않거나 피의사실이 인정되지 않는 경우</td></tr>
<tr><td>증거불충분</td><td>피의사실을 인정할 만한 충분한 증거가 없는 경우</td></tr>
<tr><td>죄가안됨[1]</td><td colspan="2">피의사실이 범죄구성요건에 해당하나 법률상 범죄의 성립을 조각하는 사유(위법성조각사유나 책임조각사유)가 있어 범죄를 구성하지 아니하는 경우</td></tr>
<tr><td>공소권없음</td><td colspan="2">친고죄나 반의사불벌죄에서 소추조건이 흠결된 경우 또는 친족상도례에 따라 형면제사유가 있는 경우</td></tr>
<tr><td>각하</td><td colspan="2">고소·고발 제한규정 위반시(예 子가 父를 고소한 경우)</td></tr>
<tr><td>기소유예</td><td colspan="3">피의사실이 인정되나 형법 제51조 각 호의 사항을 참작하여 소추할 필요가 없는 경우</td></tr>
<tr><td>기소중지</td><td colspan="4">검사가 피의자의 소재불명 또는 참고인중지의 결정의 사유가 아닌 사유로 수사를 종결할 수 없는 경우 그 사유가 해소될 때까지 내리는 처분</td></tr>
<tr><td>참고인중지</td><td colspan="4">검사가 참고인·고소인·고발인 또는 같은 사건 피의자의 소재불명으로 수사를 종결할 수 없는 경우 그 사유가 해소될 때까지 내리는 처분</td></tr>
<tr><td>이송</td><td colspan="4">검사가 공수처법에 따라 고위공직자범죄수사처에 이첩하는 경우 등</td></tr>
<tr><td>송치</td><td colspan="4">타관송치(관할법원에 대응하는 검찰청검사에게 송치), 소년보호사건 송치, 가정보호사건 송치, 성매매보호사건 송치, 아동보호사건 송치</td></tr>
</table>

② [○] 검사의 불기소처분에 불복하는 고소인이나 고발인은 그 검사가 속한 지방검찰청 또는 지청을 거쳐 서면으로 관할 고등검찰청 검사장에게 항고할 수 있다. 이 경우 해당 지방검찰청 또는 지청의 검사는 항고가 이유 있다고 인정하면 그 처분을 경정하여야 한다(검찰청법 제10조 제1항).

③ [○] 검사는 고소 또는 고발있는 사건에 관하여 공소를 제기하거나 제기하지 아니하는 처분, 공소의 취소 또는 제256조의 송치를 한 때에는 그 처분한 날로부터 7일 이내에 서면으로 고소인 또는 고발인에게 그 취지를 통지하여야 한다(제258조 제1항).

④ [×] 형사소송법은 제215조에서 검사가 압수·수색 영장을 청구할 수 있는 시기를 공소제기 전으로 명시적으로 한정하고 있지는 아니하나, 헌법상 보장된 적법절차의 원칙과 재판받을 권리, 공판중심주의·당사자주의·직접주의를 지향하는 현행 형사소송법의 소송구조, 관련 법규의 체계, 문언 형식, 내용 등을 종합하여 보면, 일단 공소가 제기된 후에는 피고사건에 관하여 검사로서는 형사소송법 제215조에 의하여 압수·수색을 할 수 없다고 보아야 하며, 그럼에도 검사가 공소제기 후 형사소송법 제215조에 따라 수소법원 이외의 지방법원 판사에게 청구하여 발부받은 영장에 의하여 압수·수색을 하였다면, 그와 같이 수집된 증거는 기본적 인권 보장을 위해 마련된 적법한 절차에 따르지 않은 것으로서 원칙적으로 유죄의 증거로 삼을 수 없다(대판 2011.4.28. 2009도10412).

정답 ④

1) 검찰사건사무규칙 제115조 제3호.

04 수사절차에 대한 설명으로 가장 적절하지 않은 것은? [21 경찰1차]

① 사법경찰관이 검찰송치 결정을 한 경우에는 그 내용을 고소인 · 고발인 · 피해자 또는 그 법정대리인(피해자가 사망한 경우에는 그 배우자 · 직계친족 · 형제자매를 포함한다)과 피의자에게 통지해야 한다.

② 사법경찰관이 범죄를 수사한 후 범죄의 혐의가 있다고 인정되는 경우에는 지체 없이 검사에게 사건을 송치하고, 검사는 송치사건의 공소제기 여부 결정 또는 공소의 유지에 관하여 필요한 경우 사법경찰관에게 보완수사를 요구할 수 있으며, 특별히 직접 보완수사를 할 필요성이 인정되는 경우에는 예외적으로 직접 보완수사를 할 수 있다.

③ 사법경찰관리의 수사과정에서 현저한 수사권 남용이 의심되는 사실에 대하여, 「형사소송법」 제197조의3의 절차에 따라 사법경찰관으로부터 사건기록 등본을 송부받은 검사는 필요하다고 인정되는 경우 사법경찰관에게 시정조치를 요구할 수 있고, 그 이행 결과를 통보받은 후 시정조치 요구가 정당한 이유 없이 이행되지 않았다고 인정되는 경우에는 사법경찰관에게 사건을 송치할 것을 요구할 수 있다.

④ 사법경찰관이 범죄를 수사한 후 범죄의 혐의가 인정되지 않아 불송치 결정을 하는 경우, 사법경찰관은 그 이유를 명시한 서면과 함께 관계 서류와 증거물을 지체 없이 검사에게 송부해야 하며, 검사는 송부받은 날로부터 60일 이내에 사법경찰관에게 그 서류 등을 반환하여야 한다.

해설

① [○] 검사 또는 사법경찰관은 제51조 또는 제52조에 따른 결정을 한 경우에는 그 내용을 고소인 · 고발인 · 피해자 또는 그 법정대리인(피해자가 사망한 경우에는 그 배우자 · 직계친족 · 형제자매를 포함한다. 이하 "고소인등"이라 한다)과 피의자에게 통지해야 한다(수사준칙 제53조 제1항).

② [○] 사법경찰관은 고소 · 고발 사건을 포함하여 범죄를 수사한 때에는 범죄의 혐의가 있다고 인정되는 경우에는 지체 없이 검사에게 사건을 송치하고, 관계 서류와 증거물을 검사에게 송부하여야 한다(제245조의5 제1호).
검사는 송치사건의 공소제기 여부 결정 또는 공소의 유지에 관하여 필요한 경우 경우에 사법경찰관에게 보완수사를 요구할 수 있다(제197조의2 제1항 제1호).

③ [○] 제197조의3【시정조치요구 등】 ① 검사는 사법경찰관리의 수사과정에서 법령위반, 인권침해 또는 현저한 수사권 남용이 의심되는 사실의 신고가 있거나 그러한 사실을 인식하게 된 경우에는 사법경찰관에게 사건기록 등본의 송부를 요구할 수 있다(사건기록 송부 요구권).
② 제1항의 송부 요구를 받은 사법경찰관은 지체 없이 검사에게 사건기록 등본을 송부하여야 한다(지체없이 송부).
③ 제2항의 송부를 받은 검사는 필요하다고 인정되는 경우에는 사법경찰관에게 시정조치를 요구할 수 있다(시정조치요구권).
④ 사법경찰관은 제3항의 시정조치 요구가 있는 때에는 정당한 이유가 없으면 지체 없이 이를 이행하고, 그 결과를 검사에게 통보하여야 한다(지체없이 이행 - 결과통보).
⑤ 제4항의 통보를 받은 검사는 제3항에 따른 시정조치 요구가 정당한 이유 없이 이행되지 않았다고 인정되는 경우에는 사법경찰관에게 사건을 송치할 것을 요구할 수 있다(시정조치 미이행 - 사건송치요구권).

④ [×] 제245조의5【사법경찰관의 사건송치 등】 사법경찰관은 고소 · 고발 사건을 포함하여 범죄를 수사한 때에는 다음 각 호의 구분에 따른다.
1. (송치) 범죄의 혐의가 있다고 인정되는 경우에는 지체 없이 검사에게 사건을 송치하고, 관계 서류와 증거물을 검사에게 송부하여야 한다.
2. (불송치) 그 밖의 경우(즉 범죄의 혐의가 있다고 인정되는 경우가 아닌 경우)에는 그 이유를 명시한 서면과 함께 관계 서류와 증거물을 지체 없이 검사에게 송부하여야 한다. 이 경우 검사는 송부받은 날부터 90일 이내에 사법경찰관에게 반환하여야 한다.[2)]

정답 ④

2) 사법경찰관은 법 제245조의5 제2호 및 이 영 제51조 제1항 제3호에 따라 불송치 결정을 하는 경우 불송치의 이유를 적은 불송치 결정서와 함께 압수물 총목록, 기록목록 등 관계 서류와 증거물을 검사에게 송부해야 한다(검사와 사법경찰관의 상호협력과 일반적 수사준칙에 관한 규정 제62조 제1항).

05 수사의 종결에 관한 설명 중 가장 적절하지 않은 것은? (다툼이 있으면 판례에 의함) [20 경찰승진] ★

① 검사가 고소 또는 고발에 의하여 범죄를 수사할 때에는 고소 또는 고발을 수리한 날로부터 3월 이내에 수사를 완료하여 공소제기 여부를 결정하여야 한다.

② 검사가 불기소처분을 한 후에도 공소시효가 완성되기 전이면 언제라도 공소를 제기할 수 있으나, 세무공무원 등의 고발이 있어야 공소를 제기할 수 있는 조세범처벌법위반죄에 관하여 종전 세무공무원 등의 고발에 대한 불기소처분이 있었던 경우는 세무공무원 등의 새로운 고발이 있어야 공소를 제기할 수 있다.

③ 고소장의 기재만으로는 고소사실이 불분명함에도 고소장 제출후 고소인이 출석요구에 불응하거나 소재불명이 되어 고소사실에 대한 진술을 청취할 수 없는 경우는 불기소처분 중 각하 사유에 해당한다.

④ 반의사불벌죄의 경우 처벌을 희망하지 아니하는 의사표시가 있거나 처벌을 희망하는 의사표시가 철회된 경우는 불기소처분중 공소권 없음 사유에 해당한다.

해설

① [○] 검사가 고소 또는 고발에 의하여 범죄를 수사할 때에는 고소 또는 고발을 수리한 날로부터 3월 이내에 수사를 완료하여 공소제기여부를 결정하여야 한다(제257조).

② [×] 세무공무원 등의 고발이 있어야 공소를 제기할 수 있는 조세범처벌법위반죄에 관하여 일단 불기소처분이 있었더라도 세무공무원 등이 종전에 한 고발은 여전히 유효하다. 따라서 나중에 공소를 제기함에 있어 세무공무원 등의 새로운 고발이 있어야 하는 것은 아니다(대판 2009.10.29. 2009도6614).

③ [○] 5. 각하 마. 고소인 또는 고발인이 고소·고발장을 제출한 후 출석요구나 자료제출 등 혐의 확인을 위한 수사기관의 요청에 불응하거나 소재불명이 되는 등 고소·고발사실에 대한 수사를 개시·진행할 자료가 없는 경우(검찰사건사무규칙 제115조 제3항 제5호 마목).

④ [○] 4. 공소권 없음 카. 반의사불벌죄의 경우 처벌을 희망하지 않는 의사표시가 있거나 처벌을 희망하는 의사표시가 철회된 경우(검찰사건사무규칙 제115조 제3항 제4호 카목).

정답 ②

제2절 I 불기소처분에 대한 불복

06 재정신청에 관한 설명 중 옳지 않은 것은? (다툼이 있는 경우 판례에 의함) [23 변호사] ★★★

① 구금 중인 고소인이 재정신청서를 법정기간 안에 교도소장 또는 그 직무를 대리하는 사람에게 제출하였다면 설령 재정신청서가 그 기간 안에 불기소처분을 한 검사가 소속한 지방검찰청의 검사장 또는 지청장에게 도달하지 않았더라도 적법한 재정신청서의 제출로 보아야 한다.

② 재정신청 제기기간이 경과된 후에 재정신청보충서를 제출하면서 원래의 재정신청 대상으로 포함되어 있지 않은 고발사실을 추가한 경우에 그 재정신청보충서에서 추가한 부분에 관한 재정신청은 부적법하다.

③ 재정신청이 있으면 재정결정이 확정될 때까지 공소시효의 진행이 정지된다.

④ 법원이 재정신청 대상 사건이 아님에도 이를 간과한 채 공소제기결정을 하였더라도, 그에 따른 공소가 제기되어 본안 사건의 절차가 개시된 후에는 다른 특별한 사정이 없는 한 본안 사건에서 위와 같은 잘못을 다툴 수는 없다.

⑤ 「형사소송법」 제262조 제4항 후문은 재정신청 기각결정이 확정된 사건에 대하여는 다른 중요한 증거를 발견한 경우를 제외하고는 소추할 수 없다고 규정하고 있는바, 여기에서 '다른 중요한 증거를 발견한 경우'에는 단순히 재정신청 기각결정의 정당성에 의문이 제기되거나 범죄피해자의 권리를 보호하기 위하여 형사재판절차를 진행할 필요가 있는 정도의 증거가 있는 경우는 포함되지 않는다.

해설

① [×] 재정신청서에 대하여는 형사소송법에 제344조 제1항과 같은 재소자 특례규정이 없으므로 재정신청서는 같은 법 제260조 제2항[개정법 제3항]이 정하는 기간 안에 불기소처분을 한 검사가 소속한 지방검찰청의 검사장 또는 지청장에게 '도달하여야' 하고, 설령 구금중인 고소인이 재정신청서를 재정신청 기간 안에 교도소장 또는 그 직무를 대리하는 사람에게 제출하였다 하더라도 재정신청서가 위의 기간 안에 불기소처분을 한 검사가 소속한 지방검찰청의 검사장 등에게 도달하지 아니한 이상 이를 적법한 재정신청서의 제출이라고 할 수 없다(대결 1998.12.14. 98모127).

② [○] 재정신청 제기기간이 경과된 후에 재정신청보충서를 제출하면서 재정신청 대상으로 포함되어 있지 않은 고발사실을 재정신청의 대상으로 추가한 경우, 그 재정신청보충서에서 추가한 부분에 관한 재정신청은 법률상 방식에 어긋난 것으로서 부적법하다(대결 1997.4.22. 97모30).

③ [○] 재정신청이 있으면 고등법원의 재정결정이 확정될 때까지 공소시효의 진행이 정지된다. 그러나 헌법소원[3]이나 검찰항고를 제기하더라도 공소시효의 진행은 정지되지 아니한다(제262조의4 제1항).

④ [○] 재정법원이 형사소송법 제262조 제2항 제2호에 위반하여 재정신청의 대상인 고소사실이 아닌 사실에 대하여 공소제기결정을 한 관계로 그에 따른 공소가 제기되어 본안사건의 절차가 개시된 후에는, 다른 특별한 사정이 없는 한 그 본안사건에서 위와 같은 잘못을 다툴 수는 없다. 또한 위와 같은 잘못은 본안사건에서 공소사실 자체에 대하여 무죄, 면소, 공소기각 등을 할 사유에 해당하는지를 살펴 무죄 등의 판결을 함으로써 그 잘못을 바로잡을 수 있는 것이다(대판 2010.11.25. 2009도3563).

⑤ [○] '다른 중요한 증거를 발견한 경우'란 재정신청 기각결정 당시에 제출된 증거에 새로 발견된 증거를 추가하면 충분히 유죄의 확신을 가지게 될 정도의 증거가 있는 경우를 말한다. 따라서 단순히 재정신청 기각결정의 정당성에 의문이 제기되거나 범죄피해자의 권리를 보호하기 위하여 형사재판절차를 진행할 필요가 있는 정도의 증거가 있는 경우는 여기에 해당하지 않는다(대판 2018.12.28. 2014도17182).

정답 ①

07 재정신청에 관하여 옳은 것만을 모두 고르면? (다툼이 있으면 판례에 의함) [20 경찰간부] ★★★

㉠ 검사가 고소사건에 대하여 공소시효 만료일 30일 전까지 공소를 제기하지 아니하는 경우에는 검찰청법 제10조에 따른 항고 없이 곧바로 재정신청을 할 수 있다.
㉡ 재정신청사건의 심리 중에는 관련 서류 및 증거물을 열람 또는 등사할 수 없다. 다만, 법원은 형사소송법 제262조 제2항 후단의 증거조사 과정에서 작성된 서류의 전부 또는 일부의 열람 또는 등사를 허가할 수 있다.
㉢ 공동신청권자 중 1인의 재정신청은 그 전원을 위하여 효력을 발생하나 재정신청의 취소는 다른 공동신청권자에게 효력을 미치지 아니한다.
㉣ 재정신청 기각결정이 확정된 사안에 대하여는 다른 중요한 증거를 발견한 경우를 제외하고는 소추할 수 없는데, 여기에서 '다른 중요한 증거를 발견한 경우'란 재정신청 기각결정 당시에 제출된 증거에 새로 발견된 증거를 추가하면 충분히 유죄의 확신을 가지게 될 정도의 증거가 있는 경우를 말한다.

① ㉠, ㉡
② ㉠, ㉢
③ ㉡, ㉢, ㉣
④ ㉠, ㉡, ㉢, ㉣

3) 공소시효가 정지되는 경우는 특별히 법률로서 명문의 규정을 둔 경우에 한하여야 하므로 명문의 규정이 없는 이상 검사의 불기소처분에 대한 헌법소원이 재판부의 심판에 회부된 경우에도 그로 인하여 그 처분의 대상이 된 피의사실에 대한 공소시효의 진행이 정지되는 것은 아니다(헌재 1995.1.20. 94헌마246).

해설

㉠ [○] 재정신청인이 재정신청을 하려면 검찰청법 제10조에 따른 항고를 거쳐야 한다(제260조 제2항 본문). 다만, ⅰ) 검사가 공소시효 만료일 30일 전까지 공소를 제기하지 아니하는 경우, ⅱ) (검찰)항고 신청 후 항고에 대한 처분이 행하여지지 아니하고 3개월이 경과한 경우, ⅲ) 항고 이후 재기수사가 이루어진 다음에 다시 공소를 제기하지 아니한다는 통지를 받은 경우에는 검찰항고를 거치지 않고 바로 재정신청을 제기할 수 있다(제260조 제2항 단서).
㉡ [○] 재정신청사건의 심리 중에는 관련 서류 및 증거물을 열람 또는 등사할 수 없다. 다만, 법원은 제262조 제2항 후단의 증거조사과정에서 작성된 서류의 전부 또는 일부의 열람 또는 등사를 허가할 수 있다(제262조의2).
㉢ [○] 재정신청권자가 수인인 경우에 공동신청권자 중 1인의 신청은 그 전원을 위하여 효력이 발생한다(제264조 제1항). 그러나 재정신청의 취소는 다른 공동신청권자에게 효력이 미치지 아니한다(동조 제3항).
㉣ [○] 형사소송법 제262조 제4항 후문은 재정신청 기각결정이 확정된 사건에 대하여는 다른 중요한 증거를 발견한 경우를 제외하고는 소추할 수 없다고 규정하고 있다. 여기에서 '다른 중요한 증거를 발견한 경우'란 재정신청 기각결정 당시에 제출된 증거에 새로 발견된 증거를 추가하면 충분히 유죄의 확신을 가지게 될 정도의 증거가 있는 경우를 말한다(대판 2018.12.28. 2014도17182).

정답 ④

08 재정신청에 관한 설명이다. 다음 중 옳은 것은 모두 몇 개인가? [21 해경1차] ★★

㉠ 법원은 재정신청서를 송부받은 때에는 송부받은 날부터 10일 이내에 피의자에게 그 사실을 통지하여야 한다.
㉡ 재정신청사건의 심리는 특별한 사정이 없는 한 공개한다.
㉢ 재정신청사건의 심리 중에는 관련 서류 및 증거물을 열람 또는 등사할 수 없다. 다만, 법원은 「형사소송법」 제262조 제2항 후단의 증거조사 과정에서 작성된 서류의 전부 또는 일부의 열람 또는 등사를 허가할 수 있다.
㉣ 재정신청은 대리인에 의하여 할 수 있으며 공동신청권자 중 1인의 신청은 그 전원을 위하여 효력을 발생한다.

① 1개
② 2개
③ 3개
④ 4개

해설

㉠ [○] 법원은 재정신청서를 송부받은 때에는 송부받은 날부터 10일 이내에 피의자에게 그 사실을 통지하여야 한다(제262조 제1항).
㉡ [×] 재정신청사건의 심리는 특별한 사정이 없는 한 공개하지 아니한다(제262조 제3항).
㉢ [○] 재정신청사건의 심리 중에는 관련 서류 및 증거물을 열람 또는 등사할 수 없다. 다만, 법원은 제262조 제2항 후단의 증거조사과정에서 작성된 서류의 전부 또는 일부의 열람 또는 등사를 허가할 수 있다(제262조의2).
㉣ [○] 재정신청은 대리인에 의하여 할 수 있으며 공동신청권자 중 1인의 신청은 그 전원을 위하여 효력을 발생한다(제264조 제1항).

정답 ③

09 다음 중 재정신청에 관한 설명으로 가장 옳지 않은 것은? (다툼이 있으면 판례에 의함) [21 해경간부] ☆☆☆

① 대통령에게 제출한 청원서를 대통령비서실로부터 이관 받은 검사가 진정사건으로 내사한 후 내사종결처리하였다면, 위 내사종결처리는 고소 또는 고발사건에 대한 불기소처분이라고 볼 수 없어 재정신청의 대상이 되지 아니한다.

② 구금 중인 고소인이 재정신청서를 재정신청기간 내에 교도소장에게 제출하였다면, 재정신청서가 이 기간 내에 불기소처분을 한 검사가 속하는 지방검찰청 검사장 또는 지청장에게 도달하지 아니하였더라도 재정신청서의 제출은 적법하다.

③ 재정신청 제기기간이 경과된 후에 재정신청보충서를 제출하면서 원래의 재정신청에 재정신청 대상으로 포함되지 않은 고발사실을 재정신청의 대상으로 추가한 경우, 그 재정신청보충서에서 추가부분에 관한 재정신청은 법률상 방식에 어긋난 것으로 부적법하다.

④ 고등법원에 재정신청을 하기 위해서는 「검찰청법」 제10조에 따른 항고를 거쳐야 한다. 다만, 검사가 공소시효 만료일 30일 전까지 공소를 제기하지 아니하는 경우에는 그러하지 아니하다.

해설

① [○] 검사가 진정사건을 내사 후 내사종결처리한 경우 위 내사종결처리는 고소 또는 고발사건에 대한 불기소처분이라고 볼 수 없어 재정신청의 대상이 되지 아니한다(대결 1991.11.5. 91모68).

② [×] 재정신청서에 대하여는 형사소송법에 제344조 제1항과 같은 재소자 특례규정이 없으므로 재정신청서는 같은 법 제260조 제2항[개정법 제3항]이 정하는 기간 안에 불기소처분을 한 검사가 소속한 지방검찰청의 검사장 또는 지청장에게 도달하여야 하고, 설령 구금 중인 고소인이 재정신청서를 재정신청 기간 안에 교도소장 또는 그 직무를 대리하는 사람에게 제출하였다 하더라도 재정신청서가 위의 기간 안에 불기소처분을 한 검사가 소속한 지방검찰청의 검사장 등에게 도달하지 아니한 이상 이를 적법한 재정신청서의 제출이라고 할 수 없다(대결 1998.12.14. 98모127).

③ [○] 재정신청 제기기간이 경과된 후에 재정신청보충서를 제출하면서 원래의 재정신청에 재정신청 대상으로 포함되어 있지 않은 고발사실을 재정신청의 대상으로 추가한 경우, 그 재정신청보충서에서 추가한 부분에 관한 재정신청은 법률상 방식에 어긋난 것으로서 부적법하다(대결 1997.4.22. 97모30).

④ [○] 재정신청인이 재정신청을 하려면 검찰청법 제10조에 따른 항고를 거쳐야 한다(제260조 제2항 본문). 예외적으로 ㉠ 검사가 공소시효 만료일 30일 전까지 공소를 제기하지 아니하는 경우, ㉡ (검찰)항고 신청 후 항고에 대한 처분이 행하여지지 아니하고 3개월이 경과한 경우, ㉢ 항고 이후 재기수사가 이루어진 다음에 다시 공소를 제기하지 아니한다는 통지를 받은 경우에는 검찰항고를 거치지 않고 바로 재정신청을 제기할 수 있다(제260조 제2항 단서).

정답 ②

10 다음 중 재정신청에 대한 설명으로 가장 옳지 않은 것은? (다툼이 있으면 판례에 의함) [21 해경승진] ☆

① 재정신청은 대리인에 의하여 할 수 있으며 공동신청권자 중 1인의 신청은 그 전원을 위하여 효력을 발생한다.

② 재정신청사건의 심리는 특별한 사정이 없는 한 비공개로 한다.

③ 구금 중인 고소인이 재정신청서를 재정신청기간 내에 교도소장에게 제출하였다면, 재정신청서가 그 기간 안에 불기소처분을 한 검사가 속하는 지방검찰청 검사장 또는 지청장에게 도달하지 않았더라도 재정신청서의 제출은 적법하다.

④ 재정신청기각결정이 확정된 사건에 대하여는 다른 중요한 증거를 발견한 경우를 제외하고는 소추할 수 없다.

해설

① [○] 재정신청은 대리인에 의하여 할 수 있으며 공동신청권자 중 1인의 신청은 그 전원을 위하여 효력을 발생한다(제264조 제1항).
② [○] 재정신청사건의 심리는 특별한 사정이 없는 한 공개하지 아니한다(제262조 제3항).
③ [×] 재정신청서에 대하여는 형사소송법에 제344조 제1항과 같은 재소자 특례규정이 없으므로 재정신청서는 같은 법 제260조 제2항[개정법 제3항]이 정하는 기간 안에 불기소처분을 한 검사가 소속한 지방검찰청의 검사장 또는 지청장에게 도달하여야 하고, 설령 구금 중인 고소인이 재정신청서를 재정신청 기간 안에 교도소장 또는 그 직무를 대리하는 사람에게 제출하였다 하더라도 재정신청서가 위의 기간 안에 불기소처분을 한 검사가 소속한 지방검찰청의 검사장 등에게 도달하지 아니한 이상 이를 적법한 재정신청서의 제출이라고 할 수 없다(대결 1998.12.14. 98모127).
④ [○] 제2항 제1호의 결정(재정신청기각결정)이 확정된 사건에 대하여는 다른 중요한 증거를 발견한 경우를 제외하고는 소추할 수 없다(제262조 제4항).

정답 ③

11 재정신청에 관한 다음 설명 중 가장 옳지 않은 것은? (다툼이 있으면 판례에 의함) [21 법원9급]

① 형사소송법 제262조 제4항 후문은 재정신청 기각결정이 확정된 사건에 대하여는 다른 중요한 증거를 발견한 경우를 제외하고는 소추할 수 없다고 규정하고 있다. 여기에서 '다른 중요한 증거를 발견한 경우'란 재정신청 기각결정 당시에 제출된 증거에 새로 발견된 증거를 추가하면 충분히 유죄의 확신을 가지게 될 정도의 증거가 있는 경우를 말하고, 단순히 재정신청 기각결정의 정당성에 의문이 제기되거나 범죄피해자의 권리를 보호하기 위하여 형사재판절차를 진행할 필요가 있는 정도의 증거가 있는 경우는 여기에 해당하지 않는다. 그리고 관련 민사판결에서의 사실인정 및 판단은, 그러한 사실인정 및 판단의 근거가 된 증거자료가 새로 발견된 증거에 해당할 수 있음은 별론으로 하고, 그 자체가 새로 발견된 증거라고 할 수는 없다.
② 법원은 재정신청서를 송부받은 때에는 송부받은 날부터 7일 이내에 피의자에게 그 사실을 통지하여야 한다.
③ 형사소송법 제260조에 따른 재정신청이 있으면 제262조에 따른 재정결정이 확정될 때까지 공소시효의 진행이 정지된다.
④ 재정신청사건의 심리 중에는 관련 서류 및 증거물을 열람 또는 등사할 수 없다. 다만, 법원은 형사소송법 제262조 제2항 후단의 증거조사과정에서 작성된 서류의 전부 또는 일부의 열람 또는 등사를 허가할 수 있다.

해설

① [○] 형사소송법 제262조 제4항 후문은 재정신청 기각결정이 확정된 사건에 대하여는 다른 중요한 증거를 발견한 경우를 제외하고는 소추할 수 없다고 규정하고 있다. 여기에서 '다른 중요한 증거를 발견한 경우'란 재정신청 기각결정 당시에 제출된 증거에 새로 발견된 증거를 추가하면 충분히 유죄의 확신을 가지게 될 정도의 증거가 있는 경우를 말한다. 따라서 단순히 재정신청 기각결정의 정당성에 의문이 제기되거나 범죄피해자의 권리를 보호하기 위하여 형사재판절차를 진행할 필요가 있는 정도의 증거가 있는 경우는 여기에 해당하지 않는다. 그리고 관련 민사판결에서의 사실인정 및 판단은, 그러한 사실인정 및 판단의 근거가 된 증거자료가 새로 발견된 증거에 해당할 수 있음은 별론으로 하고, 그(판단) 자체가 새로 발견된 증거라고 할 수는 없다(대판 2018.12.28. 2014도17182).
② [×] 법원은 재정신청서를 송부받은 때에는 송부받은 날부터 10일 이내에 피의자에게 그 사실을 통지하여야 한다(제262조 제1항).
③ [○] 제260조에 따른 재정신청이 있으면 제262조에 따른 재정결정이 확정될 때까지 공소시효의 진행이 정지된다(제262조의4 제1항).
④ [○] 재정신청사건의 심리 중에는 관련 서류 및 증거물을 열람 또는 등사할 수 없다. 다만, 법원은 제262조 제2항 후단의 증거조사과정에서 작성된 서류의 전부 또는 일부의 열람 또는 등사를 허가할 수 있다(제262조의2).

정답 ②

12 불기소처분에 대한 불복에 관한 설명 중 가장 적절하지 않은 것은? (다툼이 있으면 판례에 의함)

[20 경찰승진] ☆☆

① 검사의 불기소처분에 불복하는 고소인이나 고발인은 그 검사가 속한 지방검찰청 또는 지청을 거쳐 서면으로 관할 고등검찰청 검사장에게 항고할 수 있다.

② 고소권자로서 고소를 한 자는 검사로부터 공소를 제기하지 아니한다는 통지를 받은 때에는 그 검사 소속의 지방검찰청 소재지를 관할하는 고등법원에 그 당부에 관한 재정을 신청할 수 있으나, 검찰항고전치주의가 적용되어 반드시 검찰항고를 먼저 거쳐야 한다.

③ 재정신청은 법원의 결정이 있을 때까지 취소할 수 있으나 취소한 자는 다시 재정신청을 할 수 없다.

④ 대통령에게 제출한 청원서를 대통령비서실로부터 이관받은 검사가 진정사건으로 내사 후 내사종결 처리한 경우 위 내사종결 처리는 고소 또는 고발사건에 대한 불기소처분이라고 볼 수 없어 재정신청의 대상이 되지 아니한다.

제1편 | 수사

3장

해설

① [○] 검사의 불기소처분에 불복하는 고소인이나 고발인은 그 검사가 속한 지방검찰청 또는 지청을 거쳐 서면으로 관할 고등검찰청 검사장에게 항고할 수 있다(검찰청법 제10조 제1항).

② [×] 재정신청인이 재정신청을 하려면 검찰청법 제10조에 따른 항고를 거쳐야 한다(제260조 제2항 본문). 예외적으로 ㉠ 검사가 공소시효 만료일 30일 전까지 공소를 제기하지 아니하는 경우, ㉡ (검찰)항고 신청 후 항고에 대한 처분이 행하여지지 아니하고 3개월이 경과한 경우, ㉢ 항고 이후 재기수사가 이루어진 다음에 다시 공소를 제기하지 아니한다는 통지를 받은 경우에는 검찰항고를 거치지 않고 바로 재정신청을 제기할 수 있다(제260조 제2항 단서).

③ [○] 재정신청은 제262조 제2항의 결정이 있을 때까지 취소할 수 있다. 취소한 자는 다시 재정신청을 할 수 없다(제264조 제2항).

④ [○] 내사종결 처리는 고소 또는 고발사건에 대한 불기소처분이라고 볼 수 없어 재정신청의 대상이 되지 아니한다(대결 1991. 11.5. 91모68).

정답 ②

13 재정신청에 관한 설명 중 옳지 않은 것은 모두 몇 개인가? (다툼이 있으면 판례에 의함) [19 경찰간부] ☆☆

㉠ 검사의 불기소처분에 대하여 고소권자의 경우 재정신청을 할 수 있는 대상 범죄에 제한이 없으며, 기소유예 처분에 대해서도 재정신청을 할 수 있다.
㉡ 고소인과 달리 고발인의 재정신청은 사전에 검찰항고를 경유하여야 한다.
㉢ 재정신청은 고등법원의 재정결정이 있을 때까지 취소할 수 있고, 재정신청을 취소한 자는 다시 재정신청을 할 수 없다.
㉣ 공동신청권자 중 1인의 재정신청은 그 전원을 위하여 효력을 발생하고, 그 취소의 경우에도 마찬가지이다.
㉤ 재정법원의 결정에 대해서는 일체의 불복이 허용되지 않는다.

① 1개 ② 2개
③ 3개 ④ 4개

해설

㉠ [○] 재정신청의 대상은 불기소처분이다. 불기소처분의 이유에는 제한이 없으므로 협의의 불기소처분은 물론 기소유예처분에 대해서도 재정신청을 할 수 있다. 그러나 검사의 공소제기나 공소취소는 불기소처분이 아니므로 재정신청의 대상이 되지 아니한다.

㉡ [×] 고소인과 고발인 모두 1항에 따른 재정신청을 하려면 원칙적으로 검찰항고를 거쳐야 한다(제260조 제2항).

㉢ [○] 재정신청은 제262조 제2항의 결정이 있을 때까지 취소할 수 있다. 취소한 자는 다시 재정신청을 할 수 없다(제264조 제2항).

㉣ [×] 재정신청은 대리인에 의하여 할 수 있으며 공동신청권자 중 1인의 신청은 그 전원을 위하여 효력을 발생한다(제264조 제1항). 재정신청의 취소는 다른 공동신청권자에게 효력을 미치지 아니한다(제264조 제3항).

㉤ [×] 제2항 제1호의 결정(재정신청기각결정)에 대하여는 제415조에 따른 즉시항고를 할 수 있고, 제2항 제2호의 결정(공소제기결정)에 대하여는 불복할 수 없다(제262조 제4항).

정답 ③

14 재정신청에 관한 설명으로 옳지 않은 것은? (다툼이 있으면 판례에 의함)

[20 소방간부] ★★

① 재정신청의 취소는 관할 고등법원에 서면으로 하여야 하나, 기록이 관할 고등법원에 송부되기 전에는 그 기록이 있는 검찰청 검사장 또는 지청장에게 하여야 한다.

② 재정신청서를 송부받은 고등법원은 3개월 이내에 항고의 절차에 준하여 재정신청이 이유 있는 때에는 사건에 대한 공소제기를 결정한다.

③ 사건에 대한 공소제기결정에 따른 재정결정서를 송부받은 관할 지방검찰청 검사장 또는 지청장은 지체 없이 담당 검사를 지정하고, 지정받은 검사는 공소를 제기하여야 한다.

④ 재소자가 재정신청의 기간 내에 교도소장에게 재정신청서를 제출하였다면, 위 기간 안에 불기소처분을 한 검사 소속의 지방검찰청의 검사장 또는 지청장에게 재정신청서가 도달하지 않은 경우라도 재소자의 재정신청서는 적법하다.

⑤ 법원은 직권 또는 피의자의 신청에 따라 재정신청인에게 피의자가 재정신청절차에서 부담하였거나 부담할 변호인 선임료 등 비용의 전부 또는 일부의 지급을 명할 수 있다.

해설

① [○] 재정신청의 취소는 관할고등법원에 서면으로 하여야 한다. 다만, 기록이 관할고등법원에 송부되기 전에는 그 기록이 있는 검찰청 검사장 또는 지청장에게 하여야 한다(형사소송규칙 제121조 제1항).

② [○] 법원은 재정신청서를 송부받은 날부터 3개월 이내에 항고의 절차에 준하여 신청이 이유 있는 때에는 사건에 대한 공소제기를 결정한다. 이 경우 필요한 때에는 증거를 조사할 수 있다(제262조 제2항 제2호).

③ [○] 제2항 제2호의 결정에 따른 재정결정서를 송부받은 관할 지방검찰청 검사장 또는 지청장은 지체 없이 담당 검사를 지정하고 지정받은 검사는 공소를 제기하여야 한다(제262조 제6항).

④ [×] 재정신청서에 대하여는 형사소송법에 제344조 제1항과 같은 재소자 특례규정이 없으므로 재정신청서는 같은 법 제260조 제2항[개정법 제3항]이 정하는 기간 안에 불기소처분을 한 검사가 소속한 지방검찰청의 검사장 또는 지청장에게 도달하여야 하고, 설령 구금 중인 고소인이 재정신청서를 재정신청 기간 안에 교도소장 또는 그 직무를 대리하는 사람에게 제출하였다 하더라도 재정신청서가 위의 기간 안에 불기소처분을 한 검사가 소속한 지방검찰청의 검사장 등에게 도달하지 아니한 이상 이를 적법한 재정신청서의 제출이라고 할 수 없다(대결 1998.12.14. 98모127).

⑤ [○] 법원은 직권 또는 피의자의 신청에 따라 재정신청인에게 피의자가 재정신청절차에서 부담하였거나 부담할 변호인선임료 등 비용의 전부 또는 일부의 지급을 명할 수 있다(제262조의3 제2항).

정답 ④

15 재정신청에 대한 설명으로 가장 적절한 것은? (다툼이 있으면 판례에 의함)

[19 경찰승진] ☆☆

① 법원은 재정신청 기각결정 또는 재정신청 취소가 있는 경우에는 결정으로 재정신청인에게 신청절차에 의하여 생긴 비용의 전부 또는 일부를 부담하게 하여야 한다.

② 검사가 공소시효 만료일 30일 전까지 공소를 제기하지 아니하는 경우에는 검찰항고를 거치지 않고 공소시효 만료일까지 재정신청서를 제출할 수 있다.

③ 법원이 재정신청서에 재정신청을 이유 있게 하는 사유가 기재되어 있지 않음에도 이를 간과한 채 「형사소송법」 제262조 제2항 제2호 소정의 공소제기결정을 한 관계로 그에 따른 공소가 제기되어 본안사건의 절차가 개시된 후에는 다른 특별한 사정이 없는 한 이제 그 본안사건에서 그와 같은 잘못을 다툴 수 없다.

④ 재정신청사건의 관할법원은 불기소처분을 한 검사 소속의 지방검찰청 소재지를 관할하는 지방법원 합의부이다.

해설

① [×] 법원은 재정신청 기각결정 또는 재정신청 취소가 있는 경우에는 결정으로 재정신청인에게 신청절차에 의하여 생긴 비용의 전부 또는 일부를 부담하게 할 수 있다(제262조의3 제1항).

② [×] 재정신청인이 재정신청을 하려면 검찰청법 제10조에 따른 항고를 거쳐야 한다(제260조 제2항 본문). 예외적으로 ㉠ 검사가 공소시효 만료일 30일 전까지 공소를 제기하지 아니하는 경우, ㉡ (검찰)항고 신청 후 항고에 대한 처분이 행하여지지 아니하고 3개월이 경과한 경우, ㉢ 항고 이후 재기수사가 이루어진 다음에 다시 공소를 제기하지 아니한다는 통지를 받은 경우에는 검찰항고를 거치지 않고 바로 재정신청을 제기할 수 있다(제260조 제2항 단서).

③ [○] 법원이 재정신청서에 재정신청을 이유 있게 하는 사유가 기재되어 있지 않음에도 이를 간과한 채 형사소송법 제262조 제2항 제2호 소정의 공소제기결정을 한 관계로 그에 따른 공소가 제기되어 본안사건의 절차가 개시된 후에는, 다른 특별한 사정이 없는 한 이제 그 본안사건에서 위와 같은 잘못을 다툴 수 없다(대판 2010.11.11. 2009도224).

④ [×] 재정신청사건은 불기소처분을 한 검사 소속의 지방검찰청 소재지를 관할하는 고등법원의 관할에 속한다(제260조 제1항).

정답 ③

16 재정신청에 대한 설명으로 가장 적절하지 않은 것은? (다툼이 있으면 판례에 의함)

[19 경찰1차] ☆☆

① 재정신청의 신청권자는 불기소처분의 통지를 받은 고소인 또는 고발인인데 고소인은 모든 범죄에 대해, 고발인은 「형법」 제123조부터 제126조까지의 죄에 대해서만 재정신청이 가능하다.

② 재정신청에 대한 기각결정에 대해서는 법령위반을 이유로 대법원에 즉시항고할 수 있다. 단, 법정기간의 준수 여부는 도달주의 원칙에 따라 재항고장이 법원에 도달한 시점을 기준으로 하고, 재소자 특칙은 준용되지 않는다.

③ 재정신청에 대한 공소제기결정에 대하여는 검사는 물론 공소제기결정의 대상이 된 피의자도 불복할 수 없다. 그러나 공소제기한 검사는 통상의 공판절차에서와 마찬가지로 권한을 행사하고 피고인의 이익을 위해서 공소취소도 할 수 있다.

④ 법원이 재정신청 대상 사건이 아님에도 이를 간과한 채 「형사소송법」 제262조 제2항 제2호에 따라 공소제기결정을 하였더라도, 공소가 제기되어 본안사건의 절차가 개시된 후에는 다른 특별한 사정이 없는 한 본안사건에서 위와 같은 잘못을 다툴 수 없다.

해설

① [○] 고소권자로서 고소를 한 자(「형법」 제123조부터 제126조까지의 죄에 대하여는 고발을 한 자를 포함한다. 이하 이 조에서 같다)는 검사로부터 공소를 제기하지 아니한다는 통지를 받은 때에는 그 검사 소속의 지방검찰청 소재지를 관할하는 고등법원에 그 당부에 관한 재정을 신청할 수 있다(제260조 제1항).

② [○] 재정신청 기각결정에 대한 재항고나 그 재항고 기각결정에 대한 즉시항고로서의 재항고에 대한 법정기간의 준수 여부는 도달주의 원칙에 따라 재항고장이나 즉시항고장이 법원에 도달한 시점을 기준으로 판단하여야 하고, 거기에 재소자 피고인 특칙은 준용되지 아니한다고 해석함이 타당하다(대결(전) 2015.7.16. 2013모2347).

③ [×] 고등법원의 재정신청기각결정에 대해서는 즉시항고(재항고의 의미임)할 수 있으나, 공소제기결정에 대하여는 불복할 수 없다(제262조 제4항 본문). 검사는 제262조 제2항 제2호의 공소제기결정에 따라 공소를 제기한 때에는 이를 취소할 수 없다(제264조의2).

④ [○] 법원이 재정신청 대상 사건이 아님에도 이를 간과한 채 「형사소송법」 제262조 제2항 제2호에 따라 공소제기결정을 하였더라도, 공소가 제기되어 본안사건의 절차가 개시된 후에는 다른 특별한 사정이 없는 한 본안사건에서 위와 같은 잘못을 다툴 수 없다(대판 2017.11.14. 2017도13465).

정답 ③

17 재정신청에 관한 설명 중 가장 적절하지 않은 것은? (다툼이 있으면 판례에 의함) [19 해경승진]

① 재정신청은 대리인에 의하여 할 수 있으며 공동신청권자 중 1인의 신청은 그 전원을 위하여 효력을 발생한다.

② 법원은 직권 또는 피의자의 신청에 따라 재정신청인에게 피의자가 재정신청절차에서 부담하였거나 부담할 변호인 선임료 등 비용의 전부 또는 일부의 지급을 명할 수 있다.

③ 재정신청을 취소한 자는 다시 재정신청을 할 수 없다.

④ 고소인 또는 고발인은 대상범죄에 제한 없이 모든 범죄에 대하여 재정신청을 할 수 있다.

해설

① [○] 재정신청은 대리인에 의하여 할 수 있으며 공동신청권자 중 1인의 신청은 그 전원을 위하여 효력을 발생한다(제264조 제1항).

② [○] 법원은 직권 또는 피의자의 신청에 따라 재정신청인에게 피의자가 재정신청절차에서 부담하였거나 부담할 변호인선임료 등 비용의 전부 또는 일부의 지급을 명할 수 있다(제262조의3 제2항).

③ [○] 재정신청은 제262조 제2항의 결정이 있을 때까지 취소할 수 있다. 취소한 자는 다시 재정신청을 할 수 없다(제264조 제2항).

④ [×] 고소권자로서 고소를 한 자(「형법」 제123조부터 제126조까지의 죄에 대하여는 고발을 한 자를 포함한다. 이하 이 조에서 같다)는 검사로부터 공소를 제기하지 아니한다는 통지를 받은 때에는 그 검사 소속의 지방검찰청 소재지를 관할하는 고등법원에 그 당부에 관한 재정을 신청할 수 있다(제260조 제1항).

정답 ④

18 재정신청에 관한 다음 설명 중 가장 옳지 않은 것은? (다툼이 있으면 판례에 의함) [19 법원9급]

① 형사소송법 제262조 제4항 후문은 재정신청 기각결정이 확정된 사건에 대하여 다른 중요한 증거를 발견한 경우를 제외하고는 소추할 수 없도록 규정하고 있는데, 재정신청 기각결정의 대상에 명시적으로 포함되지 않았다고 하더라도 고소의 효력이 미치는 객관적 범위 내에서는 위와 같은 재소추 제한의 효력이 그대로 미친다.

② 법원이 재정신청 대상 사건이 아님에도 이를 간과한 채 공소제기결정을 하였더라도, 그에 따른 공소가 제기되어 본안사건의 절차가 개시된 후에는 다른 특별한 사정이 없는 한 본안사건에서 위와 같은 잘못을 다툴 수 없다.

③ 재정신청 제기기간이 경과된 후에 재정신청보충서를 제출하면서 원래의 재정신청에 재정신청 대상으로 포함되어 있지 않은 고발사실을 재정신청의 대상으로 추가한 경우, 그 재정신청보충서에서 추가한 부분에 관한 재정신청은 법률상 방식에 어긋난 것으로서 부적법하다.

④ 재정신청절차는 고소·고발인이 검찰의 불기소처분에 불복하여 법원에 그 당부에 관한 판단을 구하는 절차로서 검사가 공소를 제기하여 공판절차가 진행되는 형사재판절차와는 다르며 또한 고소·고발인인 재정신청인은 검사에 의하여 공소가 제기되어 형사재판을 받는 피고인과는 지위가 본질적으로 다르다.

해설

① [×] 다른 중요한 증거를 발견한 경우를 제외하고는 소추할 수 없도록 규정한 형사소송법 제262조 제4항 후문에서 말하는 '제2항 제1호의 결정(재정신청 기각결정)이 확정된 사건'은 재정신청사건을 담당하는 법원에서 공소제기의 가능성과 필요성 등에 관한 심리와 판단이 현실적으로 이루어져 재정신청 기각결정의 대상이 된 사건만을 의미하므로, 재정신청 기각결정의 대상이 되지 않은 사건은 '제2항 제1호의 결정이 확정된 사건'이라고 할 수 없고, 설령 재정신청 기각결정의 대상이 되지 않은 사건이 고소인의 고소내용에 포함되어 있었다 하더라도 이와 달리 볼 수 없다(대판 2015.9.10. 2012도14755).

② [○] 법원이 재정신청 대상 사건이 아님에도 이를 간과한 채 공소제기결정을 하였더라도, 그에 따른 공소가 제기되어 본안사건의 절차가 개시된 후에는 다른 특별한 사정이 없는 한 본안사건에서 위와 같은 잘못을 다툴 수 없다(대판 2017.11.14. 2017도13465).

③ [○] 재정신청 제기기간이 경과된 후에 재정신청보충서를 제출하면서 원래의 재정신청에 재정신청 대상으로 포함되어 있지 않은 고발사실을 재정신청의 대상으로 추가한 경우, 그 재정신청보충서에서 추가한 부분에 관한 재정신청은 법률상 방식에 어긋난 것으로서 부적법하다(대결 1997.4.22. 97모30).

④ [○] 재정신청절차는 고소·고발인이 검찰의 불기소처분에 불복하여 법원에 그 당부에 관한 판단을 구하는 절차로서, 검사가 공소를 제기하여 공판절차가 진행되는 형사재판절차와는 다르며, 또한 고소·고발인인 재정신청인은 검사에 의하여 공소가 제기되어 형사재판을 받는 피고인과는 지위가 본질적으로 다르다(대결(전) 2015.7.16. 2013모2347).

정답 ①

19 재정신청에 관한 설명 중 옳지 않은 것은? (다툼이 있는 경우 판례에 의함) [23 변호사] ☆☆☆

① 구금 중인 고소인이 재정신청서를 법정기간 안에 교도소장 또는 그 직무를 대리하는 사람에게 제출하였다면 설령 재정신청서가 그 기간 안에 불기소처분을 한 검사가 소속한 지방검찰청의 검사장 또는 지청장에게 도달하지 않았더라도 적법한 재정신청서의 제출로 보아야 한다.

② 재정신청 제기기간이 경과된 후에 재정신청보충서를 제출하면서 원래의 재정신청 대상으로 포함되어 있지 않은 고발사실을 추가한 경우에 그 재정신청보충서에서 추가한 부분에 관한 재정신청은 부적법하다.

③ 재정신청이 있으면 재정결정이 확정될 때까지 공소시효의 진행이 정지된다.

④ 법원이 재정신청 대상 사건이 아님에도 이를 간과한 채 공소제기결정을 하였더라도, 그에 따른 공소가 제기되어 본안 사건의 절차가 개시된 후에는 다른 특별한 사정이 없는 한 본안 사건에서 위와 같은 잘못을 다툴 수는 없다.

⑤ 「형사소송법」 제262조 제4항 후문은 재정신청 기각결정이 확정된 사건에 대하여는 다른 중요한 증거를 발견한 경우를 제외하고는 소추할 수 없다고 규정하고 있는바, 여기에서 '다른 중요한 증거를 발견한 경우'에는 단순히 재정신청 기각결정의 정당성에 의문이 제기되거나 범죄피해자의 권리를 보호하기 위하여 형사재판절차를 진행할 필요가 있는 정도의 증거가 있는 경우는 포함되지 않는다.

해설

① [×] 재정신청서에 대하여는 형사소송법에 제344조 제1항과 같은 재소자 특례규정이 없으므로 재정신청서는 제260조 제2항 [개정법 제3항] 기간 안에 불기소처분을 한 검사가 소속한 지방검찰청의 검사장 또는 지청장에게 도달하여야 하고, 설령 구금 중인 고소인이 재정신청서를 재정신청 기간 안에 교도소장 또는 그 직무를 대리하는 사람에게 제출하였다 하더라도 재정신청서가 기간 안에 불기소처분을 한 검사가 소속한 지방검찰청의 검사장 등에게 도달하지 아니한 이상, 적법한 재정신청서의 제출이라고 할 수 없다(대결 1998.12.14. 98모127).

② [○] 재정신청 제기기간이 경과된 후에 재정신청보충서를 제출하면서 원래의 재정신청에 재정신청 대상으로 포함되어 있지 않은 고발사실을 재정신청의 대상으로 추가한 경우, 그 재정신청보충서에서 추가한 부분에 관한 재정신청은 법률상 방식에 어긋난 것으로서 부적법하다(대결 1997.4.22. 97모30).

③ [○] 재정신청이 있으면 고등법원의 재정결정이 확정될 때까지 공소시효의 진행이 정지된다. 그러나 헌법소원[4]이나 검찰항고를 제기하더라도 공소시효의 진행은 정지되지 아니한다(제262조의4 제1항).

④ [○] 재정법원이 형사소송법 제262조 제2항 제2호에 위반하여 재정신청의 대상인 고소사실이 아닌 사실에 대하여 공소제기결정을 한 관계로 그에 따른 공소가 제기되어 본안사건의 절차가 개시된 후에는, 특별한 사정이 없는 한, 본안사건에서 위와 같은 잘못을 다툴 수는 없다. 위와 같은 잘못을 본안사건에서 다툴 수 있다고 한다면 이는 재정신청에 대한 인용결정에 불복할 수 없도록 한 법 제262조 제4항의 규정 취지에 위배하여 형사소송절차의 안정성을 해칠 우려가 있기 때문이다. 이러한 잘못은 본안사건에서 공소사실 자체에 대하여 무죄, 면소, 공소기각 등을 할 사유에 해당하는지를 살펴 무죄 등의 판결을 함으로써 그 잘못을 바로잡을 수 있는 것이다(대판 2010.11.25. 2009도3563).

⑤ [○] 형사소송법 제262조 제4항 후문에서 '다른 중요한 증거를 발견한 경우'란 재정신청 기각결정 당시에 제출된 증거에 새로 발견된 증거를 추가하면 충분히 유죄의 확신을 가지게 될 정도의 증거가 있는 경우를 말한다. 단순히 재정신청 기각결정의 정당성에 의문이 제기되거나 범죄 피해자의 권리를 보호하기 위하여 형사재판 절차를 진행할 필요가 있는 정도의 증거가 있는 경우는 이에 해당하지 않는다(대판 2018.12.28. 2014도17182).

정답 ①

4) 공소시효가 정지되는 경우는 특별히 법률로서 명문의 규정을 둔 경우에 한하여야 하므로 명문의 규정이 없는 이상 검사의 불기소처분에 대한 헌법소원이 재판부의 심판에 회부된 경우에도 그로 인하여 그 처분의 대상이 된 피의사실에 대한 공소시효의 진행이 정지되는 것은 아니다(헌재 1995.1.20. 94헌마246).

제3절 | 공소제기 후의 수사

20 공소제기 후의 수사에 대한 설명으로 가장 적절하지 않은 것은? (다툼이 있으면 판례에 의함)

[21 경찰승진] ☆☆

① 공소제기 후 수사기관에 의한 피고인의 구속은 허용되지 않는다.

② 검사가 공소제기 후에 피고인에 대해 작성한 진술조서는 항상 증거능력이 없다.

③ 검사 또는 사법경찰관이 피고인에 대한 구속영장을 집행하는 경우에 필요한 때에는 영장 없이 구속현장에서 압수·수색·검증을 할 수 있다.

④ 공소가 제기된 후에는 그 피고사건에 관하여 수사기관은 「형사소송법」 제215조에 의하여 압수·수색을 할 수 없다고 보아야 하며, 그럼에도 검사가 공소제기 후 「형사소송법」 제215조에 따라 수소법원 이외의 지방법원 판사에게 청구하여 발부받은 영장에 의하여 압수·수색을 하였다면, 그와 같이 수집된 증거는 기본적 인권 보장을 위해 마련된 적법한 절차에 따르지 않은 것으로서 원칙적으로 유죄의 증거로 삼을 수 없다.

제1편 | 수사

3장

해설

① [○], ④ [○] [1] 공소가 제기된 후에는 그 피고사건에 관한 형사절차의 모든 권한이 사건을 주재하는 수소법원의 권한에 속하게 되며, 수사의 대상이던 피의자는 검사와 대등한 당사자인 피고인으로서의 지위에서 방어권을 행사하게 되므로, 공소제기 후 구속·압수·수색 등 피고인의 기본적 인권에 직접 영향을 미치는 강제처분은 원칙적으로 수소법원의 판단에 의하여 이루어지지 않으면 안된다.

[2] 형사소송법은 제215조에서 검사가 압수·수색 영장을 청구할 수 있는 시기를 공소제기 전으로 명시적으로 한정하고 있지는 아니하나, 헌법상 보장된 적법절차의 원칙과 재판받을 권리, 공판중심주의·당사자주의·직접주의를 지향하는 현행 형사소송법의 소송구조, 관련 법규의 체계, 문언 형식, 내용 등을 종합하여 보면, 일단 공소가 제기된 후에는 피고사건에 관하여 검사로서는 형사소송법 제215조에 의하여 압수·수색을 할 수 없다고 보아야 하며, 그럼에도 검사가 공소제기 후 형사소송법 제215조에 따라 수소법원 이외의 지방법원 판사에게 청구하여 발부받은 영장에 의하여 압수·수색을 하였다면, 그와 같이 수집된 증거는 기본적 인권 보장을 위해 마련된 적법한 절차에 따르지 않은 것으로서 원칙적으로 유죄의 증거로 삼을 수 없다(대판 2011.4.28. 2009도10412).

② [×] 검사 작성의 피고인에 대한 진술조서가 공소제기 후에 작성된 것이라는 이유만으로는 곧 그 증거능력이 없다고 할 수 없다(대판 1984.9.25. 84도1646).

③ [○] 검사 또는 사법경찰관이 피고인에 대한 구속영장의 집행의 경우에 필요한 때에는 그 집행현장에서 영장없이 압수·수색·검증을 할 수 있다(제216조 제2항, 제216조 제1항 제1호).

정답 ②

21 다음 중 공소제기 후 수사에 관한 설명으로 가장 옳지 않은 것은? (다툼이 있으면 판례에 의함)

[21 해경간부] ★★

① 공판준비 또는 공판기일에서 이미 증언을 마친 증인을 검사가 소환한 후 피고인에게 유리한 증언 내용을 추궁하여 이를 일방적으로 번복시키는 방식으로 작성한 진술조서는 피고인이 증거로 할 수 있음에 동의하더라도 증거능력이 없다.

② 검사가 공소제기 후 「형사소송법」 제215조에 따라 수소법원 이외의 지방법원판사에게 청구하여 발부받은 영장에 의하여 압수·수색을 하였다면, 그와 같이 수집된 증거는 기본적 인권보장을 위해 마련된 적법한 절차에 따르지 않은 것으로서 원칙적으로 유죄의 증거로 삼을 수 없다.

③ 검사 작성의 피고인에 대한 진술조서가 공소제기 후에 작성된 것이라는 이유만으로는 곧 그 증거능력이 없다고 할 수 없다.

④ 검사, 사법경찰관은 피의자 기타인의 유류한 물건이나 소유자, 소지자 또는 보관자가 임의로 제출한 물건을 영장없이 압수할 수 있다.

해설

① [×] 공판준비 또는 공판기일에서 이미 증언을 마친 증인을 검사가 소환한 후 피고인에게 유리한 그 증언 내용을 추궁하여 이를 일방적으로 번복시키는 방식으로 작성한 진술조서는 '피고인이 증거로 할 수 있음에 동의하지 아니하는 한' 그 증거능력이 없다(대판(전) 2000.6.15. 99도1108).

② [○] 검사가 공소제기 후 「형사소송법」 제215조에 따라 수소법원 이외의 지방법원판사에게 청구하여 발부받은 영장에 의하여 압수·수색을 하였다면, 수집된 증거는 기본적 인권보장을 위해 마련된 적법한 절차에 따르지 않은 것으로서 원칙적으로 유죄의 증거로 삼을 수 없다(대판 2011.4.28. 2009도10412).

③ [○] 검사 작성의 피고인에 대한 진술조서가 공소제기 후에 작성된 것이라는 이유만으로는 곧 그 증거능력이 없다고 할 수 없다(대판 1984.9.25. 84도1646).

④ [○] 검사, 사법경찰관은 피의자 기타인의 유류한 물건이나 소유자, 소지자 또는 보관자가 임의로 제출한 물건을 영장없이 압수할 수 있다(제218조).

정답 ①

22 공소가 제기된 이후 당해 피고인에 대한 수사와 관련된 설명으로 옳은 것은? (다툼이 있으면 판례에 의함)

[21 국가9급] ★

① 불구속으로 기소된 피고인이 도망하거나 증거인멸의 염려가 있는 경우 검사는 지방법원판사에게 구속영장을 청구하여 발부받아 피고인을 구속할 수 있다.

② 검사 작성의 피고인에 대한 진술조서가 공소제기 후에 작성된 것이라는 이유만으로 곧 그 증거능력이 없다고 할 수는 없다.

③ 수사기관은 수소법원 이외의 지방법원판사로부터 압수·수색 영장을 청구하여 발부받아 피고사건에 관하여 압수·수색을 할 수 있다.

④ 피고인에 대한 수소법원의 구속영장을 집행하는 경우 필요한 때에도 수사기관은 그 집행현장에서 영장 없이는 압수·수색·검증을 할 수 없다.

해설

① [×], ③ [×] 공소가 제기된 후에는 그 피고사건에 관한 형사절차의 모든 권한이 사건을 주재하는 수소법원의 권한에 속하게 되며, 수사의 대상이던 피의자는 검사와 대등한 당사자인 피고인으로서의 지위에서 방어권을 행사하게 되므로, 공소제기 후 구속·압수·수색 등 피고인의 기본적 인권에 직접 영향을 미치는 강제처분은 원칙적으로 수소법원의 판단에 의하여 이루어지지 않으면 안된다(대판 2011.4.28. 2009도10412).

② [○] 검사작성의 피고인에 대한 진술조서가 공소제기 후에 작성된 것이라는 이유만으로는 곧 그 증거능력이 없다고 할 수 없다(대판 1984.9.25. 84도1646).

④ [×] 검사 또는 사법경찰관이 피고인에 대한 구속영장의 집행의 경우에 필요한 때에는 그 집행현장에서 영장없이 압수·수색·검증을 할 수 있다(제216조 제2항, 제216조 제1항 제1호).

정답 ②

23 다음 중 공소제기 후의 수사에 관한 설명으로 가장 옳은 것은? (다툼이 있으면 판례에 의함) [20 해경간부] ☆☆

① 참고인조사는 공소제기 후에도 허용되므로 공판준비 또는 공판기일에 이미 증언을 마친 증인을 검사가 다시 소환하여 피고인에게 유리한 증언내용을 추궁하여 이를 번복시킨 진술조서는 증거능력이 인정된다.

② 검사가 공소제기 후 수소법원 이외의 지방법원판사에게 청구하여 발부받은 영장에 의하여 압수·수색을 한 경우, 그와 같이 수집된 증거도 원칙적으로 유죄의 증거로 삼을 수 있다.

③ 검사가 공소제기 후에 피고인을 피의자로 신문하여 작성한 진술조서는 그 증거능력이 없다.

④ 검사 또는 사법경찰관이 피고인에 대한 구속영장을 집행하는 경우에 필요한 때에는 영장 없이 구속현장에서 압수·수색·검증을 할 수 있다.

해설

① [×] 공판준비 또는 공판기일에서 이미 증언을 마친 증인을 검사가 소환한 후 피고인에게 유리한 그 증언 내용을 추궁하여 이를 일방적으로 번복시키는 방식으로 작성한 진술조서는 '피고인이 증거로 할 수 있음에 동의하지 아니하는 한' 그 증거능력이 없다(대판(전) 2000.6.15. 99도1108).

② [×] 검사가 공소제기 후 형사소송법 제215조에 따라 수소법원 이외의 지방법원 판사에게 청구하여 발부받은 영장에 의하여 압수·수색을 하였다면, 수집된 증거는 기본적 인권 보장을 위해 마련된 적법한 절차에 따르지 않은 것으로서 원칙적으로 유죄의 증거로 삼을 수 없다(대판 2011.4.28. 2009도10412).

③ [×] 검사 작성의 피고인에 대한 진술조서가 공소제기 후에 작성된 것이라는 이유만으로는 곧 그 증거능력이 없다고 할 수 없다(대판 1984.9.25. 84도1646).

④ [○] 검사 또는 사법경찰관이 피고인에 대한 구속영장의 집행의 경우에 필요한 때에는 그 집행현장에서 영장없이 압수·수색·검증을 할 수 있다(제216조 제2항, 제216조 제1항 제1호).

정답 ④

해커스경찰
police.Hackers.com

제2편

증거

제1장 | 증거와 증거능력 판단

제1절 | 증거의 의의와 종류

01 증거에 관한 설명으로 옳은 것은 모두 몇 개인가? (다툼이 있는 경우 판례에 의함) [22 경찰1차] ★★

㉠ 간접증거만으로 유죄를 인정하는 경우에는 여러 간접사실로 보아 피고인이 범행한 것으로 보기에 충분할 만큼 압도적으로 우월한 증명이 있어야 한다.
㉡ 피고인이 수표를 발행하였으나 예금부족 또는 거래정지처분으로 지급되지 아니하게 하였다는 부정수표단속법위반의 공소사실을 증명하기 위하여 제출되는 수표는 증거물의 예에 의하여 증거능력을 판단하여야 한다.
㉢ 타인의 진술을 내용으로 하는 진술이 전문증거인지 여부는 요증사실과의 관계에서 정하여지는바, 원진술의 내용인 사실이 요증사실인 경우에는 전문증거가 아니라 본래증거이다.
㉣ 「형사소송법」 제150조 증언거부사유의 소명, 제184조 제3항 증거보전청구사유의 소명, 제221조의2 제3항 증인신문청구 사유의 소명은 증명의 정도에 이르지 않더라도 입증이 허용된다.
㉤ 공판기일 외의 증인신문 검증에 대하여는 공판조서의 배타적 증명력이 인정되지 않는다.

① 1개 ② 2개
③ 3개 ④ 4개

해설

㉠ [○] 유죄의 인정은 범행 동기, 범행수단의 선택, 범행에 이르는 과정, 범행 전후 피고인의 태도 등 여러 간접사실로 보아 피고인이 범행한 것으로 보기에 충분할 만큼 압도적으로 우월한 증명이 있어야 하고, 피고인이 고의적으로 범행한 것이라고 보기에 의심스러운 사정이 병존하고 증거관계 및 경험법칙상 고의적 범행이 아닐 여지를 확실하게 배제할 수 없다면 유죄로 인정할 수 없다. 피고인은 무죄로 추정된다는 것이 헌법상의 원칙이고, 그 추정의 번복은 직접증거가 존재할 경우에 버금가는 정도가 되어야 한다(대판 2017.5.30. 2017도1549).
㉡ [○] 부정수표단속법위반의 공소사실을 증명하기 위하여 제출되는 수표는 그 서류의 존재 또는 상태 자체가 증거가 되는 것이어서 증거물인 서면에 해당하고 어떠한 사실을 직접 경험한 사람의 진술에 갈음하는 대체물이 아니므로, 그 증거능력은 증거물의 예에 의하여 판단하여야 하고, 이에 대하여는 형사소송법 제310조의2에서 정한 전문법칙이 적용될 여지가 없다(대판 2015.4.23. 2015도2275).
㉢ [×] 타인의 진술을 내용으로 하는 진술이 전문증거인지는 요증사실과 관계에서 정하여지는데, 원진술의 내용인 사실이 요증사실인 경우에는 전문증거이나, 원진술의 존재 자체가 요증사실인 경우에는 본래증거이지 전문증거가 아니다(대판 2014.2.27. 2013도12155).
㉣ [○] 형사소송법상 소명의 대상은 기피사유(제19조 제2항), 증언거부사유(제150조), 증거보전청구사유(제184조 제3항), 증인신문청구사유(제221조의2 제3항), 상소권회복청구사유(제346조 제2항), 정식재판청구권회복청구사유(제458조) 등이 있다.
㉤ [○] 공판조서의 증명력은 '공판기일의 절차'에 한하여 인정이 된다. 따라서 공판기일의 절차가 아닌 공판준비절차 또는 공판기일 외의 절차를 기재한 조서는 배타적 증명력이 인정되지 아니한다. 또한 당해 사건이 아닌 다른 사건의 공판조서는 배타적 증명력이 인정되지 아니한다.

정답 ④

02 증거에 대한 설명으로 가장 적절한 것은? (다툼이 있으면 판례에 의함)

[21 경찰승진] ☆☆

① 간접증거가 개별적으로 완전한 증명력을 가지지 못한다면, 전체 증거를 상호 관련하여 종합적으로 고찰하여 증명력이 있는 것으로 판단되더라도 그에 의하여 범죄사실을 인정할 수 없다.

② 살인죄와 같이 법정형이 무거운 범죄의 경우에도 직접증거 없이 간접증거만으로도 유죄를 인정할 수 있다.

③ 상해 사건에서 피해자 진단서는 상해 사실자체에 대한 직접 증거에 해당한다.

④ 증거능력이란 요증사실을 증명하는 증거의 힘, 증거의 실질적 가치를 말하며, 이는 법관의 자유심증에 의해 결정된다.

해설

① [×] 형사재판에 유죄의 심증이 반드시 직접증거에 의하여 형성되어야만 하는 것은 아니고 경험칙과 논리법칙에 위반되지 아니하는 한 간접증거에 의하여 형성되어도 무방하며, 간접증거가 개별적으로는 범죄사실에 대한 완전한 증명력을 가지지 못하더라도 전체 증거를 상호 관련하에 종합적으로 고찰할 경우 그 단독으로는 가지지 못하는 종합적 증명력이 있는 것으로 판단되면 그에 의하여도 범죄사실을 인정할 수 있는 것이다(대판 2013.6.27. 2013도4172).

② [○] 살인죄 등과 같이 법정형이 무거운 범죄의 경우에도 직접증거 없이 간접증거만에 의하여 유죄를 인정할 수 있고, 살해의 방법이나 피해자의 사망 경위에 관한 중요한 단서인 피해자의 사체가 멸실된 경우라 하더라도 간접증거를 상호 관련하에서 종합적으로 고찰하여 살인죄의 공소사실을 인정할 수 있다(대판 2012.9.27. 2012도2658).

③ [×] 상해사건 발생 직후 피해자를 진찰한 바 있는 의사의 진술 및 상해진단서를 발행한 의사의 진술이나 진단서는 가해자의 상해 사실 자체에 대한 직접적인 증거가 되는 것은 아니고, 다른 증거에 의하여 상해의 가해행위가 인정되는 경우에 그에 대한 상해의 부위나 정도의 점에 대한 증거가 된다(대판 1995.9.29. 95도852).

④ [×] 증거능력은 증거가 엄격한 증명의 자료로 사용될 수 있는 법률상의 자격을 말하고, 증명력은 증거의 실질적 가치를 말한다.

정답 ②

03 증거능력에 관한 설명 중 가장 적절한 것은? (다툼이 있으면 판례에 의함)

[20 경찰승진] ☆☆

① 강도 현행범으로 체포된 피고인에게 진술거부권을 고지하지 아니한 채 강도범행에 대한 자백을 받았다면 그 이후 진술거부권을 고지받고 40여 일이 지난 후 공개된 법정에서 변호인의 조력을 받으며 임의로 이루어진 피고인의 자백이라도 위법한 자백에 기초하여 획득한 2차적 증거이므로 증거로 사용할 수 없다.

② 검사가 조사과정에서 피의자의 진술을 진술조서의 형식으로 작성한 경우 이는 피의자신문조서와 다르므로 피의자에게 진술거부권을 고지할 필요는 없고, 고지하지 않고 작성된 위 진술조서라도 증거능력이 있다.

③ 사법경찰관이 피의자신문조서를 작성하면서 피의자에게 진술거부권 등을 고지하고 행사여부를 질문하였다 하더라도 형사소송법 제244조의3 제2항에 규정된 방식인 자필 또는 사법경찰관이 피의자 답변을 작성한 부분에 피의자의 기명날인 또는 서명의 형식으로 답변이 기재되어 있지 아니하다면 그 피의자신문조서는 증거능력이 인정되지 않는다.

④ 수사기관이 구속수감되어 있던 자에게 그의 압수된 휴대전화를 제공하여 피고인과 통화하게 하고 범행에 관한 통화 내용을 녹음하게 하였더라도 그 녹음 자체는 수사기관이 아닌 사인이 수집한 증거에 해당하므로 피고인이 증거로 함에 동의한 이상 증거능력이 인정된다.

해설

① [×] 강도 현행범으로 체포된 피고인에게 진술거부권을 고지하지 아니한 채 강도범행에 대한 자백을 받고, 이를 기초로 여죄에 대한 진술과 증거물을 확보한 후 진술거부권을 고지하여 피고인의 임의자백 및 피해자의 피해사실에 대한 진술을 수집한 사안에서 제1심 법정에서의 피고인의 자백은 진술거부권을 고지받지 않은 상태에서 이루어진 최초 자백 이후 40여 일이 지난 후에 변호인의 충분한 조력을 받으면서 공개된 법정에서 임의로 이루어진 것이고, 피해자의 진술은 법원의 적법한 소환에 따라 자발적으로 출석하여 위증의 벌을 경고받고 선서한 후 공개된 법정에서 임의로 이루어진 것이어서 예외적으로 유죄 인정의 증거로 사용할 수 있는 2차적 증거에 해당한다(대판 2009.3.12. 2008도11437).

② [×] 피의자의 진술을 녹취 내지 기재한 서류 또는 문서가 수사기관에서의 조사과정에서 작성된 것이라면, 그것이 '진술조서, 진술서, 자술서'라는 형식을 취하였다고 하더라도 피의자신문조서와 달리 볼 수 없고(대법원 2004.9.3. 선고 2004도3588 판결 등 참조), 한편 형사소송법이 보장하는 피의자의 진술거부권은 헌법이 보장하는 형사상 자기에 불리한 진술을 강요당하지 않는 자기부죄거부의 권리에 터잡은 것이므로 수사기관이 피의자를 신문함에 있어서 피의자에게 미리 진술거부권을 고지하지 않은 때에는 그 피의자의 진술은 위법하게 수집된 증거로서 진술의 임의성이 인정되는 경우라도 증거능력이 부인되어야 한다(대판 2009.8.20. 2008도8213).

③ [○] 형사소송법 제244조의3 제2항에 규정한 방식에 위반하여 진술거부권 행사 여부에 대한 피의자의 답변이 자필로 기재되어 있지 아니하거나 그 답변 부분에 피의자의 기명날인 또는 서명이 되어 있지 아니한 사법경찰관 작성의 피의자신문조서는 특별한 사정이 없는 한 형사소송법 제312조 제3항에서 정한 '적법한 절차와 방식에 따라 작성'된 조서라 할 수 없으므로 그 증거능력을 인정할 수 없다(대판 2014.4.10. 2014도1779).

④ [×] 필로폰 매도혐의로 기소된 피고인 甲에 대한 추가적인 증거확보를 목적으로, 검찰이 구속수감되어 있던 乙에게 그의 압수된 휴대전화를 제공하여 甲과 통화하게 하고 "내가 준 필로폰의 품질에는 아무런 문제가 없다."는 내용의 녹음이 들어 있는 휴대전화를 임의제출 형식으로 제출받은 후 휴대전화에 내장된 녹음파일에 대한 녹취록 등을 법원에 제출한 경우, 피고인과 변호인의 증거동의에 상관없이 증거능력이 없다(대판 2010.10.14. 2010도9016).

정답 ③

04 증거능력에 대한 설명으로 가장 적절하지 않은 것은? (다툼이 있으면 판례에 의함) [20 경찰2차] ☆☆

① 수사기관이 영장없이 범죄 수사를 목적으로 금융회사로부터 획득한 금융실명거래 및 비밀보장에 관한 법률 제4조 제1항의 '거래정보등'은 원칙적으로 형사소송법 제308조의2에서 정하는 '적법한 절차에 따르지 아니하고 수집한 증거'에 해당하여 유죄의 증거로 삼을 수 없다.

② 영장 발부의 사유로 된 범죄사실과 별개의 증거를 압수하였을 경우 이는 원칙적으로 유죄 인정의 증거로 사용할 수 없으나, 예외적으로 그 범죄사실과 객관적 인적 관련성이 있는 때에는 사용할 수 있다. 이때 객관적 관련성은 압수 · 수색영장에 기재된 혐의사실의 내용과 수사의 대상, 수사 경위 등을 종합하여 혐의사실과 구체적 · 개별적 연관관계가 있는 경우뿐만 아니라 단순히 동종 또는 유사 범행인 경우도 인정된다.

③ 형사소송법은 전문진술에 대하여 제316조에서 실질상 단순한 전문의 형태를 취하는 경우에 한하여 예외적으로 그 증거능력을 인정하는 규정을 두고 있을 뿐, 재전문진술이나 재전문진술을 기재한 조서에 대하여는 달리 그 증거능력을 인정하는 규정을 두고 있지 아니하고 있으므로 피고인이 증거로 하는 데 동의하지 아니하는 한 형사소송법 제310조의2의 규정에 의하여 이를 증거로 할 수 없다.

④ 형사소송법 제218조를 위반하여 소유자, 소지자 또는 보관자가 아닌 자로부터 제출받은 물건을 영장없이 압수한 경우 '압수물' 및 '압수물을 찍은 사진'은 피고인이나 변호인이 이를 증거로 함에 동의하였다고 하더라도 유죄 인정의 증거로 사용할 수 없다.

해설

① [○] 금융실명법 제4조 제1항에 정한 '거래정보 등'을 획득하기 위해서는 법관의 영장이 필요하고, 신용카드에 의하여 물품을 거래할 때 '금융회사 등'이 발행하는 매출전표의 거래명의자에 관한 정보 또한 금융실명법에서 정하는 '거래정보 등'에 해당하고, 수사기관이 영장없이 범죄수사를 목적으로 금융회사로부터 획득한 '거래정보 등'은 위법수집증거에 해당하여, 유죄인정의 증거가 될 수 없다(대판 2013.3.28. 2012도13607).

② [×] 압수・수색영장의 범죄 혐의사실과 관계있는 범죄라는 것은 압수・수색영장에 기재한 혐의사실과 객관적 관련성이 있고 압수・수색영장 대상자와 피의자 사이에 인적 관련성이 있는 범죄를 의미한다. 그중 혐의사실과의 객관적 관련성은 압수・수색영장에 기재된 혐의사실 자체 또는 그와 기본적 사실관계가 동일한 범행과 직접 관련되어 있는 경우는 물론 범행 동기와 경위, 범행 수단과 방법, 범행 시간과 장소 등을 증명하기 위한 간접증거나 정황증거 등으로 사용될 수 있는 경우에도 인정될 수 있다. 그 관련성은 압수・수색영장에 기재된 혐의사실의 내용과 수사의 대상, 수사 경위 등을 종합하여 구체적・개별적 연관관계가 있는 경우에만 인정되고, 혐의사실과 단순히 동종 또는 유사 범행이라는 사유만으로 관련성이 있다고 할 것은 아니다(대판 2017.12.5. 2017도13458).

③ [○] 형사소송법은 전문진술에 대하여 제316조에서 실질상 단순한 전문의 형태를 취하는 경우에 한하여 예외적으로 그 증거능력을 인정하는 규정을 두고 있을 뿐 재전문진술이나 재전문진술을 기재한 조서에 대하여는 달리 그 증거능력을 인정하는 규정을 두고 있지 아니하므로, 피고인이 증거로 하는 데 동의하지 아니하는 한 형사소송법 제310조의2의 규정에 의하여 이를 증거로 할 수 없다(대판 2012.5.24. 2010도5948).

④ [○] 소유자, 소지자 또는 보관자가 아닌 자로부터 제출받은 물건을 영장없이 압수한 경우 그 압수물 및 압수물을 찍은 사진은 이를 유죄 인정의 증거로 사용할 수 없는 것이고, 피고인이나 변호인이 이를 증거로 함에 동의하였다고 하더라도 달리 볼 것은 아니다(대판 2010.1.28. 2009도10092).

정답 ②

05 증거에 대한 설명 중 옳은 것만을 모두 고르면? (다툼이 있으면 판례에 의함) [20 국가7급]

㉠ 탄핵증거의 제출에 있어서는 증명력을 다투고자 하는 증거의 어느 부분에 의하여 진술의 어느 부분을 다투려고 한다는 것을 사전에 상대방에게 알려야 한다.

㉡ 수사기관이 구속수감된 甲으로부터 피고인의 범행에 대한 진술을 들은 다음 추가적인 증거를 확보할 목적으로 甲에게 그의 압수된 휴대전화를 제공하여, 이와 같은 사정을 모르는 피고인과 통화하게 하고 그 범행에 관한 통화내용을 녹음하게 한 경우, 그 녹취록은 피고인이 증거로 함에 동의하면 증거능력이 있다.

㉢ 피고인이 도로교통법위반(음주운전)으로 기소된 사안에서, 피고인이 음주측정을 위해 경찰서에 동행할 것을 요구받고 자발적인 의사로 경찰차에 탑승하였고, 경찰서로 이동 중 하차를 요구하였으나 그 직후 수사과정에 관한 설명을 듣고 빨리 가자고 요구하였다면, 피고인에 대한 임의동행은 적법하고 그 후 이루어진 음주측정 결과는 증거능력이 있다.

㉣ 제1심법원에서 이미 증거능력이 있었던 증거는 항소심에서도 증거능력이 그대로 유지되어 심판의 기초가 될 수 있고, 다시 증거조사를 할 필요가 없다.

① ㉠, ㉡　　② ㉠, ㉢

③ ㉠, ㉢, ㉣　　④ ㉡, ㉢, ㉣

해설

㉠ [○] 탄핵증거의 제출에 있어서도 상대방에게 이에 대한 공격방어의 수단을 강구할 기회를 사전에 부여하여야 한다는 점에서 그 증거와 증명하고자 하는 사실과의 관계 및 입증취지 등을 미리 구체적으로 명시하여야 할 것이므로, 증명력을 다투고자 하는 (탄핵)증거의 어느 부분에 의하여 진술의 어느 부분을 다투려고 한다는 것을 사전에 상대방에게 알려야 한다(대판 2005.8.19. 2005도2617).

㉡ [×] 필로폰 매도혐의로 기소된 피고인 甲에 대한 추가적인 증거확보를 목적으로, 검찰이 구속수감되어 있던 乙에게 그의 압수된 휴대전화를 제공하여 甲과 통화하게 하고 "내가 준 필로폰의 품질에는 아무런 문제가 없다."는 내용의 녹음이 들어 있는 휴대전화를 임의제출 형식으로 제출받은 후 휴대전화에 내장된 녹음파일에 대한 녹취록 등을 법원에 제출한 경우, 피고인과 변호인의 증거동의에 상관없이 증거능력이 없다(대판 2010.10.14. 2010도9016).

㉢ [○] 피고인이 경찰관으로부터 음주측정을 위해 경찰서에 동행할 것을 요구받고 자발적인 의사에 의해 순찰차에 탑승하였고, 경찰서로 이동하던 중 하차를 요구한 바 있으나 그 직후 경찰관으로부터 수사 과정에 관한 설명을 듣고 경찰서에 빨리 가자고 요구한 경우, 피고인에 대한 임의동행은 피고인의 자발적인 의사에 의하여 이루어진 것으로 그 후에 이루어진 음주측정결과는 증거능력이 있다(대판 2016.9.28. 2015도2798).

㉣ [○] 형사소송법 제364조 제3항은 "제1심법원에서 증거로 할 수 있었던 증거는 항소법원에서도 증거로 할 수 있다."라고 정하고 있다. 따라서 제1심법원에서 이미 증거능력이 있었던 증거는 항소심에서도 증거능력이 그대로 유지되어 심판의 기초가 될 수 있고, 다시 증거조사를 할 필요가 없다(대판 2018.8.1. 2018도8651).

정답 ③

제2절 I 증거재판주의

06 증명의 대상과 방법에 관한 설명 중 가장 적절하지 않은 것은? (다툼이 있는 경우 판례에 의함)

[23 경찰1차]

① 형법 제6조 단서에 따라 "행위지의 법률에 의하여 범죄를 구성"하는가 여부는 법원의 직권조사사항이므로 증명의 대상이 될 수 없다.

② 출입국사범 사건에서 지방출입국 외국인관서의 장의 적법한 고발이 있었는지 여부가 문제되는 경우에 법원은 증거조사의 방법이나 증거능력의 제한을 받지 아니하고 제반 사정을 종합하여 적당하다고 인정되는 방법에 의하여 자유로운 증명으로 그 고발 유무를 판단하면 된다.

③ 공동정범에 있어 공모관계를 인정하기 위해서는 엄격한 증명이 요구되지만, 피고인이 범죄의 주관적 요소인 공모관계를 부인하는 경우에는 사물의 성질상 이와 상당한 관련성이 있는 간접사실 또는 정황사실을 증명하는 방법으로 이를 증명할 수밖에 없다.

④ 형사소송법 제313조 제1항 단서의 특신상태는 증거능력의 요건에 해당하므로 검사가 그 존재에 대하여 구체적으로 주장 입증하여야 하는 것이지만, 이는 소송상의 사실에 관한 것이므로, 엄격한 증명을 요하지 아니하고 자유로운 증명으로 족하다.

해설

① [×] 형법 제6조 단서의 '행위지의 법률에 의하여 범죄를 구성하는지 여부'에 대해서는 엄격한 증명에 의하여 검사가 이를 입증하여야 할 것이다(대판 2011.8.25. 2011도6507).

② [○] 출입국사범 사건에서 지방출입국 · 외국인관서의 장의 적법한 고발이 있었는지 여부가 문제 되는 경우에 법원은 증거조사의 방법이나 증거능력의 제한을 받지 아니하고 제반 사정을 종합하여 적당하다고 인정되는 방법에 의하여 자유로운 증명으로 그 고발 유무를 판단하면 된다(대판 2021.10.28. 2021도404).

③ [○] 공모관계를 인정하기 위해서는 엄격한 증명이 요구되지만, 피고인이 범죄의 주관적 요소인 공모관계를 부인하는 경우에는 사물의 성질상 이와 상당한 관련성이 있는 간접사실 또는 정황사실을 증명하는 방법으로 이를 증명할 수밖에 없다. 이때 무엇이 상당한 관련성이 있는 간접사실에 해당할 것인지는 정상적인 경험칙에 바탕을 두고 치밀한 관찰력이나 분석력으로 사실의 연결 상태를 합리적으로 판단하는 방법으로 하여야 한다(대판(전) 2018.4.19. 2017도14322).

④ [○] 형사소송법 제312조 제4항에서 '특히 신빙할 수 있는 상태'란 진술 내용이나 조서 작성에 허위개입의 여지가 거의 없고, 진술 내용의 신빙성이나 임의성을 담보할 구체적이고 외부적인 정황이 있는 것을 말한다. 그리고 이러한 '특히 신빙할 수 있는 상태'는 증거능력의 요건에 해당하므로 검사가 그 존재에 대하여 구체적으로 주장·증명하여야 하지만, 이는 소송상의 사실에 관한 것이므로 엄격한 증명을 요하지 아니하고 자유로운 증명으로 족하다(대판 2012.7.26. 2012도2937).

정답 ①

07 엄격한 증명과 자유로운 증명에 관한 설명 중 가장 적절하지 않은 것은? (다툼이 있는 경우 판례에 의함)

[22 경찰2차] ☆☆

① 양자는 증거능력의 유무와 증거조사방법에 차이가 있을 뿐 심증의 정도에는 차이가 없다.

② 자유로운 증명은 증거능력 없는 증거나 적법한 증거조사절차를 거치지 아니한 증거에 의한 증명을 의미한다.

③ 법원은 전과조회서가 변론종결 후에 회보되었다 하더라도 변론재개 없이 전과조회서에 기재된 누범전과의 사실을 근거로 형을 가중할 수 있다.

④ 친고죄에서 적법한 고소유무는 자유로운 증명의 대상이다.

해설

① [○], ② [○] '엄격한 증명'이란 법률상 증거능력이 있고 적법한 증거조사를 거친 증거에 의한 증명을 의미하고, '자유로운 증명'이란 증거능력이 없는 증거나 법률이 규정한 증거조사 방법을 거치지 아니한 증거에 의한 증명을 말한다. 엄격한 증명이나 자유로운 증명이나 모두 법관에게 '확신'을 주어야 하므로 증명의 정도는 동일하다.

③ [×] 누범전과에 관한 사실은 형벌권의 범위에 관한 중요한 사실이므로 엄격한 증명의 대상이 되므로(대판 1946.4.26. 4279형상13) 사실심 변론종결 후 검사나 피해자 등에 의해 피고인에게 불리한 새로운 양형조건에 관한 자료가 법원에 제출되었다면, 사실심법원으로서는 변론을 재개하여 그 양형자료에 대하여 피고인에게 의견진술 기회를 주는 등 필요한 양형심리절차를 거침으로써 피고인의 방어권을 실질적으로 보장해야 한다(대판 2021.9.30. 2021도5777).

▶ 따라서 법원이 변론을 재개하지 않고 누범전과의 사실을 근거로 형을 가중할 수는 없다.

④ [○] 친고죄에서 적법한 고소가 있었는지는 자유로운 증명의 대상이 된다(대판 2011.6.24. 2011도4451).

정답 ③

08 증명에 관한 설명으로 가장 적절한 것은? (다툼이 있는 경우 판례에 의함) [22 경찰1차]

① 증거능력이 없는 증거는 유죄의 직접적인 증거로 삼을 수 없으나, 구성요건 사실을 추인하게 하는 간접사실이나 구성요건 사실을 입증하는 직접증거의 증명력을 보강하는 보조사실의 인정자료로는 사용할 수 있다.

② 「형법」 제307조 제2항 허위사실 적시 명예훼손죄에서 허위사실의 인식과 달리 허위사실 자체는 엄격한 증명의 대상이 된다.

③ 「예비군법」 제15조 제9항 제1호에서 정한 정당한 사유가 없다는 사실은 범죄구성요건이므로 검사가 증명하여야 하지만, 양심적 예비군훈련거부를 주장하는 피고인은 자신의 예비군훈련 거부가 그에 따라 행동하지 않고서는 인격적 존재가치가 파멸되고 말 것이라는 절박하고 구체적인 양심에 따른 것이며 그 양심이 깊고 확고하며 진실한 것이라는 사실의 존재를 수긍할 만한 소명자료를 제시하고, 검사는 제시된 자료의 신빙성을 탄핵하는 방법으로 진정한 양심의 부존재를 증명할 수 있다.

④ 합리적 의심이란 요증사실과 양립할 수 없는 사실의 개연성에 대한 합리성 있는 의문을 의미하는 것으로서, 관념적인 의심이나 추상적인 가능성에 기초한 의심도 포함된다.

해설

① [×] 구성요건에 해당하는 사실은 엄격한 증명에 의하여 이를 인정하여야 하고, 증거능력이 없는 증거는 구성요건 사실을 추인하게 하는 간접사실로 사용할 수 없으며, 구성요건 사실을 입증하는 직접증거의 증명력을 보강하는 보조사실의 인정자료로도 사용할 수 없다(대판(전) 2015.1.22. 2014도10978).

② [×] 형사재판에서 공소가 제기된 범죄의 구성요건을 이루는 사실은 그것이 주관적 요건이든 객관적 요건이든 그 증명책임이 검사에게 있으므로, 허위사실 적시 명예훼손죄로 기소된 사건에서 사람의 사회적 평가를 떨어뜨리는 사실이 적시되었다는 점, 그 적시된 사실이 객관적으로 진실에 부합하지 아니하여 허위일 뿐만 아니라 그 적시된 사실이 허위라는 것을 피고인이 인식하고서 이를 적시하였다는 점은 모두 검사가 증명하여야 하고, 자유로운 증명의 대상이다(대판 2020.2.13. 2017도16939).

③ [○] 정당한 사유가 없다는 사실은 범죄구성요건이므로 검사가 증명하여야 한다. 따라서 양심적 병역거부를 주장하는 피고인은 자신의 병역거부가 그에 따라 행동하지 않고서는 인격적 존재가치가 파멸되고 말 것이라는 절박하고 구체적인 양심에 따른 것이며 그 양심이 깊고 확고하며 진실한 것이라는 사실의 존재를 수긍할 만한 소명자료를 제시하고, 검사는 제시된 자료의 신빙성을 탄핵하는 방법으로 진정한 양심의 부존재를 증명할 수 있다(대판(전) 2018.11.1. 2016도10912).

④ [×] 형사재판에 있어서 유죄로 인정하기 위한 심증형성의 정도는 합리적인 의심을 할 여지가 없을 정도여야 하나, 이는 모든 가능한 의심을 배제할 정도에 이를 것까지 요구하는 것은 아니며, 증명력이 있는 것으로 인정되는 증거를 합리적인 근거가 없는 의심을 일으켜 이를 배척하는 것은 자유심증주의의 한계를 벗어나는 것으로 허용될 수 없다 할 것인바, 여기에서 말하는 '합리적 의심'이라 함은 모든 의문, 불신을 포함하는 것이 아니라 논리와 경험칙에 기하여 요증사실과 양립할 수 없는 사실의 개연성에 대한 합리성 있는 의문을 의미하는 것으로서, 피고인에게 유리한 정황을 사실인정과 관련하여 파악한 이성적 추론에 그 근거를 두어야 하는 것이므로 단순히 관념적인 의심이나 추상적인 가능성에 기초한 의심은 합리적 의심에 포함된다고 할 수 없다(대판 2013.6.27. 2013도4172).

정답 ③

09 다음 중 엄격한 증명의 대상이 아닌 것은 모두 몇 개인가? (다툼이 있으면 판례에 의함) [21 해경간부] ☆☆☆

> ㉠ 「폭력행위 등 처벌에 관한 법률」 제4조 제1항 소정의 단체 등의 구성죄에 있어서 '범죄단체의 구성 · 가입행위'의 인정
> ㉡ 「특정범죄 가중처벌 등에 관한 법률」 제5조의9 제1항 위반죄의 행위자에게 '보복의 목적'이 있다는 점
> ㉢ '공무원의 직무에 속한 사항을 알선한다는 명목'으로 수수하였다는 범의
> ㉣ 몰수 · 추징의 대상이 되는지 여부나 추징액의 인정
> ㉤ 음주운전에 있어서 위드마크 공식의 적용을 위한 전제 사실인 섭취한 알코올의 양, 음주시각, 체중 등의 전제사실
> ㉥ 「형법」 제6조 단서의 '행위지 법률에 의하여 범죄를 구성하는지' 여부에 대한 입증
> ㉦ 공모공동정범에 있어서의 공모나 모의

① 1개 ② 2개
③ 3개 ④ 4개

해설

☑ 엄격한 증명의 대상과 자유로운 증명의 대상 구별

엄격한 증명 (형법상 규정된 것)	범죄사실 (객관적 구성요건요소 + 주관적구성요건요소 + 위법성 · 책임)	• 주체, 객체, 행위, 결과, 인과관계, 수단, 방법 등은 엄격한 증명의 대상 (예 뇌물죄 수뢰액, 교사범 교사사실, 횡령행위) • 범죄 구성요건과 관련된 간접사실, 직접증거 증명력 보강하는 보조사실 • 고의 · 과실, 목적, 불법영득의사, 공동정범에서의 공모 등도 엄격한 증명의 대상(예 범의, 공모, 국헌문란의 목적)
	형의 가중 · 감면사실	• 형의 가중 감면 사유
	경험법칙	
	외국법규	• 행위지 법률에 의하여 범죄를 구성하는지
자유로운 증명 (형사소송법상 규정된 것 + 기타)	소송법적 사실 + 기타	• 친고죄 적법한 고소 • 반의사불벌죄 처벌불원의사표시 • 피고인 검찰 진술의 임의성 • 형소법 제313조 단서 특신상태
		• 심신상실 • 몰수 · 추징의 대상이 되는지 • 양형의 조건 • 탄핵증거 • 형법 제310조 위법성조각사유

▶ 엄격한 증명의 대상에 해당하는지 여부: 각 지문별로 엄격한 증명의 대상이면 O, 엄격한 증명의 대상이 아니면 ×로 판단함

㉠ [O] 폭처법상 범죄단체 구성 가입행위는 엄격한 증명의 대상이다(대판 2005.9.9. 2005도3857).
㉡ [O] 특가법상 보복의 목적은 엄격한 증명의 대상이다(대판 2014.9.26. 2014도903).
㉢ [O] 공무원 직무에 속한 사항을 알선한다는 명목으로 수수했다는 범의는 엄격한 증명의 대상이다(대판 2013.9.12. 2013도6570).
㉣ [×] 몰수(추징)대상이 되는지 여부나 추징액의 인정 등 몰수 · 추징의 사유는 범죄구성요건 사실에 관한 것이 아니어서 엄격한 증명은 필요 없지만 역시 증거에 의하여 인정되어야 할 것임은 당연하다(대판(전) 2006.4.7. 2005도9858).
㉤ [O] 위드마크 공식의 적용을 위하여 필요한 전제사실(섭취한 알코올의 양, 음주 시각, 체중 등)의 인정은 엄격한 증명으로 증명되어야 한다.
㉥ [O] 형법 제6조 단서 행위지의 법률에 의하여 범죄를 구성하는지 여부는 엄격한 증명의 대상이다(대판 2017.3.22. 2016도17465).
㉦ [O] 공모공동정범상 공모나 모의는 엄격한 증명의 대상이다(대판 2007.4.27. 2007도236).

정답 ①

10 엄격한 증명과 자유로운 증명에 대한 다음 설명(㉠~㉣) 중 옳고 그름의 표시(○, ×)가 바르게 된 것은? (다툼이 있으면 판례에 의함) [20 경찰1차] ☆☆

> ㉠ 내란선동죄에서 국헌문란의 목적은 초과주관적 위법요소로서 엄격한 증명사항에 속하므로 확정적 인식임을 요한다.
> ㉡ 법원은 재심청구 이유의 유무를 판단함에 필요한 경우에는 사실을 조사할 수 있으며, 공판절차에 적용되는 엄격한 증거조사 방식에 따라야 한다.
> ㉢ 공모관계를 인정하기 위해서는 엄격한 증명이 요구되지만 피고인이 공모관계를 부인하는 경우에는 상당한 관련성이 있는 간접사실 또는 정황사실을 증명하는 방법으로 이를 증명할 수밖에 없다.
> ㉣ 목적범의 목적은 내심의 의사로서 이를 직접 증명하는 것이 불가능하므로 고의 등과 같이 내심의 의사를 인정하는 통상적인 방법에 따라 정황사실 또는 간접사실 등에 의하여 이를 증명하여야 한다.

① ㉠ ○ ㉡ ○ ㉢ ○ ㉣ ×
② ㉠ ○ ㉡ × ㉢ ○ ㉣ ○
③ ㉠ × ㉡ ○ ㉢ × ㉣ ×
④ ㉠ × ㉡ × ㉢ ○ ㉣ ○

해설

㉠ [×] 국헌문란의 목적은 범죄 성립을 위하여 고의 외에 요구되는 초과 주관적 위법요소로서 엄격한 증명사항에 속하나, 확정적 인식임을 요하지 아니하며, 다만 미필적 인식이 있으면 족하다(대판(전) 2015.1.22. 2014도10978).

㉡ [×] 재심의 청구를 받은 법원은 재심청구 이유의 유무를 판단함에 필요한 경우 사실을 조사할 수 있고(제37조 제3항), 공판절차에 적용되는 엄격한 증거조사 방식에 따라야만 하는 것은 아닌 점(대결(전) 2019.3.21. 2015모2229).

㉢ [○] 2인 이상이 범죄에 공동 가공하는 공범관계에서 공모는 법률상 어떤 정형을 요구하는 것이 아니고 2인 이상이 공모하여 범죄에 공동 가공하여 범죄를 실현하려는 의사의 결합만 있으면 충분하다. 비록 전체의 모의 과정이 없더라도 여러 사람 사이에 순차적으로 또는 암묵적으로 의사의 결합이 이루어지면 공모관계가 성립한다. 이러한 공모관계를 인정하기 위해서는 엄격한 증명이 요구되지만, 피고인이 범죄의 주관적 요소인 공모관계를 부인하는 경우에는 사물의 성질상 이와 상당한 관련성이 있는 간접사실 또는 정황사실을 증명하는 방법으로 이를 증명할 수밖에 없다(대판(전) 2018.4.19. 2017도14322).

㉣ [○] 목적범의 목적은 내심의 의사로서 이를 직접 증명하는 것이 불가능하므로 고의 등과 같이 내심의 의사를 인정하는 통상적인 방법에 따라 정황사실 또는 간접사실 등에 의하여 이를 증명하여야 한다(대판 2015.1.22. 2014도10978).

정답 ④

11 증명력에 관한 설명 중 가장 옳은 것은? (다툼이 있으면 판례에 의함) [19 경찰간부] ☆

① 피고인이 공판정에서 진정성립을 인정한 검사 작성의 피의자신문조서에 기재된 자신의 진술의 임의성을 다투는 경우 법원은 자유로운 심증으로 임의성 유무를 판정할 수 있다.
② 증거능력이 없는 증거라도 구성요건 사실을 추인하게 하는 간접사실이나 직접증거의 증명력을 보강하는 보조사실의 인정자료로는 사용할 수 있다.
③ 공연히 사실을 적시하여 사람의 명예를 훼손한 행위에 대하여 그것이 진실한 사실로서 오로지 공공의 이익에 관한 때에 해당된다는 점은 행위자가 엄격한 증거에 의하여 합리적 의심의 여지가 없을 정도로 증명하여야 한다.
④ 피고인의 자필로 작성된 진술서의 경우에 증거능력 인정요건인 '특히 신빙할 수 있는 상태'는 엄격한 증명의 대상이다.

해설

① [○] 진술의 임의성에 다툼이 있을 때에는 검사가 그 임의성의 의문점을 없애는 증명을 하여야 하며, 검사가 그 임의성의 의문점을 없애는 증명을 하지 못한 경우에는 그 진술증거는 증거능력이 부정되고, 진술의 임의성은 자유로운 증명에 의하여 가능하다(대판 2006.1.26. 2004도517).

② [×] 증거능력 없는 증거는 구성요건 사실을 추인하게 하는 간접사실로 사용할 수 없으며, 직접증거의 증명력을 보강하는 보조사실의 인정자료로도 사용할 수 없다(대판 2015.1.22. 2014도10978).

③ [×] 공연히 사실을 적시하여 사람의 명예를 훼손한 행위가 형법 제310조의 규정에 따라서 위법성이 조각되어 처벌대상이 되지 않기 위하여는 그것이 진실한 사실로서 오로지 공공의 이익에 관한 때에 해당된다는 점을 행위자가 증명하여야 하는 것이나, 그 증명은 유죄의 인정에 있어 요구되는 것과 같이 법관으로 하여금 의심할 여지가 없을 정도의 확신을 가지게 하는 증명력을 가진 엄격한 증거에 의하여야 하는 것은 아니므로, 이 때에는 전문증거에 대한 증거능력의 제한을 규정한 형사소송법 제310조의2는 적용될 여지가 없다(대판 1996.10.25. 95도1473).

④ [×] 형사소송법 제313조 단서에 규정된 '특히 신빙할 수 있는 상태'는 증거능력의 요건에 해당하므로 검사가 그 존재에 대하여 구체적으로 주장 · 입증하여야 하는 것이지만, 이는 소송상의 사실에 관한 것이므로 엄격한 증명을 요하지 아니하고 자유로운 증명으로 족하다(대판 2001.9.4. 2000도1743).

정답 ①

12 증거와 증명에 대한 설명으로 가장 적절한 것은? (다툼이 있으면 판례에 의함) [20 경찰1차] ☆☆

① 형사소송법 제312조 제4항에서 '특히 신빙할 수 있는 상태'는 증거능력의 요건에 해당하므로 검사가 그 존재에 대하여 구체적으로 주장 · 증명하여야 하고, 엄격한 증명을 요한다.

② 강간죄에서 공소사실을 인정할 증거로 사실상 피해자의 진술이 유일하고 피고인의 진술은 경험칙상 합리성이 없고 그 자체로 모순되어 믿을 수 없는 경우, 이러한 사정은 법관의 자유판단의 대상이 되지 않는다.

③ 충분한 증명력이 있는 증거를 합리적인 근거 없이 배척하거나 반대로 객관적인 사실에 명백히 반하는 증거를 아무런 합리적인 근거 없이 채택 · 사용하는 등으로 논리와 경험의 법칙에 어긋나는 것이 아닌 이상, 법관은 자유심증으로 증거를 채택하여 사실을 인정할 수 있다.

④ 몰수는 부가형이자 형벌이므로 몰수의 대상 여부는 엄격한 증명의 대상이나, 추징은 형벌이 아니므로 추징의 대상, 추징액의 인정은 자유로운 증명의 대상이다.

해설

① [×] 형사소송법 제312조 제4항에서 '특히 신빙할 수 있는 상태'란 진술 내용이나 조서 작성에 허위개입의 여지가 거의 없고, 진술 내용의 신빙성이나 임의성을 담보할 구체적이고 외부적인 정황이 있는 것을 말한다. 그리고 이러한 '특히 신빙할 수 있는 상태'는 증거능력의 요건에 해당하므로 검사가 그 존재에 대하여 구체적으로 주장 · 증명하여야 하지만, 이는 소송상의 사실에 관한 것이므로 엄격한 증명을 요하지 아니하고 자유로운 증명으로 족하다(대판 2012.7.26. 2012도2937).

② [×] 강간죄에서 공소사실을 인정할 증거로 사실상 피해자의 진술이 유일한 경우에 피고인의 진술이 경험칙상 합리성이 없고 그 자체로 모순되어 믿을 수 없다고 하여 피고인의 진술이 공소사실을 인정하는 직접증거가 되는 것은 아니지만, 이러한 사정은 법관의 자유판단에 따라 피해자 진술의 신빙성을 뒷받침하거나 직접증거인 피해자 진술과 결합하여 공소사실을 뒷받침하는 간접정황이 될 수 있다(대판 2018.10.25. 2018도7709).

③ [○] 충분한 증명력이 있는 증거를 합리적인 근거 없이 배척하거나 반대로 객관적인 사실에 명백히 반하는 증거를 아무런 합리적인 근거 없이 채택 · 사용하는 등으로 논리와 경험의 법칙에 어긋나는 것이 아닌 이상, 법관은 자유심증으로 증거를 채택하여 사실을 인정할 수 있다(대판(전) 2019.3.28. 2018도16002).

④ [×] 몰수, 추징의 대상이 되는지 여부나 추징액의 인정은 엄격한 증명을 필요로 하지 아니한다(대판 2015.4.23. 2015도1233).

정답 ③

13 다음 중 자유로운 증명의 대상이면서도 거증책임이 검사에게 있는 것을 모두 고른 것은? (다툼이 있으면 판례에 의함)

[20 해경1차]

㉠ 몰수의 대상이 되는지 여부 또는 추징액의 인정 등 몰수·추징 사유의 입증
㉡ 검사가 피고인의 자필진술서를 유죄의 증거로 제출하는 경우 그 진술서의 진정성립에 대한 입증
㉢ 주취정도를 계산하기 위해 위드마크 공식을 적용하는 경우 그 전제사실이 되는 섭취한 알코올의 양, 음주시각, 체중 등의 사실에 관한 입증
㉣ 「형법」 제310조의 "형법 제307조 제1항의 행위가 진실한 사실로서 오로지 공공의 이익에 관한 때에는 처벌하지 아니한다."는 규정과 관련하여 피고인이 주장하는 사실이 진실로서 오로지 공공의 이익에 해당하는지 여부의 입증

① ㉠, ㉡ ② ㉠, ㉣
③ ㉡, ㉢ ④ ㉢, ㉣

해설

㉠ [○] 몰수, 추징의 대상이 되는지 여부나 추징액의 인정은 엄격한 증명을 필요로 하지 아니한다. 이에 대한 입증책임은 검사에게 있다(대판 2015.4.23. 2015도1233).
㉡ [○] 피고인의 자필로 작성된 진술서의 경우에는 서류의 작성자가 동시에 진술자이므로 진정하게 성립된 것으로 인정되어 형사소송법 제313조 단서에 의하여 그 진술이 특히 신빙할 수 있는 상태하에서 행하여진 때에는 증거능력이 있고, 이러한 특신상태는 증거능력의 요건에 해당하므로 '검사가' 그 존재에 대하여 구체적으로 주장·입증하여야 하는 것이지만, 이는 소송상의 사실에 관한 것이므로, 엄격한 증명을 요하지 아니하고 자유로운 증명으로 족하다(대판 2001.9.4. 2000도1743).
▶ 위 판례는 특신상태의 입증에 관한 것이지만, 전문증거의 성립의 진정도 소송법적 사실에 해당하므로 자유로운 증명으로 족하다.
㉢ [×] 범죄구성요건사실의 존부를 알아내기 위해 과학공식 등의 경험칙을 이용하는 경우에 그 법칙 적용의 전제가 되는 개별적이고 구체적인 사실에 대하여는 엄격한 증명을 요하는바, 위드마크 공식의 적용을 위하여 필요한 전제사실(섭취한 알코올의 양, 음주 시각, 체중 등)의 인정은 엄격한 증명으로 증명되어야 한다(대판 2008.8.21. 2008도5531).
㉣ [×] 공연히 사실을 적시하여 사람의 명예를 훼손한 행위가 형법 제310조의 규정에 따라서 위법성이 조각되어 처벌대상이 되지 않기 위하여는 그것이 진실한 사실로서 오로지 공공의 이익에 관한 때에 해당된다는 점을 행위자가 증명하여야 하는 것이나, 그 증명은 유죄의 인정에 있어 요구되는 것과 같이 법관으로 하여금 의심할 여지가 없을 정도의 확신을 가지게 하는 증명력을 가진 엄격한 증거에 의하여야 하는 것은 아니므로, 이 때에는 전문증거에 대한 증거능력의 제한을 규정한 형사소송법 제310조의2는 적용될 여지가 없다(대판 1996.10.25. 95도1473).

정답 ①

14 증명에 관한 다음 설명 중 가장 옳지 않은 것은? (다툼이 있으면 판례에 의함) [20 법원9급] ★★

① 형사재판에서 엄격한 증명이 요구되는 대상에는 검사가 공소장에 기재한 구체적 범죄사실 모두가 포함되고, 특히 공소사실에 특정된 범죄의 일시는 범죄의 성격상 특수한 사정이 있는 경우가 아닌 한 엄격한 증명을 통하여 인정되어야 한다.

② 목적과 용도를 정하여 위탁한 금전을 수탁자가 임의로 소비하면 횡령죄를 구성할 수 있으나, 이 경우 피해자가 목적과 용도를 정하여 금전을 위탁한 사실 및 그 목적과 용도가 무엇인지는 엄격한 증명의 대상이다.

③ 형사소송법 제312조 제4항에서 '특히 신빙할 수 있는 상태'는 증거능력의 요건에 해당하므로 검사가 그 존재에 대하여 구체적으로 주장 · 증명하여야 하며 그러한 증명은 엄격한 증명을 요한다.

④ 친고죄에 있어서의 고소는 고소권 있는 자가 수사기관에 대하여 범죄사실을 신고하고 범인의 처벌을 구하는 의사표시로서 서면뿐만 아니라 구술로도 할 수 있는 것이고, 친고죄에서 적법한 고소가 있었는지 여부는 자유로운 증명의 대상이 된다.

해설

① [○] 형사재판에서 범죄사실의 인정은 법관으로 하여금 합리적인 의심을 할 여지가 없을 정도의 확신을 가지게 하는 증명력을 가진 엄격한 증거에 의하여야 하는 것이므로, 검사의 입증이 위와 같은 확신을 가지게 하는 정도에 충분히 이르지 못한 경우에는 비록 피고인의 주장이나 변명이 모순되거나 석연치 않은 면이 있는 등 유죄의 의심이 간다고 하더라도 피고인의 이익으로 판단하여야 한다. 이와 같이 엄격한 증명이 요구되는 대상에는 검사가 공소장에 기재한 구체적 범죄사실 모두가 포함되고, 특히 공소사실에 특정된 범죄의 일시는 피고인의 방어권 행사의 주된 대상이 되므로, 범죄의 성격상 특수한 사정이 있는 경우가 아닌 한 엄격한 증명을 통하여 공소사실에 특정한 대로 범죄사실이 인정되어야 한다(대판 2013.9.26. 2012도3722).

② [○] 목적과 용도를 정하여 위탁한 금전을 수탁자가 임의로 소비하면 횡령죄를 구성할 수 있으나 이 경우 피해자 등이 목적과 용도를 정하여 금전을 위탁한 사실 및 그 목적과 용도가 무엇인지는 엄격한 증명의 대상이라고 보아야 한다(대판 2013.11.14. 2013도8121).

③ [×] 형사소송법 제313조 단서에 규정된 '특히 신빙할 수 있는 상태'는 증거능력의 요건에 해당하므로 검사가 그 존재에 대하여 구체적으로 주장 · 입증하여야 하는 것이지만, 이는 소송상의 사실에 관한 것이므로 엄격한 증명을 요하지 아니하고 자유로운 증명으로 족하다(대판 2001.9.4. 2000도1743).

④ [○] 친고죄에 있어서의 고소는 고소권 있는 자가 수사기관에 대하여 범죄사실을 신고하고 범인의 처벌을 구하는 의사표시로서 서면뿐만 아니라 구술로도 할 수 있는 것이고, 친고죄에서 적법한 고소가 있었는지 여부는 자유로운 증명의 대상이 된다(대판 2011.6.24. 2011도4451).

정답 ③

15 다음 중 엄격한 증명의 대상은 모두 몇 개인가? (다툼이 있으면 판례에 의함) [19 해경1차] ☆☆☆

㉠ 횡령죄에 있어서 피해자 등이 목적과 용도를 특정하여 위탁한 사실 및 그 용도 내용
㉡ 명예훼손죄에 있어서 위법성조각사유인 진실한 사실로서 오로지 공공의 이익에 관한 것인지 여부
㉢ 피고인의 범행 당시의 정신상태가 심신상실인지 또는 심신미약이었는지 여부
㉣ 뇌물죄에 있어서 수뢰가액
㉤ 「도로교통법」 위반죄에 있어서 주취정도의 계산 시 위드마크 공식 적용을 위한 자료로 섭취한 알코올의 양, 음주시각, 체중에 대한 사실
㉥ 몰수·추징의 대상이 되는지 여부나 추징액의 인정
㉦ 법원의 재판부가 이전에 판단하였던 사건의 결과
㉧ 민간인이 군에 입대하여 군인신분을 취득하였는지 여부 판단

① 3개 ② 4개
③ 5개 ④ 6개

해설

㉠ [○] 목적과 용도를 정하여 위탁한 금전을 수탁자가 임의로 소비하면 횡령죄를 구성할 수 있으나 이 경우 피해자 등이 목적과 용도를 정하여 금전을 위탁한 사실 및 그 목적과 용도가 무엇인지는 엄격한 증명의 대상이라고 보아야 한다(대판 2013.11.14. 2013도8121).

㉡ [×] 공연히 사실을 적시하여 사람의 명예를 훼손한 행위가 형법 제310조의 규정에 따라서 위법성이 조각되어 처벌대상이 되지 않기 위하여는 그것이 진실한 사실로서 오로지 공공의 이익에 관한 때에 해당된다는 점을 행위자가 증명하여야 하는 것이나, 그 증명은 유죄의 인정에 있어 요구되는 것과 같이 법관으로 하여금 의심할 여지가 없을 정도의 확신을 가지게 하는 증명력을 가진 엄격한 증거에 의하여야 하는 것은 아니므로, 이때에는 전문증거에 대한 증거능력의 제한을 규정한 형사소송법 제310조의2는 적용될 여지가 없다(대판 1996.10.25. 95도1473).

㉢ [×] 형법 제10조에 규정된 심신장애의 유무 및 정도의 판단은 법률적 판단으로서 반드시 전문감정인의 의견에 기속되어야 하는 것은 아니고, 정신질환의 종류와 정도, 범행의 동기, 경위, 수단과 태양, 범행 전후의 피고인의 행동, 반성의 정도 등 여러 사정을 종합하여 법원이 독자적으로 판단할 수 있고, 자유로운 증명의 대상이다(대판 2007.11.29. 2007도8333).

㉣ [○] 뇌물죄에서의 수뢰액은 엄격한 증명의 대상이 된다(대판 2011.5.26. 2009도2453).

㉤ [○] 범죄구성요건사실의 존부를 알아내기 위해 과학공식 등의 경험칙을 이용하는 경우에 그 법칙 적용의 전제가 되는 개별적이고 구체적인 사실에 대하여는 엄격한 증명을 요하는바, 위드마크 공식의 적용을 위하여 필요한 전제사실(섭취한 알코올의 양, 음주 시각, 체중 등)의 인정은 엄격한 증명으로 증명되어야 한다(대판 2008.8.21. 2008도5531).

㉥ [×] 몰수(추징)대상이 되는지 여부나 추징액의 인정 등 몰수·추징의 사유는 범죄구성요건 사실에 관한 것이 아니어서 엄격한 증명은 필요 없다(대판(전) 2006.4.7. 2005도9858).

㉦ [×] '법원의 재판부가 이전에 판단하였던 사건의 결과'는 누범과 관련된 사항이 아닌 이상 법원의 판단 자체로 보는 것이 타당할 것이다. 따라서 이는 법원에 현저한 사실, 즉 법원이 그 직무상 명백히 알고 있는 사실인 공지의 사실과는 구별되며 법원에 대한 국민의 신뢰 확보와 공정한 재판의 담보를 위해서 증명을 요한다. 다만, 증명의 정도와 관련하여 범죄사실과 직접적인 관련이 있지 않은 이상 엄격한 증명이 아닌 자유로운 증명으로 족할 것이다.

㉧ [○] '민간인이 군에 입대하여 군인신분을 취득하였는가의 여부'를 판단함에는 엄격한 증명을 요한다(대판 1970.10.30. 70도1936).

정답 ②

제3절 | 자백배제법칙

16 자백배제법칙에 관한 설명으로 가장 적절하지 않은 것은? (다툼이 있는 경우 판례에 의함) [23 경찰2차]

① 피고인의 자백이 임의로 진술한 것이 아니라고 의심할 만한 이유가 있는 때에는 유죄의 증거가 될 수 없으며, 자백의 임의성이 인정되는 경우라도 수사기관에서의 신문절차에서 미리 진술거부권을 고지받지 아니하고 행한 것이라면 이는 위법하게 수집된 증거로서 증거능력이 부인되어야 한다.

② 자백은 일단 자백하였다가 이를 번복 내지 취소하더라도 그 효력이 없어지는 것은 아니기에, 피고인이 항소이유서에 '돈이 급해 지어서는 안될 죄를 지었습니다', '진심으로 뉘우치고 있습니다'라고 기재하였고 항소심 공판기일에 그 항소이유서를 진술하였다면, 이어진 검사의 신문에 범죄사실을 부인하였고 수사단계에서도 일관되게 범죄사실을 부인하여 온 사정이 있다고 하더라도 피고인이 자백한 것으로 볼 수 있다.

③ 피고인의 자백이 신문에 참여한 검찰주사가 피의사실을 자백하면 피의사실 부분은 가볍게 처리하고 부가적인 보안처분의 청구를 하지 않겠다는 각서를 작성하여 주면서 자백을 유도한 것에 기인한 것이라면 그 자백은 증거로 할 수 없다.

④ 「형사소송법」 제309조 소정의 사유로 임의성이 없다고 의심할 만한 이유가 있는 자백은 그 인과관계의 존재가 추정되는 것이므로 이를 유죄의 증거로 하려면 적극적으로 그 인과관계가 존재하지 아니하는 것이 인정되어야 할 것이다.

해설

① [○] 형사소송법이 보장하는 피의자의 진술거부권은 헌법이 보장하는 형사상 자기에 불리한 진술을 강요당하지 않는 자기부죄거부의 권리에 터잡은 것이므로 수사기관이 피의자를 신문함에 있어서 피의자에게 미리 진술거부권을 고지하지 않은 때에는 그 피의자의 진술은 위법하게 수집된 증거로서 진술의 임의성이 인정되는 경우라도 증거능력이 부인되어야 한다(대판 2014.4.10. 2014도1779).

② [×] 피고인이 제출한 항소이유서에 '피고인은 돈이 급해 지어서는 안될 죄를 지었습니다', '진심으로 뉘우치고 있습니다'라고 기재되어 있고 피고인은 항소심 제2회 공판기일에 위 항소이유서를 진술하였으나, 곧 이어서 있은 검사와 재판장 및 변호인의 각 심문에 대하여 피고인은 범죄사실을 부인하였고, 수사단계에서도 일관되게 부인하여 온 점에 비추어 볼 때, 위와 같이 추상적인 항소이유서의 기재만을 가지고 범죄사실을 자백한 것으로 볼 수 없다(대판 1999.11.12. 99도3341).

③ [○] 검찰주사가 피의사실을 자백하면 피의사실부분은 가볍게 처리하고 보호감호의 청구를 하지 않겠다는 각서를 작성하여 주면서 자백을 유도한 것에 기인한 것이라면 위 자백은 기망에 의하여 임의로 진술한 것이 아니라고 의심할 만한 이유가 있는 때에 해당하여 형사소송법 제309조 및 제312조 제1항의 규정에 따라 증거로 할 수 없다(대판 1985.12.10. 85도2182).

④ [○] 피고인의 자백이 임의성이 없다고 의심할 만한 사유가 있는 때에 해당한다 할지라도 그 임의성이 없다고 의심하게 된 사유들과 피고인의 자백과의 사이에 인과관계가 존재하지 않은 것이 명백한 때에는 그 자백은 임의성이 있는 것으로 인정된다고 보아야 한다(대판 1984.11.27. 84도2252).

정답 ②

17 자백배제법칙에 관한 설명으로 가장 적절하지 않은 것은? (다툼이 있는 경우 판례에 의함) [22 경찰1차]

① 피고인의 자백이 고문, 폭행, 협박, 신체구속의 부당한 장기화 또는 기망 기타의 방법으로 임의로 진술한 것이 아니라고 의심할 만한 이유가 있는 때에는 이를 유죄의 증거로 하지 못한다.

② 임의성이 인정되지 아니하여 증거능력이 없는 진술증거는 피고인이 증거로 함에 동의하더라도 증거로 삼을 수 없으나, 임의성이 의심되는 자백은 피고인의 법정에서의 진술을 탄핵하기 위한 반대증거로는 사용할 수 있다.

③ 피고인이 피의자신문조서에 기재된 피고인의 진술 및 공판기일에서의 피고인의 진술의 임의성을 다투면서 그것이 허위자백이라고 다투는 경우, 법원은 제반 사정을 참작하여 자유로운 심증으로 임의성 여부를 판단하면 된다.

④ 피고인이나 그 변호인이 검사 작성의 당해 피고인에 대한 피의자신문조서의 임의성을 인정하는 진술을 하였다가 이를 번복하는 경우에, 증거조사를 마친 조서의 임의성을 다투는 주장이 받아들여지게 되면, 그 조서는 증거배제결정을 통하여 유죄 인정의 자료에서 제외되어야 한다.

해설

① [○] 피고인의 자백이 고문, 폭행, 협박, 신체구속의 부당한 장기화 또는 기망 기타의 방법으로 임의로 진술한 것이 아니라고 의심할 만한 이유가 있는 때에는 이를 유죄의 증거로 하지 못한다(제309조).

② [×] 임의성이 인정되지 아니하여 증거능력이 없는 진술증거는 피고인이 증거로 함에 동의하더라도 증거로 삼을 수 없다(대판 2006.11.23. 2004도7900).

▶ 임의성 없는 자백은 증거동의의 대상이 되지 않을 뿐만 아니라 탄핵증거로도 사용할 수 없다.

③ [○] 피고인이 피의자신문조서에 기재된 피고인의 진술 및 공판기일에서의 피고인의 진술의 임의성을 다투면서 그것이 허위자백이라고 다투는 경우, 법원은 구체적인 사건에 따라 피고인의 학력, 경력, 직업, 사회적 지위, 지능 정도, 진술의 내용, 피의자신문조서의 경우 그 조서의 형식 등 제반 사정을 참작하여 자유로운 심증으로 위 진술이 임의로 된 것인지의 여부를 판단하면 된다(대판 2012.11.29. 2010도3029).

④ [○] 적법절차 보장의 정신에 비추어 성립의 진정함을 인정한 최초의 진술에 그 효력을 그대로 유지하기 어려운 중대한 하자가 있고 그에 관하여 진술인에게 귀책사유가 없는 경우에 한하여 예외적으로 증거조사 절차가 완료된 뒤에도 그 진술을 취소할 수 있고, 그 취소 주장이 이유 있는 것으로 받아들여지게 되면 법원은 구 형사소송규칙 제139조 제4항의 증거배제결정을 통하여 그 조서를 유죄 인정의 자료에서 제외하여야 한다(대판 2008.7.10. 2007도7760).

정답 ②

18 자백배제법칙에 대한 설명으로 가장 적절하지 않은 것은? (다툼이 있으면 판례에 의함) [21 경찰승진]

① 일정한 증거가 발견되면 피의자가 자백하겠다고 한 약속이 검사의 강요나 위계에 의하여 이루어졌다던가 또는 불기소나 경한 죄의 소추 등 이익과 교환 조건으로 된 것으로 인정되지 않는다면 위와 같은 자백의 약속 하에 된 자백이라 하여 곧 임의성이 없는 자백이라고 단정할 수 없다.

② 피고인이 수사기관에서 가혹행위 등으로 인하여 임의성 없는 자백을 하고, 그 후 법정에서도 임의성 없는 심리상태가 계속되어 동일한 내용의 자백을 하였다면 법정에서의 자백도 임의성 없는 자백이라고 보아야 한다.

③ 진술의 임의성에 다툼이 있을 때에는 검사가 그 임의성의 의문점을 없애는 증명을 하여야 하며, 검사가 이를 증명하지 못하면 그 진술증거의 증거능력은 부정된다.

④ 검찰에서의 피고인의 자백이 임의성이 있어 그 증거능력이 부여된다면 자백의 진실성과 신빙성까지도 당연히 인정된다.

해설

① [○] 자백의 약속이 검사의 강요나 위계에 의하여 이루어졌다던가 또는 불기소나 경한 죄의 소추 등 이익과 교환조건으로 된 것이라고 인정되지 않는 경우라면, 일정한 증거가 발견되면 자백하겠다는 약속하에 하게 된 자백을 곧 임의성이 없는 자백이라고 단정할 수는 없다(대판 1983.9.13. 83도712).

② [○] 피고인이 수사기관에서 가혹행위 등으로 인하여 임의성 없는 자백을 하고 그 후 법정에서도 임의성 없는 심리상태가 계속되어 동일한 내용의 자백을 하였다면 법정에서의 자백도 임의성 없는 자백이라고 보아야 한다(대판 2012.11.29. 2010도3029).

③ [○] 임의성 없는 진술의 증거능력을 부정하는 취지는, 허위진술을 유발 또는 강요할 위험성이 있는 상태하에서 행하여진 진술은 그 자체가 실체적 진실에 부합하지 아니하여 오판을 일으킬 소지가 있을 뿐만 아니라 그 진위를 떠나서 진술자의 기본적 인권을 침해하는 위법 · 부당한 압박이 가하여지는 것을 사전에 막기 위한 것이므로, 그 임의성에 다툼이 있을 때에는 그 임의성을 의심할 만한 합리적이고 구체적인 사실을 피고인이 증명할 것이 아니고 검사가 그 임의성의 의문점을 없애는 증명을 하여야 하고, 검사가 그 임의성의 의문점을 없애는 증명을 하지 못한 경우에는 그 진술증거는 증거능력이 부정된다. 나아가 피고인이 경찰에서 가혹행위 등으로 인하여 임의성 없는 자백을 하고 그 후 검찰이나 법정에서도 임의성 없는 심리상태가 계속되어 동일한 내용의 자백을 하였다면 각 자백도 임의성 없는 자백이라고 보아야 한다(대판 2015.9.10. 2012도9879).

④ [×] 검찰에서의 피고인의 자백이 임의성이 있어 그 증거능력이 부여된다 하여 자백의 진실성과 신빙성까지도 당연히 인정되어야 하는 것은 아니므로 그 자백이 증명력이 있다고 하기 위해서는 그 자백의 진술내용 자체가 객관적인 합리성을 띠고 있는가, 그 자백의 동기나 이유 및 자백에 이르게 된 경위가 어떠한가, 자백 외의 정황증거 중 자백과 저촉되거나 모순되는 것이 없는가 하는 점을 합리적으로 따져 보아야 한다(대판 2007.9.6. 2007도4959).

정답 ④

제4절 | 위법수집증거배제법칙

19 위법수집증거배제법칙에 관한 설명으로 가장 적절한 것은? (다툼이 있는 경우 판례에 의함) [23 경찰2차] ☆☆☆

① 사법경찰관이 「형사소송법」 제215조 제2항을 위반하여 영장 없이 물건을 압수한 경우라도, 그러한 압수 직후 피고인으로부터 그 압수물에 대한 임의제출동의서를 작성받았고 그 동의서를 작성받음에 사법경찰관에 의한 강요나 기망의 정황이 없었다면, 그 압수물은 임의제출의 법리에 따라 유죄의 증거로 할 수 있다.

② 기본권의 본질적 영역에 대한 보호는 국가의 기본적 책무이고 사인 간의 공개되지 않은 대화에 대한 도청 및 감청을 불법으로 간주하는 「통신비밀보호법」의 취지 등을 종합적으로 고려하면 제3자가 권한 없이 개인의 전자우편을 무단으로 수집한 것은 비록 그 전자우편 서비스가 공공적 성격을 가지는 것이라고 하더라도 증거로 제출하는 것이 허용될 수 없다.

③ 「형사소송법」 제218조에 의하여 영장 없이 압수할 수 있는 유류물의 압수 후 압수조서의 작성 및 압수목록의 작성 교부 절차가 제대로 이행되지 아니한 잘못이 있더라도 이는 위법수집증거의 배제법칙에 비추어 증거능력의 배제가 요구되는 경우에 해당한다고 볼 수는 없다.

④ 경찰이 영장에 의해 압수된 피고인의 휴대전화를 탐색하던 중 영장에 기재된 범죄사실이 기록된 파일을 발견하여 이를 별도의 저장매체에 복제 · 출력한 경우, 이러한 탐색 · 복제 · 출력의 과정에서 피고인에게 참여의 기회를 부여하지 않았어도 사후에 그 파일에 대한 압수 · 수색영장을 발부받아 절차가 진행되었다면 적법하게 수집된 증거이다.

해설

① [×] 형사소송법 제215조 제2항은 "사법경찰관이 범죄수사에 필요한 때에는 검사에게 신청하여 검사의 청구로 지방법원판사가 발부한 영장에 의하여 압수, 수색 또는 검증을 할 수 있다."고 규정하고 있는바, 사법경찰관이 위 규정을 위반하여 영장없이 물건을 압수한 경우 그 압수물은 물론 이를 기초로 하여 획득한 2차적 증거 역시 유죄 인정의 증거로 사용할 수 없는 것이고, 이와 같은 법리는 헌법과 형사소송법이 선언한 영장주의의 중요성에 비추어 볼 때 위법한 압수가 있은 직후에 피고인으로부터 작성받은 그 압수물에 대한 임의제출동의서도 특별한 사정이 없는 한 마찬가지라고 할 것이다(대판 2010.7.22. 2009도14376).

② [×] '전기통신의 감청'은 위 '감청'의 개념 규정에 비추어 현재 이루어지고 있는 전기통신의 내용을 지득·채록하는 경우와 통신의 송·수신을 직접적으로 방해하는 경우를 의미하는 것이지 전자우편이 송신되어 수신인이 이를 확인하는 등으로 이미 수신이 완료된 전기통신에 관하여 남아 있는 기록이나 내용을 열어보는 등의 행위는 포함하지 않는다 할 것이다. 이 사건 증거물로 제출된 전자우편은 이미 수신자인 OO시장이 그 수신을 완료한 후에 수집된 것임을 알 수 있으므로, 이 사건 전자우편의 수집행위가 통신비밀보호법이 금지하는 '전기통신의 감청'에 해당한다고 볼 수 없고, 따라서 이 사건 전자우편이 통신비밀보호법 제4조에 의하여 증거능력이 배제되는 증거라고 할 수 없다(대판 2013.11.28. 2010도12244).

▶ 이 사건 형사소추의 대상이 된 행위는 구 공직선거법 제255조 제3항, 제85조 제1항에 의하여 처벌되는 공무원의 지위를 이용한 선거운동행위로서 공무원의 정치적 중립의무를 정면으로 위반하고 이른바 관권선거를 조장할 우려가 있는 중대한 범죄에 해당한다. … 이 사건 전자우편을 이 사건 공소사실에 대한 증거로 제출하는 것은 허용되어야 할 것이고, 이로 말미암아 피고인의 사생활의 비밀이나 통신의 자유가 일정 정도 침해되는 결과를 초래한다 하더라도 이는 피고인이 수인하여야 할 기본권의 제한에 해당한다고 보아야 할 것이다.

③ [○] 이 사건 강판조각은 형사소송법 제218조에 규정된 유류물에, 이 사건 차량에서 탈거 또는 채취된 이 사건 보강용 강판과 페인트는 위 차량의 보관자가 감정을 위하여 임의로 제출한 물건에 각 해당함을 알 수 있다. 따라서 이 사건 강판조각과 보강용 강판 및 차량에서 채취된 페인트는 형사소송법 제218조에 의하여 영장 없이 압수할 수 있으므로 위 각 증거의 수집 과정에 영장주의를 위반한 잘못이 있다 할 수 없고, 나아가 이 사건 공소사실과 위 각 증거와의 관련성 및 그 내용 기타 이 사건 수사의 개시 및 진행 과정 등에 비추어, 비록 상고이유의 주장처럼 위 각 증거의 압수 후 압수조서의 작성 및 압수목록의 작성·교부 절차가 제대로 이행되지 아니한 잘못이 있다 하더라도, 그것이 적법절차의 실질적인 내용을 침해하는 경우에 해당한다거나 앞서 본 위법수집증거의 배제법칙에 비추어 그 증거능력의 배제가 요구되는 경우에 해당한다고 볼 수는 없다(대판 2011.5.26. 2011도1902).

④ [×] 수사기관이 피압수자 측에 참여의 기회를 보장하거나 압수한 전자정보 목록을 교부하지 않는 등 영장주의 원칙과 적법절차를 준수하지 않은 위법한 압수·수색 과정을 통하여 취득한 증거는 위법수집증거에 해당하고, 사후에 법원으로부터 영장이 발부되었다거나 피고인이나 변호인이 이를 증거로 함에 동의하였다고 하여 위법성이 치유되는 것도 아니다(대판 2022.7.28. 2022도2960).

정답 ③

20 위법수집증거배제법칙에 관한 설명 중 옳은 것은 모두 몇 개인가? (다툼이 있는 경우 판례에 의함)

[23 경찰1차] ☆☆

> ㉠ 사기죄의 증거인 업무일지가 피고인의 사생활 영역과 관계된 자유로운 인격권의 발현물이라고 볼 수 없고 피고인을 형사소추하기 위해서는 이 사건 업무일지가 반드시 필요한 증거라 하더라도, 그것이 제3자에 의하여 절취된 것으로서 피해자 측이 이를 수사기관에 증거자료로 제출하기 위하여 대가를 지급하였다면, 위 업무일지는 위법수집증거로서 증거로 사용할 수 없다.
> ㉡ 사법경찰관이 체포 당시 외국인인 피고인에게 영사통보권을 지체 없이 고지하지 않았다면 피고인에게 영사조력이 가능한지 여부나 실질적인 불이익이 있었는지 여부와 상관없이 국제협약에 따른 피고인의 권리나 법익을 본질적으로 침해하였다고 볼 수 있으므로, 체포나 구속 이후 수집된 증거와 이에 기초한 증거들은 유죄인정의 증거로 사용할 수 없다.
> ㉢ 특별한 사정이 존재하지 아니하는 이상 피고인에게 실질적 반대신문권의 기회가 부여되지 아니한 채 이루어진 증인의 법정진술은 위법한 증거로서 증거능력을 인정하기 어렵지만, 피고인의 책문권 포기로 그 하자가 치유될 수 있고, 이 경우 피고인의 책문권 포기의 의사는 명시적인 것이어야 한다.
> ㉣ 검사가 공소제기 후 형사소송법 제215조에 따라 수소법원 이외의 지방법원 판사에게 청구하여 발부받은 영장에 의하여 압수·수색을 하였다면, 그와 같이 수집된 증거는 적법한 절차에 따른 것으로서 원칙적으로 유죄의 증거로 삼을 수 있다.

① 1개 ② 2개 ③ 3개 ④ 4개

해설

㉠ [×] 사문서위조·위조사문서행사 및 소송사기로 이어지는 일련의 범행에 대하여 피고인을 형사소추하기 위해서는 업무일지가 반드시 필요한 증거로 보이므로 설령 그것이 제3자에 의하여 절취된 것으로서 소송사기 등의 피해자 측이 이를 수사기관에 증거자료로 제출하기 위하여 대가를 지급하였다 하더라도 공익의 실현을 위하여는 업무일지를 범죄의 증거로 제출하는 것이 허용되어야 하고, 이로 말미암아 피고인의 사생활 영역을 침해하는 결과가 초래된다 하더라도 이는 피고인이 수인하여야 할 기본권의 제한에 해당된다(대판 2008.6.26. 2008도1584).

▶ 사인의 위법수집증거와 관련된 판례에 해당한다. 대법원은 일반 사인이 불법적으로 수집한 증거의 증거능력에 대해서는 위법수집증거배제법칙 대신에 공익(형사소추 및 형사소송에서의 진실발견)과 사익(개인의 인격적 이익 등)을 비교형량하여 결정하고 있다.

㉡ [×] [1] 영사관계에 관한 비엔나협약과 경찰수사규칙은 외국인을 체포·구속하는 경우 지체 없이 외국인에게 영사통보권 등이 있음을 고지하고, 외국인의 요청이 있는 경우 영사기관에 체포·구금 사실을 통보하도록 정한 것은 외국인의 본국이 자국민의 보호를 위한 조치를 취할 수 있도록 협조하기 위한 것이다. 따라서 수사기관이 외국인을 체포하거나 구속하면서 지체 없이 영사통보권 등이 있음을 고지하지 않았다면 체포나 구속 절차는 국내법과 같은 효력을 가지는 협약 제36조 제1항 (b)호를 위반한 것으로 위법하다.

[2] 사법경찰관이 체포 당시 피고인에게 영사통보권 등을 지체 없이 고지하지 않은 위법이 있으나, 제반 사정을 종합하면 피고인이 영사통보권 등을 고지받았더라도 영사의 조력을 구하였으리라고 보기 어렵고, 수사기관이 피고인에게 영사통보권 등을 고지하지 않았더라도, 그로 인해 피고인에게 실질적인 불이익이 초래되었다고 볼 수 없어 체포나 구속 이후 수집된 증거와 이에 기초한 증거들은 유죄 인정의 증거로 사용할 수 있다(대판 2022.4.28. 2021도17103).

㉢ [○] 관계 법령의 규정 혹은 증인의 특성 기타 공판절차의 특수성에 비추어 이를 정당화할 수 있는 특별한 사정이 존재하지 아니하는 이상, 이와 같이 실질적 반대신문권의 기회가 부여되지 아니한 채 이루어진 증인의 법정진술은 한 위법한 증거로서 증거능력을 인정하기 어렵다. 이 경우 피고인의 책문권 포기로 그 하자가 치유될 수 있으나, 책문권 포기의 의사는 명시적인 것이어야 한다(대판 2022.3.17. 2016도17054).

㉣ [×] 형사소송법은 제215조에서 검사가 압수·수색 영장을 청구할 수 있는 시기를 공소제기 전으로 명시적으로 한정하고 있지는 아니하나, 헌법상 보장된 적법절차의 원칙과 재판받을 권리, 공판중심주의·당사자주의·직접주의를 지향하는 현행 형사소송법의 소송구조, 관련 법규의 체계, 문언 형식, 내용 등을 종합하여 보면, 일단 공소가 제기된 후에는 피고사건에 관하여 검사로서는 형사소송법 제215조에 의하여 압수·수색을 할 수 없다고 보아야 하며, 그럼에도 검사가 공소제기 후 형사소송법 제215조에 따라 수소법원 이외의 지방법원 판사에게 청구하여 발부받은 영장에 의하여 압수·수색을 하였다면, 그와 같이 수집된 증거는 기본적 인권 보장을 위해 마련된 적법한 절차에 따르지 않은 것으로서 원칙적으로 유죄의 증거로 삼을 수 없다(대판 2011.4.28. 2009도10412).

정답 ①

21 위법수집증거배제법칙에 관한 설명으로 가장 적절한 것은? (다툼이 있는 경우 판례에 의함) [22 경찰1차] ☆☆

① 검사가 공소외 甲을 구속 기소한 후 다시 소환하여 피고인 등 공범과의 활동에 관한 신문을 하면서 피의자신문조서가 아닌 일반적인 진술조서의 형식으로 조서를 작성한 경우, 이 진술조서의 내용이 피의자신문조서와 실질적으로 같고 진술의 임의성이 인정되는 경우라도, 甲에게 미리 진술거부권을 고지하지 않은 때에는 그 진술은 위법수집증거에 해당하므로 피고인에 대한 유죄의 증거로 사용할 수 없다.

② 법관의 서명날인란에 서명만 있고 날인이 없는 영장은 「형사소송법」이 정한 요건을 갖추지 못하여 적법하게 발부되었다고 볼 수 없으므로, 비록 판사의 의사에 기초하여 진정하게 영장이 발부되었다는 점이 외관상 분명하고 의도적으로 적법절차의 실질적인 내용을 침해한다거나 영장주의를 회피할 의도를 가지고 이 영장에 따른 압수 수색을 하였다고 보기 어렵다 하더라도, 이 영장에 따라 압수한 파일 출력물과 이에 기초하여 획득한 2차적 증거인 피의자신문조서도 유죄 인정의 증거로 사용할 수 없다.

③ 유흥주점 업주인 피고인이 성매매업을 하면서 금품을 수수하였다고 하여 기소된 사안에서, 경찰이 피고인 아닌 甲, 乙을 사실상 강제연행하여 불법체포한 상태에서 받은 자술서 및 진술조서가 위법수사로 얻은 진술증거에 해당하더라도, 이를 피고인에 대한 유죄 인정의 증거로 삼을 수 있다.

④ 피고인이 발송한 이메일에 대한 압수·수색영장을 집행하면서 수사기관이 甲 회사에 팩스로 영장 사본을 송신하였다면, 비록 영장 원본을 제시하거나 압수조서와 압수물 목록을 작성하여 피압수·수색 당사자에게 교부하지 않았더라도, 이 같은 방법으로 압수된 피고인의 이메일은 위법수집증거의 증거능력을 인정할 수 있는 예외적인 경우에 해당하므로 증거능력이 부정되지 않는다.

해설

① [○] 피의자의 진술을 녹취 내지 기재한 서류 또는 문서가 수사기관에서의 조사과정에서 작성된 것이라면, 그것이 '진술조서, 진술서, 자술서'라는 형식을 취하였다고 하더라도 피의자신문조서와 달리 볼 수 없고(대판 2004.9.3. 2004도3588 등 참조), 한편 형사소송법이 보장하는 피의자의 진술거부권은 헌법이 보장하는 형사상 자기에 불리한 진술을 강요당하지 않는 자기부죄거부의 권리에 터잡은 것이므로 수사기관이 피의자를 신문함에 있어서 피의자에게 미리 진술거부권을 고지하지 않은 때에는 그 피의자의 진술은 위법하게 수집된 증거로서 진술의 임의성이 인정되는 경우라도 증거능력이 부인되어야 한다(대판 2009.8.20. 2008도8213).

② [×] 필요한 기재 사항이 모두 기재되어 있고 간인 등도 적법하게 이루어졌으나 판사의 서명날인란에는 서명만 있고 그 옆에 날인이 없는 압수·수색영장에 의하여 압수한 파일 출력물과 이를 제시하고 획득한 2차적 증거인 수사기관 작성의 피의자신문조서 및 증인의 법정진술은 위법수집증거에 해당하지 않는다(대판 2019.7.11. 2018도20504).

③ [×] 경찰이 피고인이 아닌 제3자들(유흥업소 손님과 그 여종업원)을 사실상 강제연행하여 불법체포한 상태에서 이들의 성매매행위나 피고인(유흥업소 업주)들의 유흥업소 영업행위를 처벌하기 위하여 진술서를 받고 진술조서를 작성한 경우, 각 진술서 및 진술조서는 위법수사로 얻은 진술증거에 해당하여 증거능력이 없으므로 피고인들(유흥업소 업주)의 식품위생법위반 혐의에 대한 유죄 인정의 증거로 삼을 수 없다(대판 2011.6.30. 2009도6717).

▶ 위법수집증거의 효력(증거능력 부정)이 제3자에게도 미치는지 여부와 관련된 판례이다. 판례는 위법수집증거의 제3자효를 긍정한다.

④ [×] 수사기관이 피압수자인 네이버 주식회사에 팩스로 영장 사본을 송신했을 뿐 그 원본을 제시하지 않았고, 압수조서와 압수물 목록을 작성하여 피압수·수색 당사자에게 교부하였다고 볼 수 없는 경우, 이러한 방법으로 압수된 이메일은 위법수집증거로 원칙적으로 유죄의 증거로 삼을 수 없다(대판 2017.9.7. 2015도10648).

정답 ①

22 사인(私人)에 의한 위법수집증거에 대한 설명으로 가장 적절한 것은? (다툼이 있으면 판례에 의함)

[21 경찰승진]

① 위법수집증거배제법칙은 국가기관의 기본권 침해와 위법한 수사활동을 규제하기 위한 원칙이므로 사인이 타인의 기본권을 침해하는 방법으로 수집한 증거에 대해서는 항상 적용되지 않는다.

② 피고인이 범행 후 피해자에게 전화를 걸어오자 피해자가 증거를 수집하려고 그 전화내용을 녹음한 경우 그 녹음테이프가 피고인 모르게 녹음된 것이라 하여 이를 위법하게 수집된 증거라고 할 수 없다.

③ 소송사기의 피해자가 제3자로부터 대가를 지급하고 취득한 업무일지는 그것이 제3자에 의해 절취된 것이라면 위법수집증거에 해당하며, 그로 인하여 피고인의 사생활 영역을 침해하는 결과가 초래된다면 공익의 실현을 위한 것이라도 사기죄에 대한 증거로 사용할 수 없다.

④ 제3자가 대화당사자 일방만의 동의를 받고 통화내용을 녹음한 경우 그 통화내용은 다른 상대방의 동의가 없었다고 하더라도 증거능력이 인정된다.

해설

① [×] 국민의 인간으로서의 존엄과 가치를 보장하는 것은 국가기관의 기본적인 의무에 속하고 이는 형사절차에서도 당연히 구현되어야 하지만, 국민의 사생활 영역에 관계된 모든 증거의 제출이 곧바로 금지되는 것으로 볼 수는 없으므로 법원으로서는 효과적인 형사소추 및 형사소송에서 진실발견이라는 공익과 개인의 인격적 이익 등 보호이익을 비교형량하여 그 허용 여부를 결정하여야 한다. 법원이 그 비교형량을 함에 있어서는 증거수집 절차와 관련된 모든 사정 즉, 사생활 내지 인격적 이익을 보호하여야 할 필요성 여부 및 정도, 증거수집 과정에서 사생활 기타 인격적 이익을 침해하게 된 경위와 침해의 내용 및 정도, 형사소추의 대상이 되는 범죄의 경중 및 성격, 피고인의 증거동의 여부 등을 전체적·종합적으로 고려하여야 하고, 단지 형사소추에 필요한 증거라는 사정만을 들어 곧바로 형사소송에서 진실발견이라는 공익이 개인의 인격적 이익 등 보호이익보다 우월한 것으로 섣불리 단정하여서는 아니 된다(대판 2013.11.28. 2010도12244).

▶ 판례는 일반 사인이 불법적으로 수집한 증거의 증거능력에 대해서는 위법수집증거배제법칙 대신에 공익(형사소추 및 형사소송에서의 진실발견)과 사익(개인의 인격적 이익 등)을 비교형량하여 결정하고 있으므로 위법수집증거배제법칙이 사인에 대한 관계에서 항상 배제되는 것은 아니다.

② [○] 피고인이 범행 후 피해자에게 전화를 걸어오자 피해자가 증거를 수집하려고 그 전화내용을 녹음한 경우, 그 녹음테이프가 피고인 모르게 녹음된 것이라 하여 이를 위법하게 수집된 증거라고 할 수 없다(대판 1997.3.28. 97도240).

③ [×] 사문서위조·위조사문서행사 및 소송사기로 이어지는 일련의 범행에 대하여 피고인을 형사소추하기 위해서는 업무일지가 반드시 필요한 증거로 보이므로 설령 그것이 제3자에 의하여 절취된 것으로서 소송사기 등의 피해자 측이 이를 수사기관에 증거자료로 제출하기 위하여 대가를 지급하였다 하더라도 공익의 실현을 위하여는 업무일지를 범죄의 증거로 제출하는 것이 허용되어야 하고, 이로 말미암아 피고인의 사생활 영역을 침해하는 결과가 초래된다 하더라도 이는 피고인이 수인하여야 할 기본권의 제한에 해당된다(대판 2008.6.26. 2008도1584).

④ [×] 甲, 乙이 A와의 통화 내용을 녹음하기로 합의한 후 甲이 스피커폰으로 A와 통화하고 乙이 옆에서 이를 녹음한 경우, 전화통화의 당사자는 甲과 A이고, 乙은 제3자에 해당하므로 乙이 전화통화 당사자 일방인 甲의 동의를 받고 통화 내용을 녹음하였다고 하더라도 상대방인 A의 동의가 없었던 이상, 이는 통신비밀보호법 제3조 제1항에 위반한 '전기통신의 감청'에 해당하여 그 녹음파일은 증거로 사용할 수 없고, 이는 A가 녹음파일 및 이를 채록한 녹취록에 대하여 증거동의를 하였다 하더라도 마찬가지이다(대판 2019.3.14. 2015도1900).

정답 ②

23 위법수집증거배제법칙에 대한 설명으로 가장 적절한 것은? (다툼이 있으면 판례에 의함)

[21 경찰승진] ★

① 위법수집증거배제법칙은 영미법상 판례에 의해 확립된 증거법칙으로 우리나라 「형사소송법」에는 명문의 규정이 없지만 일반적인 형사법의 대원칙으로 자리잡고 있다.

② 수사기관이 영장 또는 감정처분허가장을 발부받지 아니한 채 피의자의 동의 없이 피의자의 신체로부터 혈액을 채취하고 사후에도 지체 없이 영장을 발부받지 않았다면, 그 혈액 중 알코올 농도에 관한 감정의뢰회보는 원칙적으로 유죄의 증거로 사용할 수 없다.

③ 사법경찰관이 피의자를 긴급체포하는 현장에서 영장 없이 압수한 물건을 계속 압수할 필요가 있어 압수·수색영장을 청구하였으나 이를 발부받지 못하고도 즉시 반환하지 아니한 압수물은 이를 유죄 인정의 증거로 사용할 수 없지만, 피고인이나 변호인이 이를 증거로 함에 동의하였다면 유죄의 증거로 사용할 수 있다.

④ 비진술증거인 압수물은 압수절차가 위법하다 하더라도 그 물건자체의 성질, 형태에 변경을 가져오는 것은 아니어서 그 형태 등에 관한 증거가치에는 변함이 없으므로 증거능력이 인정된다.

해설

① [×] 적법한 절차에 따르지 아니하고 수집한 증거는 증거로 할 수 없다(제308조의2)고 하여 형소법상 명문의 규정을 두고 있다.

② [○] 수사기관이 법원으로부터 영장 또는 감정처분허가장을 발부받지 아니한 채 피의자의 동의 없이 피의자의 신체로부터 혈액을 채취하고 사후에도 지체 없이 영장을 발부받지 아니한 채 혈액 중 알코올농도에 관한 감정을 의뢰하였다면, 이러한 과정을 거쳐 얻은 감정의뢰회보 등은 형사소송법상 영장주의 원칙을 위반하여 수집하거나 그에 기초하여 획득한 증거로서, 원칙적으로 절차위반행위가 적법절차의 실질적인 내용을 침해하여 피고인이나 변호인의 동의가 있더라도 유죄의 증거로 사용할 수 없다(대판 2012.11.15. 2011도15258).

③ [×] 사법경찰관이 피의자를 긴급체포하면서 그 체포현장에서 물건을 압수한 경우 형사소송법 제217조 제2항, 제3항에 위반하여 압수·수색영장을 청구하여 이를 발부받지 아니하고도 즉시 반환하지 아니한 압수물은 이를 유죄 인정의 증거로 사용할 수 없는 것이고, 피고인이나 변호인이 이를 증거로 함에 동의하였다고 하더라도 달리 볼 것은 아니다(대판 2009.12.24. 2009도11401).

④ [×] 압수물과 같은 비진술증거에 대하여도 위법수집증거배제법칙이 적용되어 압수절차가 위법한 경우 그 압수물은 증거능력이 부정된다(대판 2017.7.18. 2014도8719).

정답 ②

24 위법수집증거배제법칙에 대한 설명으로 가장 적절하지 않은 것은? (다툼이 있으면 판례에 의함)

[21 경찰1차] ★★

① 수사기관이 헌법과 「형사소송법」이 정한 절차에 따르지 아니하고 수집한 증거는 유죄 인정의 증거로 삼을 수 없는 것이 원칙이므로, 수사기관이 피고인 아닌 자를 상대로 적법한 절차에 따르지 아니하고 수집한 증거는 원칙적으로 피고인에 대한 유죄 인정의 증거로 삼을 수 없다.

② 법원의 증인신문절차 공개금지결정이 피고인의 공개재판을 받을 권리를 침해하는 경우, 그 절차에 의하여 이루어진 증인의 증언은 변호인의 반대신문권이 보장되지 않는 한 증거능력이 없다.

③ 제3자가 전화통화 당사자 중 일방만의 동의를 받고 통화 내용을 녹음하였더라도 그 상대방의 동의가 없었다면 「통신비밀보호법」을 위반한 불법감청으로 그 녹음된 통화 내용의 증거능력을 인정할 수 없다.

④ "범행 중 또는 범행 직후의 범죄 장소에서 긴급을 요하여 법원 판사의 영장을 받을 수 없는 때에는 영장없이 압수·수색 또는 검증을 할 수 있다. 이 경우에는 사후에 지체 없이 영장을 받아야 한다."고 규정하고 있는 「형사소송법」 제216조 제3항의 요건 중 어느 하나라도 갖추지 못한 경우에 그러한 압수·수색 또는 검증은 위법하며, 이에 대하여 사후에 법원으로부터 영장을 발부받았다고 하여 그 위법성이 치유되지 아니한다.

해설

① [○] 수사기관이 헌법과 형사소송법이 정한 절차에 따르지 아니하고 수집한 증거는 유죄 인정의 증거로 삼을 수 없는 것이 원칙이므로, 수사기관이 피고인 아닌 자를 상대로 적법한 절차에 따르지 아니하고 수집한 증거는 원칙적으로 피고인에 대한 유죄 인정의 증거로 삼을 수 없다(대판 2011.6.30. 2009도6717).

② [×] 헌법, 법원조직법이 정한 공개금지사유가 없음에도 불구하고 재판의 심리에 관한 공개를 금지하기로 결정하였다면 그러한 공개금지결정은 피고인의 공개재판을 받을 권리를 침해한 것으로서 그 절차에 의하여 이루어진 증인의 증언은 증거능력이 없다고 할 것이고, 변호인의 반대신문권이 보장되었더라도 달리 볼 수 없으며, 이러한 법리는 공개금지결정의 선고가 없는 등으로 공개금지결정의 사유를 알 수 없는 경우에도 마찬가지이다(대판 2015.10.29. 2014도5939).

③ [○] 제3자가 전화통화 당사자 중 일방만의 동의를 받고 통화 내용을 녹음하였더라도 그 상대방의 동의가 없었다면 「통신비밀보호법」을 위반한 불법감청으로 그 녹음된 통화 내용의 증거능력을 인정할 수 없다(대판 2019.3.14. 2015도1900).

④ [○] 범행 중 또는 범행 직후의 범죄 장소에서 긴급을 요하여 법원 판사의 영장을 받을 수 없는 때에는 영장 없이 압수·수색 또는 검증을 할 수 있으나, 사후에 지체없이 영장을 받아야 한다(제216조 제3항). 형사소송법 제216조 제3항의 요건 중 어느 하나라도 갖추지 못한 경우에 그러한 압수·수색 또는 검증은 위법하며, 이에 대하여 사후에 법원으로부터 영장을 발부받았다고 하여 그 위법성이 치유되지 아니한다(대판 2017.11.29. 2014도16080).

정답 ②

25 위법수집증거배제법칙에 대한 설명으로 다음 <보기>에서 옳은 것만 고른 것은? (다툼이 있으면 판례에 의함)

[21 해경1차] ☆☆

<보기>

㉠ 수사기관이 범행현장에서 지문채취 대상물인 유리컵에서 지문을 채취한 후 그 유리컵을 적법한 절차에 의하지 아니한 채 압수하였다면 채취한 지문도 위법수집증거이다.

㉡ 수사기관이 영장을 발부받지 아니한 채 교통사고로 의식불명인 피의자의 동의없이 그의 아버지의 동의를 받아 피의자의 혈액을 채취하고 사후에도 지체없이 영장을 발부받지 않았다면 그 혈액에 대한 혈중알코올농도에 관한 감정의뢰회보는 위법수집증거이다.

㉢ 甲이 휴대전화기로 乙과 통화한 후 예우차원에서 바로 전화를 끊지 않고 기다리는 중 그 휴대전화기로부터 乙과 丙이 대화하는 내용이 들리자 이를 그 휴대전화기로 녹음한 경우, 이 녹음은 위법하다고 할 수 없다.

㉣ 수사기관이 압수·수색영장에 기하여 피의자의 주거지에서 증거물 A를 압수하고 며칠 후 영장 유효기간이 도과하기 전에 위 영장으로 다시 같은 장소에서 증거물 B를 압수한 경우, 증거물 B는 위법수집증거이다.

① ㉠, ㉡　　② ㉠, ㉣

③ ㉡, ㉣　　④ ㉢, ㉣

해설

㉠ [×] 범행 현장에서 지문채취 대상물에 대한 지문채취가 먼저 이루어진 이상, 수사기관이 그 이후에 지문채취 대상물을 적법한 절차에 의하지 아니한 채 압수하였다고 하더라도 위와 같이 채취된 지문은 위법하게 압수한 지문채취 대상물로부터 획득한 2차적 증거에 해당하지 아니함이 분명하여 이를 가리켜 위법수집증거라고 할 수 없다(대판 2008.10.23. 2008도7471).

㉡ [○] 음주운전과 관련한 도로교통법 위반죄의 범죄수사를 위하여 미성년자인 피의자의 혈액채취가 필요한 경우에도 피의자에게 의사능력이 있다면 피의자 본인만이 혈액채취에 관한 유효한 동의를 할 수 있고, 피의자에게 의사능력이 없는 경우에도 명문의 규정이 없는 이상 법정대리인이 피의자를 대리하여 동의할 수는 없다(대판 2014.11.13. 2013도1228).

㉢ [×] 피고인이 휴대폰의 녹음기능을 작동시킨 상태로 공소외 1 재단법인(이하 '공소외 1 법인'이라고 한다)의 이사장실에서 집무 중이던 공소외 1 법인 이사장인 공소외 2의 휴대폰으로 전화를 걸어 공소외 2와 약 8분간의 전화통화를 마친 후 상대방에 대한 예우 차원에서 바로 전화통화를 끊지 않고 공소외 2가 전화를 먼저 끊기를 기다리던 중, △△방송 기획홍보본부장 공소외 3이 공소외 2와 인사를 나누면서 △△방송 전략기획부장 공소외 4를 소개하는 목소리가 피고인의 휴대폰을 통해 들려오고, 때마침 공소외 2가 실수로 휴대폰의 통화종료 버튼을 누르지 아니한 채 이를 이사장실 내의 탁자 위에 놓아두자, 공소외 2의

휴대폰과 통화연결상태에 있는 자신의 휴대폰 수신 및 녹음기능을 이용하여 이 사건 대화를 몰래 청취하면서 녹음한 사실을 인정한 다음, 피고인은 이 사건 대화에 원래부터 참여하지 아니한 제3자이므로, 통화연결상태에 있는 휴대폰을 이용하여 이 사건 대화를 청취·녹음하는 행위는 작위에 의한 구 통신비밀보호법 제3조의 위반행위로서 같은 법 제16조 제1항 제1호에 의하여 처벌된다고 판단하였다(대판 2016.5.12. 2013도15616).

㉣ [○] 형사소송법 제215조에 의한 압수·수색영장은 수사기관의 압수·수색에 대한 허가장이고, 수사기관이 압수·수색영장을 제시하고 집행에 착수하여 압수·수색을 실시하고 그 집행을 종료하였다면 이미 그 영장은 목적을 달성하여 효력이 상실되는 것이고, 동일한 장소 또는 목적물에 대하여 다시 압수·수색할 필요가 있는 경우라면 그 필요성을 소명하여 법원으로부터 새로운 압수·수색영장을 발부받아야 하는 것이지, 앞서 발부받은 압수·수색영장의 유효기간이 남아있다고 하여 이를 제시하고 다시 압수·수색을 할 수는 없다(대결 1999.12.1. 99모161).

정답 ③

26 다음 중 위법수집증거배제법칙에 관한 설명으로 가장 옳지 않은 것은? (다툼이 있으면 판례에 의함)

[21 해경간부] ☆☆

① 수사기관이 피의자를 신문함에 있어서 피의자에게 미리 진술거부권을 고지하지 않은 때에는 그 피의자의 진술은 위법하게 수집된 증거로서 진술의 임의성이 인정되는 경우라도 증거능력이 부인되어야 한다.

② 피고인이 범행 후 피해자에게 전화를 걸어오자 피해자가 증거를 수집하려고 그 전화내용을 녹음한 경우 그 녹음테이프가 피고인 모르게 녹음된 것이라면 이는 위법하게 수집된 증거라고 할 수 있다.

③ 「헌법」과 「형사소송법」이 정한 절차에 따르지 아니하고 수집한 증거는 물론 이를 기초로 하여 획득한 2차적 증거 역시 기본적 인권보장을 위해 마련된 적법한 절차에 따르지 않은 것으로서 원칙적으로 유죄 인정의 증거로 삼을 수 없다.

④ 적법절차를 따르지 않고 수집한 증거를 기초로 획득한 2차적 증거라도 1차적 증거수집과의 사이에 인과관계의 희석 또는 단절여부를 중심으로 2차적 증거수집과 관련된 모든 사정을 전체적·종합적으로 고려하여 예외적인 경우에는 유죄 인정의 증거로 사용할 수 있다.

해설

① [○] 형사소송법이 보장하는 피의자의 진술거부권은 헌법이 보장하는 형사상 자기에 불리한 진술을 강요당하지 않는 자기부죄거부의 권리에 터잡은 것이므로 수사기관이 피의자를 신문함에 있어서 피의자에게 미리 진술거부권을 고지하지 않은 때에는 그 피의자의 진술은 위법하게 수집된 증거로서 진술의 임의성이 인정되는 경우라도 증거능력이 부인되어야 한다(대판 2014.4.10. 2014도1779).

② [×] 피고인이 범행 후 피해자에게 전화를 걸어오자 피해자가 증거를 수집하려고 그 전화내용을 녹음한 경우, 그 녹음테이프가 피고인 모르게 녹음된 것이라 하여 이를 위법하게 수집된 증거라고 할 수 없다(대판 1997.3.28. 97도240).

③ [○], ④ [○] 형사소송법 제308조의2는 "적법한 절차에 따르지 아니하고 수집한 증거는 증거로 할 수 없다"고 정하고 있다. 그에 따라 수사기관이 헌법과 형사소송법이 정한 절차에 따르지 아니하고 수집한 증거는 물론, 이를 기초로 하여 획득한 2차적 증거 역시 유죄 인정의 증거로 삼을 수 없는 것이 원칙이다. 다만 수사기관의 절차 위반 행위가 적법절차의 실질적인 내용을 침해하는 경우에 해당하지 아니하고, 오히려 그 증거의 증거능력을 배제하는 것이 헌법과 형사소송법이 형사소송에 관한 절차조항을 마련하여 적법절차의 원칙과 실체적 진실 규명의 조화를 도모하고, 이를 통하여 형사 사법 정의를 실현하려고 한 취지에 반하는 결과를 초래하는 것으로 평가되는 예외적인 경우라면, 법원은 그 증거를 유죄 인정의 증거로 사용할 수 있다. 따라서 법원이 2차적 증거의 증거능력 인정 여부를 최종적으로 판단할 때에는 먼저 절차에 따르지 아니한 1차적 증거 수집과 관련된 모든 사정들, 즉 절차조항의 취지와 그 위반의 내용 및 정도, 구체적인 위반 경위와 회피가능성, 절차조항이 보호하고자 하는 권리 또는 법익의 성질과 침해 정도 및 피고인과의 관련성, 절차 위반행위와 증거수집 사이의 인과관계 등 관련성의 정도, 수사기관의 인식과 의도 등을 살피는 것은 물론, 나아가 1차적 증거를 기초로 하여 다시 2차적 증거를 수집하는 과정에서 추가로 발생한 모든 사정들까지 구체적인 사안에 따라 주로 인과관계 희석 또는 단절 여부를 중심으로 전체적·종합적으로 고려하여야 한다(대판 2014.2.27. 2013도12155).

정답 ②

27 다음 중 위법수집증거배제법칙에 대한 설명으로 가장 옳지 않은 것은? (다툼이 있으면 판례에 의함)

[21 해경승진] ☆☆

① 「헌법」과 「형사소송법」이 정한 절차에 따르지 아니하고 수집된 증거는 기본적 인권보장을 위해 마련된 적법한 절차에 따르지 않은 것으로 원칙적으로 유죄 인정의 증거로 삼을 수 없다.

② 피의자가 변호인의 참여를 원한다는 의사를 명백하게 표시하였음에도 수사기관이 정당한 사유 없이 변호인을 참여하게 하지 아니한 채 피의자를 신문하여 작성한 피의자신문조서는 증거로 할 수 없다.

③ 소유자, 소지자 또는 보관자가 아닌 자로부터 제출받은 물건을 영장 없이 압수한 경우 그 '압수물' 및 '압수물을 찍은 사진'은 이를 유죄의 증거로 사용할 수 없는 것이고, 피고인이나 변호인이 이를 증거로 함에 동의하였다고 하더라도 유죄인정의 증거로 사용할 수 없다.

④ 선거관리위원회 위원 · 직원이 관계인에게 진술이 녹음된다는 사실을 미리 알려주지 아니한 채 진술을 녹음하였더라도, 그와 같은 조사절차에 의하여 수집된 녹음 파일 내지 그에 터잡아 작성된 녹취록은 원칙적으로 유죄의 증거로 쓸 수 있다.

해설

① [○] 이러한 형사소송법과 형사소송규칙의 절차 조항은 헌법에서 선언하고 있는 적법절차와 영장주의를 구현하기 위한 것으로서 그 규범력은 확고히 유지되어야 한다. 그러므로 형사소송법 등에서 정한 절차에 따르지 않고 수집된 증거는 기본적 인권보장을 위해 마련된 적법한 절차에 따르지 않은 것으로서 원칙적으로 유죄 인정의 증거로 삼을 수 없다(대판 2017.9.7. 2015도10648).

② [○] 피의자가 변호인의 참여를 원한다는 의사를 명백하게 표시하였음에도 수사기관이 정당한 사유 없이 변호인을 참여하게 하지 아니한 채 피의자를 신문하여 작성한 피의자신문조서는 형사소송법 제312조에 정한 '적법한 절차와 방식'에 위반된 증거일 뿐만 아니라 제308조의2에서 정한 '적법한 절차에 따르지 아니하고 수집한 증거'에 해당하므로, 이를 증거로 할 수 없다(대판 2013.3.28. 2010도3359).

③ [○] 형사소송법 규정에 위반하여 소유자, 소지자 또는 보관자가 아닌 자로부터 제출받은 물건을 영장없이 압수한 경우 그 압수물 및 압수물을 찍은 사진은 이를 유죄 인정의 증거로 사용할 수 없는 것이고, 피고인이나 변호인이 이를 증거로 함에 동의하였다고 하더라도 달리 볼 것은 아니다(대판 2010.1.28. 2009도10092).

④ [×] 선거관리위원회 위원 · 직원이 관계인에게 진술이 녹음된다는 사실을 미리 알려주지 아니한 채 진술을 녹음하였다면, 그와 같은 조사절차에 의하여 수집한 녹음 파일 내지 그에 터잡아 작성된 녹취록은 원칙적으로 유죄의 증거로 쓸 수 없다(대판 2014.10.15. 2011도3509).

▶ 공직선거법 제272조의2 제6항의 선거관리위원회 직원이 관계인에게 사전에 설명할 '조사의 목적과 이유'에는 조사할 선거범죄혐의의 요지, 관계인에 대한 조사가 필요한 이유뿐만 아니라 관계인의 진술을 기록 또는 녹음 · 녹화한다는 점도 포함된다.

정답 ④

28 위법수집증거배제법칙에 대한 설명으로 옳지 않은 것은? (다툼이 있으면 판례에 의함)

[21 국가9급] ☆☆

① 사인이 위법하게 수집한 증거에 대해서는 효과적인 형사소추 및 형사소송에서의 진실발견이라는 공익과 개인의 인격적 이익 등의 보호이익을 비교형량하여 그 허용 여부를 결정하여야 한다.

② '악'과 같은 대화가 아닌 사람의 목소리를 녹음하거나 청취하는 행위가 개인의 사생활의 비밀과 자유 또는 인격권을 중대하게 침해하여 사회통념상 허용되는 한도를 벗어난 것이 아니라면 위와 같은 목소리를 들었다는 진술을 형사절차에서 증거로 사용할 수 있다.

③ 압수 · 수색영장의 집행과정에서 별건 범죄혐의와 관련된 증거를 우연히 발견하여 압수한 경우에는 별건 범죄혐의에 대해 별도의 압수 · 수색영장을 발부받지 않았다 하더라도 위법한 압수 · 수색에 해당하지 않는다.

④ 위법수집증거배제법칙에 대한 예외를 인정하기 위해서는 예외적인 경우에 해당한다고 볼 만한 구체적이고 특별한 사정이 존재한다는 점을 검사가 증명하여야 한다.

해설

① [○] 국민의 인간으로서의 존엄과 가치를 보장하는 것은 국가기관의 기본적인 의무에 속하고 이는 형사절차에서도 당연히 구현되어야 하지만, 국민의 사생활 영역에 관계된 모든 증거의 제출이 곧바로 금지되는 것으로 볼 수는 없으므로 법원으로서는 효과적인 형사소추 및 형사소송에서 진실발견이라는 공익과 개인의 인격적 이익 등 보호이익을 비교형량하여 그 허용 여부를 결정하여야 한다(대판 2020.10.29. 2020도3972).

② [○] 甲이 乙과 통화를 마친 후 전화가 끊기지 않은 상태에서 휴대전화를 통하여 사물에서 발생하는 음향인 '우당탕'과 비명소리인 '악' 소리를 들었고, 이후 甲이 그와 같은 소리를 들었다고 법정에서 증언하였다. 甲의 증언은 공개되지 않은 타인 간의 대화를 전자장치 또는 기계적 수단을 이용하여 청취한 것이라고 볼 수 없으므로(타인 간의 대화에 해당하지 않으므로), 피고인 丙의 공소사실(상해 등)에 대하여 증거로 사용할 수 있다(대판 2017.3.15. 2016도19843).

③ [×] 전자정보에 대한 압수·수색이 종료되기 전에 혐의사실과 관련된 전자정보를 적법하게 탐색하는 과정에서 별도의 범죄혐의와 관련된 전자정보를 우연히 발견한 경우라면, 수사기관은 더 이상의 추가 탐색을 중단하고 법원에서 별도의 범죄혐의에 대한 압수·수색영장을 발부받은 경우에 한하여 그러한 정보에 대하여도 적법하게 압수·수색을 할 수 있다(대결(전) 2015.7.19. 2011모1839).

④ [○] 법원이 수사기관의 절차 위반행위에도 불구하고 그 수집된 증거를 유죄 인정의 증거로 사용할 수 있는 예외적인 경우에 해당한다고 볼 수 있으려면, 그러한 예외적인 경우에 해당한다고 볼 만한 구체적이고 특별한 사정이 존재한다는 것을 검사가 입증하여야 한다(대판 2011.4.28. 2009도10412).

정답 ③

29 위법수집증거배제법칙에 대한 설명 중 가장 적절하지 않은 것은? (다툼이 있으면 판례에 의함) [20 경찰1차]

① 적법한 절차를 따르지 않고 수집한 증거를 예외적으로 유죄인정의 증거로 사용할 수 있는 구체적이고 특별한 사정이 존재한다는 점에 대한 입증책임은 검사에게 있다.

② 적법절차에 위배되는 행위의 영향이 차단되거나 소멸되었다고 볼 수 있는 상태에서 수집한 증거는 그 증거능력을 인정하더라도 적법절차의 실질적 내용에 대한 침해가 일어나지는 않았기 때문에 그 증거능력을 부정할 이유는 없다.

③ 위법수집증거배제법칙은 헌법 제12조의 적법절차를 보장하기 위한 성격을 가지기 때문에, 자신의 기본권을 침해당한 사람만이 위법수집증거 배제법칙을 주장할 수 있다. 따라서 수사기관이 피고인 아닌 자를 상대로 적법한 절차에 따르지 아니하고 수집한 증거는 원칙적으로 피고인에 대한 유죄 인정의 증거로 삼을 수 있다.

④ 위법하게 수집된 증거에서 파생하는 2차적 증거는 원칙적으로 증거능력이 배제되어야 하지만, 절차에 따르지 않은 증거수집과 2차적 증거수집 사이의 인과관계의 희석 또는 단절 여부를 중심으로 2차적 증거수집과 관련된 모든 사정을 전체적 종합적으로 고려하여 예외적인 경우에는 2차적 증거의 증거능력을 인정할 수 있다.

해설

① [○] 적법한 절차를 따르지 않고 수집한 증거를 예외적으로 유죄인정의 증거로 사용할 수 있는 구체적이고 특별한 사정이 존재한다는 점에 대한 입증책임은 검사에게 있다(대판 2011.4.28. 2009도10412).

② [○] 적법한 절차에 따르지 아니한 위법행위를 기초로 하여 증거가 수집된 경우에는 당해 증거뿐 아니라 그에 터잡아 획득한 2차적 증거에 대해서도 그 증거능력은 부정되어야 할 것이다. 따라서 증거수집 과정에서 이루어진 적법절차 위반행위의 내용과 경위 및 그 관련 사정을 종합하여 볼 때 당초의 적법절차 위반행위와 증거수집 행위의 중간에 그 행위의 위법 요소가 제거 내지 배제되었다고 볼 만한 다른 사정이 개입됨으로써 인과관계가 단절(희석)된 것으로 평가할 수 있는 예외적인 경우에는 이를 유죄 인정의 증거로 사용할 수 있다(대판 2013.3.14. 2010도2094).

③ [×] 경찰이 피고인이 아닌 제3자들 (유흥업소 손님과 그 여종업원)을 사실상 강제연행하여 불법체포한 상태에서 이들의 성매매행위나 피고인(유흥업소 업주)들의 유흥업소 영업행위를 처벌하기 위하여 진술서를 받고 진술조서를 작성한 경우, 각 진술서 및 진술조서는 위법수사로 얻은 진술증거에 해당하여 증거능력이 없으므로 피고인들(유흥업소 업주)의 식품위생법위반 혐의에 대한 유죄 인정의 증거로 삼을 수 없다(대판 2011.6.30. 2009도6717).

▶ 판례는 위법수집증거의 제3자효를 인정한다.

④ [○] 형사소송법 제308조의2는 "적법한 절차에 따르지 아니하고 수집한 증거는 증거로 할 수 없다"고 정하고 있다. 그에 따라 수사기관이 헌법과 형사소송법이 정한 절차에 따르지 아니하고 수집한 증거는 물론, 이를 기초로 하여 획득한 2차적 증거 역시 유죄 인정의 증거로 삼을 수 없는 것이 원칙이다. 다만, 수사기관의 절차 위반 행위가 적법절차의 실질적인 내용을 침해하는 경우에 해당하지 아니하고, 오히려 그 증거의 증거능력을 배제하는 것이 헌법과 형사소송법이 형사소송에 관한 절차조항을 마련하여 적법절차의 원칙과 실체적 진실 규명의 조화를 도모하고, 이를 통하여 형사 사법 정의를 실현하려고 한 취지에 반하는 결과를 초래하는 것으로 평가되는 예외적인 경우라면, 법원은 그 증거를 유죄 인정의 증거로 사용할 수 있다(대판 2014.2.27. 2013도12155).

정답 ③

30 다음 중 위법수집증거배제법칙에 관한 설명으로 가장 옳지 않은 것은? (다툼이 있으면 판례에 의함)

[20 해경3차] ☆

① 긴급체포가 그 요건을 갖추지 못한 경우 단순히 체포가 위법함에 그치는 것이 아니라 그 체포에 의한 유치 중에 작성된 피의자 신문조서도 특별한 사정이 없는 한 증거능력이 부정된다.

② 피의자가 변호인의 참여를 원한다는 의사를 명백하게 표시하였음에도 수사기관이 정당한 사유없이 변호인을 참여하게 하지 아니한 채 피의자를 신문하여 작성한 피의자신문조서라도 증거능력 자체가 부정되는 것은 아니나 증명력이 낮게 평가될 수밖에 없다.

③ 범죄의 피해자인 검사가 그 사건의 수사에 관여하거나 압수·수색영장의 집행에 참여한 검사가 다시 수사에 관여하였다는 이유만으로 바로 그 수사가 위법하다거나 그에 따른 참고인이나 피의자의 진술에 임의성이 없다고 볼 수는 없다.

④ 소유자, 소지자 또는 보관자가 아닌 피해자로부터 임의로 제출받은 물건을 영장없이 압수한 경우 그 '압수물' 및 '압수물을 찍은 사진'에 대해 피고인이나 변호인이 증거동의를 하였다 하더라도 이를 유죄 인정의 증거로 사용할 수 없다.

해설

① [○] 긴급체포의 요건을 갖추었는지 여부는 사후에 밝혀진 사정을 기초로 판단하는 것이 아니라 체포 당시의 상황을 기초로 판단하여야 하고, 이에 관한 검사나 사법경찰관 등 수사주체의 판단에는 상당한 재량의 여지가 있다고 할 것이나, 긴급체포 당시의 상황으로 보아서도 그 요건의 충족 여부에 관한 검사나 사법경찰관의 판단이 경험칙에 비추어 현저히 합리성을 잃은 경우에는 그 체포는 위법한 체포라 할 것이고 이러한 위법은 영장주의에 위배되는 중대한 것이니 위법한 체포에 의한 유치 중에 작성된 피의자신문조서는 위법하게 수집된 증거로서 특별한 사정이 없는 한 이를 유죄의 증거로 할 수 없다(대판 2008.3.27. 2007도11400).

② [×] 피의자가 변호인의 참여를 원한다는 의사를 명백하게 표시하였음에도 수사기관이 정당한 사유 없이 변호인을 참여하게 하지 아니한 채 피의자를 신문하여 작성한 피의자신문조서는 증거로 할 수 없다(대판 2013.3.28. 2010도3359).

③ [○] [1] 범죄의 피해자인 검사가 그 사건의 수사에 관여하거나 압수·수색영장의 집행에 참여한 검사가 다시 수사에 관여하였다는 이유만으로 바로 그 수사가 위법하다거나 그에 따른 참고인이나 피의자의 진술에 임의성이 없다고 볼 수는 없다.
[2] 압수·수색영장의 집행과정에서 폭행 등의 피해를 당한 검사 등이 수사에 관여하였다는 이유만으로 그 검사 등이 작성한 참고인진술조서 등의 증거능력이 부정될 수 없다(대판 2013.9.12. 2011도12918).

④ [○] 소유자, 소지자 또는 보관자가 아닌 피해자로부터 임의로 제출받은 물건을 영장없이 압수한 경우 그 '압수물' 및 '압수물을 찍은 사진'에 대해 피고인이나 변호인이 증거동의를 하였다 하더라도 이를 유죄 인정의 증거로 사용할 수 없다(대판 2010.1.28. 2009도10092).

정답 ②

31 증거능력에 관한 설명 중 옳지 않은 것은? (다툼이 있으면 판례에 의함) [20 경찰간부]

① 호텔 투숙객 甲이 마약을 투약하였다는 신고를 받고 출동한 경찰관이 임의동행을 거부하는 甲을 강제로 경찰서로 데리고 가서 채뇨요구를 하자 이에 甲이 응하여 소변검사가 이루어진 경우, 그 결과물인 소변검사시인서는 증거능력이 없다.

② 교도관이 보관하고 있던 피고인의 비망록을 피고인의 승낙 없이 수사기관에 임의제출한 경우, 그 비망록은 증거능력이 없다.

③ 검사가 甲을 긴급체포하여 조사 중, 甲의 친구인 변호사 A가 甲의 변호인이 되기 위하여 검사에게 접견신청을 하였으나, 검사가 변호인선임신고서의 제출을 요구하면서 변호인 접견을 못하게 한 상태에서 검사가 작성한 甲에 대한 피의자신문조서는 甲에 대한 유죄의 증거로 사용할 수 없다.

④ 피고인의 뇌물수수 범행에 대한 추가적인 증거를 확보할 목적으로, 수사기관이 구속수감되어 있던 A에게 휴대전화를 제공하여 피고인과 통화하게 하고 그 통화내용을 녹음하게 한 경우, 이를 근거로 작성된 녹취록은 피고인이 증거로 함에 동의하더라도 증거능력이 없다.

해설

① [○] 피의자가 동행을 거부하는 의사를 표시하였음에도 불구하고 경찰관들이 피의자를 강제로 연행한 행위는 위법한 체포에 해당하고, 이와 같이 위법한 체포상태에서 마약 투약 혐의를 확인하기 위한 채뇨 요구가 이루어진 경우 그와 같은 위법한 채뇨 요구에 의하여 수집된 '소변검사시인서'는 유죄 인정의 증거로 삼을 수 없다(대판 2013.3.14. 2012도13611).

② [×] 교도관이 재소자가 맡긴 비망록을 수사기관에 임의로 제출하였다면 그 비망록의 증거사용에 대하여도 재소자의 사생활의 비밀 기타 인격적 법익이 침해되는 등의 특별한 사정이 없는 한 반드시 그 재소자의 동의를 받아야 하는 것은 아니고 따라서 검사가 교도관으로부터 보관하고 있던 피고인의 비망록을 뇌물수수 등의 증거자료로 임의로 제출받아 이를 압수한 경우, 그 압수절차가 피고인의 승낙 및 영장 없이 행하여졌다고 하더라도 이에 적법절차를 위반한 위법이 있다고 할 수 없다(대판 2008.5.15. 2008도1097).

③ [○] 검사 작성의 피의자신문조서가 검사에 의하여 피의자에 대한 변호인의 접견이 부당하게 제한되고 있는 동안에 작성된 경우에는 증거능력이 없다(대판 1990.8.24. 90도1285).

④ [○] 필로폰 매도혐의로 기소된 피고인 甲에 대한 추가적인 증거확보를 목적으로, 검찰이 구속수감되어 있던 乙에게 그의 압수된 휴대전화를 제공하여 甲과 통화하게 하고 "내가 준 필로폰의 품질에는 아무런 문제가 없다."는 내용의 녹음이 들어 있는 휴대전화를 임의제출 형식으로 제출받은 후 휴대전화에 내장된 녹음파일에 대한 녹취록 등을 법원에 제출한 경우 피고인과 변호인의 증거동의에 상관없이 증거능력이 없다(대판 2010.10.14. 2010도9016).

정답 ②

32 위법수집증거배제법칙에 대한 설명으로 가장 적절하지 않은 것은? (다툼이 있으면 판례에 의함)

[19 경찰승진] ☆☆☆

① 「형사소송법」 제219조가 준용하는 제118조는 "압수 · 수색영장은 처분을 받는 자에게 반드시 제시하여야 한다."고 규정하고 있으므로, 피처분자가 현장에 없거나 현장에서 그를 발견할 수 없는 경우 등 영장제시가 현실적으로 불가능한 경우에도 영장을 제시하지 아니한 채 압수 · 수색을 하였다면 위법하다고 보아야 한다.

② 압수 · 수색영장의 집행과정에서 폭행 등의 피해를 당한 검사 등이 수사에 관여하였다는 이유만으로 그 검사 등이 작성한 참고인진술조서 등의 증거능력이 부정될 수 없다.

③ 수사기관으로부터 집행을 위탁받은 통신기관 등이 통신제한조치의 집행에 필요한 설비가 없을 때에는 수사기관에 설비의 제공을 요청하여야 하고, 그러한 요청 없이 통신제한조치허가서에 기재된 사항을 준수하지 아니하고 통신제한조치를 집행하여 취득한 전기통신의 내용 등은 유죄의 증거로 사용할 수 없다.

④ 검찰관이 피고인을 뇌물수수 혐의로 기소한 후, 형사사법공조절차를 거치지 아니한 채 외국에 현지출장하여 그곳에서 뇌물공여자를 상대로 참고인진술조서를 작성한 경우 그 진술조서는 위법수집증거에 해당하지 않는다.

제2편 | 증거

1장

해설

① [×] 압수 · 수색영장은 처분을 받는 자에게 '반드시' 사전에 제시하여야 하고 처분을 받는 자가 피의자나 피고인인 경우에는 그 사본을 교부하여야 한다. 다만, 처분을 받는 자가 현장에 없는 등 영장의 제시나 그 사본의 교부가 현실적으로 불가능한 경우 또는 처분을 받는 자가 영장의 제시나 사본의 교부를 거부한 때에는 예외로 한다(제118조, 제219조).

② [○] 압수 · 수색영장의 집행과정에서 폭행 등의 피해를 당한 검사 등이 수사에 관여하였다는 이유만으로 그 검사 등이 작성한 참고인진술조서 등의 증거능력이 부정될 수 없다(대판 2013.9.12. 2011도12918).

③ [○] 수사기관으로부터 통신제한조치의 집행을 위탁받은 통신기관 등이 집행에 필요한 설비가 없을 때에는 수사기관에 설비의 제공을 요청하여야 하고, 그러한 요청 없이 통신제한조치허가서에 기재된 사항을 준수하지 아니한 채 통신제한조치를 집행하였다면, 그러한 집행으로 취득한 전기통신의 내용 등은 헌법과 통신비밀보호법이 국민의 기본권인 통신의 비밀을 보장하기 위해 마련한 적법한 절차를 따르지 아니하고 수집한 증거에 해당하므로(제308조의2), 이는 유죄 인정의 증거로 할 수 없다(대판 2016.10.13. 2016도8137).

④ [○] 검찰관이 피고인을 뇌물수수 혐의로 기소한 후, 형사사법공조절차를 거치지 아니한 채 과테말라공화국에 현지출장하여 그곳 호텔에서 뇌물공여자 갑을 상대로 참고인 진술조서를 작성한 사안에서, 참고인조사가 증거수집을 위한 수사행위에 해당하고 조사의 방식이나 절차에 강제력이나 위력은 물론 어떠한 비자발적 요소도 개입될 여지가 없었음이 기록상 분명한 이상, 위법수집증거배제법칙이 적용된다고 볼 수 없다(대판 2011.7.14. 2011도3809).

정답 ①

33 위법수집증거배제법칙과 관련된 다음 설명 중 가장 옳지 않은 것은? (다툼이 있으면 판례에 의함)

[19 해경1차]

① 외국에 머무르는 사업가를 검사가 형사사법공조절차를 거치지 않고 직접 만나 참고인으로 조사하여 작성한 진술조서는 비록 상대방이 스스로 조사에 응하였더라도 국제법상 보장되는 외국의 영토주권을 침해하고 국내법인 국제형사사법공조법을 위반하여 수집한 증거이므로 증거능력이 없다.

② 사인(私人)인 제3자가 절취한 업무일지를 소송사기의 피해자가 대가를 지급하고 취득한 경우 그 업무일지는 사기죄에 대한 증거로 사용될 수 있다.

③ 제3자가 공갈목적을 숨기고 피고인의 동의하에 나체사진을 찍은 경우, 이 사진의 존재만으로 피고인의 인격권과 초상권이 침해된다고 볼 수 없고, 이 사진이 범죄현장의 사진으로 피고인에 대한 범죄의 형사소추를 위해 반드시 필요한 증거라고 인정될 경우 위법수집증거로 볼 수 없다.

④ 강도 현행범으로 체포된 피고인에게 진술거부권 고지 없이 강도 범행에 대한 자백을 받은 후 40여 일이 지난 후에 피고인이 변호인의 충분한 조력을 받으면서 법정에서 임의로 자백한 경우, 법정에서의 자백은 위법수집증거라 할 수 없다.

해설

① [×] 검찰관이 피고인을 뇌물수수 혐의로 기소한 후, 형사사법공조절차를 거치지 아니한 채 과테말라공화국에 현지출장하여 그곳 호텔에서 뇌물공여자 갑을 상대로 참고인 진술조서를 작성한 사안에서, 참고인조사가 증거수집을 위한 수사행위에 해당하고 조사의 방식이나 절차에 강제력이나 위력은 물론 어떠한 비자발적 요소도 개입될 여지가 없었음이 기록상 분명한 이상, 위법수집증거배제법칙이 적용된다고 볼 수 없다(대판 2011.7.14. 2011도3809).

② [○] 사문서위조 · 위조사문서행사 및 소송사기로 이어지는 일련의 범행에 대하여 피고인을 형사소추하기 위해서는 업무일지가 반드시 필요한 증거로 보이므로 설령 그것이 제3자에 의하여 절취된 것으로서 소송사기 등의 피해자 측이 이를 수사기관에 증거자료로 제출하기 위하여 대가를 지급하였다 하더라도 공익의 실현을 위하여는 업무일지를 범죄의 증거로 제출하는 것이 허용되어야 하고, 이로 말미암아 피고인의 사생활 영역을 침해하는 결과가 초래된다 하더라도 이는 피고인이 수인하여야 할 기본권의 제한에 해당된다(대판 2008.6.26. 2008도1584).

③ [○] 피고인의 동의하에 촬영된 나체사진의 존재만으로 피고인의 인격권과 초상권을 침해하는 것으로 볼 수 없고 가사 사진을 촬영한 제3자가 그 사진을 이용하여 피고인을 공갈할 의도였다고 하더라도 사진의 촬영이 임의성이 배제된 상태에서 이루어진 것이라고 할 수는 없으며 그 사진은 범죄현장의 사진으로서 피고인에 대한 형사소추를 위하여 반드시 필요한 증거로 보이므로 공익의 실현을 위하여는 그 사진을 범죄의 증거로 제출하는 것이 허용되어야 하고, 이로 말미암아 피고인의 사생활의 비밀을 침해하는 결과를 초래한다 하더라도 이는 피고인이 수인하여야 할 기본권의 제한에 해당된다(대판 1997.9.30. 97도1230).

④ [○] 강도 현행범으로 체포된 피고인에게 진술거부권을 고지하지 아니한 채 강도범행에 대한 자백을 받고, 이를 기초로 여죄에 대한 진술과 증거물을 확보한 후 진술거부권을 고지하여 피고인의 임의자백 및 피해자의 피해사실에 대한 진술을 수집한 사안에서 제1심 법정에서의 피고인의 자백은 진술거부권을 고지받지 않은 상태에서 이루어진 최초 자백 이후 40여 일이 지난 후에 변호인의 충분한 조력을 받으면서 공개된 법정에서 임의로 이루어진 것이고, 피해자의 진술은 법원의 적법한 소환에 따라 자발적으로 출석하여 위증의 벌을 경고받고 선서한 후 공개된 법정에서 임의로 이루어진 것이어서 예외적으로 유죄 인정의 증거로 사용할 수 있는 2차적 증거에 해당한다(대판 2009.3.12. 2008도11437).

정답 ①

34 위법수집증거배제법칙에 관한 설명 중 옳지 않은 것은? (다툼이 있으면 판례에 의함) [22 변호사] ☆☆

① 사법경찰관이 피고인이 아닌 A를 사실상 강제연행하여 불법체포한 상태에서 피고인의 행위를 처벌하기 위해 A에게 자술서를 받은 경우 이를 피고인에 대한 유죄 인정의 증거로 사용할 수 없다.

② 수사기관이 피의자 甲의 범행을 영장 범죄사실로 하여 발부받은 압수·수색영장의 집행 과정에서 A와 B 사이의 대화가 녹음된 녹음파일을 압수하였는데, 그 녹음파일에서 발견된 A와 B의 범죄 혐의사실이 위 압수·수색영장에 기재된 피의자 甲과 무관한 경우 그 녹음파일을 A와 B에 대한 유죄 인정의 증거로 사용할 수 없다.

③ 적법한 공개금지사유가 없음에도 불구하고 공개금지결정에 따라 비공개로 진행된 증인신문절차에 의하여 이루어진 증인의 증언은 변호인의 반대신문권이 보장되었다고 하더라도 증거능력이 없다.

④ 형사소송법의 규정을 위반하여 소유자, 소지자 또는 보관자가 아닌 피해자로부터 제출받은 물건을 영장 없이 압수한 경우 그 압수물을 유죄 인정의 증거로 사용할 수 없다.

⑤ 수사기관이 피의자의 범의를 명백하게 하기 위하여 A를 참고인으로 조사하는 과정에서 진술거부권을 고지하지 않고 진술조서를 작성하였는데, 추후 계속된 수사를 통하여 A가 피의자와 공범관계에 있을 가능성이 인정되었다면 A에 대한 위 조사 당시 A는 이미 피의자의 지위에 있었다고 볼 수 있으므로 A에 대한 위 진술조서는 증거능력이 없다.

해설

① [○] 경찰이 피고인이 아닌 제3자들(유흥업소 손님과 그 여종업원)을 사실상 강제연행하여 불법체포한 상태에서 이들의 성매매 행위나 피고인(유흥업소 업주)들의 유흥업소 영업행위를 처벌하기 위하여 진술서를 받고 진술조서를 작성한 경우, 각 진술서 및 진술조서는 위법수사로 얻은 진술증거에 해당하여 증거능력이 없으므로 피고인들(유흥업소 업주)의 식품위생법위반 혐의에 대한 유죄 인정의 증거로 삼을 수 없다(대판 2011.6.30. 2009도6717).

② [○] 압수·수색영장에 기재된 '피의자'인 갑이 녹음파일에 의하여 의심되는 혐의사실과 무관한 이상, 수사기관이 별도의 압수·수색영장을 발부받지 아니한 채 압수한 녹음파일은 '적법한 절차에 따르지 아니하고 수집한 증거'로서 증거로 쓸 수 없다(대판 2014.1.16. 2013도7101).

③ [○] 헌법 제109조, 법원조직법 제57조 제1항이 정한 공개금지사유가 없음에도 불구하고 재판의 심리에 관한 공개를 금지하기로 결정하였다면 그러한 공개금지결정은 피고인의 공개재판을 받을 권리를 침해한 것으로서 그 절차에 의하여 이루어진 증인의 증언은 증거능력이 없다고 할 것이고, 변호인의 반대신문권이 보장되었더라도 마찬가지이다(대판 2015.10.29. 2014도5939).

④ [○] 형사소송법 규정에 위반하여 소유자, 소지자 또는 보관자가 아닌 자로부터 제출받은 물건을 영장없이 압수한 경우 그 압수물 및 압수물을 찍은 사진은 이를 유죄 인정의 증거로 사용할 수 없는 것이고, 피고인이나 변호인이 이를 증거로 함에 동의하였다고 하더라도 달리 볼 것은 아니다(대판 2010.1.28. 2009도10092).

⑤ [×] 수사기관에 의한 진술거부권 고지 대상이 되는 피의자 지위는 수사기관이 조사대상자에 대한 범죄혐의를 인정하여 수사를 개시하는 행위를 한 때 인정되는 것으로 보아야 한다. 따라서 이러한 피의자 지위에 있지 아니한 자에 대하여는 진술거부권이 고지되지 아니하였더라도 진술의 증거능력을 부정할 것은 아니다(대판 2011.11.10. 2011도8125).

정답 ⑤

35 위법수집증거배제법칙에 관한 설명 중 옳지 않은 것은? (다툼이 있는 경우 판례에 의함) [23 변호사] ☆☆☆

① 헌법 제109조, 「법원조직법」 제57조 제1항에서 정한 재판의 공개금지사유가 없음에도 공개금지결정에 따라 비공개로 진행된 증인신문절차에서 증인의 증언은 증거능력이 없고, 변호인의 반대신문권이 보장되었더라도 달리 볼 수 없다.

② 수사기관이 피의자신문 시 피의자에게 미리 진술거부권을 고지하지 않았다고 하더라도 진술의 임의성이 인정되는 경우라면 증거능력이 인정된다.

③ 검찰관이 형사사법공조절차를 거치지 아니한 채 외국으로 현지출장을 나가 참고인진술조서를 작성한 경우 조사대상자가 우리나라 국민이고 조사에 스스로 응함으로써 조사의 방식이나 절차에 강제력이나 위력은 물론 어떠한 비자발적 요소도 개입될 여지가 없었고 피고인과 해당 국가 사이에 국제법상 관할의 원인이 될 만한 아무런 연관성이 없다면 위 참고인진술조서는 위법수집증거라고 할 수 없다.

④ 피해자 등 제3자가 피의자의 소유 · 관리에 속하는 정보저장매체를 영장에 의하지 않고 임의제출한 경우에는 특별한 사정이 없는 한 피의자에게도 참여권을 보장하고 압수한 전자정보 목록을 교부하는 등 피의자의 절차적 권리를 보장하기 위한 적절한 조치가 이루어져야 한다.

⑤ 범행현장에서 지문채취 대상물에 대한 지문채취가 먼저 이루어진 이상, 수사기관이 그 이후에 지문채취 대상물을 적법한 절차에 의하지 아니한 채 압수하였다고 하더라도 위와 같이 채취된 지문은 위법하게 압수한 지문채취 대상물로부터 획득한 2차적 증거에 해당하지 않는다.

해설

① [○] 항소심이 증인신문절차의 공개금지사유로 삼은 사정이 '국가의 안녕질서를 방해할 우려가 있는 때'에 해당하지 아니하고 달리 헌법 제109조, 법원조직법 제57조 제1항이 정한 공개금지사유를 찾아볼 수도 없는 경우 그 절차에 의하여 이루어진 증인의 증언은 증거능력이 없다(대판 2005.10.28. 2005도5854).

② [×] 형사소송법이 보장하는 피의자의 진술거부권은 헌법이 보장하는 형사상 자기에 불리한 진술을 강요당하지 않는 자기부죄거부의 권리에 터잡은 것이므로 수사기관이 피의자를 신문함에 있어서 피의자에게 미리 진술거부권을 고지하지 않은 때에는 그 피의자의 진술은 위법하게 수집된 증거로서 진술의 임의성이 인정되는 경우라도 증거능력이 부인되어야 한다(대판 2014.4.10. 2014도1779).

③ [○] 검찰관이 피고인을 뇌물수수 혐의로 기소한 후, 형사사법공조절차를 거치지 아니한 채 과테말라공화국에 현지출장하여 그곳 호텔에서 뇌물공여자 갑을 상대로 참고인 진술조서를 작성한 사안에서, 참고인조사가 증거수집을 위한 수사행위에 해당하고 조사의 방식이나 절차에 강제력이나 위력은 물론 어떠한 비자발적 요소도 개입될 여지가 없었음이 기록상 분명한 이상, 위법수집증거배제법칙이 적용된다고 볼 수 없다고 한 사례(대판 2011.7.14. 2011도3809).

④ [○] 대판 2022.1.27. 2021도11170.

⑤ [○] 범행 현장에서 지문채취 대상물에 대한 지문채취가 먼저 이루어진 이상, 수사기관이 그 이후에 지문채취 대상물을 적법한 절차에 의하지 아니한 채 압수하였다고 하더라도 위와 같이 채취된 지문은 위법하게 압수한 지문채취 대상물로부터 획득한 2차적 증거에 해당하지 아니함이 분명하여 이를 가리켜 위법수집증거라고 할 수 없다(대판 2008.10.23. 2008도7471).

정답 ②

36 위법수집증거에 관한 설명 중 옳은 것은? (다툼이 있는 경우 판례에 의함)

[24 변호사] ☆☆

① 임의제출된 정보저장매체에서 압수의 대상이 되는 전자정보의 범위를 넘어서는 전자정보에 대해 수사기관이 영장 없이 압수·수색하여 취득한 증거는 위법수집증거로서 증거능력이 없고, 설령 사후에 압수·수색영장이 발부되었거나 피고인이나 변호인이 이를 증거로 함에 동의하였더라도 그 위법성이 치유되지 않는다.

② 수사기관이 피의자를 신문함에 있어서 피의자에게 미리 진술거부권을 고지하지 않은 때에는 그 피의자의 진술은 설령 그 진술의 임의성이 인정되는 경우라도 증거능력이 부정되지만 이는 진술거부권을 고지받지 못한 당해 피의자에 대하여 유죄의 증거로 사용할 수 없다는 의미이므로, 당해 피의자의 공범에 대하여는 유죄의 증거로 사용할 수 있다.

③ 범죄 증거를 수집할 목적으로 피의자의 동의 없이 이루어지는 강제채뇨는 피의자에게 신체적 고통이나 장애를 초래하고 수치심이나 굴욕감을 주며 인간으로서의 존엄과 가치를 침해하는 수사방법이므로 「형사소송법」 제215조에 따라 판사로부터 압수·수색영장을 적법하게 발부받았더라도 허용되지 않는다.

④ 수출입물품 통관검사절차에서 이루어지는 물품의 개봉, 시료채취, 성분분석 등의 검사는 수출입물품에 대한 적정한 통관 등을 목적으로 하는 것으로서 세관공무원은 압수·수색영장 없이 이러한 검사를 진행할 수 있지만, 세관공무원이 통관검사를 위하여 직무상 소지하거나 보관하는 물품에 대하여 수사기관이 섬유를 취득하기 위해서는 사전 또는 사후에 영장을 받아야만 한다.

⑤ 피고인이 문서위조를 위해 연습한 흔적이 남아 있는 업무일지는 공익과 사익을 비교형량할 때 피고인의 소송사기를 증명하기 위한 유죄의 증거로 사용할 수 있지만, 만약 그 업무일지가 제3자에 의하여 절취된 것이고 소송사기의 피해자가 대가를 지급하고 이를 취득한 것이라면 유죄의 증거로 사용할 수 없다.

해설

① [○] 임의제출된 정보저장매체에서 압수의 대상이 되는 전자정보의 범위를 초과하여 수사기관이 임의로 전자정보를 탐색·복제·출력하는 것은 원칙적으로 위법한 압수·수색에 해당하므로 허용될 수 없다.
만약 전자정보에 대한 압수·수색이 종료되기 전에 범죄혐의사실과 관련된 전자정보를 적법하게 탐색하는 과정에서 별도의 범죄혐의와 관련된 전자정보를 우연히 발견한 경우라면, 수사기관은 더 이상의 추가 탐색을 중단하고 법원으로부터 별도의 범죄혐의에 대한 압수·수색영장을 발부받은 경우에 한하여 그러한 정보에 대하여도 적법하게 압수·수색을 할 수 있다. 따라서 임의제출된 정보저장매체에서 압수의 대상이 되는 전자정보의 범위를 넘어서는 전자정보에 대해 수사기관이 영장 없이 압수·수색하여 취득한 증거는 위법수집증거에 해당하고, 사후에 법원으로부터 영장이 발부되었다거나 피고인이나 변호인이 이를 증거로 함에 동의하였다고 하여 그 위법성이 치유되는 것도 아니다(대판(전) 2021.11.18. 2016도348).

② [×] [1] 형사소송법이 보장하는 피의자의 진술거부권은 헌법이 보장하는 형사상 자기에 불리한 진술을 강요당하지 않는 자기부죄거부의 권리에 터잡은 것이므로 수사기관이 피의자를 신문함에 있어서 피의자에게 미리 진술거부권을 고지하지 않은 때에는 그 피의자의 진술은 위법하게 수집된 증거로서 진술의 임의성이 인정되는 경우라도 증거능력이 부인되어야 한다.
[2] 원심은, 검사가 2006.8.16. 공소외 1에 대하여 국가보안법위반죄로 구속영장을 청구하여 2006.8.18. 서울중앙지방법원으로부터 구속영장을 발부받았는데, … 기록상 검사가 공소외 1의 진술을 들음에 있어 공소외 1에게 미리 진술거부권이 있음을 고지한 사실을 인정할 만한 아무런 자료가 없으므로, 진술의 임의성이 인정되는 경우라도 위법하게 수집된 증거로서 증거능력이 없어 피고인에 대한 유죄의 증거로 쓸 수 없으며, … 달리 이를 인정할 만한 아무런 증거가 없다고 판단하였다. 위 법리와 기록에 비추어 살펴보면, 위와 같은 원심의 사실인정과 판단은 정당하여 수긍할 수 있고, 거기에 증거능력에 관한 법리오해 등의 위법이 없다(대판 2009.8.20. 2008도8213).

③ [×] 수사기관이 범죄 증거를 수집할 목적으로 피의자의 동의 없이 피의자의 소변을 채취하는 것은 법원으로부터 감정허가장을 받아 형사소송법 제221조의4 제1항, 제173조 제1항에서 정한 '감정에 필요한 처분'으로 할 수 있지만(피의자를 병원 등에 유치할 필요가 있는 경우에는 형사소송법 제221조의3에 따라 법원으로부터 감정유치장을 받아야 한다), 형사소송법 제219조, 제106조 제1항, 제109조에 따른 압수·수색의 방법으로도 할 수 있다.
이러한 압수·수색의 경우에도 수사기관은 원칙적으로 형사소송법 제215조에 따라 판사로부터 압수·수색영장을 적법하게 발부받아 집행해야 한다. 압수·수색의 방법으로 소변을 채취하는 경우 압수대상물인 피의자의 소변을 확보하기 위한 수사기관의 노력에도 불구하고, 피의자가 인근 병원 응급실 등 소변 채취에 적합한 장소로 이동하는 것에 동의하지 않거나 저항하는 등 임의동행을 기대할 수 없는 사정이 있는 때에는 수사기관으로서는 소변 채취에 적합한 장소로 피의자를 데려가기 위해서 필요 최소한의 유형력을 행사하는 것이 허용된다(대판 2018.7.12. 2018도6219).

④ [×] 수출입물품 통관검사절차에서 이루어지는 물품의 개봉, 시료채취, 성분분석 등의 검사는 수출입물품에 대한 적정한 통관을 목적으로 하는 것으로서 수사기관의 강제처분이라고 할 수 없으므로, 세관공무원은 압수·수색영장 없이 이러한 검사를 진행할 수 있다(대판 2013.9.26. 2013도7718).

비교판례 피고인이 국제항공특송화물 속에 필로폰을 숨겨 수입할 것이라는 정보를 입수한 검사가, 이른바 통제배달(controlled delivery, 적발한 금제품을 감시하에 배송함으로써 거래자를 밝혀 검거하는 수사기법)을 하기 위해 세관공무원의 협조를 받아 특송화물을 통관절차를 거치지 않고 가져와 개봉하여 그 속의 필로폰을 취득한 것은 구체적인 범죄사실에 대한 증거수집을 목적으로 한 압수·수색이므로 사전 또는 사후에 영장을 받지 않았다면 압수물 등의 증거능력이 부정된다(대판 2017.7.18. 2014도8719).

⑤ [×] 사문서위조·위조사문서행사 및 소송사기로 이어지는 일련의 범행에 대하여 피고인을 형사소추하기 위해서는 업무일지가 반드시 필요한 증거로 보이므로 설령 그것이 제3자에 의하여 절취된 것으로서 소송사기 등의 피해자측이 이를 수사기관에 증거자료로 제출하기 위하여 대가를 지급하였다 하더라도 공익의 실현을 위하여는 업무일지를 범죄의 증거로 제출하는 것이 허용되어야 하고, 이로 말미암아 피고인의 사생활 영역을 침해하는 결과가 초래된다 하더라도 이는 피고인이 수인하여야 할 기본권의 제한에 해당된다(대판 2008.6.26. 2008도1584).

동지판례 피고인의 동의하에 촬영된 나체사진의 존재만으로 피고인의 인격권과 초상권을 침해하는 것으로 볼 수 없고 가사 사진을 촬영한 제3자가 그 사진을 이용하여 피고인을 공갈할 의도였다고 하더라도 사진의 촬영이 임의성이 배제된 상태에서 이루어진 것이라고 할 수는 없으며 그 사진은 범죄현장의 사진으로서 피고인에 대한 형사소추를 위하여 반드시 필요한 증거로 보이므로 공익의 실현을 위하여는 그 사진을 범죄의 증거로 제출하는 것이 허용되어야 하고, 이로 말미암아 피고인의 사생활의 비밀을 침해하는 결과를 초래한다 하더라도 이는 피고인이 수인하여야 할 기본권의 제한에 해당된다(대판 1997.9.30. 97도1230).

정답 ①

제5절 | 전문증거와 전문법칙

37 전문증거에 관한 설명으로 가장 적절하지 않은 것은? (다툼이 있는 경우 판례에 의함) [23 경찰2차] ★★

① A가 B에게 행한 진술이 기재된 서류가 A가 그러한 내용의 진술을 하였다는 사실 자체에 대한 정황증거로 사용될 것이라는 이유로 서류의 증거능력을 인정한 다음 그 사실을 다시 A의 B에 대한 진술 내용이나 그 진실성을 증명하는 간접사실로 사용하는 경우, 그 서류는 전문증거에 해당한다.

② 알선자인 피고인으로부터 전화를 통해 "건축허가 담당 공무원이 외국연수를 가므로 사례비를 주어야 한다."는 말을 들은 증인이 피고인의 알선수재 피고사건에 대해 그러한 말을 들었다고 법정에서 진술한 것은 전문증거에 해당한다.

③ 피고인이 피해자에게 보낸 협박문자를 피해자가 화면캡쳐의 방식으로 촬영한 사진은 피고인의 협박죄 피고사건에 대해서는 전문증거에 해당하지 않는다.

④ A가 피해자들을 흉기로 살해하면서 "이것은 신의 명령을 집행하는 것이다."라고 말하였는데 이 말을 들은 B가 법정에서 A의 정신상태를 증명하기 위해 그 내용을 증언하는 경우 이 진술은 전문증거에 해당하지 않는다.

해설

① [○] 어떤 진술이 기재된 서류가 그 내용의 진실성이 범죄사실에 대한 직접증거로 사용될 때는 전문증거가 된다고 하더라도, 그와 같은 진술을 하였다는 것 자체 또는 그 진술의 진실성과 관계없는 간접사실에 대한 정황증거로 사용될 때는 반드시 전문증거가 되는 것은 아니다. 그러나 어떠한 내용의 진술을 하였다는 사실 자체에 대한 정황증거로 사용될 것이라는 이유로 서류의 증거능력을 인정한 다음 그 사실을 다시 진술 내용이나 그 진실성을 증명하는 간접사실로 사용하는 경우에 그 서류는 전문증거에 해당한다(대판(전) 2019.8.29. 2018도14303).

② [×] A가 "피고인으로부터 '건축허가 담당 공무원이 외국연수를 가므로 사례비를 주어야 한다'는 말과 '건축허가 담당 공무원이 4,000만 원을 요구하는데 사례비로 2,000만 원을 주어야 한다'는 말을 들었다."는 취지로 진술한 경우, 피고인의 위와 같은

'원진술의 존재 자체가 알선수재죄에 있어서의 요증사실이므로' 이를 직접 경험한 A가 피고인으로부터 위와 같은 말들을 들었다고 하는 진술들은 전문증거가 아니라 '본래증거'에 해당된다(대판 2008.11.13. 2008도8007).

③ [○] 형사소송법 제310조의2는 사실을 직접 경험한 사람의 진술이 법정에 직접 제출되어야 하고 이에 갈음하는 대체물인 진술 또는 서류가 제출되어서는 안 된다는 이른바 전문법칙을 선언한 것이다. 그런데 정보통신망을 통하여 공포심이나 불안감을 유발하는 글을 반복적으로 상대방에게 도달하게 하는 행위를 하였다는 공소사실에 대하여 휴대전화기에 저장된 문자정보가 그 증거가 되는 경우, 그 문자정보는 범행의 직접적인 수단이고 경험자의 진술에 갈음하는 대체물에 해당하지 않으므로, 형사소송법 제310조의2에서 정한 전문법칙이 적용되지 않는다(대판 2008.11.13. 2006도2556).

④ [○] 어떤 진술이 기재된 서류가 그 내용의 진실성이 범죄사실에 대한 직접증거로 사용될 때는 전문증거가 된다고 하더라도, 그와 같은 진술을 하였다는 것 자체 또는 그 진술의 진실성과 관계없는 간접사실에 대한 정황증거로 사용될 때는 반드시 전문증거가 되는 것은 아니다(대판 2000.2.25. 99도1252).

정답 ②

38 전문법칙의 예외에 관한 설명으로 가장 적절하지 않은 것은? (다툼이 있는 경우 판례에 의함)

[23 경찰2차] ☆☆

① A가 B와의 개별면담에서 대화한 내용을 피고인 甲에게 불러주었고, 그 내용이 기재된 甲의 업무수첩이 그 대화내용을 증명하기 위한 진술증거인 경우 피고인이 작성한 진술서에 대한 「형사소송법」 제313조 제1항에 따라 증거능력을 판단해야 한다.

② 공소제기 전에 피고인을 피의자로 조사했던 사법경찰관이 공판기일에 피고인의 진술을 내용으로 하여 한 진술을 증거로 하기 위해서는 사법경찰관이 피의자였던 피고인으로부터 진술을 들을 당시 피고인이 증언능력에 준하는 능력을 갖춘 상태에 있었어야 한다.

③ 피해자가 제1심 법정에서 수사기관에서의 진술조서에 대해 실질적 진정성립을 부인하는 취지로 진술하였다면, 이후 피해자가 사망하였더라도 피해자를 조사하였던 조사자에 의한 수사기관에서 이루어진 피해자의 진술을 내용으로 하는 제2심 법정에서의 증언은 증거능력이 없다.

④ 법원이 구속된 피의자를 심문하고 그에 대한 피의자의 진술 등을 기재한 구속적부심문조서는 「형사소송법」 제315조 제3호 '특히 신용할 만한 정황에 의하여 작성된 문서'에 해당하여 피고인이 증거로 함에 부동의하더라도 당연히 그 증거능력이 인정된다.

해설

① [×] 피고인 2의 업무수첩 등의 대화 내용 부분이 전 대통령과 개별 면담자 사이에서 대화한 내용을 증명하기 위한 진술증거인 경우에는 '전문진술'로서 형사소송법 '제316조 제2항'에 따라 원진술자가 사망, 질병, 외국거주, 소재불명 그 밖에 이에 준하는 사유로 진술할 수 없고 그 진술이 특히 신빙할 수 있는 상태에서 한 것임이 증명된 때에 한하여 증거로 사용할 수 있다. 이 사건에서 피고인 2의 업무수첩 등이 이 요건을 충족하지 못한다. 따라서 피고인 2의 업무수첩 등은 전 대통령과 개별 면담자가 나눈 대화 내용을 추단할 수 있는 간접사실의 증거로 사용하는 것도 허용되지 않는다. 이를 허용하면 대화 내용을 증명하기 위한 직접증거로 사용할 수 없는 것을 결국 대화 내용을 증명하는 증거로 사용하는 결과가 되기 때문이다(대판(전) 2019.8.29. 2018도13792).

② [○] 전문의 진술을 증거로 함에 있어서는 전문진술자가 원진술자로부터 진술을 들을 당시 원진술자가 증언능력에 준하는 능력을 갖춘 상태에 있어야 한다(대판 2006.4.14. 2005도9561).

③ [○] 현행 형사 항소심이 속심 겸 사후심의 구조로 되어 있고, 제1심법원에서 증거로 할 수 있었던 증거는 항소법원에서도 증거로 할 수 있는 점(형사소송법 제363조 제3항) 등에 비추어 보면, 원진술자가 제1심법원에 출석하여 진술을 하였다가 항소심에 이르러 진술할 수 없게 된 경우를 형사소송법 제316조 제2항에서 정한 '원진술자가 진술할 수 없는 경우'에 해당한다고는 할 수 없다(대판 2001.9.28. 2001도3997).

▶ 조사자의 증언은 원진술이 피고인 아닌 자(피해자)의 진술을 그 내용으로 하므로 제316조 제2항의 전문진술에 해당하고, 원진술자인 피해자가 1심 법정에 출석한 이상 제316조의 필요성 요건이 흠결된 것이므로 증거능력이 없다.

④ [○] 구속적부심은 구속된 피의자 또는 그 변호인 등의 청구로 수사기관과는 별개 독립의 기관인 법원에 의하여 행하여지는 것으로서 구속된 피의자에 대하여 피의사실과 구속사유 등을 알려 그에 대한 자유로운 변명의 기회를 주어 구속의 적부를 심사함으로써 피의자의 권리보호에 이바지하는 제도인바, 법원 또는 합의부원, 검사, 변호인, 청구인이 구속된 피의자를 심문하고 그에 대한 피의자의 진술 등을 기재한 구속적부심문조서는 형사소송법 제311조가 규정한 문서에는 해당하지 않는다 할 것이나, 특히 신용할 만한 정황에 의하여 작성된 문서라고 할 것이므로 특별한 사정이 없는 한, 피고인이 증거로 함에 부동의하더라도 형사소송법 제315조 제3호에 의하여 당연히 그 증거능력이 인정된다(대판 2004.1.16. 2003도5693).

정답 ①

39 전문증거에 관한 설명으로 가장 적절하지 않은 것은? (다툼이 있는 경우 판례에 의함)

[23 경찰간부] ☆☆☆

① 현장사진 중 '사진 가운데에 위치한 촬영일자' 부분이 조작된 것이라고 다투는 경우, 위 '현장사진의 촬영일자'는 전문법칙이 적용된다.

② 어떤 진술이 기재된 서류가 그 내용의 진술을 하였다는 사실 자체에 대한 정황증거로 사용되었다 하더라도, 그 서류가 다시 진술내용이나 그 진실성을 증명하는 간접사실로 사용되는 경우에는 전문증거에 해당하므로 전문법칙이 적용된다.

③ 피고인 아닌 자의 공판기일에서의 진술이 피고인 아닌 타인의 진술을 그 내용으로 하는 경우 「형사소송법」 제316조 제2항이 요구하는 특히 신빙할 수 있는 상태하에서 행하여졌음에 대한 증명은 단지 그러한 개연성이 있다는 정도로 족하며 합리적인 의심의 여지를 배제하는 정도에 이를 필요는 없다.

④ 피고인 아닌 자의 진술이 기재된 조서에 원진술자가 실질적 진정 성립을 부인하더라도 영상녹화물 또는 그 밖의 객관적인 방법에 의하여 증명하는 방법이 있는데, 여기서 '그 밖의 객관적인 방법'이라 함은 영상녹화물에 준할 정도로 피고인의 진술을 과학적 · 기계적 · 객관적으로 재현해 낼 수 있는 방법만을 의미하며 조사관 또는 조사과정에 참여한 통역인 등의 증언은 이에 해당한다고 볼 수 없다.

해설

① [○] 피고인이 이 사건 범행을 부인한다거나 위 공소외인이 다른 범죄에 제공하기 위하여 사진을 촬영하였고 사진 촬영 당시 피고인이 무의식 상태에 있었다고 다투는 것은 사진의 증명력을 다투는 취지에 불과하여 의사표시의 효력과는 무관하며, 피고인이 이 사건 사진의 촬영일자 부분에 대하여 조작된 것이라고 다툰다고 하더라도, 전문법칙이 적용되어 이 부분은 전문증거에 해당되어 별도로 증거능력이 있는지를 살펴보면 족한 것이므로, 원심과 같이 피고인의 변소에 비추어 위 증거동의의 의사표시가 단순히 사진 속의 인물이 피고인이 맞다는 취지의 진술에 불과하다고 단정할 수는 없다 할 것이고, 피고인이 원심에 이르러 증거동의를 철회하였다고 하더라도 증거조사를 마친 후의 증거에 대하여는 동의의 철회로 인하여 적법하게 부여된 증거능력이 상실되는 것이 아니므로, 이 사건 사진이 진정한 것으로 인정되는 한 이로써 이 사건 사진은 증거능력을 취득한 것이라 할 것이다(대판 1997.9.30. 97도1230).[1)]

② [○] 어떠한 내용의 진술을 하였다는 사실 자체에 대한 정황증거로 사용될 것이라는 이유로 서류의 증거능력을 인정한 다음 그 사실을 다시 진술 내용이나 그 진실성을 증명하는 간접사실로 사용하는 경우에 그 서류는 전문증거에 해당한다(대판(전) 2019.8.29. 2018도2738; 동지 대판 2019.8.29. 2018도14303).

③ [×] 참고인의 진술 또는 작성이 '특히 신빙할 수 있는 상태하에서 행하여졌음에 대한 증명'은 단지 그러할 개연성이 있다는 정도로는 부족하고 합리적인 의심의 여지를 배제할 정도에 이르러야 한다(대판 2017.7.18. 2015도12981).

④ [○] 형사소송법 제312조 제2항에 규정된 '영상녹화물이나 그 밖의 객관적인 방법'이란 형사소송법 및 형사소송규칙에 규정된 방식과 절차에 따라 제작된 영상녹화물 또는 그러한 영상녹화물에 준할 정도로 피고인의 진술을 과학적 · 기계적 · 객관적으로 재현해 낼 수 있는 방법만을 의미하고, 그 외에 조사관 또는 조사 과정에 참여한 통역인 등의 증언은 이에 해당한다고 볼 수 없다(대판 2016.2.18. 2015도16586).

정답 ③

---

1) 대법원은 위 사안에서 사진의 촬영일자가 나타난 부분은 전문증거에 해당하여 전문법칙이 적용되지만, 사진 전체에 대해서는 비진술증거로 판단한 것으로 보인다.

40 전문증거에 관한 설명 중 가장 적절한 것은? (다툼이 있는 경우 판례에 의함) [23 경찰1차] ☆☆☆

① 제1심에서 피고인에 대하여 무죄판결이 선고되어 검사가 항소한 후, 수사기관이 항소심 공판기일에 증인으로 신청하여 신문할 수 있는 사람을 특별한 사정 없이 미리 수사기관에 소환하여 작성한 진술조서는 피고인이 증거로 할 수 있음에 동의하지 않는 한 증거능력이 없지만, 위 참고인이 법정에 증인으로 출석하여 위 진술조서의 진정성립을 인정하고 피고인 측에 반대신문의 기회가 부여된다면 예외적으로 증거능력이 인정된다.

② 피고인의 진술을 피고인 아닌 자가 녹음한 경우 피고인이 해당 녹음테이프를 증거로 할 수 있음에 동의하지 않은 이상 녹음테이프에 녹음된 피고인의 진술 내용을 증거로 사용하기 위해서는 형사소송법 제313조 제1항 단서에 따라 공판준비 또는 공판기일에서 진술자인 피고인의 진술에 의하여 녹음테이프에 녹음된 진술 내용이 자신이 진술한 대로 녹음된 것임이 증명되고 나아가 그 진술이 특히 신빙할 수 있는 상태하에서 행하여진 것임이 인정되어야 한다.

③ 피고인이 아닌 자가 수사과정에서 진술서를 작성하였지만 수사기관이 그에 대한 조사과정을 기록하지 아니하여 형사소송법 제244조의4 제3항, 제1항에서 정한 절차를 위반한 경우에는, 특별한 사정이 없는 한 '적법한 절차와 방식'에 따라 수사과정에서 진술서가 작성되었다 할 수 없으므로 증거능력을 인정할 수 없다.

④ 형사소송법 제316조 제2항에 의하면, '피고인 아닌 자'의 공판준비 또는 공판기일에서의 진술이 피고인 아닌 타인의 진술을 그 내용으로 하는 것인 때에는 원진술자가 사망, 질병 기타 사유로 인하여 진술할 수 없고 그 진술이 특히 신빙할 수 있는 상태하에서 행하여진 때에 한하여 이를 증거로 할 수 있다고 규정하고 있는데, 여기서 말하는 '피고인 아닌 자'라고 함은 공동피고인이나 공범자를 제외한 제3자를 의미한다.

해설

① [×] 제1심에서 피고인에 대하여 무죄판결이 선고되어 검사가 항소한 후, 수사기관이 항소심 공판기일에 증인으로 신청하여 신문할 수 있는 사람을 특별한 사정 없이 미리 수사기관에 소환하여 작성한 진술조서는 피고인이 증거로 할 수 있음에 동의하지 않는 한 증거능력이 없다. 검사가 공소를 제기한 후 참고인을 소환하여 피고인에게 불리한 진술을 기재한 진술조서를 작성하여 이를 공판절차에 증거로 제출할 수 있게 한다면, 피고인과 대등한 당사자의 지위에 있는 검사가 수사기관으로서의 권한을 이용하여 일방적으로 법정 밖에서 유리한 증거를 만들 수 있게 하는 것이므로 당사자주의 · 공판중심주의 · 직접심리주의에 반하고 피고인의 공정한 재판을 받을 권리를 침해하기 때문이다. 위 참고인이 나중에 법정에 증인으로 출석하여 위 진술조서의 성립의 진정을 인정하고 피고인 측에 반대신문의 기회가 부여된다 하더라도 위 진술조서의 증거능력을 인정할 수 없음은 마찬가지이다(대판 2019.11.28. 2013도6825).

② [×] 녹음테이프 검증조서의 기재 중 피고인의 진술내용을 증거로 사용하기 위해서는(피고인이 성립의 진정을 부인하더라도) 형사소송법 제313조 제1항 단서에 따라 공판준비 또는 공판기일에서 그 '작성자'(녹음한 사람을 의미함)인 상대방의 진술에 의하여 녹음테이프에 녹음된 피고인의 진술내용이 피고인이 진술한 대로 녹음된 것임이 증명되고 (작성자가 성립의 진정을 인정하고), 나아가 그 진술이 특히 신빙할 수 있는 상태하에서 행하여진 것임이 인정되어야 한다(대판 2012.9.13. 2012도7461).

③ [○] 피고인이 아닌 자가 수사과정에서 진술서를 작성(그 실질은 참고인진술조서에 해당한다. – 저자 주)하였지만 수사기관이 그에 대한 조사과정을 기록하지 아니하여 형사소송법 제244조의4 제3항, 제1항에서 정한 절차를 위반한 경우에는, 특별한 사정이 없는 한 '적법한 절차와 방식'에 따라 수사과정에서 진술서가 작성되었다 할 수 없으므로 그 증거능력을 인정할 수 없다(대판 2015.4.23. 2013도3790).

④ [×] 형사소송법 제316조 제2항에 의하면, 피고인 아닌 자(甲)의 공판준비 또는 공판기일에서의 진술이 피고인 아닌 타인(乙)의 진술을 그 내용으로 하는 것인 때에는 원진술자가 사망, 질병, 외국거주, 소재불명 그 밖에 이에 준하는 사유로 인하여 진술할 수 없고 그 진술이 특히 신빙할 수 있는 상태하에서 행하여졌음이 증명된 때에 한하여 이를 증거로 할 수 있다고 규정하고 있고, 여기서 말하는 '피고인 아닌 자(乙)'라고 함은 제3자는 말할 것도 없고 공동피고인이나 공범자를 모두 포함한다(대판 2011.11.24. 2011도7173).

정답 ③

41 전문증거에 관한 설명 중 가장 적절하지 않은 것은? (다툼이 있는 경우 판례에 의함) [22 경찰2차]

① 녹음파일에 담긴 진술 내용의 진실성이 증명의 대상이 되는 때에는 전문법칙이 적용된다고 할 것이나, 녹음파일에 담긴 진술 내용의 진실성이 아닌 그와 같은 진술이 존재하는 것 자체가 증명의 대상이 되는 경우에는 전문법칙이 적용되지 아니한다.

② "피해자로부터 '피고인이 자신을 추행했다.'는 취지의 말을 들었다."는 A의 진술을 "피고인이 자신을 추행했다."는 피해자의 진술내용의 진실성을 증명하는 간접사실로 사용하는 경우에는 전문증거에 해당하지 않는다.

③ 전문증거라도 당사자가 동의한 경우에는 전문법칙이 적용되지 않으며, 증인의 신용성을 탄핵하기 위한 탄핵증거로 제출된 경우에도 전문법칙이 적용되지 않는다.

④ A에 대한 사기죄로 공소제기된 甲의 공판에서 甲이 자신의 처에게 보낸 "내가 A를 속여 투자금을 받았는데 그 돈을 송금한다."라는 내용의 문자 메시지가 증거로 제출되었다면 이 메시지는 전문증거에 해당한다.

해설

① [○] 타인의 진술을 내용으로 하는 진술이 전문증거인지는 요증사실과 관계에서 정하여지는데, 원진술의 내용인 사실이 요증사실인 경우에는 전문증거이나, 원진술의 존재 자체가 요증사실인 경우에는 본래증거이지 전문증거가 아니다(대판 2014.2.27. 2013도12155).

② [×] 어떠한 내용의 진술을 하였다는 사실 자체에 대한 정황증거로 사용될 것이라는 이유로 서류의 증거능력을 인정한 다음 그 사실을 다시 진술 내용이나 그 진실성을 증명하는 간접사실로 사용하는 경우에 그 서류는 전문증거에 해당한다(대판(전) 2019.8.29. 2018도14303).

③ [○] 증거능력 없는 전문증거는 증거동의가 있으면 증거로 할 수 있고(제318조 제1항 참조), 탄핵증거로 사용할 수도 있다(제318조의2 제1항).

④ [○] "내가 A를 속여 투자금을 받았는데 그 돈을 송금한다."는 甲의 문자메시지는 내용의 진실성이 문제되는 전문증거로서 제313조에 따라 증거능력을 판단하여야 한다.

정답 ②

42 전문법칙의예외에 관한 설명 중 가장 적절한 것은? (다툼이 있는 경우 판례에 의함) [22 경찰2차]

① 사법경찰관이 적법한 절차와 방식에 따라 작성한 검증조서에 피의자 아닌 자의 진술이 기재된 경우, 그 진술이 영상녹화물에 의하여 증명되고 공판기일에서 작성자인 사법경찰관의 진술에 따라 그 성립의 진정함이 증명된 때에는 증거로 할 수 있다.

② A는 살인현장을 목격한 친구 B가 "甲이 길가던 여자를 죽였다."고 말한 내용을 자필 일기장에 작성하였고, 훗날 이 일기장이 甲의 살인죄 공판에 증거로 제출된 경우, 이 일기장은 형사소송법 제313조 제1항의 진술기재서(류)에 해당된다.

③ 자기에게 맡겨진 사무를 처리한 내역을 그때그때 계속적, 기계적으로 기재한 문서라 하더라도 불법적인 업무과정에서 작성한 문서는 신용성이 없으므로 당연히 증거능력이 인정되지 않는다.

④ 甲이 살인죄로 공소제기된 공판에서 A가 증인으로 출석하여 교통사고로 사망한 B가 생전에 자신에게 "甲이 C를 살해하는 것을 보았다."는 말을 한 적이 있다고 진술한 경우, B의 진술이 특히 신빙할 수 있는 상태하에서 행하여졌음이 증명된 때에 한하여 이를 증거로 할 수 있다.

해설

① [×] 사법경찰관이 적법한 절차와 방식에 따라 작성한 검증조서에 피의자 아닌 자의 진술이 기재된 경우 이는 참고인 진술조서와 실질적으로 동일하므로 이 경우 제312조 제4항이 적용된다. 따라서 제312조 제4항에 따라 증거능력이 인정되기 위해서는 검사 또는 사법경찰관이 피고인이 아닌 자의 진술을 기재한 조서는 적법한 절차와 방식에 따라 작성된 것으로서 그 조서가 검사 또는 사법경찰관 앞에서 진술한 내용과 동일하게 기재되어 있음이 원진술자의 공판준비 또는 공판기일에서의 진술이나 영상녹화물 또는 그 밖의 객관적인 방법에 의하여 증명되고, 피고인 또는 변호인이 공판준비 또는 공판기일에 그 기재 내용에 관하여 원진술자를 신문할 수 있었던 때에는 증거로 할 수 있다. 다만, 조서에 기재된 진술이 특히 신빙할 수 있는 상태하에서 행하여졌음이 증명된 때에 한한다(제312조 제4항).
▶ 사안에서 성립의 진정의 인정 주체는 피의자 아닌 자, 즉 원진술자이지 작성자가 아니므로 틀린 지문에 해당한다.

② [×] ▶ A의 일기장에 기재된 사실은 친구 B의 경험을 전문한 것이므로 전문진술기재서류(재전문서류)에 해당한다. 따라서 제313조의 요건 및 제316조 제2항의 요건을 각각 갖춘 경우에 한하여 증거능력이 인정된다.

③ [×] 성매매 업소에 고용된 여직원들이 성매매 상대방의 아이디와 전화번호 및 성매매방법 등을 메모지에 적어두었다가 직접 메모리카드에 입력하거나 업주가 고용한 다른 여직원이 그 내용을 입력한 사안에서, 위 메모리카드의 내용은 형사소송법 제315조 제2호의 '영업상 필요로 작성한 통상문서'로서 당연히 증거능력 있는 문서에 해당한다(대판 2007.7.26. 2007도3219).

④ [○] ▶ 甲의 살인사건에서 A의 진술은 원진술이 피고인 아닌 자의 진술(B의 진술)을 그 내용으로 하는 제316조 제2항의 전문진술에 해당한다. 따라서 원진술자가 사망, 질병, 외국거주, 소재불명 그 밖에 이에 준하는 사유로 인하여 진술할 수 없고(필요성 요건), 그 진술이 특히 신빙할 수 있는 상태(특신상태)하에서 행하여졌음이 증명된 때에 한하여 이를 증거로 할 수 있다.
설문의 경우 원진술자인 B가 교통사고로 사망하였으므로 필요성의 요건은 갖추어진 것으로 보이므로 특신상태가 인정되면 증거능력이 인정된다.

정답 ④

43 다음 사례에 대한 설명 중 옳은 것은 모두 몇 개인가? (다툼이 있는 경우 판례에 의함) [22 경찰2차]

甲은 A를 인적이 드문 곳으로 유인한 후, 권총으로 살해하였다. 범행장면은 현장 인근의 건물에 적법하게 설치된 CCTV에 녹화되었다. 사법경찰관 P는 CCTV 관리자가 녹화저장장치에서 甲의 범행장면이 복사된 이동식 저장장치(이하 'USB')를 건네주자 이를 압수하였다. 이후 P는 권총의 구매 경위를 수사하기 위하여 甲의 이메일 계정을 압수하였다. 압수된 이메일에는 B가 甲에게 "권총을 구매하여 택배로 보냈다."는 내용이 있었다. 검사는 甲을 살인죄로 기소하면서 USB와 이메일 파일을 증거로 제출하였다.

㉠ USB에 저장된 파일이 복사 과정에서 편집되는 등 인위적 개작 없이 원본 내용을 그대로 복사한 사본이라는 점이 증명되어야 한다.
㉡ CCTV에 녹화된 甲의 얼굴 등은 개인정보에 해당하지만 CCTV 관리자가 정보주체의 동의 없이 임의제출하였더라도 위법수집증거에 해당하지 않는다.
㉢ USB에 저장된 CCTV 영상이 범죄 당시 현장의 영상이라는 사실이 요증사실인 경우에는 전문법칙이 적용되지 않는다.
㉣ 이메일 작성자인 B가 증인으로 출석하여 "甲에게 이메일을 보낸 기억이 없다."고 진술한 경우에는 과학적 분석결과에 기초한 디지털포렌식 자료, 감정 등 객관적 방법으로 성립의 진정함이 증명되는 때에도 증거로 할 수 없다.

① 1개 ② 2개
③ 3개 ④ 4개

해설

㉠ [○] 전자문서를 수록한 파일 등의 경우에는, 원본임이 증명되거나 혹은 원본으로부터 복사한 사본일 경우에는 복사 과정에서 편집되는 등 인위적 개작 없이 원본의 내용 그대로 복사된 사본임이 증명되어야만 하고, 이러한 원본 동일성은 증거능력의 요건에 해당하므로 검사가 그 존재에 대하여 구체적으로 주장·증명해야 한다(대판 2018.2.8. 2017도13263).

㉡ [○] 개인정보처리자는 범죄의 수사와 공소의 제기 및 유지를 위하여 필요한 경우 정보주체 또는 제3자의 이익을 부당하게 침해할 우려가 있을 때를 제외하고는 개인정보를 목적 외의 용도로 이용하거나 이를 제3자에게 제공할 수 있다(개인정보 보호법 제18조 제2항 제7호).

▶ 설문에서 영상은 적법하게 설치된 CCTV를 통해 녹화된 것으로서 개인정보 보호법 제25조가 문제되지 않고, 범죄의 수사와 공소제기에 필요한 증거로서 임의제출 또한 적법하므로 적법한 절차에 따르지 아니하고 수집한 증거라 할 수 없다.

㉢ [○] 범행상황이 촬영된 CCTV 동영상은 범행상황을 촬영한 현장사진과 실질적으로 동일한 성질을 가지므로 현장사진의 성질을 갖는 CCTV 동영상은 비진술증거에 해당한다. 따라서 범행상황 및 그 전후 상황을 촬영한 CCTV가 독립된 증거로 사용되는 경우 이는 비진술증거에 해당한다(대판 2013.7.26. 2013도2511).

㉣ [×] 피고인 또는 피고인이 아닌 자가 작성한 진술서나 그 진술을 기재한 서류로서 그 작성자 또는 진술자의 자필이거나 그 서명 또는 날인이 있는 것(피고인 또는 피고인 아닌 자가 작성하였거나 진술한 내용이 포함된 문자·사진·영상 등의 정보로서 컴퓨터용디스크, 그 밖에 이와 비슷한 정보저장매체에 저장된 것을 포함한다. 이하 이 조에서 같다)은 공판준비나 공판기일에서의 그 작성자 또는 진술자의 진술에 의하여 그 성립의 진정함이 증명된 때에는 증거로 할 수 있다(제313조 제1항). 진술서의 작성자가 공판준비나 공판기일에서 그 성립의 진정을 부인하는 경우에는 과학적 분석결과에 기초한 디지털포렌식 자료, 감정 등 객관적 방법으로 성립의 진정함이 증명되는 때에는 증거로 할 수 있다. 다만, 피고인 아닌 자가 작성한 진술서는 피고인 또는 변호인이 공판준비 또는 공판기일에 그 기재 내용에 관하여 작성자를 신문할 수 있었을 것을 요한다(제313조 제2항).

▶ 사안에서 B의 이메일은 피고인 아닌 자가 작성한 진술서에 준하는 것으로서 작성자인 B가 진성 성립을 부인한다고 하더라도 디지털포렌식 등의 객관적 방법으로 성립의 진정함이 인정되고, 피고인이나 변호인에게 B를 신문할 수 있는 기회가 부여되었다면 증거로 할 수 있다.

정답 ③

44

「형사소송법」 제311조에 따라서 증거능력이 인정되는 전문증거는 모두 몇 개인가? (다툼이 있는 경우 판례에 의함)

[22 경찰간부] ★★

> 가. 당해 사건에서 상소심에 의한 파기환송 전의 공판조서
> 나. 당해 사건에서 공판절차 갱신 전의 공판조서
> 다. 당해 사건의 공판준비절차에서 작성된 감정인신문조서
> 라. 당해 사건의 공판기일에서 피고인이 행한 진술
> 마. 증거보전절차에서 작성된 증인신문조서 중 증인에 대한 반대신문과정에서 피의자가 진술한 내용을 기재한 부분

① 2개　② 3개
③ 4개　④ 5개

해설

▶ 가, 나, 다. 3개가 옳다.

1) 법원 또는 법관의 면전조서는 그 성립이 진정하고 신용성의 정황적 보장이 높기 때문에 당연히 증거능력이 인정된다(제311조). 공판준비조서, 공판조서, 증인신문조서, 검증조서 그리고 증거보전절차나 증인신문절차에서 작성된 조서가 이에 해당한다. '공판조서'는 상소심에 있어서 원심의 공판조서, 공판절차갱신 전의 공판조서, 이송된 사건의 이송 전의 공판조서 등을 말한다.

2) 공판기일에 피고인이 행한 진술과 피고인 아닌 자(증인)의 진술은 그 자체가 본래증거이기 때문에 전문법칙이 적용되지 않는다.

3) 증인신문조서가 증거보전절차에서 피고인이 증인으로서 증언한 내용을 기재한 것이 아니라 증인 甲의 증언내용을 기재한 것이고 다만 피의자였던 피고인이 당사자로 참여하여 자신의 범행 사실을 시인하는 전제하에 위 증인에게 반대신문한 내용이 기재되어 있을 뿐이라면 위 조서는 공판준비 또는 공판기일에 피고인 등의 진술을 기재한 조서도 아니고 반대신문 과정에서 피의자가 한 진술에 관한 한 형사소송법 제184조에 의한 증인신문조서도 아니므로 위 조서 중 피의자의 진술기재 부분에 대하여는 형사소송법 제311조에 의한 증거능력을 인정할 수 없다(대판 1984.5.15. 84도508).

정답 ②

45 전문증거에 대한 설명으로 옳지 않은 것은? (다툼이 있는 경우 판례에 의함) [22 경찰간부] ★★

① 甲이 수표를 발행하였으나 예금부족으로 지급되지 아니하게 하였다는 부정수표단속법위반의 공소사실을 증명하기 위하여 제출되는 수표는 증거물인 서면에 해당한다.

② 상해의 공소사실에서, 피해자 A의 상해 부위를 촬영한 사진은 비진술증거로서 전문법칙이 적용되지 아니한다.

③ 감금된 피해자 A가 甲으로부터 풀려나는 당일 남동생 B에게 도움을 요청하면서 甲이 협박한 말을 포함하여 공갈 등 甲으로부터 피해를 입은 내용을 문자메시지로 보낸 경우, 이 문자메시지의 내용을 촬영한 사진은 A의 진술서로 볼 수 없다.

④ 협박의 공소사실에 대하여 휴대전화기에 저장된 협박 문자정보가 그 증거가 되는 경우, 그 문자정보에는 전문법칙이 적용되지 아니한다.

해설

① [○] 피고인이 수표를 발행하였으나 예금부족 또는 거래정지처분으로 지급되지 아니하게 하였다는 부정수표단속법위반의 공소사실을 증명하기 위하여 제출되는 수표는 그 서류의 존재 또는 상태 자체가 증거가 되는 것이어서 증거물인 서면에 해당하고 어떠한 사실을 직접 경험한 사람의 진술에 갈음하는 대체물이 아니므로, 그 증거능력은 증거물의 예에 의하여 판단하여야 하고, 형사소송법 제310조의2에서 정한 전문법칙이 적용될 여지가 없다(대판 2015.4.23. 2015도2275).

② [○] 피해자의 상해부위를 촬영한 사진은 비진술증거로서 전문법칙이 적용되지 않으므로, 위 사진이 진술증거임을 전제로 전문법칙이 적용되어야 한다는 취지의 상고이유의 주장은 받아들일 수 없다(대판 2007.7.26. 2007도3906).

③ [×] 피해자 A가 남동생 B에게 도움을 요청하면서 피고인이 협박한 말을 포함하여 공갈 등 피해를 입은 내용이 들어 있는 문자메시지 내용을 촬영한 사진은 피해자의 진술서에 준하는 것으로 봄이 상당할 것인바, 진술서에 관한 형사소송법 제313조에 따라 작성자인 A가 법정에 출석하여 자신이 문자메시지를 작성하여 동생에게 보낸 것과 같음을 확인하고(성립의 인정 – 저자 주), 동생인 B도 법정에 출석하여 A가 보낸 문자메시지를 촬영한 사진이 맞다고 확인(사진, 즉 사본이므로 추가되는 증거능력 인정요건임)한 이상, 문자메시지를 촬영한 사진은 성립의 진정함이 증명되었다고 볼 수 있으므로 이를 증거로 할 수 있다(대판 2010.11.25. 2010도8735).

④ [○] 형사소송법 제310조의2는 사실을 직접 경험한 사람의 진술이 법정에 직접 제출되어야 하고 이에 갈음하는 대체물인 진술 또는 서류가 제출되어서는 안 된다는 이른바 전문법칙을 선언한 것이다. 그런데 정보통신망을 통하여 공포심이나 불안감을 유발하는 글을 반복적으로 상대방에게 도달하게 하는 행위를 하였다는 공소사실에 대하여 휴대전화기에 저장된 문자정보가 그 증거가 되는 경우, 그 문자정보는 범행의 직접적인 수단이고 경험자의 진술에 갈음하는 대체물에 해당하지 않으므로, 형사소송법 제310조의2에서 정한 전문법칙이 적용되지 않는다(대판 2008.11.13. 2006도2556).

정답 ③

46 피고인이 증거로 함에 동의하지 아니한 수사보고서(사법경찰관리 또는 검찰수사관이 수사의 경위 및 결과를 내부적으로 보고하기 위하여 작성한 후 사법경찰관 또는 검사에게 보고하는 문서)의 증거능력에 대한 설명으로 옳지 않은 것은? (다툼이 있는 경우 판례에 의함)

[22 경찰간부]

① 외국에 거주하는 참고인과의 전화 대화내용을 문답형식으로 기재한 검찰수사관 작성의 수사보고서는 증거능력이 없다.

② 甲이 乙과 합동하여 A의 재물을 절취하려다가 미수에 그쳤다는 내용의 공소사실을 자백한 사안에서, 甲이 범행에 사용한 도구와 손괴된 A의 집 문 쇠창살의 모습이 촬영된 현장사진이 첨부된 수사보고서는 甲의 자백의 진실성을 담보하기에 충분한 보강증거가 된다.

③ 증거능력이 없는 수사보고서를 피해자들의 처벌희망 의사표시 철회의 효력 여부를 판단하는 증거로 사용할 수 있다.

④ 상해사건 피해자의 피해부위에 대해 사법경찰리가 작성한 수사보고서는 진술서로 볼 수는 없고 검증조서로 보아야 한다.

해설

① [○] 외국에 거주하는 참고인과의 전화 대화내용을 문답형식으로 기재한 검찰주사보 작성의 수사보고서는 전문증거로서 형사소송법 제310조의2에 의하여 제311조 내지 제316조에 규정된 것 이외에는 이를 증거로 삼을 수 없는 것인데, 위 수사보고서는 제313조의 진술을 기재한 서류에 해당하여야만 제314조의 적용 여부가 문제될 것인바, 제313조가 적용되기 위하여는 그 진술을 기재한 서류에 그 진술자의 서명 또는 날인이 있어야 한다. 그런데 이 사건의 경우, 위 각 수사보고서에는 검찰주사보의 기명날인만 되어 있을 뿐 원진술자인 A나 B의 서명 또는 기명날인이 없으므로, 위 각 수사보고서는 제313조에 정한 진술을 기재한 서류가 아니어서 제314조에 의한 증거능력의 유무를 따질 필요가 없다(대판 1999.2.26. 98도2742).

② [○] 피해자가 집에서 잠을 자고 있던 중 집 앞에 있는 컨테이너 박스 쪽에서 쿵쿵하는 소리가 들려 그쪽에 가서 노루발못뽑이로 컨테이너 박스 출입문의 시정장치를 부수는 피고인을 현행범으로 체포하였다고 수사기관에서 행한 진술과 범행에 사용된 노루발못뽑이와 손괴된 쇠창살의 모습이 촬영되어 있는 현장사진이 첨부된 수사보고서는 피고인 자백의 진실성을 담보하기에 충분한 보강증거가 된다(대판 2011.9.29. 2011도8015).

③ [○] 이 사건 각 수사보고서는 검사가 참고인인 피해자 공소외 1, 2와의 전화통화 내용을 기재한 서류로서 형사소송법 제313조 제1항 본문에 정한 '피고인 아닌 자의 진술을 기재한 서류'인 전문증거에 해당하나, 그 진술자의 서명 또는 날인이 없을 뿐만 아니라 공판준비기일이나 공판기일에서 진술자의 진술에 의해 성립의 진정함이 증명되지도 않았으므로 증거능력이 없다. 그러나 반의사불벌죄에서 피고인 또는 피의자의 처벌을 희망하지 않는다는 의사표시 또는 처벌희망 의사표시 철회의 유무나 그 효력 여부에 관한 사실은 엄격한 증명의 대상이 아니라 증거능력이 없는 증거나 법률이 규정한 증거조사방법을 거치지 아니한 증거에 의한 증명, 이른바 자유로운 증명의 대상이다. 원심이 증거능력이 없는 이 사건 각 수사보고서를 피해자들의 처벌희망 의사표시 철회의 효력 여부를 판단하는 증거로 사용한 것 자체는 위와 같은 법리에 따른 것으로서 정당하고, 법리오해는 없다(대판 2010.10.14. 2010도5610).

④ [×] 수사보고서에 검증의 결과에 해당하는 기재가 있는 경우, 기재 부분은 검사가 범죄의 현장 기타 장소에서 실황조사를 한 후 작성하는 실황조서 또는 사법경찰관이 수사상 필요하다고 인정하여 범죄현장 또는 기타 장소에 임하여 실황을 조사할 때 작성하는 실황조사서에 해당하지 아니하며, 단지 수사의 경위 및 결과를 내부적으로 보고하기 위하여 작성된 서류에 불과하므로, 검증의 결과에 해당하는 기재가 있다고 하여 형소법[제312조 제6항]의 '검사 또는 사법경찰관이 검증의 결과를 기재한 조서'라고 할 수 없을 뿐만 아니라 이를 같은 법 제313조 제1항의 '피고인 또는 피고인이 아닌 자가 작성한 진술서나 그 진술을 기재한 서류'라고 할 수도 없고, 같은 법 제311조, 제315조, 제316조의 적용대상이 되지 아니함이 분명하므로 그 기재 부분은 증거로 할 수 없다(대판 2001.5.29. 2000도2933).

정답 ④

47 다음 사례에 대한 설명으로 옳지 않은 것은? (다툼이 있는 경우 판례에 의함) [22 경찰간부] ☆☆

> 甲은 관급공사를 수주받기 위하여 공무원 乙에게 뇌물을 제공하고, 乙은 그 뇌물을 받은 혐의로 함께 기소되어 공동피고인으로 재판을 받고 있다. 검사는 사법경찰관 작성의 공범 甲에 대한 피의자신문조서와 乙에 대한 진술조서 및 乙의 진술을 적법하게 녹화한 영상녹화물을 증거로 제출하였다. 甲에 대한 피의자신문조서에는 甲이 乙에게 뇌물을 제공했다고 자백한 사실이 기재되어 있다.

① 乙의 진술이 담긴 영상녹화물은 乙의 공소사실을 직접 증명하는 독립적인 증거로 사용할 수 없다.

② 甲이 자신에 대한 피의자신문조서의 내용을 인정했더라도 乙이 공판기일에 甲에 대한 피의자신문조서의 내용을 부인하면 甲에 대한 피의자신문조서는 乙에게 증거능력이 없다.

③ 乙에 대한 진술조서는 乙에 대한 피의자신문조서로 보아야 한다.

④ 만약 공판이 진행되던 중 甲이 사망한 경우에는 甲에 대한 피의자신문조서는 특신상태만 증명되면 乙의 공소사실을 증명하는 증거로 사용할 수 있다.

해설

① [○] 수사기관이 참고인을 조사하는 과정에서 형사소송법 제221조 제1항에 따라 작성한 영상녹화물은, 다른 법률에서 달리 규정하고 있는 등의 특별한 사정이 없는 한, 공소사실을 직접 증명할 수 있는 독립적인 증거로 사용될 수는 없다(대판 2014.7.10. 2012도5041).

② [○] [1] 형사소송법 제312조 제3항은 검사 이외의 수사기관이 작성한 당해 피고인에 대한 피의자신문조서를 유죄의 증거로 하는 경우뿐만 아니라 검사 이외의 수사기관이 작성한 당해 피고인과 공범관계에 있는 다른 피고인이나 피의자에 대한 피의자신문조서를 당해 피고인에 대한 유죄의 증거로 채택할 경우에도 적용된다.

[2] 당해 피고인과 공범관계가 있는 다른 피의자에 대하여 검사 이외의 수사기관이 작성한 피의자신문조서는 그 피의자의 법정진술에 의하여 그 성립의 진정이 인정되는 등 형사소송법 제312조 제4항의 요건을 갖춘 경우라고 하더라도, '당해 피고인이 공판기일에서 그 조서의 내용을 부인한 이상' 이를 유죄 인정의 증거로 사용할 수 없다(대판 2014.4.10. 2014도1779).

▶ 형소법 제312조 제3항 사경 작성 피의자 신문조서의 내용인정 주체 – 당해피고인

③ [○] 피의자의 진술을 녹취 내지 기재한 서류 또는 문서가 수사기관에서의 조사과정에서 작성된 것이라면 그것이 '진술조서, 진술서, 자술서'라는 형식을 취하였다고 하더라도 피의자신문조서와 달리 볼 수 없다(대판 2014.4.10. 2014도1779).

④ [×] 당해 피고인과 공범관계가 있는 다른 피의자에 대한 검사 이외의 수사기관 작성의 피의자신문조서는 그 피의자의 법정진술에 의하여 그 성립의 진정이 인정되더라도 당해 피고인이 공판기일에서 그 조서의 내용을 부인하면 증거능력이 부정되므로, 그 당연한 결과로 그 피의자신문조서에 대하여는 사망 등 사유로 인하여 법정에서 진술할 수 없는 때에 예외적으로 증거능력을 인정하는 규정인 형사소송법 제314조가 적용되지 아니한다(대판 2020.6.11. 2016도9367).

정답 ④

48 전문법칙에 관한 설명으로 가장 적절하지 않은 것은? (다툼이 있는 경우 판례에 의함) [22 경찰1차] ★★★

① 「형사소송법」은 헌법이 요구하는 적법 절차를 구현하기 위하여 사건의 실체에 대한 심증 형성은 법관의 면전에서 본래증거에 대한 반대신문이 보장된 증거조사를 통하여 이루어져야 한다는 실질적 직접심리주의와 전문법칙을 채택하고 있다.

② 전문진술이 기재된 조서는 「형사소송법」 제312조 또는 제314조의 규정에 의하여 각 그 증거능력이 인정될 수 있는 경우에 해당하여야 함은 물론 형사소송법 제316조의 규정에 따른 요건을 갖추어야 예외적으로 증거능력이 있다.

③ 정보통신망을 통하여 공포심이나 불안감을 유발하는 글을 반복적으로 상대방에게 도달하게 하는 행위를 하였다는 공소사실에 대하여 휴대전화기에 저장된 문자정보가 그 증거가 되는 경우, 그 문자정보는 범행의 직접적인 수단이고 경험자의 진술에 갈음 하는 대체물에 해당하므로 「형사소송법」 제310조의2에서 정한 전문법칙이 적용된다.

④ 「형사소송법」은 재전문진술이나 재전문진술을 기재한 조서에 대하여는 그 증거능력을 인정하는 규정을 두고 있지 아니하고 있으므로, 피고인이 증거로 하는 데 동의하지 아니하는 한 「형사소송법」 제310조의2의 규정에 의하여 이를 증거로 할 수 없다.

해설

① [○] 형사소송법은 헌법이 요구하는 적법절차를 구현하기 위하여 사건의 실체에 대한 심증 형성은 법관의 면전에서 본래 증거에 대한 반대신문이 보장된 증거조사를 통하여 이루어져야 한다는 실질적 직접심리주의와 전문법칙을 채택하고 있다(대판(전) 2019.11.21. 2018도13945).

② [○] 전문진술이나 전문진술을 기재한 조서는 형사소송법 제310조의2의 규정에 의하여 원칙적으로 증거능력이 없는 것인데, 다만 피고인 아닌 자의 공판준비 또는 공판기일에서의 진술이 피고인 아닌 타인의 진술을 그 내용으로 하는 것(전문진술 - 저자 주)인 때에는 형사소송법 제316조 제2항의 규정에 따라 원진술자가 사망, 질병, 외국거주 기타 사유로 인하여 진술할 수 없고 그 진술이 특히 신빙할 수 있는 상태하에서 행하여진 때에 한하여 예외적으로 증거능력이 있다고 할 것이고, 그 전문진술이 기재된 조서는 형사소송법 제312조 또는 제314조의 규정에 의하여 각 그 증거능력이 인정될 수 있는 경우에 해당하여야 함은 물론 나아가 형사소송법 제316조 제2항의 규정에 따른 위와 같은 요건을 갖추어야 예외적으로 증거능력이 있다(대판 2001.7.27. 2001도2891).

③ [×] 정보통신망을 통하여 공포심이나 불안감을 유발하는 글을 반복적으로 상대방에게 도달하게 하는 행위를 하였다는 공소사실에 대하여 휴대전화기에 저장된 문자정보가 그 증거가 되는 경우, 문자정보는 범행의 직접적인 수단이고 경험자의 진술에 갈음하는 대체물에 해당하지 않으므로, 형사소송법 제310조의2에서 정한 전문법칙이 적용되지 않는다(대판 2008.11.13. 2006도2556).

④ [○] 형사소송법은 재전문진술이나 재전문진술을 기재한 조서에 대하여 달리 그 증거능력을 인정하는 규정을 두고 있지 아니하므로, '피고인이 증거로 하는데 동의하지 않는 한' 형사소송법 제310조의2의 규정에 의하여 이를 증거로 할 수 없다(대판 2012.5.24. 2010도5948).

정답 ③

49 전문법칙에 관한 설명 중 옳지 않은 것은? (다툼이 있으면 판례에 의함)

[20 경찰간부] ☆☆

① "甲이 乙을 살해하는 것을 목격했다"라는 丙의 말을 들은 丁이 丙의 진술내용을 증언하는 경우, 甲의 살인사건에 대하여는 전문증거이지만, 丙의 명예훼손 사건에 대하여는 전문증거가 아니다.

② 정보통신망을 통하여 공포심이나 불안감을 유발하는 글을 반복적으로 상대방에게 도달하게 하는 행위를 하였다는 공소사실에 대하여 휴대전화기에 저장된 문자정보가 그 증거가 되는 경우, 그 문자 정보는 범행의 직접적인 수단이고 경험자의 진술에 갈음하는 대체물에 해당하지 않으므로 전문법칙이 적용되지 않는다.

③ A가 특정범죄가중처벌등에관한법률위반(알선수재)죄로 기소된 피고인으로부터 건축허가를 받으려면 담당공무원에게 사례비를 주어야 한다는 말을 들었다는 취지의 법정진술을 한 경우, 원진술의 존재 자체가 알선수재죄에서의 요증사실이므로 A의 진술은 전문증거가 아니라 본래증거에 해당한다.

④ 보험사기 사건에서 건강보험심사평가원이 수사기관의 의뢰에 따라 그 보내온 자료를 토대로 입원진료의 적정성에 대한 의견을 제시하는 내용의 '건강보험심사평가원의 입원진료 적정성 여부 등 검토의뢰에 대한 회신'은 형사소송법 제315조 제3호의 '기타 특히 신용할 만한 정황에 의하여 작성된 문서'에 해당한다.

해설

① [○] 원진술의 '존재 자체'가 요증사실인 경우의 진술은 원본증거이며 전문증거가 아니므로 전문법칙이 적용되지 않는다. 예컨대 "甲이 乙를 살해하는 것을 보았다."는 丙의 말(원진술)을 들은 丙이 그 사실을 증언하는 경우, 丙의 증언은 甲의 살인사건에서는 '전문증거'가 되지만, 丙의 명예훼손사건에서는 '원본증거'가 되는 것이다.

② [○] 정보통신망을 통하여 공포심이나 불안감을 유발하는 글을 반복적으로 상대방에게 도달하게 하는 행위를 하였다는 공소사실에 대하여 휴대전화기에 저장된 문자정보가 그 증거가 되는 경우, 그 문자정보는 범행의 직접적인 수단이고 경험자의 진술에 갈음하는 대체물에 해당하지 않으므로, 형사소송법 제310조의2에서 정한 전문법칙이 적용되지 않는다(대판 2008.11.13. 2006도2556).

③ [○] A가 "피고인으로부터 '건축허가 담당 공무원이 외국연수를 가므로 사례비를 주어야 한다'는 말과 '건축허가 담당 공무원이 4,000만 원을 요구하는데 사례비로 2,000만 원을 주어야 한다'는 말을 들었다."는 취지로 진술한 경우, 피고인의 위와 같은 원진술의 존재 자체가 알선수재죄에 있어서의 요증사실이므로 이를 직접 경험한 A가 피고인으로부터 위와 같은 말들을 들었다고 하는 진술들은 전문증거가 아니라 본래증거에 해당된다(대판 2008.11.13. 2008도8007).

④ [×] 이른바 보험사기 사건에서 건강보험심사평가원이 수사기관의 의뢰에 따라 그 보내온 자료를 토대로 입원진료의 적정성에 대한 의견을 제시하는 내용의 '건강보험심사평가원의 입원진료 적정성 여부 등 검토의뢰에 대한 회신'은 형사소송법 제315조 제3호의 '기타 특히 신용할 만한 정황에 의하여 작성된 문서'에 해당하지 않는다(대판 2017.12.5. 2017도12671).

정답 ④

50 뇌물 수수자 甲과 뇌물 공여자 乙에 대한 뇌물 사건을 수사하던 검사는 乙의 동창생 A를 참고인으로 불러 "乙이 '甲에게 뇌물을 주었다'고 내게 말했다."라는 취지의 진술을 확보하고 甲과 乙을 공동피고인으로 기소하였다. 그러나 공판정에 증인으로 출석한 A는 일체의 증언을 거부하였고, 오히려 그동안 일관되게 범행을 부인하던 乙이 심경의 변화를 일으켜 뇌물공여 혐의를 모두 시인하였다. 이에 관한 설명 중 옳은 것은? (다툼이 있으면 판례에 의함)

[20 경찰간부] ☆☆☆

① A의 증언거부권 행사가 정당하다면 A에 대한 진술조서는 증거능력이 인정된다.

② A에 대한 진술조서 중 '甲에게 뇌물을 주었다'는 부분은 甲의 혐의에 대해서는 증거능력이 인정된다.

③ 乙이 공판정에서 한 자백은 甲의 혐의에 대해서는 유죄 인정의 증거가 될 수 있다.

④ 소송절차가 분리되더라도 乙은 甲에 대한 공소사실에 관하여 증인이 될 수 없다.

해설

① [×] 법정에 출석한 증인이 형사소송법 제148조, 제149조 등에서 정한 바에 따라 정당하게 증언거부권을 행사하여 증언을 거부한 경우는 형사소송법 제314조의 '그 밖에 이에 준하는 사유로 인하여 진술할 수 없는 때'에 해당하지 아니한다(대판(전) 2012.5.17. 2009도6788).

② [×] 형사소송법 제316조 제2항은 피고인 아닌 자가 공판준비 또는 공판기일에서 한 진술이 피고인 아닌 타인의 진술을 그 내용으로 하는 것인 때에는 원진술자가 사망, 질병 기타 사유로 인하여 진술할 수 없고 그 진술이 특히 신빙할 수 있는 상태하에서 행하여진 때에 한하여 이를 증거로 할 수 있다고 규정하고 있는데, 여기서 말하는 '피고인 아닌 자'에는 공동피고인이나 공범자도 포함된다(대판 2018.5.15. 2017도19499).

▶ A의 진술은 공동피고인 乙의 진술을 원진술로 하므로 이는 제316조 제2항의 전문진술에 해당하고 따라서 진술불능요건을 갖춰야 하나 乙이 법정에 재정하고 있으므로 증거능력이 인정될 수 없다.

③ [○] 공동피고인의 자백은 이에 대한 피고인의 반대신문권이 보장되어 있어 증인으로 신문한 경우와 다를 바 없으므로 독립한 증거능력이 있고, 이는 피고인들간에 이해관계가 상반된다고 하여도 마찬가지라 할 것이다(대판 2006.5.11. 2006도1944).

④ [×] 피고인의 지위에 있는 공동피고인(= 공범인 공동피고인)은 다른 공동피고인에 대한 공소사실에 관하여 증인이 될 수 없으나, '소송절차가 분리되어 피고인의 지위를 벗어나게 되면' 다른 공동피고인에 대한 공소사실에 관하여 증인이 될 수 있고 이는 대향범인 공동피고인의 경우에도 다르지 않다(대판 2012.3.29. 2009도11249).

정답 ③

51 전문법칙에 대한 설명으로 적절한 것만을 고른 것은 모두 몇 개인가? (다툼이 있으면 판례에 의함)

[21 경찰1차] ☆☆☆

> ㉠ 다른 사람의 진술을 내용으로 하는 진술이 전문증거인지는 요증사실이 무엇인지에 따라 정해지는 바, 다른 사람의 진술, 즉 원진술의 내용인 사실이 요증사실인 경우에는 전문증거이지만 원진술의 존재 자체가 요증사실인 경우에는 본래증거이지 전문증거가 아니다.
> ㉡ 어떤 진술이 기재된 서류가 어떠한 내용의 진술을 하였다는 사실 자체에 대한 정황증거로 사용될 것이라는 이유로 서류의 증거능력을 인정한 다음 그 사실을 다시 진술 내용이나 그 진실성을 증명하는 간접사실로 사용하는 경우에 그 서류는 전문증거에 해당한다.
> ㉢ 甲이 乙로부터 들은 피고인 A의 진술내용을 수사기관이 진술조서에 기재하여 증거로 제출하였다면, 그 진술조서 중 피고인 A의 진술을 기재한 부분은 乙이 증거로 하는 데 동의하지 않는 한 「형사소송법」 제310조의2의 규정에 의하여 이를 증거로 할 수 없다.
> ㉣ 「형사소송법」 제312조부터 제316조까지의 규정에 따라 증거로 할 수 없는 서류나 진술이라도 공판준비 또는 공판기일에서의 피고인 또는 피고인 아닌 자의 진술의 증명력을 다투기 위하여 증거로 할 수 있다.

① 1개
② 2개
③ 3개
④ 4개

해설

㉠ [○] 다른 사람의 진술, 즉 원진술의 내용인 사실이 요증사실인 경우에는 전문증거이지만, 원진술의 존재 자체가 요증사실인 경우에는 본래증거이지 전문증거가 아니다(대판 2021.2.25. 2020도17109).

㉡ [○] 어떤 진술이 기재된 서류가 어떠한 내용의 진술을 하였다는 사실 자체에 대한 정황증거로 사용될 것이라는 이유로 서류의 증거능력을 인정한 다음, 그 사실을 다시 진술 내용이나 그 진실성을 증명하는 간접사실로 사용하는 경우에 그 서류는 전문증거에 해당한다(대판(전) 2019.8.29. 2018도14303).

㉢ [×] 형사소송법은 전문진술에 대하여 제316조에서 실질상 단순한 전문의 형태를 취하는 경우에 한하여 예외적으로 그 증거능력을 인정하는 규정을 두고 있을 뿐 재전문진술이나 재전문진술을 기재한 조서에 대하여는 달리 그 증거능력을 인정하는 규정을 두고 있지 아니하고 있으므로, '피고인이 증거로 하는 데 동의하지 아니하는 한' 형사소송법 제310조의2의 규정에 의하여 이를 증거로 할 수 없다(대판 2012.5.24. 2010도5948).

▶ 지문의 진술조서는 재전문진술을 기재한 조서이고(A → 乙 → 甲 → 조서) 이는 재전문진술기재서류로서, 피고인 A가 증거 동의하지 않는 한 이를 증거로 할 수 없다.

ⓔ [○] 제312조부터 제316조까지의 규정에 따라 증거로 할 수 없는 서류나 진술이라도 공판준비 또는 공판기일에서의 피고인 또는 피고인이 아닌 자(공소제기 전에 피고인을 피의자로 조사하였거나 그 조사에 참여하였던 자를 포함한다. 이하 이 조에서 같다)의 진술의 증명력을 다투기 위하여 증거로 할 수 있다(제318조의2).

정답 ③

52 다음 사례에 대한 설명으로 가장 옳은 것은? (다툼이 있으면 판례에 의함) [21 해경1차] ☆☆

> 甲은 출근길 지하철에서 휴대전화로 여성의 은밀한 신체부위를 몰래 촬영하는 乙을 발견하고 소리를 지른 후 주위 사람들과 합세하여 乙을 현행범인으로 체포하였고, 이후 출동한 사법경찰관 丙에게 인계하였다. 丙은 인계받은 乙로부터 휴대전화를 임의제출받아 영치하였지만, 사후에 압수영장을 발부받지는 않았다. 한편 甲은 丙의 요청으로 인근 지하철수사대 사무실로 가서 자신이 목격한 사실을 자필진술서로 작성하여 丙에게 제출하였다. 이후 乙에 대한 공소가 제기되어 형사재판이 진행되었으나 甲의 소재불명으로 법정출석이 불가능하게 되자 검사는 甲의 진술서와 乙의 휴대전화를 증거로 제출하였다.

① 검사가 증거로 제출한 휴대전화는 위법수집증거로서 증거능력이 인정되지 않는다.
② 甲이 소재불명이라 하더라도 공판기일에 丙이 출석하여 甲의 진술서 작성사실에 대한 진정성립을 인정하면 甲의 진술서의 증거능력이 인정된다.
③ 甲이 소재불명이므로 甲의 진술서는 특히 신빙할 수 있는 상태에서 작성되었음이 증명된 경우에 한해 증거능력이 인정된다.
④ 위 ③의 특신상태의 증명은 단지 그러할 개연성이 있다는 정도로 충분하다.

해설

① [×] 형사소송법 제218조에 의하면 검사 또는 사법경찰관은 피의자 등이 유류한 물건이나 소유자·소지자 또는 보관자가 임의로 제출한 물건은 영장 없이 압수할 수 있으므로, 현행범 체포 현장이나 범죄 장소에서도 소지자 등이 임의로 제출하는 물건은 위 조항에 의하여 영장 없이 압수할 수 있고, 이 경우에는 검사나 사법경찰관이 사후에 영장을 받을 필요가 없다(대판 2016.2.18. 2015도13726).

② [×] 甲이 사법경찰관 丙에게 작성·제출한 진술서는 사법경찰관 작성 참고인진술조서에 준하여 증거능력 유무를 검토하여야 한다(제312조 제5항). 甲의 진술서는 적법절차와 방식에 따라 작성되고 성립의 진정, 특신상태 그리고 원진술자 반대신문권이 인정되어야 증거능력이 인정되므로(제312조 제4항), 작성자(원진술자)가 아닌 사법경찰관 丙이 甲의 진술서 작성사실에 대한 진정성립을 인정하더라도 진술서의 증거능력은 인정되지 아니한다.

③ [○] 甲의 진술서에 대하여도 형사소송법 제314조가 적용되므로, 甲이 소재불명으로 인하여 진술할 수 없고, 그 작성이 특히 신빙할 수 있는 상태하에서 행하여졌음이 증명되면 진술서는 증거능력이 인정된다(제314조).

④ [×] 형사소송법이 원진술자 또는 작성자(이하 '참고인'이라 한다)의 소재불명 등의 경우에 참고인이 진술하거나 작성한 진술조서나 진술서에 대하여 증거능력을 인정하는 것은, 형사소송법이 제312조 또는 제313조에서 참고인 진술조서 등 서면증거에 대하여 피고인 또는 변호인의 반대신문권이 보장되는 등 엄격한 요건이 충족될 경우에 한하여 증거능력을 인정할 수 있도록 함으로써 직접심리주의 등 기본원칙에 대한 예외를 인정한 데 대하여 다시 중대한 예외를 인정하여 원진술자 등에 대한 반대신문의 기회조차 없이 증거능력을 부여할 수 있도록 한 것이므로, 그 경우 참고인의 진술 또는 작성이 '특히 신빙할 수 있는 상태하에서 행하여졌음에 대한 증명'은 단지 그러할 개연성이 있다는 정도로는 부족하고 합리적인 의심의 여지를 배제할 정도에 이르러야 한다(대판 2014.2.21. 2013도12652).

정답 ③

53 다음 중 전문법칙 예외요건에 관한 설명으로 가장 옳지 않은 것은? (다툼이 있으면 판례에 의함)

[21 해경간부] ★★

① 「형사소송법」 제312조 제3항에 의하면, 검사 이외의 수사기관 작성의 피의자신문조서는 공판준비 또는 공판기일에 그 피의자였던 피고인이나 변호인이 그 내용을 인정할 때에 한하여 증거로 할 수 있다고 규정하고 있는바, 위 규정에서 '그 내용을 인정할 때'라 함은 피의자신문조서의 기재 내용이 진술 내용대로 기재되어 있음을 의미한다.

② '그 진술이 특히 신빙할 수 있는 상태하에서 행하여 진 때'라 함은 그 진술내용이나 조서 또는 서류의 작성에 허위개입의 여지가 없고 그 진술내용의 신빙성이나 임의성을 담보할 구체적이고 외부적인 정황이 있는 경우를 말한다.

③ 「형사소송법」 제312조 제3항은 검사 이외의 수사기관이 작성한 당해 피고인에 대한 피의자신문조서를 유죄의 증거로 하는 경우뿐만 아니라 검사 이외의 수사기관이 작성한 당해 피고인과 공범관계에 있는 다른 피고인이나 피의자에 대한 피의자신문조서를 당해 피고인에 대한 유죄의 증거로 채택할 경우에도 적용된다.

④ 피의자 진술을 녹취 내지 기재한 서류 또는 문서가 수사기관에서의 조사과정에서 작성된 것이라면, 그것이 '진술조서, 진술서, 자술서'라는 형식을 취하였다고 하더라도 피의자신문조서와 달리 볼 수 없다.

해설

① [×] 형사소송법 제312조 제3항의 '그 내용을 인정할 때'라 함은 피의자신문조서의 기재 내용이 진술내용대로 기재되어 있다는 의미가 아니고 그와 같이 진술한 내용이 실제 사실과 부합한다는 것을 의미한다(대판 2013.3.28. 2010도3359).
▶ 성립의 진정과 내용인정은 다른 요건임에 주의하여야 한다.

② [○] 형사소송법 제316조 제1항에서 말하는 '그 진술이 특히 신빙할 수 있는 상태하에서 행하여진 때'라 함은 그 진술을 하였다는 것에 허위 개입의 여지가 거의 없고, 그 진술 내용의 신빙성이나 임의성을 담보할 구체적이고 외부적인 정황이 있는 경우를 가리킨다(대판 2012.5.24. 2010도5948).

③ [○] 형사소송법 제312조 제3항은 검사 이외의 수사기관이 작성한 당해 피고인에 대한 피의자신문조서를 유죄의 증거로 하는 경우뿐만 아니라, 검사 이외의 수사기관이 작성한 당해 피고인과 공범관계에 있는 다른 피고인이나 피의자에 대한 피의자신문조서를 당해 피고인에 대한 유죄의 증거로 채택할 경우에도 적용된다(대판 2019.11.14. 2019도11552).

④ [○] 피의자의 진술을 기재한 서류 또는 문서가 수사기관에서의 조사 과정에서 작성된 것이라면, 그것이 '진술조서, 진술서, 자술서'라는 형식을 취하였다고 하더라도 피의자신문조서와 달리 볼 수 없고, 수사기관에 의한 진술거부권 고지의 대상이 되는 피의자의 지위는 수사기관이 범죄인지서를 작성하는 등의 형식적인 사건수리 절차를 거치기 전이라도 조사대상자에 대하여 범죄의 혐의가 있다고 보아 실질적으로 수사를 개시하는 행위를 한 때에 인정된다. 특히 조사대상자의 진술 내용이 단순히 제3자의 범죄에 관한 경우가 아니라 자신과 제3자에게 공동으로 관련된 범죄에 관한 것이거나 제3자의 피의사실뿐만 아니라 자신의 피의사실에 관한 것이기도 하여 실질이 피의자신문조서의 성격을 가지는 경우에 수사기관은 진술을 듣기 전에 미리 진술거부권을 고지하여야 한다(대판 2015.10.29. 2014도5939).

정답 ①

54 다음 중 증거능력에 대한 설명으로 아래 ㉠부터 ㉣까지 옳고 그름의 표시(○, ×)가 바르게 된 것은? (다툼이 있으면 판례에 의함)

[21 해경승진] ☆☆☆

㉠ 조서 말미에 피고인의 서명만 있고 간인이 없는 검사 작성의 피의자신문조서에 대하여 간인이 없는 것이 피고인이 간인을 거부하였기 때문이라는 취지가 조서말미에 기재되었다면 그 조서의 증거능력을 인정할 수 있다.
㉡ 압수된 디지털 저장매체로부터 출력한 문건을 진술증거로 사용하는 경우 그 기재 내용의 진실성에 관하여는 전문법칙이 적용되므로 「형사소송법」 제313조 제1항에 따라 그 작성자 또는 진술자의 진술에 의하여 그 성립의 진정함이 증명된 때에 한하여 이를 증거로 사용할 수 있다.
㉢ 문자메시지가 표시된 휴대전화기의 화면을 촬영한 사진을 증거로 사용하려면 그 휴대전화기를 법정에 제출할 수 없거나 제출이 곤란한 사정이 있고, 그 사진이 휴대전화기의 화면에 표시된 문자메시지와 정확하게 같다는 사실이 증명되어야 한다.
㉣ 성폭력 피해아동이 어머니에게 진술한 내용을 어머니가 상담원에게 전한 후, 상담원이 그 내용을 검사 면전에서 진술하여 작성된 진술조서는 이른바 '재전문진술을 기재한 조서'로서 피고인이 동의하지 않는 한 증거능력이 인정되지 아니한다.

① ㉠ ○ ㉡ × ㉢ ○ ㉣ ○
② ㉠ ○ ㉡ × ㉢ × ㉣ ×
③ ㉠ × ㉡ ○ ㉢ ○ ㉣ ○
④ ㉠ × ㉡ ○ ㉢ ○ ㉣ ×

해설

㉠ [×] 조서 말미에 피고인의 서명만이 있고, 그 날인(무인 포함)이나 간인이 없는[2] 검사 작성의 피고인에 대한 피의자신문조서는 증거능력이 없다고 할 것이고, 그 날인이나 간인이 없는 것이 피고인이 그 날인이나 간인을 거부하였기 때문이어서 그러한 취지가 조서말미에 기재되었다거나, 피고인이 법정에서 그 피의자신문조서의 임의성을 인정하였다고 하여 달리 볼 것은 아니다(대판 1999.4.13. 99도237).

㉡ [○] 압수물인 디지털 저장매체로부터 출력한 문건을 증거로 사용하기 위해서는 디지털 저장매체 원본에 저장된 내용과 출력한 문건의 동일성이 인정되어야 하고, 원본이 압수시부터 문건 출력시까지 변경되지 않았음이 담보되어야 한다. 그리고 압수된 디지털 저장매체로부터 출력한 문건을 진술증거로 사용하는 경우 기재 내용의 진실성에 관하여 전문법칙이 적용되므로 형사소송법 제313조 제1항에 따라 작성자 또는 진술자의 진술에 의하여 성립의 진정함이 증명된 때에 한하여 증거로 사용할 수 있다(대판 2013.6.13. 2012도16001).

㉢ [○] 검사는 휴대전화기 이용자가 그 문자정보를 읽을 수 있도록 한 휴대전화기의 화면을 촬영한 사진을 증거로 제출할 수도 있는데, 이를 증거로 사용하려면 문자정보가 저장된 휴대전화기를 법정에 제출할 수 없거나 그 제출이 곤란한 사정이 있고, 그 사진의 영상이 휴대전화기의 화면에 표시된 문자정보와 정확하게 같다는 사실이 증명되어야 한다(대판 2008.11.13. 2006도2556).

㉣ [○] △△ 성폭력상담소 상담원인 OOO의 검찰에서의 진술을 기재한 조서는, 공소외 2나 OOO이, 공소외 1이 피해자로부터 들었다는 피해자의 피해사실을, 공소외 1로부터 다시 전해 들어서 알게 되었다는 것을 그 내용으로 하고 있는바, 이러한 공소외 2의 원심법정에서의 진술은 요증사실을 체험한 자의 진술을 들은 자의 공판준비 또는 공판기일 외에서의 진술을 그 내용으로 하는 이른바 재전문진술이라고 할 것이고, OOO의 검찰에서의 진술조서는 그와 같은 재전문진술을 기재한 조서라고 할 것이다. 형사소송법은 재전문진술이나 재전문진술을 기재한 조서에 대하여는 달리 그 증거능력을 인정하는 규정을 두고 있지 아니하므로, '피고인이 증거로 하는 데 동의하지 아니하는 한' 형사소송법 제310조의2의 규정에 의하여 이를 증거로 할 수 없다 할 것인바, 공소외 2의 원심법정에서의 진술과 OOO의 검찰에서의 진술을 기재한 조서는 재전문진술이거나 재전문진술을 기재한 조서이므로 이를 증거로 할 수 없다(대판 2000.3.10. 2000도159).

정답 ③

2) 제244조【피의자신문조서의 작성】③ 피의자가 조서에 대하여 이의나 의견이 없음을 진술한 때에는 피의자로 하여금 그 취지를 자필로 기재하게 하고 조서에 간인한 후 기명날인 또는 서명하게 한다.

55 전문증거의 증거능력에 대한 설명으로 옳지 않은 것은? (다툼이 있으면 판례에 의함) [21 국가9급]

① 형사소송법 제312조 제4항에서 '적법한 절차와 방식에 따라 작성'한다는 것은 형사소송법이 피고인 아닌 사람의 진술에 대한 조서 작성 과정에서 지켜야 한다고 정한 여러 절차를 준수하고 조서의 작성 방식에도 어긋나지 않아야 한다는 것을 의미한다.

② 형사소송법 제313조에 따르면 피고인이 작성한 진술서는 공판준비나 공판기일에서의 피고인의 진술에 의하여 그 성립의 진정함이 증명된 때에만 증거로 할 수 있고, 피고인이 그 성립의 진정을 부인한 경우에는 증거로 할 수 있는 방법은 없다.

③ 형사소송법 제314조의 '외국거주'는 진술을 하여야 할 사람이 외국에 있다는 사정만으로는 부족하고, 가능하고 상당한 수단을 다하더라도 그 사람을 법정에 출석하게 할 수 없는 사정이 있어야 예외적으로 그 요건이 충족될 수 있다.

④ 형사소송법 제316조 제2항에서 '그 진술이 특히 신빙할 수 있는 상태하에서 행하여졌음'이란 진술 내용에 허위가 개입할 여지가 거의 없고, 진술 내용의 신빙성이나 임의성을 담보할 구체적이고 외부적인 정황이 있는 경우를 의미한다.

해설

① [○] 형사소송법 제312조 제4항은 검사 또는 사법경찰관이 피고인이 아닌 자의 진술을 기재한 조서의 증거능력이 인정되려면 '적법한 절차와 방식에 따라 작성된 것'이어야 한다고 정하고 있다. 여기에서 적법한 절차와 방식에 따라 작성한다는 것은 형사소송법이 피고인 아닌 사람의 진술에 대한 조서 작성 과정에서 지켜야 한다고 정한 여러 절차를 준수하고 조서의 작성 방식에도 어긋나지 않아야 한다는 것을 의미한다(대판 2017.7.18. 2015도12981).

② [×] 피고인이 작성한 진술서는 피고인의 자필이거나 그 서명 또는 날인이 있는 것은 공판준비나 공판기일에서의 피고인의 진술에 의하여 그 성립의 진정함이 증명된 때에는 증거로 할 수 있다. 피고인이 그 성립의 진정을 부인하는 경우에는 과학적 분석결과에 기초한 디지털포렌식 자료, 감정 등 객관적 방법으로 성립의 진정함이 증명되는 때에는 증거로 할 수 있다(제313조 제1항 · 제2항).

③ [○] '외국거주'는 진술을 하여야 할 사람이 단순히 외국에 있다는 것만으로는 부족하고, 가능하고 상당한 수단을 다하더라도 그 사람을 법정에 출석하게 할 수 없는 사정이 있어야 예외적으로 그 요건이 충족될 수 있다고 할 것인데, 통상적으로 그 요건이 충족되었는지는 소재의 확인, 소환장의 발송과 같은 절차를 항상 거쳐야만 되는 것은 아니고, 경우에 따라서는 비록 그러한 절차를 거치지 않더라도, 법원이 그 사람을 법정에서 신문하는 것을 기대하기 어려운 사정이 있다고 인정할 수 있다면 그 요건은 충족된다고 보아야 한다(대판 2016.10.13. 2016도8137).

④ [○] 형사소송법 제316조 제2항에서 '그 진술이 특히 신빙할 수 있는 상태하에서 행하여졌음'이란 진술 내용에 허위가 개입할 여지가 거의 없고, 진술 내용의 신빙성이나 임의성을 담보할 구체적이고 외부적인 정황이 있는 경우를 의미한다(대판 2014.4.30. 2012도725).

정답 ②

56 전문증거에 관한 다음 설명 중 가장 옳은 것은? (다툼이 있으면 판례에 의함) [21 법원9급]

① 피고인과 공범관계가 있는 다른 피의자에 대하여 검사 이외의 수사기관이 작성한 피의자신문조서는 그 피의자의 법정진술에 의하여 성립의 진정이 인정되는 등 형사소송법 제312조 제4항의 요건을 갖춘 경우라면 해당 피고인이 공판기일에서 그 조서의 내용을 부인하여도 이를 유죄인정의 증거로 사용할 수 있다.

② 수사기관에서 진술한 참고인이 법정에서 증언을 거부하여 피고인이 반대신문을 하지 못한 경우 증인이 정당하게 증언거부권을 행사한 것이 아니라면 형사소송법 제314조의 '그 밖에 이에 준하는 사유로 인하여 진술할 수 없는 때'에 해당한다고 보아야 한다.

③ 수사기관이 참고인을 조사하는 과정에서 참고인의 동의를 받아 작성한 영상녹화물은 다른 법률에서 달리 규정하고 있는 등의 특별한 사정이 없는 한 공소사실을 직접 증명할 수 있는 독립적인 증거로 사용될 수 있다.

④ 형사소송법은 전문진술에 대하여 제316조에서 실질상 단순한 전문의 형태를 취하는 경우에 한하여 예외적으로 그 증거능력을 인정하는 규정을 두고 있을 뿐, 재전문진술이나 재전문진술을 기재한 조서에 대하여는 달리 그 증거능력을 인정하는 규정을 두고 있지 아니하므로 피고인이 증거로 하는 데 동의하지 아니하는 한 형사소송법 제310조의2의 규정에 의하여 이를 증거로 할 수 없다.

해설

① [×] 당해 피고인과 공범관계가 있는 다른 피의자에 대한 검사 이외의 수사기관 작성의 피의자신문조서는 그 피의자의 법정진술에 의하여 그 성립의 진정이 인정되더라도 당해 피고인이 공판기일에서 그 조서의 내용을 부인하면 증거능력이 부정되므로 그 당연한 결과로 그 피의자신문조서에 대하여는 사망 등 사유로 인하여 법정에서 진술할 수 없는 때에 예외적으로 증거능력을 인정하는 규정인 형사소송법 제314조가 적용되지 아니한다(대판 2020.6.11. 2016도9367).

② [×] 수사기관에서 진술한 참고인이 법정에서 증언을 거부하여 피고인이 반대신문을 하지 못한 경우에는 정당하게 증언거부권을 행사한 것이 아니라도, 피고인이 증인의 증언거부 상황을 초래하였다는 등의 특별한 사정이 없는 한 형사소송법 제314조의 '그 밖에 이에 준하는 사유로 인하여 진술할 수 없는 때'에 해당하지 않는다고 보아야 한다. 따라서 증인이 정당하게 증언거부권을 행사하여 증언을 거부한 경우와 마찬가지로 수사기관에서 그 증인의 진술을 기재한 서류는 증거능력이 없다(대판(전) 2019.11.21. 2018도13945).

③ [×] 수사기관이 참고인을 조사하는 과정에서 형사소송법 제221조 제1항에 따라 작성한 영상녹화물은, 다른 법률에서 달리 규정하고 있는 등의 특별한 사정이 없는 한, 공소사실을 직접 증명할 수 있는 독립적인 증거로 사용될 수는 없다고 해석함이 타당하다(대판 2014.7.10. 2012도5041).

④ [○] 형소법은 재전문진술이나 재전문진술을 기재한 조서에 대하여는 달리 그 증거능력을 인정하는 규정을 두고 있지 아니하므로 피고인이 증거로 하는 데 동의하지 아니하는 한, 형사소송법 제310조의2의 규정에 의하여 이를 증거로 할 수 없다(대판 2012.5.24. 2010도5948).

정답 ④

57 전문법칙에 대한 설명으로 가장 적절하지 않은 것은? (다툼이 있으면 판례에 의함) [21 경찰승진] ☆☆

① 압수된 디지털 저장매체로부터 출력한 문건을 진술증거로 사용하는 경우, 그 기재 내용의 진실성에 관하여는 전문법칙이 적용되므로 「형사소송법」 제313조 제1항에 따라 그 작성자 또는 진술자의 진술에 의하여 그 성립의 진정함이 증명된 때에는 이를 증거로 사용할 수 있다.

② 검사 또는 사법경찰관이 검증의 결과를 기재한 조서는 적법한 절차와 방식에 따라 작성된 것으로서 공판준비 또는 공판기일에서의 작성자의 진술에 따라 그 성립의 진정함이 증명된 때에는 증거로 할 수 있다.

③ 대화 내용을 녹음한 파일 등 전자매체는 성질상 작성자나 진술자의 서명 또는 날인이 없을 뿐만 아니라, 녹음자의 의도나 특정한 기술에 의하여 내용이 편집·조작될 위험성이 있음을 고려하여, 대화 내용을 녹음한 원본이거나 원본으로부터 복사한 사본일 경우에는 복사과정에서 편집되는 등의 인위적 개작 없이 원본의 내용 그대로 복사된 사본임이 입증되어야 한다.

④ 피고인 또는 피고인 아닌 사람이 컴퓨터용디스크에 입력하여 기억된 문자정보 또는 그 출력물을 증거로 사용하는 경우 컴퓨터용디스크 자체를 물증으로 취급하여야 하므로 그 기재내용의 진실성에 관하여는 전문법칙이 적용되지 않는다.

해설

① [○] 압수물인 디지털 저장매체로부터 출력한 문건을 증거로 사용하기 위해서는 디지털 저장매체 원본에 저장된 내용과 출력한 문건의 동일성이 인정되어야 하고, 이를 위해서는 디지털 저장매체 원본이 압수시부터 문건 출력시까지 변경되지 않았음이 담보되어야 한다. 그리고 압수된 디지털 저장매체로부터 출력한 문건을 진술증거로 사용하는 경우 그 기재 내용의 진실성에 관하여는 전문법칙이 적용되므로 형사소송법 제313조 제1항에 따라 그 작성자 또는 진술자의 진술에 의하여 그 성립의 진정함이 증명된 때에 한하여 이를 증거로 사용할 수 있다(대판 2013.6.13. 2012도16001).

② [○] 검사 또는 사법경찰관이 검증의 결과를 기재한 조서는 적법한 절차와 방식에 따라 작성된 것으로서 공판준비 또는 공판기일에서의 작성자의 진술에 따라 그 성립의 진정함이 증명된 때에는 증거로 할 수 있다(제312조 제6항).

③ [○] 전자문서를 수록한 파일 등의 경우에는, 성질상 작성자의 서명 혹은 날인이 없을 뿐만 아니라 작성자·관리자의 의도나 특정한 기술에 의하여 내용이 편집·조작될 위험성이 있음을 고려하여, 원본임이 증명되거나 혹은 원본으로부터 복사한 사본일 경우에는 복사 과정에서 편집되는 등 인위적 개작 없이 원본의 내용 그대로 복사된 사본임이 증명되어야만 하고, 이러한 원본 동일성은 증거능력의 요건에 해당하므로 검사가 그 존재에 대하여 구체적으로 주장·증명해야 한다(대판 2018.2.8. 2017도13263).

④ [×] 피고인 또는 피고인 아닌 사람이 컴퓨터용디스크 그 밖에 이와 비슷한 정보저장매체에 입력하여 기억된 문자정보 또는 그 출력물을 증거로 사용하는 경우, 이는 실질에 있어서 피고인 또는 피고인 아닌 사람이 작성한 진술서나 그 진술을 기재한 서류와 크게 다를 바 없고, 압수 후의 보관 및 출력과정에 조작의 가능성이 있으며, 기본적으로 반대신문의 기회가 보장되지 않는 점 등에 비추어 그 내용의 진실성에 관하여는 전문법칙이 적용되고, 따라서 원칙적으로 형사소송법 제313조 제1항에 의하여 작성자 또는 진술자의 진술에 의하여 성립의 진정함이 증명된 때에 한하여 이를 증거로 사용할 수 있다. 다만, 정보저장매체에 기억된 문자정보의 내용의 진실성이 아닌 그와 같은 내용의 문자정보의 존재 자체가 직접 증거로 되는 경우에는 전문법칙이 적용되지 아니한다(대판 2013.2.15. 2010도3504).

정답 ④

58 전문증거에 관한 설명 중 옳지 않은 것은 모두 몇 개인가? (다툼이 있으면 판례에 의함) [19 경찰간부] ☆☆☆

㉠ 형사소송법 제314조에 따라 참고인의 소재불명 등의 경우에 그 참고인이 진술하거나 작성한 진술조서나 진술서에 대하여 증거능력을 인정하는 경우 참고인의 진술 또는 작성이 '특히 신빙할 수 있는 상태하에서 행하여졌음에 대한 증명'은 그러할 개연성이 있다는 정도에 이르러야 한다.
㉡ 공판준비 또는 공판기일에 피고인이나 피고인 아닌 자의 진술을 기재한 조서와 법원 또는 법관의 검증의 결과를 기재한 조서는 증거로 할 수 있다.
㉢ 피고인이 검사가 작성한 피의자신문조서의 성립의 진정을 부인하는 경우에는 그 조서에 기재된 진술이 피고인이 진술한 내용과 동일하게 기재되어 있음이 영상녹화물이나 그 밖의 객관적인 방법에 의하여 증명되지 않더라도, 그 조서에 기재된 진술이 특히 신빙할 수 있는 상태하에서 행하여졌음이 증명된다면 증거로 할 수 있다.
㉣ 검사 또는 사법경찰관이 작성한 참고인진술조서의 실질적 진정성립을 영상녹화물에 의하여 증명할 수 있다.
㉤ 조서 말미에 피고인의 서명만이 있고 그 날인이나 간인이 없는 검사 작성의 피고인에 대한 피의자신문조서는 증거능력이 없다고 할 것이나, 그 날인이나 간인이 없는 것이 피고인이 그 날인이나 간인을 거부하였기 때문이어서 그러한 취지가 조서 말미에 기재되어 있는 경우에는 증거능력이 인정된다.

① 1개 ② 2개
③ 3개 ④ 4개

해설

㉠ [×] 참고인의 진술 또는 작성이 '특히 신빙할 수 있는 상태하에서 행하여졌음에 대한 증명'은 단지 그러할 개연성이 있다는 정도로는 부족하고 합리적인 의심의 여지를 배제할 정도에 이르러야 한다(대판 2014.2.21. 2013도12652).
㉡ [○] 공판준비 또는 공판기일에 피고인이나 피고인 아닌 자의 진술을 기재한 조서와 법원 또는 법관의 검증 결과를 기재한 조서는 증거로 할 수 있다. 제184조 및 제221조의2 규정으로 작성한 조서도 같다(제311조).
㉢ [×] 개정된 형소법 제312조 제1항에 의하면 피고인이 내용부인하면 증거능력이 없다.[3]
㉣ [○] 검사 또는 사법경찰관이 피고인이 아닌 자의 진술을 기재한 조서는 적법한 절차와 방식에 따라 작성된 것으로서 그 조서가 검사 또는 사법경찰관 앞에서 진술한 내용과 동일하게 기재되어 있음이 원진술자의 공판준비 또는 공판기일에서의 진술이나 영상녹화물 또는 그 밖의 객관적인 방법에 의하여 증명되고, 피고인 또는 변호인이 공판준비 또는 공판기일에 그 기재 내용에 관하여 원진술자를 신문할 수 있었던 때에는 증거로 할 수 있다. 다만, 그 조서에 기재된 진술이 특히 신빙할 수 있는 상태하에서 행하여졌음이 증명된 때에 한한다(제312조 제4항).
㉤ [×] 조서말미에 피고인의 서명만이 있고, 그 날인(무인 포함)이나 간인이 없는[4] 검사 작성의 피고인에 대한 피의자신문조서는 증거능력이 없다고 할 것이고, 그 날인이나 간인이 없는 것이 피고인이 그 날인이나 간인을 거부하였기 때문이어서 그러한 취지가 조서말미에 기재되었다거나, 피고인이 법정에서 그 피의자신문조서의 임의성을 인정하였다고 하여 달리 볼 것은 아니다(대판 1999.4.13. 99도237).

정답 ③

3) 출제 당시에도 틀린 지문에 해당하였으나 개정된 형소법에 따르더라도 틀린 지문에 해당한다.
4) 제244조【피의자신문조서의 작성】③ 피의자가 조서에 대하여 이의나 의견이 없음을 진술한 때에는 피의자로 하여금 그 취지를 자필로 기재하게 하고 조서에 간인한 후 기명날인 또는 서명하게 한다.

59 증거능력에 대한 다음의 설명(㉠~㉣) 중 옳고 그름의 표시(○, ×)가 바르게 된 것은? (다툼이 있으면 판례에 의함)

[20 경찰1차]

> ㉠ 대화 내용을 녹음한 파일 등의 전자매체는 성질상 작성자나 진술자의 서명 혹은 날인이 없을 뿐만 아니라, 녹음자의 의도나 특정한 기술에 의하여 내용이 편집 · 조작될 위험성이 있음을고려하여 대화 내용을 녹음한 원본이거나 혹은 원본으로부터 복사한 사본일 경우에는 복사 과정에서 편집되는 등 인위적 개작 없이 원본의 내용 그대로 복사된 사본임이 입증되어야만 하고, 그러한 입증이 없는 경우에는 쉽게 그 증거능력을 인정할 수 없다.
> ㉡ 수사기관이 참고인을 조사하는 과정에서 형사소송법 제221조 제1항에 따라 작성한 영상녹화물은 다른 법률에서 달리 규정하고 있는 등의 특별한 사정이 없는 한, 공소사실을 직접 증명할 수 있는 독립적인 증거로 사용될 수 있다고 해석함이 타당하다.
> ㉢ 정보통신망을 통하여 공포심이나 불안감을 유발하는 글을 반복적으로 상대방에게 도달하게 하는 행위를 하였다는 공소사실에 대하여 휴대전화기에 저장된 문자정보가 그 증거가 되는 경우 형사소송법 제310조의2에서 정한 전문법칙이 적용되지 않는다.
> ㉣ 수사기관이 甲으로부터 피고인의 마약류관리에 관한 법률 위반(향정) 범행에 대한 진술을 듣고 추가적인 증거를 확보할 목적으로, 구속수감되어 있던 甲에게 그의 압수된 휴대전화를 제공하여 피고인과 통화하고 위 범행에 관한 통화 내용을 녹음하게 하여 작성된 녹취록 첨부 수사보고는 피고인이 동의하는 한 증거능력이 있다.

① ㉠ ○ ㉡ × ㉢ × ㉣ ○
② ㉠ ○ ㉡ × ㉢ ○ ㉣ ×
③ ㉠ × ㉡ ○ ㉢ ○ ㉣ ○
④ ㉠ ○ ㉡ × ㉢ × ㉣ ×

해설

㉠ [○] 대화 내용을 녹음한 파일 등의 전자매체는 성질상 작성자나 진술자의 서명 혹은 날인이 없을 뿐만 아니라, 녹음자의 의도나 특정한 기술에 의하여 내용이 편집 · 조작될 위험성이 있음을 고려하여 대화 내용을 녹음한 원본이거나 혹은 원본으로부터 복사한 사본일 경우에는 복사 과정에서 편집되는 등 인위적 개작 없이 원본의 내용 그대로 복사된 사본임이 입증되어야만 하고, 그러한 입증이 없는 경우에는 쉽게 그 증거능력을 인정할 수 없다(대판 2012.9.13. 2012도7461).

㉡ [×] 수사기관이 참고인을 조사하는 과정에서 형사소송법 제221조 제1항에 따라 작성한 영상녹화물은, 다른 법률에서 달리 규정하고 있는 등의 특별한 사정이 없는 한, 공소사실을 직접 증명할 수 있는 독립적인 증거로 사용될 수는 없다고 해석함이 타당하다(대판 2014.7.10. 2012도5041).

㉢ [○] 정보통신망을 통하여 공포심이나 불안감을 유발하는 글을 반복적으로 상대방에게 도달하게 하는 행위를 하였다는 공소사실에 대하여 휴대전화기에 저장된 문자정보가 그 증거가 되는 경우 형사소송법 제310조의2에서 정한 전문법칙이 적용되지 않는다(대판 2008.11.13. 2006도2556).

㉣ [×] 필로폰 매도혐의로 기소된 피고인 甲에 대한 추가적인 증거확보를 목적으로, 검찰이 구속수감되어 있던 乙에게 그의 압수된 휴대전화를 제공하여 甲과 통화하게 하고 "내가 준 필로폰의 품질에는 아무런 문제가 없다."는 내용의 녹음이 들어 있는 휴대전화를 임의제출 형식으로 제출받은 후 휴대전화에 내장된 녹음파일에 대한 녹취록 등을 법원에 제출한 경우, 피고인과 변호인의 증거동의에 상관없이 증거능력이 없다(대판 2010.10.14. 2010도9016).

정답 ②

60 다음 중 전문법칙에 관한 설명으로 옳은 것을 모두 고른 것은? (다툼이 있으면 판례에 의함)

[20 해경간부] ☆☆☆

> ㉠ 사인(私人)이 피고인 아닌 사람과의 대화내용을 녹음한 녹음테이프에 대해 법원이 그 진술당시 진술자의 상태 등을 확인하기 위해 작성한 검증조서는 법원의 검증결과를 기재한 조서로서 「형사소송법」 제311조에 의하여 증거로 할 수 있다.
> ㉡ 사인(私人)이 피고인 아닌 사람과의 대화내용을 녹음한 녹음테이프는 원본으로서 공판준비나 공판기일에서 원진술자의 진술에 의하여 녹음된 각자의 진술내용이 자신이 진술한대로 녹음된 것이라는 점이 인정되더라도 피고인이 동의하지 않는다면 증거로 사용할 수 없다.
> ㉢ 甲이 법정에서 '피고인이 체육관 부지를 공시지가로 매입하게 해주고 방송국과의 시설이주 협의도 2개월 내로 완료하겠다고 말하였다'고 진술한 경우, 피고인의 이러한 원진술의 존재 자체가 피고인에 대한 사기죄 또는 변호사법위반죄 사건에 있어서의 요증사실이므로 이러한 사건에서 甲의 위와 같은 진술은 전문증거라고 볼 수 없다.
> ㉣ 압수된 디지털 저장매체로부터 출력한 문건을 진술증거로 사용하는 경우 그것에 기재된 내용의 진실성에 관해서는 전문법칙이 적용된다.

① ㉠, ㉢　　② ㉡, ㉣

③ ㉠, ㉢, ㉣　　④ ㉢, ㉣

제2편 | 증거

1장

해설

㉠ [○] 녹음테이프에 대한 검증의 내용이 그 진술 당시 진술자의 상태 등을 확인하기 위한 것인 경우에는, 녹음테이프에 대한 검증조서의 기재 중 진술내용을 증거로 사용하는 경우에 관한 위 법리는 적용되지 아니하고, 따라서 위 검증조서는 법원의 검증의 결과를 기재한 조서로서 형사소송법 제311조에 의하여 당연히 증거로 할 수 있다(대판 2008.7.10. 2007도10755).

㉡ [×] 수사기관이 아닌 사인이 피고인 아닌 사람과의 대화내용을 녹음한 녹음테이프는 형사소송법 제311조, 제312조 규정 이외의 피고인 아닌 자의 진술을 기재한 서류와 다를 바 없으므로, 피고인이 그 녹음테이프를 증거로 할 수 있음에 동의하지 아니하는 이상 그 증거능력을 부여하기 위해서는 첫째, 녹음테이프가 원본이거나 원본으로부터 복사한 사본일 경우에는 복사과정에서 편집되는 등의 인위적 개작 없이 원본의 내용 그대로 복사된 사본일 것, 둘째 형사소송법 제313조 제1항에 따라 공판준비나 공판기일에서 원진술자의 진술에 의하여 그 녹음테이프에 녹음된 각자의 진술내용이 자신이 진술한 대로 녹음된 것이라는 점이 인정되어야 할 것이다(대판 2011.9.8. 2010도7497).

▶ 녹음테이프가 원본(또는 원본내용대로 복사된 사본)인 것과 제313조 제1항의 본문요건(원진술자의 성립의 진정인정)을 구비하면 증거능력이 인정된다.

㉢ [○] 피해자 A 등이 제1심 법정에서 "피고인이 88체육관 부지를 공시지가로 매입하게 해 주고 KBS와의 시설이주 협의도 2개월 내로 완료하겠다고 말하였다."고 진술한 경우, 피고인의 '원진술의 존재 자체가 사기죄 또는 변호사법 위반죄에 있어서의 요증사실이므로' 이를 직접 경험한 A등이 피고인으로부터 위와 같은 말을 들었다고 하는 진술은 전문증거가 아니라 '본래증거'에 해당한다(대판 2012.7.26. 2012도2937).

㉣ [○] 압수된 디지털 저장매체로부터 출력한 문건을 진술증거로 사용하는 경우 그것에 기재된 내용의 진실성에 관해서는 전문법칙이 적용되고, 출력물로서의 증거능력이 인정되기 위하여는 원본과 출력물 사이에 내용의 동일성이 인정되고, 압수 시부터 출력 시까지 내용이 변경되지 않았음이 담보되는 등 무결성이 인정되면 증거능력이 인정된다(대판 2013.6.13. 2012도16001).

정답 ③

61 전문증거의 증거능력에 관한 설명으로 옳지 않은 것은? (다툼이 있으면 판례에 의함)

[20 소방간부] ☆☆☆

① 피고인이 공판조서의 열람 또는 등사를 청구하였음에도 법원이 불응하여 피고인의 열람 또는 등사청구권이 침해된 경우에는 공판조서를 유죄의 증거로 할 수 없을 뿐만 아니라 공판조서에 기재된 당해 피고인이나 증인의 진술도 증거로 할 수 없다.

② 증인이 「형사소송법」에서 정한 바에 따라 정당하게 증언거부권을 행사하여 증언을 거부한 경우는 「형사소송법」 제314조의 "그 밖에 이에 준하는 사유로 인하여 진술할 수 없는 때"에 해당하지 아니 한다.

③ 미국 범죄수사대(CID)의 수사관들이 작성한 수사보고서는 피고인이 그 내용을 부인하면 그 증거 능력이 부정된다.

④ 수사기관이 작성한 조서의 내용이 원진술자가 진술한 대로 기재된 것이라 함은 조서 작성 당시 원진술자의 진술대로 기재되었는지의 여부만을 의미하는 것으로, 그와 같이 진술하게 된 연유나 그 진술의 신빙성 여부는 고려할 것이 아니다.

⑤ 공판준비 또는 공판기일에서 이미 증언을 마친 증인을 검사가 소환한 후 피고인에게 유리한 증언내용을 추궁하여 이를 일방적으로 번복시키는 방식으로 작성한 진술조서는 피고인이 증거로 할 수 있음에 동의하더라도 그 증거능력이 없다.

해설

① [○] 피고인이 공판조서의 열람 또는 등사를 청구하였음에도 법원이 불응하여 피고인의 열람 또는 등사청구권이 침해된 경우에는 공판조서를 유죄의 증거로 할 수 없을 뿐만 아니라 공판조서에 기재된 당해 피고인이나 증인의 진술도 증거로 할 수 없다(대판 2012.12.27. 2011도15869).

② [○] 증인이 「형사소송법」에서 정한 바에 따라 정당하게 증언거부권을 행사하여 증언을 거부한 경우는 「형사소송법」 제314조의 "그 밖에 이에 준하는 사유로 인하여 진술할 수 없는 때"에 해당하지 아니한다(대판(전) 2012.5.17. 2009도6788).

③ [○] [1] 형사소송법 제312조 제3항의 '검사 이외의 수사기관'에는 달리 특별한 사정이 없는 한 외국의 권한 있는 수사기관도 포함된다고 봄이 상당하다.
[2] 미국 범죄수사대(CID), 연방수사국(FBI)의 수사관들이 작성한 수사보고서 및 피고인이 위 수사관들에 의한 조사를 받는 과정에서 작성하여 제출한 진술서는 피고인이 그 내용을 부인하는 이상 증거로 쓸 수 없다(대판 2006.1.13. 2003도6548).

④ [○] 수사기관이 작성한 조서의 내용이 원진술자가 진술한 대로 기재된 것이라 함은 조서 작성 당시 원진술자의 진술대로 기재되었는지 여부만을 의미하는 것으로, 그와 같이 진술하게 된 연유나 그 진술의 신빙성 여부는 고려할 것이 아니며, 한편 수사기관이 피의자 아닌 자의 진술을 기재한 조서 중 일부에 관하여만 원진술자가 공판준비 또는 공판기일에서 실질적 진정성립을 인정하는 경우에는 법원은 당해 조서 중 어느 부분이 원진술자가 진술한 대로 기재되어 있고 어느 부분이 달리 기재되어 있는지 여부를 구체적으로 심리한 다음 '진술한 대로 기재되어 있다고 하는 부분에 한하여 증거능력을 인정하여야' 하고, 그 밖에 실질적 진정성립이 부정되는 부분에 대해서는 증거능력을 부정하여야 한다(대판 2008.3.27. 2007도11400).

⑤ [×] 공판준비 또는 공판기일에서 이미 증언을 마친 증인을 검사가 소환한 후 피고인에게 유리한 그 증언 내용을 추궁하여 이를 일방적으로 번복시키는 방식으로 작성한 진술조서는 피고인이 증거로 할 수 있음에 동의하지 아니하는 한 그 증거능력이 없다(대판(전) 2000.6.15. 99도1108).

정답 ⑤

62 전문증거에 관한 설명 중 가장 옳은 것은? (다툼이 있으면 판례에 의함)

[19 해경승진] ☆

① 간이공판절차에서는 검사·피고인·변호인이 증거로 함에 이의를 제기하지 않는 한 전문법칙에 의하여 증거능력이 부정되는 증거일지라도 증거동의가 의제되어 증거능력이 부여된다.

② 원진술의 존재 자체 또는 그 내용인 사실이 요증사실인 경우에는 전문증거이다.

③ 휴대전화로 협박내용을 반복적으로 보냈다는 공소사실에 대한 증거로 제출된 '전송된 문자정보를 휴대전화 화면에 띄워 촬영한 사진'에 대해 피고인이 성립 및 내용의 진정을 부인하는 경우 이는 유죄 인정의 증거가 될 수 없다.

④ 임의성 없는 진술을 내용으로 하는 전문증거라도 증거동의를 거치면 유죄증거이다.

해설

① [○] 제286조의2의 결정(간이공판절차의 결정)이 있는 사건의 증거에 관하여는 제310조의2, 제312조 내지 제314조 및 제316조의 규정에 의한 증거에 대하여 제318조 제1항의 동의가 있는 것으로 간주한다. 단, 검사, 피고인 또는 변호인이 증거로 함에 이의가 있는 때에는 그러하지 아니하다(제318조의3).

② [×] 타인의 진술을 내용으로 하는 진술이 전문증거인지는 요증사실과 관계에서 정하여지는데, 원진술의 내용인 사실이 요증사실인 경우에는 전문증거이나, 원진술의 존재 자체가 요증사실인 경우에는 본래증거이지 전문증거가 아니다(대판 2014.2.27. 2013도12155).

③ [×] 형사소송법 제310조의2는 사실을 직접 경험한 사람의 진술이 법정에 직접 제출되어야 하고 이에 갈음하는 대체물인 진술 또는 서류가 제출되어서는 안 된다는 이른바 전문법칙을 선언한 것이다. 그런데 정보통신망을 통하여 공포심이나 불안감을 유발하는 글을 반복적으로 상대방에게 도달하게 하는 행위를 하였다는 공소사실에 대하여 휴대전화기에 저장된 문자정보가 그 증거가 되는 경우, 문자정보는 범행의 직접적인 수단이고 경험자의 진술에 갈음하는 대체물에 해당하지 않으므로, 형사소송법 제310조의2에서 정한 전문법칙이 적용되지 않는다(대판 2008.11.13. 2006도2556).

④ [×] 임의성이 인정되지 아니하여 증거능력이 없는 진술증거는 피고인이 증거로 함에 동의하더라도 증거로 삼을 수 없다(대판 2006.11.23. 2004도7900).

정답 ①

63 전문법칙에 대한 다음 설명 중 가장 옳은 것은? (다툼이 있으면 판례에 의함) [19 해경1차]

① "甲이 도둑질 하는 것을 보았다"라는 乙의 발언사실을 A가 법정에서 증언하는 경우, 乙의 명예훼손 사건에 대한 전문증거로서 전문법칙이 적용된다.

② (형사소송법의 개정으로 삭제)

③ 사법경찰관작성의 공동피고인(乙)에 대한 피의자신문조서를 乙이 법정에서 진정성립 및 내용을 인정한 경우, 공동피고인(甲)이 그 피의자신문조서의 진정성립 및 내용을 인정하지 않더라도 甲에 대하여 증거능력이 있다.

④ 피해자가 어머니에게 진술한내용을 전해들은 아버지가 법정에서 내용을 진술한 경우 피해자와 어머니의 진술불능과 원진술의 특신상태가 증명되면 유죄의 증거로 할 수 있다.

해설

① [×] 타인의 진술을 내용으로 하는 진술이 전문증거인지는 요증사실과 관계에서 정하여지는데, 원진술의 내용인 사실이 요증사실인 경우에는 전문증거이나, 원진술의 존재 자체가 요증사실인 경우에는 본래증거이지 전문증거가 아니다(대판 2014.2.27. 2013도12155).

▶ 사안에서 A의 증언은 乙의 진술의 존재 자체가 요증사실인 경우이므로 원본증거로서 전문법칙이 적용되지 않는다.

② 제312조 제1항 검사작성 피의자신문조서와 관련된 판례로 개정법 시행으로 더 이상 유효하지 않다.

③ [×] 당해 피고인과 공범관계가 있는 다른 피의자에 대하여 검사 이외의 수사기관이 작성한 피의자신문조서는 그 피의자의 법정진술에 의하여 그 성립의 진정이 인정되는 등 형사소송법 제312조 제4항의 요건을 갖춘 경우라고 하더라도 당해 피고인이 공판기일에서 그 조서의 내용을 부인한 이상 이를 유죄 인정의 증거로 사용할 수 없다(대판 2014.4.10. 2014도1779). 공동피고인(甲)이 피의자신문조서의 내용을 인정하지 않는 한 자신의 공소사실에 대하여 증거능력이 없다.

④ [×] 피해자가 어머니에게 진술한 내용을 전해들은 아버지가 법정에서 그 내용을 진술한 경우, 이는 재전문진술이므로 '피고인이 증거로 함에 동의하지 않는 한' 증거능력이 부정된다(대판 2012.5.24. 2010도5948).

정답 없음

64

조서에 관한 아래 ㉠부터 ㉣까지의 설명 중 옳고 그름의 표시(○, ×)가 바르게 된 것은? (다툼이 있으면 판례에 의함)

[20 경찰승진]

㉠ 당해 피고인과 공범 관계에 있는 다른 피의자에 대한 사법경찰관 작성 피의자신문조서는 그 공범인 공동피고인의 법정 진술에 의하여 성립의 진정이 인정되는 등 형사소송법 제312조 제4항의 요건을 갖추었다면 당해 피고인이 공판기일에서 그 조서의 내용을 부인하더라도 증거능력이 인정된다.

㉡ 검사가 피의자나 피의자 아닌 자의 진술을 기재한 조서는 전체로서 완결성을 갖는 것이므로 원진술자는 조서 전체의 실질적 진정성립을 인정하거나 부인할 수는 있어도 조서 중 일부에 관하여만 실질적 진정성립을 인정할 수는 없다.

㉢ 당해 피고인과 공범관계가 있는 다른 피의자에 대한 검사 이외의 수사기관 작성 피의자신문조서는 당해 피고인이 조서의 내용을 부인하면 형사소송법 제314조의 요건을 모두 갖춘 경우라도 증거능력이 인정되지 아니한다.

㉣ 형사소송법 제312조 제3항에서 '그 내용을 인정할 때'라 함은 피의자신문조서의 기재 내용이 진술 내용대로 기재되어 있다는 의미이다.

① ㉠ × ㉡ × ㉢ ○ ㉣ ×
② ㉠ × ㉡ ○ ㉢ × ㉣ ×
③ ㉠ × ㉡ × ㉢ ○ ㉣ ○
④ ㉠ ○ ㉡ × ㉢ × ㉣ ○

해설

㉠ [×] 당해 피고인과 공범관계가 있는 다른 피의자에 대하여 검사 이외의 수사기관이 작성한 피의자신문조서는 그 피의자의 법정진술에 의하여 그 성립의 진정이 인정되는 등 형사소송법 제312조 제4항의 요건을 갖춘 경우라고 하더라도, 당해 피고인이 공판기일에서 그 조서의 내용을 부인한 이상 이를 유죄 인정의 증거로 사용할 수 없다(대판 2014.4.10. 2014도1779).

㉡ [×] 피고인이 그 진술을 기재한 검사 작성의 피의자신문조서 중 일부에 관하여만 실질적 진정성립을 인정하는 경우에는 법원은 당해 조서 중 어느 부분이 그 진술대로 기재되어 있고 어느 부분이 달리 기재되어 있는지 여부를 구체적으로 심리한 다음 진술한 대로 기재되어 있다고 하는 부분에 한하여 증거능력을 인정하여야 하고, 그 밖에 실질적 진정성립이 인정되지 않는 부분에 대해서는 증거능력을 부정하여야 한다(대판 2013.3.14. 2011도8325).

㉢ [○] 당해 피고인과 공범관계가 있는 다른 피의자에 대한 검사 이외의 수사기관 작성 피의자신문조서는 당해 피고인이 조서의 내용을 부인하면 형사소송법 제314조의 요건을 모두 갖춘 경우라도 증거능력이 인정되지 아니한다(대판 2009.11.26. 2009도6602).

㉣ [×] 형사소송법 제312조 제3항의 '그 내용을 인정할 때'라 함은 피의자신문조서의 기재 내용이 진술내용대로 기재되어 있다는 의미가 아니고 그와 같이 진술한 내용이 실제사실과 부합한다는 것을 의미한다(대판 2013.3.28. 2010도3359).

정답 ①

65 다음 중 피의자신문조서의 증거능력에 대한 설명으로 가장 옳지 않은 것은? (다툼이 있으면 판례에 의함)

[21 해경승진]

① 사법경찰관이 작성한 피의자신문조서는 적법한 절차와 방식에 따라 작성된 것으로서 피고인이 진술한 내용과 동일하게 기재되어 있음이 공판준비 또는 공판기일에서의 피고인의 진술에 의하여 인정되고, 그 조서에 기재된 진술이 특히 신빙할 수 있는 상태에서 행하여졌음이 증명된 때에 한하여 증거로 할 수 있다.

② 당해 피고인과 공범관계에 있는 다른 피의자에 대한 사법경찰관 작성 피의자신문조서에 대하여는 사망 등 사유로 인하여 법정에서 진술할 수 없는 때에 예외적으로 증거능력을 인정하는 규정인 「형사소송법」 제314조가 적용되지 아니한다.

③ 「형사소송법」 제312조 제3항의 '그 내용을 인정한 때'라 함은 피의자신문조서의 기재 내용이 진술내용대로 기재되어 있다는 의미가 아니고 그와 같이 진술한 내용이 실제사실과 부합한다는 것을 의미한다.

④ 검찰주사가 검사의 지시에 따라 검사가 참석하지 않은 상태에서 피의자였던 피고인을 신문하여 작성하고 검사는 검찰주사의 조사 직후 피고인에게 개괄적으로 질문한 사실이 있을 뿐인데도 검사가 작성한 것으로 되어 있는 피고인에 대한 피의자신문조서는 검사 작성의 피의자신문조서로 인정될 수 없다.

제2편 | 증거

1장

해설

① [×] 사법경찰관이 작성한 피의자신문조서는 적법한 절차와 방식에 따라 작성된 것으로서 공판준비 또는 공판기일에 그 피의자였던 피고인 또는 변호인이 그 내용을 인정할 때에 한하여 증거로 할 수 있다(제312조 제3항).

② [○] 당해 피고인과 공범관계에 있는 다른 피의자에 대한 사법경찰관 작성 피의자신문조서에 대하여는 사망 등 사유로 인하여 법정에서 진술할 수 없는 때에 예외적으로 증거능력을 인정하는 규정인 「형사소송법」 제314조가 적용되지 아니한다(대판 2009.11.26. 2009도6602).

③ [○] 「형사소송법」 제312조 제3항의 '그 내용을 인정한 때'라 함은 피의자신문조서의 기재 내용이 진술내용대로 기재되어 있다는 의미가 아니고, 그와 같이 진술한 내용이 실제사실과 부합한다는 것을 의미한다(대판 2013.3.28. 2010도3359).

④ [○] 검찰주사가 검사의 지시에 따라 검사가 참석하지 않은 상태에서 피의자였던 피고인을 신문하여 작성하고 검사는 검찰주사의 조사 직후 피고인에게 개괄적으로 질문한 사실이 있을 뿐인데도 검사가 작성한 것으로 되어 있는 피고인에 대한 피의자신문조서와 검찰주사가 참고인의 주거지에서 그의 진술을 받아 작성한 것인데도 검사가 작성한 것으로 되어 있는 참고인에 대한 진술조서는 검사의 서명 · 날인이 되어 있다고 하더라도 '검사가 작성한 것이라고는 볼 수 없으므로', 형사소송법 제312조 제1항 소정의 "검사가 피의자나 피의자 아닌 자의 진술을 기재한 조서"에 해당하지 않는 것임이 명백하다(대판 1990.9.28. 90도1483).

정답 ①

66 검사 이외의 수사기관이 작성한 피의자신문조서에 관한 설명 중 옳지 않은 것은? (다툼이 있으면 판례에 의함)

[20 경찰간부] ★★★

① 양벌규정에 따라 처벌되는 행위자와 사업주가 공동피고인으로 기소된 경우 그 행위자에 대해 검사 이외의 수사기관이 작성한 피의자신문조서는 그 행위자의 법정진술에 의해 그 성립의 진정이 인정되는 등 형사소송법 제312조 제4항의 요건을 갖추면 그 사업주가 공판기일에서 조서의 내용을 부인하더라도 그 사업주에 대해 증거능력이 인정된다.

② 검사 이외의 수사기관이 작성한 피의자신문조서는 적법한 절차와 방식에 따라 작성된 것으로서 공판준비 또는 공판기일에 그 피의자였던 피고인 또는 변호인이 그 내용을 인정할 때에 한하여 형사소송법 제312조 제3항에 따라 증거로 할 수 있다.

③ 피고인과 공범관계에 있는 다른 피의자에 대한 검사 이외의 수사기관 작성의 피의자신문조서에 대하여는 사망 등 사유로 인하여 법정에서 진술할 수 없는 때에 예외적으로 증거능력을 인정하는 규정인 형사소송법 제314조가 적용되지 않는다.

④ 형사소송법 제312조 제3항은 형법 총칙의 공범 이외에도, 서로 대향된 행위의 존재를 필요로 할 뿐 각자의 구성요건을 실현하고 별도의 형벌 규정에 따라 처벌되는 강학상 필요적 공범 내지 대향범 관계에 있는 자들 사이에서도 적용된다.

해설

① [×] 형사소송법 제312조 제3항은 공동정범이나 교사범, 방조범 등 공범관계에 있는 자들 사이에서뿐만 아니라, 법인의 대표자나 법인 또는 개인의 대리인, 사용인, 그 밖의 종업원 등 행위자의 위반행위에 대하여 행위자가 아닌 법인 또는 개인이 양벌규정에 따라 기소된 경우, 이러한 법인 또는 개인과 행위자 사이의 관계에서도 마찬가지로 적용된다(대판 2020.6.11. 2016도9367).

② [○] 검사 이외의 수사기관이 작성한 피의자신문조서는 적법한 절차와 방식에 따라 작성된 것으로서 공판준비 또는 공판기일에 그 피의자였던 피고인 또는 변호인이 그 내용을 인정할 때에 한하여 증거로 할 수 있다(제312조 제3항).

③ [○] 피고인과 공범관계에 있는 다른 피의자에 대한 검사 이외의 수사기관 작성의 피의자신문조서에 대하여는 사망 등 사유로 인하여 법정에서 진술할 수 없는 때에 예외적으로 증거능력을 인정하는 규정인 형사소송법 제314조가 적용되지 않는다(대판 2009.11.26. 2009도6602).

④ [○] 형사소송법 제312조 제3항은 형법 총칙의 공범 이외에도, 서로 대향된 행위의 존재를 필요로 할 뿐 각자의 구성요건을 실현하고 별도의 형벌 규정에 따라 처벌되는 강학상 필요적 공범 내지 대향범 관계에 있는 자들 사이에서도 적용된다(대판 2020.6.11. 2016도9367).

정답 ①

67 사법경찰관 작성 피의자신문조서의 증거능력에 대한 설명 중 가장 적절하지 않은 것은? (다툼이 있으면 판례에 의함)

[20 경찰1차]

① 검사 이외의 수사기관이 작성한 피의자신문조서는 적법한 절차와 방식에 따라 작성된 것으로서 공판준비 또는 공판기일에 그 피의자였던 피고인 또는 변호인이 그 내용을 인정할 때에 한하여 증거로 할 수 있다.

② 피고인이 제1심 제4회 공판기일부터 공소사실을 일관되게 부인하여 경찰 작성 피의자신문조서의 진술 내용을 인정하지 않는 경우, 제1심 제4회 공판기일에 피고인이 그 서증의 내용을 인정한 것으로 공판조서에 기재된 것은 착오 기재 등으로 보아 피의자신문조서의 증거능력을 부정하여야 한다.

③ 사법경찰관이 피의자에게 진술거부권을 행사할 수 있음을 알려주고 그 행사 여부를 질문하였다면, 비록 형사소송법 제244조의3 제2항에 규정한 방식에 위반하여 진술거부권 행사 여부에 대한 피의자의 답변이 자필로 기재되어 있지 않더라도 사법경찰관 작성의 피의자신문조서는 특별한 사정이 없는 한 그 증거능력을 인정할 수 있다.

④ 당해 피고인과 공범관계에 있는 공동피고인에 대하여 검사 이외의 수사기관이 작성한 피의자신문조서는 그 공동피고인의 법정진술에 의하여 성립의 진정이 인정되더라도 당해 피고인이 공판기일에서 그 조서의 내용을 부인하면 증거능력이 부정된다.

해설

① [○] 검사 이외의 수사기관이 작성한 피의자신문조서는 적법한 절차와 방식에 따라 작성된 것으로서 공판준비 또는 공판기일에 그 피의자였던 피고인 또는 변호인이 그 내용을 인정할 때에 한하여 증거로 할 수 있다(제312조 제3항).

② [○] 공소사실이 최초로 심리된 공판기일부터 피고인이 공소사실을 일관되게 부인하여 경찰 작성 피의자신문조서의 진술 내용을 인정하지 않는 경우, 공판기일에 피고인이 서증의 내용을 인정한 것으로 공판조서에 기재된 것은 착오 기재 등으로 보아 피의자신문조서의 증거능력을 부정하여야 한다(대판 2013.3.28. 2010도3359).

③ [×] 형사소송법 제244조의3 제2항에 규정한 방식에 위반하여 진술거부권 행사 여부에 대한 피의자의 답변이 자필로 기재되어 있지 아니하거나 그 답변 부분에 피의자의 기명날인 또는 서명이 되어 있지 아니한 사법경찰관 작성의 피의자신문조서는 특별한 사정이 없는 한, 형사소송법 제312조 제3항에서 정한 '적법한 절차와 방식에 따라 작성'된 조서라 할 수 없으므로 그 증거능력을 인정할 수 없다(대판 2014.4.10. 2014도1779).

④ [○] 당해 피고인과 공범관계에 있는 공동피고인에 대하여 검사 이외의 수사기관이 작성한 피의자신문조서는 그 공동피고인의 법정진술에 의하여 성립의 진정이 인정되더라도 '당해 피고인이 공판기일에서 그 조서의 내용을 부인하면' 증거능력이 부정된다(대판 2015.10.29. 2014도5939).

정답 ③

68 다음 중 사법경찰관 작성 피의자신문조서의 증거능력에 대한 설명으로 가장 옳지 않은 것은? (다툼이 있으면 판례에 의함)

[20 해경승진]

① 검사 이외의 수사기관이 작성한 피의자신문조서는 적법한 절차와 방식에 따라 작성된 것으로서 공판준비 또는 공판기일에 그 피의자였던 피고인 또는 변호인이 그 내용을 인정한 때에 한하여 증거로 할 수 있다.

② 피고인이 제1심 제4회 공판기일부터 공소사실을 일관되게 부인하여 경찰 작성 피의자신문조서의 진술 내용을 인정하지 않은 경우, 제1심 제4회 공판기일에 피고인이 그 서증의 내용을 인정한 것으로 공판조서에 기재된 것은 착오 기재 등으로 보아 피의자신문조서의 증거능력을 부정하여야 한다.

③ 미국 연방수사국(FBI) 수사관들에 의한 조사를 받는 과정에서 피고인이 작성하여 수사관들에게 제출한 진술서는 그 성립의 진정이 인정되는 이상 피고인이 그 내용을 부인하더라도 증거능력이 있다.

④ 피의자가 변호인 참여를 원하는 의사를 표시하였는데도 수사기관이 정당한 사유 없이 변호인을 참여하게 하지 아니한 채 피의자를 신문하여 작성한 피의자신문조서는 증거능력이 없다.

해설

① [○] 검사 이외의 수사기관이 작성한 피의자신문조서는 적법한 절차와 방식에 따라 작성된 것으로서 공판준비 또는 공판기일에 그 피의자였던 피고인 또는 변호인이 그 내용을 인정할 때에 한하여 증거로 할 수 있다(제312조 제3항).
② [○] 피고인이 제1심 제4회 공판기일부터 공소사실을 일관되게 부인하여 경찰 작성 피의자신문조서의 진술 내용을 인정하지 않은 경우, 제1심 제4회 공판기일에 피고인이 그 서증의 내용을 인정한 것으로 공판조서에 기재된 것은 착오 기재 등으로 보아 피의자신문조서의 증거능력을 부정하여야 한다(대판 2010.6.24. 2010도5040).
③ [×] [1] 형사소송법 제312조 제3항의 '검사 이외의 수사기관'에는 달리 특별한 사정이 없는 한 외국의 권한 있는 수사기관도 포함된다고 봄이 상당하다.
[2] 미국 범죄수사대(CID), 연방수사국(FBI)의 수사관들이 작성한 수사보고서 및 피고인이 위 수사관들에 의한 조사를 받는 과정에서 작성하여 제출한 진술서는 피고인이 그 내용을 부인하는 이상 증거로 쓸 수 없다(대판 2006.1.13. 2003도6548).
④ [○] 피의자가 변호인의 참여를 원한다는 의사를 명백하게 표시하였음에도 수사기관이 정당한 사유 없이 변호인을 참여하게 하지 아니한 채 피의자를 신문하여 작성한 피의자신문조서는 형사소송법 제312조에 정한 '적법한 절차와 방식'에 위반된 증거일 뿐만 아니라 제308조의2에서 정한 '적법한 절차에 따르지 아니하고 수집한 증거'에 해당하므로 이를 증거로 할 수 없다(대판 2013.3.28. 2010도3359).

정답 ③

69 형사소송법 제314조의 증거능력 인정요건에 관한 설명 중 가장 적절하지 않은 것은? (다툼이 있는 경우 판례에 의함)

[23 경찰1차]

① 형사소송법 제314조의 특신상태의 증명은 참고인의 진술 또는 조서의 작성이 특히 신빙할 수 있는 상태하에서 행하여졌음에 대한 개연성 있는 정도의 증명으로 족하고, 법관으로 하여금 반드시 합리적인 의심의 여지를 배제할 정도에 이르러야 하는 것은 아니다.
② 형사소송법 제314조의 '특신상태'와 관련된 법리는 마찬가지로 원진술자의 소재불명 등을 전제로 하고 있는 형사소송법 제316조 제2항의 '특신상태'에 관한 해석에도 그대로 적용된다.
③ 형사소송법 제314조에서 말하는 '원진술자가 진술을 할 수 없는 때'에는 사망, 질병 등 명시적으로 열거된 사유 외에도, 원진술자가 공판정에서 진술을 한 경우라도 증인신문 당시 일정한 사항에 관하여 기억이 나지 않는다는 취지로 진술하여 그 진술의 일부가 재현 불가능하게 된 경우도 포함한다.
④ 수사기관에서 진술한 참고인이 법정에서 증언을 거부하여 피고인이 반대신문을 하지 못한 경우에는 정당하게 증언거부권을 행사한 것이 아니라도, 피고인이 증인의 증언거부 상황을 초래하였다는 등의 특별한 사정이 없는 한 형사소송법 제314조의 '그 밖에 이에 준하는 사유로 인하여 진술할 수 없는 때'에 해당하지 않는다고 보아야 한다.

해설

① [×] 형사소송법 제314조에서 '그 진술이 특히 신빙할 수 있는 상태하에서 행하여졌음'이란 그 진술 내용이나 조서의 작성에 허위개입의 여지가 거의 없고, 그 진술 내용의 신빙성이나 임의성을 담보할 구체적이고 외부적인 정황이 있는 경우를 가리키고, 이에 대한 증명은 단지 그러할 개연성이 있다는 정도로는 부족하며, 합리적 의심의 여지를 배제할 정도에 이르러야 한다(대판 2022.3.17. 2016도17054).
② [○] 형사소송법 제314조의 '특신상태'와 관련된 법리는 마찬가지로 원진술자의 소재불명 등을 전제로 하고 있는 형사소송법 제316조 제2항의 '특신상태'에 관한 해석에도 그대로 적용된다(대판 2014.4.30. 2012도725).
③ [○] 수사기관에서 진술한 피해자인 유아가 공판정에서 진술을 하였더라도 증인신문 당시 일정한 사항에 관하여 "기억이 나지 않는다"는 취지로 진술하여 그 진술의 일부가 재현 불가능하게 된 경우, 형사소송법 제314조, 제316조 제2항에서 말하는 '원진술자가 진술을 할 수 없는 때'에 해당한다(대판 2006.4.14. 2005도9561).
④ [○] 수사기관에서 진술한 참고인이 법정에서 증언을 거부하여 피고인이 반대신문을 하지 못한 경우에는 정당하게 증언거부권을 행사한 것이 아니라도, 피고인이 증인의 증언거부 상황을 초래하였다는 등의 특별한 사정이 없는 한 형사소송법 제314조의

'그 밖에 이에 준하는 사유로 인하여 진술할 수 없는 때'에 해당하지 않는다고 보아야 한다(대판(전) 2019.11.21. 2018도13945).

정답 ①

70 「형사소송법」 제314조에 규정된 '진술을 요하는 자가 사망 · 질병 · 외국거주 · 소재불명 그 밖에 이에 준하는 사유로 인하여 진술할 수 없는 때'에 해당하는 경우만을 <보기>에서 고른 것은? (다툼이 있으면 판례에 의함)

[21 소방간부] ☆☆☆

<보기>

㉠ 증인으로 소환당할 당시부터 노인성 치매로 인한 기억력 장애, 분별력 상실 등으로 인하여 진술할 수 없는 상태에 있고 그 전 진술 내용의 신용성이나 임의성을 담보할 만한 구체적인 정황이 있는 경우
㉡ 수사기관에서 진술한 참고인이 법정에서 증언을 거부하여 피고인이 반대신문을 하지 못한 경우에 정당하게 증언거부권을 행사한 것이 아니고 피고인이 증인의 증언거부상황을 초래하였다는 특별한 사정이 없는 경우
㉢ 일본에 거주하는 사람을 증인으로 채택하여 환문코자 하였으나 외무부로부터 현재 일본 측에서 형사사건에 대하여는 양국 형법체계상의 상이함을 이유로 송달에 응하지 않고 있어 그 송달이 불가능하다는 취지의 회신을 받은 경우
㉣ 피해자가 증인으로 소환받고도 특별한 사정 없이 출산을 앞두고 있다는 사유로 출석하지 아니한 경우
㉤ 법원의 소환에 계속 불응하고 구인하여도 구인장이 집행되지 아니하는 등 법정에서의 신문이 불가능한 상태인 경우

① ㉠, ㉡, ㉢
② ㉠, ㉡, ㉣
③ ㉠, ㉢, ㉤
④ ㉡, ㉣, ㉤
⑤ ㉢, ㉣, ㉤

해설

㉠ [○] 형사소송법 제314조 필요성의 요건 중 '질병'은 진술을 요할 자가 공판이 계속되는 동안 임상신문이나 출장신문도 불가능할 정도의 중병임을 요한다고 할 것이고, '기타 사유'는 사망 또는 질병에 준하여 증인으로 소환될 당시부터 기억력이나 분별력의 상실 상태에 있다거나, 증인소환장을 송달받고 출석하지 아니하여 구인을 명하였으나 끝내 구인의 집행이 되지 아니하는 등으로 진술을 요할 자가 공판준비 또는 공판기일에 진술할 수 없는 예외적인 사유가 있어야 한다(대판 2006.5.25. 2004도3619).

㉡ [×] 수사기관에서 진술한 참고인이 법정에서 증언을 거부하여 피고인이 반대신문을 하지 못한 경우에는 정당하게 증언거부권을 행사한 것이 아니라도, 피고인이 증인의 증언거부 상황을 초래하였다는 등의 특별한 사정이 없는 한 형사소송법 제314조의 '그 밖에 이에 준하는 사유로 인하여 진술할 수 없는 때'에 해당하지 않는다고 보아야 한다(대판(전) 2019.11.21. 2018도13945).

㉢ [○] 일본에 거주하는 사람을 증인으로 채택하여 환문코자 하였으나 외무부로부터 현재 일본측에서 형사사건에 대하여는 양국 형법체계상의 상이함을 이유로 송달에 응하지 않고 있어 그 송달이 불가능하다는 취지의 회신을 받고 위 증인을 취소하였다면 이러한 사유는 형사소송법 제314조 소정의 공판기일에서 진술을 요할 자가 기타 사유('그 밖에 이에 준하는 사유로 인하여 진술할 수 없는 때')에 해당한다(대판 1987.9.8. 87도1446).

㉣ [×] 공판기일에 증인으로 소환받고도 출산을 앞두고 있다는 이유로 출석하지 아니한 것은 특별한 사정이 없는 한 사망, 질병, 외국거주 기타 사유로 인하여 진술을 할 수 없는 때에 해당한다고 할 수 없어 형사소송법 제314조에 의한 증거능력이 있다고 할 수 없다(대판 1999.4.23. 99도915).

㉤ [○] 진술을 요할 자가 사망, 질병, 또는 일정한 주거를 가지고 있더라도 법원의 소환에 계속 불응하고 구인하여도 구인장이 집행되지 아니하는 등 법정에서의 신문이 불가능한 상태의 경우도 형사소송법 제314조 소정의 "공판정에 출정하여 진술을 할 수 없는 경우(그 밖에 이에 준하는 사유에 해당함)"라는 요건이 충족되었다(대판 1995.6.13. 95도523).

정답 ③

71 다음 중 「형사소송법」 제314조에 규정된 '진술을 요하는 자가 사망 · 질병 · 외국거주 · 소재불명 그 밖에 이에 준하는 사유로 진술할 수 없는 때'에 해당하는 경우는 모두 몇 개인가? (다툼이 있으면 판례에 의함)

[19 해경승진] ☆☆

㉠ 원진술자인 유아가 공판정에서 진술한 경우라도 증인신문 당시 "일정한 사항에 관하여 기억이 나지 않는다"는 취지로 진술하여 그 진술의 일부가 재현불가능하게 된 경우
㉡ 증인이 「형사소송법」에 정한 바에 따라 정당하게 증언거부권을 행사하여 증언을 거부하는 경우
㉢ 일본에 거주하는 사람을 증인으로 채택하여 송환하고자 하였으나 외교통상부로부터 현재 일본 측에서 형사사건에 대하여는 양국 형법체계상의 상이함을 이유로 송달에 응하지 않고 있어 그 송달이 불가능하다는 취지의 회신을 받은 경우
㉣ 원진술자가 공판기일에 증인으로 소환받고도 출산을 앞두고 있다는 이유로 출석하지 아니한 경우
㉤ 10세 남짓의 성추행 피해자인 진술자가 만 5세 무렵에 당한 성추행으로 인하여 외상 후 스트레스증후군을 앓고 있다는 등의 이유로 공판정에 출석하지 아니한 경우
㉥ 진술을 요할 자가 일정한 주거를 가지고 있으면서도 법원의 소환에 계속 불응하고 구인하여도 구인장이 집행되지 않는 경우

① 1개
② 2개
③ 3개
④ 4개

해설

㉠ [○] 수사기관에서 진술한 피해자인 유아가 공판정에서 진술을 하였더라도 증인신문당시 일정 사항에 관하여 "기억이 나지 않는다"는 취지로 진술하여 진술일부가 재현불가능하게 된 경우, 형소법 제314조, 제316조 제2항의 '원진술자가 진술을 할 수 없는 때'에 해당한다(대판 2006.4.14. 2005도9561).

㉡ [×] 증인이 「형사소송법」에서 정한 바에 따라 정당하게 증언거부권을 행사하여 증언을 거부한 경우는 「형사소송법」 제314조의 "그 밖에 이에 준하는 사유로 인하여 진술할 수 없는 때"에 해당하지 아니한다(대판(전) 2012.5.17. 2009도6788).

㉢ [○] 일본에 거주하는 사람을 증인으로 채택하여 환문코자 하였으나 외무부로부터 현재 일본측에서 형사사건에 대하여는 양국 형법체계상의 상이함을 이유로 송달에 응하지 않고 있어 그 송달이 불가능하다는 취지의 회신을 받고 위 증인을 취소하였다면 이러한 사유는 형사소송법 제314조 소정의 공판기일에서 진술을 요할 자가 기타 사유('그 밖에 이에 준하는 사유로 인하여 진술할 수 없는 때')에 해당한다(대판 1987.9.8. 87도1446).

㉣ [×] 공판기일에 증인으로 소환받고도 출산을 앞두고 있다는 이유로 출석하지 아니한 것은 특별한 사정이 없는 한 사망, 질병, 외국거주 기타 사유로 인하여 진술을 할 수 없는 때에 해당한다고 할 수 없어 형사소송법 제314조에 의한 증거능력이 있다고 할 수 없다(대판 1999.4.23. 99도915).

㉤ [×] 만 5세 무렵에 당한 성추행으로 인하여 외상 후 스트레스 증후군을 앓고 있다는 등의 이유로 공판정에 출석하지 아니한 약 10세 남짓의 성추행 피해자에 대한 진술조서가 형사소송법 제314조에 정한 필요성의 요건과 신용성 정황적 보장의 요건을 모두 갖추지 못하여 증거능력이 없다(대판 2006.5.25. 2004도3619).

㉥ [○] 진술을 요할 자가 사망, 질병, 또는 일정한 주거를 가지고 있더라도 법원의 소환에 계속 불응하고 구인하여도 구인장이 집행되지 아니하는 등 법정에서의 신문이 불가능한 상태의 경우도 형사소송법 제314조 소정의 "공판정에 출정하여 진술을 할 수 없는 경우(그 밖에 이에 준하는 사유에 해당함)"라는 요건이 충족되었다(대판 1995.6.13. 95도523).

정답 ③

72 다음 중 「형사소송법」 제315조에 의해서 당연히 증거능력이 인정되는 것은 모두 몇 개인가? (다툼이 있으면 판례에 의함) [21 해경간부] ☆☆☆

> ㉠ 항해일지
> ㉡ 군의관이 작성한 진단서
> ㉢ 외국수사기관이 작성한 수사보고서
> ㉣ 국립과학수사연구소장 작성의 감정의뢰 회보서
> ㉤ 법원의 명령에 의하여 감정인이 작성한 감정서
> ㉥ 가족관계기록사항에 관한 증명서
> ㉦ 다른 피고인에 대한 형사사건의 공판조서

① 4개 ② 5개
③ 6개 ④ 7개

해설

▶ 형소법 제315조 당연히 증거능력이 인정되는 서류에 해당하는지 여부
㉠ [○] 항해일지는 형소법 제315조 제2호 기타 특히 신용할만한 정황에 의하여 작성된 문서에 해당한다.
㉡ [○] 군의관이 작성한 진단서는 형소법 제315조 제1호 공무원이 직무상 작성한 문서에 해당한다(대판 1972.6.13. 72도922).
㉢ [×] 미국연방범죄수사관(외국수사기관)이 범죄현장을 확인하고 작성한 수사보고서는 제312조 제3항 검사 이외의 수사기관이 작성한 피의자신문조서에 해당한다.
㉣ [○] '국립과학수사연구소장' 작성의 감정의뢰 회보서는 형소법 제315조 제1호 공무원이 직무상 작성한 문서에 해당한다(대판 1982.9.14. 82도1504).
㉤ [×] 법원의 명령에 의하여 감정인이 작성한 감정서는 제313조 제1항과 제2항의 요건을 구비하면 증거능력이 인정된다(제313조 제3항).
㉥ [○] 가족관계기록사항에 관한 증명서는 형소법 제315조 제1호에 해당한다.
㉦ [○] '다른 피고인'에 대한 형사사건 공판조서는 형소법 제315조 제3호 기타 특히 신용할만한 정황에 의하여 작성된 문서에 해당한다(대판 2005.4.28. 2004도4428).
▶ cf) 당해피고인에 대한 형사사건 공판조서는 제311조에 해당함에 유의할 것.

정답 ②

73 형사소송법 제315조의 '당연히 증거능력이 있는 서류'에 대한 설명으로 옳지 않은 것은? (다툼이 있으면 판례에 의함) [20 국가7급] ☆☆

① 변호사가 피고인에 대한 법률자문 과정에 작성하여 피고인에게 전송한 전자문서를 출력한 법률의견서는 '업무상 필요로 작성한 통상문서'에 해당하지 않는다.
② '기타 특히 신용할 만한 정황에 의하여 작성된 문서'는 굳이 반대신문의 기회 부여 여부가 문제되지 않을 정도로 고도의 신용성의 정황적 보장이 있는 문서를 의미한다.
③ 다른 피고인에 대한 형사사건의 공판조서 중 일부인 증인신문조서는 '기타 특히 신용할 만한 정황에 의하여 작성된 문서'에 해당한다.
④ 특별한 자격이 없이 범칙물자에 대한 시가감정업무에 4~5년 종사해 온 세관공무원이 세관에 비치된 기준과 수입신고서에 기재된 가격을 참작하여 작성한 감정서는 '공무원의 직무상 증명할 수 있는 사항에 관하여 작성한 문서'에 해당하지 않는다.

해설

① [○] 변호사가 법률자문 과정에 작성하여 갑 회사 측에 전송한 전자문서를 출력한 '법률의견서'는 압수된 디지털 저장매체로부터 출력한 문건으로서 실질에 있어서 형사소송법 제313조 제1항에 규정된 '피고인 아닌 자가 작성한 진술서나 그 진술을 기재한 서류'에 해당한다(대판(전) 2012.5.17. 2009도6788).
② [○] '기타 특히 신용할 만한 정황에 의하여 작성된 문서'는 굳이 반대신문의 기회 부여 여부가 문제되지 않을 정도로 고도의 신용성의 정황적 보장이 있는 문서를 의미한다(대판 2017.12.5. 2017도12671).
③ [○] '다른 피고인'에 대한 형사사건의 공판조서는 형사소송법 제315조 제3호에 정한 서류로서 당연히 증거능력이 있는바, 공판조서 중 일부인 증인신문조서 역시 형사소송법 제315조 제3호에 정한 서류로서 당연히 증거능력이 있다(대판 2005.4.28. 2004도4428).
④ [×] 동인은 특별한 자격이 있지는 아니하나 세관공무원으로서 범칙물자에 대한 시가 감정업무에 4~5년 종사하였으며 본건의 감정서 기재는 세관에 비치된 기준과 수입신고서에 기재된 가격을 참작하여 감정한 것이라고 말하고 있는바 원심이 채택한 본건 감정서는 공무원이 그 직무상 작성된 공문서라 할 것이므로 이는 피고인의 동의 여부에 불구하고 형사소송법 제315조 제1호에 의하여 당연히 증거능력이 있다(대판 1985.4.9. 85도225).

정답 ④

74

형사소송법 제315조에 규정된 당연히 증거능력 있는 서류에 해당하는 것(○)과 해당하지 않는 것(×)을 바르게 연결한 것은? (다툼이 있으면 판례에 의함)

[20 국가9급] ★★★

㉠ 보험사기 사건에서 건강보험심사평가원이 수사기관의 의뢰에 따라 그 수사기관이 보내온 자료를 토대로 작성한 입원진료의 적정성에 대한 의견을 제시하는 내용의 '입원진료 적정성 여부 등 검토의뢰에 대한 회신'
㉡ 대한민국 주중국 대사관 영사가 공무수행과정에서 작성하였지만 공적인 증명보다는 상급자에 대한 보고를 목적으로 작성한 사실확인서(공인(公印) 부분은 제외)
㉢ 검찰에서 피고인이 소지·탐독을 인정한 유인물에 대하여, 사법경찰관이 그 내용을 분석하고 이를 기계적으로 복사하여 그 말미에 그대로 첨부하여 작성한 수사보고서
㉣ 성매매업소에서 성매매 여성들이 영업에 참고하기 위하여성매매 상대방의 아이디, 전화번호 등에 관한 정보를 입력하여 작성한 메모리카드의 내용

① ㉠ ○ ㉡ × ㉢ ○ ㉣ ×
② ㉠ × ㉡ × ㉢ ○ ㉣ ×
③ ㉠ ○ ㉡ ○ ㉢ × ㉣ ○
④ ㉠ × ㉡ × ㉢ ○ ㉣ ○

해설

㉠ [×] 이른바 보험사기 사건에서 건강보험심사평가원이 수사기관의 의뢰에 따라 그 보내온 자료를 토대로 입원진료의 적정성에 대한 의견을 제시하는 내용의 '건강보험심사평가원의 입원진료 적정성 여부 등 검토의뢰에 대한 회신'은 형사소송법 제315조 제3호의 '기타 특히 신용할 만한 정황에 의하여 작성된 문서'에 해당하지 않는다(대판 2017.12.5. 2017도12671).
㉡ [×] 대한민국 주중국 대사관 영사가 작성한 사실확인서 중 공인 부분을 제외한 나머지 부분이 비록 영사의 공무수행 과정 중 작성되었지만 공적인 증명보다는 상급자 등에 대한 보고를 목적으로 하는 것인 경우, 형사소송법 제315조 제1호의 '공무원의 직무상 증명할 수 있는 사항에 관하여 작성한 문서' 또는 제3호의 '기타 특히 신뢰할 만한 정황에 의하여 작성된 문서'라고 볼 수 없으므로 증거능력이 없다(대판 2007.12.13. 2007도7257).
㉢ [○] 사법경찰관 작성의 새세대 16호에 대한 수사보고서는 피고인이 검찰에서 소지 탐독사실을 인정하고 있는 새세대 16호라는 유인물의 내용을 분석하고, 이를 기계적으로 복사하여 그 말미에 그대로 첨부한 문서로서 그 신용성이 담보되어 있어 형사소송법 제315조 제3호 소정의 "기타 특히 신용할 만한 정황에 의하여 작성된 문서"에 해당되는 문서로서 당연히 증거능력이 인정된다(대판 1992.8.14. 92도1211).
㉣ [○] 성매매업소에 고용된 여성들이 성매매를 업으로 하면서 영업에 참고하기 위하여 성매매 상대방의 아이디와 전화번호 및 성매매방법 등을 메모지에 적어두었다가 직접 메모리카드에 입력하거나 업주가 고용한 다른 여직원이 그 내용을 입력한 사안에서, 위 메모리카드의 내용은 형사소송법 제315조 제2호의 '영업상 필요로 작성한 통상문서'로서 당연히 증거능력 있는 문서에 해당한다(대판 2007.7.26. 2007도3219).

정답 ④

75 「형사소송법」 제315조에 의하여 당연히 증거능력이 인정되는 것으로 가장 적절하지 않은 것은? (다툼이 있으면 판례에 의함) [19 경찰승진]

① 보험사기 사건에서 건강보험심사평가원이 수사기관의 의뢰에 따라 수사기관이 보내온 자료를 토대로 입원진료의 적정성에 대한 의견을 제시하는 내용의 건강보험심사평가원의 입원진료 적정성 여부 등 검토의뢰에 대한 회신

② 일본 세관공무원 작성의 필로폰에 대한 범칙물건감정서등본과 분석의뢰서 및 분석 회답서등본

③ 다른 피고인에 대한 형사사건의 공판조서 중 일부인 증인신문조서

④ 성매매업소에 고용된 여성들이 성매매를 업으로 하면서 영업에 참고하기 위하여 성매매 상대방의 아이디와 전화번호 및 성매매방법 등을 메모지에 적어두었다가 직접 메모리카드에 입력하거나 업주가 고용한 다른 여직원이 그 내용을 입력한 경우의 메모리카드 내용

해설

① [×] 이른바 보험사기 사건에서 건강보험심사평가원이 수사기관의 의뢰에 따라 그 보내온 자료를 토대로 입원진료의 적정성에 대한 의견을 제시하는 내용의 '건강보험심사평가원의 입원진료 적정성 여부 등 검토의뢰에 대한 회신'은 형사소송법 제315조 제3호의 '기타 특히 신용할 만한 정황에 의하여 작성된 문서'에 해당하지 않는다(대판 2017.12.5. 2017도12671).

② [○] 외국공무원이 직무상 증명할 수 있는 사항에 관하여 작성한 문서는 이를 증거로 할 수 있으므로(제315조 제1호), 원심이 이 사건 일본 하관 세관서 통괄심리관 작성의 범칙물건감정서등본과 분석의뢰서 및 분석 회답서등본 등을 증거로 하였음은 적법하다(대판 1984.2.28. 83도3145).

③ [○] '다른 피고인'에 대한 형사사건의 공판조서는 형사소송법 제315조 제3호에 정한 서류로서 당연히 증거능력이 있는바, 공판조서 중 일부인 증인신문조서 역시 형사소송법 제315조 제3호에 정한 서류로서 당연히 증거능력이 있다(대판 2005.4.28. 2004도4428).

④ [○] 성매매업소에 고용된 여성들이 성매매를 업으로 하면서 영업에 참고하기 위하여 성매매 상대방의 아이디와 전화번호 및 성매매방법 등을 메모지에 적어두었다가 직접 메모리카드에 입력하거나 업주가 고용한 다른 여직원이 그 내용을 입력한 경우의 메모리카드 내용은 형소법 제315조 제2호의 업무상 필요로 작성한 통상문서로서, 당연히 증거능력이 인정되는 문서에 해당한다(대판 2007.7.26. 2007도3219).

정답 ①

76 증거동의에 관한 설명 중 가장 적절하지 않은 것은? (다툼이 있는 경우 판례에 의함) [23 경찰1차]

① 형사소송법 제318조 제1항 증거동의는 전문증거금지의 원칙에 대한 예외로서 반대신문권을 포기하겠다는 피고인의 의사표시에 의하여 서류 또는 물건의 증거능력을 부여하려는 규정이다.

② 약식명령에 불복하여 정식재판을 청구한 피고인이 정식재판절차의 제1심에서 2회 불출정하여 형사소송법 제318조 제2항에 따라 피고인의 증거동의로 간주된 후, 제1심 법원이 증거조사를 완료하였더라도 피고인이 항소심에 출석하여 공소사실을 부인하면서 제1심에서 간주된 증거동의를 철회 또는 취소한다는 의사표시를 하면 해당 증거의 증거능력은 상실된다.

③ 피고인이 출석한 공판기일에서 증거로 함에 부동의한다는 의견이 진술된 경우에는 그 후 피고인이 출석하지 아니한 공판기일에 변호인만이 출석하여 종전 의견을 번복하여 증거로 함에 동의하였다 하더라도 이는 특별한 사정이 없는 한 효력이 없다고 보아야 한다.

④ 필요적 변호사건이라 하여도 피고인이 재판거부의 의사를 표시하고 재판장의 허가 없이 퇴정하고 변호인마저 이에 동조하여 퇴정해 버림으로써 피고인과 변호인들이 출석하지 않은 상태에서 증거조사를 할 수밖에 없는 경우, 형사소송법 제318조 제2항의 규정상 피고인의 진의와는 관계없이 증거동의가 있는 것으로 간주한다.

해설

① [○] 형사소송법 제318조 제1항의 증거동의 규정은 전문증거금지의 원칙에 대한 예외로서 작성자 또는 진술자에 대한 반대신문권을 포기하겠다는 피고인의 의사표시에 의하여 서류 또는 물건의 증거능력을 부여하려는 규정이다(대판 1983.3.8. 82도2873).

② [×] 약식명령에 불복하여 정식재판을 청구한 피고인이 정식재판절차의 1심에서 2회 불출정하여 법 제318조 제2항에 따른 증거동의가 간주된 후 증거조사를 완료한 이상, 간주의 대상인 증거동의는 증거조사가 완료되기 전까지 철회 또는 취소할 수 있으나 일단 증거조사를 완료한 뒤에는 취소 또는 철회가 인정되지 아니하는 점, 증거동의 간주가 피고인의 진의와는 관계없이 이루어지는 점 등에 비추어, 비록 피고인이 항소심에 출석하여 공소사실을 부인하면서 간주된 증거동의를 철회 또는 취소한다는 의사표시를 하더라도 그로 인하여 적법하게 부여된 증거능력이 상실되는 것이 아니다(대판 2010.7.15. 2007도5776).

③ [○] 형사소송법 제318조에 규정된 증거동의의 주체는 소송주체인 검사와 피고인이고, 변호인은 피고인을 대리하여 증거동의에 관한 의견을 낼 수 있을 뿐이므로 피고인의 명시한 의사에 반하여 증거로 함에 동의할 수는 없다. 따라서 피고인이 출석한 공판기일에서 증거로 함에 부동의한다는 의견이 진술된 경우에는 그 후 피고인이 출석하지 아니한 공판기일에 변호인만이 출석하여 종전 의견을 번복하여 증거로 함에 동의하였다 하더라도, 이는 특별한 사정이 없는 한 효력이 없다(대판 2013.3.28. 2013도3).

④ [○] 피고인이 재판장의 허가 없이 퇴정하고 변호인마저 이에 동조하여 퇴정해 버린 것은 모두 피고인 측의 방어권의 남용 내지 변호권의 포기로 볼 수밖에 없는 것이므로 수소법원으로서는 형사소송법 제330조에 의하여 피고인이나 변호인의 재정 없이도 심리판결할 수 있다. 위와 같이 피고인과 변호인들이 출석하지 않은 상태에서 증거조사를 할 수 밖에 없는 경우에는 형사소송법 제318조 제2항의 규정상 피고인의 진의와는 관계없이 형사소송법 제318조 제1항의 동의가 있는 것으로 간주하게 되어 있다(대판 1991.6.28. 91도865).

정답 ②

77 증거동의에 대한 설명으로 옳지 않은 것은? (다툼이 있는 경우 판례에 의함) [22 경찰간부] ★★

① 피고인이 증거로 함에 동의하지 아니한다고 명시적인 의사표시를 한 경우 이외에는 변호인은 피고인을 대리하여 증거동의를 할 수 있다.

② 피고인이 변호인과 함께 출석한 공판기일의 공판조서에 검사가 제출한 증거에 대하여 동의한다는 기재가 되어 있다면 이는 피고인이 증거동의를 한 것으로 보아야 하고, 그 기재는 절대적인 증명력을 가진다.

③ 증거동의는 반대신문과 관계있는 증거를 대상으로 하는 것이므로 모든 전문증거는 증거동의의 대상이 되지만 물건은 증거동의의 대상이 될 수 없고 관련성만 인정되면 증거로 사용할 수 있다.

④ 증거동의 의사표시는 증거조사가 완료되기 전까지 취소 또는 철회할 수 있으나 일단 증거조사가 완료된 뒤에는 증거동의 의사표시의 취소 또는 철회가 인정되지 아니한다.

해설

① [○] 증거로 함에 대한 동의의 주체는 소송주체인 당사자라 할 것이지만 변호인은 피고인의 명시한 의사에 반하지 아니하는 한 피고인을 대리하여 증거로 함에 동의할 수 있으므로, 피고인이 증거로 함에 동의하지 아니한다고 명시적인 의사표시를 한 경우 이외에는 변호인은 서류나 물건에 대하여 증거로 함에 동의할 수 있다(대판 2005.4.28. 2004도4428).

② [○] 증거동의는 소송주체인 검사와 피고인이 하는 것이고, 변호인은 피고인을 대리하여 증거동의에 관한 의견을 낼 수 있을 뿐이므로 피고인이 변호인과 함께 출석한 공판기일의 공판조서에 검사가 제출한 증거에 대하여 동의한다는 기재가 되어 있다면 이는 피고인이 증거동의를 한 것으로 보아야 하고, 그 기재는 절대적인 증명력을 가진다(대판 2016.3.10. 2015도19139).

③ [×] 증거동의의 대상은 서류 또는 물건이다.

관련판례 '甲의 상해부위를 촬영한 사진'은 비진술증거이기는 하나, 피고인은 제1심 제1회 공판기일에 사진을 증거로 함에 동의하였고, 이에 따라 제1심 법원이 사진에 대한 증거조사를 완료하였음을 알 수 있으므로, 피고인이 원심에 이르러 사진에 대한 증거동의의 의사표시를 취소 또는 철회하였다 하여 사진의 증거능력이 상실되지 않는다(대판 2007.7.26. 2007도3906).

④ [○] 형사소송법 제318조에 규정된 증거동의의 의사표시는 증거조사가 완료되기 전까지 취소 또는 철회할 수 있으나, 일단 증거조사가 완료된 뒤에는 취소 또는 철회가 인정되지 아니하므로 취소 또는 철회 이전에 이미 취득한 증거능력은 상실되지 않는다(대판 2015.8.27. 2015도3467).

정답 ③

78 증거동의에 관한 설명으로 가장 적절하지 않은 것은? (다툼이 있는 경우 판례에 의함) [22 경찰1차] ☆☆

① 피고인이 공소사실을 부인하고 있는 상황에서 검사가 신청한 증인의 법정진술이 전문증거로서 증거능력이 없는 경우, 피고인 또는 변호인에게 의견을 묻는 등의 적절한 방법으로 그러한 사정에 대하여 고지가 이루어지지 않은 채 증인신문이 진행되었다면, 피고인이 그 증거조사 결과에 대하여 별 의견이 없다고 진술하였더라도 증인의 법정증언을 증거로 삼는 데에 동의한 것으로 볼 수 없다.

② 피고인이 출석한 공판기일에서 증거로 함에 부동의한다는 의견이 진술된 경우에는 그 후 피고인이 출석하지 아니한 공판기일에 변호인만이 출석하여 증거로 함에 동의하였더라도 이는 특별한 사정이 없는 한 효력이 없다.

③ 증거동의의 의사표시는 증거조사가 완료되기 전까지 취소 또는 철회할 수 있으나, 일단 증거조사가 완료된 뒤에는 취소 또는 철회가 인정되지 아니하므로 이를 취소 또는 철회하더라도 이미 취득한 증거능력은 상실되지 않는다.

④ 피고인의 변호인이 증거 부동의 의견을 밝힌 고발장을 첨부 문서로 포함하고 있는 검찰주사보 작성의 수사보고가 수사기관이 첨부한 자료를 통하여 얻은 인식·판단·추론이거나 자료의 단순한 요약에 불과하더라도, 피고인이 증거에 동의하여 증거조사가 행하여졌다면 그 수사보고에 대한 증거동의의 효력은 첨부된 고발장에도 당연히 미친다고 볼 것이므로 이를 유죄의 증거로 삼을 수 있다.

해설

① [○] 공동피고인인 갑은 원심에 이르기까지 일관되게 피고인으로부터 50만 원을 받았다는 취지의 공소사실을 부인한 사실에 비추어 원진술자 갑이 사망, 질병, 외국거주, 소재불명 그 밖에 이에 준하는 사유로 인하여 진술할 수 없는 때에 해당하지 아니하여 갑의 진술을 내용으로 하는 을의 법정증언은 전문증거로서 증거능력이 없으며, 나아가 피고인은 일관되게 갑에게 50만 원 자체를 교부한 적이 없다고 주장하면서 적극적으로 다툰 점, 사법경찰관 작성의 갑에 대한 피의자신문조서 및 진술조서의 내용을 모두 부인한 점, 을의 법정 증언이 전문증거로서 증거능력이 없다는 사정에 대하여 피고인 또는 변호인에게 의견을 묻는 등의 적절한 방법으로 고지가 이루어지지 않은 채 증인신문이 진행된 다음 증거조사 결과에 대한 의견진술이 이루어진 점, 을이 증언하기에 앞서 원진술자 갑이 피고인으로부터 50만 원을 제공받은 적이 없다고 이미 진술한 점 등을 종합하면 피고인이 을의 법정증언을 증거로 삼는 데에 동의하였다고 볼 여지는 없고, 을의 증언에 따른 증거조사 결과에 대하여 별 의견이 없다고 진술하였더라도 달리 볼 수 없으므로, 사법경찰관 작성의 갑에 대한 피의자신문조서 및 진술조서와 을의 전문진술은 증거능력이 없다(대판 2019.11.14. 2019도11552).

② [○] 형소법 제318조에 규정된 증거동의의 주체는 검사와 피고인이고, 변호인은 피고인을 대리하여 증거동의에 관한 의견을 낼 수 있을 뿐이므로 피고인의 명시한 의사에 반하여 증거로 함에 동의할 수는 없다. 피고인이 출석한 공판기일에서 증거로 함에 부동의한다는 의견이 진술된 경우에는 피고인이 출석하지 아니한 공판기일에 변호인만이 출석하여 종전 의견을 번복하여 증거로 함에 동의하였다 하더라도 특별한 사정이 없는 한 효력이 없다(대판 2013.3.28. 2013도3).

③ [○] 형사소송법 제318조에 규정된 증거동의의 의사표시는 증거조사가 완료되기 전까지 취소 또는 철회할 수 있으나, 일단 증거조사가 완료된 뒤에는 취소 또는 철회가 인정되지 아니하므로 취소 또는 철회 이전에 이미 취득한 증거능력은 상실되지 않는다(대판 2015.8.27. 2015도3467).

④ [×] 뇌물공여자가 작성한 고발장에 대해 피고인의 변호인이 증거부동의 의견을 밝히고, 고발장을 첨부문서로 포함하는 검찰주사보 작성 수사보고에 대하여 증거동의하여 증거조사가 행하여졌는데, 수사보고에 대한 증거동의가 있다는 이유로 아무 지적 없이 첨부된 고발장까지 증거로 채택했다가 판결을 선고하는 단계에서 유죄인정의 증거로 삼은 것은 적법절차 원칙에 비추어 수긍할 수 없다. 첨부된 고발장은 적법한 증거신청·증거결정·증거조사의 절차를 거쳤다고 볼 수 없거나 공소사실을 뒷받침하는 증명력을 가진 증거가 아니므로 유죄의 증거로 삼을 수 없다(대판 2011.7.14. 2011도3809).

정답 ④

79 증거동의에 관한 설명 중 옳지 않은 것은? (다툼이 있으면 판례에 의함)

[20 경찰간부] ☆

① 검사가 제시한 모든 증거에 대하여 피고인이 증거로 함에 동의한다는 방식으로 증거동의를 하여도 효력이 있다.

② 간이공판절차에서는 검사, 피고인 또는 변호인이 증거로 함에 이의가 없는 한 전문증거에 대하여 동의가 있는 것으로 간주한다.

③ 필요적 변호사건에서 피고인과 변호인이 재판거부의 의사를 표시하고 재판장의 허가 없이 퇴정한 경우 형사소송법 제318조 제2항에 따라 증거동의가 간주된다.

④ 진술에 임의성이 인정되지 않아 증거능력이 없는 증거라고 할지라도 당사자가 동의하고 법원이 진정한 것으로 인정한 경우에는 증거능력이 있다.

해설

① [○] 피고인들의 의사표시가 하나 하나의 증거에 대하여 형사소송법상의 증거조사방식을 거쳐 이루어진 것이 아니라, "검사가 제시한 모든 증거에 대하여 증거로 함에 동의한다."는 방식으로 이루어진 것이라 하여 그 효력을 부정할 이유가 되지 못한다(대판 1983.3.8. 82도2873).

② [○] 제286조의2의 결정이 있는 사건의 증거에 관하여는 제310조의2, 제312조 내지 제314조 및 제316조의 규정에 의한 증거에 대하여 제318조 제1항의 동의가 있는 것으로 간주한다. 단, 검사, 피고인 또는 변호인이 증거로 함에 이의가 있는 때에는 그러하지 아니하다(제318조의3).

③ [○] 필요적 변호사건에서 피고인과 변호인이 재판거부의 의사를 표시하고 재판장의 허가 없이 퇴정한 경우 형사소송법 제318조 제2항에 따라 증거동의가 간주된다(대판 1991.6.28. 91도865).

④ [×] 임의성이 인정되지 아니하여 증거능력이 없는 진술증거는 피고인이 증거로 함에 동의하더라도, 증거로 삼을 수 없다(대판 2006.11.23. 2004도7900).

정답 ④

80 증거동의에 대한 설명으로 가장 적절하지 않은 것은? (다툼이 있으면 판례에 의함)

[21 경찰승진] ☆

① 검사와 피고인이 증거로 할 수 있음을 동의한 서류 또는 물건은 법원이 진정한 것으로 인정한 때에는 증거로 할 수 있다.

② 공판준비 또는 공판기일에서 피고인에게 유리한 증언을 한 증인을 수사기관이 법정 외에서 다시 참고인으로 조사하면서 그 증언을 번복하게 하여 작성한 참고인진술조서는 피고인이 동의하더라도 증거로 사용할 수 없다.

③ 피고인의 출정 없이 증거조사를 할 수 있는 경우에 피고인이 출정하지 아니한 때에는 피고인의 대리인 또는 변호인이 출정한 때를 제외하고 피고인이 증거로 함에 동의한 것으로 간주한다.

④ 경찰의 검증조서 중 일부에 대한 증거동의는 가능하다.

해설

① [○] 검사와 피고인이 증거로 할 수 있음을 동의한 서류 또는 물건은 진정한 것으로 인정한 때에는 증거로 할 수 있다(제318조 제1항).

② [×] 공판준비 또는 공판기일에서 이미 증언을 마친 증인을 검사가 소환한 후 피고인에게 유리한 그 증언 내용을 추궁하여 이를 일방적으로 번복시키는 방식으로 작성한 진술조서는 피고인이 증거로 할 수 있음에 동의하지 아니하는 한 그 증거능력이 없다(대판(전) 2000.6.15. 99도1108).

③ [○] 피고인의 출정 없이 증거조사를 할 수 있는 경우 피고인이 출정하지 아니한 때에는 전항의 동의가 있는 것으로 간주한다. 단, 대리인 또는 변호인이 출정한 때에는 예외로 한다(제318조 제2항).

④ [○] 피고인들이 제1심 법정에서 경찰의 검증조서 가운데 범행부분만 부동의하고 현장상황 부분에 대해서는 모두 증거로 함에 동의하였다면, 위 검증조서 중 범행상황 부분만을 증거로 채용한 제1심판결에 잘못이 없다(대판 1990.7.24. 90도1303).

정답 ②

81 다음 중 증거동의에 관한 설명으로 가장 옳지 않은 것은? (다툼이 있으면 판례에 의함) [21 해경간부]

① 소유자, 소지자 또는 보관자가 아닌 피해자로부터 임의로 제출받은 물건을 영장 없이 압수한 경우 그 '압수물' 및 '압수물을 찍은 사진'에 대해 피고인이나 변호인이 증거동의를 하였다 하더라도 이를 유죄 인정의 증거로 사용할 수 없다.

② 「형사소송법」 제318조 제1항은 '검사와 피고인이 증거로 할 수 있음을 동의한 서류 또는 물건은 진정한 것으로 인정한 때에는 증거로 할 수 있다.'라고 규정하고 있을 뿐 진정한 것으로 인정하는 방법을 제한하고 있지 아니하므로 증거동의가 있는 서류 또는 물건은 법원이 제반사정을 참작하여 진정한 것으로 인정하면 증거로 할 수 있다.

③ 피고인이 출석한 공판기일에서 증거로 함에 부동의한다는 의견이 진술된 경우에도 그 후 피고인이 출석하지 아니한 공판기일에 변호인만이 출석하여 종전 의견을 번복하여 증거로 함에 동의하였다면 이는 특별한 사정이 없는 한 효력이 있다.

④ 긴급체포시 압수한 물건에 관하여 「형사소송법」 제217조 제2항, 제3항의 규정에 의한 압수·수색영장을 발부받지 않고도 즉시 반환하지 않은 경우, 그 압수물은 유죄인정의 증거로 사용할 수 없으나, 피고인이나 변호인이 이를 증거로 함에 동의하였다고 하더라도 달리 볼 것은 아니다.

해설

① [○] 형사소송법 규정에 위반하여 소유자, 소지자 또는 보관자가 아닌 자로부터 제출받은 물건을 영장없이 압수한 경우 그 압수물 및 압수물을 찍은 사진은 이를 유죄 인정의 증거로 사용할 수 없는 것이고, 피고인이나 변호인이 이를 증거로 함에 동의하였다고 하더라도 달리 볼 것은 아니다(대판 2010.1.28. 2009도10092).

② [○] 형사소송법 제318조 제1항은 "검사와 피고인이 증거로 할 수 있음을 동의한 서류 또는 물건은 진정한 것으로 인정한 때에는 증거로 할 수 있다."고 규정하고 있을 뿐, 진정한 것으로 인정하는 방법을 제한하고 있지 아니하므로, 증거동의가 있는 서류 또는 물건은 법원이 제반 사정을 참작하여 진정한 것으로 인정하면 증거로 할 수 있다(대판 2015.8.27. 2015도3467).

③ [×] 형사소송법 제318조에 규정된 증거동의의 주체는 소송주체인 검사와 피고인이고, 변호인은 피고인을 대리하여 증거동의에 관한 의견을 낼 수 있을 뿐이므로 피고인의 명시한 의사에 반하여 증거로 함에 동의할 수는 없다. 따라서 피고인이 출석한 공판기일에서 증거로 함에 부동의한다는 의견이 진술된 경우에는 그 후 피고인이 출석하지 아니한 공판기일에 변호인만이 출석하여 종전 의견을 번복하여 증거로 함에 동의하였다 하더라도, 이는 특별한 사정이 없는 한 효력이 없다(대판 2013.3.28. 2013도3).

④ [○] 사법경찰관이 피의자를 긴급체포하면서 그 체포현장에서 물건을 압수한 경우, 형사소송법 제217조 제2항, 제3항에 위반하여 압수·수색영장을 청구하여 이를 발부받지 아니하고도 즉시 반환하지 아니한 압수물은 이를 유죄 인정의 증거로 사용할 수 없는 것이고, 피고인이나 변호인이 이를 증거로 함에 동의하였다고 하더라도 달리 볼 것은 아니다(대판 2009.12.24. 2009도11401).

정답 ③

82 다음 중 당사자의 증거동의에 대한 설명으로 옳은 것만을 모두 고른 것은? (다툼이 있으면 판례에 의함)

[21 해경승진] ☆☆

> ㉠ 증거동의는 공판절차의 갱신이 있거나 심급을 달리하는 경우에도 미치므로 제1심에서 한 증거동의는 항소심에서도 그 효력이 있다.
> ㉡ 증거동의의 의사표시는 증거조사가 완료되기 전까지 취소 또는 철회할 수 있으나, 일단 증거조사가 완료된 뒤에는 취소 또는 철회가 인정되지 아니한다.
> ㉢ 개개의 증거에 의하여 개별적인 증거조사방식을 거치지 아니하고 검사가 제시한 모든 증거에 대하여 피고인이 증거로 함에 동의한다는 방식은 증거동의로서의 효력을 가질 수 없다.
> ㉣ 수사기관이 긴급체포시 압수한 물건에 관하여 「형사소송법」 제217조 제2항과 제3항의 규정에 의한 압수·수색영장을 발부받지 않고 즉시 반환하지도 않은 경우에도 피고인이나 변호인이 이를 증거로 함에 동의하였다면 유죄의 증거로 사용할 수 있다.

① ㉠, ㉡　　② ㉠, ㉢
③ ㉡, ㉣　　④ ㉢, ㉣

해설

㉠ [○] 피고인이 제1심법원에서 공소사실에 대하여 자백하여 제1심법원이 이에 대하여 간이공판절차에 의하여 심판할 것을 결정하고, 이에 따라 제1심법원이 제1심판결 명시의 증거들을 증거로 함에 피고인 또는 변호인의 이의가 없어 형사소송법 제318조의3의 규정에 따라 증거능력이 있다고 보고 상당하다고 인정하는 방법으로 증거조사를 한 이상, 가사 항소심에 이르러 범행을 부인하였다고 하더라도, 제1심법원에서 증거로 할 수 있었던 증거는 항소법원에서도 증거로 할 수 있는 것이므로 제1심법원에서 이미 증거능력이 있었던 증거는 항소심에서도 증거능력이 그대로 유지되어 심판의 기초가 될 수 있고 다시 증거조사를 할 필요가 없다(대판 2005.3.11. 2004도3313).

㉡ [○] 증거동의의 의사표시는 증거조사가 완료되기 전까지 취소 또는 철회할 수 있으나, 일단 증거조사가 완료된 뒤에는 취소 또는 철회가 인정되지 아니한다(대판 2015.8.27. 2015도3467).

㉢ [×] 피고인들의 의사표시가 하나 하나의 증거에 대하여 형사소송법상의 증거조사방식을 거쳐 이루어진 것이 아니라, "검사가 제시한 모든 증거에 대하여 증거로 함에 동의한다."는 방식으로 이루어진 것이라 하여 그 효력을 부정할 이유가 되지 못한다(대판 1983.3.8. 82도2873).

㉣ [×] 사법경찰관이 피의자를 긴급체포하면서 그 체포현장에서 물건을 압수한 경우, 형사소송법 제217조 제2항, 제3항에 위반하여 압수·수색영장을 청구하여 이를 발부받지 아니하고도 즉시 반환하지 아니한 압수물은 이를 유죄 인정의 증거로 사용할 수 없는 것이고, 피고인이나 변호인이 이를 증거로 함에 동의하였다고 하더라도 달리 볼 것은 아니다(대판 2009.12.24. 2009도11401).

정답 ①

83 증거동의에 관한 설명으로 옳지 않은 것은? (다툼이 있으면 판례에 의함) [21 소방간부] ☆☆

① 전문법칙에 의해 증거능력이 없는 증거라고 할지라도 피고인이 증거로 할 수 있음을 동의한 서류 또는 물건은 법원이 진정한 것으로 인정한 때에는 증거로 할 수 있다.

② 약식명령에 불복하여 정식재판을 청구한 피고인이 제1심에서 증거동의 간주 후 증거조사가 완료되었다고 하더라도, 항소심에 출석하여 그 증거동의를 철회 또는 취소한다는 의사표시를 하는 경우 그 증거능력이 상실된다.

③ 변호인은 피고인의 명시적 의사에 반하지 않는 한 서류나 물건에 대하여 증거로 함에 동의할 수 있다.

④ 개개의 증거에 대하여 개별적인 증거조사 방식을 거치지 아니하고 검사가 제시한 모든 증거에 대하여 피고인이 증거로 함에 동의한다는 방식으로 이루어진 증거동의도 효력이 인정된다.

⑤ 피고인의 출정 없이 증거조사를 할 수 있는 경우에 피고인은 출정하지 않고 변호인이 출정한 경우에는 증거동의가 있는 것으로 간주되지 않는다.

해설

① [○] 검사와 피고인이 증거로 할 수 있음을 동의한 서류 또는 물건은 진정한 것으로 인정한 때에는 증거로 할 수 있다(제318조 제1항).

② [×] 약식명령에 불복하여 정식재판을 청구한 피고인이 정식재판 절차의 1심에서 2회 불출정하여 법 제318조 제2항에 따른 증거동의가 간주된 후 증거조사를 완료한 이상, 간주의 대상인 증거동의는 증거조사가 완료되기 전까지 철회 또는 취소할 수 있으나 일단 증거조사를 완료한 뒤에는 취소 또는 철회가 인정되지 아니하는 점, 증거동의 간주가 피고인의 진의와는 관계없이 이루어지는 점 등에 비추어, 비록 피고인이 항소심에 출석하여 공소사실을 부인하면서 간주된 증거동의를 철회 또는 취소한다는 의사표시를 하더라도 그로 인하여 적법하게 부여된 증거능력이 상실되는 것이 아니다(대판 2010.7.15. 2007도5776).

③ [○] 증거로 함에 대한 동의의 주체는 소송주체인 당사자라 할 것이지만 변호인은 피고인의 명시한 의사에 반하지 아니하는 한 피고인을 대리하여 증거로 함에 동의할 수 있으므로 피고인이 증거로 함에 동의하지 아니한다고 명시적인 의사표시를 한 경우 이외에는 변호인은 서류나 물건에 대하여 증거로 함에 동의할 수 있다(대판 2005.4.28. 2004도4428).

④ [○] 피고인들의 의사표시가 하나의 증거에 대하여 형사소송법상의 증거조사방식을 거쳐 이루어진 것이 아니라, "검사가 제시한 모든 증거에 대하여 증거로 함에 동의한다."는 방식으로 이루어진 것이라 하여 그 효력을 부정할 이유가 되지 못한다(대판 1983.3.8. 82도2873).

⑤ [○] 피고인의 출정 없이 증거조사를 할 수 있는 경우에 피고인이 출정하지 아니한 때에는 전항의 동의가 있는 것으로 간주한다. 단, 대리인 또는 변호인이 출정한 때에는 예외로 한다(제318조 제2항).

정답 ②

84 다음 중 증거동의에 관한 설명으로 옳은 것은 모두 몇 개인가? (다툼이 있으면 판례에 의함) [20 해경간부] ☆☆

> ㉠ 증거동의의 주체는 검사와 피고인이므로, 변호인의 경우 피고인의 명시적인 위임이 없는 한 피고인을 대리하여 증거로 함에 동의할 수 없다.
>
> ㉡ 검사가 유죄의 자료로 제출한 증거들이 그 진정 성립이 인정되지 아니하고 이를 증거로 함에 상대방의 동의가 없더라도, 이는 유죄사실을 인정하는 증거로 사용하는 것이 아닌 이상 공소사실과 양립할 수 없는 사실을 인정하는 자료로 쓸 수 있다고 보아야 한다.
>
> ㉢ 제1심에서 증거동의를 하였더라도 제2심에서 증거조사가 완료되기 전에 이를 취소하면 증거능력이 상실된다.
>
> ㉣ 간이공판절차의 결정이 있는 사건의 증거에 관하여는 전문증거에 대하여 검사와 피고인의 증거동의가 있는 것으로 간주되고, 검사, 피고인 또는 변호인이 증거로 함에 이의가 있을 때에도 그러하다.

① 4개　　② 3개

③ 2개　　④ 1개

해설

㉠ [×] 증거로 함에 대한 동의의 주체는 소송주체인 당사자라 할 것이지만 변호인은 피고인의 명시한 의사에 반하지 아니하는 한 피고인을 대리하여 증거로 함에 동의할 수 있으므로 피고인이 증거로 함에 동의하지 아니한다고 명시적인 의사표시를 한 경우 이외에는, 변호인은 서류나 물건에 대하여 증거로 함에 동의할 수 있다(대판 2005.4.28. 2004도4428).

㉡ [○] 검사가 유죄의 자료로 제출한 증거들이 그 진정성립이 인정되지 아니하고 이를 증거로 함에 상대방의 동의가 없더라도, 이는 유죄사실을 인정하는 증거로 사용하는 것이 아닌 이상 공소사실과 양립할 수 없는 사실을 인정하는 자료로 쓸 수 있다(대판 1994.11.11. 94도1159).

㉢ [×] 형사소송법 제318조에 규정된 증거동의의 의사표시는 증거조사가 완료되기 전까지 취소 또는 철회할 수 있으나, 일단 증거조사가 완료된 뒤에는 취소 또는 철회가 인정되지 아니하므로, 제1심에서 한 증거동의를 제2심에서 취소할 수 없다(대판 2005.4.28. 2004도4428).

㉣ [×] 제286조의2 결정(간이공판절차개시결정)이 있는 사건의 증거에 관하여 제310조의2, 제312조 내지 제314조 및 제316조의 규정에 의한 증거에 대하여 제318조 제1항의 동의가 있는 것으로 간주한다. 단, 검사, 피고인 또는 변호인이 증거로 함에 이의가 있는 때에는 그러하지 아니하다(제318조의3).

정답 ④

85 증거동의에 관한 설명 중 옳지 않은 것은 모두 몇 개인가? (다툼이 있으면 판례에 의함) [19 경찰간부] ☆☆☆

㉠ 피고인이 변호인과 함께 출석한 공판기일의 공판조서에 검사가 제출한 증거에 대하여 동의한다는 기재가 되어 있더라도 이를 피고인이 증거동의한 것으로 보아서는 안 된다.
㉡ 피고인과의 대화내용을 피해자가 녹음한 보이스펜 자체에 대해서는 피고인이 증거동의하였으나, 그 녹음내용을 재녹음한 녹음테이프의 녹취록의 기재가 위 각 녹음된 내용과 모두 일치하는 것으로 확인하였을 뿐 녹음테이프를 증거로 함에 동의하지 않았더라도, 그 진술이 특히 신빙할 수 있는 상태하에서 행하여진 것으로 인정된다면 녹취록은 증거능력이 있다.
㉢ 증거동의는 구두변론 종결시까지 철회할 수 있다.
㉣ 변호인이 검사가 공판기일에 제출한 증거 중 뇌물공여자가 작성한 고발장에 대하여는 증거 부동의 의견을 밝히고, 같은 고발장을 첨부문서로 포함하고 있는 검찰주사보 작성의 수사보고에 대하여는 증거에 동의하여 증거조사가 행하여진 경우, 수사보고에 대한 증거동의의 효력은 첨부된 고발장에도 당연히 미친다.
㉤ 증거동의는 명시적으로 하여야 하므로 피고인이 신청한 증인의 전문진술에 대하여 피고인이 별 의견이 없다고 진술한 것만으로는 그 증언을 증거로 함에 동의한 것으로 볼 수 없다.
㉥ '재전문진술'이나 '전문진술이 기재된 조서' 그리고 '재전문진술을 기재한 조서'는 피고인이 증거로 하는 데 동의하더라도 증거능력이 없다.

① 2개 ② 3개
③ 4개 ④ 5개

해설

㉠ [×] 증거동의는 소송주체인 검사와 피고인이 하는 것이고, 변호인은 피고인을 대리하여 증거동의에 관한 의견을 낼 수 있을 뿐이므로, 피고인이 변호인과 함께 출석한 공판기일의 공판조서에 검사가 제출한 증거에 대하여 동의한다는 기재가 되어 있다면 이는 피고인이 증거동의를 한 것으로 보아야 하고, 그 기재는 절대적인 증명력을 가진다(대판 2016.3.10. 2015도19139).

㉡ [○] 피고인과의 대화 내용을 녹음한 보이스펜 자체에 대하여는 증거동의가 있었지만 그 녹음내용을 재녹음한 녹음테이프, 녹음테이프의 음질을 개선한 후 재녹음한 시디 및 녹음테이프의 녹음내용을 풀어 쓴 녹취록 등에 대하여는 증거로 함에 부동의한 사안에서, 극히 일부의 청취가 불가능한 부분을 제외하고는 보이스펜, 녹음테이프 등에 녹음된 대화내용과 녹취록의 기재가 일치하는 것으로 확인되고 그 진술이 특히 신빙할 수 있는 상태 하에서 행하여진 것으로 인정되므로, 이를 증거로 사용할 수 있다(대판 2008.3.13. 2007도10804).

ⓒ [×] 형사소송법 제318조에 규정된 증거동의의 의사표시는 증거조사가 완료되기 전까지 취소 또는 철회할 수 있으나, 일단 증거조사가 완료된 뒤에는 취소 또는 철회가 인정되지 아니하므로 취소 또는 철회 이전에 이미 취득한 증거능력은 상실되지 않는다(대판 2015.8.27. 2015도3467).

ⓔ [×] 뇌물공여자가 작성한 고발장에 대하여 피고인의 변호인이 증거 부동의 의견을 밝히고, 고발장을 첨부문서로 포함하고 있는 검찰주사보 작성의 수사보고에 대하여는 증거에 동의하여 증거조사가 행하여졌는데, 수사보고에 대한 증거동의가 있다는 이유로 아무런 지적 없이 그에 첨부된 고발장까지 증거로 채택해 두었다가 판결을 선고하는 단계에 이르러 이를 유죄 인정의 증거로 삼은 것은 실질적 적법절차의 원칙에 비추어 수긍할 수 없다. 결국 수사보고에 첨부된 고발장은 적법한 증거신청 · 증거결정 · 증거조사의 절차를 거쳤다고 볼 수 없거나 공소사실을 뒷받침하는 증명력을 가진 증거가 아니므로 이를 유죄의 증거로 삼을 수 없다(대판 2011.7.14. 2011도3809).

ⓜ [×] 피고인이 신청한 증인의 증언이 피고인 아닌 타인의 진술을 그 내용으로 하는 전문진술이라고 하더라도, 피고인이 증언에 대하여 "별 의견이 없다."고 진술하였다면 그 증언을 증거로 함에 동의한 것으로 볼 수 있으므로 이는 증거능력 있다(대판 1983.9.27. 83도516).

ⓑ [×] 형사소송법은 전문진술에 대하여 제316조에서 실질상 단순한 전문의 형태를 취하는 경우에 한하여 예외적으로 그 증거능력을 인정하는 규정을 두고 있을 뿐 재전문진술이나 재전문진술을 기재한 조서에 대하여는 증거능력을 인정하는 규정을 두고 있지 아니하고 있으므로, 피고인이 '증거로 하는 데 동의하지 아니하는 한' 형사소송법 제310조의2의 규정에 의하여 이를 증거로 할 수 없다(대판 2012.5.24. 2010도5948).

정답 ④

86 증거동의에 관한 설명 중 가장 적절한 것은? (다툼이 있으면 판례에 의함) [20 경찰승진]

① 수사기관이 긴급체포 시 압수한 물건에 관하여 형사소송법 제217조 제2항, 제3항의 규정에 의한 압수 · 수색영장을 발부받지 않고 즉시 반환도 하지 않은 경우라도 피고인이나 변호인이 이를 증거로 함에 동의하였다면 위법성이 치유되므로 유죄의 증거로 사용할 수 있다.
② 공판기일에서 피고인에게 유리한 증언을 한 증인을 검사가 소환한 후 그 증언 내용을 추궁하여 이를 일방적으로 번복시키는 방식으로 작성한 조서는 공판중심주의를 형해화하는 것이므로 증거 동의의 대상이 될 수 없다.
③ 피고인이나 그 변호인이 검사 작성의 당해 피고인에 대한 피의자신문조서의 성립의 진정함을 인정하는 진술을 하였다 하더라도, 그 피의자신문조서에 대하여 증거조사가 완료되기 전에는 최초의 진술을 번복함으로써 그 피의자신문조서를 유죄인정의 자료로 사용할 수 없도록 할 수 있다.
④ 약식명령에 불복하여 정식재판을 청구한 피고인이 정식재판절차에서 2회 불출석하여 법원이 피고인의 출정 없이 증거조사를 하는 경우라도 피고인의 명시적인 동의 의사가 없는 이상 증거동의가 간주될 수 없다.

해설

① [×] 사법경찰관이 피의자를 긴급체포하면서 그 체포현장에서 물건을 압수한 경우 형사소송법 제217조 제2항, 제3항에 위반하여 압수 · 수색영장을 청구하여 이를 발부받지 아니하고도 즉시 반환하지 아니한 압수물은 유죄 인정의 증거로 사용할 수 없는 것이고, 피고인이나 변호인이 이를 증거로 함에 동의하였다고 하더라도 달리 볼 것은 아니다(대판 2009.12.24. 2009도11401).

② [×] 공판준비 또는 공판기일에서 이미 증언을 마친 증인을 검사가 소환한 후 피고인에게 유리한 증언 내용을 추궁하여 이를 일방적으로 번복시키는 방식으로 작성한 진술조서를 유죄의 증거로 삼는 것은 당사자주의 · 공판중심주의 · 직접주의를 지향하는 현행 형사소송법의 소송구조에 어긋나는 것일 뿐만 아니라, 헌법 제27조가 보장하는 기본권, 재판을 받을 권리를 침해하는 것이므로, 이러한 진술조서는 '피고인이 증거로 할 수 있음에 동의하지 아니하는 한' 증거능력이 없고, 그 후 원진술자인 종전 증인이 다시 법정에 출석하여 증언을 하면서 진술조서의 성립의 진정함을 인정하고 피고인 측에 반대신문의 기회가 부여되었다고 하더라도, 증언 자체를 유죄의 증거로 할 수 있음은 별론으로 하고 위와 같은 진술조서의 증거능력이 없다(대판 2013.8.14. 2012도13665).

③ [○] 피고인이나 변호인이 검사 작성의 당해 피고인에 대한 피의자신문조서의 성립의 진정함을 인정하는 진술을 하였다 하더라도, 피의자신문조서에 대하여 구 형사소송법(2007.6.1. 법률 제8496호로 개정되기 전의 것) 제292조에서 정한 증거조사가 완료되기 전에는 진술을 번복함으로써 그 피의자신문조서를 유죄 인정의 자료로 사용할 수 없도록 할 수 있으나, 피의자신문조서에 대하여 증거조사가 완료된 뒤에는 번복의 의사표시에 의하여 이미 인정된 조서의 증거능력이 당연히 상실되는 것은 아니다. 다만, 성립의 진정함을 인정한 최초의 진술에 그 효력을 그대로 유지하기 어려운 중대한 하자가 있고 그에 관하여 진술인에게 귀책사유가 없는 경우에 한하여 예외적으로 증거조사 절차가 완료된 뒤에도 그 진술을 취소할 수 있고, 취소 주장이 이유 있는 것으로 받아들여지게 되면 법원은 증거배제결정을 통하여 조서를 유죄 인정의 자료에서 제외하여야 한다(대판 2008.7.10. 2007도7760).

④ [×] 약식명령에 불복하여 정식재판을 청구한 피고인이 정식재판절차에서 2회 불출정하여 법원이 피고인의 출정 없이 증거조사를 하는 경우에 형사소송법 제318조 제2항에 따른 피고인의 증거동의가 간주된다(대판 2010.7.15. 2007도5776).

정답 ③

87 증거동의에 대한 설명 중 가장 적절하지 않은 것은? (다툼이 있으면 판례에 의함)

[20 경찰1차]

① 개개의 증거에 대하여 개별적인 증거조사 방식을 거치지 아니하고 검사가 제시한 모든 증거에 대하여 피고인이 증거로 함에 동의한다는 방식은 증거동의로서의 효력을 가질 수 없다.

② 피고인과 변호인이 재판장의 허가 없이 퇴정한 상태에서 증거조사를 할 수밖에 없는 경우에는 피고인의 진의와는 관계없이 피고인의 증거동의가 있는 것으로 간주된다.

③ 사법경찰관 A는 살인죄 혐의로 B를 긴급체포하면서 흉기를 긴급히 압수할 필요가 있다고 판단하여 압수·수색영장없이 압수하였음에도 영장을 발부받지 못하였다면, 이후 공판절차에서 B가 그 흉기를 증거로 사용함에 동의하였더라도 그 압수물의 증거능력은 인정할 수 없다.

④ 증거동의의 주체는 검사와 피고인이지만 피고인이 증거로 함에 동의하지 아니한다고 명시적인 의사표시를 한 경우 외에는 변호인은 서류나 물건에 대하여 증거로 함에 동의할 수 있고 이에 대해 피고인이 즉시 이의하지 아니하는 경우에는 증거능력이 인정된다.

해설

① [×] 피고인들의 의사표시가 하나 하나의 증거에 대하여 형사소송법상의 증거조사방식을 거쳐 이루어진 것이 아니라, "검사가 제시한 모든 증거에 대하여 증거로 함에 동의한다."는 방식으로 이루어진 것이라 하여 그 효력을 부정할 이유가 되지 못한다(대판 1983.3.8. 82도2873).

② [○] 피고인이 재판장의 허가 없이 퇴정하고 변호인마저 이에 동조하여 퇴정해 버린 것은 모두 피고인 측의 방어권의 남용 내지 변호권의 포기로 볼 수밖에 없는 것이므로, 수소법원으로서는 형사소송법 제330조에 의하여 피고인이나 변호인의 재정 없이도 심리판결할 수 있다. 위와 같이 피고인과 변호인들이 출석하지 않은 상태에서 증거조사를 할 수밖에 없는 경우에는 형소법 제318조 제2항의 규정상 피고인의 진의와는 관계없이 형소법 제318조 제1항의 동의가 있는 것으로 간주하게 되어 있다(대판 1991.6.28. 91도865).

③ [○] 사법경찰관이 피의자를 긴급체포하면서 그 체포현장에서 물건을 압수한 경우, 형소법 제217조 제2항, 제3항에 위반하여 압수·수색영장을 청구하여 이를 발부받지 아니하고도 즉시 반환하지 아니한 압수물은 이를 유죄 인정의 증거로 사용할 수 없는 것이고, 피고인이나 변호인이 이를 증거로 함에 동의하였다고 하더라도 달리 볼 것은 아니다(대판 2009.12.24. 2009도11401).

④ [○] 증거로 함에 대한 동의의 주체는 소송주체인 당사자라 할 것이지만 변호인은 피고인의 명시한 의사에 반하지 아니하는 한 피고인을 대리하여 증거로 함에 동의할 수 있으므로 피고인이 증거로 함에 동의하지 아니한다고 명시적인 의사표시를 한 경우 이외에는 변호인은 서류나 물건에 대하여 증거로 함에 동의할 수 있다(대판 2005.4.28. 2004도4428).

정답 ①

88 증거동의에 관한 설명으로 옳은 것만을 <보기>에서 고른 것은? (다툼이 있으면 판례에 의함) [20 소방간부]

> ㉠ 검사와 피고인이 증거로 할 수 있음에 동의한 서류라고 하더라도 법원이 진정한 것으로 인정한 때에 증거로 할 수 있다.
> ㉡ 개개의 증거에 대하여 개별적인 증거조사방식을 거치지 아니하고 검사가 제시한 모든 증거에 대하여 피고인이 증거로 함에 동의한다는 방식으로 이루어진 증거동의는 효력이 없다.
> ㉢ 피고인이 공시송달의 방법에 의한 공판기일의 소환을 2회 이상 받고도 출석하지 아니하여 법원이 피고인의 출정 없이 증거조사를 하는 경우, 「형사소송법」 제318조 제2항에 따른 피고인의 증거동의가 있는 것으로 간주된다.
> ㉣ 구속수감되어 있던 사람에게 그의 압수된 휴대전화를 제공하여 피고인과 통화하고 범행에 관한 통화 내용을 녹음한 것은 그 자체는 불법감청으로 증거능력이 없으나, 이를 근거로 작성된 녹취록 첨부 수사보고는 피고인이 증거로 사용함에 동의한다면 예외적으로 증거능력이 있다.
> ㉤ 피고인이 출석한 공판기일에서 증거로 함에 부동의한다는 의견이 진술된 경우, 그 후 피고인이 출석하지 아니한 공판기일에 변호인만이 출석하여 종전 의견을 번복하여 증거로 함에 동의하였다 하더라도 이는 특별한 사정이 없는 한 효력이 없다.

① ㉠, ㉡, ㉢ ② ㉠, ㉢, ㉣
③ ㉠, ㉢, ㉤ ④ ㉡, ㉢, ㉤
⑤ ㉢, ㉣, ㉤

해설

㉠ [○] 검사와 피고인이 증거로 할 수 있음을 동의한 서류 또는 물건은 진정한 것으로 인정한 때에는 증거로 할 수 있다(제318조 제1항).

㉡ [×] 피고인들의 의사표시가 하나의 증거에 대하여 형소법상의 증거조사방식을 거쳐 이루어진 것이 아니라 "검사가 제시한 모든 증거에 대하여 증거로 함에 동의한다."는 방식으로 이루어진 것이라 하여 그 효력을 부정할 이유가 되지 못한다(대판 1983.3.8. 82도2873).

㉢ [○] 소촉법 제23조에 의하여 피고인이 공시송달의 방법에 의한 공판기일의 소환을 2회 이상 받고도 출석하지 아니하여 법원이 피고인의 출정 없이 증거조사를 하는 경우에는 형사소송법 제318조 제2항에 따른 피고인의 증거동의가 있는 것으로 간주된다(대판 2011.3.10. 2010도15977).

㉣ [×] 필로폰 매도혐의로 기소된 피고인 甲에 대한 추가적인 증거확보를 목적으로, 검찰이 구속수감되어 있던 乙에게 그의 압수된 휴대전화를 제공하여 甲과 통화하게 하고 "내가 준 필로폰의 품질에는 아무런 문제가 없다."는 내용의 녹음이 들어 있는 휴대전화를 임의제출 형식으로 제출받은 후 휴대전화에 내장된 녹음파일에 대한 녹취록 등을 법원에 제출한 경우, 피고인과 변호인의 증거동의에 상관없이 증거능력이 없다(대판 2010.10.14. 2010도9016).

㉤ [○] 형사소송법 제318조에 규정된 증거동의의 주체는 소송주체인 검사와 피고인이고, 변호인은 피고인을 대리하여 증거동의에 관한 의견을 낼 수 있을 뿐이므로 피고인의 명시한 의사에 반하여 증거로 함에 동의할 수는 없다. 따라서 피고인이 출석한 공판기일에서 증거로 함에 부동의한다는 의견이 진술된 경우에는 그 후 피고인이 출석하지 아니한 공판기일에 변호인만이 출석하여 종전 의견을 번복하여 증거로 함에 동의하였다 하더라도, 이는 특별한 사정이 없는 한 효력이 없다(대판 2013.3.28. 2013노3).

정답 ③

89 증거동의에 대한 설명으로 옳지 않은 것은 모두 몇 개인가? (다툼이 있으면 판례에 의함) [19 해경1차] ☆☆☆

> ㉠ 수사기관이 원진술자의 진술을 기재한 조서는 피고인이 내용을 부인하고 원진술자의 법정출석 및 반대신문이 이루어지지 못하였다면 이를 주된 증거로 하여 공소사실을 인정할 수 없는 것이 원칙이지만 피고인이 증거 동의한 경우 그렇지 아니하다.
> ㉡ 유죄의 자료가 되는 것으로 제출된 증거의 반대증거 서류에 대하여는 그것이 유죄사실을 인정하는 증거가 되는 것이 아닌 이상 반드시 그 진정성립이 증명되지 아니하거나 이를 증거로 함에 있어서 상대방의 동의가 없다고 하더라도 증거판단의 자료로 할 수 있다.
> ㉢ 증거동의는 명시적으로 하여야 하므로 피고인이 신청한 증인의 전문진술에 대하여 피고인이 별 의견이 없다고 진술한 것만으로는 그 증언을 증거로 함에 동의한 것으로 볼 수 없다.
> ㉣ 변호인이 검사가 공판기일에 제출한 증거 중 뇌물공여자가 작성한 고발장에 대하여는 증거 부동의 의견을 밝히고, 같은 고발장을 첨부문서로 포함하고 있는 검찰주사보 작성의 수사보고에 대하여는 증거에 동의하여 증거조사가 행하여진 경우, 수사보고에 대한 증거동의의 효력은 첨부된 고발장에도 당연히 미친다.
> ㉤ 형사소송법 제318조 제1항에 의하여 피고인이 증거로 할 수 있음을 동의한 서류 또는 물건은 진정한 것으로 인정한 때에는 증거로 할 수 있는 것이고, 여기에서 말하는 동의의 대상이 될 서류는 원본에 한하는 것이 아니라 그 사본도 포함된다.

① 2개 ② 3개
③ 4개 ④ 5개

해설

㉠ [×] 피고인이 공소사실 및 이를 뒷받침하는 수사기관이 원진술자의 진술을 기재한 조서 내용을 부인하였음에도 불구하고, 원진술자의 법정 출석과 피고인에 의한 반대신문이 이루어지지 못하였다면 그 조서는 진정한 증거가치를 가진 것으로 인정받을 수 없는 것이어서 이를 주된 증거로 하여 공소사실을 인정하는 것은 원칙적으로 허용될 수 없다. 이는 원진술자의 사망이나 질병 등으로 인하여 원진술자의 법정 출석 및 반대신문이 이루어지지 못한 경우는 물론 수사기관의 조서를 증거로 함에 피고인이 동의한 경우에도 마찬가지이다(대판 2006.12.8. 2005도9730).

㉡ [○] 유죄의 자료가 되는 것으로 제출된 증거의 반대증거 서류에 대하여는 그것이 유죄사실을 인정하는 증거가 되는 것이 아닌 이상, 반드시 그 진정성립이 증명되지 아니하거나 이를 증거로 함에 있어서의 상대방의 동의가 없다고 하더라도 증거판단의 자료로 할 수 있다(대판 1981.12.22. 80도1547).

㉢ [×] 피고인이 신청한 증인의 증언이 피고인 아닌 타인의 진술을 그 내용으로 하는 전문진술이라고 하더라도, 피고인이 그 증언에 대하여 "별 의견이 없다."고 진술하였다면 그 증언을 증거로 함에 동의한 것으로 볼 수 있으므로 이는 증거능력 있다(대판 1983.9.27. 83도516).

㉣ [×] 뇌물공여자가 작성한 고발장에 대하여 피고인의 변호인이 증거 부동의 의견을 밝히고, 고발장을 첨부문서로 포함하고 있는 검찰주사보 작성의 수사보고에 대하여 증거에 동의하여 증거조사가 행하여졌는데, 수사보고에 대한 증거동의가 있다는 이유로 아무 지적 없이첨부된 고발장까지 증거로 채택해 두었다가 판결을 선고하는 단계에 이르러 유죄 인정의 증거로 삼은 것은 적법절차의 원칙에 비추어 수긍할 수 없다. 수사보고에 첨부된 고발장은 적법한 증거신청 · 증거결정 · 증거조사의 절차를 거쳤다고 볼 수 없거나 증명력을 가진 증거가 아니므로 유죄의 증거로 삼을 수 없다(대판 2011.7.14. 2011도3809).

㉤ [○] 문서의 사본이라도 피고인이 증거로 함에 동의하였고 진정으로 작성되었음이 인정되는 경우에는 증거능력이 있다(대판 1996.1.26. 95도2526).

정답 ②

90 증거동의에 관한 설명 중 옳지 않은 것은? (다툼이 있는 경우 판례에 의함) [23 변호사] ★★

① 피고인이 출석한 공판기일에서 증거로 함에 부동의한 경우에는 그 후 피고인이 출석하지 아니한 공판기일에 변호인만 출석하여 종전 의견을 번복하여 증거로 함에 동의하였더라도 효력이 없다.

② 개개의 증거에 대하여 개별적으로 증거동의를 받지 아니하고 검사가 제시한 모든 증거에 대하여 피고인이 증거로 함에 동의한다는 방식으로 증거동의가 이루어진 것일지라도 증거동의로서의 효력을 부정할 이유가 되지 못한다.

③ 「형사소송법」 제184조에 의한 증거보전절차에서 증인신문을 하는 경우 피의자에게 증인신문에 참여할 수 있는 기회를 주지 아니하고 작성된 증인신문조서는 피의자였던 피고인이 법정에서 그 증인신문조서를 증거로 할 수 있음에 동의하여 별다른 이의 없이 적법하게 증거조사를 거친 경우라 하더라도 증거능력이 부여되지 않는다.

④ 증거동의의 의사표시는 증거조사가 완료되기 전까지 철회할 수 있으나, 일단 증거조사가 완료된 뒤에는 철회가 인정되지 아니하므로 제1심에서 한 증거동의를 제2심에서 철회할 수 없다.

⑤ 피고인의 출정없이 증거조사를 할 수 있는 경우에 피고인이 출정하지 아니한 때에는 「형사소송법」 제318조 제1항의 증거동의가 있는 것으로 간주되지만, 대리인 또는 변호인이 출정한 때에는 그러하지 아니하다.

해설

① [○] 형사소송법 제318조에 규정된 증거동의의 주체는 소송주체인 검사와 피고인이고, 변호인은 피고인을 대리하여 증거동의에 관한 의견을 낼 수 있을 뿐이므로 피고인의 명시한 의사에 반하여 증거로 함에 동의할 수는 없다. 따라서 피고인이 출석한 공판기일에서 증거로 함에 부동의한다는 의견이 진술된 경우에는 그 후 피고인이 출석하지 아니한 공판기일에 변호인만이 출석하여 종전 의견을 번복하여 증거로 함에 동의하였다 하더라도 특별한 사정이 없는 한 효력이 없다(대판 2013.3.28. 2013도3).

② [○] 피고인들의 의사표시가 하나 하나의 증거에 대하여 형사소송법상의 증거조사방식을 거쳐 이루어진 것이 아니라 "검사가 제시한 모든 증거에 대하여 증거로 함에 동의한다"는 방식으로 이루어진 것이라 하여 그 효력을 부정할 이유가 되지 못한다(대판 1983.3.8. 82도2873).

③ [×] 판사가 증거보전절차로 증인신문을 하는 경우에는 검사, 피의자 또는 변호인에게 증인신문의 시일과 장소를 미리 통지하여 증인신문에 참여할 수 있는 기회를 주어야 하나, 참여의 기회를 주지 아니한 경우라도 피고인과 변호인이 증인신문조서를 증거로 할 수 있음에 동의하여 별다른 이의없이 적법하게 증거조사를 거친 경우에는 증인신문조서는 증인신문절차가 위법하였는지의 여부에 관계없이 증거능력이 부여된다(대판 1988.11.8. 86도1646).

④ [○] 형사소송법 제318조에 규정된 증거동의의 의사표시는 증거조사가 완료되기 전까지 취소 또는 철회할 수 있으나, 일단 증거조사가 완료된 뒤에는 취소 또는 철회가 인정되지 아니하므로 취소 또는 철회 이전에 이미 취득한 증거능력은 상실되지 않는다(대판 2015.8.27. 2015도3467).

⑤ [○] 피고인의 출정없이 증거조사를 할 수 있는 경우에는 피고인이 출정하지 아니한 때에는 증거동의가 있는 것으로 간주한다. 다만, 대리인 또는 변호인이 출정한 때에는 예외로 한다(제318조 제2항).

정답 ③

91 사진 및 영상녹화물의 증거능력에 대한 설명으로 가장 적절하지 않은 것은? (다툼이 있으면 판례에 의함)

[19 경찰1차] ☆☆

① 「성폭력범죄의 처벌 등에 관한 특례법」 제30조에 의하면 성폭력범죄의 피해자가 19세 미만인 경우 피해자의 진술내용과 조사과정을 영상녹화하여야 하는데, 해당 영상물에 수록된 피해자의 진술은 공판준비기일 또는 공판기일에 피해자의 진술에 의하여 성립의 진정이 증명되면 증거능력이 인정된다.

② 사법경찰관이 작성한 검증조서에 피의자이던 피고인이 검사 이외의 수사기관 앞에서 자백한 범행내용을 현장에 따라 진술·재연한 내용이 기재되고 그 재연 과정을 촬영한 사진이 첨부되어 있다면, 그러한 사진은 피고인이 공판정에서 그 진술내용 및 범행재연의 상황을 모두 부인하는 이상 증거능력이 없다.

③ 「정보통신망 이용촉진 및 정보보호 등에 관한 법률」에 의하면 정보통신망을 통하여 공포심을 유발하는 글을 반복적으로 상대방에게 도달케 하는 행위를 처벌하고 있는데, 검사가 증거로 휴대전화기에 저장된 문자정보를 촬영한 사진을 법원에 제출한 경우, 해당증거에 대해서는 피고인이 성립 및 내용의 진정을 부인하면 증거능력이 부정된다.

④ 검사가 피의자와 그 사건에 관하여 대화하는 내용과 장면을 녹화한 비디오테이프에 대한 법원의 검증조서는 이러한 비디오테이프의 녹화내용이 피의자의 진술을 기재한 피의자신문조서와 실질적으로 같다고 볼 것이므로 피의자신문조서에 준하여 그 증거능력을 가려야 한다.

해설

① [×] 검사 또는 사법경찰관은 19세미만피해자등의 진술 내용과 조사 과정을 영상녹화장치로 녹화(녹음이 포함된 것을 말하며, 이하 "영상녹화"라 한다)하고, 그 영상녹화물을 보존하여야 한다(제30조 제1항). 19세미만피해자등의 진술이 영상녹화된 영상녹화물은 적법한 절차와 방식에 따라 영상녹화된 것으로서 증거보전기일, 공판준비기일 또는 공판기일에 그 내용에 대하여 피의자, 피고인 또는 변호인이 피해자를 신문할 수 있었던 경우(다만, 증거보전기일에서의 신문의 경우 법원이 피의자나 피고인의 방어권이 보장된 상태에서 피해자에 대한 반대신문이 충분히 이루어졌다고 인정하는 경우로 한정한다) 또는 19세미만피해자등이 사망·외국 거주·신체적, 정신적 질병이나 장애·소재불명 그 밖에 이에 준하는 경우의 사유로 공판준비기일 또는 공판기일에 출석하여 진술할 수 없는 경우(다만, 영상녹화된 진술 및 영상녹화가 특별히 신빙(信憑)할 수 있는 상태에서 이루어졌음이 증명된 경우로 한정한다)에 증거로 할 수 있다(제30조의2 제1항).[5)]

▶ 개정된 성폭법에 따르면 틀린 지문에 해당한다. 피해자의 진정성립 인정이 요건이 아니라 피해자나 변호인에게 반대신문권의 기회가 주어져야 한다.

② [○] 사법경찰관이 작성한 검증조서에 피고인이 검사 이외의 수사기관 앞에서 '자백한 범행내용을 현장에 따라 진술·재연한 내용이 기재되고 그 재연 과정을 촬영한 사진'이 첨부되어 있다면, 그러한 기재나 사진은 피고인이 공판정에서 실황조사서에 기재된 진술내용 및 범행재연의 상황을 모두 부인하는 이상 증거능력이 없다(대판 2006.1.13. 2003도6548).

③ [×] 형사소송법 제310조의2는 사실을 직접 경험한 사람의 진술이 법정에 직접 제출되어야 하고 이에 갈음하는 대체물인 진술 또는 서류가 제출되어서는 안 된다는 이른바 전문법칙을 선언한 것이다. 그런데 정보통신망을 통하여 공포심이나 불안감을 유발하는 글을 반복적으로 상대방에게 도달하게 하는 행위를 하였다는 공소사실에 대하여 휴대전화기에 저장된 문자정보가 그 증거가 되는 경우, 그 문자정보는 범행의 직접적인 수단이고 경험자의 진술에 갈음하는 대체물에 해당하지 않으므로, 형사소송법 제310조의2에서 정한 전문법칙이 적용되지 않는다(대판 2008.11.13. 2006도2556).

④ [○] 공범으로서 별도로 공소제기된 다른 사건의 피고인에 대한 수사과정에서 담당 검사가 피의자와 그 사건에 관하여 대화하는 내용과 장면을 녹화한 비디오테이프에 대한 법원의 검증조서는 이러한 비디오테이프의 녹화내용이 피의자의 진술을 기재한 피의자신문조서와 실질적으로 같으므로 피의자신문조서에 준하여 그 증거능력을 가려야 한다(대판 1992.6.23. 92도682).

정답 ①, ③

5) 헌법재판소는 2021.12.23. 성폭력처벌법 제30조 제6항 중 19세 미만 성폭력범죄 피해자의 진술을 촬영한 영상물의 증거능력을 규정한 부분에 대해 과잉금지 원칙 위반 등을 이유로 위헌결정을 하였다.

92 다음 사례에 대한 <보기>의 설명으로 옳은 것만을 모두 고르면? (다툼이 있으면 판례에 의함)

[19 국가7급] ☆☆

<보기>

2018.5.7. 21:00경 乙은 자신의 집에서 甲에게 금품을 강취당하면서 甲이 "돈을 안 주면 죽이겠다."라고 말하는 것을 자신의 휴대폰으로 녹음하였다. 한편, 사정을 모르는 乙의 친구 A가 전화를 걸자, 乙은 甲의 지시에 따라 평상시와 같이 A의 전화를 받고 통화를 마쳤으나 전화가 미처 끊기기 전에 A는 '악' 하는 乙의 비명소리와 '우당탕' 하는 소리를 듣게 되었다. 검사는 甲을 강도죄로 기소하고, 乙의 휴대폰에 저장된 甲의 협박이 담긴 녹음파일의 사본을 증거로 제출하였다. 또한 A는 수사기관의 참고인조사에서 乙과의 통화 도중 들은 것에 대하여 진술하였다. 한편, 甲은 녹음 파일의 사본과 A의 진술을 증거로 하는 것에 동의하지 않았다.

㉠ 乙의 녹음파일 사본에 대한 증거능력이 인정되기 위해서는, 해당 사본이 복사과정에서 편집되는 등 인위적 개작 없이 원본내용 그대로 복사된 것임이 증명되어야 한다.

㉡ 녹음파일에 있는 甲의진술을 증거로 함에 있어서 공판준비 또는 공판기일에서 乙의 진술에 의하여 녹음파일에 있는 진술내용이 甲이 진술한대로 녹음된 것임이 증명되고, 진술이 특히 신빙할 수 있는 상태하에서 행하여진 것임이 인정되어야 한다.

㉢ 乙의 '악' 하는 비명소리는 통신비밀보호법에서 보호하는 타인 간의 '대화'에 해당하여 증거로 할 수 없지만, '우당탕' 하는 소리는 음향으로서 통신비밀보호법에서 보호하는 타인 간의 '대화'에 해당하지 않아 甲의 폭행사실에 대한 증거로 사용할 수 있다.

① ㉠, ㉡　　② ㉠, ㉢
③ ㉡, ㉢　　④ ㉠, ㉡, ㉢

해설

㉠ [○] 녹음테이프는 그 성질상 작성자나 진술자의 서명 혹은 날인이 없을 뿐만 아니라 녹음자의 의도나 특정한 기술에 의하여 그 내용이 편집, 조작될 위험성이 있음을 고려하여 그 대화내용을 녹음한 원본이거나 혹은 원본으로부터 복사한 사본일 경우에는 복사과정에서 편집되는 등의 인위적 개작 없이 원본의 내용 그대로 복사된 사본임이 증명되어야 한다(대판 2012.9.13. 2012도7461).

㉡ [×] 녹음 파일에 담긴 진술 내용의 진실성이 아닌 그와 같은 진술이 존재하는 것 자체가 증명의 대상이 되는 경우에는 전문법칙이 적용되지 아니한다(대판 2015.1.22. 2014도10978).[6]

▶ 녹음파일에 담긴 甲의 "돈을 안 주면 죽이겠다."는 말은 원본증거에 해당하므로 전문법칙이 적용되지 않는다.

㉢ [×] [1] 통신비밀보호법에서 보호하는 타인 간의 '대화'는 원칙적으로 현장에 있는 당사자들이 육성으로 말을 주고받는 의사소통행위를 가리킨다. 사람의 육성이 아닌 사물에서 발생하는 음향은 타인 간의 '대화'에 해당하지 않고, 단순한 비명소리나 탄식 등은 특별한 사정이 없는 한 타인 간의 '대화'에 해당한다고 볼 수 없다.

[2] 甲이 乙과 통화를 마친 후 전화가 끊기지 않은 상태에서 휴대전화를 통하여 사물에서 발생하는 음향인 '우당탕'과 비명소리인 '악' 소리를 들었고, 이후 甲이 그와 같은 소리를 들었다고 법정에서 증언하였다. 甲의 증언은 공개되지 않은 타인 간의 대화를 전자장치 또는 기계적 수단을 이용하여 청취한 것이라고 볼 수 없으므로, (타인 간의 대화에 해당하지 않으므로) 피고인 丙의 공소사실(상해 등)에 대하여 증거로 사용할 수 있다(대판 2017.3.15. 2016도19843).

정답 없음

6) 당시 출제기관에서는 정답이 ①번이라고 하였으나 지문 ㉡은 명백히 틀린 지문에 해당한다. 강도죄에 있어서 "돈을 안 주면 죽이겠다."는 말은 해악의 고지인 협박에 해당하므로 이는 진술의 존재자체가 요증사실인 경우에 해당하므로 이는 원본증거에 해당한다.

93 甲과 乙은 함께 강도를 행하였고, 이러한 사실을 알고 있는 丙은 甲 등이 강취한 물건을 매수하였다. 검사는 甲과 乙을 강도죄의 공범으로, 丙을 장물취득죄로 기소하였고, 법원은 이들을 공동피고인으로 병합심리 중에 있다. 이에 대한 설명으로 옳은 것만을 모두 고르면? (다툼이 있으면 판례에 의함) [19 국가9급] ★★

㉠ 甲의 사건에서, 乙은 피고인의 지위에 있으므로 소송절차를 분리하지 않는 한 증인이 될 수 없다.
㉡ 사법경찰관이 작성한 甲에 대한 피의자신문조서는 甲이 내용을 인정하면 乙의 범죄사실 인정의 증거로 사용할 수 있다.
㉢ 검사가 작성한 甲에 대한 피의자신문조서는 甲이 진정 성립과 임의성을 인정하더라도, 乙이 증거사용에 부동의하면 乙의 범죄사실 인정의 증거로 사용할 수 없다.
㉣ 丙은 甲과 乙의 사건에 대한 증인적격이 인정되고, 이에 법원은 丙에 대해 증인신문을 할 수 있다.

① ㉠, ㉢ ② ㉠, ㉣
③ ㉡, ㉢ ④ ㉡, ㉣

해설

▶ 개정법과 최근 판례에 따르면 ㉠, ㉢, ㉣이 옳다.

㉠ [○] 공범인 공동피고인은 당해 소송절차에서는 피고인의 지위에 있어 다른 공동피고인에 대한 공소사실에 관하여 증인이 될 수 없으나, 소송절차가 분리되어 피고인의 지위에서 벗어나게 되면 다른 공동피고인에 대한 공소사실에 관하여 증인이 될 수 있다(대판 2012.12.13. 2010도10028).

▶ 甲의 사건에서, 乙은 피고인의 지위에 있으므로 소송절차를 분리하지 않는 한 증인이 될 수 없다.

㉡ [×] 형사소송법 제312조 제3항은 검사 이외의 수사기관이 작성한 당해 피고인에 대한 피의자신문조서를 유죄의 증거로 하는 경우뿐만 아니라 검사 이외의 수사기관이 작성한 당해 피고인과 공범관계에 있는 다른 피고인이나 피의자에 대한 피의자신문조서를 당해 피고인에 대한 유죄의 증거로 채택할 경우에도 적용된다(대판 2014.4.10. 2014도1779).

▶ 사법경찰관 작성 甲에 대한 피의자신문조서는 甲이 그 내용을 인정하더라도 '乙이 그 내용을 부정하면' 증거능력이 부정된다. 따라서 甲이 그 내용을 인정한 것만으로는 乙의 범죄사실 인정의 증거로 사용할 수 있다고 단정할 수 없다.

㉢ [○] [1] 2020.2.4. 법률 제16924호로 개정되어 2022.1.1.부터 시행된 형사소송법 제312조 제1항은 검사가 작성한 피의자신문조서의 증거능력에 대하여 '적법한 절차와 방식에 따라 작성된 것으로서 공판준비, 공판기일에 그 피의자였던 피고인 또는 변호인이 그 내용을 인정할 때에 한정하여 증거로 할 수 있다'고 규정하였다. 여기서 '그 내용을 인정할 때'라 함은 피의자신문조서의 기재 내용이 진술 내용대로 기재되어 있다는 의미가 아니고 그와 같이 진술한 내용이 실제 사실과 부합한다는 것을 의미한다.
[2] 형사소송법 제312조 제1항에서 정한 '검사가 작성한 피의자신문조서'란 당해 피고인에 대한 피의자신문조서만이 아니라 당해 피고인과 공범관계에 있는 다른 피고인이나 피의자에 대하여 검사가 작성한 피의자신문조서도 포함되고, 여기서 말하는 '공범'에는 형법 총칙의 공범 이외에도 서로 대향된 행위의 존재를 필요로 할 뿐 각자의 구성요건을 실현하고 별도의 형벌 규정에 따라 처벌되는 강학상 필요적 공범 또는 대향범까지 포함한다. 따라서 피고인이 자신과 공범관계에 있는 다른 피고인이나 피의자에 대하여 검사가 작성한 피의자신문조서의 내용을 부인하는 경우에는 형사소송법 제312조 제1항에 따라 유죄의 증거로 쓸 수 없다(대판 2023.6.1. 2023도3741).

▶ 甲과 乙은 공범인 공동피고인에 해당하므로 甲에 대한 검사 작성의 피의자신문조서를 乙에 대한 유죄의 증거로 사용하기 위해서는 당해 피고인인 乙이 내용에 동의하여야 한다. 즉, 내용인정의 주체는 당해 피고인이다.

㉣ [○] 공동피고인인 절도범과 그 장물범은 서로 다른 공동피고인의 범죄사실에 관하여는 증인의 지위에 있다 할 것이므로, 피고인이 증거로 함에 동의한 바 없는 공동피고인에 대한 피의자신문조서는 공동피고인의 증언에 의하여 성립의 진정이 인정되지 아니하는 한, 공소 범죄사실을 인정하는 증거로 할 수 없다(대판 2006.1.12. 2005도7601).

▶ 甲과 乙의 관계에서 공범 아닌 공동피고인 丙은 증인에 불과하므로 증인적격이 인정되고, 법원은 丙에 대해 증인신문을 할 수 있다.

정답 없음

police.Hackers.com

제2장 I 증명력 판단

제1절 I 자유심증주의

01 자유심증주의에 관한 설명으로 가장 적절하지 않은 것은? (다툼이 있는 경우 판례에 의함) [23 경찰2차]

① 경찰에서의 진술조서의 기재와 당해 사건의 공판정에서의 같은 사람의 증인으로서의 진술이 상반되는 경우 반드시 공판정에서의 증언에 따라야 한다는 법칙은 없고 그중 어느 것을 채용하여 사실인정의 자료로 할 것인가는 오로지 사실심법원의 자유심증에 속하는 것이다.

② 호흡측정기에 의한 음주측정치와 혈액검사에 의한 음주측정치가 다른 경우에 혈액채취에 의한 검사 결과를 믿지 못할 특별한 사정이 없는 한, 혈액검사에 의한 음주측정치가 호흡측정기에 의한 음주측정치보다 측정 당시의 혈중 알코올농도에 더 근접한 음주측정치라고 보는 것이 경험칙에 부합한다.

③ '성추행 피해자가 추행 즉시 행위자에게 항의하지 않은 사정'이나 '피해 신고 시 성폭력이 아닌 다른 피해 사실을 먼저 진술한 사정'만으로 곧바로 피해자 진술의 신빙성을 부정할 것은 아니고, 가해자와의 관계와 피해자의 구체적 상황을 모두 살펴 판단하여야 한다.

④ 형사재판에서 이와 관련된 다른 형사사건의 확정판결에서 인정된 사실은 특별한 사정이 없는 한 유력한 증거자료가 되는 것이므로, 당해 형사재판에서 제출된 다른 증거 내용에 비추어 관련 형사사건 확정판결의 사실판단을 그대로 채택하기 어렵다고 인정되는 면이 있다고 하여도 이를 배척할 수는 없다.

해설

① [○] 경찰에서의 진술조서의 기재와 당해 사건의 공판정에서의 같은 사람의 증인으로서의 진술이 상반되는 경우 반드시 공판정에서의 증언에 따라야 한다는 법칙은 없고 그중 어느 것을 채용하여 사실인정의 자료로 할 것인가는 오로지 사실심 법원의 자유심증에 속하는 것이다(대판 1987.6.9. 87도691).

② [○] 호흡측정기에 의한 음주측정치와 혈액검사에 의한 음주측정치가 다른 경우에 어느 음주측정치를 신뢰할 것인지는 법관의 자유심증에 의한 증거취사 선택의 문제라고 할 것이나, 혈액의 채취 또는 검사과정에서 인위적인 조작이나 관계자의 잘못이 개입되는 등 혈액채취에 의한 검사결과를 믿지 못할 특별한 사정이 없는 한, 혈액검사에 의한 음주측정치가 호흡측정기에 의한 음주측정치보다 측정 당시의 혈중알콜농도에 더 근접한 음주측정치라고 보는 것이 경험칙에 부합한다(대판 2004.2.13. 2003도6905).

③ [○] '성추행 피해자가 추행 즉시 행위자에게 항의하지 않은 사정'이나 '피해 신고시 성폭력이 아닌 다른 피해 사실을 먼저 진술한 사정'만으로, 곧바로 피해자 진술의 신빙성을 부정할 것이 아니고, 가해자와의 관계와 피해자의 구체적 상황을 모두 살펴 판단하여야 한다(대판 2020.9.24. 2020도7869).

④ [×] 형사재판에서 이와 관련된 다른 형사사건의 확정판결에서 인정된 사실은 특별한 사정이 없는 한 유력한 증거자료가 되는 것이나, 당해 형사재판에서 제출된 다른 증거 내용에 비추어 관련 형사사건 확정판결의 사실 판단을 그대로 채택하기 어렵다고 인정될 경우에는 이를 배척할 수 있다(대판 2012.6.14. 2011도15653).

정답 ④

02 증명력에 관한 설명 중 옳지 않은 것은? (다툼이 있으면 판례에 의함) [20 경찰간부] ☆☆

① 동일한 사항에 관하여 두 개의 서로 다른 내용이 기재된 공판조서가 병존하는 경우에 그중 어느 쪽을 진실한 것으로 볼 것인지는 법관의 자유로운 심증에 따를 수밖에 없다.

② 증거의 증명력을 법관의 자유판단에 의하도록 하는 것은 그것이 실체적 진실발견에 적합하기 때문이지 법관의 자의적인 판단을 인용한다는 것은 아니다.

③ 형사재판에 있어 심증형성은 간접증거에 의할 수도 있으며, 간접증거는 이를 개별적 · 고립적으로 평가하고, 치밀하고 모순 없는 논증을 거쳐야 한다.

④ 증명력이 있는 것으로 인정되는 증거를 합리적인 근거가 없는 의심을 일으켜 이를 배척하는 것은 자유심증주의의 한계를 벗어나는 것으로 허용되지 않는다.

해설

① [○] 동일한 사항에 관하여 두 개의 서로 다른 내용이 기재된 공판조서가 병존하는 경우 양자는 동일한 증명력을 가지는 것으로서 그 증명력에 우열이 있을 수 없다고 보아야 할 것이므로 그중 어느 쪽이 진실한 것으로 볼 것인지는 공판조서의 증명력을 판단하는 문제로서 법관의 자유로운 심증에 따를 수밖에 없다(대판 1988.11.8. 86도1646).

② [○] 형사소송법은 증거재판주의와 자유심증주의를 기본원칙으로 하면서, 범죄사실의 인정은 증거에 의하되 증거의 증명력은 법관의 자유판단에 의하도록 하고 있다. 그러나 이는 실체적 진실발견에 적합하기 때문이지 법관의 자의적인 판단을 인용한다는 것은 아니므로, 비록 사실의 인정이 사실심의 전권이더라도 범죄사실이 인정되는지는 논리와 경험법칙에 따라야 하고, 충분한 증명력이 있는 증거를 합리적 이유 없이 배척하거나 반대로 객관적인 사실에 명백히 반하는 증거를 근거 없이 채택 · 사용하는 것은 자유심증주의의 한계를 벗어나는 것으로서 법률 위반에 해당한다(대판 2016.10.13. 2015도17869).

③ [×] 자유심증주의를 규정한 형사소송법 제308조가 증거의 증명력을 법관의 자유판단에 의하도록 한 것은 그것이 실체적 진실발견에 적합하기 때문이라 할 것이므로, 증거판단에 관한 전권을 가지고 있는 사실심 법관은 사실인정에 있어 공판절차에서 획득된 인식과 조사된 증거를 남김없이 고려하여야 한다. 형사재판에 있어 심증형성은 반드시 직접증거에 의하여 형성되어야만 하는 것은 아니고 간접증거에 의할 수도 있는 것이며, 간접증거는 이를 개별적 · 고립적으로 평가하여서는 아니 되고 모든 관점에서 빠짐없이 상호 관련시켜 종합적으로 평가하고, 치밀하고 모순 없는 논증을 거쳐야 한다(대판 2018.1.25. 2016도6757).

④ [○] 형사재판에 있어서 유죄로 인정하기 위한 심증형성의 정도는 합리적인 의심을 할 여지가 없을 정도여야 하나, 이는 모든 가능한 의심을 배제할 정도에 이를 것까지 요구하는 것은 아니며, 증명력이 있는 것으로 인정되는 증거를 합리적인 근거가 없는 의심을 일으켜 이를 배척하는 것은 자유심증주의의 한계를 벗어나는 것으로 허용될 수 없다(대판 2013.6.27. 2013도4172).

정답 ③

03 다음 중 증거에 관한 설명으로 가장 옳지 않은 것은? (다툼이 있으면 판례에 의함) [21 해경간부] ☆☆☆

① 형사재판에 있어 유죄로 인정하기 위한 심증형성의 정도는 합리적인 의심을 할 여지가 없을 정도여야 하나 이는 모든 가능한 의심을 배제할 정도에 이를 것까지 요구하는 것은 아니다.

② 피고인에게 유리한 정황을 사실인정과 관련하여 파악한 이성적 추론에 그 근거를 두어야 하는 것이므로 단순히 관념적인 의심이나 추상적인 가능성에 기초한 의심은 합리적 의심에 포함된다고 할 수 없다.

③ 살인죄와 같이 법정형이 무거운 범죄의 경우에도 직접증거 없이 간접증거만으로도 유죄를 인정할 수 있으나, 그 경우에도 주요사실의 전제가 되는 간접사실의 인정은 합리적 의심을 허용하지 않을 정도의 증명이 있어야 하고, 그 하나하나의 간접사실이 상호 모순, 저촉이 없어야 함은 물론 논리와 경험칙, 과학법칙에 의하여 뒷받침되어야 한다.

④ 간접증거가 개별적으로 완전한 증명력을 가지지 못한다면 종합적으로 고찰하여 증명력이 있는 것으로 판단되더라도 그에 의하여 범죄사실을 인정할 수 없다.

해설

① [○] 형사재판에 있어서 유죄로 인정하기 위한 심증형성의 정도는 합리적인 의심을 할 여지가 없을 정도여야 하나, 이는 모든 가능한 의심을 배제할 정도에 이를 것까지 요구하는 것은 아니다(대판 2012.9.27. 2012도2658).

② [○] 증명력이 있는 것으로 인정되는 증거를 합리적인 근거가 없는 의심을 일으켜 이를 배척하는 것은 자유심증주의의 한계를 벗어나는 것으로 허용될 수 없다 할 것인바, 여기에서 말하는 '합리적 의심'이라 함은 모든 의문, 불신을 포함하는 것이 아니라 논리와 경험칙에 기하여 요증사실과 양립할 수 없는 사실의 개연성에 대한 합리성 있는 의문을 의미하는 것으로서, 피고인에게 유리한 정황을 사실인정과 관련하여 파악한 이성적 추론에 그 근거를 두어야 하는 것이므로, 단순히 관념적인 의심이나 추상적인 가능성에 기초한 의심은 합리적 의심에 포함된다고 할 수 없다(대판 2012.9.27. 2012도2658).

③ [○] 살인죄 등과 같이 법정형이 무거운 범죄의 경우에도 직접증거 없이 간접증거만에 의하여 유죄를 인정할 수 있고, 살해의 방법이나 피해자의 사망 경위에 관한 중요한 단서인 피해자의 사체가 멸실된 경우라 하더라도, 간접증거를 상호 관련하에서 종합적으로 고찰하여 살인죄의 공소사실을 인정할 수 있다(대판 2012.9.27. 2012도2658).

④ [×] 형사재판에 유죄의 심증이 반드시 직접증거에 의하여 형성되어야만 하는 것은 아니고 경험칙과 논리법칙에 위반되지 아니하는 한 간접증거에 의하여 형성되어도 무방하며, 간접증거가 개별적으로는 범죄사실에 대한 완전한 증명력을 가지지 못하더라도 전체 증거를 상호 관련하에 종합적으로 고찰할 경우 그 단독으로는 가지지 못하는 종합적 증명력이 있는 것으로 판단되면 그에 의하여도 범죄사실을 인정할 수 있는 것이다(대판 2013.6.27. 2013도4172).

정답 ④

04 다음 중 자유심증주의에 관한 설명으로 옳은 것은 모두 몇 개인가? (다툼이 있으면 판례에 의함)

[21 해경간부] ☆☆

㉠ 일정 기간 동안에 발생한 피해자의 일련의 강간 피해 주장 중 그에 부합하는 진술의 신빙성을 대부분 부정할 경우, 일부 사실에 대하여만 피해자의 진술을 믿어 유죄를 인정하려면 그와 같이 피해자 진술의 신빙성을 달리 볼 수 있는 특별한 사정이 인정되어야 할 것이다.
㉡ 상해진단서는 특별한 사정이 없는 한 피해자의 진술과 더불어 피고인의 상해사실에 대한 유력한 증거가 되며, 합리적인 근거 없이 그 증명력을 함부로 배척할 수는 없다.
㉢ 심신장애의 유무는 법원이 형벌제도의 목적 등에 비추어 판단하여야 할 법률문제로서 그 판단에 전문감정인의 정신감정 결과가 중요한 참고자료가 되기는 하나, 법원이 반드시 그 의견에 구속되는 것은 아니다.
㉣ 사실의 인정이 사실심의 전권이더라도 범죄사실의 인정 여부는 논리와 경험법칙에 따라야 하고, 충분한 증명력이 있는 증거를 합리적 이유 없이 배척하거나 반대로 객관적인 사실에 명백히 반하는 증거를 근거 없이 채택·사용하는 것은 자유심증주의의 한계를 벗어난 것이다.
㉤ 범인식별절차에서의 피해자의 진술을 신빙성이 높다고 평가할 수 있으려면 범인의 인상착의 등에 관한 피해자의 진술 내지 묘사를 사전에 상세하게 기록한 다음, 용의자를 포함하여 그와 인상착의가 비슷한 여러 사람을 동시에 피해자와 대면시켜 범인을 지목하도록 하여야 하고, 용의자와 비교대상자 및 피해자들이 사전에 서로 접촉하지 못하도록 하여야 한다.

① 2개
② 3개
③ 4개
④ 5개

해설

㉠ [○] 일정 기간 동안에 발생한 일련의 피해자의 강간 피해 주장에 대하여 이미 대부분의 피해 주장에 대하여는 그에 부합하는 피해자 진술의 신빙성을 부정하여 강간죄의 성립을 부정할 경우에 원심의 판단처럼 그 중 일부의 강간 피해 사실에 대하여만 피해자의 진술을 믿어 강간죄의 성립을 긍정하려면, 그와 같이 피해자 진술의 신빙성을 달리 볼 수 있는 특별한 사정이 인정되어야 할 것이다(대판 2010.11.11. 2010도9633).

㉡ [○] 상해죄의 피해자가 제출하는 상해진단서는 일반적으로 의사가 당해 피해자의 진술을 토대로 상해의 원인을 파악한 후 의학적 전문지식을 동원하여 관찰·판단한 상해의 부위와 정도 등을 기재한 것으로서 거기에 기재된 상해가 곧 피고인의 범죄행위로 인하여 발생한 것이라는 사실을 직접 증명하는 증거가 되기에 부족한 것이지만, 그 상해에 대한 진단일자 및 상해진단서 작성일자가 상해 발생시점과 시간상으로 근접하고 상해진단서 발급 경위에 특별히 신빙성을 의심할 만한 사정이 없으며 거기에 기재된 상해 부위와 정도가 피해자가 주장하는 상해의 원인 내지 경위와 일치하는 경우에는, 그 무렵 피해자가 제3자로부터 폭행을 당하는 등으로 달리 상해를 입을 만한 정황이 발견되거나 의사가 허위로 진단서를 작성한 사실이 밝혀지는 등의 특별한 사정이 없는 한, 그 상해진단서는 피해자의 진술과 더불어 피고인의 상해 사실에 대한 유력한 증거가 되고, 합리적인 근거 없이 그 증명력을 함부로 배척할 수 없다(대판 2011.1.27. 2010도12728).

㉢ [○] 심신장애의 유무는 법원이 형벌제도의 목적 등에 비추어 판단하여야 할 법률문제로서 그 판단에 전문감정인의 정신감정결과가 중요한 참고자료가 되기는 하나, 법원이 반드시 그 의견에 구속되는 것은 아니고, 그러한 감정결과뿐만 아니라 범행의 경위, 수단, 범행 전후의 피고인의 행동 등 기록에 나타난 여러 자료 등을 종합하여 독자적으로 심신장애의 유무를 판단하여야 한다(대판 2018.9.13. 2018도7658).

㉣ [○] 비록 사실의 인정이 사실심의 전권이라 하더라도 범죄사실이 인정되는지 여부는 논리와 경험법칙에 따라야 하고, 충분한 증명력이 있는 증거를 합리적 이유 없이 배척하거나 반대로 객관적인 사실에 명백히 반하는 증거를 근거 없이 채택·사용하는 것은 자유심증주의의 한계를 벗어나는 것으로서 법률 위반에 해당한다(대판 2016.10.13. 2015도17869).

㉤ [○] 용의자의 인상착의 등에 의한 범인식별 절차에서 용의자 한 사람을 단독으로 목격자와 대질시키거나 용의자의 사진 한 장만을 목격자에게 제시하여 범인 여부를 확인하게 하는 것은 그러한 방식에 의한 범인식별 절차에서의 목격자의 진술은, 용의자가 종전에 피해자와 안면이 있는 사람이라든가 피해자의 진술 외에도 용의자를 범인으로 의심할 만한 다른 정황이 존재한다든가 하는 등의 부가적인 사정이 없는 한, 그 신빙성이 낮다고 보아야 하므로, 범인식별 절차에 있어 목격자의 진술의 신빙성을 높게 평가할 수 있게 하려면, 범인의 인상착의 등에 관한 목격자의 진술 내지 묘사를 사전에 상세히 기록화한 다음, 용의자를 포함하여 그와 인상착의가 비슷한 여러 사람을 동시에 목격자와 대면시켜 범인을 지목하도록 하여야 하고, 용의자와 목격자 및 비교 대상자들이 상호 사전에 접촉하지 못하도록 하여야 하며, 사후에 증거가치를 평가할 수 있도록 대질 과정과 결과를 문자와 사진 등으로 서면화하는 등의 조치를 취하여야 하고, 사진제시에 의한 범인식별 절차에 있어서도 기본적으로 이러한 원칙에 따라야 한다. 그리고 이러한 원칙은 동영상제시·가두식별 등에 의한 범인식별 절차와 사진제시에 의한 범인식별 절차에서 목격자가 용의자를 범인으로 지목한 후에 이루어지는 동영상제시·가두식별·대면 등에 의한 범인식별 절차에도 적용되어야 한다(대판 2008.1.17. 2007도5201).

정답 ④

05 과학적 증거에 대한 판례의 태도로서 옳지 않은 것은? [21 국가9급]

① 범죄구성요건에 해당하는 사실을 증명하기 위한 근거가 되는 과학적인 연구 결과는 적법한 증거조사를 거친 증거능력 있는 증거에 의하여 엄격한 증명으로 증명되어야 한다.

② 유전자검사나 혈액형검사 등 과학적 증거방법은 그 전제로 하는 사실이 모두 진실임이 입증되고 그 추론의 방법이 과학적으로 정당하여 오류의 가능성이 전무하거나 무시할 정도로 극소한 것으로 인정되는 경우에는 법관이 사실인정을 함에 있어 상당한 정도로 구속력을 가진다.

③ 전문 감정인이 공인된 표준 검사기법으로 분석한 후 법원에 제출한 과학적 증거는 모든 과정에서 시료의 동일성이 인정되고 인위적인 조작·훼손·첨가가 없었음이 담보되었다면, 각 단계에서 시료에 대한 정확한 인수·인계 절차를 확인할 수 있는 기록이 유지되지 않았다 하더라도 사실인정에 있어서 상당한 정도로 구속력을 가진다.

④ 컴퓨터 디스켓에 들어 있는 문건이 증거로 사용되는 경우 그 컴퓨터 디스켓은 그 기재의 매체가 다를 뿐 실질에 있어서는 피고인 또는 피고인 아닌 자의 진술을 기재한 서류와 크게 다를 바 없고, 압수 후의 보관 및 출력과정에 조작의 가능성이 있으며, 기본적으로 반대신문의 기회가 보장되지 않는 점 등에 비추어 그 기재내용의 진실성에 관하여는 전문법칙이 적용된다.

해설

① [○] 범죄구성요건에 해당하는 사실을 증명하기 위한 근거가 되는 과학적인 연구 결과는 적법한 증거조사를 거친 증거능력 있는 증거에 의하여 엄격한 증명으로 증명되어야 한다(대판 2010.2.11. 2009도2338).

② [○] 유전자 검사나 혈액형 검사 등 과학적 증거방법은 전제로 하는 사실이 모두 진실임이 증명되고 추론의 방법이 과학적으로 정당하여 오류의 가능성이 없거나 무시할 정도로 극소하다고 인정되는 경우에는 법관이 사실인정을 할 때 상당한 정도로 구속력을 가진다(대판 2022.6.16. 2022도2236).

③ [×] 과학적 증거방법이 사실인정에 있어서 상당한 정도로 구속력을 갖기 위해서는 감정인이 전문적인 지식 · 기술 · 경험을 가지고 공인된 표준 검사기법으로 분석한 후 법원에 제출하였다는 것만으로는 부족하고, 시료의 채취 · 보관 · 분석 등 모든 과정에서 시료의 동일성이 인정되고 인위적인 조작 · 훼손 · 첨가가 없었음이 담보되어야 하며 각 단계에서 시료에 대한 정확한 인수 · 인계 절차를 확인할 수 있는 기록이 유지되어야 한다(대판 2018.2.8. 2017도14222).

④ [○] 컴퓨터 디스켓에 들어 있는 문건이 증거로 사용되는 경우, 그 컴퓨터 디스켓은 그 기재의 매체가 다를 뿐 실질에 있어서는 피고인 또는 피고인 아닌 자의 진술을 기재한 서류와 크게 다를 바 없고, 압수 후의 보관 및 출력과정에 조작의 가능성이 있으며, 기본적으로 반대신문의 기회가 보장되지 않는 점 등에 비추어 기재 내용의 진실성에 관하여는 전문법칙이 적용된다고 할 것이고, 따라서 형사소송법 제313조 제1항에 의하여 그 작성자 또는 진술자의 진술에 의하여 그 성립의 진정함이 증명된 때에 한하여 이를 증거로 사용할 수 있다(대판 1999.9.3. 99도2317).

정답 ③

06 증명에 관한 설명으로 옳지 않은 것은? (다툼이 있으면 판례에 의함)

[21 소방간부]

① 공연히 사실을 적시하여 사람의 명예를 훼손한 행위가 「형법」 제310조의 규정에 따라 위법성이 조각되기 위해서는 행위자가 진실한 사실로서 오로지 공공의 이익에 관한 때임을 법관으로 하여금 의심할 여지가 없을 정도의 확신을 가지게 하는 증명력을 가진 엄격한 증거에 의하여 증명하여야 하는 것은 아니다.

② 상해진단서가 주로 통증이 있다는 피해자의 주관적인 호소 등에 의존하여 의학적인 가능성만으로 발급된 때에도 법원은 다른 사정의 고려 없이 상해진단서만으로 상해죄의 증명력을 판단해야 한다.

③ 혈액채취에 의한 검사결과를 믿지 못할 특별한 사정이 없는 한 혈액검사에 의한 음주측정치가 호흡측정기에 의한 음주측정치보다 측정 당시의 혈중알코올농도에 더 근접한 음주측정치라고 봄이 경험칙에 부합한다.

④ 몰수 · 추징의 대상이 되는지 여부는 범죄구성요건 사실에 관한 것이 아니어서 엄격한 증명은 필요 없다.

⑤ 증거의 증명력을 법관의 자유판단에 의하도록 하는 것은 그것이 실체적 진실발견에 적합하기 때문이지 법관의 자의적 판단을 인용한다는 것은 아니다.

해설

① [○] 공연히 사실을 적시하여 사람의 명예를 훼손한 행위가 형법 제310조의 규정에 따라서 위법성이 조각되어 처벌대상이 되지 않기 위하여는 그것이 진실한 사실로서 오로지 공공의 이익에 관한 때에 해당된다는 점을 '행위자가' 증명하여야 하는 것이나, 그 증명은 유죄의 인정에 있어 요구되는 것과 같이 법관으로 하여금 의심할 여지가 없을 정도의 확신을 가지게 하는 증명력을 가진 엄격한 증거에 의하여야 하는 것은 아니므로, 이 때에는 전문증거에 대한 증거능력의 제한을 규정한 형사소송법 제310조의2는 적용될 여지가 없다(대판 1996.10.25. 95도1473).

② [×] 상해죄의 피해자가 제출하는 상해진단서는 일반적으로 의사가 당해 피해자의 진술을 토대로 상해의 원인을 파악한 후 의학적 전문지식을 동원하여 관찰 · 판단한 상해의 부위와 정도 등을 기재한 것으로서 거기에 기재된 상해가 곧 피고인의 범죄행위로 인하여 발생한 것이라는 사실을 직접 증명하는 증거가 되기에 부족한 것이지만, 그 상해에 대한 진단 일자 및 상해진단서 작성일자가 상해 발생 시점과 시간상으로 근접하고 상해진단서 발급 경위에 특별히 신빙성을 의심할 만한 사정이 없으며 거기에 기재된 상해 부위와 정도가 피해자가 주장하는 상해의 원인 내지 경위와 일치하는 경우에는, 피해자가 제3자로부터 폭행을 당하는 등으로 달리 상해를 입을 만한 정황이 발견되거나 의사가 허위로 진단서를 작성한 사실이 밝혀지는 등의 특별한 사정이 없는 한, 그 상해진단서는 피해자의 진술과 더불어 피고인의 상해 사실에 대한 유력한 증거가 되고, 합리적인 근거 없이 그 증명력을 함부로 배척할 수 없다(대판 2011.1.27. 2010도12728).

③ [○] 혈액채취에 의한 검사결과를 믿지 못할 특별한 사정이 없는 한, 혈액검사에 의한 음주측정치가 호흡측정기에 의한 음주측정치보다 측정 당시의 혈중알코올농도에 더 근접한 음주측정치라고 봄이 경험칙에 부합한다(대판 2004.2.13. 2003도6905).

④ [○] 몰수·추징의 대상이 되는지 여부는 범죄구성요건 사실에 관한 것이 아니어서 엄격한 증명은 필요 없고, 자유로운 증명으로 충분하다(대판 2015.4.23. 2015도1233).

⑤ [○] 증거의 증명력을 법관의 자유판단에 의하도록 하는 것은 그것이 실체적 진실발견에 적합하기 때문이지 법관의 자의적 판단을 인용한다는 것은 아니다(대판 2018.1.25. 2016도6757).

정답 ②

07 형사소송법 제308조에 규정된 자유심증주의에 관한 설명 중 가장 옳지 않은 것은? (다툼이 있으면 판례에 의함)

[19 경간부]

① 상고심으로부터 사건을 환송받은 법원은 환송 후의 심리과정에서 새로운 증거가 제시되어 기속적 판단의 기초가 된 증거 관계에 변동이 생기지 않는 한 그 사건을 재판함에 있어서 상고법원이 파기이유로 한 사실상 및 법률상의 판단에 기속된다.

② 형사재판에 있어서 관련된 다른 형사사건의 확정판결에서 인정된 사실은 특별한 사정이 없는 한 유력한 증거자료가 되기 때문에 당해 형사재판에서 제출된 다른 증거 내용에 비추어 관련 형사사건 확정판결의 사실판단을 그대로 채택하기 어렵다고 인정될 경우라도 이를 배척할 수 없다.

③ 심신장애의 유무는 법원이 형벌제도의 목적 등에 비추어 판단하여야 할 법률문제로서 그 판단에 전문감정인의 정신감정 결과가 중요한 참고자료가 되기는 하나, 법원이 반드시 그 의견에 구속되는 것은 아니다.

④ 항소법원이 제1심에서 채용된 증거의 신빙성에 의문이 있는 경우 이미 증거조사를 거친 동일한 증거라도 그 증거의 신빙성에 대하여 더 심리하여 본 후 그 채부를 판단하여야 한다.

해설

① [○] 법원조직법 제8조는 '상급법원 재판에서 한 판단은 해당 사건에 관하여 하급심을 기속한다.'고 정하고, 민사소송법 제436조 제2항 후문은 상고법원이 파기의 이유로 삼은 사실상·법률상 판단은 하급심을 기속한다고 정하고 있다. 반면에, 형사소송법에는 이에 상응하는 명문의 규정이 없지만, 위와 같은 법 규정의 취지, 심급제도의 존재 이유, 대법원에서 상고이유를 판단하면서 사실인정에 관한 원심판결의 당부에 관하여 개입할 수 있는 점 등에 비추어 형사소송에서도 상고심 판결의 파기이유가 된 사실상의 판단도 기속력을 가진다고 보아야 한다. 따라서 상고심으로부터 형사사건을 환송받은 법원은 환송 후의 심리 과정에서 새로운 증거가 제시되어 기속력 있는 판단의 기초가 된 증거관계에 변동이 생기지 않는 한, 그 사건의 재판에서 상고법원이 파기 이유로 제시한 사실상·법률상의 판단에 기속된다(대판(전) 2018.4.19. 2017도14322).

② [×] 형사재판에 있어서 이와 관련된 다른 형사사건의 확정판결에서 인정된 사실은 특별한 사정이 없는 한 유력한 증거자료가 되는 것이나, 당해 형사재판에서 제출된 다른 증거 내용에 비추어 관련 형사사건의 확정판결에서의 사실 판단을 그대로 채택하기 어렵다고 인정될 경우에는 이를 배척할 수 있다(대판 2014.3.27. 2014도1200).

③ [○] 심신장애의 유무는 법원이 형벌 제도의 목적 등에 비추어 판단하여야 할 법률문제로서 그 판단에 전문감정인의 정신감정 결과가 중요한 참고자료가 되기는 하나, 법원이 반드시 그 의견에 구속되는 것은 아니다(대판 2018.9.13. 2018도7658).

④ [○] 형사재판에서 항소심은 사후심 겸 속심의 구조이므로, 제1심이 채용한 증거에 대하여 그 신빙성에 의문은 가지만 그렇다고 직접 증거조사를 한 제1심의 자유심증이 명백히 잘못되었다고 볼 만한 합리적인 사유도 나타나 있지 아니한 경우에는, 증거의 신빙성에 대하여 더 심리하여 본 후 그 채부를 판단하여야 하고, 그 증거의 신빙성에 의문이 간다는 사유만으로 더 이상 아무런 심리를 함이 없이 그 증거를 곧바로 배척하여서는 아니 된다(대판 1996.12.6. 96도2461).

정답 ②

제2절 | 탄핵증거

08 탄핵증거에 대한 설명으로 가장 적절하지 않은 것은? (다툼이 있으면 판례에 의함) [21 경찰승진]

① 탄핵증거의 제출에 있어서도 상대방에게 이에 대한 공격방어의 수단을 강구할 기회를 사전에 부여하여야 한다.
② 탄핵증거에 대해서는 유죄증거에 관한 소송법상의 엄격한 증거능력을 요하지 아니한다.
③ 검사가 유죄의 자료로 제출한 사법경찰관 작성의 피고인에 대한 피의자신문조서는 피고인이 그 내용을 부인하는 이상 증거능력이 없고, 그것이 임의로 작성된 것이라도 피고인의 법정에서의 진술을 탄핵하기 위한 반대증거로도 사용할 수 없다.
④ 탄핵증거는 진술의 증명력을 감쇄하기 위하여 인정되는 것이고 범죄사실 또는 그 간접사실의 인정의 증거로서는 허용되지 않는다.

해설

① [○] 탄핵증거의 제출에 있어서도 상대방에게 이에 대한 공격 방어의 수단을 강구할 기회를 사전에 부여하여야 한다는 점에서 그 증거와 증명하고자 하는 사실과의 관계 및 입증취지 등을 미리 구체적으로 명시하여야 할 것이므로, 증명력을 다투고자 하는 (탄핵)증거의 어느 부분에 의하여 진술의 어느 부분을 다투려고 한다는 것을 사전에 상대방에게 알려야 한다(대판 2005.8.19. 2005도2617).
② [○] 형사소송법 제318조의2 제1항에 규정된 탄핵증거는 범죄사실을 인정하는 증거가 아니어서 엄격한 증거능력을 요하지 아니한다(대판 2012.9.27. 2012도7467).
③ [×] 피의자의 진술을 기재한 서류가 수사기관의 조사과정에서 작성된 것이라면, 그것이 '진술조서'라는 형식을 취하였다고 하더라도 피의자신문조서와 달리 볼 수 없고, 검사가 유죄의 자료로 제출한 사법경찰리 작성의 피고인에 대한 피의자신문조서는 피고인이 그 내용을 부인하는 이상 증거능력이 없으나, 그것이 임의로 작성된 것이 아니라고 의심할 만한 사정이 없는 한, 피고인의 법정에서의 진술을 탄핵하기 위한 반대증거로 사용할 수 있다(대판 2014.3.13. 2013도12507).
④ [○] 탄핵증거는 진술의 증명력을 감쇄하기 위하여 인정되는 것이고 범죄사실 또는 그 간접사실의 인정의 증거로서는 허용되지 않는다(대판 2012.10.25. 2011도5459).

정답 ③

09 탄핵증거에 대한 설명으로 가장 적절하지 않은 것은? (다툼이 있으면 판례에 의함) [21 경찰1차]

① 탄핵증거는 범죄사실을 인정하는 증거가 아니어서 엄격한 증거능력을 요하지 아니한다.
② 법정에서 증거로 제출된 바가 없어 전혀 증거조사가 이루어지지 아니한 채 수사기록에만 편철되어 있는 증거를 피고인의 진술을 탄핵하는 증거로 사용할 수는 없다.
③ 검사가 유죄의 자료로 제출한 사법경찰리 작성의 피고인에 대한 피의자신문조서는 피고인이 그 내용을 부인하는 이상 증거능력이 없지만, 그것이 임의로 작성된 것이 아니라고 하더라도 피고인의 법정에서의 진술을 탄핵하기 위한 반대증거로는 사용할 수 있다.
④ 비록 증거목록에 기재되지 않았고 증거결정이 있지 아니하였다 하더라도 공판과정에서 그 입증취지가 구체적으로 명시되고 제시까지 된 이상, 그 제시된 증거에 대하여 탄핵증거로서의 증거조사는 이루어졌다고 보아야 할 것이다.

해설

① [○] 형사소송법 제318조의2 제1항에 규정된 탄핵증거는 범죄사실을 인정하는 증거가 아니어서 엄격한 증거능력을 요하지 아니한다(대판 2012.9.27. 2012도7467).

② [○] 탄핵증거는 범죄사실을 인정하는 증거가 아니므로 엄격한 증거조사를 거쳐야 할 필요가 없음은 형사소송법 제318조의2의 규정에 따라 명백하다고 할 것이나, 법정에서 이에 대한 탄핵증거로서의 증거조사는 필요하다고 할 것이므로, 법정에서 증거로 제출된 바가 없어 전혀 증거조사가 이루어지지 아니한 채 수사기록에만 편철되어 있는 증거를 피고인의 진술을 탄핵하는 증거로 사용할 수는 없다(대판 1998.2.27. 97도1770).

③ [×] 피의자의 진술을 기재한 서류가 수사기관의 조사과정에서 작성된 것이라면, 그것이 '진술조서'라는 형식을 취하였다고 하더라도 피의자신문조서와 달리 볼 수 없고, 검사가 유죄의 자료로 제출한 사법경찰리 작성의 피고인에 대한 피의자신문조서는 피고인이 내용을 부인하는 이상 증거능력이 없으나, 그것이 임의로 작성된 것이 아니라고 의심할 만한 사정이 없는 한 피고인의 법정에서의 진술을 탄핵하기 위한 반대증거로 사용할 수 있다(대판 2014.3.13. 2013도12507).

④ [○] 비록 증거목록에 기재되지 않았고 증거결정이 있지 아니하였다 하더라도, 공판과정에서 그 입증취지가 구체적으로 명시되고 제시까지 된 이상, 각 서증들에 대하여 탄핵증거로서의 증거조사는 이루어졌다고 보아야 할 것이다(대판 2006.5.26. 2005도6271).

정답 ③

10 다음 중 탄핵증거에 대한 설명으로 가장 옳지 않은 것은? (다툼이 있으면 판례에 의함) [21 해경승진] ☆☆

① 탄핵증거의 제출에 있어서도 상대방에게 이에 대한 공격방어의 수단을 강구할 기회를 사전에 부여하여야 한다는 점에서 그 증거와 증명하고자 하는 사실과의 관계 및 입증취지 등을 미리 구체적으로 명시하여야 할 것이므로 증명력을 다투고자 하는 증거의 어느 부분에 의하여 진술의 어느 부분을 다투려고 한다는 것을 사전에 상대방에게 알려야 한다.

② 탄핵증거는 범죄사실을 인정하는 증거가 아니므로 엄격한 증거조사를 거쳐야 할 필요는 없으나, 법정에서 이에 대한 탄핵증거로서의 증거조사는 필요하다.

③ 피고인이 내용을 부인하여 증거능력이 없는 사법경찰리 작성의 피의자신문조서에 대하여 당초 증거제출 당시 탄핵증거라는 입증취지를 명시하지 아니하였다면 피고인의 법정 진술에 대한 탄핵증거로서의 증거조사절차가 대부분 이루어졌다 하더라도 위 피의자신문조서를 피고인의 법정 진술에 대한 탄핵증거로 사용할 수 없다.

④ 탄핵증거는 진술의 증명력을 감쇄하기 위하여 인정되는 것이고 범죄사실 또는 그 간접사실의 인정의 증거로서는 허용되지 않는다.

해설

① [○] 탄핵증거의 제출에 있어서도 상대방에게 이에 대한 공격방어의 수단을 강구할 기회를 사전에 부여하여야 한다는 점에서 그 증거와 증명하고자 하는 사실과의 관계 및 입증취지 등을 미리 구체적으로 명시하여야 할 것이므로, 증명력을 다투고자 하는 (탄핵)증거의 어느 부분에 의하여 진술의 어느 부분을 다투려고 한다는 것을 사전에 상대방에게 알려야 한다(대판 2005.8.19. 2005도2617).

② [○] 탄핵증거는 범죄사실을 인정하는 증거가 아니므로 엄격한 증거조사를 거쳐야 할 필요가 없음은 형사소송법 제318조의2의 규정에 따라 명백하다고 할 것이나, 법정에서 이에 대한 탄핵증거로서의 증거조사는 필요하다고 할 것이다(대판 1998.2.27. 97도1770).

③ [×] 피고인이 내용을 부인하여 증거능력이 없는 사법경찰리 작성의 피의자신문조서에 대하여 비록 당초 증거제출 당시 탄핵증거라는 입증취지를 명시하지 아니하였지만 피고인의 법정 진술에 대한 탄핵증거로서의 증거조사절차가 대부분 이루어졌다고 볼 수 있는 점 등의 사정에 비추어 위 피의자신문조서를 피고인의 법정 진술에 대한 탄핵증거로 사용할 수 있다(대판 2005.8.19. 2005도2617).

④ [○] 탄핵증거는 진술의 증명력을 감쇄하기 위하여 인정되는 것이고, 범죄사실 또는 그 간접사실의 인정의 증거로서는 허용되지 않는다(대판 2012.10.25. 2011도5459).

정답 ③

11 탄핵증거에 대한 설명 중 가장 적절한 것은? (다툼이 있으면 판례에 의함)

[20 경찰1차] ★★

① 사법경찰리 작성의 피고인에 대한 피의자신문조서와 피고인이 작성한 자술서들은 모두 검사가 유죄의 자료로 제출한 증거들로서 피고인이 각 그 내용을 부인하는 이상 증거능력이 없으므로 그것이 임의로 작성된 것이 아니라고 의심할 만한 사정이 없더라도 피고인의 법정에서의 진술을 탄핵하기 위한 반대증거로도 사용할 수 없다.

② 탄핵증거의 제출에 있어서도 상대방에게 이에 대한 공격방어의 수단을 강구할 기회를 사전에 부여하여야 할 것이지만, 증명력을 다투고자 하는 증거의 어느 부분에 의하여 진술의 어느 부분을 다투려고 한다는 것을 사전에 상대방에게 알려야 할 필요는 없다.

③ 탄핵증거는 진술의 증명력을 감쇄하기 위하여 인정되는 것이지만, 범죄사실 또는 간접사실의 인정의 증거로도 허용된다.

④ 검사가 탄핵증거로 신청한 체포·구속인접견부 사본은 피고인의 부인진술을 탄핵한다는 것이므로 결국 검사에게 입증책임이 있는 공소사실 자체를 입증하기 위한 것에 불과하므로 형사소송법 제318조의2 제1항 소정의 피고인의 진술의 증명력을 다투기 위한 탄핵증거로 볼 수 없다.

해설

① [×] 사법경찰리 작성의 피고인에 대한 피의자신문조서와 피고인이 작성한 자술서들은 모두 검사가 유죄의 자료로 제출한 증거들로서 피고인이 그 내용을 부인하는 이상 증거능력이 없으나, 그러한 증거라 하더라도 피고인의 법정에서의 진술을 탄핵하기 위한 반대증거로 사용할 수 있다(대판 1998.2.27. 97도1770).

② [×] 탄핵증거의 제출에 있어서도 상대방에게 이에 대한 공격방어의 수단을 강구할 기회를 사전에 부여하여야 한다는 점에서 그 증거와 증명하고자 하는 사실과의 관계 및 입증취지 등을 미리 구체적으로 명시하여야 할 것이므로, 증명력을 다투고자 하는 (탄핵)증거의 어느 부분에 의하여 진술의 어느 부분을 다투려고 한다는 것을 사전에 상대방에게 알려야 한다(대판 2005.8.19. 2005도2617).

③ [×] 탄핵증거는 진술의 증명력을 감쇄하기 위하여 인정되는 것이고, 범죄사실 또는 그 간접사실의 인정의 증거로서는 허용되지 않는다(대판 2012.10.25. 2011도5459).

④ [○] 검사가 탄핵증거로 신청한 체포·구속인접견부 사본은 피고인의 부인 진술을 탄핵한다는 것이므로 결국 검사에게 입증책임이 있는 공소사실 자체를 입증하기 위한 것에 불과하므로, 형사소송법 제318조의2 제1항 소정의 피고인의 진술의 증명력을 다투기 위한 탄핵증거로 볼 수 없다(대판 2012.10.25. 2011도5459).

정답 ④

12 탄핵증거에 대한 설명으로 옳지 않은 것은? (다툼이 있으면 판례에 의함)

[20 국가9급] ★★

① 탄핵증거는 엄격한 증거조사 없이 증거로 사용할 수 있으므로 탄핵증거를 제출하는 자는 어느 부분에 의하여 진술의 어느 부분을 다투려고 한다는 점을 사전에 상대방에게 알릴 필요가 없다.

② 탄핵증거는 진술의 증명력을 감쇄하기 위하여 인정되는 것이고 범죄사실 또는 그 간접사실을 인정하는 증거로는 허용되지 않는다.

③ 피고인의 공판정 외의 자백에 관하여 피고인이 그 내용을 부인하더라도 그것이 임의로 작성된 것이 아니라고 의심할 만한 사정이 없는 한, 그 자백은 피고인의 공판정에서의 진술의 증명력을 다투기 위한 탄핵증거로 사용할 수 있다.

④ 진술자의 서명·날인이 없어 성립의 진정이 인정되지 아니한 증거도 탄핵증거가 될 수 있다.

해설

① [×] 탄핵증거의 제출에 있어서도 상대방에게 이에 대한 공격방어의 수단을 강구할 기회를 사전에 부여하여야 한다는 점에서 그 증거와 증명하고자 하는 사실과의 관계 및 입증취지 등을 미리 구체적으로 명시하여야 할 것이므로, 증명력을 다투고자 하는 (탄핵)증거의 어느 부분에 의하여 진술의 어느 부분을 다투려고 한다는 것을 사전에 상대방에게 알려야 한다(대판 2005.8.19. 2005도2617).

② [○] 탄핵증거는 진술의 증명력을 감쇄하기 위하여 인정되는 것이고, 범죄사실 또는 그 간접사실을 인정하는 증거로는 허용되지 않는다(대판 2012.10.25. 2011도5459).

③ [○] 피고인의 공판정 외의 자백에 관하여 피고인이 내용을 부인하더라도, 그것이 임의로 작성된 것이 아니라고 의심할 만한 사정이 없는 한, 자백은 피고인의 공판정에서의 진술의 증명력을 다투기 위한 탄핵증거로 사용할 수 있다(대판 2014.3.13. 2013도12507).

④ [○] 탄핵증거는 범죄사실을 인정하는 증거가 아니므로 그것이 증거서류이던 진술이던간에 유죄증거에 관한 소송법상의 엄격한 증거능력을 요하지 아니한다(대판 1985.5.14. 85도441).

▶ 전문법칙의 예외 요건을 갖추지 못한 증거능력 없는 전문증거라도 탄핵증거로의 사용은 가능하다.

정답 ①

13 다음 중 탄핵증거에 대한 설명으로 가장 옳지 않은 것은? (다툼이 있으면 판례에 의함) [19 해경3차]

① 피고인 또는 피고인 아닌 자의 진술을 내용으로 하는 영상녹화물은 공판준비 또는 공판기일에 피고인 또는 피고인 아닌 자가 진술함에 있어서 기억이 명백하지 아니한 사항에 관하여 기억을 환기시켜야 할 필요가 있다고 인정된 때에 한하여 피고인 또는 피고인이 아닌 자에게 재생하여 시청하게 할 수 있다.

② 검사 작성의 피의자신문조서에 작성자인 검사의 서명 · 날인이 되어 있지 아니한 경우 그 피의자신문조서는 공무원이 작성하는 서류로서의 요건을 갖추지 못한 것으로서 「형사소송법」 제57조 제1항에 위반되어 무효이고, 따라서 이에 대하여 증거능력을 인정할 수 없다고 보아야 한다.

③ 피고인이 내용을 부인하여 증거능력이 없는 사법경찰리 작성의 피의자신문조서가 당초 증거 제출 당시 탄핵증거라는 입증취지를 명시하지 아니하였다면, 탄핵증거로서의 증거조사 절차가 대부분 이루어졌더라도 위 피의자신문조서를 피고인의 법정진술에 대한 탄핵증거로 사용할 수 없다.

④ 탄핵증거는 범죄사실을 인정하는 증거가 아니므로 엄격한 증거조사를 거쳐야 할 필요가 없음은 「형사소송법」 제318조의2의 규정에 따라 명백하나 법정에서 이에 대한 탄핵증거로서의 증거조사는 필요한 것이다.

해설

① [○] 피고인 또는 피고인이 아닌 자의 진술을 내용으로 하는 영상녹화물은 공판준비 또는 공판기일에 피고인 또는 피고인이 아닌 자가 진술함에 있어서 기억이 명백하지 아니한 사항에 관하여 기억을 환기시켜야 할 필요가 있다고 인정되는 때에 한하여 피고인 또는 피고인이 아닌 자에게 재생하여 시청하게 할 수 있다(제318조의2 제2항).

② [○] 검사 작성의 피의자신문조서에 작성자인 검사의 서명 · 날인이 되어 있지 아니한 경우[1] 그 피의자신문조서는 공무원이 작성하는 서류로서의 요건을 갖추지 못한 것으로서 형사소송법 제57조 제1항에 위반되어 무효이고 따라서 이에 대하여 증거능력을 인정할 수 없다고 보아야 할 것이며, 피의자신문조서에 진술자인 피고인의 서명 · 날인이 되어 있다거나 피고인이 법정에서 그 피의자신문조서에 대하여 진정성립과 임의성을 인정하였다고 하여 달리 볼 것은 아니다(대판 2001.9.28. 2001도4091).

③ [×] 피고인이 내용을 부인하여 증거능력이 없는 사법경찰리 작성 피의자신문조서에 대하여 비록 증거제출 당시 탄핵증거라는 입증취지를 명시하지 아니하였지만, 피고인의 법정진술에 대한 탄핵증거로서의 증거조사절차가 대부분 이루어졌다고 볼 수 있는 점 등의 사정에 비추어 위 피의자신문조서를 피고인의 법정 진술에 대한 탄핵증거로 사용할 수 있다(대판 2005.8.19. 2005도2617).

④ [○] 탄핵증거는 범죄사실을 인정하는 증거가 아니므로 엄격한 증거조사를 거쳐야 할 필요가 없으나, 법정에서 이에 대한 탄핵증거로서의 증거조사는 필요하다(대판 2005.8.19. 2005도2617).

정답 ③

1) 제57조【공무원의 서류】 ① 공무원이 작성하는 서류에는 법률에 다른 규정이 없는 때에는 작성 연월일과 소속공무소를 기재하고 기명날인 또는 서명하여야 한다.

제3절 | 자백의 보강법칙

14 자백의 증거능력과 증명력에 관한 다음 설명 중 옳고 그름의 표시(○, ×)가 바르게 된 것은? (다툼이 있는 경우 판례에 의함) [23 경찰1차] ☆☆☆

㉠ 피고인이 범행을 자인하는 것을 들었다는 피고인 아닌 자의 진술내용은 형사소송법 제310조의 피고인의 자백에 포함되며, 자백을 자백으로 보강할 수 없다는 법리에 따라 그 진술내용을 피고인의 자백의 보강증거로 할 수 없다.
㉡ 일정한 증거가 발견되면 피의자가 자백하겠다고 한 약속이 검사의 강요나 위계에 의하여 이루어졌다던가 또는 불기소나 경한 죄의 소추 등 이익과 교환조건으로 된 것으로 인정되지 않는다면 위와 같은 자백의 약속하에 된 자백이라 하여 곧 임의성 없는 자백으로 증거능력이 부정된다고 단정할 수 없다.
㉢ 상습범은 피고인의 습벽을 구성요건으로 하는 범죄로서 상습범에 있어 피고인의 자백이 있는 경우, 이를 구성하는 각 행위에 관하여 개별적으로 보강증거를 필요로 하는 것은 아니다.
㉣ 자백에 대한 보강증거는 범죄사실의 전부 또는 중요 부분을 인정할 수 있는 정도가 되지 아니하더라도 피고인의 자백이 가공적인 것이 아닌 진실한 것임을 인정할 수 있는 정도만 되면 족할 뿐만 아니라, 직접증거가 아닌 간접증거나 정황증거도 보강증거가 될 수 있다.

① ㉠ × ㉡ ○ ㉢ × ㉣ ○
② ㉠ × ㉡ × ㉢ ○ ㉣ ×
③ ㉠ ○ ㉡ ○ ㉢ × ㉣ ○
④ ㉠ ○ ㉡ × ㉢ ○ ㉣ ×

해설

㉠ [×] 피고인이 범행을 자인하는 것을 들었다는 피고인 아닌 자의 진술내용은 형사소송법 제310조의 피고인의 자백에는 포함되지 아니하나 이는 피고인의 자백의 보강증거로 될 수 없다(대판 2008.2.14. 2007도10937).
▶ 피고인의 자백을 자백으로 보강할 수 없다.

㉡ [○] 자백의 약속이 검사의 강요나 위계에 의하여 이루어졌다던가 또는 불기소나 경한 죄의 소추 등 이익과 교환조건으로 된 것이라고 인정되지 않는 경우라면, 일정한 증거가 발견되면 자백하겠다는 약속하에 하게 된 자백을 곧 임의성이 없는 자백이라고 단정할 수는 없다(대판 1983.9.13. 83도712).

㉢ [×] 소변검사 결과는 1995.1.17.자 투약행위로 인한 것일 뿐 그 이전의 4회에 걸친 투약행위와는 무관하고, 압수된 약물도 이전의 투약행위에 사용되고 남은 것이 아니므로, 위 소변검사 결과와 압수된 약물은 결국 피고인이 투약 습성이 있다는 점에 관한 정황증거에 불과하다 할 것인바, 피고인의 습벽을 범죄구성요건으로 하며 포괄일죄인 상습범에 있어서도 이를 구성하는 각 행위에 관하여 개별적으로 보강증거를 요구하고 있는 점에 비추어 보면 투약 습성에 관한 정황증거만으로 향정신성 의약품관리법위반죄의 객관적 구성요건인 각 투약행위가 있었다는 점에 관한 보강증거로 삼을 수는 없다(대판 1996.2.13. 95도1794).

㉣ [○] 자백에 대한 보강증거는 범죄사실의 전부 또는 중요 부분을 인정할 수 있는 정도가 되지 아니하더라도 피고인의 자백이 가공적인 것이 아닌 진실한 것임을 인정할 수 있는 정도만 되면 족할 뿐만 아니라, 자백과 보강증거가 서로 어울려서 전체로서 범죄사실을 인정할 수 있으면 유죄의 증거로 충분하다(대판 2011.9.29. 2011도8015).
▶ 판례는 '진실성 담보설'의 입장이다.

정답 ①

15 다음 사례에 대한 설명으로 옳지 않은 것은? (다툼이 있는 경우 판례에 의함)

[22 경찰간부] ☆☆

> 피해자 A에 대한 강도 사건에서 甲은 정범으로, 乙은 교사범으로 기소되어 甲과 乙 모두 공동피고인으로 재판을 받고 있다. 공판정에서 甲은 乙이 시켜서 A에 대한 범행을 했다고 자백한 반면, 乙은 甲에게 교사한 적이 없다고 부인하였다. 증인 丙은 공판정에서 사건 발생 직후 甲으로부터 "乙이 시켜서 A에 대한 범행을 했다."는 말을 들었다고 증언하였다. 법원은 甲의 진술과 丙의 증언에 신빙성이 있다고 판단하고 있으나 甲의 자백 외에는 다른 증거가 없다.

① 법원은 甲의 자백만으로 乙에게 유죄를 선고할 수 있다.

② 甲이 丙에게 한 진술의 특신상태가 증명되면 丙의 증언은 甲의 범죄사실을 입증하는 증거로 사용할 수 있다.

③ 甲의 범죄사실에 대한 丙의 증언에 증거능력이 인정되면 법원은 丙의 증언을 기초로 甲에게 유죄를 선고할 수 있다.

④ 丙의 증언은 乙의 범죄사실을 입증하는 증거로 사용할 수 없다.

해설

① [○] 형사소송법 제310조의 '피고인의 자백'에는 공범인 공동피고인의 진술이 포함되지 아니하므로 공범인 공동피고인의 진술은 다른 공동피고인에 대한 범죄사실을 인정하는 데 있어서 증거로 쓸 수 있고 그에 대한 보강증거의 여부는 법관의 자유심증에 맡긴다(대판 1985.3.9. 85도951).

② [○] 피고인이 아닌 자(공소제기 전에 피고인을 피의자로 조사하였거나 그 조사에 참여하였던 자 포함)의 공판준비 또는 공판기일에서의 진술이 피고인의 진술을 그 내용으로 하는 것인 때에는 그 진술이 특히 신빙할 수 있는 상태하에서 행하여졌음이 증명된 때에 한하여 이를 증거로 할 수 있다(제316조 제1항).

③ [×] 피고인이 범행을 자인하는 것을 들었다는 피고인 아닌 자의 진술내용은 형사소송법 제310조의 피고인의 자백에는 포함되지 아니하나 이는 피고인의 자백의 보강증거로 될 수 없다(대판 1981.7.7. 81도1314).

④ [○] 피고인 아닌 자(공소제기 전에 피고인을 피의자로 조사하였거나 그 조사에 참여하였던 자 포함)의 공판준비 또는 공판기일에서의 진술이 피고인 아닌 타인의 진술을 그 내용으로 하는 것인 때에는 원진술자가 사망, 질병, 외국거주, 소재불명 그 밖에 이에 준하는 사유로 인하여 진술할 수 없고, 그 진술이 특히 신빙할 수 있는 상태 하에서 행하여졌음이 증명된 때에 한하여 이를 증거로 할 수 있다(제316조 제2항). 사안의 경우 공범인 공동피고인 원진술자 甲이 재정하고 있으므로 증거능력이 없다.

정답 ③

16 다음 중 자백보강법칙에 관한 설명으로 가장 옳지 않은 것은? (다툼이 있으면 판례에 의함)

[21 해경간부] ☆☆☆

① 공범인 공동피고인의 공판정에서의 자백은 이에 대한 피고인의 반대신문권이 보장되어 있어 증인으로 신문한 경우와 다를 바 없으므로 피고인들 간에 이해관계가 상반되는 경우를 제외하고는 독립한 증거능력이 있다.

② 피고인이 피해자의 재물을 절취하려다가 미수에 그쳤다는 내용의 공소사실을 자백한 경우, 피고인을 현행범인으로 체포한 피해자가 수사기관에서 한 진술 또는 현장사진이 첨부된 수사보고서는 피고인 자백의 진실성을 담보하기에 충분한 보강증거가 될 수 있다.

③ 자백에 대한 보강증거는 직접증거가 아닌 간접증거나 정황증거도 보강증거가 될 수 있으며, 또한 자백과 보강증거가 서로 어울려서 전체로서 범죄사실을 인정할 수 있으면 유죄의 증거로 충분하다.

④ 피고인이 "대마초를 흡입하였다"는 자백을 한 경우, 기소된 대마 흡연일자로부터 한 달 후 피고인의 주거지에서 압수된 대마 잎이 피고인의 자백에 대한 보강증거가 될 수 있다.

해설

① [×] 공동피고인의 자백은 이에 대한 피고인의 반대신문권이 보장되어 있어 증인으로 신문한 경우와 다를 바 없으므로 독립한 증거능력이 있고, 이는 피고인들 간에 이해관계가 상반된다고 하여도 마찬가지라 할 것이다(대판 2006.5.11. 2006도1944).

② [○] 피고인이 갑과 합동하여 을의 재물을 절취하려다가 미수에 그쳤다는 내용의 공소사실을 자백한 사안에서, 피해자가 집에서 잠을 자고 있던 중 집 앞에 있는 컨테이너 박스 쪽에서 쿵쿵하는 소리가 들려 그쪽에 가서 노루발못뽑이로 컨테이너 박스 출입문의 시정장치를 부수는 피고인을 현행범으로 체포하였다고 수사기관에서 행한 진술과 범행에 사용된 노루발못뽑이와 손괴된 쇠창살의 모습이 촬영되어 있는 현장사진이 첨부된 수사보고서는 피고인 자백의 진실성을 담보하기에 충분한 보강증거가 된다(대판 2011.9.29. 2011도8015).

③ [○] "乙로부터 러미라 약 1,000정을 건네받아 그중 일부는 丙에게 제공하고, 남은 것은 내가 투약하였다."라는 피고인 甲의 자백에 대하여 '甲의 최초 러미라 투약행위가 있었던 시점에 乙이 甲에게 50만 원 상당의 채무변제에 갈음하여 러미라 약 1,000정이 들어있는 플라스틱 통 1개를 건네주었다', '丙은 乙에게 甲으로부터 러미라를 건네받았다는 취지의 카카오톡 메시지를 보냈다'는 내용의 乙에 대한 검찰 진술조서 및 수사보고는 자백의 진실성을 담보하기에 충분하다(대판 2018.3.15. 2017도20247).

④ [○] "피워보니 질이 안 좋은 것 같았고, 남은 대마는 보관하고 있었다"는 취지로 진술하여 자백하였고, 압수된 대마 잎 약 14.32g의 현존 등은 피고인의 자백에 대한 보강증거가 된다고 봄이 상당하다(대판 2007.9.20. 2007도5845).

정답 ①

17 자백보강법칙에 관한 다음 설명 중 가장 옳은 것은? (다툼이 있으면 판례에 의함) [21 국가9급] ☆☆

① 자백에 대한 보강증거는 피고인의 자백이 가공적인 것이 아닌 진실한 것임을 인정할 수 있는 정도로는 부족하고 범죄사실의 전부 또는 중요부분을 인정할 수 있는 정도가 되어야 한다.

② 형사소송법 제310조 소정의 피고인의 자백에 공범인 공동피고인의 진술은 포함되지 아니하므로 공범인 공동피고인의 진술은 다른 공동피고인에 대한 범죄사실을 인정하는 증거로 할 수 있는 것일 뿐만 아니라 공범인 공동피고인들의 각 진술은 상호간에 서로 보강증거가 될 수 있다.

③ 피고인이 범행을 자인하는 것을 들었다는 피고인 아닌 자의 진술내용은 형사소송법 제310조의 피고인의 자백에는 포함되지 아니하므로 피고인의 자백의 보강증거로 될 수 있다.

④ 자백에 대한 보강증거는 자백과 보강증거가 서로 어울려서 전체로서 범죄사실을 인정할 수 있으면 유죄의 증거로 충분하나 직접증거가 아닌 간접증거나 정황증거는 자백에 대한 보강증거가 될 수 없다.

해설

① [×] 자백에 대한 보강증거는 범죄사실의 전부 또는 중요 부분을 인정할 수 있는 정도가 되지 아니하더라도 피고인의 자백이 가공적인 것이 아닌 진실한 것임을 인정할 수 있는 정도만 되면 족할 뿐만 아니라, 자백과 보강증거가 서로 어울려서 전체로서 범죄사실을 인정할 수 있으면 유죄의 증거로 충분하다(대판 2018.3.15. 2017도20247).

② [○] 형사소송법 제310조 소정의 "피고인의 자백"에 공범인 공동피고인의 진술은 포함되지 아니하므로, 공범인 공동피고인의 진술은 다른 공동피고인에 대한 범죄사실을 인정하는 증거로 할 수 있는 것일 뿐만 아니라, 공범인 공동피고인들의 각 진술은 상호간에 서로 보강증거가 될 수 있다(대판 1990.10.30. 90도1939).

③ [×] 피고인이 범행을 자인하는 것을 들었다는 피고인 아닌 자의 진술내용은 형사소송법 제310조의 피고인의 자백에는 포함되지 아니하나, 이는 피고인의 자백의 보강증거로 될 수 없다(대판 2008.2.14. 2007도10937).

④ [×] 자백에 대한 보강증거는 직접증거가 아닌 간접증거나 정황증거도 보강증거가 될 수 있다(대판 2006.1.27. 2005도8704).

정답 ②

18 자백보강법칙에 관한 설명으로 옳은 것은 모두 몇 개인가? (다툼이 있으면 판례에 의함) [19 경찰간부] ☆☆

㉠ 자백에 대한 보강증거는 범죄사실의 전부 또는 중요 부분을 인정할 수 있는 정도가 되어야 한다.
㉡ 피고인의 습벽을 범죄구성요건으로 하며 포괄일죄인 상습범에 있어서는 이를 구성하는 각 행위에 관하여 개별적으로 보강증거를 요하는 것이 아니라 포괄적으로 보강증거를 요한다고 보아야 한다.
㉢ 피고인 甲이 乙로부터 필로폰을 매수하면서 그 대금을 乙이 지정하는 은행계좌로 송금한 사실에 대한 압수·수색·검증영장집행보고는 甲의 필로폰 매수 행위와 실체적 경합범 관계에 있는 필로폰 투약행위에 대한 보강증거가 될 수 있다.
㉣ 즉결심판이나 소년보호사건에서는 피고인의 자백만을 증거로 범죄사실을 인정할 수 있다.
㉤ 범행에 사용된 노루발못뽑이와 손괴된 쇠창살의 모습이 촬영되어 수사보고서에 첨부된 현장사진은 형법 제331조 제1항(야간손괴침입절도)의 죄에 관한 피고인의 자백에 대한 보강증거로 인정될 수 있다.

① 1개 ② 2개
③ 3개 ④ 4개

해설

㉠ [×] 자백에 대한 보강증거는 범죄사실의 전부 또는 중요 부분을 인정할 수 있는 정도가 되지 아니하더라도 피고인의 자백이 가공적인 것이 아닌 진실한 것임을 인정할 수 있는 정도만 되면 족할 뿐만 아니라, 자백과 보강증거가 서로 어울려서 전체로서 범죄사실을 인정할 수 있으면 유죄의 증거로 충분하다(대판 2011.9.29. 2011도8015).

㉡ [×] 소변검사 결과는 1995.1.17.자 투약행위로 인한 것일 뿐 그 이전의 4회에 걸친 투약행위와는 무관하고, 압수된 약물도 이전의 투약행위에 사용되고 남은 것이 아니므로, 위 소변검사 결과와 압수된 약물은 결국 피고인이 투약 습성이 있다는 점에 관한 정황증거에 불과하다 할 것인바, 피고인의 습벽을 범죄구성요건으로 하며 포괄일죄인 상습범에 있어서도 이를 구성하는 각 행위에 관하여 개별적으로 보강증거를 요구하고 있는 점에 비추어 보면 투약 습성에 관한 정황증거만으로 향정신성 의약품관리법위반죄의 객관적 구성요건인 각 투약행위가 있었다는 점에 관한 보강증거로 삼을 수는 없다(대판 1996.2.13. 95도1794).

㉢ [×] 실체적 경합범은 실질적으로 수죄이므로, 각 범죄사실에 관하여 자백에 대한 보강증거가 있어야 한다. 제1심이 유죄의 증거로 삼지 않은 증거 중 '피고인이 공소외 2로부터 필로폰을 매수하면서 그 대금을 공소외 2가 지정하는 은행계좌로 송금한 사실'에 대한 압수수색 검증영장 집행보고는 필로폰 매수행위에 대한 보강증거는 될 수 있어도, 그와 실체적 경합범 관계에 있는 필로폰 투약행위에 대한 보강증거는 될 수 없다(대판 2008.2.14. 2007도10937).

㉣ [○] 자백의 보강법칙은 일반 형사소송절차에서 적용된다. 즉결심판에 관한 절차법이 적용되는 즉결심판과 소년법의 적용을 받는 소년보호사건에서는 자백의 보강법칙이 적용되지 않으므로 이들 절차에서는 피고인의 자백만으로 유죄를 인정할 수 있다(즉결심판법 제10조).

관련판례 소년보호사건에 있어서는 비행사실의 일부에 관하여 자백 이외의 다른 증거가 없다 하더라도 법령적용의 착오나 소송절차의 법령위반이 있다고 할 수 없다(대결 1982.10.15. 82모36).

㉤ [○] 피고인이 갑과 합동하여 을의 재물을 절취하려다가 미수에 그쳤다는 내용의 공소사실을 자백한 사안에서, 피해자가 집에서 잠을 자고 있던 중 집 앞에 있는 컨테이너 박스 쪽에서 쿵쿵하는 소리가 들려 그쪽에 가서 노루발못뽑이로 컨테이너 박스 출입문의 시정장치를 부수는 피고인을 현행범으로 체포하였다고 수사기관에서 행한 진술과 범행에 사용된 노루발못뽑이와 손괴된 쇠창살의 모습이 촬영되어 있는 현장사진이 첨부된 수사보고서는 피고인 자백의 진실성을 담보하기에 충분한 보강증거가 된다(대판 2011.9.29. 2011도8015).

정답 ②

19 자백의 보강증거에 관한 설명 중 가장 적절하지 않은 것은? (다툼이 있으면 판례에 의함) [20 경찰승진]

① 공동피고인의 자백은 원칙적으로 피고인의 자백에 대한 보강증거가 될 수 있으나 피고인들 간에 이해관계가 상반되는 경우에는 그 진실성을 담보할 수 없으므로 공동피고인의 자백이 피고인의 자백에 대한 보강증거가 될 수 없다.

② 뇌물공여의 상대방이 뇌물을 수수한 사실을 부인하면서도 그 일시경에 뇌물공여자를 만났던 사실 및 공무에 관한 청탁을 받기도 한 사실 자체는 시인하였다면, 이는 뇌물을 공여하였다는 뇌물공여자의 자백에 대한 보강증거가 될 수 있다.

③ 피고인의 자백을 내용으로 하는 피고인 아닌 자의 진술은 피고인의 자백에 대한 보강증거가 될 수 없다.

④ 전과에 관한 사실은 엄격한 의미에서의 범죄사실과는 구별되는 것으로서 피고인의 자백만으로서도 이를 인정할 수 있다.

해설

① [×] 공동피고인의 자백은 이에 대한 피고인의 반대신문권이 보장되어 있어 증인으로 신문한 경우와 다를 바 없으므로 독립한 증거능력이 있고, 이는 피고인들 간에 이해관계가 상반된다고 하여도 마찬가지라 할 것이다(대판 2006.5.11. 2006도1944).

② [○] 뇌물공여의 상대방인 공무원이 뇌물을 수수한 사실을 부인하면서도 그 일시경에 뇌물공여자를 만났던 사실 및 공무에 관한 청탁을 받기도 한 사실 자체는 시인하였다면, 이는 뇌물을 공여하였다는 뇌물공여자의 자백에 대한 보강증거가 될 수 있다(대판 1995.6.30. 94도993).

③ [○] 피고인이 범행을 자인하는 것을 들었다는 피고인 아닌 자의 진술내용은 형사소송법 제310조의 피고인의 자백에는 포함되지 아니하나, 이는 피고인의 자백의 보강증거로 될 수 없다(대판 2008.2.14. 2007도10937).

④ [○] 누범에 있어 전과에 관한 사실은 엄격한 의미에서의 범죄사실과는 구별되는 것으로서 피고인의 자백만으로도 이를 인정할 수 있다(대판 1979.8.21. 79도1528).

정답 ①

20 자백에 대한 설명 중 가장 적절하지 않은 것은? (다툼이 있으면 판례에 의함) [20 경찰1차]

① 형사소송법 제309조의 자백배제법칙을 인정하는 것은 자백취득 과정에서의 위법성 때문에 그 증거능력을 부정하는 것이므로 만약 자백에서 임의성을 의심할만한 사유가 있으면 그 사유와 자백간의 인과관계가 명백히 없더라도 자백의 증거능력을 부정한다.

② 형사소송법 제309조에서 피고인의 진술이 임의로 한 것이 아니라고 특히 의심할 사유의 입증은 자유로운 증명으로 족하다.

③ 피고인이 위조신분증을 제시행사한 사실을 자백하고 있고 위 제시행사한 신분증이 현존한다면 그 자백이 임의성이 없는 것이 아닌 한 위 신분증은 피고인의 위 자백사실의 진실성을 인정할 간접증거가 된다.

④ 자백에 대한 보강증거는 범죄사실의 전부 또는 중요부분을 인정할 수 있는 정도가 되지 아니하더라도 피고인의 자백이 가공적인 것이 아닌 진실한 것임을 인정할 수 있는 정도만 되면 족할 뿐만 아니라 직접증거가 아닌 간접증거나 정황증거도 보강증거가 될 수 있으며 또한 자백과 보강증거가 서로 어울려서 전체로서 범죄사실을 인정할 수 있으면 유죄의 증거로 충분하다.

해설

① [×] 피고인의 자백이 임의성이 없다고 의심할 만한 사유가 있는 때에 해당한다 할지라도, 그 임의성이 없다고 의심하게 된 사유들과 피고인의 자백과의 사이에 인과관계가 존재하지 않은 것이 명백한 때에는 그 자백은 임의성이 있는 것으로 인정된다고 보아야 한다(대판 1984.11.27. 84도2252).

② [○] 피고인의 검찰 진술의 임의성의 유무가 다투어지는 경우에는 법원은 구체적인 사건에 따라 증거조사의 방법이나 증거능력의 제한을 받지 아니하고 제반 사정을 종합 참작하여 적당하다고 인정되는 방법에 의하여 자유로운 증명으로 그 임의성 유무를 판단하면 된다(대판 2004.3.26. 2003도8077).

③ [○] 피고인이 위조신분증을 제시·행사한 사실을 자백하고 있고, 위 제시·행사한 신분증이 현존한다면 그 자백이 임의성이 없는 것이 아닌 한, 위 신분증은 피고인의 위 자백사실의 진실성을 인정할 간접증거가 된다고 보아야 한다(대판 1983.2.22. 82도3107).

④ [○] 자백에 대한 보강증거는 범죄사실의 전부 또는 중요부분을 인정할 수 있는 정도가 되지 아니하더라도 피고인의 자백이 가공적인 것이 아닌 진실한 것임을 인정할 수 있는 정도만 되면 족할 뿐만 아니라 직접증거가 아닌 간접증거나 정황증거도 보강증거가 될 수 있으며 또한 자백과 보강증거가 서로 어울려서 전체로서 범죄사실을 인정할 수 있으면 유죄의 증거로 충분하다(대판 2011.9.29. 2011도8015).

정답 ①

21 증거에 대한 설명으로 옳지 않은 것은? (다툼이 있으면 판례에 의함) [20 국가7급] ★★

① 피고인의 증거동의의 의사표시가 검사가 제시한 모든 증거에 대하여 증거로 함에 동의한다는 방식으로 이루어진 것이라도 증거동의의 효력이 인정된다.

② 피고인이 범행을 자인하는 것을 들었다는 피고인 아닌 자의 진술내용은 피고인의 자백에 포함되지 않으므로 피고인의 자백의 보강증거가 될 수 있다.

③ 수사기관에서 진술한 참고인이 법정에서 증언을 거부하여 피고인이 반대신문을 하지 못한 경우, 정당하게 증언거부권을 행사한 것이 아니라도 피고인이 증인의 증언거부 상황을 초래하였다는 등의 특별한 사정이 없는 한 형사소송법 제314조의 '그 밖에 이에 준하는 사유로 인하여 진술할 수없는 때'에 해당하지 않으므로 수사기관에서 그 증인의 진술을 기재한 서류는 증거능력이 없다.

④ 실체적 경합범은 실질적으로 수죄이기 때문에 각 범죄사실에 관한 자백에 대하여는 각각 보강증거가 있어야 한다.

해설

① [○] 피고인의 증거동의의 의사표시가 검사가 제시한 모든 증거에 대하여 증거로 함에 동의한다는 방식으로 이루어진 것이라도 증거동의의 효력이 인정된다(대판 1983.3.8. 82도2873).

② [×] 피고인이 범행을 자인하는 것을 들었다는 피고인 아닌 자의 진술내용은 형사소송법 제310조의 피고인의 자백에는 포함되지 아니하나, 이는 피고인의 자백의 보강증거로 될 수 없다(대판 1981.7.7. 81도1314).

③ [○] 수사기관에서 진술한 참고인이 법정에서 증언을 거부하여 피고인이 반대신문을 하지 못한 경우에는 정당하게 증언거부권을 행사한 것이 아니라도, 피고인이 증인의 증언거부 상황을 초래하였다는 등의 특별한 사정이 없는 한, 형사소송법 제314조의 '그 밖에 이에 준하는 사유로 인하여 진술할 수 없는 때'에 해당하지 않는다고 보아야 한다. 따라서 증인이 정당하게 증언거부권을 행사하여 증언을 거부한 경우와 마찬가지로 수사기관에서 그 증인의 진술을 기재한 서류는 증거능력이 없다. 다만 피고인이 증인의 증언거부 상황을 초래하였다는 등의 특별한 사정이 있는 경우에는 형사소송법 제314조의 적용을 배제할 이유가 없다(대판(전) 2019.11.21. 2018도13945).

④ [○] 실체적 경합범은 실질적으로 수죄이기 때문에 각 범죄사실에 관한 자백에 대하여는 각각 보강증거가 있어야 한다(대판 2008.2.14. 2007도10937).

정답 ②

22 자백의 보강법칙에 대한 설명으로 가장 적절하지 않은 것은? (다툼이 있으면 판례에 의함) [19 해경승진] ★★

① 뇌물수수자가 무자격자인 뇌물공여자로 하여금 건축공사를 하도급 받도록 알선하고 그 하도급 계약을 승인받을 수 있도록 하였으며, 공사와 관련된 각종의 편의를 제공한 사실을 인정할 수 있는 증거들은 뇌물공여자의 자백에 대한 보강증거가 될 수 있다.

② 2010.2.18. 01:35경 자동차를 타고 온 피고인으로부터 필로폰을 건네받은 후 피고인이 위 차량을 운전해 갔다고 한 甲의 진술과 2010.2.20. 피고인으로부터 채취한 소변에서 나온 필로폰 양성 반응은 피고인이 2010.2.18. 02:00경의 필로폰 투약으로 정상적으로 운전하지 못할 우려가 있는 상태에 있었다는 「도로교통법」 위반 공소사실 부분에 대한 자백을 보강하는 증거가 되기에 충분하다.

③ 피고인이 범행을 자인하는 것을 들었다는 피고인 아닌 자의 진술내용은 피고인의 자백에 대한 보강증거로 될 수 없다.

④ 자백에 대한 보강증거는 범죄사실의 전부 또는 중요부분을 인정할 수 있는 정도가 되어야 한다.

해설

① [○] 뇌물수수자가 무자격자인 뇌물공여자로 하여금 건축공사를 하도급 받도록 알선하고 그 하도급계약을 승인받을 수 있도록 하였으며 공사와 관련된 각종의 편의를 제공한 사실을 인정할 수 있는 증거들이 뇌물공여자의 자백에 대한 보강증거가 될 수 있다(대판 1998.12.22. 98도2890).

② [○] 2010.2.18. 01:35경 자동차를 타고 온 피고인으로부터 필로폰을 건네받은 후 피고인이 위 차량을 운전해 갔다고 한 갑의 진술과 2010.2.20. 피고인으로부터 채취한 소변에서 나온 필로폰 양성 반응은, 피고인이 2010.2.18. 02:00경의 필로폰 투약으로 정상적으로 운전하지 못할 우려가 있는 상태에 있었다는 공소사실 부분에 대한 자백을 보강하는 증거가 되기에 충분하다(대판 2010.12.23. 2010도11272).

③ [○] 피고인이 범행을 자인하는 것을 들었다는 피고인 아닌 자의 진술내용은 형사소송법 제310조의 피고인의 자백에는 포함되지 아니하나, 이는 피고인의 자백의 보강증거로 될 수 없다(대판 1981.7.7. 81도1314).

④ [×] 자백에 대한 보강증거는 범죄사실의 전부 또는 중요 부분을 인정할 수 있는 정도가 되지 아니하더라도 피고인의 자백이 가공적인 것이 아닌 진실한 것임을 인정할 수 있는 정도만 되면 족할 뿐만 아니라, 자백과 보강증거가 서로 어울려서 전체로서 범죄사실을 인정할 수 있으면 유죄의 증거로 충분하다(대판 2011.9.29. 2011도8015).

정답 ④

23 자백보강법칙에 대한 설명으로 옳은 것은? (다툼이 있으면 판례에 의함) [19 국가7급] ★★

① 자백보강법칙은 즉결심판에 관한 절차법에 따른 즉결심판 절차에 적용된다.

② 피고인의 습벽을 범죄구성요건으로 하는 포괄일죄로서의 상습범에 있어서는 이를 구성하는 각 행위에 관하여 개별적으로 보강증거를 필요로 하지 않는다.

③ 피고인이 범행을 인정하는 것을 들었다는 참고인의 검찰 진술조서의 진술기재는 피고인의 자백에 대한 보강증거가 될 수 있다.

④ 자동차등록증에 차량의 소유자가 피고인으로 등록·기재된 사실은 피고인이 그 차량을 운전하였다는 사실의 자백 부분에 대한 보강증거가 될 수 있고, 결과적으로 피고인의 무면허운전이라는 전체 범죄사실의 보강증거가 될 수 있다.

해설

① [×] 자백의 보강법칙은 일반 형사소송절차에서 적용된다. 즉결심판에 관한 절차법이 적용되는 즉결심판과 소년법의 적용을 받는 소년보호사건에서는 자백의 보강법칙이 적용되지 않으므로 이들 절차에서는 피고인의 자백만으로 유죄를 인정할 수 있다(즉결심판법 제10조).

② [×] 피소변검사 결과는 1995.1.17.자 투약행위로 인한 것일 뿐 그 이전의 4회에 걸친 투약행위와는 무관하고, 압수된 약물도 이전의 투약행위에 사용되고 남은 것이 아니므로, 위 소변검사 결과와 압수된 약물은 결국 피고인이 투약습성이 있다는 점에 관한 정황증거에 불과하다 할 것인바, 피고인의 습벽을 범죄구성요건으로 하며 포괄1죄인 상습범에 있어서도 이를 구성하는 각 행위에 관하여 개별적으로 보강증거를 요구하고 있는 점에 비추어 보면 투약습성에 관한 정황증거만으로 향정신성 의약품관리법위반죄의 객관적 구성요건인 각 투약행위가 있었다는 점에 관한 보강증거로 삼을 수는 없다(대판 1996.2.13. 95도1794).

③ [×] 피고인이 범행을 자인하는 것을 들었다는 피고인 아닌 자의 진술내용은 형사소송법 제310조의 피고인의 자백에는 포함되지 아니하나 이는 피고인의 자백의 보강증거로 될 수 없다(대판 1981.7.7. 81도1314).

④ [○] 자동차등록증에 차량의 소유자가 피고인으로 등록·기재된 것이 피고인이 그 차량을 운전하였다는 사실의 자백 부분에 대한 보강증거가 될 수 있고, 결과적으로 피고인의 무면허운전이라는 전체 범죄사실의 보강증거로 충분하다(대판 2000.9.26. 2000도2365).

정답 ④

24 자백의 보강법칙에 관한 다음 설명 중 가장 옳지 않은 것은? (다툼이 있으면 판례에 의함) [19 법원9급] ☆☆☆

① 필로폰 매수 대금을 송금한 사실에 대한 증거는 필로폰 매수죄와 실체적 경합범 관계에 있는 필로폰 투약행위의 자백에 대한 보강증거가 될 수 있다.

② 2010.2.18. 01:35경 자동차를 타고 온 피고인으로부터 필로폰을 건네받은 후 피고인이 위 차량을 운전해 갔다고 한 甲의 진술과 2010.2.20. 피고인으로부터 채취한 소변에서 나온 필로폰 양성 반응은, 피고인이 2010.2.18. 02:00경의 필로폰 투약으로 정상적으로 운전하지 못할 우려가 있는 상태에 있었다는 공소사실 부분에 대한 자백을 보강하는 증거가 되기에 충분하다.

③ 피고인이 자신이 거주하던 다세대주택의 여러 세대에서 7건의 절도행위를 한 것으로 기소되었는데 그중 4건은 범행장소인 구체적 호수가 특정되지 않은 사안에서, 위 4건에 관한 피고인의 범행 관련 진술이 매우 사실적·구체적·합리적이고 진술의 신빙성을 의심할 만한 사유도 없어 자백의 진실성이 인정되므로, 피고인의 집에서 해당 피해품을 압수한 압수조서와 압수물 사진은 위 자백에 대한 보강증거가 된다.

④ 자동차등록증에 차량의 소유자가 피고인으로 등록·기재된 것이 피고인이 그 차량을 운전하였다는 사실의 자백 부분에 대한 보강증거가 될 수 있고, 결과적으로 피고인의 무면허운전이라는 전체 범죄사실의 보강증거로 충분하다.

해설

① [×] 실체적 경합범은 실질적으로 수죄이므로, 각 범죄사실에 관하여 자백에 대한 보강증거가 있어야 한다. 제1심이 유죄의 증거로 삼지 않은 증거 중 '피고인이 공소외 2로부터 필로폰을 매수하면서 그 대금을 공소외 2가 지정하는 은행 계좌로 송금한 사실'에 대한 압수수색검증영장 집행보고는 필로폰 매수행위에 대한 보강증거는 될 수 있어도, 그와 실체적 경합범 관계에 있는 필로폰 투약행위에 대한 보강증거는 될 수 없다(대판 2008.2.14. 2007도10937).

② [○] 2010.2.18. 01:35경 자동차를 타고 온 피고인으로부터 필로폰을 건네받은 후 피고인이 위 차량을 운전해 갔다고 한 갑의 진술과 2010.2.20. 피고인으로부터 채취한 소변에서 나온 필로폰 양성 반응은, 피고인이 2010.2.18. 02:00경의 필로폰 투약으로 정상적으로 운전하지 못할 우려가 있는 상태에 있었다는 공소사실 부분에 대한 자백을 보강하는 증거가 되기에 충분하다(대판 2010.12.23. 2010도11272).

③ [○] 피고인이 자신이 거주하던 다세대주택의 여러 세대에서 7건의 절도행위를 한 것으로 기소되었는데 그중 4건은 범행장소인 구체적 호수가 특정되지 않은 사안에서, 위 4건에 관한 피고인의 범행 관련 진술이 매우 사실적·구체적·합리적이고 진술의 신빙성을 의심할 만한 사유도 없어 자백의 진실성이 인정되므로, 피고인의 집에서 해당 피해품을 압수한 압수조서와 압수물 사진은 위 자백에 대한 보강증거가 된다(대판 2008.5.29. 2008도2343).

④ [○] 자동차등록증에 차량의 소유자가 피고인으로 등록·기재된 것이 피고인이 그 차량을 운전하였다는 사실의 자백 부분에 대한 보강증거가 될 수 있고, 결과적으로 피고인의 무면허운전이라는 전체 범죄사실의 보강증거로 충분하다(대판 2000.9.26. 2000도2365).

정답 ①

25 자백과 보강증거에 관한 설명 중 옳지 않은 것을 모두 고른 것은? (다툼이 있으면 판례에 의함)

[22 변호사] ☆☆

> ㉠ 피고인이 다세대주택의 여러 세대에서 7건의 절도행위를 한 것으로 기소되었는데 그중 4건은 범행 장소인 구체적 호수가 특정되지 않은 사안에서, 위 4건에 관한 피고인 자백의 진실성이 인정되는 경우라면 피고인의 집에서 압수한 위 4건의 각 피해품에 대한 압수조서와 압수물 사진은 위 자백에 대한 보강증거가 된다.
> ㉡ 피고인이 범행을 자인하는 것을 들었다는 피고인 아닌 자의 진술은 피고인의 자백에 포함되지 아니하므로 피고인 자백의 보강증거가 될 수 있다.
> ㉢ 2021.10.19. 채취한 소변에 대한 검사결과 메스암페타민 성분이 검출된 경우 위 소변검사결과는 2021.10.17. 메스암페타민을 투약하였다는 자백에 대한 보강증거가 될 수는 있지만, 각 투약행위에 대한 자백의 보강증거는 별개의 것이어야 하므로 같은 달 13. 메스암페타민을 투약하였다는 자백에 대한 보강증거는 될 수 없다.
> ㉣ 공소장에 기재된 대마 흡연일자로부터 한 달 후 피고인의 주거지에서 압수된 대마 잎은 비록 피고인의 자백이 구체적이고 그 진실성이 인정된다고 하더라도 피고인의 자백에 대한 보강증거가 될 수 없다.

① ㉠
② ㉠, ㉢
③ ㉡, ㉢
④ ㉡, ㉣
⑤ ㉡, ㉢, ㉣

해설

㉠ [○] 피고인이 자신이 거주하던 다세대주택의 여러 세대에서 7건의 절도행위를 한 것으로 기소되었는데 그중 4건은 범행장소인 구체적 호수가 특정되지 않은 사안에서, 위 4건에 관한 피고인의 범행 관련 진술이 매우 사실적·구체적·합리적이고 진술의 신빙성을 의심할 만한 사유도 없어 자백의 진실성이 인정되므로, 피고인의 집에서 해당 피해품을 압수한 압수조서와 압수물 사진은 위 자백에 대한 보강증거가 된다고 한 사례(대판 2008.5.29. 2008도2343).

㉡ [×] "피고인이 범행을 자인하는 것을 들었다"는 피고인 아닌 자의 진술 내용은 형사소송법 제310조의 피고인의 자백에는 포함되지 아니하나 이는 피고인의 자백의 보강증거로 될 수 없다(대판 2008.2.14. 2007도10937).

㉢ [×] 대구광역시 보건환경연구원장 작성의 시험성적서는 2000.10.19. 21:50경 피고인으로부터 채취한 소변을 검사한 결과 메스암페타민 성분이 검출되었다는 취지의 검사결과를 기재한 것이고, 그와 같은 검사결과에 의하여 검출된 메스암페타민 성분은 주로 피고인이 2000.10.17. 투약한 메스암페타민에 의한 것으로 보이기는 하지만, 피고인이 2000.10.13. 메스암페타민을 투약함으로 인하여 피고인의 체내에 남아 있던 메스암페타민 성분도 그에 포함되어 검출되었을 가능성을 배제할 만한 합리적 근거가 없으므로 소변검사결과가 오로지 2000.10.17. 투약행위로 인한 것이라기보다는 2000.10.13. 투약행위와 2000.10.17. 투약행위가 결합되어 나온 것으로 보아야 할 것이어서 그 결과는 각 투약행위에 대한 보강증거로 될 수 있다(대판 2002.1.8. 2001도1897).

▶ 판례의 취지에 의할 때 2021.10.19. 채취한 소변에 대한 검사결과 메스암페타민 성분이 검출된 경우 그 소변검사결과는 2021.10.13. 메스암페타민을 투약하였다는 자백에 대해서도 보강증거가 될 수 있다.

㉣ [×] 2006.4.6.경 피고인의 주거지에서 대마 잎 약 14.32g 및 놋쇠 담배파이프가 발견되어 압수된 점 등에 비추어 보면, 피고인의 "2006.3. 초순 일자불상 16:30경 밭둑에서 대마 2주를 발견하여 대마 2주 중 1주에는 잎이 없어 그대로 두고 나머지 1주를 가지고 와서 잎을 따고, 그 날 22:00경 주거지에서 그 대마 잎 약 0.5g을 놋쇠 담배파이프에 넣고 불을 붙인 다음 연기를 빨아들여 흡연하였다. 피워보니 질이 안 좋은 것 같았고, 남은 대마는 보관하고 있었다."라는 자백은 그 진실성이 넉넉히 인정되므로 압수된 대마 잎 약 14.32g의 현존 등은 피고인의 자백에 대한 보강증거가 된다(대판 2007.9.20. 2007도5845).

정답 ⑤

제4절 | 공판조서의 증명력

26 공판조서에 관한 설명 중 옳지 않은 것은? (다툼이 있으면 판례에 의함) [20 경찰간부] ★★

① 공판기일의 소송절차로서 공판조서에 기재된 것은 그 조서만으로 증명하고, 명백한 오기인 경우를 제외하고는 다른 자료에 의한 반증이 허용되지 않는다.

② 검사가 제출한 증거에 대하여 동의 또는 진정성립 여부 등에 관한 피고인의 의견이 증거목록에 기재된 경우, 그 증거목록의 기재도 공판조서의 일부로서 명백한 오기가 아닌 이상 절대적인 증명력을 가진다.

③ 공판기일의 소송절차에 관하여는 수소법원의 재판장이 아니라 참여한 법원사무관 등이 공판조서를 작성한다.

④ 피고인이 공판조서에 대해 열람 또는 등사를 청구하였는데 법원이 불응하여 피고인의 열람 또는 등사청구권이 침해된 경우, 그 공판조서를 유죄의 증거로 할 수 없으나 그 공판조서에 기재된 증인의 진술은 다른 절차적 위법이 없는 이상 증거로 할 수 있다.

해설

① [○] 공판조서의 기재가 명백한 오기인 경우를 제외하고는, 공판기일의 소송절차로서 공판조서에 기재된 것은 조서만으로써 증명하여야 하고, 그 증명력은 공판조서 이외의 자료에 의한 반증이 허용되지 않는 절대적인 것이다(대판 2015.8.27. 2015도3467).

② [○] 검사 제출의 증거에 관하여 동의 또는 진정성립 여부 등에 관한 피고인의 의견이 증거목록에 기재된 경우에는 그 증거목록의 기재는 공판조서의 일부로서 명백한 오기가 아닌 이상 절대적인 증명력을 가지게 된다(대판 2015.8.27. 2015도3467).

③ [○] 공판기일의 소송절차에 관하여는 참여한 법원사무관 등이 공판조서를 작성하여야 한다(제51조 제1항).

④ [×] 피고인의 공판조서에 대한 열람 또는 등사청구에 법원이 불응하여 피고인의 열람 또는 등사청구권이 침해된 경우에는 그 공판조서를 유죄의 증거로 할 수 없을 뿐만 아니라 공판조서에 기재된 당해 피고인이나 증인의 진술도 증거로 할 수 없다(대판 2012.12.27. 2011도15869).

정답 ④

27 공판조서에 관한 다음 설명 중 가장 옳지 않은 것은? (다툼이 있으면 판례에 의함) [19 법원9급] ★★

① 결심공판에 검사가 출석하여 의견을 진술하였다고 하더라도 결심공판에 관한 공판조서에 검사의 의견진술이 누락되어 있다면 검사의 의견진술이 없는 것으로 보아야 하므로 판결에 영향을 미친 잘못이 있다.

② 공판조서에 그 공판에 관여한 법관의 성명이 기재되어 있지 않다면 공판절차가 법령에 위반되어 판결에 영향을 미친 위법이 있다.

③ 공판조서에 재판장이 판결서에 의하여 판결을 선고하였음이 기재되어있나면 동 판결선고 절차는 적법하게 이루어졌음이 증명되었다고 할 것이고 여기에는 다른 자료에 의한 반증은 허용되지 않는다.

④ 공판조서의 기재가 명백한 오기인 경우에는 공판조서의 기재에도 불구하고 공판조서에 기재된 내용과 다른 사실을 인정할 수 있다.

해설

① [×] 결심공판에 출석한 검사가 사실과 법률적용에 관하여 의견을 진술하지 않더라도 공판절차가 무효로 되는 것은 아니며 위 공판조서에 검사의 의견진술이 누락되어 있다 하여도 이로써 판결에 영향을 미친 법률위반이 있는 경우에 해당한다고는 볼 수 없다(대판 1977.5.10. 74도3293).
② [○] 공판조서에 그 공판에 관여한 법관의 성명이 기재되어 있지 아니하다면 공판절차가 법령에 위반되어 판결에 영향을 미친 위법이 있다 할 것이다(대판 1970.9.22. 70도1312).
③ [○] 공판조서에 재판장이 판결서에 의하여 판결을 선고하였음이 기재되어 있다면 동 판결선고 절차는 적법하게 이루어졌음이 증명되었다고 할 것이며, 여기에는 다른 자료에 의한 반증을 허용하지 못하는 바이니 검찰서기의 판결서 없이 판결선고 되었다는 내용의 보고서로써, 공판조서의 기재 내용이 허위라고 판정할 수 없다(대판 1983.10.25. 82도571).
④ [○] 공판조서의 기재가 명백한 오기인 경우에는 공판조서는 그 올바른 내용에 따라 증명력을 가진다(대판 1995.12.22. 95도1289).

정답 ①

28 증거에 관한 설명 중 옳지 않은 것을 모두 고른 것은? (다툼이 있으면 판례에 의함) [21 변호사]

> ㉠ 제1심 법원에서 이미 증거능력이 있었던 증거는 항소심에서도 증거능력이 그대로 유지되어 심판의 기초가 될 수 있고, 다시 증거조사를 할 필요가 없으므로 항소심법원의 재판장은 증거조사절차에 들어가기에 앞서 제1심의 증거관계와 증거조사결과의 요지를 고지할 필요가 없다.
> ㉡ 행위자가 아닌 법인 또는 개인이 양벌규정에 따라 기소된 경우, 검사 이외의 수사기관이 행위자에 대하여 작성한 피의자신문조서는 행위자가 그 내용을 인정한 경우에라도 당해 피고인인 법인 또는 개인이 그 내용을 부인하는 경우에는 「형사소송법」 제312조 제3항이 적용되어 증거능력이 없고, 「형사소송법」 제314조를 적용하여 증거능력을 인정할 수도 없다.
> ㉢ 수사기관이 구속수감되어 있던 甲으로부터 乙의 마약류관리에관한법률위반(향정) 범행에 대한 진술을 듣고 추가적인 증거를 확보할 목적으로 甲에게 그의 압수된 휴대전화를 제공하여 乙과 통화하고 위 범행에 관한 통화 내용을 녹음하게 한 경우, 甲이 통화당사자가 되므로 그 녹음은 乙에 대한 유죄 인정의 증거로 사용할 수 있다.
> ㉣ 전자문서를 수록한 파일 등의 경우에는 원본임이 증명되거나 혹은 원본으로부터 복사한 사본일 경우에는 복사과정에서 편집되는 등 인위적 개작 없이 원본의 내용 그대로 복사된 사본임이 증명되어야만 하고, 그러한 증명이 없는 경우에는 쉽게 그 증거능력을 인정할 수 없다. 이때 원본 동일성은 증거능력의 요건에 해당하므로 검사가 그 존재에 대하여 구체적으로 주장·증명하여야 한다.

① ㉠, ㉢
② ㉡, ㉣
③ ㉠, ㉡, ㉢
④ ㉠, ㉢, ㉣
⑤ ㉡, ㉢, ㉣

해설

㉠ [×] 형소법 제364조 제3항은 "제1심법원에서 증거로 할 수 있었던 증거는 항소법원에서도 증거로 할 수 있다."고 규정하는 바, 제1심법원에서 증거능력이 있었던 증거는 항소심에서도 심판의 기초가 될 수 있고, 다시 증거조사를 할 필요가 없다. 다만 항소법원 재판장은 증거조사절차에 들어가기에 앞서 제1심의 증거관계와 증거조사 결과의 요지를 고지하여야 한다(형사소송규칙 제156조의5 제1항)(대판 2018.8.1. 2018도8651).

㉡ [○] 양벌규정은 법인의 대표자나 법인 또는 개인의 대리인, 사용인, 그 밖의 종업원 등 행위자가 법규위반행위를 저지른 경우, 일정 요건하에 이를 행위자가 아닌 법인 또는 개인이 직접 법규위반행위를 저지른 것으로 평가하여 행위자와 같이 처벌하도록 규정한 것으로서, 이때의 법인 또는 개인의 처벌은 행위자의 처벌에 종속되는 것이 아니라 법인 또는 개인의 직접책임 내지 자기책임에 기초하는 것이기는 하다. 그러나 양벌규정에 따라 처벌되는 행위자와 행위자가 아닌 법인 또는 개인 간의 관계는, 행위자가 저지른 법규위반행위가 사업주의 법규위반행위와 사실관계가 동일하거나 적어도 중요 부분을 공유한다는 점에서 내용상 불가분적 관련성을 지닌다고 보아야 하고, 따라서 형법 총칙의 공범관계 등과 마찬가지로 인권보장적인 요청에 따라 형사소송법 제312조 제3항이 적용된다고 보는 것이 타당하다(대판 2020.6.11. 2016도9367).

㉢ [×] 수사기관이 구속수감된 자로 하여금 피고인의 범행에 관한 통화 내용을 녹음하게 한 행위는 수사기관 스스로 주체가 되어 구속수감된 자의 동의만을 받고 상대방 피고인의 동의가 없는 상태에서 통화 내용을 녹음한 것으로 불법감청이므로, 녹음 자체는 물론, 이를 근거로 작성된 수사보고의 기재 내용과 첨부 녹취록 및 mp3파일도 모두 피고인과 변호인의 증거동의에 상관없이 증거능력이 없다(대판 2010.10.14. 2010도9016).

㉣ [○] 전자문서를 수록한 파일 등의 경우에는, 성질상 작성자의 서명 혹은 날인이 없을 뿐만 아니라 작성자 · 관리자의 의도나 특정한 기술에 의하여 내용이 편집 · 조작될 위험성이 있음을 고려하여, 원본임이 증명되거나 혹은 원본으로부터 복사한 사본일 경우에는 복사 과정에서 편집되는 등 인위적 개작 없이 원본의 내용 그대로 복사된 사본임이 증명되어야만 하고, 이러한 원본 동일성은 증거능력의 요건에 해당하므로 검사가 그 존재에 대하여 구체적으로 주장 · 증명해야 한다(대판 2018.2.8. 2017도13263).

정답 ①

해커스경찰
police.Hackers.com

제3편

통합사례형 문제

01 다음 사례에 관한 설명 중 가장 적절한 것은? (다툼이 있는 경우 판례에 의함)

[23 경찰2차] ☆☆

> 연구실을 함께 운영하는 甲과 乙은 소속 연구원들에 대한 인건비 지급 명목으로 X 학교법인에 지원금 지급을 신청하여 지급받은 금원을 연구실 운영비로 사용하기로 공모하였다. 이에 따라 甲은 2022년 1월부터 12월까지 매월 1회 지급신청을 하고 해당 금액을 지급받는 동일한 방식으로 총 12회에 걸쳐 연구원 인건비 명목으로 X 학교법인으로부터 합계 1억 원 상당을 송금받았다. 다만, 乙은 2022년 8월에 퇴직하여 이후의 연구실 운영에는 관여하지 않았다. 이후 甲과 乙에 대한 재판에서 검사는 '연구실원 A에 대한 참고인 진술조서'(이하, '조서'라 한다)를 증거로 제출하였으나, 공판기일에 증인으로 출석한 A는 甲과의 관계를 우려하여 조서의 진정성립을 비롯한 일체의 증언을 거부하였다.

① 甲과 乙이 2022년 1월부터 12월까지 금원을 지급받은 것이 사기죄에 해당하는 경우, 각 지급행위 시마다 별개의 사기죄가 성립한다.

② A가 증언을 거부하면 甲의 반대신문권이 보장되지 않는 것인데, 이 경우 A의 증언거부가 정당한 증언거부권의 행사라 하더라도 甲의 반대신문권이 보장되지 않는다는 점에서는 아무런 차이가 없다.

③ 乙은 퇴직 이후에 甲이 금원을 송금받은 부분에 대해서는 사기죄의 죄책을 부담하지 않는다.

④ 만약 A가 법정에서 증언을 거부하지 않고 조서에 대해 "기재된 바와 같이 내가 말한 것은 맞는데, 그건 일부러 거짓말을 한 것이다."라고 진술하게 되면 조서는 증거로 사용할 수 없게 된다.

해설

① [×] 사기죄 등 재산범죄에서 동일한 피해자에 대하여 단일하고 계속된 범의하에 동종의 범행을 일정기간 반복하여 행한 경우에는 그 각 범행은 통틀어 포괄일죄가 될 수 있다(대판 2016.10.27. 2016도11318).

▶ 피해자는 학교법인이므로 피해법익이 동인한 것으로 볼 수 있다.

② [○] 수사기관에서 진술한 참고인이 법정에서 증언을 거부하여 피고인이 반대신문을 하지 못한 경우에는 정당하게 증언거부권을 행사한 것이 아니라도, 피고인이 증인의 증언거부 상황을 초래하였다는 등의 특별한 사정이 없는 한 형사소송법 제314조의 '그 밖에 이에 준하는 사유로 인하여 진술할 수 없는 때'에 해당하지 않는다고 보아야 한다. 따라서 증인이 정당하게 증언거부권을 행사하여 증언을 거부한 경우와 마찬가지로 수사기관에서 그 증인의 진술을 기재한 서류는 증거능력이 없다. … 증인이 정당하게 증언거부권을 행사한 경우와 증언거부권의 정당한 행사가 아닌 경우를 비교하면, 피고인의 반대신문권이 보장되지 않는다는 점에서 아무런 차이가 없다. 증인의 증언거부가 정당하게 증언거부권을 행사한 것인지 여부는 피고인과는 상관없는 증인의 영역에서 일어나는 문제이고, 피고인으로서는 증언거부권이 인정되는 증인이건 증언거부권이 인정되지 않는 증인이건 상관없이 형사소송법이 정한 반대신문권이 보장되어야 한다. 증인의 증언거부권의 존부라는 우연한 사정에 따라 전문법칙의 예외규정인 형사소송법 제314조의 '그 밖에 이에 준하는 사유로 인하여 진술할 수 없는 때'의 해당 여부가 달라지는 것은 피고인의 형사소송절차상 지위에 심각한 불안정을 초래한다. 더구나 사안에 따라서는 증인의 증언거부에 정당한 이유가 있는지를 명확히 판별하기 쉽지 않은 경우도 있으므로, 증인이 정당하게 증언거부권을 행사했는지 여부에 따라 증인의 수사기관 조서의 증거능력에 관한 판단을 달리하는 것은 형사소송절차의 안정마저 저해할 우려가 있다(대판(전) 2019.11.21. 2018도13945).

③ [×] 피고인이 공범들과 다단계금융판매조직에 의한 사기범행을 공모하고 피해자들을 기망하여 그들로부터 투자금명목으로 피해금원의 대부분을 편취한 단계에서 위 조직의 관리이사직을 사임한 경우, 피고인의 사임 이후 피해자들이 납입한 나머지 투자금 명목의 편취금원도 같은 기망상태가 계속된 가운데 같은 공범들에 의하여 같은 방법으로 수수됨으로써 피해자별로 포괄일죄의 관계에 있으므로 이에 대하여도 피고인은 공범으로서의 책임을 부담한다(대판 2002.8.27. 2001도513).

▶ 승계적 공동정범의 쟁점이 아니라는 점에 유의하여야 한다.

④ [×] 검사가 피의자 아닌 자의 진술을 기재한 조서는 원진술자의 공판준비 또는 공판기일에서의 진술에 의하여 성립의 진정함이 인정되면 증거로 할 수 있고, 여기에서 성립의 진정이라 함은 간인, 서명, 날인 등 조서의 형식적인 진정과 그 조서의 내용이 진술자의 진술 내용대로 기재되었다는 실질적인 진정을 뜻하는 것이므로, 검사가 피의자 아닌 자의 진술을 기재한 조서에 대하여 그 원진술자가 공판기일에서 그 성립의 진정을 인정하면 그 조서는 증거능력이 있는 것이고, 원진술자가 공판기일에서 그 조서의 내용과 다른 진술을 하거나 변호인 또는 피고인의 반대신문에 대하여 아무런 답변을 하지 아니하였다 하여, 곧 증거능력 자체를 부정할 사유가 되지는 아니한다(대판 2001.9.14. 2001도1550).

▶ 내용인정은 수사기관 작성의 참고인진술조서의 요건이 아니다.

정답 ②

02 다음 사례에 대한 설명으로 옳은 것은 모두 몇 개인가? (다툼이 있는 경우 판례에 의함) [23 경찰간부] ☆☆

(1) X 카페의 주인 甲은, 쓰레기 문제로 평소 자주 다투던 옆집 Y식당 주인 乙에게 화가 나 乙이 1층에 세워놓은 Y 식당 광고판(홍보용 배너와 거치대)을 그 장소에서 제거하여 컨테이너로 된 상가 창고로 옮겨 놓아 乙이 사용할 수 없도록 하였다.
(2) 이 사실을 알게 된 乙은 甲에 대한 상해의 고의로 불꺼진 X카페로 들어가 甲으로 추정되는 자에게 각목을 내리쳐 코뼈를 부러뜨렸으나 실제로 맞은 사람은 甲에게 총구를 겨누던 丙이었다.

가. (1)에서 甲에게는 재물손괴죄가 성립한다.
나. (2)에서 착오에 대한 판례의 입장에 의하면, 乙에게 丙에 대한 상해죄의 고의기수범 성립을 인정한다.
다. (2)의 상황에서 엄격책임설의 입장에 의하면, 착오에 정당한 이유가 없는 경우 乙에게 상해죄 성립을 인정한다.
라. (2)의 사실에 대하여 검사가 乙에게 무혐의 결정을 하였다가 다시 공소를 제기한 경우, 이는 일사부재리의 원칙에 위배되므로 다시 수사를 재개하거나 공소를 제기할 수 없다.
마. (2)의 사실에 대하여 수사기관에서 혐의를 부인하던 乙이 피고인의 신분으로 공판정에서 자백을 한 경우, 자백보강법칙은 적용되지 아니한다.

① 1개 ② 2개
③ 3개 ④ 4개

해설

가. [○] 갑이 홍보를 위해 광고판(홍보용 배너와 거치대)을 1층 로비에 설치해 두었는데, 피고인이 을에게 지시하여 을이 위 광고판을 그 장소에서 제거하여 컨테이너로 된 창고로 옮겨 놓아 갑이 사용할 수 없도록 한 경우, 비록 물질적인 형태의 변경이나 멸실, 감손을 초래하지 않은 채 그대로 옮겼더라도 위 광고판은 본래적 역할을 할 수 없는 상태로 되었으므로 피고인의 행위는 재물손괴죄에서의 재물의 효용을 해하는 행위에 해당한다(대판 2018.7.24. 2017도18807).
나. [○] 판례는 법정적 부합설에 입각하여 착오사례를 해결하고 있다. 법정적 부합설은 구체적 사실의 착오 중 객체의 착오 방법의 착오를 불문 발생사실에 대한 고의 기수를 인정하므로 사안의 경우 乙에게 丙에 대한 상해죄의 고의기수범이 성립한다.
다. [×] 위법성조각사유의 전제사실에 대한 착오(이하 '위전착'이라 한다)란 행위자가 존재하지 않는 위법성 조각사유의 객관적 전제사실이 존재한다고 오신하고 행위를 한 경우를 말한다(오상방위, 허용상황의 착오). 위전착의 경우 엄격책임설은 행위자가 구성요건적 사실 그 자체는 인식했으므로 구성요건적 고의는 조각될 수 없고, 착오로 위법성을 인식하지 못한 것이므로 금지착오가 된다는 견해이다. 따라서, 착오에 정당한 이유가 없으면 고의범으로 처벌되고, 정당한 이유가 있으면 책임이 조각되어 처벌받지 않게 된다. 그러나, 사안의 경우 乙은 甲에 대한 상해의 고의로 총을 겨누던 丙을 상해하였는바, 이는 객관적 정당화 상황은 존재하지만 행위자가 이를 인식하지 못하고 행위를 한 경우, 즉 주관적 정당화 요소가 흠결된 경우에 해당한다. 따라서 이 경우에는 위전착을 전제로 하는 엄격책임설이 논의될 여지가 없는 사안이므로 지문은 전제 자체가 틀린 지문에 해당한다.
라. [×] 검사의 불기소처분에는 확정재판에 있어서의 확정력과 같은 효력이 없어 일단 불기소처분을 한 후에도 공소시효가 완성되기 전이면 언제라도 공소를 제기할 수 있다(대판 2009.10.29. 2009도6614).
마. [×] 피고인의 법정에서의 진술과 피고인에 대한 검찰 피의자신문조서의 진술기재들은 피고인의 법정 및 검찰에서의 자백으로서 형사소송법 제310조에서 규정하는 자백의 개념에 포함되어 그 자백만으로는 유죄의 증거로 삼을 수 없다(대판 2008.2.14. 2007도10937).

정답 ②

제3편 | 통합사례형 문제 3편

03 다음 사례에 대한 설명으로 옳은 것은 모두 몇 개인가? (다툼이 있는 경우 판례에 의함) [23 경찰간부]

> 甲은 乙과 자신의 부유한 삼촌 A의 집에 있는 금괴를 훔치기로 공모하였다. 다음날 01:00시경 甲은 A의 집 담장에서 망을 보고, 乙은 담장을 넘어 거실창문을 열고 안으로 들어가 금괴를 가지고 나오다가 A에게 발각되었고, 그 순간 A는 담장에서 뛰어가는 甲의 뒷모습도 보게 되었다. A는 사법경찰관에게 甲과 乙을 신고하였으며, 수사를 받던 중 乙은 변호사 L을 선임하였다. 이후 검사는 甲과 乙을 기소하였다.

> 가. 乙의 절도 목적이 인정되지 않는다면 乙은 야간에 주거에 침입하였으므로 특수주거침입죄가 성립한다.
> 나. 사법경찰관이 작성한 甲에 대한 피의자신문조서를 甲이 법정에서 진정성립 및 내용을 인정하더라도 乙이 공판기일에서 그 조서의 내용을 부인하면 이를 乙에 대한 유죄 인정의 증거로 사용할 수 없다.
> 다. 공동피고인 甲과 乙은 수사기관에서 계속 혐의를 부인하다가 乙이 공판정에서 자백한 경우, 甲의 반대신문권이 보장되어 있으므로 乙의 자백은 별도의 보강증거 필요 없이 甲에 대한 유죄의 증거능력이 인정된다.
> 라. A는 甲과 乙 모두를 처벌해달라고 하였으나 항소심 중에 甲에 대해서만 고소를 취소하였다면, 법원은 甲에 대해서는 공소기각판결을, 乙에 대해서는 실체 판결을 하여야 한다.

① 1개　　② 2개
③ 3개　　④ 4개

해설

가. [×] 주거침입죄는 제320조에서 특수주거침입죄를 규정하고 있지만, 제331조 제1항의 특수절도와 같은 야간손괴침입절도 등의 규정을 두고 있지 않다. 따라서 설문의 경우와 같이 야간에 침입하였더라도 특수주거침입죄는 성립하지 않는다.
한편, 제320조의 특수주거침입죄는 단체 또는 다중이 주거에 침입한 경우에 성립한다, 여기서 '다중'이라 함은 단체를 이루지 못한 다수인의 집합을 말하는 것으로, 이는 결국 집단적 위력을 보일 정도의 다수 혹은 그에 의해 압력을 느끼게 해 불안을 줄 정도의 다수를 의미하고(대판 2006.2.10. 2005도174), 불과 3인의 경우에는 그것이 어떤 집단의 힘을 발판 또는 배경으로 한다는 것이 인정되지 않는 한 특수폭행죄의 "다중의 위력"을 보인 것이라고는 할 수 없다(대판 1971.12.21. 71도1930). 이와 같은 판례의 취지에 따를 때 설문의 경우에는 2인이므로 단체나 다중에 의한 주거침입죄도 성립할 수 없다.

나. [○] [1] 형사소송법 제312조 제3항은 검사 이외의 수사기관이 작성한 당해 피고인에 대한 피의자신문조서를 유죄의 증거로 하는 경우뿐만 아니라 검사 이외의 수사기관이 작성한 당해 피고인과 공범관계에 있는 다른 피고인이나 피의자에 대한 피의자신문조서를 당해 피고인에 대한 유죄의 증거로 채택할 경우에도 적용된다.
[2] 당해 피고인과 공범관계가 있는 다른 피의자에 대하여 검사 이외의 수사기관이 작성한 피의자신문조서는 그 피의자의 법정진술에 의하여 그 성립의 진정이 인정되는 등 형사소송법 제312조 제4항의 요건을 갖춘 경우라고 하더라도 당해 피고인이 공판기일에서 그 조서의 내용을 부인한 이상 이를 유죄 인정의 증거로 사용할 수 없다(대판 2014.4.10. 2014도1779).

다. [○] 형사소송법 제310조의 '피고인의 자백'에는 공범인 공동피고인의 진술이 포함되지 아니하므로 공범인 공동피고인의 진술은 다른 공동피고인에 대한 범죄사실을 인정하는 데 있어서 증거로 쓸 수 있고 그에 대한 보강증거의 여부는 법관의 자유심증에 맡긴다(대판 1985.3.9. 85도951). 공동피고인의 자백은 이에 대한 피고인의 반대신문권이 보장되어 있어 증인으로 신문한 경우와 다를 바 없으므로 독립한 증거능력이 있고, 이는 피고인들간에 이해관계가 상반된다고 하여도 마찬가지라 할 것이다(대판 2006.5.11. 2006도1944).

라. [×] 설문의 사실관계와 지문의 관계로 볼 때 甲과 삼촌 A는 동거하지 않는 친족관계인 것으로 보인다. 따라서 이는 친족상도례가 적용되는 사안으로서 고소가 있어야 공소를 제기할 수 있는 상대적 친고죄에 해당한다. 이 경우 신분관계가 없는 공범에 대하여는 친족상도례 규정이 적용되지 아니한다(제328조 제3항). 한편, 친고죄의 고소는 제1심 판결선고 전까지 취소할 수 있다(제232조 제1항).
▶ 사안의 경우 비록 A가 甲과 상대적 친족관계가 인정된다고 하더라도 이미 제1심 판결이 선고되어 항소심이 진행 중인 경우, A의 고소취소가 있다고 하더라도 법원은 공소기각판결을 할 수 없고 실체재판에 나아가야 한다.

정답 ②

04 다음 사례에 관한 설명 중 가장 적절한 것은? (다툼이 있는 경우 판례에 의함) [23 경찰1차] ☆☆

> 친구사이인 甲, 乙, 丙은 사업가 A의 사무실 금고에 거액의 현금이 있다는 정보를 입수한 후, 甲과 乙은 A의 사무실 금고에서 현금을 절취하고 丙은 위 사무실로부터 100m 떨어진 곳에서 망을 보기로 모의하였다. 범행 당일 오전 10시경 甲과 乙은 A의 사무실에 들어가 현금을 절취한 후, 망을 보던 丙과 함께 도주하였다. 甲, 乙, 丙은 검거되어 절도혐의로 수사를 받고 공동으로 기소되어 심리가 진행되었는데, 검사는 경찰수사 단계에서 작성된 공범 乙의 피의자 신문조서를 甲의 범죄혐의 입증의 증거로 제출하였고 甲은 그 내용을 부인하였다. 한편 丙은 甲의 공소사실에 대해 증인으로 채택되어 선서하고 증언하면서 甲의 범행을 덮어주기 위해 기억에 반하는 허위진술을 하였다. (주거침입죄 및 손괴죄 기타 특별법 위반의 점은 고려하지 않음)

① 甲과 乙에 대해서는 형법 제331조 제2항의 합동절도가 성립하지만, 현장에서의 협동관계가 인정되지 않는 丙에 대해서는 형법 제329조 단순절도죄가 성립한다.

② 만약 甲과 乙이 A의 사무실 출입문의 시정장치를 손괴하다가 A에게 발각되어 도주하였다면 甲과 乙의 행위에 대해서는 특수절도죄의 미수범이 성립한다.

③ 乙의 피의자신문조서는 乙이 법정에서 그 내용을 인정하면 甲이 내용을 부인하더라도 甲의 공소사실에 대한 증거로 사용할 수 있다.

④ 丙에 대해서는 형법 제152조 제1항 위증죄가 성립하지 않는다.

해설

① [×] 3인 이상의 범인이 합동절도의 범행을 공모한 후 적어도 2인 이상의 범인이 범행 현장에서 시간적, 장소적으로 협동관계를 이루어 절도의 실행행위를 분담하여 절도 범행을 한 경우에, 그 공모에는 참여하였으나 현장에서 절도의 실행행위를 직접 분담하지 아니한 다른 범인에 대하여도 그가 현장에서 절도 범행을 실행한 위 2인 이상의 범인의 행위를 자기 의사의 수단으로 하여 합동절도의 범행을 하였다고 평가할 수 있는 정범성의 표지를 갖추고 있는 한 공동정범의 일반 이론에 비추어 그 다른 범인에 대하여 합동절도의 공동정범으로 인정할 수 있다(대판 2011.5.13. 2011도2021).

② [×] 형법 제331조 제2항의 특수절도에 있어서 주거침입은 그 구성요건이 아니므로, 절도범인이 그 범행수단으로 주거침입을 한 경우에 그 주거침입행위는 절도죄에 흡수되지 아니하고 별개로 주거침입죄를 구성하여 절도죄와는 실체적 경합의 관계에 있게 되고, 2인 이상이 합동하여 야간이 아닌 주간에 절도의 목적으로 타인의 주거에 침입하였다 하여도 아직 절취할 물건의 물색행위를 시작하기 전이라면 특수절도죄의 실행에는 착수한 것으로 볼 수 없는 것이어서 그 미수죄가 성립하지 않는다(대판 2009.12.24. 2009도9667).

▶ 특수절도의 발생시각은 오전 10시경이므로 특수절도의 실행의 착수 여부는 '물색행위'를 기준으로 판단하여야 한다. 설문의 경우 시정장치를 손괴하였으나 아직 물색행위를 착수하지 않았으므로 특수절도미수죄는 성립하지 않는다.

③ [×] 당해 피고인과 공범관계가 있는 다른 피의자에 대하여 검사 이외의 수사기관이 작성한 피의자신문조서는 그 피의자의 법정진술에 의하여 그 성립의 진정이 인정되는 등 형사소송법 제312조 제4항의 요건을 갖춘 경우라고 하더라도 당해 피고인이 공판기일에서 그 조서의 내용을 부인한 이상 이를 유죄 인정의 증거로 사용할 수 없다(대판 2014.4.10. 2014도1779).

④ [○] [1] 공범인 공동피고인은 당해 소송절차에서는 피고인의 지위에 있으므로 다른 공동피고인에 대한 공소사실에 관하여 증인이 될 수 없으나, 소송절차가 분리되어 피고인의 지위에서 벗어나게 되면 다른 공동피고인에 대한 공소사실에 관하여 증인이 될 수 있다.

[2] 게임장의 종업원이 그 운영자와 함께 게임산업진흥에 관한 법률 위반죄의 공범으로 기소되어 공동피고인으로 재판을 받던 중, 운영자에 대한 공소사실에 관한 증인으로 증언한 내용과 관련하여 위증죄로 기소된 사안에서, 소송절차가 분리되지 않은 이상 위 종업원은 증인적격이 없어 위증죄가 성립하지 않는다고 한 사례(대판 2008.6.26. 2008도3300).

▶ 丙이 비록 증인으로 채택되어 선서하고 증언하였다고 하더라도 丙은 공범인 공동피고인으로서 피고인의 지위가 인정되므로 변론을 분리하지 않는 이상 증인적격이 없고 따라서 기억에 반하는 허위진술을 하더라도 위증죄가 성립하지 않는다.[1])

정답 ④

1) 논란이 있을 수 있는 지문이나 설문 어디에도 변론을 분리했다는 단서는 찾을 수 없으므로 맞는 지문으로 보아야 한다. 특히 객관식 지문의 경우 출제자의 의도를 파악할 수 없는 문제들이 논란의 여지도 함께 갖고 있는 경우가 더러 발생하므로 이런 경우 수험생은 상대적으로 맞는 지문 또는 틀린 지문을 정답으로 선택하여야 한다.

05 다음 사실관계에 관한 설명 중 옳지 않은 것을 모두 고른 것은? (다툼이 있는 경우 판례에 의함)

[23 변호사] ☆☆☆

(가) 甲은 2018.5.경 저금리 대출을 해주겠다고 전화로 거짓말을 하여 금원을 편취하는 소위 보이스피싱 범죄단체에 가입한 후 실제로 위와 같이 보이스피싱 범행을 하였다. 乙은 2019.7.경 甲으로부터 적법한 사업운영에 필요하니 은행계좌, 현금카드, 비밀번호를 빌려달라는 부탁을 받고 甲이 이를 보이스피싱 범행에 사용할 것임을 알지 못한 채 乙 명의의 은행계좌 등을 甲에게 건네주었다. A는 甲으로부터 보이스피싱 기망을 당해 乙 명의의 은행계좌에 1,000만 원을 입금하였다. 乙은 1,000만 원이 입금된 사실을 우연히 알게 되자 순간적으로 욕심이나 이를 임의로 인출하여 사용하였다.

(나) 이에 화가 난 甲은 乙에게 전화하여 "A가 입금한 1,000만 원을 돌려주지 않으면 죽여버린다."라고 말하였는데, 乙은 甲의 이러한 협박 발언을 녹음한 후, 자신의 동생 丙에게 『내 계좌에 모르는 사람으로부터 1,000만 원이 입금되어 있기에 사용했는데, 이를 안 甲이 나에게 돌려주지 않으면 죽여버린다고 협박했다.』라는 내용의 문자메시지를 보냈다. 이후 A와 丙의 신고로 수사가 개시되어 甲이 기소되었고, 검사는 乙이 녹음한 녹음파일 중 甲의 협박 발언 부분 및 문자메시지를 촬영한 사진을 증거로 신청하였다.

ㄱ. (가) 사실관계에서, 甲에게 형법상 범죄단체활동죄와 별개로 사기죄도 성립한다.
ㄴ. (가) 사실관계에서, 乙에게는 횡령죄가 성립하지 않는다.
ㄷ. (나) 사실관계에서, 검사의 입증취지가 甲이 위와 같이 협박한 사실인 경우, 乙이 녹음한 녹음파일 중 甲의 협박 발언 부분은 전문증거이다.
ㄹ. (나) 사실관계에서, 검사의 입증취지가 甲이 위와 같이 협박한 사실인 경우, 문자메시지를 촬영한 사진은 전문증거이다.

① ㄱ, ㄴ ② ㄱ, ㄷ ③ ㄴ, ㄷ
④ ㄴ, ㄹ ⑤ ㄷ, ㄹ

해설

ㄱ. [○] 피고인이 보이스피싱 사기 범죄단체에 가입한 후 사기범죄의 피해자들로부터 돈을 편취하는 등 그 구성원으로서 활동하였다는 내용의 공소사실이 유죄로 인정된 사안에서, 범죄단체 가입행위 또는 범죄단체 구성원으로서 활동하는 행위와 사기행위는 각각 별개의 범죄구성요건을 충족하는 독립된 행위이고 서로 보호법익도 달라 법조경합 관계로 목적된 범죄인 사기죄만 성립하는 것은 아니라고 본 원심판단을 수긍한 사례(대판 2017.10.26. 2017도8600).

ㄴ. [×] 송금의뢰인이 다른 사람의 예금계좌에 자금을 송금·이체한 경우(착오송금의 경우), 특별한 사정이 없는 한, 송금의뢰인과 계좌명의인 사이에 그 원인이 되는 법률관계가 존재하는지 여부에 관계없이 계좌명의인(수취인)과 수취은행 사이에는 그 자금에 대하여 예금계약이 성립하고, 계좌명의인은 수취은행에 대하여 그 금액 상당의 예금채권을 취득한다. 이때 송금의뢰인과 계좌명의인 사이에 송금·이체의 원인이 된 법률관계가 존재하지 않음에도 송금·이체에 의하여 계좌명의인이 그 금액 상당의 예금채권을 취득한 경우 계좌명의인은 송금의뢰인에게 그 금액 상당의 돈을 반환하여야 한다.
이와 같이 계좌명의인이 송금·이체의 원인이 되는 법률관계가 존재하지 않음에도, 계좌이체에 의하여 취득한 예금채권 상당의 돈은 송금의뢰인에게 반환하여야 할 성격의 것이므로, 계좌명의인은 그와 같이 송금·이체된 돈에 대하여 송금의뢰인을 위하여 신의칙 상 보관자의 지위에 있다고 보아야 한다. 따라서 계좌명의인이 그와 같이 송금·이체된 돈을 그대로 보관하지 않고 영득할 의사로 인출하면 횡령죄가 성립한다(대판(전) 2018.7.19. 2017도17494).

ㄷ. [×] "정보통신망을 통하여 공포심이나 불안감을 유발하는 글을 반복적으로 상대방에게 도달하게 하는 행위를 하였다"는 공소사실에 대하여 휴대전화기에 저장된 문자정보가 그 증거가 되는 경우와 같이 그 문자정보가 범행의 직접적인 수단이 될 뿐, 경험자의 진술에 갈음하는 대체물에 해당하지 않는 경우에는 전문법칙이 적용될 여지가 없다(대판 2008.11.13. 2006도2556).

ㄹ. [○] 피해자 A가 남동생 B에게 도움을 요청하면서 피고인이 협박한 말을 포함하여 공갈 등 피해를 입은 내용이 들어있는 문자메시지의 내용을 촬영한 사진은 피해자의 진술서에 준하는 것으로 취급함이 상당할 것인바, 진술서에 관한 형사소송법 제313조에 따라 문자메시지의 작성자인 A가 법정에 출석하여 자신이 문자메시지를 작성하여 동생에게 보낸 것과 같음을 확인하고, 동생인 B도 법정에 출석하여 A가 보낸 문자메시지를 촬영한 사진이 맞다고 확인한 이상, 문자메시지를 촬영한 사진은 그 성립의 진정함이 증명되었다고 볼 수 있으므로 증거로 할 수 있다(대판 2010.11.25. 2010도8735).
▶ 판례 취지에 의할 때 A와 B가 법정에 출석하여 A는 사진 속 문자메시지의 내용이 자신이 작성해 보낸 것과 동일함을 확인하고, B는 A가 보낸 문자메시지를 촬영한 사진이 맞다고 확인한 때에는 증거로 사용할 수 있다.

정답 ③

06 다음 사실관계에 관한 설명 중 옳지 않은 것을 모두 고른 것은? (다툼이 있는 경우 판례에 의함)

[23 변호사] ☆☆☆

- 甲과 乙은 소위 날치기 범행을 공모한 후 함께 차를 타고 범행 대상을 물색하던 중, 은행에서 나와 거리를 걷고 있는 A를 발견하였다. 甲은 하차 후 A의 뒤에서 접근하여 A 소유의 자기앞수표(액면금 1억 원) 총 5매가 들어있는 손가방의 끈을 갑자기 잡아당겼는데, A는 빼앗기지 않으려고 버티다가 바닥에 넘어진 상태로 약 5미터가량을 끌려가다 힘이 빠져 손가방을 놓쳤다. 甲은 이를 틈타 A의 손가방을 들고, 현장에서 대기하고 있던 乙이 운전하는 차를 타고 도망갔다.
- 그 뒤 甲은 본인 명의의 계좌를 새로 개설하여 위 자기앞수표 총 5매를 모두 입금하였다가, 며칠 뒤 다시 5억 원 전액을 현금으로 인출한 후, 甲과 따로 살고 있는 사촌 형 丙에게 위 사실관계를 모두 말해 주면서 위 현금 5억 원을 당분간 보관해 달라고 부탁하였다. 이에 동의한 丙은 그 돈을 건네받아 보관하던 중, A의 신고로 수사가 개시되었고 甲, 乙, 丙이 함께 기소되어 공동피고인으로 재판이 계속 중이다.

ㄱ. 甲에게 특수강도죄가 성립한다.
ㄴ. 甲에게 「특정경제범죄 가중처벌 등에 관한 법률」 제3조를 적용하여 가중처벌할 수 있다.
ㄷ. 丙에게 장물보관죄가 성립하지 않는다.
ㄹ. 만약 丙에게 장물보관죄가 성립한다면, 丙에 대한 장물보관죄에 대하여는 甲과 丙 사이의 친족관계를 이유로 그 형을 감경 또는 면제하여야 한다.
ㅁ. 甲의 손가방 탈취 범행의 유죄 입증과 관련하여, 자백 취지의 乙에 대한 사법경찰관 작성 피의자신문조서에 대하여 甲이 법정에서 내용부인하더라도, 「형사소송법」 제314조에 의해서 증거능력을 인정할 수 있다.
ㅂ. 甲의 손가방 탈취 범행의 유죄입증과 관련하여, 甲과 丙은 서로의 범죄사실에 관하여 증인의 지위에 있으므로 증인선서없이 한 丙의 법정진술은 甲의 증거동의가 없는 한 증거능력이 없다.

① ㄱ, ㄴ, ㄹ
② ㄴ, ㄷ, ㅁ
③ ㄷ, ㄹ, ㅁ
④ ㄴ, ㄷ, ㄹ, ㅁ
⑤ ㄷ, ㄹ, ㅁ, ㅂ

해설

ㄱ. [O] [1] 소위 '날치기'와 같이 강제력을 사용하여 재물을 절취하는 행위가 때로는 피해자를 넘어뜨리거나 상해를 입게 하는 경우가 있고, 그 강제력의 행사가 사회통념상 객관적으로 상대방의 반항을 억압하거나 항거 불능케 할 정도의 것이라면 이는 강도죄의 폭행에 해당한다. 그러므로 날치기 수법의 점유탈취 과정에서 이를 알아채고 재물을 뺏기지 않으려는 상대방의 반항에 부딪혔음에도 계속하여 피해자를 끌고 가면서 억지로 재물을 빼앗은 행위는 피해자의 반항을 억압한 후 재물을 강취한 것으로서 강도에 해당한다.
[2] 날치기 수법으로 피해자가 들고 있던 가방을 탈취하면서 가방을 놓지 않고 버티는 피해자를 5m가량 끌고 감으로써 피해자의 무릎 등에 상해를 입힌 경우, 반항을 억압하기 위한 목적으로 가해진 강제력으로서 그 반항을 억압할 정도에 해당한다고 보아 강도치상죄의 성립을 인정한 사례(대판 2007.12.13. 2007도7601).

ㄴ. [×] 특정경제범죄 가중처벌 등에 관한 법률 제3조【특정재산범죄의 가중처벌】 ① 「형법」 제347조(사기), 제347조의2(컴퓨터등 사용사기), 제350조(공갈), 제350조의2(특수공갈), 제351조(제347조, 제347조의2, 제350조 및 제350조의2의 상습범만 해당한다), 제355조(횡령 · 배임) 또는 제356조(업무상의 횡령과 배임)의 죄를 범한 사람은 그 범죄행위로 인하여 취득하거나 제3자로 하여금 취득하게 한 재물 또는 재산상 이익의 가액(이하 이 조에서 "이득액"이라 한다)이 5억 원 이상일 때에는 다음 각 호의 구분에 따라 가중처벌한다.
1. 이득액이 50억 원 이상일 때: 무기 또는 5년 이상의 징역
2. 이득액이 5억 원 이상 50억 원 미만일 때: 3년 이상의 유기징역
② 제1항의 경우 이득액 이하에 상당하는 벌금을 병과(倂科)할 수 있다.
▶ 절도는 특경법의 적용대상이 아니다.

ㄷ. [×] 장물이라 함은 재산범죄로 인하여 취득한 물건 그 자체를 말하고, 장물인 현금을 금융기관에 예금의 형태로 보관하였다가 이를 반환받기 위하여 동일한 액수의 현금을 인출한 경우, 인출된 현금은 당초의 현금과 물리적인 동일성은 상실되었지만 액수에 의하여 표시되는 금전적 가치에는 아무런 변동이 없으므로 장물로서의 성질은 그대로 유지된다고 봄이 상당하고, 자기앞수표도 그 액면금을 즉시 지급받을 수 있는 등 현금에 대신하는 기능을 가지고 거래상 현금과 동일하게 취급되고 있는 점에서 금전의 경우와 동일하게 보아야 한다(대판 2000.3.10. 98도2579).

ㄹ. [×] 제365조【친족간의 범행】 ① 전3조의 죄(장물죄, 상습장물죄, 업무상과실 · 중과실장물죄)를 범한 자와 피해자간에 제328조 제1항, 제2항의 신분관계가 있는 때에는 동조의 규정을 준용한다.
② 전3조의 죄를 범한 자와 본범 간에 제328조 제1항의 신분관계가 있는 때에는 그 형을 감경 또는 면제한다. 단, 신분관계가 없는 공범에 대하여는 예외로 한다.
※ 제328조【친족간의 범행과 고소】 ① 직계혈족, 배우자, 동거친족, 동거가족 또는 그 배우자간의 제323조의 죄는 그 형을 면제한다.
② 제1항 이외의 친족간에 제323조의 죄를 범한 때에는 고소가 있어야 공소를 제기할 수 있다.
③ 전2항의 신분관계가 없는 공범에 대하여는 전2항을 적용하지 아니한다.

ㅁ. [×] 당해 피고인과 공범관계가 있는 다른 피의자에 대한 사법경찰관 작성의 피의자신문조서는 그 피의자의 법정진술에 의하여 그 성립의 진정이 인정되더라도, 당해 피고인이 공판기일에서 그 조서의 내용을 부인하면 증거능력이 부정되므로 그에 대하여는 형사소송법 제314조가 적용되지 아니한다(대판 2009.11.26. 2009도6602).

ㅂ. [○] 피고인과 별개의 범죄사실로 기소되어 병합심리되고 있던 공동피고인은 피고인에 대한 관계에서는 증인의 지위에 있음에 불과하므로, 선서없이 한 그 공동피고인의 법정 및 검찰진술은 피고인에 대한 공소범죄사실을 인정하는 증거로 할 수 없다(대판 1982.6.22. 82도898).

동지판례 공동피고인인 절도범과 그 장물범은 서로 다른 공동피고인의 범죄사실에 관하여는 증인의 지위에 있다 할 것이므로, 피고인이 증거로 함에 동의한 바 없는 공동피고인에 대한 피의자신문조서는 공동피고인의 증언에 의하여 그 성립의 진정이 인정되지 아니하는 한 – 공동피고인의 법정진술에 의하여 성립의 진정이 인정되더라도(저자 주) – 피고인의 공소범죄사실을 인정하는 증거로 할 수 없다(대판 2006.1.12. 2005도7601).

정답 ④

07 X회사 대표이사 A는 X회사의 자금 3억 원을 횡령한 혐의로 구속 · 기소되었다. A의 변호인 甲은 구치소에서 의뢰인 A를 접견하면서 선처를 받기 위해서는 횡령금을 모두 X회사에 반환한 것으로 해야 하는데, 반환할 돈이 없으니 A의 지인 乙의 도움을 받아서 X회사 명의의 은행계좌로 돈을 입금한 후 이를 돌려받는 이른바 '돌려막기 방법'을 사용하자고 했다. 며칠 후 甲은 乙을 만나 이러한 방법을 설명하고 乙을 안심시키기 위해 민 · 형사상 아무런 문제가 되지 않는다는 내용의 법률의견서를 작성해 주었다. 이러한 甲과 乙의 모의에 따라 乙은 5차례에 걸쳐 X회사에 돈을 입금한 후 은행으로부터 받은 입금확인증 5장(반환금 합계 3억 원)을 甲에게 전달했다. 甲은 A의 제1심 재판부에 이를 제출하면서 횡령금 전액을 X회사에 반환하였으니 선처를 해달라는 취지의 변론요지서를 제출하였고, 보석허가신청도 하였다. 이에 대해 제1심 재판부는 A에 대해 보석허가결정을 하였다. 이에 관한 설명 중 옳지 않은 것은? (다툼이 있는 경우 판례에 의함) [23 변호사] ☆☆☆

① 증거위조죄에서 말하는 '증거'에는 범죄 또는 징계사유의 성립 여부에 관한 것뿐만 아니라 형 또는 징계의 경중에 관계있는 정상을 인정하는 데 도움이 될 자료까지 포함되므로, 위 사례의 입금확인증은 증거위조죄의 객체인 '증거'에 해당한다.

② 증거위조죄 성립 여부와 관련하여 증거위조죄가 규정한 '증거의 위조'란 '증거방법의 위조'를 의미하는 것이 아니므로, 위조에 해당하는지 여부는 증거방법 자체를 기준으로 하여야 하는 것이 아니라 그것을 통해 증명하려는 사실이 허위인지 진실인지 여부에 따라 결정되어야 한다.

③ 甲과 乙에게 증거위조죄 및 위조증거사용죄가 성립하지 않는다.

④ 甲이 乙에게 작성해 준 법률의견서는 「형사소송법」 제313조 제1항에 규정된 '피고인 아닌 자가 작성한 진술서나 그 진술을 기재한 서류'에 해당한다.

⑤ 만일 제1심 재판부가 위와 같은 '돌려막기 방법' 등의 사정이 밝혀져 A에게 보석취소결정을 내리자 甲이 보통항고를 제기한 경우에 이러한 보통항고에는 재판의 집행을 정지하는 효력이 없다.

해설

▶ 대판 2021.1.28. 2020도2642 판결을 사례화한 문제이다.

① [○] 타인의 형사사건 또는 징계사건에 관한 증거를 위조한 경우에 성립하는 형법 제155조 제1항의 증거위조죄에서 '증거'라 함은 타인의 형사사건 또는 징계사건에 관하여 수사기관이나 법원 또는 징계기관이 국가의 형벌권 또는 징계권의 유무를 확인하는 데 관계있다고 인정되는 일체의 자료를 의미한다. 따라서 타인에게 유리한 것이건 불리한 것이건 가리지 아니하며 또 증거가치의 유무 및 정도를 불문하며(대판 2007.6.28. 2002도3600), 범죄 또는 징계사유의 성립 여부에 관한 것뿐만 아니라 형 또는 징계의 경중에 관계있는 정상을 인정하는 데 도움이 될 자료까지도 본조가 규정한 증거에 포함된다(대판 2021.1.28. 2020도2642).

② [×] 본조가 규정한 '증거의 위조'란 '증거방법의 위조'를 의미하므로, 위조에 해당하는지 여부는 증거방법 자체를 기준으로 하여야 하고 그것을 통해 증명하려는 사실이 허위인지 진실인지 여부에 따라 위조 여부가 결정되어서는 안 된다. 제출된 증거방법의 증거가치를 평가하고 이를 기초로 사실관계를 확정할 권한과 의무는 법원에 있기 때문이다(대판 2021.1.28. 2020도2642).

③ [○] 원심이 인정한 사실관계를 앞서 본 법리에 비추어 살펴보면, 비록 피고인이 공소외 4명의 □□은행 계좌에서 공소외 2 회사 명의 △△은행 계좌에 금원을 송금하고 다시 되돌려 받는 행위를 반복한 후 그 중 송금자료만을 발급받아 이를 3억 5,000만 원을 변제하였다는 허위 주장과 함께 법원에 제출한 행위는 형법상 증거위조죄의 보호법익인 사법기능을 저해할 위험성이 있다. 그러나 앞서 본 법리에 비추어 보면, 피고인이 제출한 입금확인증 등은 금융기관이 금융거래에 관한 사실을 증명하기 위해 작성한 문서로서 그 내용이나 작성명의 등에 아무런 허위가 없는 이상 이를 증거의 '위조'에 해당한다고 볼 수 없고, 나아가 '위조한 증거를 사용'한 행위에 해당한다고 볼 수도 없다(대판 2021.1.28. 2020도2642).

④ [○] 갑 주식회사 및 그 직원인 피고인들이 정비사업전문관리업자의 임원에게 갑 회사가 주택재개발사업 시공사로 선정되게 해 달라는 청탁을 하면서 금원을 제공하였다고 하여 구 건설산업기본법(2011.5.24. 법률 제10719호로 개정되기 전의 것) 위반으로 기소되었는데, 변호사가 법률자문 과정에 작성하여 갑 회사 측에 전송한 전자문서를 출력한 '법률의견서'에 대하여 피고인들이 증거로 함에 동의하지 아니하고, 변호사가 원심 공판기일에 증인으로 출석하였으나 증언할 내용이 갑 회사로부터 업무상 위탁을 받은 관계로 알게 된 타인의 비밀에 관한 것임을 소명한 후 증언을 거부한 사안에서, 위 법률의견서는 압수된 디지털 저장매체로부터 출력한 문건으로서 실질에 있어서 형사소송법 제313조 제1항에 규정된 '피고인 아닌 자가 작성한 진술서나 그 진술을 기재한 서류'에 해당하는데, 공판준비 또는 공판기일에서 작성자 또는 진술자인 변호사의 진술에 의하여 성립의 진정함이 증명되지 아니하였으므로 위 규정에 의하여 증거능력을 인정할 수 없고, 나아가 원심 공판기일에 출석한 변호사가 그 진정성립 등에 관하여 진술하지 아니한 것은 형사소송법 제149조에서 정한 바에 따라 정당하게 증언거부권을 행사한 경우에 해당하므로, 형사소송법 제314조에 의하여 증거능력을 인정할 수도 없다는 이유로, 원심이 이른바 변호인·의뢰인 특권에 근거하여 위 의견서의 증거능력을 부정한 것은 적절하다고 할 수 없으나, 위 의견서의 증거능력을 부정하고 나머지 증거들만으로 유죄를 인정하기 어렵다고 본 결론은 정당하다(대판(전) 2012.5.17. 2009도6788).

⑤ [○] 제1심 법원이 한 보석취소결정에 대하여 불복이 있으면 보통항고를 할 수 있고(제102조 제2항, 제402조, 제403조 제2항), 보통항고에는 재판의 집행을 정지하는 효력이 없다(제409조). 이는 결정과 동시에 집행력을 인정함으로써 석방되었던 피고인의 신병을 신속히 확보하려는 것으로, 당해 보석취소결정이 제1심 절차에서 이루어졌는지 항소심 절차에서 이루어졌는지 여부에 따라 그 취지가 달라진다고 볼 수 없다(대결 2020.10.29. 2020모633).

정답 ②

08 유흥주점의 지배인 甲은 피해자 A로부터 신용카드를 강취하고 신용카드 비밀번호를 알아냈다. 甲은 위 주점 직원 乙, 丙과 모의하면서, 자신은 주점에서 A를 붙잡아 두면서 감시하고, 乙과 丙은 위 신용카드를 이용하여 인근 편의점에 있는 현금자동지급기에서 300만 원의 예금을 인출하기로 하였다. 그에 따라 甲이 A를 감시하는 동안 乙과 丙은 위 편의점에 있는 현금자동지급기에 신용카드를 넣고 비밀번호를 입력하여 300만 원의 예금을 인출하였고, 이를 甲, 乙, 丙 각자 100만 원씩 분배하였다. 결국 甲, 乙, 丙은 특수(합동)절도죄로 공소제기되었는데, 甲은 법정에서 범행을 부인하였으나, 甲의 공동피고인 乙과 丙은 법정에서 범행을 자백하였다. 이에 관한 설명 중 옳은 것을 모두 고른 것은? (다툼이 있는 경우 판례에 의함) [23 변호사] ☆☆

ㄱ. 甲이 합동절도의 범행 공모에는 참여하였으나 현장에서 절도의 실행행위를 직접 분담하지 않았더라도, 그가 현장에서 절도 범행을 실행한 乙과 丙의 행위를 자기 의사의 수단으로 하여 합동절도의 범행을 하였다고 평가할 수 있는 정범성의 표지를 갖추고 있다면, 甲에 대하여도 합동절도의 공동정범이 성립될 수 있다.
ㄴ. 만약 위 주점 지배인 甲이 종업원 乙, 丙과 함께 단골손님 A로부터 신용카드를 갈취해 현금을 인출하기로 모의하였고, 甲의 지시를 받은 乙과 丙은 늦은 저녁 한적한 골목길에서 A로부터 신용카드를 갈취하고 비밀번호를 알아내 甲이 일러준 편의점 현금자동지급기에서 300만 원의 예금을 인출하였으며, 이를 甲, 乙, 丙 각자 100만 원씩 분배하였다면, 범죄 장소에 가지 않은 甲에게 폭력행위등처벌등에관한법률위반(공동공갈)의 공동정범은 인정될 여지가 없다.
ㄷ. 공범인 공동피고인 乙, 丙의 법정에서의 자백은 소송절차를 분리하여 증인신문하는 절차를 거치지 않았더라도 甲에 대하여 증거능력이 인정된다.
ㄹ. 만약 위 사례에서 甲이 범행을 자백하였고, 甲이 범행을 자인하는 것을 들었다는 피고인 아닌 제3자의 진술이 있다면, 이는 「형사소송법」 제310조의 피고인 자백에는 포함되지 아니하므로 甲의 자백에 대한 보강증거가 될 수 있다.

① ㄱ, ㄷ ② ㄱ, ㄹ
③ ㄴ, ㄹ ④ ㄱ, ㄷ, ㄹ
⑤ ㄴ, ㄷ, ㄹ

해설

ㄱ. [○] 3인 이상의 범인이 합동절도의 범행을 공모한 후 적어도 2인 이상의 범인이 범행 현장에서 시간적, 장소적으로 협동관계를 이루어 절도의 실행행위를 분담하여 절도 범행을 한 경우에는 공동정범의 일반 이론에 비추어, 공모에는 참여하였으나 현장에서 절도의 실행행위를 직접 분담하지 아니한 다른 범인에 대하여도 그가 현장에서 절도 범행을 실행한 위 2인 이상의 범인의 행위를 자기 의사의 수단으로 하여 합동절도의 범행을 하였다고 평가할 수 있는 '정범성의 표지'를 갖추고 있다고 보여지는 한, 그 다른 범인에 대하여 합동절도의 공동정범의 성립을 부정할 이유가 없다(대판(전) 1998.5.21. 98도321).
ㄴ. [×] 여러 사람이 폭력행위등처벌에관한법률 제2조 제1항에 열거된 죄를 범하기로 공모한 다음 그 중 2인 이상이 범행장소에서 범죄를 실행한 경우에는 범행장소에 가지 아니한 자도 같은 법 제2조 제2항에 규정된 죄의 공모공동정범으로 처벌할 수 있다(대판 1996.12.10. 96도2529).
ㄷ. [○] 공동피고인의 자백은 이에 대한 피고인의 반대신문권이 보장되어 있어 증인으로 신문한 경우와 다를 바 없으므로 독립한 증거능력이 있다(대판 2007.10.11. 2007도5577).
ㄹ. [×] 피고인이 범행을 자인하는 것을 들었다는 피고인 아닌 자의 진술내용은 형사소송법 제310조의 피고인의 자백에는 포함되지 아니하나 이는 피고인의 자백의 보강증거로 될 수 없다(대판 1981.7.7. 81도1314).

정답 ①

09 甲은 회식 자리에서 직원 A의 옆에 앉아 술을 마시며 대화하던 중 오른손으로 갑자기 A의 엉덩이 부위를 옷 위로 쓰다듬었다. 그 자리에 있던 동료 직원 B는 수사기관에 참고인으로 출석하여 "甲이 A의 엉덩이 부위를 쓰다듬어 A가 매우 놀라며 황급히 일어나 밖으로 나가는 것을 보았다."라고 진술하였다. 결국 甲은 A를 위와 같이 강제추행하였다는 공소사실로 기소되었는데, A는 제2회 공판기일 법정에서 甲으로부터 위와 같이 강제추행을 당하였다고 증언하였고, 동료 직원 B는 같은 공판기일 법정에 출석하였으나 증언거부사유가 없음에도 증언을 거부하였으며, 다른 동료직원 C는 같은 공판기일 법정에서 "이 사건 다음 날 A로부터 '甲에게 추행을 당했다'는 말을 들었다."라고 증언하였다. 이에 관한 설명 중 옳은 것을 모두 고른 것은? (다툼이 있는 경우 판례에 의함)

[23 변호사] ☆☆

ㄱ. 강제추행죄에는 폭행행위 자체가 추행행위라고 인정되는 이른바 기습추행의 경우도 포함되고, 기습추행에 있어서의 폭행행위는 반드시 상대방의 의사를 억압할 정도의 것임을 요하지 않고 상대방의 의사에 반하는 유형력의 행사가 있기만 하면 그 힘의 대소강약을 불문한다.
ㄴ. B가 정당하게 증언거부권을 행사한 것이 아니라고 하더라도 甲이 증언거부 상황을 초래하였다는 등의 특별한 사정이 없다면 B의 증언거부는 「형사소송법」 제314조의 '그 밖에 이에 준하는 사유로 인하여 진술할 수 없는 때'에 해당하지 않는다.
ㄷ. 「형사소송법」 제297조(피고인등의 퇴정)의 규정에 따라 재판장은 증인 A가 피고인 甲의 면전에서 충분한 진술을 할 수 없다고 인정한 때에는 피고인을 퇴정하게 하고 증인신문을 진행함으로써 피고인의 직접적인 증인 대면을 제한할 수 있지만, 이러한 경우 피고인의 반대신문권까지 배제하는 것은 허용될 수 없다.
ㄹ. C가 법정에서 한 증언은 원진술자인 A가 법정에 증인으로 출석하였으므로 「형사소송법」 제316조 제2항의 요건이 충족되지 않아 피고인 甲의 증거동의가 없는 이상 증거능력이 없다.

① ㄱ　　② ㄱ, ㄴ
③ ㄴ, ㄷ　　④ ㄱ, ㄷ, ㄹ
⑤ ㄱ, ㄴ, ㄷ, ㄹ

해설

ㄱ. [○] 강제추행죄는 상대방에 대하여 폭행 또는 협박을 가하여 항거를 곤란하게 한 뒤에 추행행위를 하는 경우뿐만 아니라 폭행행위 자체가 추행행위라고 인정되는 이른바 기습추행의 경우도 포함된다. 특히 기습추행의 경우 폭행은 반드시 상대방의 의사를 억압할 정도의 것임을 요하지 않고 상대방의 의사에 반하는 유형력의 행사가 있는 이상 그 힘의 대소강약을 불문한다(대판 2002.4.26. 2001도2417).
ㄴ. [○] 수사기관에서 진술한 참고인이 법정에서 증언을 거부하여 피고인이 반대신문을 하지 못한 경우에는 정당하게 증언거부권을 행사한 것이 아니라도, 피고인이 증인의 증언거부 상황을 초래하였다는 등의 특별한 사정이 없는 한 형사소송법 제314조의 '그 밖에 이에 준하는 사유로 인하여 진술할 수 없는 때'에 해당하지 않는다고 보아야 한다. 따라서 증인이 정당하게 증언거부권을 행사하여 증언을 거부한 경우와 마찬가지로 수사기관에서 증인의 진술을 기재한 서류는 증거능력이 없다.
다만, 피고인이 증인의 증언거부 상황을 초래하였다는 등의 특별한 사정이 있는 경우에는 형사소송법 제314조의 적용을 배제할 이유가 없다. 이러한 경우까지 형사소송법 제314조의 '그 밖에 이에 준하는 사유로 인하여 진술할 수 없는 때'에 해당하지 않는다고 보면 사건의 실체에 대한 심증 형성은 법관의 면전에서 본래증거에 대한 반대신문이 보장된 증거조사를 통하여 이루어져야 한다는 실질적 직접심리주의와 전문법칙에 대하여 예외를 정한 형사소송법 제314조의 취지에 반하고 정의의 관념에도 맞지 않기 때문이다(대판(전) 2019.11.21. 2018도13945).
ㄷ. [○] 형사소송법 제297조의 규정에 따라 재판장은 증인이 피고인의 면전에서 충분한 진술을 할 수 없다고 인정한 때에는 피고인을 퇴정하게 하고 증인신문을 진행함으로써 피고인의 직접적인 증인 대면을 제한할 수 있지만, 이러한 경우에도 피고인의 반대신문권을 배제하는 것은 허용되지 않는다(대판 2012.2.23. 2011도15608).
ㄹ. [○] 피해자가 제1심 법정에 출석하여 증언을 한 사건에 있어서는 원진술자인 피해자가 질병, 외국거주, 소재불명 그 밖에 이에 준하는 사유로 인하여 진술할 수 없는 때에 해당되지 아니하므로 피해자의 진술을 그 내용으로 하는 증인의 증언은 전문증거로서 증거능력이 없다(대판 2011.11.24. 2011도7173).

정답 ⑤

10 건설업을 하는 甲은 시청 건설 담당 공무원인 乙에게 자신의 회사를 신청사 공사의 시공사로 선정해 줄 것을 부탁하면서 현금 1천만 원을 건네주었으나 다른 회사가 시공사로 선정되었다. 이에 甲은 乙에게 전화를 걸어 뇌물로 준 1천만 원을 돌려 줄 것을 요구했으나 乙은 이미 주식투자로 소비하여 이를 거부하였다. 그런데 甲은 乙과 전화로 나눈 대화를 휴대전화로 몰래 녹음하였고, 여기에는 뇌물을 받은 사실을 인정하는 乙의 진술이 포함되었다. 이후 甲은 乙의 집을 찾아가 뇌물로 준 1천만 원을 당장 돌려주지 않으면 녹음한 내용을 수사기관과 언론사에 보내겠다고 말하였다. 이에 겁을 먹은 乙은 甲이 지정한 은행 예금계좌로 1천만 원을 입금하였다. 乙의 배우자 丙은 乙의 사전 언급에 따라 甲과 乙의 대화 내용을 옆방에서 자신의 휴대전화로 甲 모르게 녹음하였다. 이에 관한 설명 중 옳은 것은? (다툼이 있는 경우 판례에 의함) [23 변호사] ☆☆

① 乙은 甲으로부터 받은 1천만 원을 돌려주지 아니하고 주식투자로 임의 소비하였으므로, 뇌물수수죄와 별도로 횡령죄가 성립한다.

② 만일 甲이 위 예금계좌에 입금된 1천만 원을 인출하지 않았다면 甲에게 공갈죄의 미수범이 성립한다.

③ 甲이 乙과의 전화상 대화를 휴대전화로 몰래 녹음한 것은 「통신비밀보호법」상 비밀녹음에 해당하여 甲의 뇌물공여죄나 乙의 뇌물수수죄에 대한 유죄의 증거로 사용할 수 없다.

④ 丙이 甲과 乙의 대화내용을 휴대전화로 몰래 녹음한 것은 대화 당사자인 乙의 사전 동의에 의한 것이므로, 甲의 공갈죄에 대한 유죄의 증거로 사용할 수 있다.

⑤ 만일 뇌물수수죄로 기소된 乙이 법정에서 뇌물수수의 사실을 부인하는 진술을 하는 경우, 검사가 유죄의 자료로 제출한 사법경찰관 작성의 乙에 대한 피의자신문조서는 乙이 그 내용을 부인하더라도 임의로 작성된 것으로 인정되는 한 乙의 법정진술의 증명력을 다투기 위한 탄핵증거로 사용할 수 있다.

해설

① [×] 甲이 乙로부터 제3자에 대한 뇌물공여 또는 배임증재의 목적으로 전달하여 달라고 교부받은 금전은 '불법원인급여물'에 해당하여 그 소유권은 甲에게 귀속되는 것으로서, 甲이 위 금전을 제3자에게 전달하지 않고 임의로 소비하였다고 하더라도 횡령죄가 성립하지 않는다(대판 1999.6.11. 99도275).

② [×] 피해자들을 공갈하여 피해자들로 하여금 지정한 예금구좌에 돈을 입금케 한 이상, 위 돈은 범인이 자유로이 처분할 수 있는 상태에 놓인 것으로서 공갈죄는 이미 기수에 이르렀다 할 것이다(대판 1985.9.24. 85도1687).

③ [×], ④ [×] 전화통화가 통신비밀보호법에서 규정하고 있는 전기통신에 해당함은 전화통화의 성질 및 위 규정 내용에 비추어 명백하므로, 이를 동법 제3조 제1항 소정의 '타인 간의 대화'에 포함시킬 수는 없고, 나아가, 동법 제2조 제7호가 규정한 '전기통신의 감청'은 그 전호의 '우편물의 검열' 규정과 아울러 고찰할 때 제3자가 전기통신의 당사자인 송신인과 수신인의 동의를 받지 아니하고 같은 호 소정의 각 행위를 하는 것만을 말한다고 풀이함이 상당하다고 할 것이므로, 전기통신에 해당하는 전화통화 당사자의 일방이 상대방 모르게 통화내용을 녹음(위 법에는 '채록'이라고 규정한다)하는 것은 여기의 감청에 해당하지 아니한다. 따라서 전화 통화 당사자의 일방이 상대방 몰래 통화내용을 녹음하더라도, 대화 당사자 일방이 상대방 모르게 그 대화내용을 녹음한 경우와 마찬가지로 동법 제3조 제1항 위반이 되지 아니한다. 제3자의 경우는 설령 전화 통화 당사자 일방의 동의를 받고 그 통화내용을 녹음하였다 하더라도 상대방의 동의가 없었던 이상, 동법 제3조 제1항 위반이 되고, 이와 같이 제3조 제1항을 위반한 불법감청에 의하여 녹음된 전화통화의 내용은 제4조에 의하여 증거능력이 없다. 그리고 피고인이나 변호인이 이를 증거로 함에 동의하였다고 하더라도 달리 볼 것은 아니다. 제3자가 공개되지 아니한 타인 간의 대화를 녹음한 경우에도 마찬가지이다(대판 2002.10.8. 2002도123; 동지 대판 2019.3.14. 2015도1900).

⑤ [○] 피고인이 내용을 부인하여 증거능력이 없는 사법경찰리 작성의 피의자신문조서에 대하여 비록 당초 증거제출 당시 탄핵증거라는 입증취지를 명시하지 아니하였지만 피고인의 법정 진술에 대한 탄핵증거로서의 증거조사절차가 대부분 이루어졌다고 볼 수 있는 점 등의 사정에 비추어 위 피의자신문조서를 피고인의 법정 진술에 대한 탄핵증거로 사용할 수 있다(대판 2005.8.19. 2005도2617).

정답 ⑤

11 甲은 A와 재혼하여 함께 생활하다가 A가 외도를 하는 것을 목격하고 A를 살해하기로 마음먹었다. 甲은 전처 소생의 아들 乙에게 자신의 재산 중 일부를 증여하기로 약속하고 A를 살해할 것을 부탁하였다. ㉠ 이를 승낙한 乙은 A를 살해하기 위하여 일정량 이상을 먹으면 사람이 죽을 수도 있는 초우뿌리를 달인 물을 마시게 하였으나 A가 이를 토해버려 사망하지 않았다. ㉡ 그러자 甲은 乙에게 칼을 주며 "이번에는 A를 반드시 죽여 달라"라고 당부하였다. 이에 乙은 甲의 당부대로 A의 집으로 향하였으나, 갑자기 마음이 바뀐 甲은 乙이 실행의 착수에 이르기 전 전화로 "그만 두자"라고 乙을 만류하였다. 그러나 乙은 A를 칼로 찔러 살해하였다. 옷에 피가 묻은 채로 범행현장을 떠나려던 乙은 마침 지나가던 사법경찰관에 의해 현행범으로 체포되었고 乙은 그 현장에서 자신은 단지 시키는 대로 했을 뿐이라며 자발적으로 휴대전화를 임의제출하였다. 이에 사법경찰관은 「형사소송법」 제218조에 따라 휴대전화를 압수한 후 경찰서에서 乙의 휴대전화의 정보를 탐색하여 甲이 범행에 가담한 사실을 알고 甲을 긴급체포하였다. 이에 관한 설명 중 옳은 것은? (다툼이 있는 경우 판례에 의함) [23 변호사] ☆☆

① ㉠의 사실관계에서 乙이 A를 살해하기 위해 초우뿌리를 달인 물을 마시게 하였으나 A가 이를 토해버려 사망하지 않아 乙에게 살인미수죄가 성립한다.

② ㉡의 사실관계에서 법정적부합설에 따를 경우, 만일 乙이 A의 집 앞에서 기다리고 있다가 B를 A로 착각하여 칼로 찔러 살해했다면 乙에게는 A에 대한 살인미수죄와 B에 대한 과실치사죄가 성립하고 양 죄는 상상적 경합관계이다.

③ ㉡의 사실관계에서 甲은 乙에게 A를 살해할 것을 교사한 후 乙이 실행의 착수에 이르기 전에 범행을 만류하였으므로, 살인교사의 죄책을 지지 않는다.

④ 사법경찰관이 乙을 현행범으로 체포하는 현장에서 乙로부터 휴대전화를 임의제출받아 적법하게 압수하였다고 하더라도 그 압수를 계속할 필요가 있는 때에는 지체 없이 압수·수색영장을 신청해야 한다.

⑤ 乙로부터 휴대전화를 임의제출받은 이상 사법경찰관이 경찰서에서 휴대전화의 정보를 탐색함에 있어서는 乙 또는 그의 변호인의 참여를 요하지 아니한다.

해설

① [○] [1] 불능범은 범죄행위의 성질상 결과 발생 또는 법익침해의 가능성이 절대로 있을 수 없는 경우를 말한다.
[2] 일정량 이상을 먹으면 사람이 죽을 수도 있는 '초우뿌리'나 '부자' 달인 물을 마시게 하여 피해자를 살해하려다 미수에 그친 행위가 불능범이 아닌 살인미수죄에 해당한다(대판 2007.7.26. 2007도3687).

동지판례 피고인이 피해자를 독살하려 하였으나 동인이 토함으로써 목적을 이루지 못한 경우, 피고인이 사용한 독의 양이 치사량 미달이어서 결과 발생이 불가능한 경우도 있을 것이고, 한편 형법은 장애미수와 불능미수를 구별하여 처벌하고 있으므로 원심으로서는 독약의 치사량을 좀 더 심리하여 피고인의 소위가 위 미수 중 어느 경우에 해당하는지 가렸어야 할 것이다(대판 1984.2.14. 83도2967).

판례해설 장애미수와 불능미수 사유가 경합하면 행위자에게 유리한 불능미수를 인정해야!

② [×] 정범 乙의 착오는 구체적 사실의 착오 중 객체의 착오에 해당한다. 구체적 부합설, 법정적 부합설, 추상적 부합설 모두 발생사실에 대한 고의기수를 인정하므로 乙에게는 B에 대한 살인죄가 성립한다.

③ [×] 교사범이 공범 관계로부터 이탈하기 위해서는 피교사자가 범죄의 실행행위에 나아가기 전에 교사범에 의하여 형성된 피교사자의 범죄 실행의 결의를 해소하는 것이 필요하고, 이때 교사범이 피교사자에게 교사행위를 철회한다는 의사를 표시하고 이에 피교사자도 그 의사에 따르기로 하거나 또는 교사범이 명시적으로 교사행위를 철회함과 아울러 피교사자의 범죄 실행을 방지하기 위한 진지한 노력을 다하여 당초 피교사자가 범죄를 결의하게 된 사정을 제거하는 등 제반 사정에 비추어 객관적·실질적으로 보아 교사범에게 교사의 고의가 계속 존재한다고 보기 어렵고, 당초의 교사행위에 의하여 형성된 피교사자의 범죄 실행의 결의가 더 이상 유지되지 않는 것으로 평가할 수 있다면, 설사 그 후 피교사자가 범죄를 저지르더라도 이는 당초의 교사행위에 의한 것이 아니라 새로운 범죄 실행의 결의에 따른 것이므로, 교사자는 형법 제31조 제2항에 의한 죄책을 부담함은 별론으로 하고 형법 제31조 제1항에 의한 교사범으로서의 죄책을 부담하지는 않는다(대판 2012.11.15. 2012도7407).

④ [×] 현행범 체포현장이나 범죄장소(범죄현장)에서도 소지자 등이 임의로 제출하는 물건은 형사소송법 제218조에 의하여 영장 없이 압수할 수 있고, 이 경우에는 검사나 사법경찰관이 사후에 영장을 받을 필요가 없다(대판 2020.4.9. 2019도17142; 대판 2019.11.14. 2019도13290).

⑤ [×] 압수의 대상이 되는 전자정보와 그렇지 않은 전자정보가 혼재된 정보저장매체나 그 복제본을 임의제출받은 수사기관이 그 정보저장매체 등을 수사기관 사무실 등으로 옮겨 이를 탐색·복제·출력하는 경우, 형사소송법 제219조, 제121조에서 규정하는 ⅰ) 피압수·수색 당사자(이하 '피압수자'라 한다)나 그 변호인에게 참여의 기회를 보장하고, ⅱ) 압수된 전자정보의 파일 명세가 특정된 압수목록을 작성·교부하여야 하며, 범죄혐의사실과 무관한 전자정보의 임의적인 복제 등을 막기 위한 적절한 조치를 취하는 등 영장주의 원칙과 적법절차를 준수하여야 한다. 만약 그러한 조치가 취해지지 않았다면 피압수자 측이 참여하지 아니한다는 의사를 명시적으로 표시하였거나 임의제출의 취지와 경과 또는 그 절차 위반행위가 이루어진 과정의 성질과 내용 등에 비추어 피압수자 측에 절차 참여를 보장한 취지가 실질적으로 침해되었다고 볼 수 없을 정도에 해당한다는 등의 특별한 사정이 없는 이상, 압수·수색이 적법하다고 평가할 수 없고, 비록 수사기관이 정보저장매체 또는 복제본에서 범죄혐의사실과 관련된 전자정보만을 복제·출력하였다 하더라도 달리 볼 것은 아니다. 나아가 피해자 등 제3자가 피의자의 소유·관리에 속하는 정보저장매체를 영장에 의하지 않고 임의제출한 경우에는, 실질적 피압수자인 피의자가 수사기관으로 하여금 그 전자정보 전부를 무제한 탐색하는 데 동의한 것으로 보기 어려울 뿐만 아니라 피의자 스스로 임의제출한 경우 피의자의 참여권 등이 보장되어야 하는 것과 견주어 보더라도, 특별한 사정이 없는 한 형사소송법 제219조, 제121조, 제129조에 따라 ⅰ) "피의자"에게 참여권을 보장하고, ⅱ) 압수한 전자정보 목록을 교부하는 등 "피의자"의 절차적 권리를 보장하기 위한 적절한 조치가 이루어져야 한다(대판(전) 2021.11.18. 2016도348).

정답 ①

12 다음 사례에 대한 설명 중 옳은 것은 모두 몇 개인가? (다툼이 있는 경우 판례에 의함) [22 경찰2차] ☆☆

甲과 乙은 인터넷 채팅을 통하여 알게 된 A와 B를 승용차에 태우고 함께 남산 부근을 드라이브하던 중, A와 B가 잠시 차에서 내린 사이에 甲이 乙에게 A와 B를 한 사람씩 나누어 강간하자고 제의하자 乙은 아무런 대답도 하지 않고 따라다니다가 자신의 강간 상대방으로 남겨진 B에게 일체의 신체적 접촉도 시도하지 않은 채 B와 이야기만 나눴다. 甲은 A를 숲속에서 강간하려고 하였으나 A가 수술한 지 얼마 안 되어 배가 아프다면서 애원하자 강간행위를 중지하였다. 며칠 후 乙은 친구 C를 만나 "甲이 A를 강간하려고 하는 동안 나는 그냥 가만히 있었다."라고 말하였다. 사법경찰관 P는 甲을 수사하는 과정에서 C를 참고인으로 조사하여 C가 乙로부터 들은 위 진술 내용이 기재된 진술조서를 적법하게 작성하였다. 검사는 甲을 강간미수죄로 기소하면서 C에 대한 진술조서를 증거로 제출하였으나, 甲은 이를 증거로 함에 부동의하였다.

㉠ 乙은 강간 범행에 공동으로 가공할 의사가 있었다고 볼 수 없다.
㉡ 甲은 강간죄의 중지미수에 해당한다.
㉢ 진술조서에 기재된 乙의 진술부분은 재전문증거에 해당한다.
㉣ 진술조서의 실질적 진정성립과 특신상태가 증명이 되고, 변호인이 C를 신문할 수 있었던 때에는 C의 진술조서 전부에 대해 증거능력이 인정된다.

① 1개 ② 2개
③ 3개 ④ 4개

해설

㉠ [○] 피해자를 한 사람씩 나누어 강간하자는 피고인 일행의 제의에 아무런 대답도 하지 않고, 따라 다니다가 자신의 강간 상대방으로 남겨진 공소외인에게 일체의 신체적 접촉도 시도하지 않은 채 다른 일행이 인근 숲 속에서 강간을 마칠 때까지 공소외인과 함께 이야기만 나눈 경우, 피고인에게 다른 일행의 강간 범행에 공동으로 가공할 의사가 있었다고 볼 수 없다(대판 2003.3.28. 2002도7477).

ⓒ [×] 피고인들이 피해자를 강간하려고 하던 중 피해자가 수술한 지 얼마 안되어 배가 아프다면서 애원하는 바람에 그 뜻을 이루지 못하였다면 피고인들이 간음행위를 중단한 것은 피해자를 불쌍히 여겨서가 아니라 피해자의 신체조건상 강간을 하기에 지장이 있다고 본 데 기인한 것이므로 이는 일반의 경험상 강간행위를 수행함에 장애가 되는 외부적 사정에 의하여 범행을 중지한 것에 지나지 않는 것이므로 중지범의 요건인 자의성을 결여하였다(대판 1992.7.28. 92도917).

ⓒ [○] 전문진술이 기재된 조서(서류)로서 재전문증거(서류)에 해당한다.

ⓔ [×] 전문진술이나 전문진술을 기재한 조서는 형사소송법 제310조의2의 규정에 의하여 원칙적으로 증거능력이 없는 것인데, 다만 피고인 아닌 자의 공판준비 또는 공판기일에서의 진술이 피고인 아닌 타인의 진술을 그 내용으로 하는 것(전문진술 - 저자 주)인 때에는 형사소송법 제316조 제2항의 규정에 따라 원진술자가 사망, 질병, 외국거주 기타 사유로 인하여 진술할 수 없고 그 진술이 특히 신빙할 수 있는 상태하에서 행하여진 때에 한하여 예외적으로 증거능력이 있다고 할 것이고, 그 전문진술이 기재된 조서는 형사소송법 제312조 또는 제314조의 규정에 의하여 각 그 증거능력이 인정될 수 있는 경우에 해당하여야 함은 물론 나아가 형사소송법 제316조 제2항의 규정에 따른 위와 같은 요건을 갖추어야 예외적으로 증거능력이 있다(대판 2001.7.27. 2001도2891).

▶ 사안에서 C의 참고인진술조서는 乙의 진술을 원진술로 하는 전문진술이 기재된 전문진술기재서류로서 제312조 제4항의 요건과 제316조 제2항의 요건을 각 갖춰야 한다. 따라서 제316조 제2항에 따라 필요성과 특신상태에 대한 증명이 없다면 증거능력은 인정될 수 없다.

정답 ②

13 다음 사례에 대한 설명으로 옳지 않은 것은? (다툼이 있는 경우 판례에 의함) [22 경찰간부] ☆☆☆

> 사법경찰관이 수사한 결과를 기재한 수사보고서에 의하면, "X승용차는 A가 구입한 것으로 A가 실질적인 소유주이고, 다만 장애인에 대한 면세 혜택의 적용을 받기 위해 甲의 어머니 乙의 명의를 빌려 등록한 것에 불과하다. 甲은 乙과 공모하여 乙로부터 X승용차 매도에 필요한 자동차등록증 등 모든 서류를 교부받았다. 다음날 甲은 A가 운전 후 A의 집 앞에 주차해 둔 X승용차를 그 안에 꽂혀있던 키를 사용하여 몰래 운전해 가 관련 서류를 매수인 B에게 교부하여 X자동차를 매도하였다"라고 기재되어 있다.
> 사법경찰관은 참고인 A의 피해진술을 조서에 기재하였고, 그 후 공소제기된 甲과 乙이 A에 대한 진술조서에 증거부동의하자 A는 공판기일에 증인으로 출석하여 그 조서에 대한 실질적 진정성립을 인정하고 검사의 주신문에 대하여 진술하였으나, 변호인의 반대신문에 대해서는 특별한 사정이 없음에도 정당한 이유 없이 진술을 거부하였다.

① 위 수사보고서에 기재된 내용 중 X승용차 취거에 관하여 甲과 乙은 절도죄의 공동정범의 죄책을 진다.
② A에 대한 진술조서는 「형사소송법」 제312조 제4항에 따른 증거능력이 부정된다.
③ 위 수사보고서에 기재된 내용 중 甲이 X승용차를 B에게 매도한 행위는 B에 대한 사기죄를 구성한다.
④ A에 대한 진술조서는 「형사소송법」 제314조에 따른 증거능력이 부정된다.

해설

① [○] [1] 자동차나 중기(또는 건설기계)의 소유권의 득실변경은 등록을 함으로써 그 효력이 생기고 그와 같은 등록이 없는 한 대외적 관계에서는 물론 당사자의 대내적 관계에 있어서도 그 소유권을 취득할 수 없는 것이 원칙이지만, 당사자 사이에 그 소유권을 그 등록 명의자 아닌 자가 보유하기로 약정하였다는 등의 특별한 사정이 있는 경우에는, 내부관계에 있어서는 그 등록 명의자 아닌 자가 소유권을 보유하게 된다.
[2] 자동차 명의신탁관계에서 제3자가 명의수탁자로부터 승용차를 가져가 매도할 것을 허락받고 인감증명 등을 교부받아 위 승용차를 명의신탁자 몰래 가져간 경우, 위 제3자와 명의수탁자의 공모·가공에 의한 절도죄의 공모공동정범이 성립한다(대판 2007.1.11. 2006도4498).

② [○], ④ [○] 피고인 또는 변호인이 공판준비 또는 공판기일에 그 기재 내용에 관하여 원진술자를 신문할 수 있었던 때에는 증거로 할 수 있다(제312조 제4항).
한편, 수사기관에서 진술한 참고인이 법정에서 증언을 거부하여 피고인이 반대신문을 하지 못한 경우에는 정당하게 증언거부권을 행사한 것이 아니라도, 피고인이 증인의 증언거부 상황을 초래하였다는 등의 특별한 사정이 없는 한 형사소송법 제314조의 '그 밖에 이에 준하는 사유로 인하여 진술할 수 없는 때'에 해당하지 않는다고 보아야 한다. 따라서 증인이 정당하게 증언거부권을 행사하여 증언을 거부한 경우와 마찬가지로, 수사기관에서 그 증인의 진술을 기재한 서류는 증거능력이 없다. '피고인이 증인의 증언거부 상황을 초래하였다는 등'의 특별한 사정이 있는 경우에는 형사소송법 제314조의 적용을 배제할 이유가 없다.
이러한 경우까지 형사소송법 제314조의 '그 밖에 이에 준하는 사유로 인하여 진술할 수 없는 때'에 해당하지 않는다고 보면 사건의 실체에 대한 심증 형성은 법관의 면전에서 본래증거에 대한 반대신문이 보장된 증거조사를 통하여 이루어져야 한다는 실질적 직접심리주의와 전문법칙에 대하여 예외를 정한 형사소송법 제314조의 취지에 반하고 정의의 관념에도 맞지 않기 때문이다(대판(전) 2019.11.21. 2018도13945).

③ [×] 피고인이 A 등에게 자동차를 인도하고 소유권이전등록에 필요한 일체의 서류를 교부함으로써 A 등이 언제든지 자동차의 소유권이전등록을 마칠 수 있게 된 이상, 피고인이 자동차를 양도한 후 다시 절취할 의사를 가지고 있었더라도, 자동차의 소유권을 이전하여 줄 의사가 없었다고 볼 수 없고, 피고인이 자동차를 매도할 당시 곧바로 다시 절취할 의사를 가지고 있으면서도 이를 숨긴 것을 '기망이라고 할 수 없어', 결국 피고인이 자동차를 매도할 당시 '기망행위가 없었으므로', 피고인에게 사기죄를 인정할 수 없다(대판 2016.3.24. 2015도17452).

사실관계 B는 차용금채무의 담보로 자기 명의로 된 승용차와 소유권이전등록에 필요한 일체의 서류를 甲에게 건네주면서 승용차의 처분에 이의를 제기하지 않기로 하였다. 이에 甲은 위 자동차를 양도한 후 다시 절취할 의사를 가지고 A에게 매매대금 7,500,000원을 받고 승용차를 인도하고 소유권이전등록에 필요한 일체의 서류를 교부한 후 승용차에 미리 부착해 놓은 GPS로 승용차의 위치를 추적하여 A가 주차해 놓은 승용차를 되찾아왔다.

정답 ③

14 다음 사례에 대한 설명으로 옳지 않은 것은? (다툼이 있는 경우 판례에 의함)

[22 경찰간부]

> 사법경찰관 P는 甲과 乙이 무고를 공모했다는 범죄사실을 인지하고 이 사건에 대하여 수사한 결과, "甲은 조직폭력배의 추적을 피해 교도소에 숨어 있기로 마음먹고 친구 乙을 찾아가 도와 달라고 부탁하였고, 이에 乙이 甲을 사문서위조로 허위 고소하기로 둘이서 공모하였다. 다음 날 乙은 경찰서에 가서 甲이 자신의 명의를 임의로 사용하여 도급계약서를 위조하였으니 이를 처벌해 달라는 취지의 허위 고소장을 작성·제출하였다."는 사실을 규명하였다. P는 乙의 컴퓨터에서 甲과 乙의 무고 사건에 관한 전자정보를 적법하게 탐색하다가 우연하게 乙이 A를 강간하는 장면이 촬영된 동영상 파일을 발견하였다. 甲과 乙은 무고의 공소사실로 기소되어 제1심에서 공동피고인으로 재판을 받고 있다.

① P가 규명한 수사 결과에 의하면, 甲과 乙은 무고죄의 공동정범의 죄책을 진다.
② P가 위 동영상 파일을 우연하게 발견한 경우에는 더 이상의 추가 탐색을 중단하고 강간사건에 대한 압수·수색영장을 발부받아야 위 동영상 파일을 적법하게 압수·수색할 수 있다.
③ 乙은 소송절차가 분리되면 甲에 대한 공소사실에 대하여 증인이 될 수 있다.
④ 乙이 수사기관의 조사과정에서 무고 사실을 자백한 경우는 물론이고 제1심 공판에서 증인으로 신문을 받으면서 무고를 고백한 경우에도 乙에게는 형의 필요적 감면이 인정된다.

해설

① [×] [1] 형법 제30조 공동정범의 성립요건인 공동가공의 의사는 공동의 의사로 특정한 범죄행위를 하기 위하여 일체가 되어 서로 다른 사람의 행위를 이용하여 자기의 의사를 실행에 옮기는 것을 내용으로 하는 것이어야 한다. 따라서 범죄의 실행에 가담한 사람이라고 할지라도, 그가 공동의 의사에 따라 다른 공범자를 이용하여 실현하려는 행위가 자신에게는 범죄를 구성하지 않는다면, 특별한 사정이 없는 한 공동정범의 죄책을 진다고 할 수 없다.
[2] 자기 자신을 무고하기로 제3자와 공모하고 이에 따라 무고행위에 가담하였더라도, 이는 자기 자신에게는 무고죄의 구성요건에 해당하지 않아 범죄가 성립할 수 없는 행위를 실현하고자 한 것에 지나지 않아 무고죄의 공동정범으로 처벌할 수 없다(대판 2017.4.26. 2018도12592).

② [○] 전자정보에 대한 압수·수색이 종료되기 전에 혐의사실과 관련된 전자정보를 적법하게 탐색하는 과정에서 별도의 범죄혐의와 관련된 전자정보를 우연히 발견한 경우라면, 수사기관은 더 이상의 추가 탐색을 중단하고 법원에서 별도의 범죄혐의에 대한 압수·수색영장을 발부받은 경우에 한하여 적법하게 압수·수색을 할 수 있다(대결(전) 2015.7.16. 2011모1839).

③ [○] 공범인 공동피고인은 당해 소송절차에서 피고인의 지위에 있으므로, 다른 공동피고인에 대한 공소사실에 관하여 증인이 될 수 없으나, 소송절차가 분리되어 피고인의 지위에서 벗어나게 되면 증인이 될 수 있다(대판 2008.6.26. 2008도3300).

④ [○] 형법 제157조, 제153조는 무고죄를 범한 자가 신고한 사건의 재판 또는 징계처분이 확정되기 전에 자백 또는 자수한 때에는 그 형을 감경 또는 면제한다고 하여 재판확정 전의 자백을 필요적 감경 또는 면제사유로 정하고 있다. 위와 같은 자백의 절차에 관해서는 아무런 법령상의 제한이 없으므로, 신고한 사건을 다루는 기관에 대한 고백이나 그 사건을 다루는 재판부에 증인으로 다시 출석하여 전에 한 신고가 허위의 사실이었음을 고백하는 것은 물론, 무고 사건의 피고인 또는 피의자로서 법원이나 수사기관에서의 신문에 의한 고백 또한 자백의 개념에 포함된다(대판 2018.8.1. 2018도7293).

정답 ①

15 성폭력범죄가 빈발하는 지역을 순찰하던 경찰관 P1과 P2는 심야에 주취자가 소란을 피우고 있다는 A의 신고를 받고 출동하여, 신고 지역 인근 A소유의 빌라 주차장에서 술에 취한 상태에서 큰소리로 전화를 걸고 있는 甲을 발견하고 불심검문을 실시하였다. 이에 甲 은 P2에게 자신의 운전 면허증을 교부하였고, P2가 甲 의 신분조회를 위하여 순찰차로 걸어간 사이에 甲 은 위 불심검문에 항의하면서 P1에게 욕설을 하였다. 이 욕설은 P1 이외에 인근 주민들도 들었을 정도로 큰소리였으므로 P1은 甲을 모욕죄의 현행범으로 체포하겠다고 고지한 후 甲 의 어깨를 붙잡았고, P2는 허리를 붙잡으며 체포를 시도하였다. 그런데 甲 은 이에 강하게 반항하면서 P1 및 P2를 순차로 폭행하였고 이 과정에서 P1에게 상해를 가하였다. 이에 관한 ㉠부터 ㉣까지의 설명 중 옳고 그름의 표시(○, ×)가 모두 바르게 된 것은? (다툼이 있는 경우 판례에 의함) [22 경찰1차] ★★★

> ㉠ P1과 P2가 형사소송법 제200조의5 및 제213조의2에 따른 체포절차를 준수하였다 하더라도 위 현행범 체포는 위법하다고 할 수 있다.
> ㉡ 甲에 대한 형법 제136조 제1항 공무집행방해죄 및 제257조 제1항 상해죄는 정당방위로 위법성이 조각된다.
> ㉢ 만약 甲에게 공무집행방해죄가 인정된다면, 2개의 공무집행방해죄가 성립되나 각 공무집행방해죄의 관계는 상상적 경합관계이다.
> ㉣ 만약 P1과 P2가 甲에 대한 불심검문 과정에서 신분증을 제시하지 않았다면, 제반사정을 종합적으로 고려하여 甲이 P1과 P2가 경찰관이고 검문하는 이유가 범죄행위에 관한 것임을 충분히 알고 있었다고 보이는 경우라 하더라도 위법한 불심검문에 해당한다.

① ㉠ × ㉡ × ㉢ × ㉣ ○
② ㉠ × ㉡ ○ ㉢ × ㉣ ×
③ ㉠ ○ ㉡ × ㉢ ○ ㉣ ×
④ ㉠ ○ ㉡ ○ ㉢ ○ ㉣ ×

해설

㉠ [○] 피고인은 2009.9.6. 01:45경 서울 마포구 서교동 (이하 생략) 빌라 주차장에서 술에 취한 상태에서 전화를 걸다가 인근 지역을 순찰하던 경찰관인 공소외 1, 2로부터 불심검문을 받게 되자 공소외 2에게 자신의 운전면허증을 교부한 사실, 공소외 2가 피고인의 신분 조회를 위하여 순찰차로 걸어간 사이에, 피고인은 위 불심검문에 항의하면서 공소 외 1에게 큰 소리로 욕설을 한 사실, 이에 공소외 1은 피고인에게 모욕죄의 현행범으로 체포하겠다고 고지한 후 피고인의 오른쪽 어깨를 붙잡았고, 피고인은 이에 강하게 반항하면서 공소사실 기재와 같이 공소 외 1에게 상해를 가한 사실 등을 알 수 있다. 위 사실관계에 의하면, 공소외 1이 피고인을 현행범인으로 체포할 당시 피고인이 이 사건 모욕 범행을 실행 중이거나 실행행위를 종료한 직후에 있었다고 하더라도, 피고인은 공소외 1, 2의 불심검문에 응하여 이미 운전면허증을 교부한 상태이고, 공소외 1뿐 아니라 인근 주민도 피고인의 욕설을 직접 들었으므로, 피고인이 도망하거나 증거를 인멸할 염려가 있다고 보기는 어려울 것이다. 또한 피고인의 이 사건 모욕 범행은 불심검문에 항의하는 과정에서 저지른 일시적, 우발적인 행위로서 사안 자체가 경미할 뿐 아니라, 고소를 통하여 검사 등 수사 주체의 객관적 판단을 받지도 아니한 채 피해자인 경찰관이 범행 현장에서 즉시 범인을 체포할 급박한 사정이 있다고 보기도 어렵다. 따라서 공소외 1이 피고인을 체포한 행위는 현행범인 체포의 요건을 갖추지 못하여 적법한 공무집행이라고 볼 수 없다(대판 2011.5.26. 2011도3682).

㉡ [×] 따라서 공소외 1이 피고인을 체포한 행위는 현행범인 체포의 요건을 갖추지 못하여 적법한 공무집행이라고 볼 수 없으므로 공무집행방해죄의 구성요건을 충족하지 아니하고, 피고인이 체포를 면하려고 반항하는 과정에서 공소외 1에게 상해를 가한 것은 불법체포로 인한 신체에 대한 현재의 부당한 침해에서 벗어나기 위한 행위로서 정당방위에 해당하여 위법성이 조각된다(대판 2011.5.26. 2011도3682).

▶ 공무집행방해죄는 구성요건해당성이 인정되지 않아 무죄에 해당하고, 상해죄는 위법성이 조각되어 무죄에 해당한다.

㉢ [○] [1] 동일한 공무를 집행하는 여럿의 공무원에 대하여 폭행·협박 행위를 한 경우에는 공무를 집행하는 공무원의 수에 따라 여럿의 공무집행방해죄가 성립하고, 위와 같은 폭행·협박 행위가 동일한 장소에서 동일한 기회에 이루어진 것으로서 사회관념상 1개의 행위로 평가되는 경우 여럿의 공무집행방해죄는 상상적 경합 관계에 있다.

[2] 범죄 피해 신고를 받고 출동한 두 명의 경찰관에게 욕설을 하면서 차례로 폭행을 하여 신고 처리 및 수사 업무에 관한 정당한 직무집행을 방해한 사안에서, 동일한 장소에서 동일한 기회에 이루어진 폭행 행위는 사회관념상 1개의 행위로 평가하는 것이 상당하다는 이유로, 위 공무집행방해죄는 형법 제40조에 정한 상상적 경합의 관계에 있다(대판 2009.6.25. 2009도3505).

㉣ [×] 경찰관직무집행법(이하 '법'이라 한다) 제3조 제4항은 경찰관이 불심검문을 하고자 할 때에는 자신의 신분을 표시하는 증표를 제시하여야 한다고 규정하고, 경찰관직무집행법 시행령 제5조는 위 법에서 규정한 신분을 표시하는 증표는 경찰관의 공무원증이라고 규정하고 있는데, 불심검문을 하게 된 경위, 불심검문 당시의 현장상황과 검문을 하는 경찰관들의 복장, 피고인이 공무원증 제시나 신분 확인을 요구하였는지 여부 등을 종합적으로 고려하여, 검문하는 사람이 경찰관이고 검문하는 이유가 범죄행위에 관한 것임을 피고인이 충분히 알고 있었다고 보이는 경우에는 신분증을 제시하지 않았다고 하여 그 불심검문이 위법한 공무집행이라고 할 수 없다(대판 2014.12.11. 2014도7976).

정답 ③

16 甲과 乙은 A를 살해하기로 공모하고 A의 집으로 찾아가, 乙이 망을 보고 있는 동안 甲은 가지고 있던 식칼로 A를 찔러 살해하였다. 우연히 이를 목격한 행인 B가 경찰에 신고하였고, 사법경찰관 P는 甲과 乙의 범행 직후 A의 집에 도착하여 그 현장에서 甲을 적법하게 체포하고, 甲으로부터 범행에 사용한 식칼을 임의로 제출받아 압수하면서 즉석에서 현장검증을 실시하여 검증조서를 작성하였다. 한편 P는 위 압수한 식칼에 관하여 사후에 압수영장을 발부받지 않았고, B에 대하여는 진술조서를 작성하였다. 이에 관한 설명 중 옳지 않은 것을 모두 고른 것은? (다툼이 있으면 판례에 의함)

[22 변호사] ☆☆

> ㉠ P가 실시한 현장검증은 체포현장에서의 검증에 해당하여 영장 없이 할 수 있다.
> ㉡ 甲이 B에 대한 진술조서를 증거로 함에 동의하지 않은 경우라도 위 진술조서에 기재된 B의 주소로 보낸 증인소환장이 주소불명으로 송달되지 않자 검사가 증인신청을 철회하였다면 위 진술조서를 甲에 대한 유죄 인정의 증거로 사용할 수 있다.
> ㉢ 甲이 B에 대한 진술조서를 증거 동의하지 않아 B를 증인으로 소환하였으나 B가 증인소환장을 송달받고도 법원의 소환에 계속하여 불응하고 구인장도 집행되지 않아 B에 대한 법정에서의 신문이 불가능한 경우, 검사가 B에 대한 구인장의 강제력에 기하여 B의 법정 출석을 위한 가능하고도 충분한 노력을 다하였음에도 불구하고 부득이 B의 법정 출석이 불가능하게 되었다는 사정을 입증하더라도, 진술조서를 甲에 대한 유죄 인정의 증거로 사용할 수 없다.
> ㉣ 검사가 위 식칼을 乙에 대한 증거로 제출하였다면 乙이 이를 증거로 함에 동의하지 않은 경우라도 乙에 대한 유죄 인정의 증거로 사용할 수 있다.

① ㉡
② ㉠, ㉣
③ ㉡, ㉢
④ ㉠, ㉡, ㉢
⑤ ㉡, ㉢, ㉣

해설

㉠ [○] 사법경찰관은 피의자를 현행범으로 체포하는 경우에 필요한 때에는 체포현장에서 영장없이 검증을 할 수 있다(제216조 제1항 제2호).
▶ 사법경찰관 P가 한 현장검증은 체포현장에서의 검증으로 영장 없이 할 수 있다.

㉡ [×] 형소법 제314조에서 '소재불명, 그 밖에 이에 준하는 사유로 인하여 진술할 수 없는 때'라고 함은 소환장이 주소불명 등으로 송달불능이 되어 탐지촉탁까지 하여 소재수사를 하였는데도 소재를 확인할 수 없는 경우라야 이에 해당하고, 단지 소환장이 주소불명 등으로 송달불능되었다는 것만으로는 해당한다고 보기 부족하다(대판 2010.9.9. 2010도2602).
▶ B에 대한 진술조서는 甲에 대한 유죄 인정의 증거로 사용할 수 없다.

㉢ [×] [1] 법원이 수회에 걸쳐 진술을 요할 자에 대한 증인소환장이 송달되지 아니하여 소재탐지촉탁까지 하였으나 그 소재를 알지 못하게 된 경우 또는 진술을 요할 자가 일정한 주거를 가지고 있더라도 법원의 소환에 계속 불응하고 구인하여도 구인장이 집행되지 아니하는 등 법정에서의 신문이 불가능한 상태의 경우에는 제314조 소정의 '공판정에 출정하여 진술을 할 수 없는 때'에 해당한다(대판 2005.9.30. 2005도2654).
[2] 법원이 증인이 '소재불명이거나 그 밖에 이에 준하는 사유로 인하여 진술할 수 없는 때'에 해당한다고 인정할 수 있으려면, 증인의 법정 출석을 위한 가능하고도 충분한 노력을 다하였음에도 불구하고 부득이 증인의 법정 출석이 불가능하게 되었다는 사정을 검사가 입증한 경우이어야 한다(대판 2013.10.17. 2013도5001).
▶ B에 대한 진술조서는 甲에 대한 유죄 인정의 증거로 사용할 수 있다.

㉣ [○] 현행범 체포현장이나 범죄현장에서도 소지자 등이 임의로 제출하는 물건은 형사소송법 제218조에 의하여 영장 없이 압수하는 것이 허용되고, 이 경우 검사나 사법경찰관은 별도로 사후에 영장을 받을 필요가 없다(대판 2020.4.9. 2019도17142).
▶ 식칼은 임의제출물에 해당하므로 乙이 증거로 함에 동의하지 않더라도 乙에 대한 유죄 인정의 증거로 사용할 수 있다.

정답 ③

17 甲과 乙은 丙과 공모하여 피해자 A로부터 금품을 갈취한 공소사실로 기소되었는데, 丙은 경찰 수사 단계에서 범행을 자백하는 취지의 진술서를 작성한 이후 갑자기 사망하였다. 검사는 丙의 동생인 B가 丙으로부터 "나는 甲, 乙과 함께 A의 금품을 갈취하였다."라는 말을 들었다는 것을 알고, B를 조사하여 그와 같은 내용의 B에 대한 진술조서를 작성하였다. 甲과 乙은 공판과정에서 위 공소사실을 다투고 있다. 이에 관한 설명 중 옳은 것은? (다툼이 있으면 판례에 의함) [22 변호사] ☆☆

① 甲이 사법경찰관이 작성한 乙에 대한 피의자신문조서에 대하여 증거로 함에 동의하지 않은 경우라도 乙이 법정에서 경찰 수사 도중 위 피의자신문조서에 기재된 것과 같은 내용으로 진술하였다는 취지로 증언하였다면 이러한 증언은 甲에 대한 유죄 인정의 증거로 사용할 수 있다.

② 乙이 출석한 공판기일에서 乙을 조사한 사법경찰관이 법정에 증인으로 출석하여 乙에 대한 피의자신문을 하면서 乙이 자백하는 것을 들었던 내용을 증언한 경우 그 증언은 乙의 진술이 특히 신빙할 수 있는 상태하에서 행하여졌음이 증명된 경우라도 甲의 증거동의가 없는 한 甲에 대한 유죄 인정의 증거로 사용할 수 없다.

③ 丙이 경찰에서 작성한 진술서는 그 작성이 특히 신빙할 수 있는 상태에서 행하여졌음이 증명된다면 甲이 증거로 사용함에 동의하지 않더라도 甲에 대한 유죄 인정의 증거로 사용할 수 있다.

④ B에 대한 진술조서는 B가 증언을 거부하여 진정성립이 인정되지 않더라도 丙이 사망하여 진술할 수 없는 경우에 해당하므로 甲에 대한 유죄 인정의 증거로 사용할 수 있다.

⑤ B에 대한 진술조서는 전문진술을 기재한 서류이므로 乙이 증거동의하더라도 乙에 대한 유죄 인정의 증거로 사용할 수 없다.

해설

① [×] [1] 당해 피고인과 공범관계에 있는 공동피고인에 대해 검사 이외의 수사기관이 작성한 피의자신문조서는 그 공동피고인의 법정진술에 의하여 성립의 진정이 인정되더라도 당해 피고인이 공판기일에서 그 조서의 내용을 부인하면 증거능력이 부정된다. [2] 그리고 이러한 경우 그 공동피고인이 법정에서 경찰 수사 도중 피의자신문조서에 기재된 것과 같은 내용으로 진술하였다는 취지로 증언하였다고 하더라도 이러한 증언은 원진술자인 공동피고인이 그 자신에 대한 경찰 작성의 피의자신문조서의 진정성립을 인정하는 취지에 불과하여 위 조서와 분리하여 독자적인 증거가치를 인정할 것은 아니므로, 앞서 본 바와 같은 이유로 위 조서의 증거능력이 부정되는 이상 위와 같은 증언 역시 이를 유죄 인정의 증거로 쓸 수 없다(대판 2009.10.15. 2009도1889).

▶ 乙의 증언은 甲에 대한 유죄 인정의 증거로 사용할 수 없다.

② [○] 형사소송법 제316조 제2항은 피고인 아닌 자가 공판준비 또는 공판기일에서 한 진술이 피고인 아닌 타인의 진술을 그 내용으로 하는 것인 때에는 원진술자가 사망, 질병 기타 사유로 인하여 진술할 수 없고 그 진술이 특히 신빙할 수 있는 상태하에서 행하여진 때에 한하여 이를 증거로 할 수 있다고 규정하고 있는데, 여기서 말하는 '피고인 아닌 자'에는 공동피고인이나 공범자도 포함된다(대판 2018.5.15. 2017도19499).

▶ 피고인 甲의 입장에서 보았을 때 공동피고인 乙도 형사소송법 제316조 제2항에 규정된 '피고인 아닌 타인'에 해당한다. 따라서 피고인 아닌 타인인 乙의 진술을 그 내용으로 하는 사법경찰관의 증언이 증거능력이 인정되기 위해서는 원진술자인 乙이 사망, 질병 등으로 법정에 출석할 수 없어야 하는데, 설문의 경우 乙이 법정에 출석했으므로(乙은 공판기일에 출석하였다) 사법경찰관의 증언은 甲의 증거동의가 없는 한 甲에 대한 유죄 인정의 증거로 사용할 수 없다.

③ [×] 당해 피고인과 공범관계가 있는 다른 피의자에 대한 사법경찰관 작성의 피의자신문조서는 그 피의자의 법정진술에 의하여 그 성립의 진정이 인정되더라도 당해 피고인이 공판기일에서 그 조서의 내용을 부인하면 증거능력이 부정되므로 그에 대하여는 형사소송법 제314조가 적용되지 아니한다(대판 2009.11.26. 2009도6602).

▶ 丙이 경찰에서 작성한 진술서는 사법경찰관 작성 피의자신문조서와 동일하게 증거능력 유무를 판단한다(제312조 제3항 · 제5항). 또한 피고인과 공범관계에 있는 자들에 대한 사법경찰관리 작성의 피의자신문조서와 자술서(경찰 수사단계에서 작성된 것이다)는 피고인이나 그 변호인이 증거로 함에 동의하지 아니하였는바 이는 그 내용을 인정하지 않는다는 취지로 보아야 한다(대판(전) 2004.7.15. 2003도7185). 丙이 경찰에서 작성한 진술서는 그 작성이 특히 신빙할 수 있는 상태에서 행하여졌음이 증명되더라도 甲이 증거로 사용함에 동의하지 않으면(내용을 인정하지 않으면) 甲에 대한 유죄 인정의 증거로 사용할 수 없다.

④ [×] 피고인 아닌 자의 진술을 그 내용으로 하는 전문진술이 기재된 조서는 형사소송법 제312조 또는 제314조에 따라 증거능력이 인정될 수 있는 경우에 해당하여야 함은 물론 형사소송법 제316조 제2항에 따른 요건을 갖추어야 예외적으로 증거능력이 있다(대판 2017.7.18. 2015도12981).

▶ B가 증언을 거부하여 진정성립이 인정되지 않는 경우(증언을 거부하는 것은 형사소송법 제314조에 규정된 필요성의 요건을 충족하지 못한다) B에 대한 진술조서는 비록 丙이 사망하여 진술할 수 없는 경우에 해당하더라도 판례가 규정한 요건을 구비하지 못한 것이므로 甲에 대한 유죄 인정의 증거로 사용할 수 없다.

⑤ [×] 검사와 피고인이 증거로 할 수 있음을 동의한 서류 또는 물건은 진정한 것으로 인정한 때에는 증거로 할 수 있다(제318조 제1항).

▶ B에 대한 진술조서가 전문진술을 기재한 서류라고 하더라도 乙이 증거동의를 한다면 乙에 대한 유죄 인정의 증거로 사용할 수 있다.

정답 ②

18 甲은 평소 주벽과 의처증이 심한 남편 A와의 불화로 인해 이혼소송을 준비하던 중 A의 운전기사 乙에게 A를 살해하도록 부탁하였다. 乙은 甲의 부탁대로 술에 취하여 자고 있던 A의 목을 졸라 살해하였다. 검사는 乙을 살인죄로, 甲을 살인교사죄로 기소하였고 법원은 甲과 乙을 병합심리하고 있다. 이에 관한 설명 중 옳지 않은 것을 모두 고른 것은? (다툼이 있는 경우 판례에 의함) [24 변호사] ☆☆

ㄱ. 甲이 사법경찰관의 피의자신문에서는 교사사실을 인정하였으나 법정에서는 이를 부인하는 경우, 甲이 내용을 부인한 甲에 대한 사법경찰관 작성 피의자신문조서는 임의성이 인정되는 한 甲의 법정 진술을 탄핵하기 위한 반대증거로 사용될 수 있다.
ㄴ. 乙의 친구 W가 법정에 출석하여 乙로부터 '자신이 A를 살해하였다'는 이야기를 들은 적이 있다고 진술한 경우, 원진술자인 乙이 법정에 출석하여 있는 한 W의 진술은 乙에 대한 유죄의 증거로 사용될 수 없다.
ㄷ. 甲과 乙이 모두 공소사실을 자백하고 있으나 달리 자백을 뒷받침할 다른 증거가 없는 경우, 甲과 乙에게 무죄를 선고하여야 한다.
ㄹ. 甲이 법정에서 A에 대한 살인교사 혐의를 자백한 경우, 甲의 진술은 乙에 대한 유죄의 증거로 사용될 수 있다.
ㅁ. 제1심법원이 甲에게 형의 선고를 하면서 乙이 A의 목을 졸라 살해한 사실을 적시하지 않았더라도, 甲의 방어권이나 甲의 변호인의 변호권이 본질적으로 침해되지 않았다고 볼 만한 특별한 사정이 있다면, 판결에 영향을 미친 법령의 위반은 아니다.

① ㄱ, ㄴ, ㄹ
② ㄴ, ㄷ, ㄹ
③ ㄴ, ㄷ, ㅁ
④ ㄷ, ㄹ, ㅁ
⑤ ㄴ, ㄷ, ㄹ, ㅁ

해설

ㄱ. [○] 사법경찰리 작성의 피고인에 대한 피의자신문조서와 피고인이 작성한 자술서들은 모두 검사가 유죄의 자료로 제출한 증거들로서 피고인이 각 그 내용을 부인하는 이상 증거능력이 없으나, 그러한 증거라 하더라도 피고인의 법정에서의 진술을 탄핵하기 위한 반대증거로 사용할 수 있다(대판 1998.2.27. 97도1770).

ㄴ. [×] 피고인이 아닌 자(공소제기 전에 피고인을 피의자로 조사하였거나 그 조사에 참여하였던 자 포함)의 공판준비 또는 공판기일에서의 진술이 피고인의 진술을 그 내용으로 하는 것인 때에는 그 진술이 특히 신빙할 수 있는 상태하에서 행하여졌음이 증명된 때에 한하여 이를 증거로 할 수 있다(제316조 제1항). W의 진술은 당해피고인 乙의 진술을 그 내용으로 하므로 특신상태가 증명된다면 유죄의 증거로 사용할 수 있다.

ㄷ. [×] 형사소송법 제310조의 '피고인의 자백'에는 공범인 공동피고인의 진술이 포함되지 아니하므로 공범인 공동피고인의 진술은 다른 공동피고인에 대한 범죄사실을 인정하는 데 있어서 증거로 쓸 수 있고 그에 대한 보강증거의 여부는 법관의 자유심증에 맡긴다(대판 1985.3.9. 85도951). 따라서 甲과 乙이 모두 자백하고 있는 경우 서로의 자백을 보강증거로 하여 유죄판결을 선고할 수 있다.

ㄹ. [○] 공동피고인의 자백은 이에 대한 피고인의 반대신문권이 보장되어 있어 증인으로 신문한 경우와 다를 바 없으므로 독립한 증거능력이 있고, 이는 피고인들간에 이해관계가 상반된다고 하여도 마찬가지라 할 것이다(대판 2006.5.11. 2006도1944).

ㅁ. [×] 형사소송법 제323조 제1항에 따르면 유죄판결의 판결이유에는 범죄사실, 증거의 요지와 법령의 적용을 명시하여야 하는 것인바, 유죄판결을 선고하면서 판결이유에 이 중 어느 하나를 전부 누락한 경우에는 형사소송법 제383조 제1호에 정한 판결에 영향을 미친 법률위반으로서 파기사유가 된다(대판 2014.6.26. 2013도13673).

정답 ③

2024 최신판

해커스경찰
허정 형사법

기출문제집 | 3권 형사소송법

초판 1쇄 발행 2024년 4월 24일

지은이	이용배 · 허정 공편저
펴낸곳	해커스패스
펴낸이	해커스경찰 출판팀
주소	서울특별시 강남구 강남대로 428 해커스경찰
고객센터	1588-4055
교재 관련 문의	gosi@hackerspass.com 해커스경찰 사이트(police.Hackers.com) 교재 Q&A 게시판 카카오톡 플러스 친구 [해커스경찰]
학원 강의 및 동영상강의	police.Hackers.com
ISBN	979-11-7244-035-0 (13360)
Serial Number	01-01-01